CW01085870

K. Backhaus B. Erichson
W. Plinke R. Weiber

Multivariate Analysemethoden

Eine anwendungsorientierte Einführung

Sechste, überarbeitete Auflage

Mit 126 Abbildungen und 137 Tabellen

Springer-Verlag
Berlin Heidelberg New York
London Paris Tokyo
Hong Kong Barcelona

Prof. Dr. Klaus Backhaus
Westfälische Wilhelms-Universität Münster
Betriebswirtschaftliches Institut für Anlagen und Systemtechnologien
Universitätsstraße 14–16, D-4400 Münster

Dr. Bernd Erichson
G & I Forschungsgemeinschaft für Marketing
D-8500 Nürnberg

Prof. Dr. Wulff Plinke
Freie Universität Berlin
Lehrstuhl für Marketing
Thielallee 66, D-1000 Berlin 33

Dr. Rolf Weiber
Westfälische Wilhelms-Universität Münster
Betriebswirtschaftliches Institut für Anlagen und Systemtechnologien
Universitätsstraße 14–16, D-4400 Münster

ISBN 3-540-52851-2 Springer-Verlag Berlin Heidelberg New York Tokyo
ISBN 0-387-52851-2 Springer-Verlag New York Berlin Heidelberg Tokyo

ISBN 3-540-50902-X 5. Auflage Springer-Verlag Berlin Heidelberg New York Tokyo
ISBN 0-387-50902-X 5th edition Springer-Verlag New York Berlin Heidelberg Tokyo

CIP-Kurztitelaufnahme der Deutschen Bibliothek
Multivariate Analysemethoden: eine anwendungsorientierte
Einführung/K. Backhaus ... – 6., überarb. Aufl. – Berlin;
Heidelberg; New York; London; Paris; Tokyo; Hong Kong;
Barcelona: Springer, 1990
(Springer-Lehrbuch)
ISBN 3-540-52851-2 (Berlin ...) brosch.
ISBN 0-387-52851-2 (New York ...)
NE: Backhaus, Klaus [Mitverf.]

Satz und Druck: Zechnersche Buchdruckerei, Speyer
Bindearbeiten: J. Schäffer OHG, Grünstadt

2142/7130-543210

Vorwort zur 6. Auflage

Die 6. Auflage weist gegenüber der 5. Auflage Änderungen auf. Das Kapitel „Zur Verwendung dieses Buches" wurde erweitert und neu strukturiert. Insbesondere ist eine Einführung in das Handling von SPSS^x und SPSS/PC+ aufgenommen worden. Dadurch haben sich einige Änderungen in den anderen Kapiteln ergeben.

Bei der Conjoint-Analyse wurden wichtige Ergänzungen angebracht. Im Kapitel „Multidimensionale Skalierung" wurden alle Analysen mit dem Programmpaket POLYCON neu gerechnet und die veränderten Jobs und Outputs im Text ersetzt. Die Jobs wie auch die jeweiligen Daten im Anhang entsprechen nunmehr der Eingabe von POLYCON.

Wir danken an dieser Stelle Herrn Dr. Uwe Thomas, Universität Mannheim, der uns bei den ersten Durchläufen und dem Programm UNICON für die Rechnungen zu Kapitel 8 (Conjoint-Analyse) umfassend unterstützt hat.

Darüber hinaus danken wir allen Lesern, die uns mit Einzelhinweisen geholfen haben, Fehler auszumerzen.

Berlin, Münster, Nürnberg   K. Backhaus
Juni 1990   B. Erichson
                                   W. Plinke
                                   R. Weiber

Vorwort zur 5. Auflage

Da die 4. Auflage der „Multivariaten Analysemethoden"
bereits nach kurzer Zeit vergriffen war, haben wir uns in
der 5. Auflage auf die Korrektur von bekannt gewordenen
Fehlern beschränkt. Inhaltliche Änderungen sind ausschließlich im Kapitel 8 „Conjoint-Analyse" durchgeführt
worden. Auf die inhaltlichen Fehler im Kapitel „Conjoint-Analyse" haben uns vor allem die Herren cand. rer.
pol. Kurt-Uwe Kreinau und Jochen Kuhlmann aufmerk-
sam gemacht. Für ihr unermüdliches und kritisches Enga-
gement um Verbesserungen in diesem Kapitel danken wir
den beiden Bielefelder Studenten sehr. Daneben haben
wir eine Reihe von Einzelanmerkungen von verschiedenen Lesern erhalten. Sie alle haben dazu beigetragen, die
durch die Neubearbeitung in der 4. Auflage aufgetretenen
Mängel zu beseitigen. Auch ihnen gilt unser herzlicher
Dank.

Berlin, Münster, Nürnberg, Wiesbaden,
im Dezember 1988

> Klaus Backhaus
> Bernd Erichson
> Wulff Plinke
> Christiane Schuchard-Ficher
> Rolf Weiber

Vorwort zur vierten Auflage

Die 4. Auflage der „Multivariaten Analysemethoden" ist von Grund auf neu bearbeitet worden. Die Analysemethoden sind sowohl in der methodischen Darstellung als in den Rechenbeispielen vollständig variiert worden. Die Kausalanalyse unter Verwendung von LISREL sowie die Conjoint Analyse sind wegen ihrer gestiegenen Bedeutung neu in das Buch aufgenommen worden.

Alle Beispiele, die in den bisherigen Auflagen mit SPSS gerechnet worden sind, wurden auf die neueste Programmversion SPSS^x umgestellt. Dadurch haben sich im Einzelfall Änderungen gegenüber den Vorauflagen ergeben, auf die ggf. in den einzelnen Kapiteln hingewiesen wird.

Im übrigen haben wir uns bemüht, die bewährte Konzeption des Buches beizubehalten: In allen Darstellungen hat der einführende und anwendungsorientierte Charakter Vorrang vor dem methodischen Detail.

Herrn Dr. Lutz Hildebrandt, Technische Universität Berlin, danken wir für konstruktive Kritik zur Darstellung des LISREL-Ansatzes.

Berlin, Bochum, Mainz, Münster,
im Oktober 1986   Die Verfasser

Vorwort zur ersten Auflage

Bei der Erstellung dieses Buches erhielten wir vielfältige Unterstützung. Für wichtige kritische Hinweise zu den einzelnen Kapiteln danken wir den Herren Dipl.-Math. Helmut Braun, Bochum; Prof. Dr. Herbert Büning, Freie Universität Berlin; Dr. Horst Degen, Ruhr-Universität Bochum; Dipl.-Ökonom Konrad Lüneborg, Ruhr-Universität Bochum; Dipl.-Math. Axel Poscher, Ruhr-Universität Bochum. Herr Akad. Direktor Hanspeter Zoller im Rechenzentrum der Ruhr-Universität Bochum war uns bei der Erstellung druckfähiger Vorlagen für die EDV-Ausdrucke behilflich. Darüber hinaus sind wir einer Reihe von Testlesern für Hinweise und Verbesserungen zu Dank verpflichtet.

Im Januar 1980   Die Verfasser

Inhaltsübersicht*

_____

* Ein ausführliches Inhaltsverzeichnis steht zu Beginn jedes Kapitels.

Zur Verwendung dieses Buches

1   Zielsetzung des Buches

Multivariate Analysemethoden sind heute eines der Fundamente der empirischen Forschung in den Realwissenschaften. Die Methoden sind immer noch in stürmischer Entwicklung. Es werden ständig neue methodische Varianten entwickelt und neue Anwendungsbereiche erschlossen.

Mancher Interessierte empfindet Zugangsbarrieren zur Anwendung der Methoden, die aus

- Vorbehalten gegenüber mathematischen Darstellungen,
- einer gewissen Scheu vor dem Einsatz der EDV und
- mangelnder Kenntnis der Anwendungsmöglichkeiten

resultieren. Es ist eine Kluft zwischen interessierten Fachleuten und Methodenexperten festzustellen, die bisher nicht genügend durch das Angebot der Fachliteratur überbrückt wird.

Die Autoren dieses Buches haben sich deshalb zum Ziel gesetzt, zur Überwindung dieser Kluft beizutragen. Daraus ist ein Text entstanden, der folgende Charakteristika besonders herausstellt.

1. Es ist größte Sorgfalt darauf verwendet worden, die Methoden *allgemeinverständlich* darzustellen. Der Zugang zum Verständnis durch den mathematisch ungeschulten Leser hat in allen Kapiteln Vorrang gegenüber dem methodischen Detail. Dennoch wird der rechnerische Gehalt der Methoden in den wesentlichen Grundzügen erklärt, damit sich der Leser, der sich in

die Methoden einarbeitet, eine Vorstellung von der Funktionsweise, den Möglichkeiten und Grenzen der Methoden verschaffen kann.

2. Das Verständnis wird erleichtert durch die ausführliche Darstellung von *Beispielen*, die es erlauben, die Vorgehensweise der Methoden leicht nachzuvollziehen und zu verstehen.

   Darüber hinaus wurde – soweit die Methoden das zulassen – ein identisches Beispiel für mehrere Methoden benutzt, um das Einarbeiten zu erleichtern und um die Ergebnisse der Methoden vergleichen zu können. Die Rohdaten des Beispiels finden sich im Anhang zu diesem Buch.

   Die Beispiele sind dem Marketing-Bereich entnommen. Die Darstellung ist jedoch so gehalten, daß jeder Leser die Fragestellung versteht und auf seine spezifischen Anwendungsprobleme in anderen Bereichen übertragen kann.

3. Der Umfang des zu verarbeitenden Datenmaterials ist in aller Regel so groß, daß die Rechenprozeduren der einzelnen Verfahren mit vertretbarem Aufwand nur EDV-gestützt durchgeführt werden können. Deshalb erstreckt sich die Darstellung der Methoden sowohl auf die Grundkonzepte der Methoden als auch auf die *Einbeziehung der EDV* als Arbeitshilfe. Es existiert heute eine Reihe von Programmpaketen, die die Anwendung multivariater Analysemethoden durch Nicht-EDV-Fachleute ermöglichen. Solche Programmpakete setzen keine Kenntnisse einer Programmiersprache voraus, sie sind vielmehr auch einem Anfänger zugänglich. Damit wird der eigentliche Fachmann unabhängig von EDV-Spezialisten und kann sich selbständig in die Methodenanwendung einarbeiten.

   Das Programmpaket, mit dem die Beispiele durchgeführt werden, ist SPSS (SUPERIOR PERFORMING SOFTWARE SYSTEMS), das weiteste Verbreitung gefunden hat. Nur bezüglich der Methoden, für die SPSS noch nicht eingerichtet ist, werden andere Progamme benutzt.

4. Dieses Buch hat den Charakter eines *Arbeitsbuches*. Die Darstellungen sind so gewählt, daß der Leser in jedem Fall alle Schritte der Lösungsfindung nachvollziehen kann. Alle Ausgangsdaten, die den Beispielen zugrunde liegen, sind abgedruckt. Die Steuerkommandos für die Computer-Programme werden im einzelnen aufgeführt, so daß der Leser durch eigenes Probieren sehr schnell erkennen kann, wie leicht letztlich der Zugang zur Anwendung der Methoden unter Einsatz der EDV ist, wobei er seine eigenen Ergebnisse gegen die im vorliegenden Buch ausgewiesenen kontrollieren kann.

5. Die Ergebnisse der EDV-gestützten Rechnungen in den einzelnen Methoden werden jeweils anhand der *Original-Computerausdrucke* erläutert und kommentiert. Dadurch kann der Leser, der sich in die Handhabung der Methoden einarbeitet, schnell in den Ergebnissen der Rechnung eine Orientierung finden.

6. Besonderes Gewicht wurde auf die *inhaltliche Interpretation* der Ergebnisse der einzelnen Verfahren gelegt. Wir haben es uns deshalb zur Aufgabe gemacht, die *Ansatzpunkte für Ergebnismanipulationen* in den Verfahren offenzulegen und die Gestaltungsspielräume aufzuzeigen, damit
   - der Anwender der Methoden objektive und subjektive Bestimmungsfaktoren der Ergebnisse unterscheiden kann und sich dadurch seiner Verantwortung für das Ergebnis und seine Interpretation bewußt wird,

– der Verwender der Ergebnisse wachsam gemacht und in die Lage versetzt wird, mit dem „Lieferanten" der Ergebnisse über die subjektiven Bestimmungsfaktoren der Ergebnisse zu diskutieren. Dies macht u. a. erforderlich, daß methodische Details offengelegt und damit die Ergebnisse besser interpretierbar werden.

Faßt man die genannten Merkmale des Buches zusammen, dann ergibt sich ein Konzept, das geeignet ist, sowohl dem Anfänger, der sich in die Handhabung der Methoden einarbeitet, als auch demjenigen, der mit den Ergebnissen dieser Methoden arbeiten muß, die erforderliche Hilfe zu geben. Die Konzeption läßt es dabei zu, daß *jede dargestellte Methode für sich verständlich* ist. Der Leser ist also an keine Reihenfolge der Kapitel gebunden.

Im folgenden wird ein knapper Überblick über die Verfahren der multivariaten Analysetechnik gegeben. Da sich die einzelnen Verfahren vor allem danach unterscheiden lassen, welche Anforderungen sie an das Datenmaterial stellen, seien hierzu einige Bemerkungen vorausgeschickt, die für Anfänger gedacht und deshalb betont knapp gehalten sind[1].

2 Daten und Skalen

Das „Rohmaterial" für multivariate Analysen sind die (vorhandenen oder noch zu erhebenden) *Daten*. Die Qualität von Daten wird u. a. bestimmt durch die Art und Weise der *Messung*. Daten sind nämlich das Ergebnis von Meßvorgängen. Messen bedeutet, daß Eigenschaften von Objekten nach bestimmten Regeln in Zahlen ausgedrückt werden.

Im wesentlichen bestimmt die jeweils betrachtete Art der Eigenschaft, wie gut man ihre Ausprägung messen, d. h. wie gut man sie in Zahlen ausdrücken kann. So wird z. B. die Körpergröße eines Menschen sehr leicht in Zahlen auszudrücken sein, seine Intelligenz oder sein Gesundheitszustand dagegen sehr schwierig.

Die „Meßlatte", auf der die Ausprägungen einer Eigenschaft abgetragen werden, heißt *Skala*. Je nachdem, in welcher Art und Weise eine Eigenschaft eines Objektes in Zahlen ausgedrückt (gemessen) werden kann, unterscheidet man Skalen unterschiedlichen Meßniveaus:

1. Nominalskala
2. Ordinalskala
3. Intervallskala
4. Ratioskala.

Die Eigenschaften dieser Skalen sollen anhand von Beispielen kurz umrissen werden.

Die *Nominalskala* stellt die primitivste Grundlage des Messens dar. Beispiele für Nominalskalen sind

– Geschlecht (männlich – weiblich)
– Religion (katholisch – evangelisch – andere)
– Werbemedium (Fernsehen – Zeitungen – Plakattafeln).

Nominalskalen stellen also Klassifizierungen qualitativer Eigenschaftsausprägungen dar. Werden die Ausprägungen der Eigenschaft in Zahlen ausgedrückt, z. B.

männlich = 0
weiblich = 1,

dann dienen diese Zahlen allein der leichteren Handhabung. Es handelt sich lediglich um eine Kodifizierung. Genausogut könnten andere Symbole verwendet werden. Solche Zahlen erlauben also keinerlei rechnerische Operationen. Für die einzelnen Merkmalsklassen lassen sich lediglich die Häufigkeiten errechnen, mit denen sie besetzt sind.

Eine *Ordinalskala* stellt das nächsthöhere Meßniveau dar. Die Ordinalskala erlaubt die Aufstellung einer Rangordnung mit Hilfe von Rangwerten (d. h. ordinalen Zahlen). Beispiele: Produkt A wird Produkt B vorgezogen, Herr M. ist tüchtiger als Herr N. Die Untersuchungsobjekte können immer nur in eine Rangordnung gebracht werden. Die Rangwerte 1., 2., 3. etc. sagen nichts über die Abstände zwischen den Objekten aus. Aus der Ordinalskala kann also nicht abgelesen werden, um wieviel das Produkt A besser eingeschätzt wird als das Produkt B. Daher können ordinale Skalen auch nicht rechnerischen Operationen wie Addition, Subtraktion, Multiplikation oder Division unterzogen werden. Zulässige statistische Maße sind z. B. Median und Rangkorrelationskoeffizient.

Das wiederum nächsthöhere Meßniveau stellt die *Intervallskala* dar. Diese weist gleichgroße Skalenabschnitte aus. Ein typisches Beispiel ist das Thermometer, das den Abstand zwischen Gefrierpunkt und Siedepunkt des Wassers in hundert gleichgroße Abschnitte einteilt. Oftmals werden – auch in dem vorliegenden Buch – Skalen benutzt, von denen man lediglich annimmt, sie seien intervallskaliert. Dies ist z. B. der Fall bei Ratingskalen: Eine Auskunftsperson ordnet einer Eigenschaft eines Objektes einen Zahlenwert auf einer Skala von 1 bis 5 (oder einer kürzeren oder längeren Skala) zu. Solange die Abnahme gleicher Skalenabstände unbestätigt ist, handelt es sich allerdings strenggenommen um eine Ordinalskala.

Intervallskalen erlauben die rechnerischen Operationen der Addition und Subtraktion. Zulässige statistische Maße sind z. B. Mittelwert (arithmetisches Mittel), Standardabweichung und Maßkorrelation, nicht aber die Summe.

Die *Ratio- (oder Verhältnis)skala* stellt das höchste Meßniveau dar. Sie unterscheidet sich von der Intervallskala dadurch, daß zusätzlich ein natürlicher Nullpunkt existiert. Beispiele sind Körpergröße, Einkommen, Preis, Zeitdauer. Ratioskalen erlauben alle mathematischen Operationen.

Nominalskala und Ordinalskala bezeichnet man als nichtmetrische Skalen, Intervallskala und Ratioskala dagegen als metrische Skalen.

Das nachfolgende Schema stellt noch einmal die vier Skalen mit ihren Merkmalen zusammen.

Skala		Merkmale	Mögliche rechnerische Handhabung
nicht-metrische Skalen	NOMINAL-SKALA	Klassifizierung qualitativer Eigenschaftsausprägungen	Bildung von Häufigkeiten
	ORDINAL-SKALA	Rangwert mit Ordinalzahlen	Median Rangkorrelation
metrische Skalen	INTERVALL-SKALA	Skala mit gleichgroßen Abschnitten ohne natürlichen Nullpunkt	Addition, Subtraktion
	RATIO-SKALA	Skala mit gleichgroßen Abschnitten und natürlichem Nullpunkt	Addition, Subtraktion, Division, Multiplikation

3 Einteilung multivariater Analysemethoden

In diesem Buch werden die nachfolgenden Verfahren behandelt:

Kapitel 1: Regressionsanalyse
Kapitel 2: Varianzanalyse
Kapitel 3: Faktorenanalyse
Kapitel 4: Clusteranalyse
Kapitel 5: Diskriminanzanalyse
Kapitel 6: Kausalanalyse (LISREL)
Kapitel 7: Multidimensionale Skalierung
Kapitel 8: Conjoint-Analyse

Im folgenden wird versucht, eine Einordnung dieser multivariaten Analysemethoden vor dem Hintergrund des Anwendungsbezuges vorzunehmen. Dabei sei jedoch betont, daß eine *überschneidungsfreie Zuordnung* der Verfahren zu praktischen Fragestellungen nicht immer möglich ist, da sich die Zielsetzungen der Verfahren z. T. überlagern.

Versucht man jedoch eine Einordnung der Verfahren nach anwendungsbezogenen Fragestellungen, so bietet sich eine Einteilung in primär *strukturen-entdeckende Verfahren* und primär *strukturen-prüfende Verfahren* an. Diese beiden Kriterien werden in diesem Zusammenhang wie folgt verstanden:

1. *Strukturen-entdeckende Verfahren* sind solche multivariaten Verfahren, deren primäres Ziel in der *Entdeckung von Zusammenhängen* zwischen Variablen oder zwischen Objekten liegt. Der Anwender besitzt zu Beginn der Analyse noch keine Vorstellungen darüber, welche Beziehungszusammenhänge in einem Datensatz existieren.
Verfahren, die mögliche Beziehungszusammenhänge aufdecken können, sind die Faktorenanalyse, die Clusteranalyse und die Multidimensionale Skalierung.

2. *Strukturen-prüfende Verfahren* sind solche multivariaten Verfahren, deren primäres Ziel in der *Überprüfung von Zusammenhängen* zwischen Variablen liegt. Der Anwender besitzt eine auf sachlogischen oder theoretischen Überlegungen basierende Vorstellung über die Zusammenhänge zwischen Variablen und möchte diese mit Hilfe multivariater Verfahren überprüfen. Verfahren, die diesem Bereich der multivariaten Datenanalyse zugeordnet werden können, sind die Regressionsanalyse, die Varianzanalyse, die Diskriminanzanalyse, die Conjoint-Analyse und der LISREL-Ansatz der Kausalanalyse.

Betrachten wir zunächst die primär *strukturen-entdeckenden Verfahren:*

Die *Faktorenanalyse* findet insbesondere dann Anwendung, wenn im Rahmen einer Erhebung eine Vielzahl von Variablen zu einer bestimmten Fragestellung erhoben wurde und der Anwender nun an einer *Reduktion der Variablen* interessiert ist. Von Bedeutung ist die Frage, ob sich mehrere Merkmale, die zu einem bestimmten Sachverhalt erhoben wurden, auf einige wenige „zentrale Faktoren" zurückführen lassen. Der Anwender erhält im Ergebnis Aufschluß über „tragende Dimensionen", die hinter einem Variablenbündel stehen. Während die Faktorenanalyse eine Verdichtung auf Variablenebene vornimmt, versucht die *Clusteranalyse* eine Verdichtung auf Objektebene zu erreichen. Von Interesse ist die *Zusammenfassung von solchen Objekten*, die bezüglich der Beschreibungsmerkmale sehr ähnlich zueinander sind. Auf diese Weise werden Gruppen (Cluster) gebildet, wobei die Objekte einer Gruppe möglichst homogen, die Gruppen untereinander aber möglichst heterogen sein sollen.

Ebenfalls „reduzierenden" Charakter hat die *Multidimensionale Skalierung* (MDS). Im Gegensatz zur Faktoren- und Clusteranalyse werden jedoch bei der MDS die betrachteten Objekte *nicht* durch Variable beschrieben, sondern es werden nur globale Ähnlichkeiten zwischen den Objekten erfragt. Die MDS versucht dann die erhobenen Ähnlichkeiten in einem möglichst gering dimensionierten Raum abzubilden. Die „Reduktion" im Rahmen der MDS bezieht sich also auf die *Reduktion des Darstellungsraumes* der Ähnlichkeiten zwischen Objekten. Die MDS findet insbesondere dann Anwendung, wenn der Forscher keine oder nur vage Kenntnisse über die Beschreibungsmerkmale von Objekten besitzt. Werden nun globale Ähnlichkeiten zwischen Objekten erhoben, so können die Dimensionen des reduzierten Darstellungsraumes zur Interpretation möglicher Beurteilungsdimensionen der Objekte herangezogen werden. Der Forscher erhält damit im Ergebnis Informationen über mögliche Beschreibungsmerkmale der betrachteten Objekte.

Während die bisher betrachteten Verfahren dem Anwender neue Erkenntnisse über einen Datensatz liefern, versuchen die *strukturen-prüfenden Verfahren* primär die vom Anwender *vorab vermuteten* Beziehungen zwischen Variablen zu überprüfen und quantitativ abzuschätzen. Die diesem Bereich zuzurechnenden Verfahren lassen sich vor allem nach der Art und dem Skalenniveau der betrachteten Variablen unterscheiden.

Bei allen strukturen-prüfenden Verfahren werden die betrachteten Variablen in abhängige und unabhängige Variablen unterteilt und der Forscher besitzt *vorab* eine Vorstellung über den Zusammenhang zwischen diesen beiden Variablentypen. Bei der *Regressionsanalyse* wird der Zusammenhang zwischen einer abhängigen und einer oder mehreren unabhängigen Variablen betrachtet, wobei unterstellt wird, daß alle Variablen auf metrischem Skalenniveau gemessen werden können. Mit Hilfe der Regressionsanalyse können dann die unterstellten Beziehungen überprüft und quantitativ abgeschätzt werden.

Werden die unabhängigen Variablen auf nominalem Skalenniveau gemessen und die abhängigen Variablen auf metrischem Skalenniveau, so findet die *Varianzanalyse* Anwendung. Ist hingegen die abhängige Variable nominal skaliert und besitzen die unabhängigen Variablen metrisches Skalenniveau, so findet die *Diskriminanzanalyse* Anwendung. Die Diskriminanzanalyse kann auch zur Überprüfung der Ergebnisse einer Clusteranalyse herangezogen werden. Dabei wird die im Rahmen der Clusteranalyse gefundene Objektgruppierung als nominale (abhängige) Variable betrachtet. Die Diskriminanzanalyse untersucht dann, inwieweit ein bestimmtes Bündel von metrischen (unabhängigen) Variablen in der Lage ist, diese Gruppierung zu erklären.

Eine weitere Methodengruppe, die der Analyse von Beziehungen zwischen ausschließlich nominalen Variablen dient (in diesem Buch aber nicht betrachtet wird), wird als Kontingenzanalyse bezeichnet.

Die folgende Tabelle faßt das bisher Gesagte nochmals im Überblick zusammen:

| | | UNABHÄNGIGE VARIABLE | |
		metrisches Skalenniveau	nominales Skalenniveau
ABHÄNGIGE VARIABLE	metrisches Skalenniveau	Regressions- analyse	Varianz- analyse
	nominales Skalenniveau	Diskriminanz- analyse	Kontingenz- analyse

Während bei obigen Verfahren die (zu erklärende) abhängige Variable entweder metrisches oder nominales Skalenniveau besitzt, werden durch die *Conjoint-Analyse* Präferenzen analysiert (erklärt), die auf *ordinalem Skalenniveau* gemessen werden. Hinsichtlich Anwendungsbereich und Methodik weist die Conjoint-Analyse eine Ähnlichkeit zur Multidimensionalen Skalierung (MDS) auf. Im Gegensatz zur MDS besitzt der Forscher bei der Conjoint-Analyse jedoch vorab eine Vorstellung darüber, welche Eigenschaften für die Bildung der Präferenzen gegenüber bestimmten Objekten verantwortlich sind. Anhand dieser Eigenschaften werden dann verschiedene Eigenschaftskombinationen gebildet, wobei jede Kombination ein (hypothetisches) Objekt darstellt, und die befragten Personen müssen diese Objekte in eine Rangordnung bringen. Die sich daraus ergebenden Rangdaten werden dann dazu verwendet, für jede Eigenschaftsausprägung den Beitrag zu ermitteln, den sie zur Bildung der Gesamtpräferenz liefert.

Die bisher betrachteten Analysemethoden gehen davon aus, daß alle Variablen beobachtbare Größen in der Realität darstellen und gegebenenfalls meßbar sind. Eine Reihe von praktischen Fragestellungen zielt aber auf die Analyse nicht meßbarer Merkmale (auch hypothetische Konstrukte oder latente Variable genannt) ab. In solchen Fällen kommt der LISREL-Ansatz der Kausalanalyse zu Anwendung, der in der Lage ist, Beziehungen zwischen hypothetischen Konstrukten (latenten Variablen) zu überprüfen. Dabei wird vom Anwender verlangt, daß er sowohl Vorabinformationen darüber besitzt, wie sich die hypothetischen Konstrukte über meßbare Größen operationalisieren lassen und welche Beziehungen zwischen den latenten Variablen bestehen.

Die vorgenommene Zweiteilung der multivariaten Verfahren in strukturen-entdeckende- und strukturen-prüfende Verfahren kann keinen Anspruch auf Allgemeingültigkeit erheben, sondern kennzeichnet nur den vorwiegenden Einsatzbereich der Verfahren. So kann und wird auch die Faktorenanalyse zur Überprüfung von hypothetisch gebildeten Strukturen eingesetzt und viel zu häufig werden in der empirischen Praxis auch Regressions- und Diskriminanzanalyse im heuristischen Sinne zur Auffindung von Kausalstrukturen eingesetzt. Diese Vorgehensweise wird nicht zuletzt auch durch die Verfügbarkeit leistungsfähiger Rechner und Programme unterstützt. Der gedankenlose Einsatz von multivariaten Verfahren kann leicht zu einer Quelle von Fehlinterpretationen werden, da ein statistisch signifikanter Zusammenhang keine hinreichende Bedingung für das Vorliegen eines kausal bedingten Zusammenhangs bildet. („Erst denken, dann rechnen!") Es sei daher generell empfohlen, die strukturen-prüfenden Verfahren auch in diesem Sinne, d.h. zur empirischen Überprüfung von theoretisch oder sachlogisch begründeten Hypothesen einzusetzen.

4 Zur Verwendung von SPSS

Wie bereits erwähnt, wurde zur rechnerischen Durchführung der Analysen, die in diesem Buch behandelt werden, vornehmlich das Programmpaket SPSS (SUPERIOR PERFORMING SOFTWARE SYSTEMS) verwendet, da dieses Programm in Wissenschaft und Praxis eine besonders große Verbreitung gefunden hat. In den einzelnen Kapiteln sind jeweils die erforderlichen Kommando-Sequenzen zum Nachvollzug der Analysen wiedergegeben. An dieser Stelle sollen in sehr kurzer Form einige allgemeine Hinweise zu Handhabung von SPSS gegeben werden. Bezüglich näherer Ausführungen muß auf die einschlägige Literatur verwiesen werden[2].

4.1 Die Daten

Die Datenanalyse mit SPSS setzt voraus, daß die Daten in Form einer *Matrix* angeordnet werden. SPSS erwartet, daß die *Spalten der Matrix* sich auf *Variablen* (variables), z.B. Eigenschaften, Merkmale, Dimensionen, beziehen. Die *Zeilen der Matrix* bilden *Beobachtungen bzw. Fälle* (cases), die sich auf unterschiedliche Personen, Objekte oder Zeitpunkte beziehen können:

Fälle	Variablen				
i	1	2	3		J
1	x_{11}	x_{12}	x_{13}	$\cdots\cdots$	x_{1J}
2	x_{21}	x_{22}	x_{23}	$\cdots\cdots$	x_{2J}
.	.		.		
.	.	Werte x_{ij}	.		
.	.		.		
.	.		.		
I	x_{I1}	x_{I2}	x_{I3}	$\cdots\cdots$	x_{IJ}

Ein Beispiel zeigt die Tabelle 1.6 im folgenden Kapitel, die 4 Merkmale für 10 Verkaufsgebiete enthält. Soll auch die Numerierung der Verkaufsgebiete in das Programm eingegeben werden, so bildet diese ebenfalls eine Variable.

4.2 Die Kommandos

Das Programm SPSS existiert heute vornehmlich in zwei Varianten, nämlich

- *SPSS*^{x} für *Großrechner* (Mainframes), das neuerdings aber auch auf leistungsfähigen Personal Computern (Work Stations) unter UNIX und z.B. OS/2 eingesetzt werden kann.
- *SPSS/PC*+ für *Personal Computer* unter dem Betriebssystem MS-DOS bzw. PC-DOS.

Die Kommandos für SPSS^x und SPSS/PC+ sind weitgehend identisch, so daß ein Wechsel zwischen den Programmen nicht schwer fällt. Zunächst soll hier die Steuerung von SPSS in allgemeiner Form behandelt und daran anschließend auf Unterschiede zwischen SPSS^x und SPSS/PC+ eingegangen werden.

Die Steuerung von SPSS gestaltet sich am einfachsten und anschaulichsten mit Hilfe einer Steuerdatei, die neben den SPSS-Kommandos auch die zu analysierenden Daten enthält. Ein Beispiel einer derartigen Steuerdatei (eines SPSS-Jobs) für SPSS^x zeigt Abb. 1. Bei größeren Problemstellungen dagegen kann es vorteilhaft sein, Kommandos und Daten zu trennen.

Ein *SPSS-Kommando* beginnt immer mit einem Schlüsselwort, das auch den Namen des Kommandos bildet. Auf das Schlüsselwort folgen in der Regel eine oder mehrere Spezifikationen. Ausnahmen sind z.B. die Kommandos BEGIN DATA oder FINISH, die keine Spezifikation zulassen. Die Spezifikationen können wiederum Schlüsselwörter, aber auch Namen, Zahlen, Zeichenfolgen (Strings) oder sonstige Elemente enthalten. Ein einfaches Beispiel ist das Kommando TITLE (vgl. Abb. 1), durch welches eine Seitenüberschrift für die Programmausgabe (listing) spezifiziert wird. Die Zeichenfolge, die als Überschrift dienen soll, muß durch Hochkommata oder Anführungszeichen eingeschlossen sein. Im Beispiel sind Schlüsselworte zur Unterscheidung von Namen und Zeichenketten in Großbuchstaben dargestellt. Das SPSS-Programm dagegen un-

```
TITLE "Beispiel zu SPSS"

COMMENT DATENDEFINITION
COMMENT ---------------

DATA LIST FIXED
  /Lfdnr 1-2 Menge 4-7 Preis 9-13 Ausgaben 15-18 Besuche 20-22
VARIABLE LABELS  Lfdnr     "Laufende Nummer der Verkaufsgebiete"
                 /Menge    "Zahl der abgesetzten Kartons"
                 /Preis    "Preis pro Karton"
                 /Ausgaben "Ausgaben für Verkaufsförderung"
                 /Besuche  "Zahl der Vertreterbesuche"
BEGIN DATA
 1 2298 12.50 2000 109
 2 1814 10.00  550 107
 3 1647  9.95 1000  99
 4 1496 11.50  800  70
 5  969 12.00    0  81
 6 1918 10.00 1500 102
 7 1810  8.00  800 110
 8 1896  9.00 1200  92
 9 1715  9.50 1100  87
10 1699 12.50 1300  79
END DATA

LIST

COMMENT PROZEDUR
COMMENT --------

SUBTITLE "          Beschreibende Statistiken der Variablen"
CONDESCRIPTIVE VARIABLES = Menge Preis Ausgaben Besuche

SUBTITLE "          Durchführung einer Regressionsanalyse"
REGRESSION VARIABLES = Menge Preis Ausgaben Besuche
          /DEPENDENT = Menge
          /ENTER     = Preis Ausgaben Besuche

FINISH
```

Abb. 1. Beispiel einer Steuerdatei für SPSS[x]

terscheidet nicht zwischen Klein- und Großbuchstaben und gibt z. B. Variablennamen generell in Großbuchstaben aus.

Die *SPSS-Kommandos* lassen sich grob in drei Gruppen einteilen:

- Kommandos zur Datendefinition (z. B. DATA LIST, VARIABLE LABELS),
- Prozedurkommandos (z. B. CONDESCRIPTIVE, REGRESSION),
- Hilfskommandos (z. B. TITLE, FINISH).

4.2.1 Kommandos zur Datendefinition

Durch das Kommando DATA LIST wird dem SPSS-Programm mitgeteilt, wo die Eingabedaten stehen und wie sie formatiert sind. Falls die Eingabedaten nicht wie hier im Beispiel, in der Steuerdatei stehen, könnte hier der Name der Datendatei angegeben werden.

Der Parameter FIXED besagt, daß die Eingabedaten fest formatiert sind, d. h. daß die Werte einer Variablen immer in denselben Spalten untereinander stehen. FIXED ist die Voreinstellung (default) und braucht daher nicht notwendigerweise spezifiziert zu werden. Alternative Parameter sind FREE und LIST für formatfreie (freefield) Dateneingabe.

Mittels der folgenden Liste wird angezeigt, wieviele Variablen der Datensatz enthält und wie diese benannt werden sollen. Ein Variablenname darf maximal 8 Zeichen umfassen, von denen das erste Zeichen ein Buchstabe sein muß. Falls das Datenformat FIXED spezifiziert wurde, muß hinter jedem Namen angegeben werden, welche Spalten die betreffende Variable belegt.

Mit dem Kommando VARIABLE LABELS können den Variablen bei Bedarf noch erweiterte Bezeichnungen oder Beschreibungen zugeordnet werden, um so den Ausdruck besser lesbar zu machen. Die Labels sollten maximal 40 Zeichen umfassen und müssen durch Hochkommata oder Anführungsstriche eingeschlossen sein. Die Label-Spezifikationen sind durch Schrägstrich (/) zu trennen. Die vorgenommenen Einrückungen sind nicht erforderlich, sondern dienen lediglich der Übersichtlichkeit.

Die Kommandos BEGIN DATA und END DATA zeigen Beginn und Ende der Daten an. Sie müssen unmittelbar vor der ersten und nach der letzten Datenzeile stehen.

Mit Hilfe des Kommandos LIST kann man sich die Daten ausgeben lassen und auf diese Weise kontrollieren, ob sie richtig eingelesen wurden. Durch geeignete Spezifikationen läßt sich die Ausgabe auch auf eine Teilmenge von Variablen und/oder Fällen beschränken.

Ein Problem, das bei der praktischen Anwendung statistischer Methoden häufig auftaucht, bilden *fehlende Werte*. So könnte die „0" bei den Ausgaben für das Verkaufsgebiet 5 bedeuten, daß der Wert nicht bekannt ist. Um eine Fehlinterpretation zu vermeiden, könnte dies dem Programm durch das folgende Kommando angezeigt werden:

MISSING VALUE Ausgaben(0)

Der fehlende Wert, für den hier die „0" steht, wird dann bei den Durchführungen von Rechenoperationen gesondert behandelt.

Neben derartigen *vom Benutzer spezifizierten fehlenden Werten* (user-missing values) setzt SPSS auch *automatisch fehlende Werte* (system-missing values) ein, wenn im Datensatz anstelle einer Zahl ein Leerfeld oder eine sonstige Zeichenfolge steht. Automatisch fehlende Werte werden bei der Ausgabe durch einen Punkt (.) gekennzeichnet. Generell aber ist es von Vorteil, wenn der Benutzer fehlende Werte durch das MISSING VALUE-Kommando spezifiziert.

4.2.2 Prozedurkommandos

Prozedurkommandos sind im Sprachgebrauch von SPSS alle Kommandos, die „etwas mit den Daten machen", z. B. sie einlesen, verarbeiten oder ausgeben. Die Kommandos zur Datendefinition (oder auch Transformationen) werden erst dann wirksam, wenn ein Prozedurkommando das Einlesen der Daten auslöst. So gesehen ist auch das Kommando LIST ein Prozedurkommando. Der Großteil der Prozedurkommandos aber betrifft die statistischen Prozeduren von SPSS.

Durch Prozedurkommandos wird SPSS mitgeteilt, welche statistischen Analysen mit den zuvor definierten Daten durchgeführt werden sollen. So lassen sich z. B. mit dem Kommando CONDESCRIPTIVE einfache Statistiken wie Mittelwert und Standardabweichung berechnen oder mit dem Kommando RE-GRESSION eine multiple Regressionsanalyse durchführen. Weitere Kommandos zur Durchführung multivariater Analysen sind z. B. FACTOR, CLUSTER, ANOVA oder DISCRIMINANT. Sie werden im Zusammenhang mit der Darstellung der Verfahren in den jeweiligen Kapiteln dieses Buches erläutert.

Eine Steuerdatei kann beliebig viele Prozedurkommandos enthalten. Die Prozedurkommandos sind z. T. sehr komplex und können eine große Zahl von Unterkommandos (subcommands) umfassen. Im Beispiel enthält das Kommando REGRESSION die Unterkommandos DEPENDENT zur Spezifikation einer abhängigen Variablen und ENTER zur Aufnahme von unabhängigen Variablen. Wie alle Kommandos beginnen auch Unterkommandos mit einem Schlüsselwort, das gleichzeitig dessen Namen bildet. Falls das Unterkommando Spezifikationen umfaßt, so sind diese durch das Gleichheitszeichen (=) vom Kommando-Schlüsselwort zu trennen. Mehrere Unterkommandos sind durch Schrägstrich (/) zu trennen.

4.2.3 Hilfskommandos

SPSS kennt eine Vielzahl weiterer Kommandos, die weder die Datendefinition noch die Datenanalyse betreffen und die hier der Einfachheit halber als Hilfskommandos bezeichnet werden. Hierunter fallen die im Beispiel verwendeten Kommandos TITLE, SUBTITLE, COMMENT und FINISH.

Durch TITLE wird, wie bereits erwähnt, eine Seitenüberschrift spezifiziert und durch SUBTITLE eine zweite Überschrift, die bei der Ausgabe in der zweiten Zeile einer jeden Seite erscheint. Die Kommandos TITLE und SUB-TITLE können beliebig oft und unabhängig voneinander zur Änderung der Überschriften im Verlauf eines Jobs verwendet werden.

Mittels COMMENT lassen sich Kommentarzeilen einfügen, die der besseren Lesbarkeit der Steuerdatei dienen. Ein Kommentar kann beliebig lang sein, wobei Fortsetzungszeilen um wenigstens eine Spalte einzurücken sind.

Durch das Kommando FINISH wird das SPSS-Programm verlassen. Eventuell folgende Kommandos werden nicht mehr gelesen.

Weitere Hilfskommandos, die SPSS anbietet, dienen z. B. zur Steuerung der Ausgabe oder zur Selektion, Gewichtung, Sortierung und Transformation von Daten.

4.3 Unterschiede zwischen SPSS^x und SPSS/PC+

Die Kommando-Sprachen von SPSS^x und SPSS/PC+ weisen nur geringfügige Unterschiede auf. Diese Unterschiede resultieren primär daraus, daß SPSS^x für Großrechner ein Batch-Programm ist, während SPSS/PC+ wahlweise im Batch-Modus wie auch im Dialog-Modus (interaktiv) verwendet werden kann:

- Batch-Modus: Mit dem Programmaufruf wird die Steuerdatei zugewiesen, die sodann automatisch vom Programm abgearbeitet wird.
- Dialog-Modus: Nach dem Aufruf des Programms gibt der Benutzer die Kommandos einzeln über die Tastatur ein und erhält nach jeder Eingabe

```
TITLE "Beispiel zu SPSS".

* DATENDEFINITION
* --------------.

DATA LIST FIXED
   /Lfdnr 1-2 Menge 4-7 Preis 9-13 Ausgaben 15-18 Besuche 20-22.
VARIABLE LABELS  Lfdnr    "Laufende Nummer der Verkaufsgebiete"
                 /Menge   "Zahl der abgesetzten Kartons"
                 /Preis   "Preis pro Karton"
                 /Ausgaben "Ausgaben für Verkaufsförderung"
                 /Besuche "Zahl der Vertreterbesuche".
BEGIN DATA.
 1 2298 12.50 2000 109
 2 1814 10.00  550 107
 3 1647  9.95 1000  99
 4 1496 11.50  800  70
 5  969 12.00    0  81
 6 1918 10.00 1500 102
 7 1810  8.00  800 110
 8 1896  9.00 1200  92
 9 1715  9.50 1100  87
10 1699 12.50 1300  79
END DATA.

LIST.

* PROZEDUR
* --------.

SUBTITLE "          Beschreibende Statistiken der Variablen".
DESCRIPTIVES VARIABLES = Menge Preis Ausgaben Besuche.

SUBTITLE "          Durchführung einer Regressionsanalyse".
REGRESSION VARIABLES = Menge Preis Ausgaben Besuche
           /DEPENDENT = Menge
           /ENTER     = Preis Ausgaben Besuche.

FINISH.
```

Abb. 2. Beispiel einer Steuerdatei für SPSS/PC+

vom Programm eine „Antwort", z. B. das Ergebnis einer Prozedur, eine Fehlermeldung oder die Aufforderung zu einer weiteren Eingabe.

Aus der Dialogfähigkeit von SPSS/PC+ ergeben sich folgende Besonderheiten gegenüber SPSS^x:

- Jedes Kommando muß durch einen Punkt (.) beendet werden (vgl. Abb. 2).
- Die Namen (Schlüsselworte) der Kommandos können bis auf die ersten drei
  Buchstaben abgekürzt werden.
- Die Namen (Schlüsselworte) einiger Kommandos wurden geändert.

Letzteres wurde bei den SPSS^x-Kommandos COMMENT, CONDESCRIP
TIVE und DISCRIMINANT erforderlich, damit die drei ersten Buchstaben
eine eindeutige Identifizierung des Kommandos zulassen (COMMENT z. B.
überschneidet sich mit COMPUTE). Die Kommandos BREAK DOWN und
PEARSON CORR haben leichter zu merkende Namen erhalten, obgleich die
alten Namen weiterhin alternativ verwendet werden können. Die Unterschiede
seien nachfolgend gegenübergestellt:

SPSS^x	SPSS/PC+
COMMENT	*
CONDESCRIPTIVE	DESCRIPTIVE
DISCRIMINANT	DSCRIMINANT
BREAK DOWN	MEANS
PEARSON CORR	CORRELATION

Ab Version 2.2 kann in SPSS^x wahlweise anstelle von COMMENT auch der
Stern (*) verwendet werden.

Die Struktur der Kommandos ist in beiden Systemen identisch. Einige wenige Kommandos und Spezifikationen von SPSS^x sind in SPSS/PC+ nicht
verfügbar.

4.4 Der Programmaufruf

Um eine Steuerdatei zur Ausführung zu bringen, muß das SPSS-Programm
aufgerufen und diesem der Name der Steuerdatei mitgeteilt werden. Da der
Programmaufruf außerhalb von SPSS erfolgen muß, ist seine Form abhängig
von der Betriebssystem-Umgebung. Für SPSS^x sollte er im jeweiligen Rechenzentrum erfragt werden.

Auf PCs unter dem Betriebssystem DOS läßt sich SPSS/PC+ wie folgt aufrufen:

spsspc ⟨steuerdatei⟩

Dabei ist für ⟨steuerdatei⟩ der Name der Steuerdatei, z. B. „test" oder
„test.inc" einzusetzen (in SPSS/PC-Konvention werden Steuerdateien meist

mit der Endung „.inc" versehen, weil sie sich auch mittels des INCLUDE-Kommandos interaktiv aufrufen lassen). Beispiel:

spsspc test.inc

Der Aufruf kann im SPSS-Verzeichnis (in der Regel \spss) erfolgen oder, was empfehlenswerter ist, in einem Arbeitsverzeichnis, das man für diesen Zweck einrichtet. Dabei ist zu beachten:

- Die Steuerdatei muß im aktuellen Verzeichnis, in dem der Aufruf erfolgt, stehen (andernfalls muß der Name noch mit einer Pfadangabe versehen werden).
- Zum SPSS-Verzeichnis muß vorher mit dem PATH-Kommando (vgl. DOS-Handbuch) ein Pfad eingerichtet werden.

Bei jedem Lauf von SPSS/PC + werden automatisch zwei Dateien erzeugt, die der Benutzer anschließend bei Bedarf einsehen oder ausdrucken kann:

- SPSS.LIS: In diese Datei (listing file) werden die Ergebnisse (Prozedur-Ausgaben) sowie eventuelle Fehlermeldungen geschrieben.
- SPSS.LOG: In dieser Datei werden die Kommandos protokolliert. Weiterhin enthält sie ebenfalls eventuelle Fehlermeldungen sowie Angaben darüber, auf welcher Seite von SPSS.LIS die Ausgabe einer Prozedur beginnt.

Bei jedem Lauf von SPSS/PC + werden die Dateien SPSS.LIS und SPSS.LOG überschrieben. Um dies zu verhindern, können über die Steuerdatei mit dem SET-Kommando die Namen geändert werden (z. B. SET LISTING = 'test.lis'/LOG = 'test.log'.).

SPSS/PC + kann jederzeit mit dem Befehl FINISH verlassen werden.

Anmerkungen

1 Vgl. Bleymüller, J./Gehlert, G./Gülicher, H.: Statistik für Wirtschaftswissenschaftler, 6. Aufl. München 1989, Kapitel 1.5.
Mayntz, R./Holm, K./Hübner, P.: Einführung in die Methoden der empirischen Soziologie, 5. Aufl. Opladen 1978, Kap. 2.
2 Vgl. Schubö, W./Uehlinger, H.-M.: SPSS[x] Handbuch der Programmversion 2.2, Stuttgart New York 1986.
Steinhausen, D./Zörkendörfer, S.: Statistische Datenanalyse mit dem Programmsystem SPSS[x] und SPSS/PC+, München Wien 1987.
SPSS Inc. (Hrsg.): SPSS[x] User's Guide, 3rd edition, New York 1988.
SPSS Inc. (Hrsg.): SPSS/PC + V2.0 Base Manual for the IBM PC/XT/AT and PS/2, Chicago 1988.

1 Regressionsanalyse

1.1 Einführung in die Regressionsanalyse

Die Regressionsanalyse bildet eines der flexibelsten und am häufigsten einge-
setzten statistischen Analyseverfahren. Sie dient der Analyse von Beziehungen
zwischen einer abhängigen Variablen und einer oder mehreren unabhängigen
Variablen (Tabelle 1.1). Insbesondere wird sie eingesetzt, um

– Zusammenhänge zu erkennen und zu erklären,
– Werte der abhängigen Variablen zu schätzen bzw. zu prognostizieren.

Im Rahmen der Pfadanalyse wird die Regressionsanalyse auch zur Untersu-
chung von mehrstufigen Kausalstrukturen eingesetzt.
  Beispiel: Untersucht wird der Zusammenhang zwischen dem Absatz eines
Produktes und seinem Preis sowie anderen den Absatz beeinflussenden Varia-

Tabelle 1.1. Die Variablen der Regressionsanalyse

REGRESSIONSANALYSE	
eine ABHÄNGIGE VARIABLE (metrisch)	eine oder mehrere UNABHÄNGIGE VARIABLE (metrisch)
Y	$X_1, X_2, \ldots, X_j, \ldots, X_J$

blen, wie Werbung, Verkaufsförderung etc. Fragen: Wie wirkt der Preis auf die Absatzmenge? Welche Absatzmenge ist zu erwarten, wenn der Preis und gleichzeitig auch die Werbeausgaben um vorgegebene Größen verändert werden? (Tabelle 1.2).

Tabelle 1.2. Beispiel zur Regressionsanalyse

REGRESSIONSANALYSE	
Absatzmenge eines Produktes	Preis Werbung Verkaufsförderung etc.
Y	$X_1, X_2, \ldots, X_j, \ldots, X_J$

Im Unterschied zu anderen multivariaten Verfahren (z. B. Varianzanalyse, Diskriminanzanalyse) müssen bei der Regressionsanalyse sowohl die abhängige als auch die unabhängigen Variablen *metrisch skaliert* sein. Binäre (zweiwertige) Variable lassen sich jedoch generell wie metrische Variable behandeln. Außerdem können auch nominal skalierte unabhängige Variable berücksichtigt werden, indem diese in binäre Variable zerlegt werden. Es ist somit möglich, auch gewisse Problemstellungen der Varianz- oder Diskriminanzanalyse mit Hilfe der Regressionsanalyse zu behandeln.

Die Einteilung der zu untersuchenden Variablen in abhängige und unabhängige Variable muß *vorab* aufgrund eines sachlogischen Vor-Urteils festgelegt werden. Diese Entscheidung liegt oft auf der Hand, manchmal ist sie jedoch auch sehr schwierig.

Beispiel: Zu untersuchen sind die Beziehungen zwischen dem Absatz einer Marke und ihrem Bekanntheitsgrad. Welche der beiden Variablen ist die abhängige, welche die unabhängige? Sowohl kann der Bekanntheitsgrad ursächlich für den Absatz als auch umgekehrt der Absatz und die damit verbundene Verbreitung des Produktes ursächlich für den hohen Bekanntheitsgrad sein. Aus diesem Beispiel können wir entnehmen: Für eine Regressionsanalyse reicht es nicht aus, daß zwei Variable in irgendeiner Weise zusammenhängen. Solche Beziehungen, in denen man die Richtung des Zusammenhan-

Einführung in die Regressionsanalyse 3

Tabelle 1.3. Typische Fragestellungen der Regressionsanalyse

Fragestellung	Abhängige Variable	Unabhängige Variable
1. Hängt die Höhe des Verkäuferumsatzes von der Zahl der Kundenbesuche ab?	DM Umsatz pro Verkäufer pro Periode	Zahl der Kundenbesuche pro Verkäufer pro Periode
2. Wie wird sich der Absatz ändern, wenn die Werbung verdoppelt wird?	Absatzmenge pro Periode	DM Ausgaben für Werbung pro Periode oder Sekunden Werbefunk oder Zahl der Inserate etc.
3. Reicht es aus, die Beziehung zwischen Absatz und Werbung zu untersuchen oder haben auch Preis und Zahl der Vertreterbesuche eine Bedeutung für den Absatz?	Absatzmenge pro Periode	Zahl der Vertreterbesuche, Preis pro Packung, DM Ausgaben für Werbung pro Periode
4. Wie läßt sich die Entwicklung des Absatzes in den nächsten Monaten schätzen?	Absatzmenge pro Monat t	Menge pro Monat $t-k$ ($k = 1, 2, \ldots, K$)
5. Wie erfaßt man die Wirkungsverzögerung der Werbung?	Absatzmenge in Periode t	Werbung in Periode t, Werbung in Periode $t-1$, Werbung in Periode $t-2$ etc.
6. Wie wirkt eine Preiserhöhung von 10% auf den Absatz, wenn gleichzeitig die Werbeausgaben um 10% erhöht werden?	Absatzmenge pro Periode	DM Ausgaben für Werbung, Preis in DM, Einstellung und kognitive Dissonanz
7. Sind das wahrgenommene Risiko, die Einstellung zu einer Marke und die Abneigung gegen kognitive Dissonanzen Faktoren, die die Markentreue von Konsumenten beeinflussen?	Anteile der Wiederholungskäufe einer Marke an allen Käufen eines bestimmten Produktes durch einen Käufer	Rating-Werte für empfundenes Risiko, Einstellung und kognitive Dissonanz

ges nicht kennt oder eine eindeutige Richtung gar nicht zu vermuten ist (wie in dem genannten Beispiel), werden von der *Korrelationsanalyse* untersucht. Die Korrelationsanalyse liefert also Maßgrößen dafür, ob überhaupt ein Zusammenhang zwischen zwei Variablen gegeben ist.

Die Regressionsanalyse geht darüber hinaus. Sie unterstellt eine eindeutige Richtung des Zusammenhanges unter den Variablen, die nicht umkehrbar ist. Man kann auch sagen, sie untersuche *Je-Desto-Beziehungen*.

Beispiel: Je niedriger der Preis, desto größer die abgesetzte Menge. Solche Je-Desto-Sätze deuten darauf hin, daß eine Regression auf einer Vermutung über Ursache-Wirkungs-Beziehungen zwischen den Variablen beruht. Die Hypothese über eine mögliche Ursache-Wirkungs-Beziehung (d. h. die Entscheidung über die für die Analyse relevanten unabhängigen Variablen und die abhängige Variable) ist vor der Anwendung der Regressionsanalyse auf ihre sachlogische Plausibilität zu prüfen, denn von der Auswahl der Variablen und der Qualität ihrer Messung hängen die materiell zu erwartenden Ergebnisse der Regressionsanalyse ab.

Typische Fragestellungen, die mit Hilfe der Regressionsanalyse untersucht werden können, sowie mögliche Definitionen der jeweils abhängigen und unabhängigen Variablen zeigt Tabelle 1.3.

Der Fall Nr. 4 in Tabelle 1.3 bildet einen Spezialfall der *Zeitreihenanalyse*, mittels derer die Abhängigkeit einer Variablen von der Zeit untersucht wird. Formal beinhaltet sie die Schätzung einer Funktion $Y = f(t)$, wobei t einen Zeitindex bezeichnet. Bei Kenntnis dieser Funktion ist es möglich, die Werte der Variablen Y für zukünftige Perioden zu schätzen (prognostizieren). In das Gebiet der Zeitreihenanalyse fallen insbesondere Trendanalysen und -prognosen, aber auch die Analyse von saisonalen und konjunkturellen Schwankungen oder von Wachstums- und Sättigungsprozessen.

Tabelle 1.4 faßt die in Tabelle 1.3 beispielhaft ausgeführten Fragestellungen zusammen.

Für die Variablen der Regressionsanalyse werden unterschiedliche Bezeichnungen verwendet, die verwirrend und auch mißverständlich sein können. So soll z. B. die Bezeichnung „abhängige Variable" keinen Tatbestand ausdrücken, sondern lediglich eine Hypothese, die mittels Regressionsanalyse untersucht werden soll. Allerdings ist dies die gebräuchlichste Bezeichnung für die Variablen der Regressionsanalyse. In Tabelle 1.5 finden sich drei weitere Bezeichnungen. Die Bezeichnung der Variablen als Regressanden und Regresso-

Tabelle 1.4. Anwendungsbereiche der Regressionsanalyse

Anwendungsbereiche der Regressionsanalyse	
Ursachenanalysen	Wie stark ist der Einfluß der unabhängigen Variablen auf die abhängige Variable?
Wirkungsprognosen	Wie verändert sich die abhängige Variable bei einer Änderung der unabhängigen Variablen?
Zeitreihenanalysen	Wie verändert sich die abhängige Variable im Zeitablauf und somit ceteris paribus auch in der Zukunft?

Tabelle 1.5. Alternative Bezeichnungen der Variablen in der Regressionsanalyse

Regressand	Regressoren
abhängige Variable	unabhängige Variable
erklärte Variable	erklärende Variable
Prognosevariable	Prädiktorvariable
Y	$X_1, X_2, \ldots, X_j, \ldots, X_J$

ren ist am neutralsten und somit zur Vermeidung von Mißverständnissen besonders geeignet. Die beiden letzten Bezeichnungen werden insbesondere bei Anwendung der Regressionsanalyse im Erklärungs- und Prognosezusammenhang verwendet.

Die Regressionsanalyse unterstellt, daß zwischen *Regressand* und *Regressor(en)* eine lineare Beziehung besteht. *Linearität* bedeutet, daß sich Regressand und Regressor(en) nur in konstanten Relationen verändern[1]:

Linearitätsprämisse der Regressionsanalyse

$$\frac{\Delta Y}{\Delta X_j} = \text{constant} \tag{1}$$

Eine häufige Anwendungssituation bei der Regressionsanalyse ist die, daß eine Stichprobe vorliegt oder erhoben wird, die als Teil einer größeren, meist unbekannten Grundgesamtheit anzusehen ist.

Beispiel: Es liegen Aufzeichnungen über den Absatz in verschiedenen Verkaufsgebieten sowie über die Preise und die Vertriebsanstrengungen in diesen Gebieten vor: Das ist die Stichprobe. Die entsprechende Grundgesamtheit ist z.B. die Menge aller Verkaufsgebiete mit den jeweiligen ökonomischen Daten, die in der Stichprobe erfaßt sind, und zwar im Zeitpunkt der Erhebung der Stichprobe und in der Zukunft. Oft ist die Grundgesamtheit gar nicht überschaubar.

Beispiel: In einem Labortest werden 30 Verbraucher einer simulierten Kaufsituation ausgesetzt (Stichprobe). Die Grundgesamtheit wären dann „alle" Verbraucher. Man schließt also in solchen Fällen von der Stichprobe auf die Grundgesamtheit oder anders ausgedrückt: Die Regressionsanalyse schätzt aufgrund einer Stichprobe den „wahren" Zusammenhang in der Grundgesamtheit.

Die Regressionsanalyse hat demnach ein *doppeltes Problem* zu bewältigen:

a) Sie muß einen Zusammenhang zwischen Regressand und Regressor(en) in der Stichprobe ermitteln. Das bedeutet, daß aus den empirischen Werten für Regressand und Regressor(en) eine lineare Beziehung errechnet wird, die folgenden allgemeinen Ausdruck findet:

Die Regressionsgleichung der Stichprobe

$$Y = b_0 + b_1 X_1 + b_2 X_2 + \ldots + b_j X_j + \ldots + b_J X_J \tag{2}$$

mit
Y = Regressand
b_0 = Konstantes Glied
b_j = Regressionskoeffizient des j-ten Regressors
X_j = j-ter Regressor

Das erste Problem der Regressionsanalyse besteht darin, die Regressionskoeffizienten sowie das konstante Glied aus den empirischen Stichprobenwerten y_i sowie $x_{1i}, x_{2i}, \ldots, x_{Ji}$ rechnerisch zu ermitteln.

b) Das zweite Problem besteht darin zu prüfen, ob der auf diese Weise ermittelte Zusammenhang in der Stichprobe auch für die Grundgesamtheit als gültig angesehen werden kann, denn für diese wird ja die Analyse angestellt: Man will die „wahre" Beziehung aufgrund der in der Stichprobe ermittelten Beziehung schätzen.

Wir wollen die Grundgedanken der Regressionsanalyse vorab an einem kleinen Fallbeispiel demonstrieren.

Der Verkaufsleiter einer Margarine-Firma ist mit dem mengenmäßigen Absatz seiner Marke nicht zufrieden. Er möchte wissen, von welchen Faktoren, die er beeinflussen kann, im wesentlichen der Absatz abhängt. Zu diesem Zweck nimmt er eine Stichprobe von Beobachtungen aus zehn etwa gleich großen Verkaufsgebieten, die folgendes Ergebnis zeigt (vgl. Tabelle 1.6).

Die Rohdaten dieses Beispiels enthalten die Werte von vier Variablen, unter denen die „Menge" als abhängige und „Preis", „Verkaufsförderung" sowie „Zahl der Vertreterbesuche" als erklärende Variable in Frage kommen.

Zum besseren Verständnis wird im folgenden zunächst eine *einfache Regressionsanalyse* dargestellt (eine abhängige, eine erklärende Variable). Dazu wird beliebig eine der in Frage kommenden Variablen, der Preis, herausgegriffen.

Im normalen Anwendungsfall würde es allerdings zu empfehlen sein, gleich alle als erklärende Variable in Betracht kommenden Größen in die Untersuchung einzubeziehen. In solchen Fällen, in denen mehr als eine erklärende Variable in den Regressionsansatz aufgenommen wird, spricht man von *multipler Regressionsanalyse*. Sie wird im Anschluß an die einfache Regressionsanalyse beschrieben.

1.2 Das Grundmodell der Regressionsanalyse

1.2.1 Die Auswahl der Variablen und des Funktionstyps

Im Fallbeispiel vermutet der Verkaufsleiter aufgrund seiner Einschätzung des Marktes, daß die Menge vom Preis abhängig ist. Wir wollen an dieser Stelle

Tabelle 1.6. Ausgangsdaten des Rechenbeispiels

Nr.	Menge Kartons pro Periode	Preis pro Karton	Verkaufs- förderung in DM	Zahl der Vertreterbesuche pro Periode
1	2 298	12,50	2 000	109
2	1 814	10,—	550	107
3	1 647	9,95	1 000	99
4	1 496	11,50	800	70
5	969	12,—	0	81
6	1 918	10,—	1 500	102
7	1 810	8,—	800	110
8	1 896	9,—	1 200	92
9	1 715	9,50	1 100	87
10	1 699	12,50	1 300	79

nochmals betonen, daß diese Auswahl der Variablen vor der Regressionsanalyse liegt und ein fachmännisches Urteil voraussetzt.

Der vermutete Zusammenhang zwischen Menge und Preis muß auch der Grundprämisse der Linearität entsprechen. Ob eine lineare Beziehung unterstellt werden kann, läßt sich eventuell (im vorliegenden Zwei-Variablen-Fall, und nur in diesem) anhand eines Diagramms erkennen, in dem die Stichprobenwerte auf zwei Koordinatenachsen abgetragen sind. Im betrachteten Beispiel ergibt sich das in Abbildung 1.1 wiedergegebene Diagramm[2].

Die Punkte liegen ziemlich verstreut, so daß auf den ersten Blick überhaupt kein deutlicher Zusammenhang zu erkennen ist – ob nun linear oder nichtlinear. Wenn eine starke lineare Beziehung vorläge, dann würden sich die empirischen x/y-Werte sehr eng um eine Gerade verteilen, die man durch Verbindung der beiden durch „R" gekennzeichneten Punkte (links und rechts im Diagramm) erhalten würde. Eine Aufgabe der Regressionsanalyse ist es, die optimale Lage dieser Geraden zu finden. Im Mehr-Variablen-Fall läßt sich die Prämisse der Linearität nur noch rechnerisch überprüfen. Dazu wird auf Abschnitt 1.3.5.1 verwiesen.

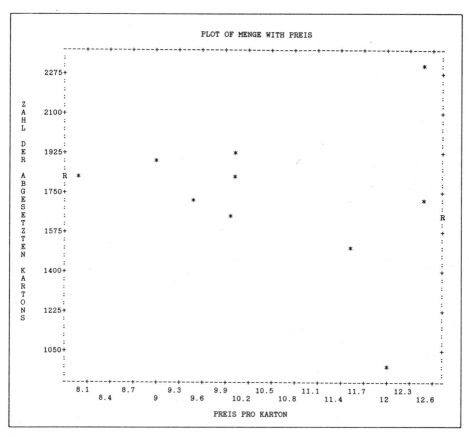

Abb. 1.1. Streudiagramm der Beobachtungswerte für Menge und Preis

1.2.2 Die Schätzung der Parameter der Regressionsgleichung

Um das grundsätzliche Vorgehen der Regressionsanalyse zeigen zu können, gehen wir von der graphischen Darstellung einer empirischen Punkteverteilung in einem zweidimensionalen Koordinatensystem aus. Der Leser möge sich noch einmal die Fragestellung der Analyse vergegenwärtigen:

Es geht um die Schätzung der Wirkung des Preises auf die Absatzmenge. Die unabhängige Variable „Preis" wird vorgegeben und der zu einem beliebigen Preis sich ergebende Mengenschätzwert wird gesucht.

Die Ermittlung der Beziehung erfolgt aufgrund einer Stichprobe von Preis-Mengen-Wertepaaren. Abbildung 1.1.1 zeigt ein reduziertes Bild der Abbildung 1.1.

Wir müssen zunächst unterstellen, daß die Beziehung zwischen Preis und Menge linear ist. Das bedeutet, daß die Veränderung der Absatzmenge, die durch eine Veränderung des Preises hervorgerufen wird, immer zur Preisänderung proportional ist. Gesucht ist die genaue Lage einer linearen Preis-Mengen-Funktion im Koordinatensystem (x, y), die wir *Regressionsgerade* nennen.

Zwei Parameter bestimmen die Lage einer Geraden:

– das absolute Glied b_0, das den Y-Wert für $X = 0$ angibt,
– das Steigungsmaß b_1, das die Neigung der Geraden bestimmt:

$$b_1 = \frac{\Delta Y}{\Delta X}$$

(um wieviel ändert sich Y, wenn sich X um eine Einheit ändert?)

Die gesuchte *Regressionsfunktion* lautet also

$$Y = b_0 + b_1 X \tag{3}$$

Abbildung 1.1.2 zeigt einen möglichen Verlauf einer solchen Geraden.

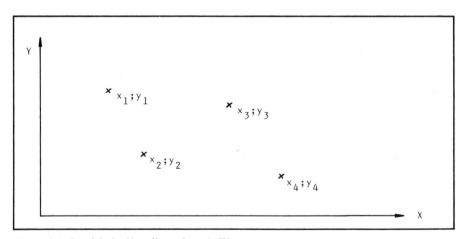

Abb. 1.1.1. Empirische Verteilung der x/y-Wertepaare

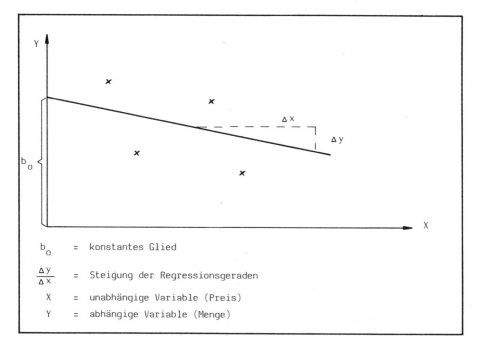

Abb. 1.1.2. Hypothetische Regressionsgerade

Noch ist der Verlauf der Geraden allerdings unbekannt. Die gesuchte Gerade kann sowohl eine andere Neigung als auch einen anderen Schnittpunkt mit der Y-Achse haben. Es ist aber bereits deutlich, daß es keinen denkbaren Verlauf einer Geraden gibt, auf der alle beobachteten x/y-Kombinationen liegen. Es geht also nur darum, einen Verlauf der gesuchten Geraden zu finden, der sich der empirischen Punkteverteilung möglichst gut anpaßt.

Ein Grund dafür, daß in diesem Beispiel die Punkte nicht auf einer Geraden liegen, sondern um diese streuen, liegt möglicherweise darin, daß neben dem Preis noch andere Einflußgrößen auf die Absatzmenge einwirken (z. B. Konkurrenzpreise, Konjunktur etc.), die in der Regressionsgleichung nicht erfaßt sind. Andere Gründe für das Streuen der empirischen Werte können z. B. Beobachtungsfehler und Meßfehler sein.

Angenommen, die gesuchten Parameter b_0 und b_1 seien bekannt, z. B. $b_0 = 80$ und $b_1 = -2$. Dann würde sich für einen Preis von $x = 10$ ein rechnerischer Mengenwert von

$$\hat{y} = 80 - 20$$
$$= 60$$

ergeben. Wenn nun aber der tatsächliche Wert von y bei $x = 10$ nicht 60, sondern 70 ist, dann ist die Differenz zwischen dem tatsächlichen y-Wert und dem aufgrund der Regressionsgleichung geschätzten Wert $\hat{y}$ diejenige Abweichung, die nicht auf den Preis, sondern auf nicht erfaßte Einflußgrößen zurückzuführen ist:

Definition der Residualgröße

$$y_i - \hat{y}_i = e_i \qquad (4)$$

mit

y_i = Beobachtungswert der abhängigen Variablen für x_i (i = 1, 2, …, I)

$\hat{y}_i$ = aufgrund der Regressionsfunktion ermittelter Schätzwert der abhängigen Variablen für x_i

e_i = nicht erklärte (d. h. nicht durch die unabhängige Variable erklärte) Abweichung des Beobachtungswertes von dem entsprechenden Schätzwert

Die nicht in der Regressionsgleichung erfaßten Einflußgrößen schlagen sich in den e_i nieder. Sie werden *Residuen* genannt[3].

Die Residualgröße einer Beobachtung bildet einen Teil der *Gesamtabweichung*, d. h. der Abweichung des y-Wertes vom Mittelwert der abhängigen Variablen. Tabelle 1.7 zeigt diese Abweichungen auf. Die der Regressionsanalyse zugrundeliegende Frage lautet: Welcher Anteil der Gesamtabweichungen der Absatzmenge läßt sich durch die unabhängige(n) Variable(n) erklären und welcher Anteil verbleibt als unerklärte Residuen? Betrachtet sei die Beobachtung Nr. 1: Läßt sich die gesamte Abweichung von 571,8 Mengeneinheiten durch die Preissetzung von DM 12,50 erklären, oder ist sie auch durch andere Einflußgrößen maßgeblich bestimmt worden? Die Zielsetzung der Regressionsanalyse besteht darin, eine lineare Funktion zu ermitteln, die möglichst viel von den Gesamtabweichungen erklärt und somit möglichst geringe Residuen übrig läßt.

Wenn man die Residuen explizit in die Regressionsgleichung einbezieht, erhält man anstelle von (3) die folgende Gleichung:

$$Y = b_0 + b_1 X + e \qquad (5)$$

Ein beobachteter Wert y_i der Absatzmenge setzt sich damit additiv zusammen aus einer Komponente, die sich linear mit dem Preis verändert, und der Resi-

Tabelle 1.7. Abweichungen der Beobachtungswerte y_i vom Stichprobenmittelwert $\bar{y}$

Nr. i	Beobachtungswert y_i	Mittelwert $\bar{y}$	Abweichung $y_i - \bar{y}$
1	2298	1726,20	571,80
2	1814	1726,20	87,80
3	1647	1726,20	− 79,20
4	1496	1726,20	−230,20
5	969	1726,20	−757,20
6	1918	1726,20	191,80
7	1810	1726,20	83,80
8	1896	1726,20	169,80
9	1715	1726,20	− 11,20
10	1699	1726,20	− 27,20

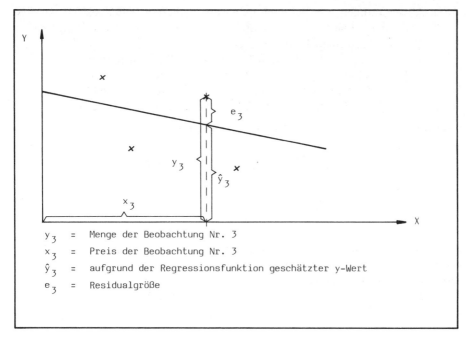

Abb. 1.1.3. Erfassung der Restschwankung

dualgröße e_i. Abbildung 1.1.3 macht dies deutlich. Die Residuen können sowohl positiv als auch negativ sein.

Will man den Zusammenhang zwischen Menge und Preis schätzen, dann gelingt dies um so besser, je kleiner die e_i sind. Im Extremfall, wenn alle e_i null sind, liegen alle Beobachtungswerte auf der Regressionsgeraden. Da dieser Fall aber bei empirischen Problemstellungen kaum vorkommt, wird ein Rechenverfahren benötigt, das die Parameter der Regressionsgeraden so schätzt (m. a. W., das die gesuchte Gerade so in den Punkteschwarm legt), daß die Streuung der Stichprobenwerte um die Gerade möglichst klein wird. Die Residuen sollen möglichst klein werden, damit die Schätzgenauigkeit der Regressionsfunktion möglichst groß wird, d. h., die Summe aller Residuen soll minimiert werden. Durch Umformung von (5) ergibt sich[4]:

Zielfunktion der Regressionsanalyse

$$\sum_{i=1}^{I} e_i^2 = \sum_{i=1}^{I} [y_i - (b_0 + b_1 x_i)]^2 \rightarrow \text{min!} \tag{6}$$

mit
e_i = Residualgröße der i-ten Beobachtung (i = 1, 2, ..., I)
y = abhängige Variable
b_0 = konstantes Glied der Regressionsgleichung
b_1 = Regressionskoeffizient
x = unabhängige Variable
I = Zahl der Beobachtungen

Die Abweichungen der Beobachtungswerte von den Schätzwerten werden u. a. aus rechnerischen Gründen quadriert, damit sich die positiven und negativen Abweichungen nicht kompensieren.

Die Minimierung der quadrierten Residuen ist die Zielfunktion bei der Ermittlung der Parameter b_0 und b_1. Wegen der rechnerischen Vorgehensweise heißt diese Art der Schätzung der Parameter die „*Methode der kleinsten Quadrate*". Sie führt zu folgenden Formeln für die Parameter b_0 und b_1:

Ermittlung der Parameter der Regressionsfunktion

$$b_1 = \frac{I(\Sigma x_i y_i) - (\Sigma x_i)(\Sigma y_i)}{I(\Sigma x_i^2) - (\Sigma x_i)^2} \quad \text{Regressionskoeffizient} \tag{7}$$

$$b_0 = \bar{y} - b_1 \bar{x} \quad \text{Konstantes Glied} \tag{8}$$

Mit den beiden Parametern b_0 und b_1 ist die Regressionsgleichung bestimmt. Das Fallbeispiel soll im folgenden durchgerechnet werden, um die Vorgehensweise zu demonstrieren. Die Ausgangsdaten müssen zunächst rechnerisch umgeformt werden. Dies zeigt Tabelle 1.8.

Die Werte können nun unmittelbar in die Formeln (7) und (8) eingesetzt werden:

$$b_1 = \frac{10(180\,338,65) - (104,95)(17\,262)}{10(1\,123) - (104,95)^2}$$

$$= -38,33$$

$$b_0 = 1\,726,20 - (-38,33 \cdot 10,495)$$

$$= 2\,128,47$$

Tabelle 1.8. Rechnerische Umformung der Ausgangsdaten

Beobachtung	Menge	Preis		
i	y	x	x y	x^2
1	2298	12,50	28725,00	156,25
2	1814	10,—	18140,00	100,00
3	1647	9,95	16387,65	99,00
4	1496	11,50	17204,00	132,25
5	969	12,—	11628,00	144,00
6	1918	10,—	19180,00	100,00
7	1810	8,—	14480,00	64,00
8	1896	9,—	17064,00	81,00
9	1715	9,50	16292,50	90,25
10	1699	12,50	21237,50	156,25
Σ	17262	104,95	180338,65	1123,00
	$\bar{y}=1726,2$	$\bar{x}=10,495$		

Die vollständige Regressionsgleichung lautet demnach

$$\hat{y}_i = 2\,128,47 - 38,33\,x_i$$

Mit Hilfe dieser Gleichung ist man nunmehr in der Lage, beliebige $\hat{y}$-Werte in Abhängigkeit vom x-Wert zu schätzen.

Beispiel: Der Preis sei 10,—. Wie hoch ist die geschätzte Absatzmenge?

$$\begin{aligned}\hat{y} &= 2\,128,47 - 38,33 \cdot 10,- \\ &= 1\,745,17\end{aligned}$$

Die Regressionsfunktion erlaubt nicht nur die Schätzung der Absatzmenge für jeden Preis, sondern sie zeigt auch an, um wieviel sich die geschätzte Menge ändern wird, wenn der Preis um eine Einheit geändert wird. In diesem Beispiel zeigt der Regressionskoeffizient b_1 an, daß die geschätzte Menge um 38,33 Einheiten abnehmen wird, wenn der Preis um eine Einheit zunimmt. Auf diese Weise kann der Regressionskoeffizient der Absatzplanung der Unternehmung wichtige Hinweise für eine optimale Preisgestaltung geben.

1.2.3 Das Bestimmtheitsmaß

Wie kann die Verläßlichkeit der Schätzung beurteilt werden? Die folgende Tabelle zeigt die Abweichungen der tatsächlichen Beobachtungswerte von den aufgrund der Regressionsgleichung geschätzten Werten (siehe Tabelle 1.9).

Betrachtet sei beispielsweise der Beobachtungswert $i = 6$. Der Schätzwert beträgt 1746, der Stichprobenwert für $x = 10$ dagegen 1918. Mithin besteht eine Abweichung von etwa 10 v. H. Ist das viel, wenig? Wie sind die Abweichungen insgesamt über alle Beobachtungswerte zu beurteilen? Was man braucht, ist eine Maßzahl zur Beurteilung der „Güte" der Schätzung. Diese Maßzahl ist das *Bestimmtheitsmaß*. Das Bestimmtheitsmaß trifft eine Aussage darüber, wie

Tabelle 1.9. Abweichungen der Beobachtungswerte von den Schätzwerten der Regressionsgleichung

Nr. i	Beobachtungswert y_i	Schätzwert $\hat{y}_i$	Restschwankung e_i
1	2298	1649,35	648,65
2	1814	1745,17	68,83
3	1647	1747,09	−100,09
4	1496	1687,68	−191,68
5	969	1668,51	−699,51
6	1918	1745,17	172,83
7	1810	1821,83	− 11,83
8	1896	1783,50	112,50
9	1715	1764,33	− 49,33
10	1699	1649,35	49,65

gut sich die Regressionsfunktion an die empirische Punkteverteilung anpaßt oder m. a. W. wieviel Restschwankung übrig geblieben ist.

Das Bestimmtheitsmaß greift auf den Gedanken der Zerlegung der Streuung der y_i-Werte um den Mittelwert $\bar{y}$ zurück, indem es den Anteil der erklärten Abweichung an der Gesamtabweichung zum Maßstab der Güte der Regressionsfunktion macht: Je höher der Anteil der durch die unabhängige Variable erklärten Abweichung an der Gesamtabweichung ist, desto geringer ist der Anteil der Restschwankung an der gesamten Streuung der y_i-Werte um ihren Mittelwert, denn es gilt die Beziehung

Gesamtabweichung = Erklärte Abweichung + Residuen

Je geringer der Anteil der Residuen an der Gesamtabweichung ist, desto „besser" lassen sich die $\hat{y}_i$-Werte mit Hilfe der Regressionsfunktion schätzen. Abbildung 1.2. verdeutlicht den Gedanken der Streuungszerlegung.

Betrachten wir zunächst das Wertepaar $x^+; y^+$. Die gesamte Abweichung des Stichprobenwertes y^+ vom Mittelwert $\bar{y}$ läßt sich aufteilen in einen Abschnitt, der durch die Regressionsfunktion (d. h. durch die Lage der Geraden im Punkteschwarm) erklärt ist. Das ist der Abstand $\hat{y}^+ - \bar{y}$, die „erklärte Abweichung". Nun liegt der Punkt aber nicht auf der Regressionsgeraden, d. h. hier haben unbekannte Einflüsse gewirkt. Deshalb ist $y^+ - \hat{y}^+$ die „nicht erklärte" Abweichung.

Wir wollen zur Verdeutlichung aus dem Fallbeispiel den Beobachtungswert Nr. 5 betrachten, der sich in etwa in dieser Lage zur Regressionsgeraden befindet ($x_5 = 12, -; y_5 = 969$). Der Schätzwert für $\hat{y}$, der $x_5 = 12$ entspricht, beträgt 1 668,51 (vgl. Tabelle 1.9). Die Gesamtabweichung des Beobachtungswertes vom Mittelwert setzt sich wie folgt zusammen:

$$y_5 - \bar{y} = (y_5 - \hat{y}_5) + (\hat{y}_5 - \bar{y})$$
$$969 - 1\,726,20 = (969 - 1\,668,51) + (1\,668,51 - 1\,726,20)$$
$$-757,20 = (-699,51) + (-57,69)$$
$$= -757,20$$

Analog sei der Punkt $x'; y'$ in Abbildung 1.2 betrachtet. Hier kompensieren sich erklärte und nicht erklärte Abweichung zum Teil. Zur Übung seien die fiktiven Werte $x' = 8,50; y' = 1\,650$, die in etwa der Lage des Punktes zur Regressionsgeraden in der Abbildung 1.2 entsprechen, rechnerisch auf ihre Abweichungen untersucht. Der Schätzwert $\hat{y}'$ für den Preis $x' = 8,50$ beträgt (vgl. Abschnitt 1.2.2):

$$\hat{y}' = 2\,128,47 - 38,33 \cdot 8,50$$
$$= 1\,802,67$$

Dann setzt sich die Gesamtabweichung wie folgt zusammen:

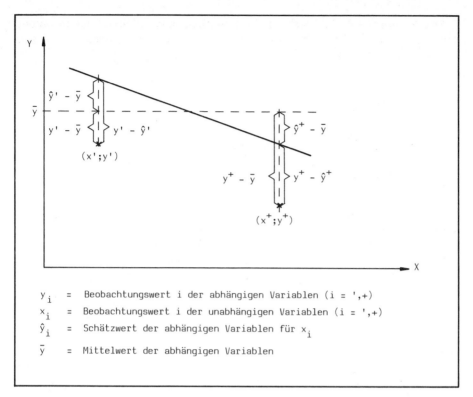

Abb. 1.2. Zerlegung der Abweichungen

$$y' - \bar{y} = (y' - \hat{y}') + (\hat{y}' - \bar{y})$$
$$1650 - 1726,20 = (1650 - 1802,67) + (1802,67 - 1726,20)$$
$$-76,20 = (-152,67) + (76,47)$$
$$= -76,20.$$

Wir halten fest: Um das Bestimmtheitsmaß zu ermitteln, wird der Abstand jedes Punktes vom Mittelwert $\bar{y}$ in den durch die Regressionsfunktion erklärten und in den nicht erklärten Teil aufgespalten. Analog zu der oben beschriebenen Aufspaltung der Gesamtabweichung gilt folgende Zerlegung der *Gesamtstreuung* (= Summe der quadratischen Abweichungen)[5].

Zerlegung der Gesamtstreuung

$$\sum_{i=1}^{I} (y_i - \bar{y})^2 = \sum_{i=1}^{I} (\hat{y}_i - \bar{y})^2 + \sum_{i=1}^{I} (y_i - \hat{y}_i)^2 \qquad (9)$$

Gesamt-streuung $=$ erklärte Streuung $+$ nicht erklärte Streuung

Aus der Formel (9) läßt sich das Bestimmtheitsmaß ableiten. Das Bestimmtheitsmaß heißt r^2 und stellt das *Verhältnis von erklärter Streuung zur Gesamtstreuung* dar.

Bestimmtheitsmaß

$$r^2 = \frac{\sum\limits_{i=1}^{I} (\hat{y}_i - \bar{y})^2}{\sum\limits_{i=1}^{I} (y_i - \bar{y})^2} = \frac{\text{erklärte Streuung}}{\text{Gesamtstreuung}} \qquad (10)$$

Das Bestimmtheitsmaß ist um so größer, je höher der Anteil der erklärten Streuung an der Gesamtstreuung ist. Im Extremfall, wenn die gesamte Streuung erklärt wird, ist $r^2 = 1$, im anderen Extremfall entsprechend $r^2 = 0$.

Man kann das Bestimmtheitsmaß auch durch Subtraktion des Verhältnisses der nicht erklärten Streuung zur Gesamtstreuung vom Maximalwert 1 ermitteln:

Bestimmtheitsmaß

$$r^2 = 1 - \frac{\sum\limits_{i=1}^{I} (y_i - \hat{y}_i)^2}{\sum\limits_{i=1}^{I} (y_i - \bar{y})^2} \qquad (10a)$$

Die Umformung von (10) in (10a) erleichtert die Rechenarbeit für die Ermittlung des Bestimmtheitsmaßes. Wiederum soll das Fallbeispiel zur Demonstration dienen. Die Ausgangsdaten und bisherigen Ergebnisse werden wie folgt aufbereitet (Tabelle 1.10).

Tabelle 1.10. Aufbereitung der Daten für die Ermittlung des Bestimmtheitsmaßes

i	y_i	$\hat{y}_i$	$y_i - \hat{y}_i$	$(y_i - \hat{y}_i)^2$	$y_i - \bar{y}$	$(y_i - \bar{y})^2$
1	2 298	1 649,35	648,65	420 753,31	571,80	326 955,24
2	1 814	1 745,17	68,83	4 737,57	87,80	7 708,84
3	1 647	1 747,09	− 100,09	10 017,31	− 79,20	6 272,64
4	1 496	1 687,68	− 191,68	36 739,31	−239,20	52 992,04
5	969	1 668,51	− 699,51	489 314,24	−757,20	573 351,84
6	1 918	1 745,17	172,83	29 870,21	191,80	36 787,24
7	1 810	1 821,83	− 11,83	139,95	83,80	7 022,44
8	1 896	1 783,50	112,50	12 656,25	169,80	28 832,04
9	1 715	1 764,33	− 49,33	2 433,94	− 11,20	125,44
10	1 699	1 649,35	49,65	2 465,62	− 27,20	739,84
	$\bar{y} = 1 726,20$			1 009 127,70		1 040 787,60

Die Ergebnisse lassen sich in die Formel (10a) eintragen:

$$r^2 = 1 - \frac{1\,009\,127,20}{1\,040\,787,60}$$

$$= 0,030419.$$

Das Ergebnis besagt, daß 3% der gesamten Streuung auf die erklärende Variable „Preis" und 97% auf in der Regressionsgleichung nicht erfaßte Einflüsse zurückzuführen sind.

Dieses Ergebnis, das auch durch den optischen Eindruck in Abbildung 1.1 bestätigt wird, zeigt an, daß der Zusammenhang zwischen Menge und Preis hier nur sehr schwach ausgeprägt ist. Wäre nicht in der geschätzten Regressionsbeziehung das Vorzeichen des Preiskoeffizienten negativ und somit zumindest sachlogisch korrekt, dann müßte der Verkaufsleiter jetzt zweifeln, ob hier überhaupt ein Zusammenhang zwischen Menge und Preis vorliegt. Richtiger ist sicherlich die Vermutung, daß ein Einfluß des Preises zwar gegeben ist, daß dieser aber durch zum Teil stärkere Einflüsse von anderen Größen überlagert und damit verdeckt wird.

1.2.4 Die multiple Regressionsanalyse

Der Verkaufsleiter sollte, wenn er nicht den Versuch einer Erklärung der Absatzschwankungen aufgeben will, mindestens eine weitere erklärende Variable in das Modell einführen. Angenommen, er mißt den Verkaufsförderungsanstrengungen eine Bedeutung für den Absatz zu. Die Ausgangsdaten dafür finden sich in Tabelle 1.6.

Durch die Hinzunahme einer weiteren unabhängigen Variablen gehen wir von der einfachen Regressionsanalyse zur *multiplen Regressionsanalyse* über. Im vorliegenden Beispiel handelt es sich um einen Drei-Variablen-Fall (eine abhängige, zwei unabhängige Variable).

Methodisch betrachtet ist der Drei-Variablen-Fall zum Zwei-Variablen-Fall der einfachen Regression analog zu sehen. Wiederum muß unterstellt werden, daß die Beziehungen zwischen Menge und Preis sowie Verkaufsförderung linearer Natur sind. Über eine Reihe weiterer Prämissen, die einer multiplen Regresssionsanalyse zugrunde liegen, wird weiter unten berichtet.

Eine lineare Beziehung zwischen drei Variablen hat die Form

$$Y = b_0 + b_1 X_1 + b_2 X_2 \tag{11}$$

Dem Einfluß nicht explizit erfaßter Variabler wird wiederum durch die Variable e Rechnung getragen:

$$Y = b_0 + b_1 X_1 + b_2 X_2 + e \tag{12}$$

Auch bei der multiplen Regressionsanalyse lautet die Aufgabe, die Parameter b_0, b_1 und b_2 so zu bestimmen, daß die Summe der Abweichungsquadrate (nicht erklärte Streuung) minimiert wird.

Die Zahl der notwendigen Rechenoperationen nimmt beim Drei-Variablen-Fall gegenüber dem Zwei-Variablen-Fall beträchtlich zu. Wächst die Zahl der Variablen darüber hinaus, so ist der Rechenaufwand ohne Computer-Einsatz kaum noch zu bewältigen. Die weiteren Darstellungen der Regressionsanalyse basieren deshalb auf maschinellen Rechnungen, die mit Hilfe des Programmpakets SSPS[x] vorgenommen wurden und auf die im folgenden jeweils Bezug genommen wird[6].

In Tabelle 1.11.1 ist zunächst zum besseren Verständnis der Programmausdruck für die einfache Regressionsanalyse zwischen „Menge" und „Preis" wiedergegeben. Die bereits bekannten Parameter der Regressionsgleichung sind in der ersten Spalte (B) angegeben. Diese lautet also bei exakter Berechnung:

$$\hat{Y} = 2\,128{,}44523 - 38{,}32732\,X$$

Der folgenden Tabelle 1.11.2 kann man das zugehörige Bestimmtheitsmaß r^2 (R SQUARE) von 0,03042 entnehmen.

Das Ergebnis der Regressionsanalyse mit den beiden unabhängigen Variablen „Preis" und „Ausgaben" (für Verkaufsförderung) zeigt der folgende Programmausdruck in Tabelle 1.11.3. Die Regressionsgleichung lautet jetzt:

$$\hat{Y} = 1\,818{,}897 - 63{,}83923\,X_1 + 0{,}56322\,X_2$$

Beispiel für die Schätzung der Absatzmenge: Für die Beobachtung Nr. 6 mit $X_1 = 10$ (Preis) und $X_2 = 1\,500$ (Ausgaben) erhält man

$$\hat{y}_6 = 1\,818{,}897 - 63{,}83923 \cdot 10 + 0{,}56322 \cdot 1\,500$$

$$= 2\,025{,}33$$

Tabelle 1.11.1. Statistische Maße der Variablen in der Regressionsgleichung (eine unabhängige Variable)

```
----------------- VARIABLES IN THE EQUATION -----------------

VARIABLE          B          SE B        BETA        T    SIG T

PREIS         -38.32732    76.50358    -.17441    -.501   .6299
(CONSTANT)   2128.44523   810.72231               2.625   .0304
```

Tabelle 1.11.2. Globale Gütemaße der Regressionsgleichung (eine unabhängige Variable)

```
MULTIPLE R            .17441     ANALYSIS OF VARIANCE
R SQUARE              .03042                    DF     SUM OF SQUARES    MEAN SQUARE
ADJUSTED R SQUARE    -.09078     REGRESSION      1       31659.90008    31659.90008
STANDARD ERROR     355.16329     RESIDUAL        8     1009127.69992   126140.96249

                                 F  =    .25099     SIGNIF F =  .6299
```

Die tatsächlich beobachtete Absatzmenge betrug 1918 Einheiten (vgl. Tabelle
1.6). Die Residualgröße hat sich damit gegenüber rund 173 Einheiten bei der
einfachen Regression (vgl. Tabelle 1.10) auf 107 Einheiten verringert. Es läßt
sich somit vermuten, daß die Schätzgenauigkeit durch Einbeziehung der Variablen „Ausgaben" zugenommen hat.

Ein genaueres Urteil erlaubt das *Bestimmtheitsmaß* r^2 (R SQUARE), das
man der Tabelle 1.11.4 entnehmen kann. Es zeigt, daß sich der Anteil der erklärten Streuung von 3% auf 83% erhöht hat. Das Bestimmtheitsmaß läßt sich
alternativ durch Streuungszerlegung (siehe oben) oder als Quadrat der Korrelation r zwischen den beobachteten und den geschätzten Y-Werten berechnen.
Es besteht in dieser Hinsicht kein Unterschied zwischen einfacher und multipler Regressionsanalyse. Da die geschätzte Y-Variable aber im Falle der multiplen Regressionsanalyse durch (lineare) Verknüpfung von mehreren X-Variablen gebildet wird, bezeichnet man r auch als *multiplen Korrelationskoeffizienten* (MULTIPLE R). Im Programmausdruck ist es ebenfalls angegeben.

Bemerkenswert ist, daß sich der Regressionskoeffizient b_1 für den „Preis"
durch Einbeziehung der „Ausgaben" erheblich vergrößert hat. Dies kann möglicherweise ein Indiz dafür sein, daß die Variablen „Preis" und „Ausgaben"
nicht unabhängig voneinander sind: Die Wirksamkeit des Preises wird durch
die Ausgaben für Verkaufsförderung beeinflußt und umgekehrt. Derartige Abhängigkeiten zwischen den unabhängigen Variablen stellen Prämissenverletzungen des linearen Modells dar. In Abschnitt 1.3.5 wird darauf genauer eingegangen.

Die geschätzten Koeffizienten b_j in der Regressionsgleichung geben an, wie
sich die abhängige Variable bei Änderung der betreffenden unabhängigen Va-

Tabelle 1.11.3. Statistische Maße der Variablen in der Regressionsgleichung (zwei unabhängige Variable)

```
----------------- VARIABLES IN THE EQUATION ------------------

VARIABLE              B          SE B         BETA          T   SIG T

PREIS           -63.83923     34.57806      -.29050    -1.846   .1074
AUSGABEN          .56322        .09831       .90145     5.729   .0007
(CONSTANT)      1818.89693    367.37370                 4.951   .0017
```

Tabelle 1.11.4. Globale Gütemaße der Regressionsgleichung (zwei unabhängige Variable)

```
MULTIPLE R            .91080     ANALYSIS OF VARIANCE
R SQUARE              .82956                    DF    SUM OF SQUARES    MEAN SQUARE
ADJUSTED R SQUARE     .78087     REGRESSION      2       863397.83613   431698.91807
STANDARD ERROR     159.18981     RESIDUAL        7       177389.76387    25341.39484

                                 F =     17.03533     SIGNIF F =  .0020
```

riablen um eine Einheit (und sonst gleichen Bedingungen) verändert. Beispiele:

- Eine Preiserhöhung um eine DM bewirkt eine Verringerung der Absatzmenge um 63,8 Einheiten (Kartons).
- Eine Erhöhung der Ausgaben für Verkaufsförderung um eine DM bewirkt eine Erhöhung der Absatzmenge um 0,563 Einheiten.

Der Programmausdruck für die Regressionsanalyse enthält noch einige weitere Angaben. An dieser Stelle soll nur der Beta-Wert (BETA) erläutert werden. Der Beta-Wert ist ein *standardisierter Regressionskoeffizient,* der sich wie folgt errechnet:

$$BETA_j = b_j \cdot \frac{\text{Standardabweichung von } X_j}{\text{Standardabweichung von } Y}$$

Die Standardabweichungen der Variablen können der Tabelle 1.12 entnommen werden. Beispiel:

$$BETA_{PREIS} = -63,839 \cdot \frac{1,547}{340,063} = -0,29$$

Die Beta-Werte lassen die Wichtigkeit der unabhängigen Variablen für die Erklärung der abhängigen Variablen erkennen (die Vorzeichen sind dabei belanglos). Man sieht hier, daß der Beta-Wert des Preises bedeutend geringer ist als der Beta-Wert der Ausgaben für Verkaufsförderung, während es sich bei den unstandardisierten Regressionskoeffizienten umgekehrt verhält.

Durch die Standardisierung werden die unterschiedlichen Meßdimensionen der Variablen, die sich in den Regressionskoeffizienten niederschlagen, eliminiert und diese somit vergleichbar gemacht. Bei Durchführung einer Regressionsanalyse mit standardisierten Variablen würden Regressionskoeffizienten und Beta-Werte übereinstimmen. Zur Schätzung von Werten der abhängigen Variablen müssen, damit man diese in der Maßdimension der Ausgangsdaten erhält, die unstandardisierten Regressionskoeffizienten verwendet werden.

In Tabelle 1.13 sind die „*Steuerkarten*" (Anweisungen) für das Programm SPSS[x], mittels derer die obigen Programmausdrucke erzeugt wurden, wiedergegeben.

Tabelle 1.12. Mittelwert und Standardabweichung der Variablen

```
                MEAN    STD DEV   LABEL

MENGE       1726.200   340.063   ZAHL DER ABGESETZTEN KARTONS
PREIS         10.495     1.547   PREIS PRO KARTON
AUSGABEN    1025.000   544.289   AUSGABEN FUER VERKAUFSFOERDERUNG
BESUCHE       93.600    13.986   ZAHL DER VERTRETERBESUCHE

N OF CASES =     10
```

Tabelle 1.13. SPSS-Kommandos für das Beispiel zur Regressionsanalyse (Methode ENTER)

```
TITLE "Beispiel zur Regressionsanalyse"

* DATENDEFINITION
* ---------------

DATA LIST FIXED
   /Lfdnr 1-2 Menge 4-7 Preis 9-13 Ausgaben 15-18 Besuche 20-22
VARIABLE LABELS  Lfdnr     "Laufende Nummer der Verkaufsgebiete"
                 /Menge    "Zahl der abgesetzten Kartons"
                 /Preis    "Preis pro Karton"
                 /Ausgaben "Ausgaben für Verkaufsförderung"
                 /Besuche  "Zahl der Vertreterbesuche"
BEGIN DATA
 1 2298 12.50 2000 109
 2 1814 10.00  550 107
 3 1647  9.95 1000  99
 .
 .
 .
10 1699 12.50 1300  79
END DATA

* PROZEDUR
* --------

SUBTITLE "          Regressionsanalyse nach der Methode ENTER"
REGRESSION VARIABLES = Menge Preis Ausgaben Besuche
   /DESCRIPTIVES
   /STATISTICS
   /DEPENDENT = Menge
   /ENTER     = Preis
   /ENTER     = Ausgaben
FINISH
```

Die Prozeduranweisung REGRESSION zur Durchführung der Regressionsanalyse enthält eine Reihe von Unteranweisungen. Durch die Anweisung DES-
CRIPTIVES wird die Ausgabe von Mittelwerten und Standardabweichungen
der Variablen (Tabelle 1.12) veranlaßt. Durch die Anweisung VARIABLES
werden die Variablen für die Durchführung der Regressionsanalyse(n) aus der
DATA LIST ausgewählt. Durch die Anweisung DEPENDENT wird die abhängige Variable bestimmt. Mittels der Anweisung ENTER lassen sich eine

oder mehrere unabhängige Variablen angeben, die in die Regressionsgleichung einbezogen werden sollen (zusätzlich zu bereits enthaltenen Variablen). Durch ENTER ohne Spezifikation wird die Einbeziehung aller unabhängigen Variablen bewirkt.

1.2.5 Alternative Vorgehensweisen der multiplen Regressionsanalyse

Im vorhergehenden Abschnitt wurden zwei verschiedene Regressionsgleichungen formuliert und analysiert. Mit den drei unabhängigen Variablen „Preis", „Ausgaben" und „Besuche" lassen sich insgesamt sieben verschiedene Modelle (Regressionsgleichungen) bilden: drei mit einer unabhängigen Variablen, drei mit zwei unabhängigen Variablen und eine mit drei unabhängigen Variablen. Die Anzahl der möglichen Kombinationen erreicht mit wachsender Anzahl der unabhängigen Variablen sehr schnell astronomische Größen. Schon bei 10 unabhängigen Variablen lassen sich mehr als 1 000 Modelle formulieren.

Mit Hilfe eines Computers ist es zwar möglich, sich alle Kombinationen durchrechnen zu lassen. Der Aufwand kann aber immens sein und für den Untersucher verbleibt das Problem, die alternativen Modelle zu vergleichen und unter diesen auszuwählen.

Weniger aufwendig sind die beiden folgenden Vorgehensweisen:

- Der Untersucher formuliert ein oder einige Modelle, die ihm aufgrund von theoretischen oder sachlogischen Überlegungen sinnvoll erscheinen und überprüft diese sodann empirisch durch Anwendung der Regressionsanalyse.
- Der Untersucher läßt sich vom Computer eine Auswahl von Modellen, die sein Datenmaterial gut abbilden, zeigen und versucht sodann, diese sinnvoll zu interpretieren.

Die zweite Alternative ist besonders verlockend und findet in der empirischen Forschung durch die Verfügbarkeit leistungsfähiger Computer-Programme zunehmende Verbreitung. Es besteht hierbei jedoch die Gefahr, daß sachlogische Überlegungen in den Hintergrund treten können oder, m. a. W., daß der Untersucher mehr dem Computer als seinem gesunden Menschenverstand vertraut. Der Computer kann nur nach statistischen Kriterien wählen, nicht aber erkennen, ob ein Modell auch inhaltlich sinnvoll ist.

Statistisch signifikante Zusammenhänge sollten vom Untersucher nur dann akzeptiert werden, wenn sie seinen sachlogischen Erwartungen entsprechen. Andererseits sollte der Untersucher bei Nichtsignifikanz eines Zusammenhanges nicht folgern, daß kein Zusammenhang besteht, wenn ansonsten das Ergebnis logisch korrekt ist. So sollte z. B. im vorliegenden Fall aus der Nichtsignifikanz des Preiseinflusses nicht der Schluß gezogen werden, daß kein Preiseinfluß besteht. Andernfalls sollte man bei logisch widersprüchlichen Ergebnissen oder sachlogisch unbegründeten Einflußfaktoren nicht zimperlich sein, diese aus dem Regressionsmodell zu entfernen, auch wenn der Erklärungsanteil dadurch sinkt.

Das Programm SPSS[x] bietet eine Reihe von Möglichkeiten, um aus einer Menge von unabhängigen Variablen unterschiedliche Kombinationen auszuwählen und somit unterschiedliche Regressionsmodelle zu bilden. Die wichtigste Methode wurde bereits demonstriert. Mit der Anweisung ENTER kann der Benutzer einzelne Variable oder Blöcke von Variablen in eine Regressionsgleichung einbeziehen. Mit der Anweisung REMOVE lassen sich umgekehrt auch Variable wieder entfernen.

Eine Methode, bei der die Auswahl der Variablen automatisch (durch einen Algorithmus gesteuert) erfolgt, ist die schrittweise Regression. In SPSS[x] läßt sie sich durch die Anweisung STEPWISE aufrufen. Bei der schrittweisen Regression werden die unabhängigen Variablen einzeln nacheinander in die Regressionsgleichung einbezogen, wobei jeweils diejenige Variable ausgewählt wird, die ein bestimmtes Gütekriterium maximiert. Im ersten Schritt wird eine einfache Regression mit derjenigen Variablen durchgeführt, die die höchste (positive oder negative) Korrelation mit der abhängigen Variablen aufweist. In den folgenden Schritten wird dann jeweils die Variable mit der höchsten partiellen Korrelation ausgewählt. Aus der Rangfolge der Aufnahme läßt sich die statistische Wichtigkeit der Variablen erkennen.

Die Anzahl der durchgeführten Analysen bei der schrittweisen Regression ist bedeutend geringer als die Anzahl der kombinatorisch möglichen Regressionsgleichungen. Bei 10 unabhängigen Variablen sind i. d. R. auch nur 10 Analysen gegenüber 1 023 möglichen Analysen durchzuführen. Die Zahl der durchgeführten Analysen kann allerdings schwanken. Einerseits kann sie sich verringern, wenn Variable ein bestimmtes Aufnahmekriterium nicht erfüllen. Andererseits kann es vorkommen, daß eine bereits ausgewählte Variable wieder aus der Regressionsgleichung entfernt wird, weil sie durch die Aufnahme anderer Variabler an Bedeutung verloren hat und das Aufnahmekriterium nicht mehr erfüllt. Es besteht allerdings keine Gewähr, daß die schrittweise Regression immer zu einer optimalen Lösung führt.

Die Tabellen 1.14 und 1.15 zeigen das Ergebnis der schrittweisen Regressionsanalyse für das Fallbeispiel. Im ersten Schritt wurde die Variable „Ausgaben" ausgewählt (Tabelle 1.14) und im zweiten Schritt die Variable „Besuche". Die Variable „Preis" erfüllte das Aufnahmekriterium nicht, weshalb das Verfahren nach dem zweiten Schritt abgebrochen wurde.

Bei jedem Schritt wird für die noch unberücksichtigten Variablen (VARIABLES NOT IN THE EQUATION) der Beta-Wert (BETA IN) angegeben, den die Variable nach einer eventuellen Aufnahme im folgenden Schritt erhalten würde. In der folgenden Spalte (PARTIAL) sind die für die Auswahl verwendeten partiellen Korrelationskoeffizienten der Variablen ersichtlich. Die Prozeduranweisung für die Durchführung der schrittweisen Regressionsanalyse ist in Tabelle 1.16 wiedergegeben.

Als Kriterium für die Aufnahme oder Elimination einer unabhängigen Variablen dient der F-Wert des partiellen Korrelationskoeffizienten (die Bedeutung des F-Wertes wird im folgenden Abschnitt erläutert). Eine Variable wird nur dann aufgenommen, wenn ihr F-Wert einen vorgegebenen Wert übersteigt.

Tabelle 1.14. Schrittweise Regressionsanalyse (Schritt 1: Aufnahme der Variablen AUSGA-BEN)

```
VARIABLE(S) ENTERED ON STEP NUMBER   1..    AUSGABEN  AUSGABEN FUER VERKAUFSFOERDERUNG

MULTIPLE R            .86404       ANALYSIS OF VARIANCE
R SQUARE             .74657                        DF    SUM OF SQUARES      MEAN SQUARE
ADJUSTED R SQUARE    .71489       REGRESSION        1       777019.56774     777019.56774
STANDARD ERROR    181.57919       RESIDUAL          8       263768.03226      32971.00403

                                  F =     23.56675      SIGNIF F =   .0013


----------------- VARIABLES IN THE EQUATION -----------------

VARIABLE            B          SE B        BETA        T    SIG T

AUSGABEN         .53984       .11120      .86404    4.855   .0013
(CONSTANT)   1172.86338   127.62911                 9.190   .0000


------------ VARIABLES NOT IN THE EQUATION ------------

VARIABLE    BETA IN  PARTIAL  MIN TOLER       T    SIG T

PREIS       -.29050  -.57226    .98341    -1.846   .1074
BESUCHE      .41007   .77041    .89453     3.197   .0151
```

Tabelle 1.15. Schrittweise Regressionsanalyse (Schritt 2: Aufnahme der Variablen BESU-CHE)

```
VARIABLE(S) ENTERED ON STEP NUMBER   2..    BESUCHE   ZAHL DER VERTRETERBESUCHE

MULTIPLE R            .94710       ANALYSIS OF VARIANCE
R SQUARE             .89699                        DF    SUM OF SQUARES      MEAN SQUARE
ADJUSTED R SQUARE    .86756       REGRESSION        2       933575.58232     466787.79116
STANDARD ERROR    123.75784       RESIDUAL          7       107212.01768      15316.00253

                                  F =     30.47713      SIGNIF F =   .0004


----------------- VARIABLES IN THE EQUATION -----------------

VARIABLE            B          SE B        BETA        T    SIG T

AUSGABEN         .45663       .08014      .73086    5.698   .0007
BESUCHE         9.97087      3.11868      .41007    3.197   .0151
(CONSTANT)    324.87798    279.13244                1.164   .2826


------------ VARIABLES NOT IN THE EQUATION ------------

VARIABLE    BETA IN  PARTIAL  MIN TOLER       T    SIG T

PREIS       -.11959  -.31573    .65306     -.815   .4462

FOR BLOCK NUMBER  1    POUT =   .050 LIMITS REACHED.
```

Tabelle 1.16. SPSS-Kommandos für die schrittweise Regressionsanalyse

```
REGRESSION      VARIABLES = MENGE PREIS AUSGABEN BESUCHE/
                CRITERIA = PIN(0.05) POUT(0.10)/
                DEPENDENT = MENGE/
                STEPWISE = PREIS AUSGABEN BESUCHE/
```

Dieser Wert kann durch den Benutzer mittels der Anweisung CRITERIA verändert werden. Alternativ kann dafür einer der beiden folgenden Parameter verwendet werden:

FIN: Unterer Schwellenwert für den F-Wert des partiellen Korrelationskoeffizienten (F-to-enter). Voreingestellt ist der Wert FIN = 3,84.

PIN: Oberer Schwellenwert für das Signifikanzniveau (Irrtumswahrscheinlichkeit) des F-Wertes. Voreingestellt ist der Wert 0,05.

Die beiden Kriterien sind nicht völlig identisch, da das Signifikanzniveau des F-Wertes auch von der Anzahl der Variablen in der Regressionsgleichung abhängt.

Je größer FIN bzw. je kleiner PIN, desto mehr werden die Anforderungen für die Aufnahme einer Variablen verschärft. Entsprechend lassen sich auch ein FOUT und POUT für die Elimination von Variablen spezifizieren. Folgende Bedingungen müssen bei der Spezifikation dieser Parameter beachtet werden:

$$0 \leq \text{FOUT} \leq \text{FIN}$$
$$0 < \text{PIN} \quad \leq \text{POUT} \leq 1$$

Das Ergebnis der Regressionsanalyse mit allen drei unabhängigen Variablen ist in Tabelle 1.17 wiedergegeben. Es wurde durch blockweise Aufnahme der Variablen mittels der Anweisung

ENTER = PREIS AUSGABEN BESUCHE /

erzeugt. Intern führt das Programm auch bei blockweiser Aufnahme der Variablen eine schrittweise Regression durch (mit PIN = 1). Im oberen Teil der Tabelle ist zu ersehen, in welcher Reihenfolge die Variablen ausgewählt wurden.

Tabelle 1.17. Regressionsanalyse mit allen drei unabhängigen Variablen. Blockweise Aufnahme der Variablen durch: ENTER = PREIS AUSGABEN BESUCHE/

```
BEGINNING BLOCK NUMBER  1.  METHOD:  ENTER      PREIS    AUSGABEN BESUCHE

VARIABLE(S) ENTERED ON STEP NUMBER  1..    BESUCHE   ZAHL DER VERTRETERBESUCHE
                                    2..    AUSGABEN  AUSGABEN FUER VERKAUFSFOERDERUNG
                                    3..    PREIS     PREIS PRO KARTON

MULTIPLE R          .95250      ANALYSIS OF VARIANCE
R SQUARE            .90726                        DF      SUM OF SQUARES      MEAN SQUARE
ADJUSTED R SQUARE   .86089      REGRESSION         3        944262.73044     314754.24348
STANDARD ERROR   126.83642      RESIDUAL           6         96524.86956      16087.47826

                                F =     19.56517        SIGNIF F =   .0017


----------------- VARIABLES IN THE EQUATION -----------------

VARIABLE          B          SE B        BETA         T     SIG T

PREIS        -26.28055     32.24390     -.11959     -.815    .4462
AUSGABEN        .47947       .08678      .76742     5.525    .0015
BESUCHE        8.38680      3.74076      .34492     2.242    .0662
(CONSTANT)   725.54829    568.76810                 1.276    .2492
```

1.3 Die Prüfung der Ergebnisse

1.3.1 Der Schluß von der Stichprobe auf die unbekannte Grundgesamtheit

Nachdem die Ermittlung einer linearen Beziehung zwischen Regressand und Regressoren in der Stichprobe behandelt worden ist, soll nunmehr der Frage nachgegangen werden, ob die solchermaßen ermittelten Zusammenhänge nur für die Stichprobe gelten oder ob mit einiger Berechtigung vermutet werden kann, daß die Beziehung auch in der unbekannten Grundgesamtheit besteht. Mit anderen Worten: Ist die Regressionsfunktion der Stichprobe

$$Y = b_0 + b_1 X_1 + b_2 X_2 + \ldots + b_j X_j + \ldots + b_J X_J$$

eine brauchbare Schätzfunktion für den „wahren" Zusammenhang in der Grundgesamtheit?

Regressionsfunktion der Grundgesamtheit

$$Y = \beta_0 + \beta_1 X_1 + \beta_2 X_2 + \ldots + \beta_j X_j + \ldots + \beta_J X_J + U \tag{13}$$

mit
Y = AbhängigeVariable
β_0 = konstantes Glied der Regressionsfunktion
β = Regressionskoeffizient
X = Unabhängige Variable
U = Residuen
J = Zahl der Regressoren

Die methodische Vorgehensweise besteht darin, zunächst mit Hilfe statistischer Testverfahren die *Qualität der Regressionsgleichung der Stichprobe* zu prüfen.

Zeigen die Tests an, daß die Regressionsgleichung der Stichprobe die Mindestanforderungen an Schätzgenauigkeit erfüllen, dann kann mit weiteren Schritten geprüft werden, ob der gefundene Zusammenhang auch in der Grundgesamtheit besteht. Solche Schritt sind

- die Erhebung einer neuen, größeren Stichprobe: Liegen die Ergebnisse dort gleich, dann ist mit noch mehr Berechtigung der Zusammenhang in der Grundgesamtheit zu vermuten.
- die Prüfung an der Realität: Die härteste Methode der Prüfung der Regressionsgleichung besteht in der empirischen Anwendung durch Prognose und Beobachtung.

In diesem Abschnitt sollen die statistischen Verfahren besprochen werden, die die Qualität der Regressionsgleichung der Stichprobe überprüfen sollen, um die Mindestvoraussetzungen für einen Schluß von der Stichprobe auf die Grundgesamtheit sicherzustellen.

Dabei geht man so vor, daß zunächst die Erklärungskraft der Regressionsgleichung als ganze getestet wird. Dieser Test richtet sich auf das Bestimmtheitsmaß r^2. Wenn dieser Test unbefriedigende Ergebnisse erzielt, dann ist der ganze Regressionsansatz unbrauchbar.

Wenn der Test des Bestimmtheitsmaßes nicht zur Verwerfung der ganzen Regressionsgleichung führt, dann werden die Regressionskoeffizienten individuell auf ihre Erklärungskraft hin geprüft. Einzelne Regressionskoeffizienten, die den Test nicht bestehen, werden aus der Regressionsgleichung entfernt. Diesen beiden Tests sind die beiden nachfolgenden Abschnitte gewidmet.

1.3.2 Die Prüfung des Bestimmtheitsmaßes

Das Bestimmtheitsmaß drückt den Anteil der erklärten Abweichungen an den gesamten Abweichungen der Beobachtungswerte gegenüber dem Mittelwert der Stichprobe aus. Es könnte nun sein, daß sich der Wert des Bestimmtheitsmaßes nur aufgrund zufälliger Einflüsse in der Stichprobe ergeben hat und in Wirklichkeit (d. h. in der Grundgesamtheit) eine Veränderung der Y-Werte gar nicht auf eine Veränderung der X_i-Werte zurückzuführen ist.

Das Prüfverfahren ist der *F-Test*. Er geht wie folgt vor:

1. Es wird eine Hypothese H_0 („Nullhypothese") formuliert, die besagt, daß kein Zusammenhang zwischen der abhängigen Variablen und den unabhängigen Variablen besteht. Die Nullhypothese postuliert, daß die gefundene Regressionsgleichung als ganze unbrauchbar ist.
2. Es wird eine Wahrscheinlichkeit vorgegeben, die das Vertrauen in die Verläßlichkeit des Testergebnisses ausdrückt. Üblicherweise werden hierfür entweder 0,95 oder 0,99 gewählt. Das bedeutet: Mit 95 (bzw. 99) Prozent Wahrscheinlichkeit kann man sich darauf verlassen, daß eine Ablehnung der Nullhypothese nicht zu unrecht erfolgt. Anders ausgedrückt: Wenn der Test zu dem Ergebnis führt, daß H_0 abgelehnt wird, ist mit 95 (bzw. 99) Prozent Wahrscheinlichkeit die Alternativhypothese H_1 richtig, die besagt, daß das Bestimmtheitsmaß signifikant von null verschieden ist, die Regressionsgleichung der Stichprobe also nicht als ganze unbrauchbar ist.
3. Der Test besteht in seinem Wesen darin, daß aufgrund der Stichprobenwerte ein empirischer F-Wert ermittelt wird, der mit einem theoretischen F-Wert anhand einer Tabelle verglichen wird. Das Ergebnis des Vergleichs erlaubt eine Annahme oder Ablehnung der Nullhypothese, d. h. eine Beurteilung der Frage, ob die Regressionsgleichung als ganze zu verwerfen ist.
4. Die Formel zur *Errechnung des F-Wertes* lautet:

F-Wert der Stichprobe

$$F_{emp} = \frac{\dfrac{r^2}{J}}{\dfrac{1-r^2}{I-J-1}} \qquad (14)$$

mit
F_{emp} = Errechneter F-Wert der Stichprobe
r^2 = Bestimmtheitsmaß der Stichprobe
J = Zahl der Regressoren
I = Stichprobenumfang

Wir wenden wiederum unser Beispiel an (vgl. Tabelle 1.17):

$$F_{emp} = \frac{\dfrac{0,95250^2}{3}}{\dfrac{1-0,92525^2}{10-3-1}} = \frac{\dfrac{0,90726}{3}}{\dfrac{0,09274}{6}}$$

$$= 19,565$$

5. Der errechnete F-Wert wird mit dem entsprechenden F-Wert der *F-Tabelle* verglichen. Tabelle 1.18 zeigt einen Ausschnitt aus der F-Tabelle für die Vertrauenswahrscheinlichkeit 0,95 (vgl. Anhang).

Das Entscheidungskriterium für den F-Test lautet: Ist der aus der Tabelle abgelesene theoretische F-Wert (F_{tab}) kleiner oder gleich dem errechneten F-Wert (F_{emp}), dann ist die Hypothese H_0 zu verwerfen, andernfalls ist sie bestätigt (Tabelle 1.19).

Tabelle 1.18. F-Tabelle (Ausschnitt)

$i-J-1$	$J=1$	$J=2$	$J=3$	$J=4$	$J=5$	$J=6$	$J=7$	$J=8$	$J=9$
1	161	200	216	225	230	234	237	239	241
2	18,5	19,0	19,2	19,2	19,3	19,3	19,4	19,4	19,4
3	10,1	9,55	9,28	9,12	9,01	8,94	8,89	8,85	8,81
4	7,71	6,94	6,59	6,39	6,26	6,16	6,09	6,04	6,00
5	6,61	5,79	5,41	5,19	5,05	4,95	4,88	4,82	4,77
6	5,99	5,14	4,76	4,53	4,39	4,28	4,21	4,15	4,10
7	5,59	4,74	4,35	4,12	3,97	3,87	3,79	3,73	3,68
8	5,32	4,46	4,07	3,84	3,69	3,58	3,50	3,44	3,39
9	5,12	4,26	3,86	3,63	3,48	3,37	3,29	3,23	3,18
10	4,96	4,10	3,71	3,48	3,33	3,22	3,14	3,07	3,02

Legende:
$I-J-1$ = Zahl der Freiheitsgrade; I = Zahl der Beobachtungen;
$\quad\quad$ J = Zahl der erklärenden Variablen

Tabelle 1.19. F-Test

F-Test

$F_{tab} > F_{emp} \longrightarrow H_0$ bestätigt
$F_{tab} \leq F_{emp} \longrightarrow H_0$ verworfen

Mit dem F-Test ist die Möglichkeit gegeben, die Güte der Schätzung der Y-Werte durch die ŷ-Werte zu überprüfen, d. h. es wird die Erklärungskraft der Regressionsgleichung insgesamt überprüft. In unserem Beispiel ist der theoretische F-Wert für die Regressionsgleichung mit drei Regressoren 4,76. Das bedeutet: Mit einer Wahrscheinlichkeit größer 0,95 kann angenommen werden, daß der Zusammenhang, den r^2 in der Stichprobe ausdrückt, nicht zufällig ist, da der errechnete F-Wert mit 19,565 größer ist als der Tabellenwert.

Bei Verwendung von SPSS[x] kann man sich das Nachschlagen von F-Werten in einer Tabelle ersparen, da das Signifikanzniveau des empirischen F-Wertes direkt berechnet und im Ausdruck angegeben wird (SIGNIF F). Es gilt

Signifikanzniveau = 1 − Vertrauenswahrscheinlichkeit

Das Signifikanzniveau (auch Irrtumswahrscheinlichkeit genannt) beträgt hier 0,0013 (vgl. Tabelle 1.17). Die tatsächliche Vertrauenswahrscheinlichkeit beträgt damit 0,9983.

1.3.3 Die Prüfung der Regressionskoeffizienten

Eine recht brauchbare und dabei sehr leicht zu ermittelnde Faustregel, die Verläßlichkeit der Regressionskoeffizienten zu überprüfen, besteht in der Analyse der *Standardabweichung des Regressionskoeffizienten.* Subtrahiert man von dem Regressionskoeffizienten seine doppelte Standardabweichung, dann erhält man eine Testgröße, die größer als null sein muß, damit der Regressionskoeffizient nicht als unbrauchbar abgelehnt werden muß, und zwar mit der Vertrauenswahrscheinlichkeit von 0,95. Wählt man die Vertrauenswahrscheinlichkeit von 0,99, dann ist entsprechend die dreifache Standardabweichung zu subtrahieren. Mit anderen Worten: Die Hypothese H_0, daß der Regressionskoeffizient b_j null ist und somit die Variable X_j keinen Einfluß auf die abhängige Variable hat, läßt sich auf dem 0,95-Niveau testen durch folgenden Ausdruck (Tabelle 1.20).

Im Programm-Ausdruck wird die Standardabweichung des Regressionskoeffizienten (auch Standardfehler des Regressionskoeffizienten genannt) mit SE B bezeichnet (vgl. Tabelle 1.17).

Für unser Rechenbeispiel zeigen sich die in Tabelle 1.21.1 aufgeführten Testergebnisse.

Tabelle 1.20. Prüfung der Regressionskoeffizienten

Prüfung der Regressionskoeffizienten mit Hilfe der Standardabweichung des Regressionskoeffizienten

$|b_j| - 2(s_{bj}) > 0 \rightarrow H_0$ abgelehnt
$|b_j| - 2(s_{bj}) \leq 0 \rightarrow H_0$ bestätigt
Legende:
b_j = Regressionskoeffizient der Variablen x_j
s_{bj} = Standardabweichung des Regressionskoeffizienten b_j
H_0 = Hypothese, daß x_j keinen Einfluß auf die abhängige Variable hat

Tabelle 1.21.1. Ergebnisse der Tests der Regressionskoeffizienten mit Hilfe der Standardabweichung

Variable	b_j	s_{bj}	$|b_j| - 2(s_{bj})$	Testergebnis
Ausgaben	0,47947	0,08678	0,30591	H_0 verworfen
Besuche	8,38680	3,74076	0,90528	H_0 verworfen
Preis	− 26,28055	32,24390	− 38,20725	H_0 bestätigt

Ein im Prinzip äquivalentes aber genaueres Verfahren zur Überprüfung der Regressionskoeffizienten ist der t-Test. Der t-Test geht wie folgt vor. Der Wert des jeweiligen Regressionskoeffizienten b_j wird dividiert durch die Standardabweichung bzw. den Standardfehler des Regressionskoeffizienten s_{bj}. Je größer s_{bj}, desto geringer ist die Genauigkeit, mit der der Regressionskoeffizient der Stichprobe als Schätzwert für den Regressionskoeffizienten der Grundgesamtheit angesehen werden kann.

Indem der Regressionskoeffizient der Stichprobe durch den Standardfehler des Regressionskoeffizienten dividiert wird, ergibt sich der *errechnete t-Wert* der Stichprobe.

t-Wert der Stichprobe

$$t_{emp_j} = \frac{b_j}{s_{bj}} \tag{15}$$

mit

t_{emp_j} = errechneter t-Wert für den j-ten Regressor der Stichprobe
b_j = Regressionskoeffizient des j-ten Regressors
s_{bj} = Standardfehler des Regressionskoeffizienten des j-ten Regressors

Der solchermaßen errechnete t-Wert wird verglichen mit einem *theoretischen t-Wert* t_{tab}, der sich aus der Student-t-Verteilung ergibt, die im Anhang zu diesem Buch abgedruckt ist. Durch Einsetzen der empirischen Werte in Formel (15) läßt sich die Hypothese H_0 prüfen, daß der Regressor keinen Einfluß auf die abhängige Variable hat: Ist der errechnete t-Wert größer oder gleich dem theoretischen t-Wert, dann ist die Nullhypothese zu verwerfen, andernfalls ist sie bestätigt (Tabelle 1.22).

Tabelle 1.23 zeigt einen Ausschnitt aus der t-Tabelle. Der entsprechende Tabellenwert für den t-Test wird gefunden, indem man zunächst eine Vertrauenswahrscheinlichkeit wählt. Angenommen, diese sei 0,95. Die Werte für diese Vertrauenswahrscheinlichkeit finden sich in der entsprechenden Spalte der Tabelle.

Die Anzahl der Freiheitsgrade bestimmt sich beim t-Test durch

$$DF = I - J - 1 \tag{16}$$

mit
DF = Zahl der Freiheitsgrade
I   = Stichprobenumfang
J   = Zahl der unabhängigen Variablen

Tabelle 1.22. t-Test

t-Test
$t_{tab} > \lvert t_{emp} \rvert \rightarrow H_0$ bestätigt
$t_{tab} \le \lvert t_{emp} \rvert \rightarrow H_0$ verworfen

Tabelle 1.23. t-Tabelle (Ausschnitt)

Freiheitsgrade	Vertrauenswahrscheinlichkeit		
	0,9	0,95	0,99
1	6,314	12,706	63,657
2	2,920	4,303	9,925
3	2,353	3,182	5,841
4	2,132	2,776	4,604
5	2,015	2,571	4,032
6	1,943	2,447	3,707
7	1,895	2,365	3,499
8	1,860	2,306	3,355
9	1,833	2,262	3,250
10	1,812	2,228	3,169

Tabelle 1.21.2. Ergebnisse des t-Tests im Rechenbeispiel

Erklärende Variable	$\dfrac{b_j}{s_{bj}}$	Theoretischer t-Wert lt. Tabelle	Testergebnis
AUSGABEN	$\dfrac{0,47947}{0,08678} = 5,53$	2,447	H_0 verworfen
BESUCHE	$\dfrac{8,38680}{3,74076} = 2,24$	2,447	H_0 bestätigt
PREIS	$\dfrac{-26,28055}{32,24390} = -0,82$	2,447	H_0 bestätigt

Für unser Beispiel ergibt sich daraus ein Wert von 6. Damit ist der Tabellenwert bestimmt. Der t-Test hat folgende Ergebnisse (Tabelle 1.21.2, vgl. die Zahlenwerte in Tabelle 1.17).

Das bedeutet, daß zwischen Absatzmenge und Verkaufsförderung eine signifikante Beziehung in der Grundgesamtheit vermutet werden kann, nicht dagegen zwischen Absatzmenge und Preis sowie zwischen Absatzmenge und Vertreterbesuchen.

Bei Verwendung von SPSS[x] kann man sich auch hier das Nachschlagen von tabellierten t-Werten für vorgegebene Vertrauenswahrscheinlichkeiten bzw. Signifikanzniveaus ersparen, da im Programmausdruck das tatsächliche Signifikanzniveau (SIG T) für jeden t-Wert angezeigt wird (vgl. Tabelle 1.17). Die exakten Vertrauenswahrscheinlichkeiten (1 − Signifikanzniveau) für die drei Regressionskoeffizienten lauten somit in fallender Reihenfolge:

AUSGABEN: 0,9985
BESUCHE: 0,9338
PREIS: 0,5538

Die Berechnung der tatsächlichen Vertrauenswahrscheinlichkeiten (Signifikanzniveaus) ist informativer als die Durchführung von Tests mit mehr oder

minder willkürlich vorgegebenen Vertrauenswahrscheinlichkeiten (Signifikanzniveaus).

1.3.4 Das Konfidenzintervall des Regressionskoeffizienten

Die in der Stichprobe ermittelten Regressionskoeffizienten $b_1, b_2, ..., b_J$ lassen
sich durch den t-Test wie beschrieben auf ihre Signifikanz prüfen. Damit wird
jedoch nur getestet, ob überhaupt ein Zusammenhang in der Grundgesamtheit
vermutet werden kann. Weiterführende Analysen sind nötig, um festzustellen,
wie weit die wahren β_j-Werte sich von den in der Stichprobe ermittelten b_j-
Werten entfernen können. Abbildung 1.3 verdeutlicht das:
   Die durchgezogene Linie stellt die unbekannte Lage der Regressionsgeraden
der Grundgesamtheit dar, deren Steigung durch den Regressionskoeffizienten
β_1 bestimmt wird. Aufgrund der Schätzunsicherheit muß man davon ausgehen,
daß die Steigung der Regressionsgeraden der Stichprobe von derjenigen der
Grundgesamtheit abweichen wird. Das *Konfidenzintervall des Regressionskoeffizienten* gibt an, um wieviel der Betrag des Regressionskoeffizienten der Stichprobe (b_j) von dem Betrag des Regressionskoeffizienten der Grundgesamtheit
(β_j) abweichen kann.
   Das Konfidenzintervall wird wie folgt ermittelt:

Konfidenzintervall für den Regressionskoeffizienten

$$b_j - z \cdot s_{bj} \leq \beta_j \leq b_j + z \cdot s_{bj} \tag{17}$$

wobei
β_j = wahrer Regressionskoeffizient (unbekannt)
b_j = Regressionskoeffizient der Stichprobe
z = Wert aus der Student-t-Verteilung
s_{bj} = Standardfehler des Regressionskoeffizienten

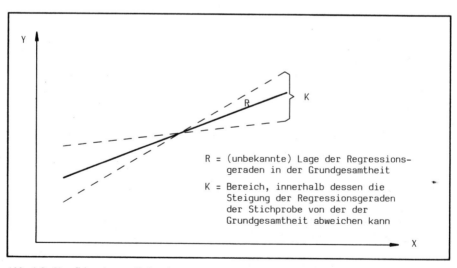

Abb. 1.3. Konfidenzintervall für den Regressionskoeffizienten

Den z-Wert entnimmt man wiederum der t-Tabelle, indem man eine Vertrauenswahrscheinlichkeit wählt und die Zahl der Freiheitsgrade (vgl. Formel (16)) bestimmt.

Die sich in unserem Beispiel ergebenden Konfidenzintervalle bei einer Vertrauenswahrscheinlichkeit von 0,95 zeigt Tabelle 1.24.

Die Ergebnisse dieser Beispielsrechnung sind wie folgt zu interpretieren. Mit einer Vertrauenswahrscheinlichkeit von 0,95 liegt der Regressionskoeffizient der Variablen „Verkaufsförderung" in der Grundgesamtheit zwischen den Werten 0,267 und 0,692, derjenige der „Vertreterbesuche" zwischen $-0,767$ und 17,54 und der der Variablen „Preis" zwischen $-105,181$ und 52,620.

Es ist deutlich erkennbar, daß die Konfidenzintervalle der drei Regressionskoeffizienten unterschiedlich groß sind. Je größer das Konfidenzintervall ist, desto unsicherer ist die Schätzung der Steigung der Regressionsgeraden in der Grundgesamtheit, m. a. W. desto unzuverlässiger ist die gefundene Regressionsfunktion bezüglich dieses Parameters.

Es sei nochmals darauf hingewiesen, daß die Ergebnisse einer Regressionsanalyse nicht allein nach statistischen Kriterien, sondern auch mit *außerstatistischer Sachkenntnis* beurteilt werden müssen. Je größer die Anzahl von Variablen in der Regressionsgleichung ist, desto größer wird die Gefahr, daß ein statistisch signifikanter Regressionskoeffizient darin vorkommt, obgleich die betreffende Variable nur zufällig mit der abhängigen Variablen korreliert. Weiterhin kann es sein, daß ein tatsächlicher Einflußfaktor als nicht signifikant erscheint, weil seine Wirkung durch Störeinflüsse verdeckt wird. Ein anderer Grund kann darin bestehen, daß der Einflußfaktor in der Stichprobe nicht oder nur wenig variiert und somit auch keine Wirkung beobachtet werden kann. Solange das Ergebnis nicht widersprüchlich ist (falsches Vorzeichen eines signifikanten Koeffizienten), besteht damit auch kein Grund, eine sachlich begründete Hypothese zu verwerfen.

Tabelle 1.24.1. Ermittlung der Konfidenzintervalle im Rechenbeispiel

	b_j	$- z$	$\cdot s_{bj}$	$\leq \beta_j \leq$	b_j	$+ z$	$\cdot s_{bj}$
AUSGABEN	$0,47947 - 2,447 \cdot 0,08678 \leq \beta_1 \leq$				$0,47947 + 2,447 \cdot 0,08678$		
BESUCHE	$8,3868 - 2,447 \cdot 3,74076 \leq \beta_2 \leq$				$8,3868 + 2,447 \cdot 3,74076$		
PREIS	$-26,28055 - 2,447 \cdot 32,2439 \leq \beta_3 \leq -26,28055 + 2,447 \cdot 32,2439$						

Tabelle 1.24.2. Konfidenzintervalle der Regressionskoeffizienten im Rechenbeispiel

	Unterer Grenzwert	Oberer Grenzwert
AUSGABEN	$0,267 \leq \beta_1 \leq 0,692$	
BESUCHE	$- 0,767 \leq \beta_2 \leq 17,54$	
PREIS	$-105,181 \leq \beta_3 \leq 52,560$	

1.3.5 Probleme, die sich aus der Verletzung der Prämissen des linearen Regressionsmodells ergeben

1.3.5.1 Nichtlinearität

Nichtlinearität tritt in zwei verschiedenen Formen auf. Zum einen kann es sein, daß zwischen der abhängigen und einer unabhängigen Variablen eine Beziehung besteht, die sich am besten durch eine Kurve annähern läßt. Solche Effekte können z. B. durch Wachstums- oder Sättigungsphänomene bedingt sein. Sie lassen sich im Zwei-Variablen-Fall verhältnismäßig leicht durch das Betrachten des Punktediagramms entdecken. Im Mehr-Variablen-Fall kann darüber hinaus Nichtlinearität dadurch auftreten, daß sich die Wirkungen von unabhängigen Variablen nicht-additiv verknüpfen. Dies kann z. B. gegeben sein, wenn die Mengenwirkung einer Qualitätsänderung bei hohem Preis anders einzuschätzen ist als bei niedrigem Preis (Interaktionseffekte).

Im Zusammenhang mit der Nichtlinearität treten zwei Probleme auf. Mögliche Abweichungen von der Linearitätsprämisse müssen entdeckt werden. Dafür sind statistische *Testmöglichkeiten* vorhanden, auf die hier nur hingewiesen werden kann[7]. Hinweise auf das Vorliegen von Nichtlinearität können im übrigen auch die nachfolgend beschriebenen Tests auf Autokorrelation und Heteroskedastizität geben.

In vielen Fällen ist es möglich, eine nichtlineare Beziehung durch Transformation der Variablen in eine lineare Beziehung zu überführen. Z. B. kann durch Logarithmieren eine Funktion vom Typ $y = \alpha \cdot x_1^{\beta_1} \cdot x_2^{\beta_2}$ in eine lineare Beziehung transformiert werden, die dann die Grundlage für das Regressionsmodell abgibt. Im Falle nichtlinearer Beziehungen ist die Wahl eines geeigneten Funktionstyps eine recht schwierige Sache, die viel Einfühlungsvermögen in die Zusammenhänge erfordert[8].

1.3.5.2 Multikollinearität

Eine Prämisse des linearen Regressionsmodells besagt, daß die Regressoren voneinander unabhängig sein müssen. Bei empirischen Daten ist diese Bedingung allerdings niemals ideal erfüllt, sondern es besteht immer ein gewisser Grad an Multikollinearität. Das *Problem der Multikollinearität* tritt erst dann auf, wenn eine starke Abhängigkeit zwischen den unabhängigen Variablen besteht. Mit zunehmender Multikollinearität werden die Standardabweichungen der Regressionskoeffizienten größer und damit deren Schätzung unzuverlässiger. Bei perfekter Multikollinearität ist die Regressionsanalyse (mit den betroffenen Variablen) rechnerisch nicht durchführbar.

Wenn die Standardabweichung eines Regressionskoeffizienten zunimmt, dann sinkt damit dessen Vertrauenswahrscheinlichkeit. Bei Multikollinearität kann es daher vorkommen, daß das Bestimmtheitsmaß r^2 der Regressionsfunktion signifikant ist, obgleich alle Koeffizienten in der Funktion nicht signifikant sind. Eine andere Folge von Multikollinearität kann darin bestehen, daß sich die Regressionskoeffizienten einer Funktion erheblich verändern, wenn

Tabelle 1.25. Korrelationsmatrix
REGRESSION   DESCRIPTIVES = CORR/
                        VARIABLES = MENGE PREIS AUSGABEN BESUCHE/
                        DEPENDENT = MENGE/ENTER/

```
CORRELATION:

              MENGE      PREIS     AUSGABEN    BESUCHE

MENGE        1.000      -.174       .864        .647
PREIS        -.174      1.000       .129       -.445
AUSGABEN      .864       .129      1.000        .325
BESUCHE       .647      -.445       .325       1.000
```

Tabelle 1.26. Toleranzen der unabhängigen Variablen (Prüfung auf Multikollinearität)
REGRESSION   VARIABLES = MENGE PREIS AUSGABEN BESUCHE/
                        STATISTICS = TOLERANCE/
                        DEPENDENT = MENGE/ ENTER/

```
-------- IN ---------

VARIABLE    TOLERANCE

BESUCHE      .65306
AUSGABEN     .80123
PREIS        .71796
```

eine weitere Variable in die Funktion einbezogen oder eine enthaltene Variable aus ihr entfernt wird.

Um dem Problem der Multikollinearität zu begegnen, ist zunächst deren Aufdeckung erforderlich, d. h. es muß festgestellt werden, welche Variablen betroffen sind und wie stark das Ausmaß der Multikollinearität ist. Einen ersten Anhaltspunkt kann die Betrachtung der Korrelationsmatrix liefern, die für das Fallbeispiel in Tabelle 1.25 wiedergegeben ist. Hohe Korrelationskoeffizienten (nahe 1) zwischen den unabhängigen Variablen bedeuten ernsthafte Multikollinearität. Die vorliegenden Werte (0,129, 0,445 und 0,325) erscheinen dagegen unbedenklich.

Die Korrelationskoeffizienten messen nur paarweise Abhängigkeiten. Es kann deshalb auch hochgradige Multikollinearität trotz durchgängig niedriger Werte für die Korrelationskoeffizienten der unabhängigen Variablen bestehen (Tabelle 1.26).

Eine zuverlässigere Methode zur Aufdeckung von Multikollinearität ist die folgende. Für jede unabhängige Variable X_j wird das Bestimmtheitsmaß r_j^2 ermittelt, das sich bei Regression von X_j auf die übrigen unabhängigen Variablen ergeben würde. Ein Wert $r_j^2 = 1$ besagt, daß die Variable X_j sich durch Linearkombination der anderen unabhängigen Variablen erzeugen läßt. Folglich enthält die Variable X_j keine zusätzliche Information und kann somit auch nicht zur Erklärung der abhängigen Variablen Y beitragen. Für Werte von r_j^2 nahe 1 gilt das gleiche in abgeschwächter Form.

Messung der Multikollinearität

r_j^2 = Bestimmtheitsmaß für Regression der unabhängigen Variablen X_j auf die übrigen unabhängigen Variablen in der Regressionsgleichung

$1 - r_j^2$ = Toleranz der Variablen X_j

Der Wert $1 - r_j^2$ wird als *Toleranz* der Variablen X_j bezeichnet. Tabelle 1.27 enthält die Toleranzen der unabhängigen Variablen des Beispiels. Für die Toleranzen gilt analog, daß kleine Werte (nahe 0) ernsthafte Multikollinearität bedeuten. Die vorliegenden Werte lassen dagegen keine erhebliche Multikollinearität erkennen.

Im Programm SPSS[x] wird die Toleranz jeder unabhängigen Variablen vor Aufnahme in die Regressionsgleichung geprüft. Die Aufnahme unterbleibt, wenn der Toleranzwert unter einem Schwellenwert von 0,01 liegt. Dieser Schwellenwert, der sich vom Benutzer auch ändern läßt, bietet allerdings keinen Schutz gegen Multikollinearität, sondern gewährleistet nur die rechnerische Durchführbarkeit der Regressionsanalyse. Eine exakte Grenze für „ernsthafte Multikollinearität" läßt sich nicht angeben.

Eine andere Frage ist die, wie man ernsthafter Multikollinearität begegnen soll. Die einfachste Möglichkeit besteht darin, daß man die Variable mit dem niedrigsten Toleranzwert aus der Regressionsgleichung entfernt. Dies ist unproblematisch, wenn es sich dabei um eine für den Untersucher unwichtige Variable handelt (z. B. Einfluß des Wetters auf die Absatzmenge). Eventuell sind auch mehrere Variable zu entfernen. Problematisch wird es dagegen, wenn es sich bei der oder den betroffenen Variablen gerade um diejenigen handelt, deren Einfluß den Untersucher primär interessiert. Er steht dann oft vor dem Dilemma, entweder die Variable in der Gleichung zu belassen und damit die Folgen der Multikollinearität (unzuverlässige Schätzwerte) in Kauf zu nehmen, oder die Variable zu entfernen und damit möglicherweise den Zweck der Untersuchung in Frage zu stellen.

Ein Ausweg aus diesem Dilemma könnte darin bestehen, den Stichprobenumfang und somit die Informationsbasis zu vergrößern. Aus praktischen Gründen ist dies aber oft nicht möglich. Andere Maßnahmen zur Beseitigung oder Umgehung von Multikollinearität bilden z. B. Transformationen der Variablen oder Ersetzung der Variablen durch Faktoren, die mittels Faktorenanalyse gewonnen wurden[9]. Um die Wirkung der Multikollinearität besser abschätzen zu können, sollte der Untersucher in jedem Fall auch Alternativrechnungen mit verschiedenen Variablenkombinationen durchführen. Sein subjektives Urteil muß letztlich über die Einschätzung und Behandlung der Multikollinearität entscheiden[10].

1.3.5.3 Autokorrelation

Das lineare Regressionsmodell basiert auf folgenden Annahmen über das Verhalten der Residuen in der Grundgesamtheit:

– die Residuen sind unkorreliert

und

– ihre Streuung ist konstant.

Wenn die erste Bedingung nicht gegeben ist, sprechen wir von Autokorrelation. *Autokorrelation* tritt vor allem bei Zeitreihen auf. Die Abweichungen von der Regressions(= Trend)geraden sind dann nicht mehr zufällig, sondern in ihrer Richtung von den Abweichungen des vorangegangenen Beobachtungswertes abhängig.

Autokorrelation führt zu erheblichen Verzerrungen bei der Ermittlung des Standardfehlers der Regression und demzufolge auch bei der Bestimmung der Konfidenzintervalle für die Regressionskoeffizienten.

Man kann Autokorrelation entdecken, indem die Residuen optisch auf Regelmäßigkeiten hin überprüft werden. Das SPSS-Programm druckt ein Protokoll der absoluten Werte und ein Diagramm der standardisierten Residuen in der Reihenfolge der Beobachtungswerte aus. Tabelle 1.27 zeigt die Werte für unser Beispiel.

In diesem Diagramm sind Hinweise auf Autokorrelation auf Anhieb nicht zu entdecken.

Die rechnerische Methode, eine Reihe von Beobachtungswerten auf Autokorrelation zu prüfen, stellt der *Durbin/Watson-Test* dar. Bei diesem Test wird die Reihenfolge der Residuen der Beobachtungswerte zum Gegenstand der

Tabelle 1.27. Prüfung der Residuen
(rechts sind die tatsächlichen und geschätzten Werte sowie deren Abweichungen aufgelistet)
REGRESSION   VARIABLES = MENGE PREIS AUSGABEN BESUCHE/
                DEPENDENT = MENGE/ENTER/
                CASEWISE = DEPENDENT PRED RESID OUTLIERS(0)/
                RESIDUALS = DURBIN/

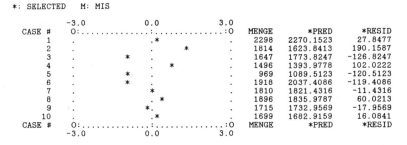

```
CASEWISE PLOT OF STANDARDIZED RESIDUAL

*: SELECTED    M: MIS

         -3.0            0.0           3.0
CASE #   O:............:............:O   MENGE      *PRED       *RESID
    1    .              .*           .   2298      2270.1523     27.8477
    2    .              .       *    .   1814      1623.8413    190.1587
    3    .         *    .            .   1647      1773.8247   -126.8247
    4    .              .    *       .   1496      1393.9778    102.0222
    5    .        *     .            .    969      1089.5123   -120.5123
    6    .        *     .            .   1918      2037.4086   -119.4086
    7    .             *.            .   1810      1821.4316    -11.4316
    8    .              . *          .   1896      1835.9787     60.0213
    9    .             *.            .   1715      1732.9569    -17.9569
   10    .             .*            .   1699      1682.9159     16.0841
CASE #   O:............:............:O   MENGE      *PRED       *RESID
         -3.0            0.0           3.0


DURBIN-WATSON TEST =   2.61820
```

Analyse gemacht. Der Durbin/Watson-Test prüft die Hypothese, daß die Beobachtungswerte nicht autokorreliert sind[11]. Um diese Hypothese zu testen, wird ein empirischer Wert d ermittelt, der die Differenzen zwischen den Residuen von aufeinander folgenden Beobachtungswerten aggregiert.

Durbin/Watson-Formel

$$d = \frac{\sum\limits_{k=2}^{K}(e_k - e_{k-1})^2}{\sum\limits_{k=1}^{K} e^2} \tag{18}$$

wobei

e_k = Residualgröße für den Beobachtungswert in Periode k (k = 1, 2, ..., K)
d = Indexwert für die Prüfung der Autokorrelation

Wenn nun die Residuen zweier aufeinander folgender Beobachtungswerte nahezu gleich sind, mithin einem Trend unterliegen, dann ist auch der Wert d klein. Niedrige Werte von d deuten auf eine positive Autokorrelation hin. Umgekehrt führen starke Sprünge in den Residuen zu hohen Werten von d und damit zur Existenz einer negativen Autokorrelation.

Durbin und Watson haben Prüftabellen entwickelt, die einen Test auf Autokorrelation ermöglichen (die Tabellen befinden sich im Anhang zu diesem Buch). Der Test sieht einen Vergleich der *empirischen d-Werte* mit entsprechenden *Tabellenwerten d⁺* vor. Die Durbin/Watson-Tabellen weisen jeweils zwei unterschiedliche d^+-Werte aus, nämlich d_u^+ und d_o^+. Diese beiden Grenzwerte markieren die untere und obere Grenze eines *Bereichs, in dem der Test keine Aussage besitzt*. Die Annahme- und Ablehnungsbereiche des Durbin/Watson-Tests lassen sich wie folgt beschreiben (vgl. Abbildung 1.4)[12]. Die Testbedingungen lauten (vgl. Tabelle 1.28).

Als *Faustregel* gilt dabei: Bewegen sich die errechneten Werte um 2,0, so sind die Residuen nicht autokorreliert. Nähert sich d dem Wert 0, so kann man mit einer positiven Autokorrelation rechnen. Je mehr d dem Wert 4 nahekommt, desto größer wird die negative Autokorrelation ausgewiesen.

In unserem Rechenbeispiel beträgt der empirische d-Wert, den das SPSS-Programm ausdruckt (vgl. Tabelle 1.27)

d = 2,6182.

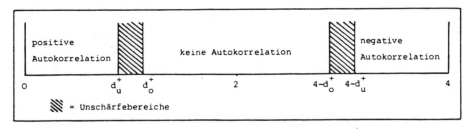

Abb. 1.4. Aussagebereiche des Durbin/Watson-Tests

Tabelle 1.28. Durbin/Watson-Test

Durbin/Watson-Test		
Testbedingungen		Testergebnis
Positive Autokorrelation	Negative Autokorrelation	
$d < d_u^+$	$d > 4 - d_u^+$	H_0 verworfen/ Autokorrelation gegeben
$d_o^+ < d < 4 - d_o^+$		H_0 bestätigt/ keine Autokorrelation

Legende:
d = empirischer d-Wert
d_u^+ = unterer Grenzwert des Unschärfebereichs der Tabelle
d_o^+ = oberer Grenzwert des Unschärfebereichs der Tabelle

Der Faustregel gemäß ist mit negativer Autokorrelation zu rechnen. Ein direktes Ablesen aus der Durbin/Watson-Tabelle ist nicht möglich, da diese erst bei 15 Beobachtungswerten beginnt[13].

1.3.5.4 Heteroskedastizität

Wenn die Streuung der Residuen in einer Reihe von Beobachtungen über die Werte der abhängigen Variablen nicht konstant ist, dann liegt *Heteroskedastizität* vor. Damit ist eine Prämisse des linearen Regressionsmodells verletzt, die verlangt, daß die Varianz der Fehlervariablen e für alle i homogen ist, m. a. W. die Residualgröße darf in ihrer Höhe nicht vom Betrag bzw. der Reihenfolge der Beobachtungen der abhängigen Variablen beeinflußt werden. Ein Beispiel für das Auftreten von Heteroskedastizität wäre eine zunehmende Residualgröße in einer Reihe von Beobachtungen etwa aufgrund von Meßfehlern, die durch nachlassende Aufmerksamkeit der beobachtenden Person entstehen.

Heteroskedastizität verfälscht den Standardfehler des Regressionskoeffizienten und verzerrt damit die Schätzung des Konfidenzintervalls[14].

Wiederum erlaubt die direkte Betrachtung der Beobachtungswerte im Diagramm die Beurteilung. Das SPSS[x]-Programm druckt die Residuen in ihrem Verhältnis zur abhängigen Variablen aus (vgl. Abbildung 1.5).

Das Diagramm ist wie folgt zu lesen. Auf der horizontalen Achse sind die standardisierten ŷ-Werte abgetragen, also die aufgrund der Regressionsgleichung geschätzten Mengen. Die vertikale Achse zeigt die standardisierten Residuen für die einzelnen Beobachtungswerte. Die Maßeinheiten $(-2, -1, 0, 1, 2)$ sind Standardabweichungen, der Ursprung des Koordinatenkreuzes ist der Mittelwert. Wenn nun Heteroskedastizität vorläge, dann müßten

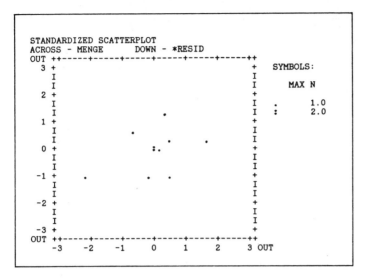

Abb. 1.5. Prüfung der Residuen auf Heteroskedastizität

Tabelle 1.29. Prämissenverletzungen des linearen Regressionsmodells

Betrachtete Variable	Prämissen	Prämissenverletzung
abhängige + unabhängige	Linearität	Nichtlinearität
unabhängige + unabhängige	nicht korreliert	Multikollinearität
Restschwankung + Restschwankung	nicht korreliert	Autokorrelation
abhänge + Streuung der Restschwankung	nicht korreliert	Heteroskedastizität

die Residuen mit zunehmendem $\hat{y}$ ebenfalls zunehmen, was hier nicht der Fall ist.

Die Analyse dieses Punktediagramms kann darüber hinaus Aufschlüsse geben, ob die Residuen in einer linearen oder nichtlinearen Beziehung zu $\hat{y}$ stehen. Generell kann man sagen, daß *erkennbare Muster* in den Residuen immer ein deutliches *Indiz für eine Verletzung der Prämissen des Regressionsmodells* darstellen.

Tabelle 1.29 faßt die wichtigsten Prämissenverletzungen des linearen Regressionsmodells zusammen.

1.4 Empfehlungen zur Anwendung der Regressionsanalyse

Für die praktische Anwendung der Regressionsanalyse sollen abschließend einige Empfehlungen gegeben werden, die rezeptartig formuliert sind und den schnellen Zugang zur Anwendung der Methode erleichtern sollen.

1. Das Problem, das es zu untersuchen gilt, muß genau definiert werden: Welche Größe soll erklärt werden? Der zu erklärende Sachverhalt bedarf einer metrischen Skalierung.
2. Es ist viel Sachkenntnis und Überlegung einzubringen, um mögliche Einflußgrößen, die auf die zu erklärende Variable einwirken, zu erkennen und zu definieren.
3. Die Stichprobe muß genügend groß sein. Die Zahl der Beobachtungen sollte wenigstens doppelt so groß sein wie die Anzahl der Variablen in der Regressionsgleichung.
4. Vor Beginn der Rechnung sollten aufgrund der vorhandenen Sachkenntnis zunächst hypothetische Regressionsmodelle mit den vorhandenen Variablen formuliert werden. Dabei sollten auch die Art und Stärke der Wirkungen von berücksichtigten Variablen überlegt werden.
5. Nach Schätzung einer Regressionsfunktion ist zunächst das Bestimmtheitsmaß auf Signifikanz zu prüfen. Wenn kein signifikantes Testergebnis erreichbar ist, muß der ganze Regressionsansatz verworfen werden.
6. Anschließend sind die einzelnen Regressionskoeffizienten sachlogisch (auf Vorzeichen) und statistisch (auf Signifikanz) zu prüfen.
7. Die gefundene Regressionsgleichung ist auf Einhaltung der Prämissen des linearen Regressionsmodells zu prüfen.
8. Eventuell sind Variable aus der Gleichung zu entfernen oder neue Variable aufzunehmen. Die Modellbildung ist oft ein iterativer Prozeß, bei dem der Untersucher auf Basis von empirischen Ergebnissen neue Hypothesen formuliert und diese anschließend wieder überprüft.
9. Wenn die gefundene Regressionsgleichung alle Prüfungen überstanden hat, erfolgt der härteste Test: die Überprüfung an der Realität.

Anmerkungen

1   Linearität ist eine oft recht brauchbare *Approximation*. In reiner Form tritt Linearität wohl kaum auf. Die Annahme der Linearität ist um so problematischer, je weiter die Schätzwerte der Regression außerhalb des Spektrums der Beobachtungswerte liegen. Die Linearitätsprämisse bezieht sich auf die Parameter des Regressionsmodells.
2   Das Streudiagramm wurde mit Hilfe des Programms SPSS[x] erstellt. Nachfolgend sind die Steuerkarten wiedergegeben. Vgl. dazu auch Tabelle 1.13.
      PLOT   SYMBOL = ' * '/FORMAT = REGRESSION/
           PLOT = MENGE WITH PREIS AUSGABEN BESUCHE/
3   Die Regressionsanalyse sollte – was in diesem Kapitel aus Gründen der Vereinfachung der Darstellung nicht der Fall ist – unterschieden werden in eine deskriptive und in eine stochastische Regression.
Die deskriptive Regression versucht lediglich, statistische Abhängigkeiten zwischen irgendwelchen Variablen zu beschreiben, indem sie eine möglichst gute Anpassung der Regressionsfunktion an die empirischen Werte anstrebt.
Die stochastische Regression dagegen geht von einem Modell aus, das den Zusammenhang zwischen den Variablen Y und $X_1, X_2, \ldots, X_J$ spezifiziert. Die Variablen X_1 bis X_J bilden die systematischen Einflußgrößen, die zur Erklärung von Y herangezogen werden, aber der systematische Zusammenhang ist überlagert von einer mehr oder weniger ausgeprägten zufälligen Störgröße (Fehlervariable).

Die Größe e repräsentiert diese Störgröße. Sie wird als Zufallsvariable betrachtet, über deren Wahrscheinlichkeitsverteilung bestimmte Annahmen getroffen werden. Über diese Annahmen (und ihre Verletzung im empirischen Fall) wird in Abschnitt 3.3.5 berichtet. Zur Unterscheidung der beiden Betrachtungsweisen der Regression vgl. Schönfeld, Peter, Methoden der Ökonometrie, Band I, Lineare Regressionsmodelle, Berlin/Frankfurt 1969, S. 19 ff., 51 ff.

4   e_i ist definiert als $y_i - \hat{y}_i$. Der Wert $\hat{y}_i$ ergibt sich durch die Regressionsgleichung. Also ist $\hat{y}_i = b_0 + b_1 x_i$. So erklärt sich der Ausdruck in der eckigen Klammer.

5   Der Ausdruck (9) ergibt sich aufgrund der Kleinstquadrate-Schätzung.

6   Siehe dazu die englische Originalbeschreibung von SPSS Inc.: SPSS Statistical Algorithms, SPSS Inc. reports, Chicago 1985, wie auch die deutsche Beschreibung von Schubö, W., – Uehlinger, H.-M.: SPSS^x-Handbuch der Programmversion 2.2, Stuttgart/New York 1986.

7   Vgl. z. B. Fröhlich, Werner D., – Becker, Johannes, Forschungsstatistik, 6. Aufl., Bonn 1972, S. 480 ff.

8   Das Programm SPSS^x bietet dem Benutzer zahlreiche Möglichkeiten zur Transformation von Variablen. Vgl. dazu die englische Programmbeschreibung, S. 108 ff.

9   Vgl. dazu das Kapitel 3 in diesem Buch. Bei einem Ersatz der Regressoren durch Faktoren muß man sich allerdings vergegenwärtigen, daß dadurch womöglich der eigentliche Untersuchungszweck in Frage gestellt wird: Gesucht sind ja unabhängige Einzelvariable, die als Prädiktoren für die abhängige Variable in Frage kommen.

10 Weiterführende Darstellungen zur Multikollinearität finden sich bei Schneeweiß, H., Ökonometrie, Würzburg/Wien 1986, S. 134 ff.; Schönfeld, Peter, a. a. O., S. 79 ff.

11 Strenggenommen wird die Hypothese geprüft, daß keine lineare Autokorrelation erster Ordnung (zwischen e_k und e_{k-1}) vorliegt. Selbst wenn also die Nullhypothese verworfen wird, heißt das nicht, daß keine nichtlineare Autokorrelation oder daß keine lineare Autokorrelation K-ter Ordnung (also zwischen e_k und e_{k-K}) vorliegt.

12 Vgl. Schmutzler, Olaf, – Dalichow, Karl-Heinz, – Krieger, Henning, Statistische Methoden in der Markt- und Bedarfsforschung, Berlin 1975, S. 165 f.

13 Testtabellen, die bereits bei sechs Beobachtungswerten beginnen, finden sich bei Savin, N. E. und White, Kenneth J., The Durbin-Watson Test for Serial Correlation with Extreme Sample Sizes or many Regressors, in: Econometrica 45 (1977) Nr. 8, S. 1989–1996.

14 Vgl. Gollnik, Heinz, Einführung in die Ökonometrie, Stuttgart 1968, S. 73 ff.

Literaturhinweise

Bleymüller J, Gehlert G, Gülicher H (1989) Statistik für Wirtschaftswissenschaftler, 6. Aufl., München

Dunn OJ, Clark VA (1988) Applied Statistics Analysis of Variance and Regression, 2. ed., New York

Kmenta J (1986) Elements of Econometrics, 2nd. ed., New York

Kockläuner G (1988) Angewandte Regressionsanalyse mit SPSS^x, Wiesbaden

Norusis MJ (1985) SPSS^x Advanced Statistics Guide, New York

Norusis MJ (1988) Introductory Statistics Guide for SPSS-X Release 3.0, rev. ed., New York

Sachs L (1984) Angewandte Statistik, 6. Aufl., Berlin Heidelberg New York

Schneeweiß H (1986) Ökonometrie, Nachdr., Würzburg/Wien

Schönfeld P (1969) Methoden der Ökonometrie, Bd. 1, Lineare Regressionsmodelle, Berlin Frankfurt

Schubö W, Uehlinger H-M (1986) SPSS^x-Handbuch der Programmierung 2.2, Stuttgart New York

SPSS Inc (1988) SPSS^x User's Guide, 3rd. ed., New York

2 Varianzanalyse

2.1 Anwendungsgebiete und Erscheinungsformen der Varianzanalyse

Die Varianzanalyse ist ein Verfahren, das die Wirkung einer (oder mehrerer) unabhängiger Variabler auf eine (oder mehrere) abhängige Variable untersucht. Für die unabhängige Variable wird dabei mindestens Nominalskalierung verlangt, während die abhängige Variable metrisches Skalenniveau aufweisen muß. Die Varianzanalyse ist das wichtigste Analyseverfahren zur Auswertung von *Experimenten*.

Typische Anwendungsbeispiele sind:

1. Welche Wirkung haben verschiedene Formen der Bekanntmachung eines Kinoprogramms (z. B. Plakate, Zeitungsinserate) auf die Besucherzahlen? Um dieses zu erfahren, wendet ein Kinobesitzer eine Zeit lang jeweils nur eine Form der Bekanntmachung an.
2. Welche Wirkung haben zwei Marketinginstrumente jeweils isoliert und gemeinsam auf die Zielvariable? Ein Konfitürenhersteller geht z. B. von der Vermutung aus, daß der Markenname und der Absatzweg einen wichtigen Einfluß auf den Absatz haben. Deshalb testet er drei verschiedene Markennamen in zwei verschiedenen Absatzwegen.
3. Es soll die Wahrnehmung von Konsumenten untersucht werden, die sie gegenüber zwei alternativen Verpackungsformen für die gleiche Seife empfinden. Deshalb werden die Probanden gebeten, auf drei Ratingskalen die Attraktivität der Verpackung, die Gesamtbeurteilung des Produktes und ihre Kaufbereitschaft anzugeben.

4. Ein Landwirtschaftsbetrieb will die Wirksamkeit von drei verschiedenen Düngemitteln im Zusammenhang mit der Bodenbeschaffenheit überprüfen. Dazu werden der Ernteertrag und die Halmlänge bei gegebener Getreidegattung auf Feldern verschiedener Bodenbeschaffung, die jeweils drei verschiedene Düngesegmente haben, untersucht.
5. In einer medizinischen Querschnittsuntersuchung wird der Einfluß unterschiedlicher Diäten auf das Körpergewicht festgestellt.
6. In mehreren Schulklassen der gleichen Ausbildungsstufe wird der Lernerfolg verschiedener Unterrichtsmethoden festgestellt.

Gemeinsam ist allen Beispielen, daß ihnen eine *Vermutung über die Wirkungsrichtung* der Variablen zugrunde liegt. Wie in der Regressionsanalyse, die einen Erklärungszusammenhang der Art

$$Y = f(X_1, X_2, \ldots, X_n)$$

über metrische Variable herstellt, formuliert auch die Varianzanalyse einen solchen Zusammenhang, allein mit dem Unterschied, daß die Variablen $X_1, X_2 \ldots X_n$ *nominal* skaliert sein dürfen. Die Beispiele verdeutlichen das. So nimmt man im 1. Beispiel an, daß die Werbung als unabhängige Variable mit den beiden Ausprägungen „Plakat" und „Zeitungsannonce" einen Einfluß auf die Zahl der Kinobesucher hat. Die Ausprägungen der unabhängigen Variablen beschreiben dabei stets alternative Zustände. Demgegenüber ist die abhängige Variable, hier die Zahl der Kinobesucher, metrisch skaliert.

Gemeinsam ist weiterhin allen drei Anwendungsbeispielen, daß sie experimentelle Situationen beschreiben: Feldexperimente im 1. und 2. Beispiel, ein Laborexperiment im 3. Beispiel. Die Varianzanalyse ist das klassische Verfahren zur Analyse von Experimenten und Variablen des bezeichneten Skalenniveaus.

Die genannten Beispiele unterscheiden sich durch die Zahl der Variablen. So wird im 1. Beispiel die Wirkung *einer* unabhängigen Variablen (Werbung) auf *eine* abhängige Variable (Besucherzahl) untersucht. Im 2. Beispiel wird demge-

Tabelle 2.1. Typen der Varianzanalyse

Zahl der abhängigen Variablen	Zahl der unabhängigen Variablen	Bezeichnung des Verfahrens
1	1	Einfaktorielle Varianzanalyse
1	2	Zweifaktorielle Varianzanalyse
1	3	Dreifaktorielle Varianzanalyse
	usw.	
Mindestens 2	Eine oder mehrere	Mehrdimensionale Varianzanalyse

genüber die Wirkung von *zwei* unabhängigen Variablen (Markenbezeichnung und Absatzweg) auf *eine* abhängige Variable (Absatz) analysiert. Im 3. Beispiel gilt das Interesse schließlich der Wirkung *einer* unabhängigen Variablen (Verpackungsform) auf *drei* abhängige Variable (Attraktivität der Verpackung, Gesamtbeurteilung des Produktes und Kaufbereitschaft).

Da die unabhängigen Variablen als *Faktoren* bezeichnet werden, lassen sich die Typen der Varianzanalyse nach der Zahl der Faktoren differenzieren, wenn *eine* abhängige Variable gegeben ist; man spricht dann von einfaktorieller, zweifaktorieller Varianzanalyse usw. Bei mehr als einer abhängigen Variablen spricht man von mehrdimensionaler Varianzanalyse, vgl. Tabelle 2.1.

2.2 Das Grundprinzip der Varianzanalyse

2.2.1 Einfaktorielle Varianzanalyse

Wie auch bei der Regressionsanalyse werden wir mit dem einfaktoriellen Modell beginnen, um den Kern des Verfahrens herauszuarbeiten. Folgender kleine Fall sei zugrundegelegt.

Der Leiter eines Supermarktunternehmens will die Wirkung verschiedener Arten der Warenplazierung überprüfen. Er wählt die Warengattung ‚Margarine‘ in der Becherverpackung aus. Dafür stehen drei Möglichkeiten der Regalplazierung bereit

z_1 Plazierung im Normalregal der Frischwarenabteilung („Normalregal")
z_2 Plazierung im Normalregal der Frischwarenabteilung und Zweitplazierung im Fleischmarkt („Zweitplazierung")
z_3 Plazierung im Kühlregal der Frischwarenabteilung („Kühlregal")

Es wird folgendes experimentelle Design entworfen:

Drei weitgehend vergleichbare Supermärkte des Unternehmens werden ausgewählt. Für den Zeitraum von jeweils 5 Tagen wird in jedem der drei Supermärkte jeweils eine Form der Margarine-Präsentation durchgeführt. Die Auswirkungen der Maßnahmen werden jeweils in der Größe „kg Margarineabsatz pro 1000 Kassenvorgänge" erfaßt. Tabelle 2.2 zeigt die Ergebnisse.

Tabelle 2.2. kg Margarineabsatz pro 1000 Kassenvorgänge in drei Supermärkten in Abhängigkeit von der Plazierung

	Supermarkt 1 „Normalregal"	Supermarkt 2 „Zweitplazierung"	Supermarkt 3 „Kühlregal"
Tag 1	47	68	59
Tag 2	39	65	50
Tag 3	40	63	51
Tag 4	46	59	48
Tag 5	45	67	53

Wir erhalten also drei Teilstrichproben mit jeweils fünf Beobachtungswerten; die Teilstichproben haben also den gleichen Umfang. Es fällt ins Auge, daß die drei Supermärkte unterschiedliche Erfolge im Margarineabsatz aufweisen. Die Mittelwerte zeigt Tabelle 2.3.

Der Leiter des Unternehmens will nun wissen, ob die unterschiedlichen Absatzergebnisse in den drei Supermärkten auf die Variation der Warenplazierung zurückzuführen sind.

Nehmen wir zur Vereinfachung an, daß keine Einflußgrößen „von außen" (d. h. außerhalb der experimentellen Anordnung wie z. B. Preiseinflüsse, Konkurrenzeinflüsse, Standorteinflüsse) das Ergebnis mitbestimmt haben: Dann dürften, wenn kein Einfluß der Art der Warenplazierung auf den Absatz bestände, auch keine größeren Unterschiede zwischen den Mittelwerten der drei Supermärkte auftreten; umgekehrt kann bei Vorliegen von Mittelwertunterschieden auf das Wirksamwerden der unterschiedlichen Warenplazierung geschlossen werden.

Nun zeigen die einzelnen Beobachtungswerte y_{iz}, daß sie deutlich um den Mittelwert je Supermarkt $\bar{y}_z$ streuen. Diese Streuung ist allein auf andere absatzwirksame Einflußgrößen als die Warenplazierung zurückzuführen. Strenggenommen müssen wir unsere vereinfachende Annahme „keine Einflußgrößen von außen" also genauer formulieren: Es gibt Einflüsse „von außen", jedoch geht die Varianzanalyse davon aus, daß diese Einflüsse bis auf zufällige Abweichungen in allen drei Supermärkten gleich sind.

Wenn wir nun der Frage nachgehen, ob die Warenplazierung einen signifikanten Einfluß auf den Absatz hat, dann müssen wir die im Modell nicht erfaßten Einflüsse von den im Modell erfaßten trennen. Wir tun dies, indem wir fragen, ob ein bestimmter Beobachtungswert, z. B. der Wert $y_{11} = 47$, sich „zufällig" (d. h. nur durch nichterfaßte äußere Einflüsse erklärt) oder „systematisch" (d. h. durch die Warenplazierung erklärt) vom Gesamtmittelwert 53,33 unterscheidet.

Im Rahmen unserer vereinfachenden Annahmen können wir nun mit folgen-

Tabelle 2.3. Mittelwerte des Margarineabsatzes in drei Supermärkten

	Supermarkt 1 „Normalregal"	Supermarkt 2 „Zweitplazierung"	Supermarkt 3 „Kühlregal"
Mittelwert pro Supermarkt	$\bar{y}_1 = 43{,}4$	$\bar{y}_2 = 64{,}4$	$\bar{y}_3 = 52{,}2$
Gesamtmittelwert	$\bar{y} = 53{,}33$		

mit
y_{iz} = Beobachtungswert mit
    i = Kennzeichnung des Beobachtungswertes einer Gruppe (i = 1, 2, ..., I)
    z = Kennzeichnung einer Gruppe als Ausprägung einer unabhängigen Variablen
       (z = 1, 2, ..., Z)
$\bar{y}_z$ = Mittelwert der Beobachtungswerte einer Gruppe
$\bar{y}$ = Gesamtmittelwert aller Beobachtungswerte

der Überlegung weiterarbeiten. Wenn die im Modell nicht erfaßten Einflüsse sich in allen drei Supermärkten bis auf zufällige Abweichungen gleich stark auswirken, dann drückt sich in den Abweichungen der Mittelwerte je Supermarkt vom Gesamtmittelwert die untersuchte Einflußgröße „Warenplazierung" aus. Abbildung 2.1 verdeutlicht das Konzept.

Wir können die Abbildung auch so interpretieren: Der Prognosewert für den Margarineabsatz, wenn kein Einfluß der Warenplazierung vorhanden wäre, ist $\bar{y}$. Nimmt man einen Einfluß der Warenplazierung auf den Absatz an, dann ist der Prognosewert für den Margarineabsatz je nach Art der Plazierung $\bar{y}_1$ oder $\bar{y}_2$. Die Abweichungen vom Prognosewert $(y_{1z} - \bar{y}_z)$ sind auf zufällige äußere Einflüsse zurückzuführen und somit nicht erklärt. Die Gesamtabweichung läßt sich also in zwei Komponenten zerlegen:

Gesamtabweichung = erklärte Abweichung + nicht erklärte Abweichung

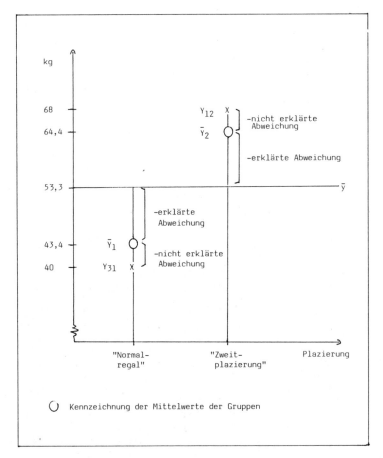

Abb. 2.1. Erklärte und nicht erklärte Abweichungen bei ‚Normalregal' und ‚Zweitplazierung' (y_{iz} aus Tabelle 2.2)

Indem wir die Abweichungen jeweils zum Quadrat setzen und über die Zahl der Beobachtungen summieren, erhalten wir folgende Definition (SS = „sum of squares"):

Gesamtabweichung	Erklärte Abweichung	Nicht erklärte Abweichung
= Summe der quadrierten Gesamtabweichungen	= Summe der quadrierten Abweichungen zwischen den Gruppen	= Summe der quadrierten Abweichungen innerhalb der Gruppen
$\sum\limits_{z=1}^{Z} \sum\limits_{i=1}^{I} (y_{iz} - \bar{y})^2$ $= SS_{t(otal)}$	$= \sum\limits_{z=1}^{Z} I(\bar{y}_z - \bar{y})^2$ $= SS_{b(etween)}$	$+ \sum\limits_{z=1}^{Z} \sum\limits_{i=1}^{I} (y_{iz} - \bar{y}_z)^2$ $= SS_{w(ithin)}$

Wir wenden diese Definition auf den Datensatz in Tabelle 2.2 an und erhalten das in Tabelle 2.4 dargestellte Ergebnis.

Die Quadratsumme der Abweichungen als Maß für die Streuung wird um so größer, je größer die Zahl der Einzelwerte ist. Um eine aussagefähige Schätzgröße für die Streuung zu erhalten, teilen wir SS durch die Zahl der Einzelwerte vermindert um 1 und erhalten damit die *Varianz*, die unabhängig von der

Tabelle 2.4. Ermittlung der Abweichungsquadrate

	SS_t $\sum\limits_{z=1}^{Z} \sum\limits_{i=1}^{I} (y_{iz} - \bar{y})^2$		SS_b $\sum\limits_{z=1}^{Z} I(\bar{y}_z - \bar{y})^2$		SS_w $\sum\limits_{z=1}^{Z} \sum\limits_{i=1}^{I} (y_{iz} - \bar{y}_z)^2$	
„Normalregal"	$(47-53,3)^2 =$	40,11	$(43,4-53,3)^2 =$	98,67	$(47-43,4)^2 =$	12,96
	$+(39-53,3)^2 =$	205,44	$+(43,4-53,3)^2 =$	98,67	$(39-43,4)^2 =$	19,36
	$+(40-53,3)^2 =$	177,78	$+(43,4-53,3)^2 =$	98,67	$(40-43,4)^2 =$	11,56
	$+(46-53,3)^2 =$	53,78	$+(43,4-53,3)^2 =$	98,67	$(46-43,4)^2 =$	6,76
	$+(45-53,3)^2 =$	69,44	$+(43,4-53,3)^2 =$	98,67	$(45-43,4)^2 =$	2,56
„Zweitplazierung"	$+(68-53,3)^2 =$	215,11	$+(64,4-53,3)^2 =$	122,47	$(68-64,4)^2 =$	12,96
	$+(65-53,3)^2 =$	136,11	$+(64,4-53,3)^2 =$	122,47	$(65-64,4)^2 =$	0,36
	$+(63-53,3)^2 =$	93,44	$+(64,4-53,3)^2 =$	122,47	$(63-64,4)^2 =$	1,96
	$+(59-53,3)^2 =$	32,11	$+(64,4-53,3)^2 =$	122,47	$(59-64,4)^2 =$	29,16
	$+(67-53,3)^2 =$	186,78	$+(64,4-53,3)^2 =$	122,47	$(67-64,4)^2 =$	6,76
„Kühlregal"	$+(59-53,3)^2 =$	32,11	$+(52,2-53,3)^2 =$	1,28	$(59-52,2)^2 =$	46,24
	$+(50-53,3)^2 =$	11,11	$+(52,2-53,3)^2 =$	1,28	$(50-52,2)^2 =$	4,84
	$+(51-53,3)^2 =$	5,44	$+(52,2-53,3)^2 =$	1,28	$(51-52,2)^2 =$	1,44
	$+(48-53,3)^2 =$	28,44	$+(52,2-53,3)^2 =$	1,28	$(48-52,2)^2 =$	17,64
	$+(53-53,3)^2 =$	0,11	$+(52,2-53,3)^2 =$	1,28	$(53-52,2)^2 =$	0,64
	SS_t	$= 1287,33$	SS_b	$= 1112,13$	SS_w	$= 175,20$

Zahl der Beobachtungswerte ist. Allgemein ist die (empirische) Varianz definiert als *mittlere quadratische Abweichung:*

$$\text{Varianz} = \frac{SS}{\text{Zahl der Beobachtungen} - 1}$$

Die Größe im Nenner ist die Zahl der *Freiheitsgrade* df. Diese ist die Zahl der Beobachtungswerte vermindert um 1, weil der Mittelwert, von dem die Abweichungen berechnet wurden, aus den Beobachtungswerten selbst errechnet wurde, demnach läßt sich immer einer der Beobachtungswerte aus $Z*I-1$ Beobachtungswerten *und* dem geschätzten Mittelwert errechnen, d. h. er ist nicht mehr „frei".

So wie wir die Gesamtquadratsumme aufgeteilt haben in SS_b und SS_w können auch die Freiheitsgrade aufgeteilt werden. In unserem Beispiel haben wir 3 Gruppen mit je 5 Beobachtungen, d. h. 15 Beobachtungen insgesamt. df_t ist demnach $15-1=14$.

Da nun jede Gruppe 5 Beobachtungen enthält, von denen nur $5-1$ frei variieren können, ergeben sich bei 3 Gruppen $3(5-1)$ Freiheitsgrade. Der Wert für df_w ist demnach 12.

Bei 3 vorhandenen Gruppenmittelwerten können nur $3-1$ frei variieren. Demnach ist $df_b=2$.

Wir definieren MS („mean sum of squares"):

Mittlere quadratische Abweichung	$MS_t = \dfrac{SS_t}{Z*I-1}$
Mittlere quadratische Abweichung zwischen den Gruppen	$MS_b = \dfrac{SS_b}{z-1}$
Mittlere quadratische Abweichung innerhalb der Gruppen	$MS_w = \dfrac{SS_w}{z(I-1)}$

Bei Anwendung der Definition auf unseren Datensatz ergibt sich

$$MS_t = \frac{1\,287,33}{15-1} = 91,95$$

$$MS_b = \frac{1\,112,13}{3-1} = 556,07$$

$$MS_w = \frac{175,20}{3(5-1)} = 14,60$$

Ausgehend von unseren bisher gesetzten vereinfachenden Annahmen über das Wirksamwerden von im Modell erfaßten und von im Modell nicht erfaßten Einflußgrößen können wir nun folgern, daß SS_b von der Warenplazierung und SS_w von den zufälligen Einflüssen bestimmt wird.

Ein Vergleich beider Größen kann Auskunft über die Bedeutung der unabhängigen Variablen im Vergleich zu den zufälligen Einflüssen geben. Wenn bei gegebener Gesamtvarianz MS_w null wäre, dann könnten wir folgern, daß MS_b

allein durch die experimentelle Variable erklärt wurde. Je größer MS_w ist, desto geringer muß dem Grundprinzip der Streuungszerlegung gemäß ($SS_t = SS_b + SS_w$) der Erklärungsanteil der experimentellen Variablen sein. Je größer demnach MS_b im Verhältnis zu MS_w ist, desto eher ist eine Wirkung der unabhängigen Variablen anzunehmen. In unserem Beispiel übersteigt $MS_b = 556{,}07$ den Wert für $SS_w = 14{,}6$ erheblich, so daß ein Einfluß der unabhängigen Variablen „Warenplazierung" vermutet werden kann.

Um diese interpretierende Aussage über die Wirkung der unabhängigen Variablen statistisch prüfen zu können, werden MS_b und MS_w in Beziehung gesetzt:

$$\frac{MS_b}{MS_w} = F_{emp.}$$

mit

$F_{emp.}$ = empirischer F-Wert

im Beispiel ergibt sich $\dfrac{556{,}07}{14{,}6} = 38{,}09$.

Den Maßstab zur Beurteilung des empirischen F-Wertes bildet die *theoretische F-Verteilung*. Ausgangspunkt der Prüfung ist die *Nullhypothese* (H_0): Es bestehen bezüglich des Margarineabsatzes *keine* Unterschiede in der Warenplazierung. Die Prüfung erfolgt anhand eines Vergleichs des empirischen F-Wertes mit dem theoretischen F-Wert lt. Tabelle. Die Tabelle der theoretischen F-Werte zeigt für das jeweilige Signifikanzniveau einen Prüfwert. Seine Höhe hängt von der Zahl der Freiheitsgrade im Zähler (Spalten der Tabelle) und von der Zahl der Freiheitsgrade im Nenner (Zeilen der Tabelle) ab.

Tabelle 2.5 zeigt einen Ausschnitt aus der F-Tabelle für das Signifikanzniveau von 1% (vgl. Anhang). Die Ermittlung des theoretischen F-Wertes in unserem Beispiel führt zu df = 2 im Zähler und df = 12 im Nenner, d.h. zu dem theoretischen Wert *6,93*.

Empirischer und theoretischer F-Wert werden verglichen. Ist der empirische Wert größer als der theoretische, dann muß die Nullhypothese mit der Wahrscheinlichkeit (100 minus Signifikanzniveau) verworfen werden, d.h. es muß mit einer Wahrscheinlichkeit von 99% ein Einfluß der unabhängigen Variablen gefolgert werden.

Tabelle 2.5. Ausschnitt aus der F-Werte-Tabelle (Signifikanzniveau 1%)

Freiheitsgrade des Zählers / Freiheitsgrade des Nenners	1	2	3	4	5
10	10,04	7,56	6,55	5,99	5,64
11	9,65	7,21	6,22	5,67	5,32
12	9,33	6,93	5,95	5,41	5,06
13	9,07	6,70	5,74	5,21	4,86
14	8,86	6,51	5,56	5,04	4,69

Signifikanzniveaus werden üblicherweise für 1%, 5% und 10% in Tabellenform aufbereitet. Die materielle Bedeutung des Signifikanzniveaus ist die Erfassung der grundsätzlich verbleibenden Restunsicherheit, daß eine Wirkung der unabhängigen Variablen angenommen wird, obwohl tatsächlich der Einfluß nur zufälliger Natur ist.

Im Beispiel überschreitet der empirische F-Wert von 38,09 den theoretischen von 6,93 erheblich, so daß im Rahmen der gesetzten Annahmen der Schluß gezogen werden kann, daß die Plazierung einen Einfluß auf die Absatzmenge hat, und zwar mit einer Irrtumswahrscheinlichkeit von höchstens 1%.

Tabelle 2.6 faßt die Rechenschritte des gesamten Rechenganges zur Durchführung der Varianzanalyse zusammen.

Mit Tabelle 2.6 ist das Beispiel zur einfaktoriellen Varianzanalyse abgeschlossen. Wir können das zugrunde liegende Modell verallgemeinern.

Die einfaktorielle Varianzanalyse basiert auf folgendem *theoretischen Modell*, das die wahren Wirkungen darstellt

$$y_{iz} = \mu + \alpha_z + \varepsilon_{iz}.$$

μ ist der Gesamtmittelwert, der durch y geschätzt wird. α_z bedeutet die Wirkung der Stufe z des Faktors, die durch $\bar{y}_z - \bar{y}$, d. h. durch die Abweichung vom Gesamtmittelwert geschätzt wird und ε_{iz} steht für den nicht erklärten Einfluß der Zufallsgrößen. Wir kennen damit das Grundprinzip und können uns nun weiterführenden Überlegungen zuwenden.

2.2.2 Zweifaktorielle Varianzanalyse

Während das bisher dargestellte Grundprinzip der Varianzanalyse von einer unabhängigen nichtmetrischen Variablen und einer abhängigen metrischen Variablen ausging, wollen wir nun eine Erweiterung der Perspektive vornehmen, ohne das dargestellte Grundprinzip zu verändern. Die Varianzanalyse läßt sich auch mit zwei oder mehr Faktoren und einer metrischen abhängigen Variablen durchführen. Die Untersuchungsanordnung heißt *Faktorielles Design*.

Tabelle 2.6. Zusammenstellung der Ergebnisse der Varianzanalyse

Varianzquelle	SS		df		MS		F_{emp}
zwischen den Gruppen	$\sum\limits_{z=1}^{z} I(\bar{y}_z - \bar{y})^2$	1 112,13	$z-1$	2	$\dfrac{SS_b}{z-1}$	556,07	
innerhalb der Gruppen	$\sum\limits_{z=1}^{z} \sum\limits_{i=1}^{I} (y_{iz} - \bar{y}_z)^2$	175,2	$z(I-1)$	12	$\dfrac{SS_w}{z(I-1)}$	14,6	$\dfrac{MS_b}{MS_w}$ 38,09
gesamt	$\sum\limits_{z=1}^{z} \sum\limits_{i=1}^{I} (y_{iz} - \bar{y})^2$	1 287,33	$z*I-1$	14	$\dfrac{SS_t}{z*I-1}$	91,95	

Wir kommen zu unserem Ausgangsbeispiel zurück und erweitern es. Der an der bestmöglichen Gestaltung des Margarineabsatzes interessierte Supermarkt-Manager will nicht nur wissen, welchen Einfluß die Warenplazierung auf den Absatz hat, sondern er hegt auch die Vermutung, daß die Verpackungsart den Absatz mitbestimmt, und er will diese Vermutung überprüfen. Das Experiment wird erweitert.

Bei zwei Verpackungsarten (Becher und Papier) und drei Plazierungsarten ergeben sich genau 2×3 experimentelle Kombinationen der Faktorstufen. Wir sprechen auch von einem 2×3-faktoriellen Design. Die notwendige Zahl von Teilstichproben im Experiment erhöht sich also auf sechs. Demnach werden sechs annähernd gleiche Supermärkte ausgesucht und wiederum setzen wir die vereinfachende Annahme, daß mögliche äußere Einflüsse bis auf Zufallsabweichungen jeweils einen gleich starken Einfluß auf die 6 Teilstichproben haben. Zunächst zeigen wir die erweiterte Datenmatrix der Experimentergebnisse (kg Margarineabsatz pro 1 000 Kassenvorgänge) in Abhängigkeit von der Warenplazierung und der Verpackungsart (vgl. Tabelle 2.7).

Die Fragestellung der Varianzanalyse ist im faktoriellen Design gegenüber der einfachen Varianzanalyse erweitert.

1. Hat die Warenplazierung Einfluß auf den Absatz?
2. Hat die Verpackung Einfluß auf den Absatz?
3. Besteht eine Wechselwirkung zwischen Verpackung und Warenplazierung?

Die zweifaktorielle Varianzanalyse erlaubt gegenüber der einfaktoriellen Varianzanalyse die Erfassung des gleichzeitigen Wirksamwerdens zweier Faktoren, indem das Vorliegen von *Wechselwirkungen* („interactions") zwischen den Faktoren getestet wird: So mag z. B. die Vermutung gerechtfertigt erscheinen, daß der durchschnittliche Absatz von Margarine in Becherform anders auf die Variation der Plazierung reagiert als die Papierverpackung, etwa, weil ein Weichwerden der Margarine im „Normalregal" eher auffällt als im Kühlregal.

Tabelle 2.7. kg Margarineabsatz pro 1 000 Kassenvorgänge in sechs Supermärkten in Abhängigkeit von der Verpackung und der Plazierung

Plazierung Verpackung		„Normalregal"	„Zweitplazierung"	„Kühlregal"
„Becher"	Tag 1	47	68	59
	Tag 2	39	65	50
	Tag 3	40	63	51
	Tag 4	46	59	48
	Tag 5	45	67	53
„Papier"	Tag 1	40	59	53
	Tag 2	39	57	47
	Tag 3	35	54	48
	Tag 4	36	56	50
	Tag 5	37	53	51

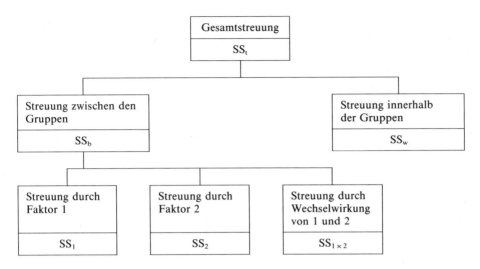

Abb. 2.2. Aufteilung der Gesamtstreuung im faktoriellen Design mit 2 Faktoren

Dem Grundprinzip der Varianzanalyse entsprechend gehen wir von folgendem Ansatz aus (vgl. Abbildung 2.2).

Es gilt nach Abbildung 2.2 folgende Beziehung:

$$SS_t = SS_1 + SS_2 + SS_{1 \times 2} + SS_w$$

Fehlergröße (Zufallseinfluß)
Wechselwirkung
Einzelwirkung der Faktoren

Wir können also jeden Wert für die Absatzmenge schätzen durch seinen Abstand von Gesamtmittelwert, der bestimmt wird durch den Einfluß des Faktors 1 sowie des Faktors 2, durch den Einfluß der Interaktion zwischen Faktor 1 und 2 sowie durch den Zufallseffekt nicht kontrollierter Einflüsse. Das Modell hat die in Abbildung 2.2 gezeigte Form.

$$y_{ivz} = \mu + \alpha_v + \beta_z + (\alpha\beta)_{vz} + \varepsilon_{ivz}$$

mit

y_{ivz} = Beobachtungswert
μ = Mittelwert der Grundgesamtheit
α_v = tatsächlicher Einfluß der Variablen ‚Verpackungsart' ($v = 1, 2$)
β_z = tatsächlicher Einfluß der Variablen ‚Plazierung' ($z = 1, 2, 3$)
$(\alpha\beta)_{vz}$ = tatsächlicher Interaktionseffekt zwischen der v-ten Ausprägung von α und der z-ten Ausprägung von β
ε_{ivz} = Zufallseffekt durch nicht im Experiment kontrollierte Einflüsse

Die Berechnung der quadratischen Abweichungen geschieht im zweifaktoriellen Design nach folgendem Schema (vgl. Tabelle 2.8).

In den Differenzen der Spaltenmittelwerte drückt sich der Einfluß der Variablen ‚Warenplazierung' aus, in den Differenzen der Zeilenmittelwerte der Variablen ‚Verpackungsart', in den Feldermittelwerten schließlich der gemeinsame Einfluß von Plazierung und Verpackungsart auf den Absatz.

Tabelle 2.8. Ermittlung der Zeilen- und Spaltenmittelwerte

z / v	z_i	z_2	z_3	$\sum_i \sum_z y_{ivz}$	
v_1	47 39 40 43,4 46 45	68 65 63 64,4 59 67	59 50 51 52,2 48 53		$\bar{y}_{(v=1)} = \dfrac{800}{15}$
$\sum y_{i1z}$	(217)	(322)	(261)	800	
v_2	40 39 35 37,4 36 37	59 57 54 55,8 56 53	53 47 48 49,8 50 51		$\bar{y}_{(v=2)} = \dfrac{715}{15}$
$\sum y_{i2z}$	(187)	(279)	(249)	715	
$\sum_i \sum_v y_{ivz}$	404	601	510	1515	
	$\bar{y}_{(z=1)} = \dfrac{404}{10}$	$\bar{y}_{(z=2)} = \dfrac{601}{10}$	$\bar{y}_{(z=3)} = \dfrac{510}{10}$	$\bar{y} = \dfrac{1515}{30}$	

Die Schätzung für den Einfluß, den Verpackungsart *und* Warenplazierung auf die abhängige Variable Absatz haben, ist wie folgt aufzubauen. Jede Ausprägung der Variablen ‚Plazierung' und der Variablen ‚Verpackungsart' hat einen bestimmten Einfluß auf den Absatz. Es gibt also sechs verschiedene Wirkungskombinationen. Jede Wirkungskombination nennen wir ein Feld. Die kombinierte Wirkung der Faktoren auf ein Feld setzt sich zusammen aus dem Gesamtmittelwert μ, der Wirkung α_v, der Wirkung β_z sowie der Interaktionswirkung $\alpha\beta_{vz}$. Diese Werte werden wie folgt geschätzt:

	Wahrer Wert	Schätzung
Gesamtmittelwert		$\bar{y}$
Wirkung Faktor V	α_v	$(\bar{y}_v - \bar{y})$
Wirkung Faktor Z	β_z	$(\bar{y}_z - \bar{y})$
Interaktionseffekt	$\alpha\beta_{vz}$	$\bar{y} + (\bar{y}_v - \bar{y}) + (\bar{y}_z - \bar{y})$ $= \bar{y}_v + \bar{y}_z - \bar{y}$ $= \hat{y}_{vz}$

Wir berechnen zunächst die quadratischen Abweichungen nach Zeilen und nach Spalten. Diese heißen auch Haupteffekte („main effects"), da sie den (isolierten) Einfluß der beiden Faktoren widerspiegeln (vgl. Tabelle 2.9).

Tabelle 2.9. Haupteffekte im zweifaktoriellen Design

$$SS_V = Z * I * \sum_{v=1}^{V} (\bar{y}_v - \bar{y})^2$$

$$SS_Z = V * I * \sum_{z=1}^{Z} (\bar{y}_z - \bar{y})^2$$

V   = Zahl der Ausprägungen der Variablen V
Z   = Zahl der Ausprägungen der Variablen Z
I   = Zahl der Elemente in Feld v, z
$\bar{y}_v$ = Zeilenmittelwert
$\bar{y}_z$ = Spaltenmittelwert

Im Beispiel sind die Haupteffekte demnach:

$$SS_V = 3 \cdot 5 \cdot [(\tfrac{800}{15} - \tfrac{1515}{30})^2 + (\tfrac{715}{15} - \tfrac{1515}{30})^2] = 240,8333$$

$$SS_Z = 2 \cdot 5 \cdot [(\tfrac{404}{10} - \tfrac{1515}{30})^2 + (\tfrac{601}{10} - \tfrac{1515}{30})^2 + (\tfrac{510}{10} - \tfrac{1515}{30})^2] = 1\,944,20$$

Der Interaktionseffekt zwischen den Variablen Warenplazierung und Verpakkungsart ist je Feld zu ermitteln, um die Wirkung der Faktor*kombination* zu erfassen, die das Feld bestimmt.

$$SS_{vz} = I \cdot \sum_{v=1}^{V} \sum_{z=1}^{Z} (\bar{y}_{vz} - \hat{y}_{vz})^2$$

mit
I   = Zahl der Elemente in Feld v, z
V   = Zahl der Ausprägungen des Faktors v
Z   = Zahl der Ausprägungen des Faktors z
$\bar{y}_{vz}$ = Mittelwert in Feld v, z
$\hat{y}_{vz}$ = Schätzfunktion für Feld v, z

Im Beispiel wird die Wechselwirkung der Faktoren V und Z wie folgt errechnet. Zunächst werden die Schätzfunktionen $\hat{y}_{vz}$ ermittelt.

$$\hat{y}_{11} = \tfrac{800}{15} + \tfrac{404}{10} - \tfrac{1515}{30} = 43,2333$$
$$\hat{y}_{12} = \tfrac{800}{15} + \tfrac{601}{10} - \tfrac{1515}{30} = 62,9333$$
$$\hat{y}_{13} = \tfrac{800}{15} + \tfrac{510}{10} - \tfrac{1515}{30} = 53,8333$$
$$\hat{y}_{21} = \tfrac{715}{15} + \tfrac{401}{10} - \tfrac{1515}{30} = 37,5667$$
$$\hat{y}_{22} = \tfrac{715}{15} + \tfrac{601}{10} - \tfrac{1515}{30} = 57,2667$$
$$\hat{y}_{23} = \tfrac{715}{15} + \tfrac{510}{10} - \tfrac{1515}{30} = 48,1667$$

Die Mittelwerte der Felder sind aus Tabelle 2.8 zu entnehmen. Wir können nunmehr die Wechselwirkung endgültig berechnen.

$$SS_{vz} = 5 \cdot [(\tfrac{217}{5} - 43,2333)^2 + (\tfrac{322}{5} - 62,9333)^2 + (\tfrac{261}{5} - 53,8333)^2$$
$$+ (\tfrac{187}{5} - 37,5667)^2 + (\tfrac{279}{5} - 57,2667)^2 + (\tfrac{249}{5} - 48,1667)^2$$
$$= 49,416767$$

Die Reststreuung, die sich als „Streuung innerhalb der Felder" analog zu SS_w bei der einfachen Analyse manifestiert, ist definiert als

$$SS_w = \sum_{i=1}^{I} \sum_{v=1}^{V} \sum_{z=1}^{Z} (y_{ivz} - \bar{y}_{vz})^2$$

Sie ist die Streuung, die weder auf die beiden Faktoren noch auf Interaktions-effekte zurückzuführen ist, d. h. es handelt sich um zufällige Einflüsse auf die abhängige Variable. Die Beispielsrechnung ergibt

$$
\begin{aligned}
SS_w = \ & [(47 - \tfrac{217}{5})^2 + (68 - \tfrac{322}{5})^2 + (59 - \tfrac{261}{5})^2 \\
& + (39 - \tfrac{217}{5})^2 + \ldots \quad\quad + \ldots \\
& + (45 - \tfrac{217}{5})^2 + (67 - \tfrac{322}{5})^2 + (53 - \tfrac{261}{5})^2 \\
& + (40 - \tfrac{187}{5})^2 + (59 - \tfrac{279}{5})^2 + (53 - \tfrac{249}{5})^2 \\
& + \ldots \quad\quad + \ldots \quad\quad + \ldots \\
& + (37 - \tfrac{187}{5})^2 + (53 - \tfrac{279}{5})^2 + (51 - \tfrac{249}{5})^2] \\
= \ & 238
\end{aligned}
$$

Zur Ermittlung der mittleren quadratischen Abweichung benötigen wir wiederum die Zahl der Freiheitsgrade. Sie ergibt sich analog zur einfachen Varianzanalyse aus

$$
\begin{aligned}
df_v &= V - 1 \\
df_z &= Z - 1 \\
df_{vz} &= (V-1)(Z-1) \\
df_w &= V \cdot Z \cdot (I-1) \\
df_t &= V \cdot Z \cdot I - 1
\end{aligned}
$$

Es ergibt sich folgendes Gesamtergebnis der zweifaktoriellen Varianzanalyse (vgl. Tabelle 2.10).

Tabelle 2.10. Ergebnis der zweifaktoriellen Varianzanalyse

Varianzquelle	SS	df	MS	F_{emp}
Haupteffekte				
Verpackung	240,8333	1	240,8333	24,2856
Plazierung	1944,2000	2	972,1000	98,0265
Interaktion				
Verpackung/Plazierung	48,4667	2	24,2333	2,4437
Reststreuung	238	24	9,9167	
Totalstreuung	2471,50	29		

Die Gesamtstreuung ergibt sich aus der Addition der erklärten Abweichungen und der Reststreuung. Zur Kontrolle kann die Gesamtstreuung auch durch den Ausdruck

$$\sum_{i=1}^{I} \sum_{v=1}^{V} \sum_{z=1}^{Z} (y_{ivz} - \bar{y})^2$$

ermittelt werden.

Den Abschluß der Analyse bildet der F-Test. Die entsprechenden Werte des Beispiels sind (1%):

Quelle der Varianz	df (Zähler)	df (Nenner)	theor. F-Wert
Verpackung	1	24	7,82
Plazierung	2	24	5,61
Interaktion			
Verpackung/Plazierung	2	24	5,61

Die Haupteffekte sind als signifikant einzustufen, die Interaktion dagegen nicht. Verpackung und Plazierung haben also isoliert betrachtet jeweils eine Wirkung auf den Absatz, eine gemeinsame Wirkung von Verpackung und Plazierung zeigt sich aufgrund des F-Tests als nicht signifikant. Dies muß nicht heißen, daß in Wirklichkeit kein Zusammenhang vorliegt, sondern nur, daß die Nullhypothese aufgrund der vorliegenden Ergebnisse nicht verworfen werden kann.

Eine einfache und sehr anschauliche Methode, das Vorhandensein von Interaktion zu prüfen, ist ein Plot der Gruppenmittelwerte. Abbildung 2.3 zeigt die Werte des Beispiels.

Keine Interaktionen liegen vor, wenn die Verbindungslinien der Mittelwerte (die hier nur zur Verdeutlichung eingezeichnet sind – es handelt sich ja um diskrete Werte –) parallel laufen. Nichtparallele Verläufe sind ein klares Indiz für das Vorhandensein und die Stärke von Interaktionen. Im vorliegenden Fall bietet sich ein Anhaltspunkt für eine schwache Interaktion von Verpackung und Plazierung, da der Wirkungsunterschied zwischen Becher und Papier im Kühlregal im Analyseergebnis nahezu verschwindet, möglicherweise, weil dort von den Käufern ein Unterschied nicht wahrgenommen wird.

2.3 Varianzanalyse auf EDV-Basis

2.3.1 Zwei- und mehrfaktorielle EDV-gestützte Varianzanalyse

Das beschriebene Beispiel hat gezeigt, daß eine Varianzanalyse verhältnismäßig leicht mit herkömmlichen Mitteln gerechnet werden kann, wenn maximal zwei Faktoren gegeben sind und der Datensatz begrenzt ist. Bei empirischen Untersuchungen werden allerdings diese beiden Gesichtspunkte häufig den Anlaß geben, die Varianzanalyse EDV-gestützt durchzuführen. Das hier verwendete SPSS[x]-Programmpaket kann auch größere Designs mit umfangrei-

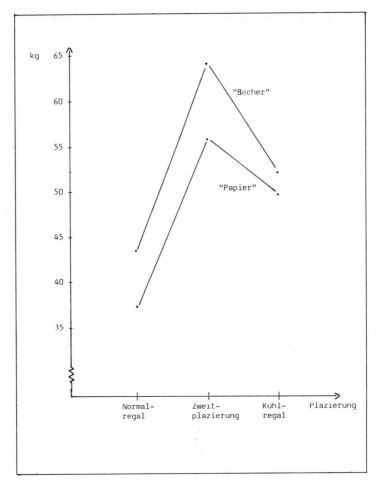

Abb. 2.3. Graphische Analyse von Interaktionen (Werte entnommen aus Tabelle 2.8)

chen Datenbeständen leicht auswerten. Wir zeigen zunächst zur Veranschaulichung das im vorigen Abschnitt gerechnete Beispiel, wie es auf dem SPSS[x]-Programm ANOVA gerechnet worden ist.

Die Kommandos haben im zweifaktoriellen Design folgendes Format:

```
TITLE "Beispiel zur Varianzanalyse"

* DATENDEFINITIONEN
* -------------------

DATA LIST FIXED
  /Verpack 1 Regal 3 Magmenge 5-6
VARIABLE LABELS  Verpack     "Verpackungsart"
                /Regal       "Plazierung"
                /Magmenge    "Menge Margarine"
VALUE LABELS  Verpack 1 "Becher" 2 "Papier"
             /Regal 1 "Normalregal" 2 "Zweitplazierung" 3 "Kühlregal"
```

```
BEGIN DATA
1 1 47
1 1 39
1 1 40
.
.
.
2 3 51
END DATA

* PROZEDUR
* --------

SUBTITLE "Zweifaktorielle Varianzanalyse"
ANOVA Magmenge BY Verpack (1 2) Regal (1 3)
    /STATISTICS 1
FINISH
```

Tabelle 2.11. Ergebnis der zweifaktoriellen Varianzanalyse (SPSS[x], Prozedur ANOVA)

```
      * * * A N A L Y S I S   O F   V A R I A N C E * * *

              MAGMENGE  MENGE MARGARINE
          BY  VERPACK   VERPACKUNGSART
              REGAL     PLAZIERUNG
```

SOURCE OF VARIATION	SUM OF SQUARES	DF	MEAN SQUARE	F	SIGNIF OF F
MAIN EFFECTS	2185.033	3	728.344	73.446	.000
VERPACK	240.833	1	240.833	24.286	.000
REGAL	1944.200	2	972.100	98.027	0.000
2-WAY INTERACTIONS	48.467	2	24.233	2.444	.108
VERPACK REGAL	48.467	2	24.233	2.444	.108
EXPLAINED	2233.500	5	446.700	45.045	.000
RESIDUAL	238.000	24	9.917		
TOTAL	2471.500	29	85.224		

Den Ergebnisausdruck zeigt Tabelle 2.11. Es ist sowohl im Aufbau als auch im materiellen Ergebnis nahezu eine identische Lösung im Vergleich zu Tabelle 2.10. Der Unterschied besteht lediglich darin, daß für den F-Test nicht nur der empirische F-Wert ausgewiesen wird, sondern zusätzlich die Größe „SIGNIF OF F". Diese gibt an, mit welcher Wahrscheinlichkeit die Nullhypothese irrtümlich verworfen wird (Irrtumswahrscheinlichkeit).

Bei der dreifaktoriellen Varianzanalyse ergeben sich prinzipiell keine Unterschiede zur zweifaktoriellen. Durch das Hinzutreten des dritten Faktors (bzw. weiterer Faktoren) ergibt sich folgende Erweiterung.

Das Prinzip der Varianzzerlegung wird beibehalten. Die Gesamtstreuung teilt sich nunmehr wie auf Abbildung 2.4 dargestellt auf.

Die Besonderheit gegenüber der zweifaktoriellen Varianzanalyse liegt darin, daß jetzt zwei verschiedene Ebenen möglicher Wechselwirkungen entstehen: Es gibt die Wechselwirkung zwischen jeweils *zwei* Faktoren („2-WAY-INTER-ACTIONS") und zusätzlich die Wechselwirkung zwischen allen drei Faktoren („3-WAY-INTERACTIONS").

Werden mehr als drei Faktoren in die Analyse einbezogen, ergeben sich entsprechend mehr Ebenen der Analyse von Interaktionen zwischen den Faktoren. Bei mehr als drei Faktoren sind die Interaktionen allerdings kaum noch inhaltlich interpretierbar.

2.3.2 Erweiterungen der EDV-gestützten Varianzanalyse

Das SPSS-Programmpaket bietet eine nützliche Ergänzung des Analyselaufs ANOVA an, indem es durch eine „*Multiple Classification Analysis*" *(MCA)* die Stärke des Einflusses der Haupteffekte zu schätzen versucht. Die Varianzana-

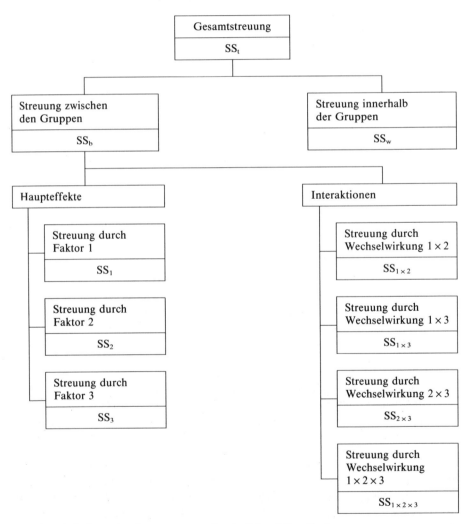

Abb. 2.4. Aufteilung der Gesamtstreuung im dreifaktoriellen Design

Tabelle 2.12. Multiple Classification Analysis (SPSS[x], Prozedur ANOVA)

```
* * *   M U L T I P L E   C L A S S I F I C A T I O N   A N A L Y S I S  * * *

               MAGMENGE  MENGE MARGARINE
        BY     VERPACK   VERPACKUNGSART
               REGAL     PLAZIERUNG

GRAND MEAN =     50.50                                      ADJUSTED FOR
                                           ADJUSTED FOR     INDEPENDENTS
                               UNADJUSTED  INDEPENDENTS    + COVARIATES
VARIABLE + CATEGORY        N   DEV'N  ETA  DEV'N   BETA    DEV'N   BETA

VERPACK
     1 BECHER             15    2.83        2.83
     2 PAPIER             15   -2.83       -2.83
                                      .31               .31

REGAL
     1 NORMALBECHER       10  -10.10      -10.10
     2 ZWEITPLAZIERUNG    10    9.60        9.60
     3 KUEHLREGAL         10     .50         .50
                                      .89               .89

MULTIPLE R SQUARED                                  .884
MULTIPLE R                                          .940
11 JUL 86     VARIANZANALYSE
              FREIE UNIVERSITAET BERLIN      CYBER 180/845   NOS/BE 1.5
```

lyse kommt in ihrem Ergebnis ja nur zu der Feststellung, *ob* (mutmaßlich) ein Zusammenhang zwischen der (den) unabhängigen Variablen und der abhängigen Variablen vorliegt. Die MCA stellt eine Erweiterung dar, die die Abweichungen der Feldmittelwerte vom Gesamtmittelwert errechnet und auf diese Weise einen Hinweis auf die Stärke der Wirkung vermittelt.

Die MCA-Tabelle wird vom SPSS[x]-Programm generiert durch das Steuerkommando STATISTICS 1 (vgl. die Steuerkommandos der zweifaktoriellen Varianzanalyse). Tabelle 2.12 zeigt den Ausdruck der MCA im zweifaktoriellen Fall.

Die MCA weist drei Ergebnisspalten aus. Die erste Spalte (,UNADJUSTED DEV'N') zeigt die Abweichungen der Feldmittelwerte vom Gesamtmittelwert (Ziffer 1 in Tabelle 2.12). Die ausgewiesene Größe ,eta' (Ziffer 2) erlaubt Rückschlüsse auf den Anteil, den der jeweilige Faktor an der Gesamtvarianz hat. Um eta zu ermitteln, wird die Streuung des Faktors durch die Gesamtstreuung dividiert:

$$\eta_v = \sqrt{\frac{SS_v}{SS_t}}$$

In unserem Beispiel ergibt sich für

$$\eta_v = \sqrt{\frac{237{,}998}{2\,471{,}497}} = 0{,}31$$

$$\eta_z = \sqrt{\frac{1\,944{,}20}{2\,471{,}497}} = 0{,}89$$

Indem η zum Quadrat gesetzt wird, erhält man den Anteil des Faktors an der Gesamtvarianz:

$$\eta_v^2 = 0,32^2 = 0,0961$$

$$\eta_z^2 = 0,89^2 = 0,7921$$

Der Ausdruck ‚MULTIPLE R^2' (vgl. Ziffer 5 in Tabelle 2.12) gibt den Anteil der Varianz aller Haupteffekte (Faktoren) an der Gesamtvarianz an.

η^2 und MULTIPLE R^2 sind wichtige Instrumente zur Beurteilung der Aussagefähigkeit der gefundenen Zusammenhänge (vgl. Ziffer 5 in Tabelle 2.12).

Die angepaßten Werte (‚ADJUSTED FOR INDEPENDENTS', vgl. Ziffern 3 und 4) zeigen die Auswirkung eines bestimmten Faktors in Abhängigkeit der Variation der anderen Faktoren.

Eine zusätzliche Erweiterung der Varianzanalyse, die das SPSS[x]-Programm ermöglicht, liegt in der Einbeziehung von *Kovariaten* in die Analyse. Kovariaten sind metrisch skalierte unabhängige, d. h. erklärende Variable in einem faktoriellen Design. Häufig ist dem Forscher bewußt, daß es außer den Faktoren Einflußgrößen auf die abhängige Variable gibt, deren Einbeziehung sinnvoll und notwendig sein kann. Wenn in unserem Margarine-Beispiel der Absatzpreis in den 6 Feldern der Erhebung unterschiedlich ist (z. B. aufgrund unterschiedlicher Preise je Verpackungsart oder aufgrund unterschiedlicher Preise für Zweitplazierung, dann würde die Reststreuung nicht nur zufällige Einflüsse enthalten, sondern auch systematische. Indem der Preis als Kovariate eingeführt wird, kann ein Teil der Gesamtvarianz auf die Variation des Preises zurückgeführt werden, was andernfalls sich in einer erheblich erhöhten Reststreuung (SS_w) ausdrücken würde.

Im folgenden zeigen wir ein Anwendungsbeispiel für die Einbeziehung von Kovariaten, ausgehend von dem oben dargestellten zweifaktoriellen Design. Als Kovariate im Beispiel werden herangezogen

Tabelle 2.13. Datenmatrix für zweifaktorielle Varianzanalyse mit Kovariaten

Plazierung		„Normalregal"			„Zweitplazierung"			„Kühlregal"		
Verpackung		Absatz	Einst. Braten	Einst. Brot	Absatz	Einst. Braten	Einst. Brot	Absatz	Einst. Braten	Einst. Brot
„Becher"	Tag 1	47	076	080	68	125	099	59	104	125
	Tag 2	39	070	074	65	115	095	50	109	113
	Tag 3	40	080	070	63	119	093	51	100	127
	Tag 4	46	074	079	59	121	108	48	106	112
	Tag 5	45	071	071	67	126	110	53	099	110
„Papier"	Tag 1	40	070	079	59	124	097	53	112	130
	Tag 2	39	074	073	57	117	103	47	107	125
	Tag 3	35	077	070	54	112	105	48	100	118
	Tag 4	36	072	071	56	130	094	50	110	126
	Tag 5	37	078	074	53	118	096	51	099	120

- die Einstellung der Käufer zu Margarine als Bratfett
- die Einstellung der Käufer zu Margarine als Brotaufstrich.

Das Design der Untersuchung im Beispielsfall ist also insoweit geändert, als die Absatzmenge in Abhängigkeit der Verpackung und der Plazierung *sowie* der Käufereinstellungen zu Margarine gesehen wird, wobei alle anderen denkbaren Einflüsse (Preis, Werbung, Konkurrenz etc.) in allen 6 Feldern bis auf zufällige Schwankungen als gleich unterstellt werden.

Tabelle 2.13 zeigt die Datenmatrix für das erweiterte Beispiel.

Nachfolgend ist die Auflistung der ANOVA-Programmbefehle für das Beispiel aufgeführt.

```
TITLE "Beispiel zur Varianzanalyse"

* DATENDEFINITION
* ----------------

DATA LIST FIXED
   /Verpack 1 Regal 3 Magmenge 5-6 Einstbra 8-10 Einstbro 12-14
VARIABLE LABELS  Verpack      "Verpackungsart"
                 /Regal        "Plazierung"
                 /Magmenge     "Menge Margarine"
                 /Einstbra     "Einstellung Braten"
                 /Einstbro     "Einstellung Brot"
VALUE LABELS  Verpack 1 "Becher" 2 "Papier"
              /Regal 1 "Normalregal" 2 "Zweitplazierung" 3 "Kühlregal"
BEGIN DATA
1 1 47 076 080
1 1 39 070 074
1 1 40 080 070
.
.
.
2 3 51 099 120
END DATA

* PROZEDUR
* --------

SUBTITLE "Zweifaktorielle Varianzanalyse mit Kovariaten"
ANOVA Magmenge BY Verpack (1 2) Regal (1 3) WITH Einstbra Einstbro
   /STATISTICS 1
FINISH
```

Die Voreinstellung von SPSS^X-ANOVA sieht vor, daß zunächst der auf die Kovariaten entfallende Varianzanteil ermittelt wird und sodann die Varianzanalyse über die Faktoren gerechnet wird. Je nach Analysezweck sind auch andere Reihenfolgen möglich.

Tabelle 2.14 zeigt den Ergebnisausdruck der zweifaktoriellen Varianzanalyse mit Kovariaten im Beispielsfall.

Die Einbeziehung von Kovariaten in die Analyse ist formal-rechnerisch betrachtet ein Anwendungsfall der Regressionsanalyse. Bezüglich der methodischen Darstellung der Varianzerklärung durch Kovariate kann auf das Kapitel 1 dieses Buches verwiesen werden.

Tabelle 2.14. Ergebnis der zweifaktoriellen Varianzanalyse mit Kovariaten

SOURCE OF VARIATION	SUM OF SQUARES	DF	MEAN SQUARE	F	SIGNIF OF F
COVARIATES	1857.512	2	928.756	96.637	0.000
EINSTBRA	1151.533	1	1151.533	119.817	0.000
EINSTBRO	4.088	1	4.088	0.425	0.521
MAIN EFFECTS	379.220	3	126.407	13.153	0.000
VERPACK	260.267	1	260.267	27.081	0.000
REGAL	128.487	2	64.243	6.685	0.005
2-WAY INTERACTIONS	23.327	2	11.664	1.214	0.316
VERPACK REGAL	23.328	2	11.664	1.214	0.316
EXPLAINED	2260.060	7	322.866	33.594	0.000
RESIDUAL	211.437	22	9.611		
TOTAL	2471.497	29	85.224		

Die *mehrdimensionale Varianzanalyse* erlaubt ein Design mit mehr als einer abhängigen Variablen und mehreren Faktoren und Kovariaten. Das SPSS^X-Programm bietet mit der Prozedur MANOVA ein allgemeines lineares Modell an, das in der Lage ist, nicht nur die Varianzanalyse, sondern auch die Regressionsanalyse und die Diskriminanzanalyse auf ihren gemeinsamen Kern zurückzuführen. Eine Darstellung des Algorithmus der mehrdimensionalen Varianzanalyse geht über eine Einführung weit hinaus, so daß hier auf Spezialliteratur verwiesen wird.

2.4 Anwendungsbedingungen und Anwendungsempfehlungen zur Varianzanalyse

Um das Instrument der Varianzanalyse anwenden zu können, müssen Voraussetzungen erfüllt sein, die sich sowohl auf die Eigenschaften erhobener Daten als auch auf die Auswertung der Daten beziehen. Aus wissenschaftstheoretischer Sicht ist es erforderlich, eine *Hypothese* über den Wirkungszusammenhang der unabhängigen Variablen (z. B. Plazierung) und der abhängigen Variablen (z. B. Absatz) zu formulieren. Die theoretische Frage, die durch die Varianzanalyse beantwortet werden soll, darf sich nicht erst aus den Daten ergeben. Von der Qualität der Hypothese über den Wirkungszusammenhang hängt es ab, ob neben der *statistischen* Signifikanz des Ergebnisses auch eine wissenschaftlich relevante Aussage formuliert werden kann.

Die Methode stellt bestimmte Anforderungen an die *Auswahl der Daten.* Während unabhängige Variable mit jedem Skalenniveau (nominale, ordinale und metrische Skalierung) in die Untersuchung eingehen können, müssen die abhängigen Variablen metrisch skaliert sein.

Die Faktoren müssen sich eindeutig voneinander unterscheiden, d. h. sie müssen wirklich verschiedene Einflußgrößen der abhängigen Variablen darstellen. Wird nämlich unter zwei vermeintlich unterschiedlichen Faktoren *derselbe* Zusammenhang erhoben (z. B. wenn als Faktoren Verpackung und Markierung gewählt werden, der Käufer beide aber unlösbar gemeinsam wahrnimmt), so läßt sich die Variation der abhängigen Variablen nicht mehr eindeutig auf einen der beiden Faktoren zurückführen.

In dem angeführten Beispiel werden Absatzmengen für Margarine jeweils nach der Art der Verpackung („Papier" oder „Becher") und/oder z. B. jeweils nach der Art ihrer Plazierung („Normal", „Zweitplazierung" oder „Kühlregal") in kg einer Geschäftsstätte ermittelt, wobei wir unterstellt haben, daß die anderen möglichen absatzbeeinflussenden Größen sich bis auf zufällige Schwankungen, die sich ausgleichen, in allen Stichprobenfeldern gleich auswirken. Diese Voraussetzung wird auch als *Varianzhomogenität* bezeichnet.

Darüber hinaus muß dafür Sorge getragen werden, daß die in die Untersuchung gelangten Teilstichproben die gleiche Struktur der absatzbeeinflussenden Größen haben wie die Grundgesamtheit, die auf die Ergebnisse der Stichprobe ggf. angewendet werden sollen. Wesentlich für die Gültigkeit der Stichprobe in unserem Beispiel ist, daß nicht besondere Merkmale der ausgewählten Geschäftsstätte die Absatzzahlen der Stichprobe systematisch beeinflussen, die in der Grundgesamtheit gegeben sind.

Um die notwendige Strukturgleichheit sicherzustellen, muß die Anzahl der hinsichtlich ihrer Nachfrage nach Margarine untersuchten Kunden groß genug sein, damit die Stichprobe einen Rückschluß auf das Verhalten aller Kunden der untersuchten Geschäftsstätte zuläßt. Daher wird die Anforderung an die *Stichprobe* gestellt, daß die Werte *normalverteilt* sind, so daß der Erwartungswert des arithmetischen Mittelwerts der Stichprobe (z. B. der arithmetische Mittelwert des Absatzes in kg der Margarine mit der Verpackungsart „Papier") dem Erwartungswert der Grundgesamtheit (Absatz der Margarine mit Verpackung „Papier" an alle Kunden) entspricht.

Eine weitere Voraussetzung des linearen Modellansatzes der Varianzanalyse ist die *Additivität* der Einflußgrößen, wie sie in Abschnitt 2.2 definiert worden ist. Dieses bedeutet, daß z. B. bei der einfaktoriellen Varianzanalyse der Einfluß des Faktors auf die Ergebnisvariable unabhängig ist von dem Einfluß der Störvariablen auf die Ergebnisvariable. Diese Bedingung wäre verletzt, wenn im genannten Beispiel derselbe Supermarkt unter zwei verschiedenen experimentellen Anordnungen in die Untersuchung aufgenommen würde und auf diese Weise z. B. die Konsumenten Lerneffekte zeigen würden. Die Bedingung der Additivität läßt sich sicherstellen durch eine strikte Zufallsauswahl bei der Zusammenstellung der Gesamtstichprobe (was in unserem Beispiel nicht der Fall ist!).

Sofern die Voraussetzung der *Normalverteilung der Grundgesamtheit* nicht gegeben ist, ist die Varianzanalyse unter Beachtung bestimmter Bedingungen dennoch anwendbar. Art und Umfang erhobener Daten beeinflussen auch die Rechenbarkeit der Varianzanalyse. Das angeführte Beispiel der einfaktoriellen Varianzanalyse zeigt, daß für jede Stufe eines Faktors eine Stichprobe gleichen Umfangs gezogen werden konnte. Es kann aber z. B. aufgrund von nicht verwertbaren Einzelergebnissen vorkommen, daß sich die Stichprobenumfänge der Stufen eines Faktors unterscheiden. Die einfaktorielle Varianzanalyse bleibt rechenbar, wenn die quadrierten Abweichungen der Feldmittelwerte von dem Gesamtmittelwert mit der Anzahl der Beobachtungswerte je Feld gewichtet werden. Diese Vorgehensweise ist prinzipiell auch bei mehrfaktoriellen Designs anwendbar.

Insgesamt gilt die Faustregel, daß die Varianzanalyse verhältnismäßig *robust* gegenüber Verletzungen der Prämissen ihres linearen Grundansatzes ist. Da auch die materielle Aufgabe der Varianzanalyse lediglich darin besteht, die Tatsache des Vorliegens eines Zusammenhanges zu testen und nicht eine Aussage über die Stärke des Zusammenhanges zu machen, ist der Raum für Fehlinterpretationen verhältnismäßig klein: die Nullhypothese zu verwerfen, obwohl sie richtig ist, bzw. sie nicht zu verwerfen, obwohl in Wirklichkeit ein Zusammenhang gegeben ist.

Die Anwendungsempfehlungen richten sich vor allem darauf, bei der Bildung der Stichprobe keine Fehler zu machen; diese Frage geht über die Varianzanalyse im engeren Sinne hinaus.

Der Einstieg in die Varianzanalyse mit Hilfe des SPSS[x]-Programms wird erleichtert, wenn der Anfänger nicht zu viele Faktoren und Kovariaten auf einmal in die Untersuchung einbezieht, da andernfalls die Interpretation der Ergebnisse erschwert wird. Bei mehrfaktoriellen Varianzanalysen sollten die höheren Interaktionen gegebenenfalls durch die vorgesehenen Optionen 3 bis 6 unterdrückt werden, was zur Folge hat, daß der auf sie entfallende Varianzanteil die Reststreuung erhöht. Das SPSS[x]-Programm sieht über die Voreinstellungen der Prozedur („DEFAULT") hinaus eine Reihe von weiteren Optionen vor, die nur dann zur Anwendung kommen sollten, wenn der Anwender sich ein genaues Bild von der Wirkungsweise dieser Prozedur-Variationen gemacht hat.

Literaturhinweise

Ahrens H, Läuter J (1981) Mehrdimensionale Varianzanalyse, 2. erweiterte Auflage, Berlin

Banks S (1965) Experimentation in Marketing, New York u. a.

Bleymüller J, Gehlert G, Gülicher H (1989) Statistik für Wirtschaftswissenschaftler, 6. Aufl., München

Bortz J (1985) Lehrbuch der Statistik, 2. neubearbeitete und erweiterte Auflage, Berlin Heidelberg u. a.

Diehl JM (1983) Varianzanalyse, 4. Aufl., Heidelberg

Eimer E (1978) Varianzanalyse, Stuttgart u. a.

Fröhlich WD, Becker J (1971) Forschungsstatistik, 5. erweiterte Auflage, Bonn

Glaser WR (1978) Varianzanalyse, Stuttgart New York

Green PE, Tull DS (1982) Methoden und Techniken der Marketingforschung, 4. Auflage, Stuttgart

Hochstädter D, Kaiser U (1988) Varianz- und Kovarianzanalyse, Frankfurt

Moosbrugger H, Klutky N (1987) Regressions- und Varianzanalysen auf der Basis des Allgemeinen Linearen Modells, Bern

Winer BJ (1971) Statistical Principles in Experimental Design, 2nd ed., Tokio u. a.

Wonnacott RJ, Wonnacott TR (1986) Regression: A Second Course in Statistics, Repr., New York

3 Faktorenanalyse

3.1 Der Grundgedanke der Faktorenanalyse

Für viele wissenschaftliche und praktische Fragestellungen geht es darum, den
Wirkungszusammenhang zwischen zwei oder mehreren Variablen zu untersuchen. Methodisches Hilfsmittel dafür sind in der Regel die Regressions- und
Korrelationsanalyse. Reicht eine relativ geringe Zahl von unabhängigen Variablen zur Erklärung einer abhängigen Variablen aus und lassen sich die unabhängigen Variablen relativ leicht ermitteln, so wirft diese Vorgehensweise
kaum schwerwiegende Probleme auf.

In manchen – insbesondere naturwissenschaftlichen Bereichen – kommt
man in der Tat häufig mit einer relativ kleinen Zahl von Variablen aus, um z. B.
bestimmte physikalische Effekte erklären bzw. prognostizieren zu können.

In den Sozialwissenschaften ist die Situation jedoch anders: In der Regel ist zur Erklärung menschlicher Verhaltensweisen oder allgemeiner sozialer Phänomene eine Vielzahl von Einflußfaktoren (Variablen) zu berücksichtigen. Je größer jedoch die Zahl der notwendigen Erklärungsvariablen wird, um so weniger ist gesichert, daß diese auch tatsächlich alle unabhängig voneinander zur Erklärung des Sachverhaltes notwendig sind. Bedingen sich die Erklärungsvariablen gegenseitig, dann führt die Einbeziehung aller Variablen zu unbefriedigenden Erklärungswerten.

Eines der Hauptprobleme sozialwissenschaftlicher Erklärungsansätze liegt daher darin, aus der Vielzahl möglicher Variablen die voneinander unabhängigen Einflußfaktoren herauszukristallisieren, die dann weiteren Analysen zugrunde gelegt werden können. Genau das macht sich die Faktorenanalyse zur Aufgabe, im Gegensatz beispielsweise zur Regressionsanalyse versucht die Faktorenanalyse also einen Beitrag zur *Entdeckung* von untereinander unabhängigen Beschreibungs- und Erklärungsvariablen zu finden.

Gelingt es tatsächlich, die Vielzahl möglicher Variablen auf wenige, wichtige Einflußfaktoren zurückzuführen (zu reduzieren), lassen sich für empirische Untersuchungen erhebliche Vorteile realisieren. So kann z. B. eine Vielzahl möglicher Einflußfaktoren getestet werden und es muß erst im Nachhinein entschieden werden, welche Variablen oder Variablenbündel tatsächlich erklärungsrelevant sind. Darüber hinaus ermöglicht dieses Verfahren durch die Datenreduktion eine Erleichterung empirischer Forschungsarbeit.

Veranschaulichen wir uns die Problemstellung noch einmal anhand eines konkreten Beispiels. In einer Befragung seien Hausfrauen nach ihrer Einschätzung von Emulsionsfetten (Butter, Margarine) befragt worden. Dabei seien die Marken Rama, Sanella, Becel, Holländische Markenbutter anhand der Variablen Streichfähigkeit, Anteil ungesättigter Fettsäuren, Kaloriengehalt, Vitaminisierungsgrad, Haltbarkeit und Preis auf einer siebenstufigen Skala von hoch bis niedrig beurteilt worden. Die nachfolgende Abbildung 3.1 zeigt einen Ausschnitt aus dem entsprechenden Fragebogen.

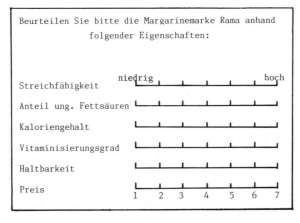

Abb. 3.1. Fragebogenausschnitt

Die Beantwortung des obigen Fragebogenausschnitts durch die 30 befragten Probanden liefert subjektive Eigenschaftsurteile der sechs Variablen für die Margarinemarke Rama, so daß eine (30×6)-Matrix entsteht. Diese Matrix kann der weiteren Analyse zugrunde gelegt werden. Wir haben dann 6 Eigenschaften und 30 Fälle.

Will man jedoch die vier Marken gleichzeitig analysieren, so werden häufig für jede Eigenschaft pro Marke Durchschnittswerte über alle 30 Befragten gebildet. Wir erhalten dann eine (4×6)-Matrix, wobei die Marken als Fälle interpretiert werden. Bei einer solchen Durchschnittsbildung muß man sich allerdings bewußt sein, daß man bestimmte Informationen (nämlich die über die Streuung der Ausprägung zwischen den Personen) verliert.

Je größer die Streuung der Stichprobenwerte ist, um so problematischer ist der Aussagewert bei einer solchen Vorgehensweise. Da in praktischen Fällen häufig dennoch so vorgegangen wird, beziehen sich auch die nachfolgenden Ausführungen auf die der (4×6)-Matrix zugrunde liegenden Durchschnittswerte über alle Personen. Im abschließenden Kapitel wird ein Lösungsvorschlag für eine Alternative zur Durchschnittsbildung vorgestellt.

Wir fassen zusammen: Unsere Befragung liefert uns folgende Daten:

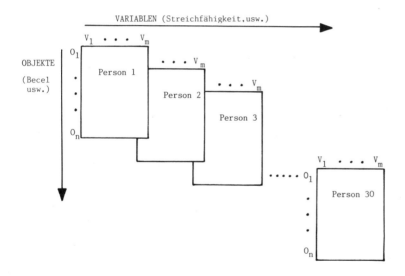

Wir verdichten diese Werte durch Bildung der arithmetischen Mittel für jede Objekt/Variablen-Kombination über alle 30 Befragten.

Als Durchschnittswerte der 30 befragten Probanden mögen sich bei dieser Befragung über alle Hausfrauen folgende Werte ergeben haben (Abbildung 3.2). Ein erster Blick auf diese Ausgangsdatenmatrix macht schon deutlich, daß die Eigenschaften (Variablen) x_1 bis x_4 offenbar bei den Marken Rama und Sanella jeweils niedrige Werte (Ausprägungen) aufweisen, bei den Marken Becel bzw. Holländische Markenbutter dagegen jeweils hoch ausgeprägt sind. Entsprechendes gilt für die Eigenschaften x_5 und x_6. Das läßt bereits darauf schließen, daß offenbar die Variablen x_1 bis x_4 miteinander korreliert sind und ebenso x_5 mit x_6. In einem solchen Fall könnte man von der plausiblen Vermutung ausgehen, daß x_1 bis x_4 sowie x_5 und x_6 lediglich Beschreibungen von zwei eigentlich „hinter diesen Variablen stehenden" Faktoren sind. Dies läßt sich graphisch verdeutlichen (Abbildung 3.3).

Marken \ Eigenschaften	x_1	x_2	x_3	x_4	x_5	x_6
Rama	2	1	1	1	3	3
Sanella	1	1	2	1	6	7
Becel	6	5	6	4	6	5
Holl. Butter	5	5	6	5	4	4

wobei: x_1 = Streichfähigkeit
x_2 = Anteil ungesättigter Fettsäuren
x_3 = Kaloriengehalt
x_4 = Vitaminisierungsgrad
x_5 = Haltbarkeit
x_6 = Preis

Abb. 3.2. Die Ausgangsdatenmatrix für das 4-Produkte-Beispiel

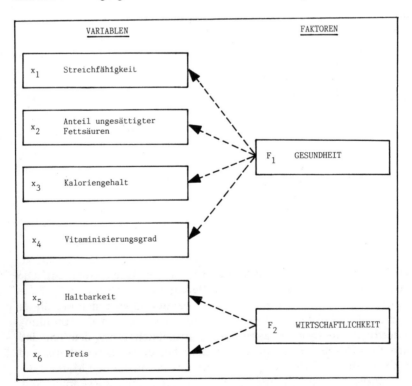

Abb. 3.3. Beispiel für den Grundgedanken der Faktorenanalyse

Ausgehend von den sechs Eigenschaften, die in der Befragung verwendet wurden, wird aufgrund der sich in den Daten manifestierenden Beziehungen zwischen x_1 bis x_4 bzw. x_5 und x_6 vermutet, daß eigentlich nur zwei unabhängige Beschreibungsdimensionen für die Aufstrichfette existieren (die die Variationen in den Variablen bedingen). x_1 bis x_4 könnten z. B. Ausdruck nur eines Faktors sein, den man etwa mit „Gesundheit" bezeichnen könnte, denn sowohl der Anteil ungesättigter Fettsäuren als auch Kaloriengehalt und Vitaminisierungsgrad – evtl. auch Streichfähigkeit* – haben „etwas mit der Gesundheit zu tun". Ebenso können die Variablen x_5 und x_6 (Haltbarkeit und Preis) Ausdruck für Wirtschaftlichkeitsüberlegungen sein. Man könnte also vermuten, daß sich die Variablen x_1 bis x_6 in diesem konkreten Fall auf zwei komplexere Variablenbündel verdichten lassen. Diese „Variablenbündel" bezeichnen wir im folgenden als *Faktoren*.

Gelingt es, solche Faktoren zu identifizieren, so interessiert häufig, wie die befragten Personen die vier Marken Rama, Sanella, Becel und Holländische Markenbutter denn nun im Hinblick auf die beiden „künstlichen" Faktoren „Gesundheit" und „Wirtschaftlichkeit" beurteilen würden. Gesucht ist also die entsprechende Matrix zu Abbildung 3.2 für die „Eigenschaften-Faktoren" „Gesundheit" und „Wirtschaftlichkeit", also folgende Faktorwerte-Matrix:

	Gesundheit F_1	Wirtschaftlichkeit F_2
Rama	?	?
Sanella	?	?
Becel	?	?
Holl. Markenbutter	?	?

Das ist das Problem der Bestimmung der *Faktorwerte* und wird in Kapitel 3.2.5 behandelt.

3.2 Die Vorgehensweise bei der Faktorenanalyse

3.2.1 Die Korrelationsanalyse zur Aufdeckung der Variablenzusammenhänge

Um die „hinter den Variablen" stehenden Faktoren ermitteln zu können, ist es bei umfassendem Datenmaterial in einem ersten Schritt notwendig zu untersuchen, ob sich aufgrund der Ausgangsbefragung irgendwelche Zusammenhänge zwischen Variablen erkennen lassen, so daß davon ausgegangen werden kann, daß nicht alle Variablen als voneinander unabhängig anzusehen sind und dadurch „bündelungsfähig" werden.

Als methodisches Hilfsmittel wird hierzu die Korrelationsrechnung verwandt. Für unsere Ausgangsdatenmatrix in obigem Beispiel läßt sich die Kor-

---

* Die Streichfähigkeit wird z. B. durch den Anteil ungesättigter Fettsäuren beeinflußt, so daß auch diese dem Gesundheitsfaktor subsumiert werden kann.

relation zwischen x_1 (Streichfähigkeit) und x_2 (Anteil ungesättigter Fettsäuren) zwischen zwei Variablen wie folgt berechnen:

Korrelationskoeffizient

$$r_{x_1,x_2} = \frac{\sum\limits_{k=1}^{K} (x_{k1} - \bar{x}_1) \cdot (x_{k2} - \bar{x}_2)}{\sqrt{\sum\limits_{k=1}^{K} (x_{k1} - \bar{x}_1)^2 \cdot \sum\limits_{k=1}^{K} (x_{k2} - \bar{x}_2)^2}} \qquad (1)$$

mit:

x_{k1} Ausprägung der Variablen 1 bei Objekt k (in unserem Beispiel läuft k von 1 bis 4 (4 Marken))

$\bar{x}_i$ Mittelwert der Ausprägungen von Variabler 1 über alle Objekte k

x_{k2} Ausprägung der Variablen 2 bei Objekt k

$\bar{x}_2$ Mittelwert der Ausprägung von Variabler 2 über alle Objekte k

Setzt man in die Formel (1) die entsprechenden Werte der Ausgangsdatenmatrix ein, so ergibt sich ein Korrelationskoeffizient von $r_{x_1,x_2} = 0,97014$. Um die im einzelnen notwendigen Rechenschritte zu erleichtern, bedient man sich zur Ermittlung des Korrelationskoeffizienten am besten der Hilfstabelle 3.1.

$\bar{x}_1$ stellt dabei den Mittelwert über alle Marken für die Eigenschaft „Streichfähigkeit" $((2+1+6+5):4 = 3,5)$ und $\bar{x}_2$ für die Eigenschaft „Anteil ungesättigter Fettsäuren" $((1+1+5+5):4 = 3)$ dar.

Berechnet man die Korrelationskoeffizienten über alle Eigenschaften, ergibt sich für die Ausgangsdatenmatrix die Korrelationsmatrix (Tabelle 3.2).

In der Regel empfiehlt es sich, die Ausgangsdatenmatrix vorab zu standardisieren, da dies

- die Korrelationsrechnung und alle im Rahmen der Faktorenanalyse nachfolgenden Rechnungen erheblich erleichtert,
- eine Vergleichbarkeit von Variablen ermöglicht, die auf unterschiedlichen Skalen erhoben wurden (z. B. Einkommen gemessen in DM und Verkauf von Gütern in Stck).

Tabelle 3.1. Die beispielhafte Berechnung eines Korrelationskoeffizienten

	$(x_{k1} - \bar{x}_1)$	$(x_{k2} - \bar{x}_2)$	$(x_{k1} - \bar{x}_1)^2$	$(x_{k2} - \bar{x}_2)^2$	$(x_{k1} - \bar{x}_1) \cdot (x_{k2} - \bar{x}_2)$
Rama	−1,5	−2	2,25	4	3
Sanella	−2,5	−2	6,25	4	5
Becel	2,5	2	6,25	4	5
Holl. MB	1,5	2	2,25	4	3
			17,0	16,0	16,0
			$\sum\limits_{k=1}^{4} (x_{k1} - \bar{x}_1)^2$	$\sum\limits_{k=1}^{4} (x_{k2} - \bar{x}_2)^2$	$\sum\limits_{k=1}^{4} (x_{k1} - \bar{x}_1) \cdot (x_{k2} - \bar{x}_2)$

$$r_{x_1,x_2} = \frac{16}{\sqrt{17 \cdot 16}} = 0,97014$$

Tabelle 3.2. Die Korrelationsmatrix für das 4-Produkte-Beispiel

	x_1	x_2	x_3	x_4	x_5	x_6
x_1	1,00000	0,97014	0,93176	0,91697	0,14003	−0,28697
x_2	0,97014	1,00000	0,98788	0,98020	0,19245	−0,16903
x_3	0,93176	0,98788	1,00000	0,96831	0,31686	−0,01855
x_4	0,91697	0,98020	0,96831	1,00000	0,08085	−0,21302
x_5	0,14003	0,19245	0,31686	0,08085	1,00000	0,87831
x_6	−0,28697	−0,16903	−0,01855	−0,21302	0,87831	1,00000

Eine Standardisierung der Datenmatrix erfolgt durch die Bildung der Differenz zwischen dem Mittelwert und dem jeweiligen Beobachtungswert einer Variablen sowie der anschließenden Division durch die Standardabweichung. Dadurch wird sichergestellt, daß der neue Mittelwert gleich Null und die Standardabweichung einer Variablen gleich Eins ist. Die Werte einer standardisierten Datenmatrix bezeichnen wir im folgenden nicht mehr mit x, sondern mit z.

Standardisierte Variable

$$z_{ik} = \frac{x_{ik} - \bar{x}_k}{s_k}$$

mit:

x_{ik} = Beobachtungswert der Variablen k bei Person i
$\bar{x}_k$ = Durchschnit aller Beobachtungswerte der Variablen k über alle Personen
s_k = Standardabweichung der Variablen k
z_{ik} = Standardisierter Beobachtungswert der Variablen k bei Person i

Aus der standardisierten Datenmatrix ergibt sich auch eine einfachere Berechnung der Korrelationsmatrix R nach folgender Formel:

$$R = \frac{1}{K-1} \cdot Z \cdot Z' \tag{2}$$

wobei:
Z' die transponierte Matrix der standardisierten Ausgangsdatenmatrix Z darstellt.

Der Leser möge selbst anhand des Beispiels die Gültigkeit der Formel überprüfen. Dabei wird klar werden, daß die Korrelationsmatrix auf *Basis der Ausgangsdaten identisch* ist mit der Korrelationsmatrix auf *Basis der standardisierten Daten.* Die Errechnung der Korrelationsmatrix aus *standardisierten* Daten bietet den großen Vorteil, daß in diesem Falle Varianz-Kovarianzmatrix und Korrelationsmatrix *identisch* sind. Für den Korrelationskoeffizienten läßt sich auch schreiben:

$$r_{x_1,x_2} = \frac{s_{x_1,x_2}}{\sqrt{s_{x_1}^2 s_{x_2}^2}} \quad mit: \; s_{x_1,x_2} = \frac{1}{K-1} \sum_k (x_{1k} - \bar{x}_1)(x_{2k} - \bar{x}_2)$$

Da wegen der Standardisierung die beiden Varianzen im Nenner 1 sind, folgt, daß Korrelationskoeffizient und Kovarianz (s_{x_1,x_2}) *identisch* sind.

Die Korrelationsmatrix zeigt dem Anwender auf, welche Variablen der Ausgangsbefragung offenbar mit welchen anderen Variablen dieser Befragung „irgendwie zusammenhängen". Sie zeigt ihm jedoch *nicht*, ob[1]

1. die Variablen sich gegenseitig bedingen
oder
2. ob das Zustandekommen der Korrelationswerte durch einen oder mehrere
hinter den zusammenhängenden Variablen stehenden Faktoren bestimmt
wird.

Obwohl beide Interpretationen der Korrelationswerte zulässig sind, *entscheidet*
man sich bei der Anwendung der Faktorenanalyse für die zweite Interpreta-
tionsalternative. Die Faktorenanalyse *unterstellt* nämlich, daß die Korrelationen der Ausgangsdaten durch einen oder mehrere hinter den Variablen stehenden Faktoren beschreibbar sind und sucht diese Faktoren durch mathematisch-
statistische Behandlung der Ausgangsinformationen aufzudecken. Verdeutlichen wir uns dieses noch einmal anhand unseres Beispiels und der daraus entwickelten Korrelationsmatrix. Angesichts der beiden klar trennbaren Blöcke
der Korrelationsmatrix (vgl. die abgegrenzten Vierecke) läßt sich vermuten,
daß die Variablen x_1 bis x_4 und x_5/x_6 durch zwei Faktoren „erklärt" werden
könnten.

Ausgehend von dieser *Hypothese* stellt sich unmittelbar die Frage, mit wel-
chem Gewicht denn die beiden Faktoren an der Beschreibung der beobachteten Zusammenhänge beteiligt sind. Es ist ja denkbar, daß der Faktor „Gesundheit" als alleiniger Beschreibungsfaktor für die Variablen x_1 bis x_4 fast für die
gesamten Unterschiede in der Ausgangsbefragung verantwortlich ist. Es kann
aber auch sein, daß er nur einen Teil der unterschiedlichen Beurteilungen in
der Ausgangsbefragung erklärt. Die größere oder geringere Bedeutung beider
Faktoren läßt sich in einer Gewichtszahl ausdrücken, die im Rahmen einer
Faktorenanalyse auch als *Faktorladung* bezeichnet wird. Die Faktorladung gibt
an, *wieviel* ein Faktor mit einer Ausgangsvariablen zu tun hat. Im mathema-
tisch-statistischen Sinne sind Faktorladungen nichts anderes, als eine *Maß-
größe für den Zusammenhang zwischen Variablen und Faktor*, und das ist wiederum nichts anderes als ein *Korrelationskoeffizient (zwischen Faktor und Variablen)*.

3.2.2 Das Fundamentaltheorem der Faktorenanalyse

3.2.2.1 Die algebraische Formulierung des Fundamentaltheorems

Haben wir uns bisher die Basishypothese der Faktorenanalyse über die Beschreibung von Korrelationen verdeutlicht, so ist jetzt zu fragen, wie denn nun
die Faktoren rein rechnerisch aus den Variablen ermittelbar sind. Dazu ist zunächst eine weitere Annahme über den Zusammenhang zwischen Ausgangsdaten und Faktoren notwendig. Die allgemein übliche Hypothese der Faktorenanalyse lautet:
Jeder Beobachtungswert einer Ausgangsvariablen x_i bzw. deren standardisierter Wert z_i bei einer Person bzw. einer Marke läßt sich als eine lineare
Kombination mehrerer (hypothetischer) Faktoren beschreiben.
Mathematisch läßt sich das wie folgt ausdrücken[2]:

$$x_{ik} = a_{i1} \cdot p_{1k} + a_{i2} \cdot p_{2k} + \ldots + a_{iq} \cdot p_{qk} \qquad (3\,a)$$

bzw. für standardisierte x-Werte

$$z_{ik} = a_{i1} \cdot p_{1k} + a_{i2} \cdot p_{2k} + \ldots + a_{iq} \cdot p_{qk} \qquad (3\,b)$$

Die obige Formel (3b) besagt für das 2-Faktorenbeispiel nichts anderes, als daß z. B. die standardisierten Beobachtungswerte für „Anteil ungesättigter Fettsäuren" und „Vitaminisierungsgrad" beschrieben werden durch die Faktoren p_1 und p_2, so wie sie im Hinblick auf Marke k gesehen wurden (p_{1k} bzw. p_{2k}) jeweils multipliziert mit ihren Gewichten bzw. Faktorenladungen beim Merkmal i, also für Faktor 1 a_{i1} und für Faktor 2 a_{i2}.

Um die Notierung zu verkürzen, schreibt man häufig den Ausdruck (3b) auch in Matrixschreibweise. Identisch mit Formel (3b) ist daher auch folgende Matrixschreibweise:

$$Z = A \cdot P \qquad (3\,c)$$

Halten wir noch einmal fest: $Z = A \cdot P$ ist nichts anderes als ein *unterstellter linearer Zusammenhang zwischen den Faktoren und Variablen*. Ist diese Unterstellung falsch, führt die gesamte Faktorenanalyse nicht zu validen Ergebnissen.

Aufbauend auf dieser Annahme läßt sich dann auch eine *Rechenvorschrift* ableiten, die aufzeigt, wie aus den erhobenen Daten die vermuteten Faktoren mathematisch ermittelt werden können.

Wir hatten gezeigt, daß die Korrelationsmatrix R sich bei standardisierten Daten wie folgt aus der Datenmatrix Z ermitteln läßt:

$$R = \frac{1}{K-1} \cdot Z \cdot Z' \qquad (2)$$

Da Z aber im Rahmen der Faktorenanalyse durch $A \cdot P$ beschrieben wird ($Z = A \cdot P$) ist in (2) Z durch $A \cdot P$ zu ersetzen, so daß sich folgende Formel ergibt:

$$\hat{R} = \frac{1}{K-1} \cdot (A \cdot P) \cdot (A \cdot P)' \qquad (4)$$

Wir kürzen die Korrelationsmatrix jetzt mit $\hat{R}$ ab, um deutlich zu machen, daß für die Matrix der standardisierten Ausgangswerte Z der Ausdruck $A \cdot P$ eingesetzt wurde.

Nach Auflösung der Klammern ergibt sich nach den Regeln der Matrixmultiplikation:

$$\hat{R} = \frac{1}{K-1} \cdot A \cdot P \cdot P' \cdot A' = A \cdot \overbrace{\frac{1}{K-1} \cdot P \cdot P'}^{} \cdot A' \qquad (5)$$

Da alle Daten standardisiert sind, läßt sich der ⊂⊃ Ausdruck in Formel (5) auch als *Korrelationsmatrix der Faktorwerte* (C) bezeichnen (vgl. Formel (2)), so daß sich schreiben läßt:

$$\hat{R} = A \cdot C \cdot A' \qquad (6)$$

Da die Faktoren als unkorreliert (voneinander unabhängig) angenommen werden, entspricht C einer Einheitsmatrix (einer Matrix, die auf der Hauptdiagonalen nur Einsen und sonst Nullen enthält). Da die Multiplikation einer Matrix mit einer Einheitsmatrix aber wieder die Ausgangsmatrix ergibt, vereinfacht sich die Formel (6) zu:

$$\hat{R} = A \cdot A' \qquad (7)$$

Diese Beziehung bezeichnet man auch als das *Fandamentaltheorem der Faktorenanalyse*, weil es den Zusammenhang zwischen Korrelationsmatrix und Faktoren beschreibt.

Das Fundamentaltheorem der Faktorenanalyse besagt nichts anderes, als daß sich die in der Korrelationsmatrix enthaltenen Informationen über die Zusammenhänge zwischen den Ausgangsdaten abbilden lassen durch eine Multiplikation der *Faktorladungsmatrix*, die man in diesem Fall auch als *Faktorenmuster* oder Faktorenstruktur bezeichnet, mit ihrer „Transponierten", d. h. R kann durch A in Verbindung mit einer bestimmten Rechenregel reproduziert werden. Diese Regel (Formel (7)) gilt aber stets nur bei Gültigkeit der Prämisse einer Linearverknüpfung und Unabhängigkeit der Faktoren.

3.2.2.2 Die graphische Interpretation von Faktoren

Der Informationsgehalt einer Korrelationsmatrix läßt sich auch graphisch in einem Vektor-Diagramm darstellen, indem die jeweiligen Korrelationskoeffizienten als Winkel zwischen zwei Vektoren dargestellt werden.[3]

Wie der Leser vielleicht noch weiß, stellt ein rechtwinkliges Koordinatenkreuz eine Unabhängigkeitsposition zweier Variabler dar. Mit anderen Worten entspricht ein Winkel von 90° einem Korrelationskoeffizienten zwischen den beiden Variablen, die durch die Achsen repräsentiert werden, von Null. Sind die beiden betrachteten Variablen jedoch nicht unabhängig voneinander, ist der Korrelationskoeffizient also ±0, z. B. 0,5, dann wird dies graphisch durch einen Winkel von 60° zwischen den beiden Vektoren dargestellt.

Es stellt sich sofort die Frage, warum entspricht ein Korrelationskoeffizient von 0,5 genau einem Winkel von 60°? Die Verbindung wird über den Cosinus des jeweiligen Winkels hergestellt, denn der Korrelationskoeffizient ist auch definiert als der Cosinus des durch die beiden Vektoren eingeschlossenen Winkels.

Verdeutlichen wir uns dies anhand des Ausgangsbeispiels:

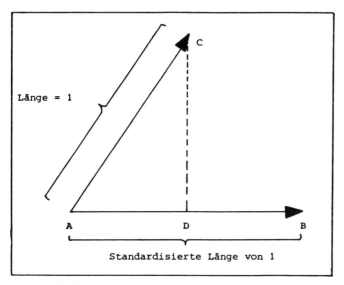

Abb. 3.4. Vektordarstellung einer Korrelation zwischen zwei Variablen

In der obigen Abbildung repräsentieren die Vektoren $\overline{AC}$ und $\overline{AB}$ die beiden Variablen „Streichfähigkeit" und „Vitaminisierungsgrad". Zwischen den beiden Variablen möge eine Korrelation von 0,5 gemessen worden sein. Der Vektor $\overline{AC}$, der die Streichfähigkeit repräsentiert, und der genau wie $\overline{AB}$ aufgrund der Standardisierung eine Länge von 1 hat, weist zu $\overline{AB}$ einen Winkel von 60° auf. Der Cosinus des Winkels 60°, der die Stellung der beiden Variablen zueinander (ihre Richtung) angibt, ist definiert als Ankathete zur Hypothenuse, also als $\frac{\overline{AD}}{\overline{AC}}$. Da $\overline{AC}$ aber gleich 1 ist, ist der Korrelationskoeffizient identisch mit der Strecke $\overline{AD}$.

Wie Tabelle 3.3 ausschnitthaft zeigt, ist z. B. der Cosinus eines 60°-Winkels gleich 0,5. Entsprechend läßt sich jeder beliebige Korrelationskoeffizient zwischen zwei Variablen auch durch zwei Vektoren mit einem genau definierten Winkel zueinander darstellen. Verdeutlichen wir uns dies noch einmal anhand einer Korrelationsmatrix mit drei Variablen (Tabelle 3.4).

Tabelle 3.3. Werte für den Cosinus
(entnommen aus: Gellert, W.; Küstner, H.; Hellwich, M.; Kästner, H.: Kleine Enzyklopädie
Mathematik, Leipzig 1969, S. 799)

Grad	cos		Grad	cos
45	0,7071		90	0,0000
44	7193			
43	7314		89	0175
42	7431		88	0349
41	7547		87	0523
			86	0698
40	0,7660		85	0872
			84	1045
39	7771		83	1219
38	7880		82	1392
37	7986		81	1564
36	8090			
35	8192		80	0,1736
34	8290			
33	8387		79	1908
32	8480		78	2079
31	8572		77	2250
			76	2419
30	0,8660		75	2588
			74	2756
29	8746		73	2924
28	8829		72	3090
27	8910		71	3256
26	8988			
25	9063		70	0,3420
24	9135			
23	9205		69	3584
22	9272		68	3746
21	9336		67	3907
			66	4067
20	0,9397		65	4226
			64	4384
19	9455		63	4540
18	9511		62	4695
17	9563		61	4848
16	9613			
15	9659		60	0,5000
14	9703			
13	9744		59	5150
12	9781		58	5299
11	9816		57	5446
			56	5592
10	0,9848		55	5736
			54	5878
9	9877		53	6018
8	9903		52	6157
7	9925		51	6293
6	9945			
5	9962		50	0,6428
4	9976			
3	9986		49	6561
2	9994		48	6691
1	9998		47	6820
			46	6947
0	1,0000		45	7071
Grad	cos		Grad	cos

Tabelle 3.4. Korrelationsmatrix

$$R = \begin{bmatrix} 1 & & \\ 0,8660 & 1 & \\ 0,1736 & 0,6428 & 1 \end{bmatrix}$$

R läßt sich auch anders schreiben (vgl. Tabelle 3.4 a).

Tabelle 3.4. a Korrelationsmatrix mit Winkelausdrücken

$$R = \begin{bmatrix} 0° & & \\ 30° & 0° & \\ 80° & 50° & 0° \end{bmatrix}$$

Der Leser möge die entsprechenden Werte selbst in einer Cosinus-Tabelle überprüfen.

Die der oben gezeigten Korrelationsmatrix zugrundeliegenden drei Variablen und ihre Beziehungen zueinander lassen sich relativ leicht in einem zweidimensionalen Raum darstellen[4] (Abbildung 3.5).

Je mehr Variable jedoch zu berücksichtigen sind, desto mehr Dimensionen werden benötigt, um die Vektoren in ihren entsprechenden Winkeln zueinander zu positionieren. Die Faktorenanalyse trachtet nun danach, das sich in den Winkeln bzw. Korrelationskoeffizienten ausdrückende Verhältnis der Variablen zueinander *in einem möglichst gering dimensionierten Raum* zu reproduzieren. Die Zahl der benötigten Achsen gibt dann die entsprechende Zahl der Faktoren an.

Wenn man die Achsen als Faktoren ansieht, dann stellt sich unmittelbar die Frage, wie werden diese Achsen (Faktoren) in ihrer Lage zu den jeweiligen Vektoren (Variablen) bestimmt?

Dazu vergegenwärtigt man sich am besten das Bild eines halboffenen Schirmes. Die Zacken des Schirmgestänges, die alle in eine bestimmte Richtung wei-

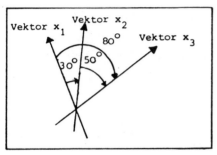

Abb. 3.5. Graphische Darstellung des 3-Variablen-Beispiels

send die Variablen repräsentieren, lassen sich näherungsweise auch durch den Schirmstock darstellen. Vereinfacht man diese Überlegung aus Darstellungsgründen noch weiter auf den 2-Variablen-Fall wie in Abbildung 3.6, die einen Korrelationskoeffizienten von 0,5 für die durch die Vektoren $\overline{OA}$ und $\overline{OB}$ dargestellten Variablen repräsentiert, dann gibt der Vektor $\overline{OC}$ eine zusammenfassende (faktorielle) Beschreibung wieder. Die beiden Winkel von 30° zwischen Vektor I bzw. Vektor II und Faktor-Vektor geben wiederum an, inwieweit der gefundene Faktor mit Vektor (Variable) I bzw. II zusammenhängt. Sie definieren ebenfalls Korrelationskoeffizienten, u. z. die zwischen den jeweiligen Variablen und dem Faktor. Diese Korrelationskoeffizienten hatten wir oben als *Faktorladungen* bezeichnet. Die Faktorladungen des 1. Faktors betragen also in bezug auf

Variable I und Variable II: $\cos 30° = 0{,}8660$.

3.2.3 Faktorextraktion

Nachdem wir nun wissen, was eine *Faktorladung* inhaltlich bedeutet, ist zu fragen: Wie findet man einen solchen Vektor (Faktor), der stellvertretend für mehrere zusammenhängende Variable fungieren kann? Erinnern wir uns noch einmal des Ausgangsbeispiels. Aufstrichfette seien nach den sechs Merkmalen

- Streichfähigkeit
- Anteil ungesättigter Fettsäuren
- Kaloriengehalt
- Vitaminisierungsgrad
- Haltbarkeit
- Preis

bewertet worden, von denen hier aus Darstellungsgründen nur fünf betrachtet werden sollen*. Aus dieser Bewertung sei folgende Korrelationsmatrix berechnet worden (Tabelle 3.5).

Diese Korrelationsmatrix enthält in der unteren Dreiecks-Matrix die Korrelationswerte, in der oberen (spiegelbildlich identischen) Dreiecksmatrix die entsprechenden Winkel.

3.2.3.1 Graphische Darstellung

Graphisch ist der Inhalt dieser Matrix in Abbildung 3.7 dargestellt.

---

* Es werden andere Werte als im Ausgangsbeispiel verwendet, um zunächst eine eindeutige graphische Lösung zu ermöglichen.

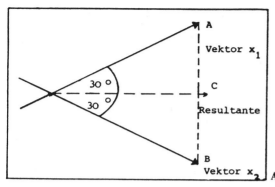

Abb. 3.6. Faktorlösung bei 2 Variablen

Tabelle 3.5. Spiegelbildlich identische Korrelationsmatrix

	x_1	x_2	x_3	x_4	x_5
x_1		10°	70°	90°	100°
x_2	0,9848		60°	80°	90°
x_3	0,3420	0,5000		20°	30°
x_4	0,0	0,1736	0,9397		10°
x_5	−0,1736	0,0	0,8660	0,9848	

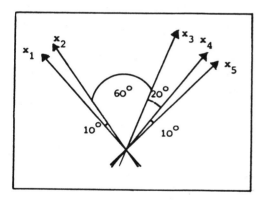

Abb. 3.7. Graphische Darstellung des 5-Variablen-Beispiels

Das Beispiel wurde so gewählt, daß die Winkel zwischen den Faktoren in einer zweidimensionalen Darstellung abgebildet werden können – ein Fall, der in der Realität kaum relevant ist.

Wie findet man nun den 1. Faktor in dieser Vektordarstellung? Hierzu ist eine Reihe von Rechentechniken entwickelt worden, von denen hier *aus Anschauungsgründen* die sogenannte *Zentroid-Methode* dargestellt werden soll. Bei Einsatz einer DV-Anlage wird i. d. R. allerdings die *Hauptachsenanalyse* verwendet. (Der Leser sei bereits an dieser Stelle darauf hingewiesen, daß die beiden Begriffe Haupt*achsen*analyse und Haupt*komponenten*analyse streng voneinander zu trennen sind. Die Bedeutung der Hauptkomponentenanalyse wird in Kapitel 3.2.3.2 dargelegt.)

Bleiben wir zunächst bei der graphischen Darstellung, dann sucht man den Zentroiden aus den fünf Vektoren.

Der Leser möge sich dazu folgendes verdeutlichen:

In Abbildung 3.7 ist der Zentroid nichts anderes als die Resultante der fünf Vektoren: Würden die fünf Vektoren fünf Seile darstellen mit einem Gewicht in O, und jeweils ein Mann würde mit gleicher Stärke an den Enden der Seile ziehen, dann würde sich das Gewicht in eine bestimmte Richtung bewegen (vgl. die gestrichelte Linie in Abbildung 3.8). Diesen Vektor bezeichnen wir als Resultante bzw. Zentroiden: Er ist die graphische Repräsentation des 1. Faktors.

Betrachtet man nun die jetzt gebildeten Winkel zwischen 1. Faktor und den Ausgangsvektoren, dann hat man auch die gesuchten Faktorladungen gefunden.

Beispielsweise beträgt der Winkel zwischen 1. Faktor und 1. Variablen (Streichfähigkeit) 55° 12'. Der Leser möge die übrigen Winkel selbst ausmessen.

Schlägt er die Werte für den Cosinus der jeweiligen Winkel in einer Cosinus-Tabelle nach, so wird er feststellen, daß sich die in Tabelle 3.6 gezeigten Faktorladungen ergeben.

Ein zweiter Faktor, der ja vom 1. Faktor unabhängig sein soll, ergibt sich durch die Errichtung eines Vektors in O, der rechtwinklig zum 1. Faktor steht. Damit ergeben sich die in Tabelle 3.7 dargestellten Faktorladungen (der Leser möge die Werte selbst überprüfen).

Da wir das Beispiel so gewählt haben, daß alle Korrelationskoeffizienten bzw. Winkel zwischen den Ausgangsvektoren (Variablen) eindeutig im zweidimensionalen Raum darstellbar waren, sind zwei Faktoren völlig ausreichend, die Ausgangsvektoren zu beschreiben. Mit anderen Worten: Es genügen zwei Faktoren, um die verschiedenen Ausprägungen der Ausgangsvariablen zu re-

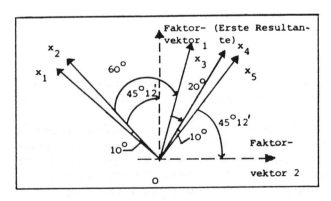

Abb. 3.8. Graphische Darstellung des Zentroiden

Tabelle 3.6. Einfaktorielle Ladungsmatrix

	Faktor 1
x_1	0,5707
x_2	0,7046
x_3	0,9668
x_4	0,8211
x_5	0,7096

Tabelle 3.7. Zweifaktorielle Ladungsmatrix.
Die negativen Faktorladungen zeigen an, daß der jeweilige Faktor negativ mit der entsprechenden Variablen verknüpft ist, also beispielsweise *geringer* Gesundheitswert mit einem *hohen* Kaloriengehalt

	Faktor 1	Faktor 2
x_1	0,5707	$-0,8211$
x_2	0,7046	$-0,7096$
x_3	0,9668	0,2554
x_4	0,8211	0,5707
x_5	0,7096	0,7046

produzieren. Die Unterschiede in der Bewertung der einzelnen Merkmale der Emulsionsfette (die Varianzen) können also auf zwei Faktoren zurückgeführt werden.

In einem solchen Fall, wenn die ermittelten (extrahierten) Faktoren die Unterschiede in den Beobachtungsdaten restlos erklären, muß die Summe der Ladungsquadrate für jede Variable gleich 1 sein. Warum?

1. Durch die Standardisierung der Ausgangsvariablen erzeugten wir einen Mittelwert von 0 und eine Standardabweichung von 1. Da die Varianz das Quadrat der Standardabweichung ist, ist auch die Varianz gleich 1:

$$s_i^2 = 1 \tag{8}$$

2. Die Varianz einer jeden Variablen i erscheint in der Korrelationsmatrix als Selbstkorrelation (vgl. auch S. 73).
   Man kann diese Überlegung an der graphischen Darstellung in Abbildung 3.4 deutlich machen. Wir hatten gesagt, daß die Länge der Strecke $\overline{AD}$ den Korrelationskoeffizienten beschreibt, wenn $\overline{AC}$ standardisiert, also gleich 1 ist (vgl. dazu die Ausführungen auf S. 77).
   Im Falle der Selbstkorrelation fallen $\overline{AC}$ und $\overrightarrow{AB}$ zusammen. Die Strecke $\overline{AB}$ bzw. $\overline{AC}$ mit der normierten Länge von 1 ergibt den (Selbst-) Korrelationskoeffizienten. Die Länge des Vektors $\overline{AB}$ bzw. $\overline{AC}$ gibt aber definitionsgemäß die Ausprägungs-Spannweite der Ausgangsvariablen, also die

Standardabweichung, wieder. Wegen der Standardisierung ist diese jedoch mit dem Wert 1 gleich der Varianz, so daß tatsächlich gilt:

$$s_i^2 = 1 = r_{ii} \tag{9}$$

3. Es läßt sich zeigen, daß auch die Summe der Ladungsquadrate der Faktoren gleich 1 ist, wenn eine komplette Reproduktion der Ausgangsvariablen durch die Faktoren erfolgt.

Schauen wir uns dazu ein Beispiel an, bei dem zwei Variablen durch zwei Faktoren reproduziert werden (Abbildung 3.9).

Die Faktorladungen werden durch den Cosinus der Winkel zwischen Ausgangsvektoren und Faktoren beschrieben. Das bedeutet für Variable 1 z. B.:

$$\text{Ladung des 1. Faktors:} \quad \cos \text{Winkel COA} = \frac{\overline{OC}}{\overline{OA}}$$

$$\text{Ladung des 2. Faktors:} \quad \cos \text{Winkel DOA} = \frac{\overline{OD}}{\overline{OA}}$$

Wenn obige Behauptung stimmt, müßte gelten:

$$\left(\frac{\overline{OC}}{\overline{OA}}\right)^2 + \left(\frac{\overline{OD}}{\overline{OA}}\right)^2 = 1 \tag{10a}$$

Überprüfung:

$$\frac{\overline{OC}^2}{\overline{OA}^2} + \frac{\overline{OD}^2}{\overline{OA}^2} = \frac{\overline{OC}^2 + \overline{OD}^2}{\overline{OA}^2} \tag{10b}$$

Aus Abbildung 3.9 in Verbindung mit dem Satz des Pythagoras gilt:

$$\overline{OA}^2 = \overline{OC}^2 + \overline{AC}^2 \tag{10c}$$

Da nach Abbildung 3.9 $\overline{AC} = \overline{OD}$, gilt auch:

$$\overline{OA}^2 = \overline{OC}^2 + \overline{OD}^2 \tag{10d}$$

(10d) eingesetzt in (10b) ergibt dann:

$$\frac{\overline{OC}^2 + \overline{OD}^2}{\overline{OC}^2 + \overline{OD}^2} = 1 \tag{10e}$$

4. Als Fazit läßt sich somit folgende wichtige Beziehung ableiten:

$$s_i^2 = r_{ii} = a_{i1}^2 + a_{i2}^2 + \ldots + a_{iq}^2 = 1, \tag{11}$$

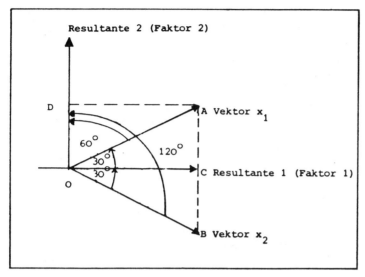

Abb. 3.9. Zwei Variablen-Zwei Faktor-Lösung

wobei a_{i1} bis a_{iq} die Ladungen der Faktoren 1 bis q auf die Variable i angibt. Das bedeutet nichts anderes, als daß durch Quadrierung der Faktorladungen in bezug auf eine Variable und deren anschließender Summation der durch die Faktoren wiedergegebene *Varianzerklärungsanteil der betrachteten Variablen* dargestellt wird: $\sum_{q} a_{iq}^2$ ist nichts anderes als das *Bestimmtheitsmaß* (vgl. dazu auch die Ausführungen zur Regressionsanalyse in diesem Band).

3.2.3.2 Das Problem der Kommunalitätenschätzung

Es ist allerdings wichtig zu betonen, daß die Summe der Ladungsquadrate der Faktoren in bezug auf eine Variable *immer nur dann gleich 1 ist*, also die *gesamte Ausgangsvarianz* erklärt werden soll, wenn die gesamte Ausgangsvarianz auch tatsächlich durch die gefundenen Faktoren bedingt ist. Das ist immer dann der Fall, wenn eine faktorielle Darstellung der Variablen gewählt wird, in der alle Winkel zwischen den Vektoren absolut exakt darstellbar sind. Das wird jedoch in praktischen Fällen nur sehr schwer möglich sein, wenn man eine Faktorenlösung anstrebt, bei der die Zahl der Faktoren kleiner als die der Variablen ist. Da dies aber gerade das Ziel der Faktorenanalyse ist, wird man i. d. R. nur eine möglichst gute Näherungslösung anstreben können, d. h. man wird auf die Erklärung bestimmter Varianzanteile in den Ausgangsdaten verzichten.

In vielen Fällen ist dies auch sehr sachadäquat. Verdeutlichen wir uns dazu noch einmal unsere Ausgangsfragestellung:

Wir glaubten, für zwei oder mehrere Variable, die eng miteinander korreliert sind, das „Gemeinsame" dieser Faktoren auf einen oder mehrere komplexere Faktoren zurückführen zu können. In der überwiegenden Zahl von Fällen wird die Varianz der Ausgangsvariablen jedoch nicht *allein* durch die gefundenen Faktoren zu erklären sein. Ein bestimmter Anteil der Varianz ist vielleicht tatsächlich der gemessenen Variablen zu eigen (spezifische Varianz) und nicht durch die gemeinsamen Faktoren bedingt, ein anderer Teil der Varianz ist vielleicht auf Meßfehler bei der Erhebung der Daten zurückzuführen (Fehlervarianz).

Beispielsweise könnten die auf den Wert von 1 normierten Varianzen der Variablen „Streichfähigkeit" und „Anteil ungesättigter Fettsäuren" zu 70% auf den Faktor „Gesundheit" zurückzuführen sein. 20% der Varianz sind nicht durch den gemeinsamen Faktor bedingt, sondern der Variablen selbst zu eigen und 10% der Varianz seien durch Ungenauigkeit bei der Erhebung erklärbar. Abbildung 3.10 zeigt die Zusammenhänge noch einmal graphisch.

Werden statt eines Faktors zwei Faktoren extrahiert, so läßt sich naturgemäß mehr Gesamtvarianz durch die gemeinsamen Faktoren erklären, z. B. 80% wie in Abbildung 3.11.

Den Teil der Gesamtvarianz einer Variablen, der durch die gemeinsamen Faktoren erklärt werden soll, bezeichnet man als *Kommunalität* (h_i). Da i. d. R. die gemeinsamen Faktoren nicht die Gesamtvarianz erklären, sind die Kommunalitäten meist kleiner als eins.

Das heißt aber nichts anderes, als daß für die Hauptachsenanalyse das Fundamentaltheorem in Gleichung (7) durch eine nicht erklärte Komponente zu ergänzen ist. Wählt man für diesen Restterm, der potentielle Meßfehler und die spezifische Varianz beschreibt, das Symbol U, dann ergibt sich für (7)

$$R = A \cdot A' + U \qquad\qquad\qquad\qquad (7a)$$

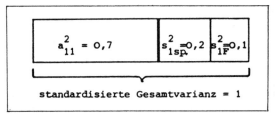

Abb. 3.10. Die Komponenten der Gesamtvarianz bei einer 1-Faktorlösung

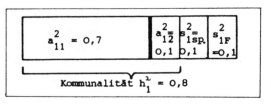

Abb. 3.11. Die Komponenten der Gesamtvarianz bei einer 2-Faktorlösung

Die Korrelationsmatrix R in (7 a) spiegelt jetzt in identischer Weise die aus den empirischen Daten errechneten Korrelationen wieder, während bei der Korrelationsmatrix R̂ in (7) der *nicht* erklärte Varianzanteil „unterschlagen" wurde.

Ein wichtiges Problem der Faktorenanalyse besteht nun darin, die Kommunalitäten zu schätzen, deren Werte der Anwender ja nicht kennt – er hat ja nur die Korrelationsmatrix und sucht erst die Faktorladungen. Hierbei handelt es sich um ein subjektives Vorab-Urteil des Forschers, mit dem er einer Vermutung Ausdruck gibt. Setzt er die Kommunalität beispielsweise auf 0,8, so legt er damit fest, daß *nach seiner Meinung* 80% der Ausgangsvarianz durch gemeinsame Faktoren erklärbar sind. Um den Schätzcharakter deutlich zu machen, werden die Kommunalitäten häufig als Klammerwerte in die Haupt-Diagonale der Korrelationsmatrix eingesetzt. Die so modifizierte Korrelationsmatrix fungiert dann als Ausgangsbasis für die oben beschriebene Faktorenextraktion.

In der Schätzung der Kommunalitäten ist der Anwender des Verfahrens nicht völlig frei. Vielmehr ergeben sich theoretische Ober- und Untergrenzen für die jeweiligen Werte, die aber hier im einzelnen nicht dargestellt werden sollen[4]. Innerhalb dieser Grenzen existiert jedoch keine eindeutige Lösung. Vielmehr ist eine Reihe von Schätzverfahren entwickelt worden, die aber zu unterschiedlichen Ergebnissen gelangen können.

Für praktische Zwecke werden i. d. R. nur wenige Verfahren verwendet, die auch in jedem Computer-Programmpaket implementiert sind, z. B.:

1. Für die Kommunalität wird als Ausgangsschätzwert der jeweils höchste Korrelationskoeffizient einer Variablen mit den anderen Variablen (das entspricht dem höchsten Korrelationskoeffizienten einer Zeile bzw. Spalte mit Ausnahme des Hauptdiagonalen-Wertes) verwandt. Diese Methode stellt zwar lediglich eine erste grobe Schätzung dar, hat sich in der Praxis aber recht gut bewährt.
2. Bestehen keine konkreten Vorstellungen über spezifische und Fehlervarianz, so empfiehlt es sich, die Kommunalitäten iterativ zu schätzen. Man spricht wie in Fall 1 von einer *Hauptachsenanalyse.*
3. Man macht keine explizite Kommunalitätenschätzung, sondern geht von der errechneten Korrelationsmatrix aus, verwendet also die in der Hauptdiagonalen stehenden Werte von 1. Dem Leser sollte jedoch klar sein, daß damit ein Grenzfall unterstellt wird, nämlich der Anwender folgt der Hypothese, daß keine spezifische und keine Fehlervarianz relevant ist, sondern die *gesamte Varianz* auf die gemeinsamen Faktoren zurückgeht. Man bezeichnet diesen Sonderfall im Gegensatz zur „klassischen Faktorenanalyse" (= Hauptachsenanalyse) als „Hauptkomponentenanalyse".

Es sei betont, daß die *Ausgangsschätzwerte* der Kommunalitäten bei der Hauptkomponentenanalyse auf 1 gesetzt werden. Bei der Durchführung des Verfahrens können sich allerdings als Endwerte Kommunalitäten < 1 ergeben, d. h. auch mit Hilfe dieser Methode kann in der Regel nicht die gesamte Ausgangsvarianz erklärt werden.

· Fassen wir noch einmal zusammen: Während sich Hauptachsenanalyse und Hauptkomponentenanalyse nur durch die Wahl der Kommunalitäten unterscheiden, bestehen zwischen Zentroid-Methode und Hauptachsenanalyse Unterschiede in der Ermittlung der Faktoren:

Die Zentroid-Methode bestimmt den Schwerpunkt der Vektoren, während die Hauptachsenanalyse die Richtung der Faktoren durch den jeweiligen Varianzerklärungsanteil bestimmt. Ein Beispiel möge dies verdeutlichen: Betrachten wir aus Darstellungsgründen die ersten drei Eigenschaften der vier Margarinemarken aus Abbildung 3.2. Die graphische Darstellung der vier Margarinemarken im dreidimensionalen Eigenschaftsraum zeigt Abbildung 3.12.

Dabei wird deutlich, daß die größte Streuung (Varianz) zwischen den Marken in Richtung des Faktors 1 und die nächstgrößere in Richtung des Faktors 2 liegt, während die Streuung in der Breitendimension relativ gering ist. Für die Faktorenextraktion bedeutet das, daß eine Vernachlässigung der Breitendimension zu einem relativ geringen Informationsverlust führt. Genau dies ist der Grundgedanke der Hauptachsenanalyse. Der 1. Faktor wird so gelegt, daß ein Maximum der Streuung der Ausgangsvariablen erklärt wird. Der 2. Faktor wird so gewählt, daß er ein Maximum der verbleibenden Restvarianz erklärt usw.

Kehren wir zu unserem Ausgangsbeispiel in Abbildung 3.2 und Tabelle 3.2 zurück, dann zeigt sich, daß bei Anwendung des Verfahrens „Wähle den höchsten Korrelationskoeffizienten der Zeile/Spalte" für die Korrelationsmatrix aus Tabelle 3.2 die in Tabelle 3.8 dargestellte Schätzung der Ausgangskommunalitäten zustande käme.

Setzt man diese Werte in die Korrelationsmatrix in Tabelle 3.2 anstelle der Einsen in die Hauptdiagonale ein und führt auf dieser Basis eine Faktorextraktion auf Basis einer Hauptachsenanalyse durch – ohne daß diese hier im einzelnen nachvollzogen wird, dann ergibt sich bei (zunächst willkürlicher) Vor-

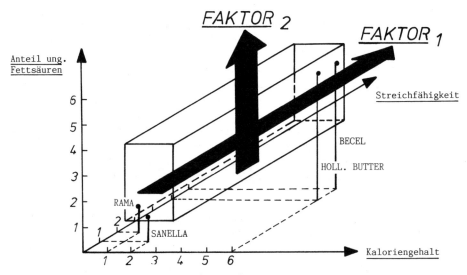

Abb. 3.12. Grundgedanke der Hauptachsenanalyse

gabe von zwei zu extrahierenden Faktoren die Faktorladungsmatrix der Tabelle 3.9.

Multipliziert man diese Matrix mit ihrer Transponierten, dann ergibt sich die
in Tabelle 3.10 dargestellte Korrelationsmatrix.

Vergleicht man diese Matrix mit der Korrelationsmatrix in Tabelle 3.2, so
wird deutlich, daß die auf der Basis der Faktorladungen ermittelte Matrix der
Korrelationsmatrix sehr ähnlich ist, sie also „recht gut" reproduziert. Das bedeutet aber nichts anderes, als daß die beiden gefundenen Faktoren F_1 und F_2

Tabelle 3.8. Geschätzte Ausgangskommunalitäten

VARIABLE	COMMUNALITY
STREICHF	.97014
UNGEFETT	.98788
KALORIEN	.98788
VITAMIN	.98020
HALTBARK	.87831
PREIS	.87831

Tabelle 3.9. Faktorladungen im Beispiel

	FACTOR 1	FACTOR 2
STREICHF	.96755	-.09021
UNGEFETT	.99940	.00079
KALORIEN	.98656	.14700
VITAMIN	.97593	-.07936
HALTBARK	.18813	.93377
PREIS	-.16665	.94060

Tabelle 3.10. Die reproduzierte Korrelationsmatrix im 4-Produkte-Beispiel

$$
\begin{bmatrix}
0.96755 & -0.09021 \\
0.99940 & 0.00079 \\
0.98656 & 0.14700 \\
0.97593 & -0.07936 \\
0.18813 & 0.93377 \\
-0.16665 & 0.94060
\end{bmatrix}
\begin{bmatrix}
0.96755 & 0.99940 & 0.98656 & 0.97593 & 0.18813 & -0.16665 \\
-0.09021 & 0.00079 & 0.14700 & -0.07936 & 0.93377 & 0.94060
\end{bmatrix}
$$

A   A'

REPRODUCED CORRELATION MATRIX:

	STREICHF	UNGEFETT	KALORIEN	VITAMIN	HALTBARK	PREIS
STREICHF	.94429*	.00324	-.00952	-.03445	.04224	-.04088
UNGEFETT	.96690	.99881*	.00179	.00491	.00370	-.00322
KALORIEN	.94128	.98609	.99491*	.01716	-.00600	.00759
VITAMIN	.95142	.97529	.95115	.95875*	-.02865	.02426
HALTBARK	.09779	.18875	.32236	.10950	.90731*	.03136
PREIS	-.24610	-.16581	-.02614	-.23729	.84695	.91250*

= $\hat{R}$

THE LOWER LEFT TRIANGLE CONTAINS THE REPRODUCED CORRELATION MATRIX; THE
DIAGONAL, COMMUNALITIES; AND THE UPPER RIGHT TRIANGLE, RESIDUALS BETWEEN
THE OBSERVED CORRELATIONS AND THE REPRODUCED CORRELATIONS.

THERE ARE   0 (0.0%) RESIDUALS (ABOVE DIAGONAL) THAT ARE > 0.05

sich ohne großen Informationsverlust zur Beschreibung der sechs Ausgangsvariablen eignen.

Wegen der unterstellten spezifischen Varianz und des damit verbundenen Problems der Kommunalitätenschätzung ist es klar, daß durch die Rechenregel $\hat{R} = A \cdot A'$ die Ausgangs-Korrelationsmatrix R nicht identisch reproduziert wird. Aus diesem Grunde bezeichnen wir die reproduzierte Matrix als $\hat{R}$.

3.2.3.3 Die Zahl zu extrahierender Faktoren

Bei der Faktorextraktion ist festzulegen, wie viele Faktoren ermittelt werden sollen. Auch hier ist der subjektive Eingriff des Anwenders notwendig, da es keine eindeutige Vorschrift dafür gibt, wie hoch die Zahl der zu extrahierenden Faktoren sein soll. Vielmehr existiert eine Vielzahl von Verfahren, die zum Teil zu unterschiedlichen Ergebnissen führen können.

Zwei Beispiele für häufig verwendete Kriterien seien hier genannt:

Kaiser-Kriterium. Danach ist die Zahl der zu extrahierenden Faktoren gleich der Zahl der Faktoren mit Eigenwerten größer eins. (Der Eigenwert (Eigenvalue) ist gleich der Summe der quadrierten Faktorladungen. Er ist ein Maßstab für die durch den jeweiligen Faktor erklärte Varianz der Beobachtungswerte. Der Begriff Eigenwert ist deutlich vom „erklärten Varianzanteil" zu trennen. Letzterer beschreibt den Varianzerklärungsanteil, der durch die Summe der Ladungen *aller Faktoren* im Hinblick auf *eine Variable* erreicht wird (theoretischer oberer Grenzwert: Kommunalität), während der Eigenwert den Erklärungsanteil *eines Faktors* im Hinblick auf die Varianz *aller Variablen* beschreibt, Tabelle 3.11).

Die Begründung für die Verwendung des Kaiser-Kriteriums liegt darin, daß Faktoren, deren Varianzerklärungsanteil über alle Variablen kleiner als eins ist, weniger Varianz erklären, als durch die entsprechende Variable selbst erklärt wird, denn die Varianz *einer* Variablen hat ja den Wert 1.

Scree-Test. Aus den in abnehmender Wertefolge geordneten Eigenwerten wird an die Punkte, die sich asymptotisch der Abszisse nähern, eine Gerade angepaßt. Der letzte Punkt links auf der Geraden bestimmt die Zahl der zu extrahierenden Faktoren. Das Verfahren liefert nicht immer eindeutige Lösungen, da nicht eindeutig festliegt, wie die Gerade angepaßt wird (Abbildung 3.13).

Tabelle 3.11. Kommunalität und Eigenwert

	LADUNGSQUADRATE		ERKLAERTER VARIANZANTEIL (KOMMUNALITAETEN)
	FACTOR 1	FACTOR 2	
X1	0.93615	0.00814	0.94429
X2	0.99880	0.00000	0.99880
X3	0.97330	0.02161	0.99491
X4	0.95244	0.00630	0.95874
X5	0.03539	0.87193	0.90732
X6	0.02777	0.88473	0.91250
EIGENWERTE	3.92385	1.79271	

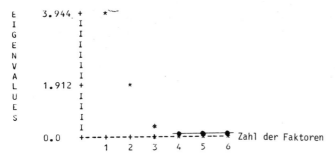

Abb. 3.13. Die Zahl der Faktoren nach dem Scree-Test

Tabelle 3.12. Faktorladungen im Beispiel

FACTOR MATRIX:

	FACTOR 1	FACTOR 2
STREICHF	.96755	-.09021
UNGEFETT	.99940	.00079
KALORIEN	.98656	.14700
VITAMIN	.97593	-.07936
HALTBARK	.18813	.93377
PREIS	-.16665	.94060

Obwohl es dem Forscher prinzipiell selbst überlassen bleibt, welches Kriterium er bei der Zahl zu extrahierender Faktoren zugrunde legt, findet sich in empirischen Untersuchungen häufig die Anwendung des Kaiser-Kriteriums, das von den Eigenwerten der Faktoren ausgeht.

In unserem Beispiel beträgt der Eigenwert für den ersten Faktor beispielsweise

$$0{,}96755^2 + 0{,}99940^2 + 0{,}98656^2 + 0{,}97593^2 + 0{,}18813^2 + (-0{,}16665)^2 = 3{,}92385$$

Entsprechend ergibt sich für Faktor 2 ein Eigenwert von 1,79271. Würde man weitere Faktoren extrahieren, so ergäbe sich bereits beim dritten Faktor ein Eigenwert von 0,12057, so daß nach dem Kaiser-Kriterium eine zweifaktorielle Lösung sinnvoll wäre.

3.2.4 Die Faktorinterpretation

Da die Faktoren zunächst rein abstrakte Größen (Vektoren) darstellen, muß versucht werden, sie *inhaltlich* zu benennen. Dazu bedient man sich als Interpretationshilfe der Faktorladungen. Betrachten wir noch einmal die zwei-faktorielle Lösung unseres obigen Beispiels in Tabelle 3.12.

Aus dieser Faktorladungsmatrix wird deutlich, daß offenbar Faktor 1 relativ viel mit den Variablen x_1 bis x_4 zu tun hat und entsprechend Faktor 2 mit x_5

und x_6. Da die Faktorladungen aber nichts anderes als Korrelationskoeffizienten darstellen, können auch umgekehrt die Variablen zur Beschreibung der Faktoren herangezogen werden: Faktor 1 hat also z. B. viel mit

- Streichfähigkeit
- Anteil ungesättigter Fettsäuren
- Kaloriengehalt
- Vitaminisierungsgrad

zu tun. Als Sammelausdruck für diese vier Variablen ließe sich beispielsweise der Begriff „Gesundheit" verwenden, da alle vier Variablen Gesundheitsaspekte beschreiben. Die Variablen x_5 und x_6, „Haltbarkeit" und „Preis", lassen sich z. B. zum Faktor „Wirtschaftlichkeit" zusammenfassen.

Die Faktorladungsmatrix in Tabelle 3.11 weist eine sogenannte *Einfachstruktur* auf, d. h. die Faktorladungen der Variablen sind immer nur auf *einen* Faktor hoch und auf allen anderen Faktoren (in diesem 2-Faktorfall auf jeweils dem anderen Faktor) niedrig.

Bei größeren Felduntersuchungen fällt es häufig nicht leicht, die jeweiligen Faktoren zu interpretieren. Hier besteht nur die Möglichkeit, das Faktormuster offenzulegen, so daß der jeweils interessierte Verwender der Analyseergebnisse Eigeninterpretationen vornehmen kann. Das bedeutet allerdings auch, daß gerade die Faktorinterpretation subjektive Beurteilungsspielräume offenläßt. Das gilt besonders dann, wenn eine Interpretation wegen der inhaltlich nicht konsistenten Ladungen schwierig ist.

Der Anwender muß dabei häufig entscheiden, ab welcher Ladungshöhe er eine Variable einem Faktor zuordnet. Dazu sind gewisse Regeln (Konventionen) entwickelt worden, wobei in der praktischen Anwendung „hohe" Ladungen ab 0,5 angenommen werden. Dabei ist allerdings darauf zu achten, daß eine Variable, wenn sie auf mehreren Faktoren Ladungen 0,5 aufweist, bei *jedem* dieser Faktoren zur Interpretation herangezogen werden muß.

Laden mehrere Variable auf mehrere Faktoren gleich hoch, dann ist es häufig unmöglich, unmittelbar eine sinnvolle Faktorinterpretation zu erreichen (Abbildung 3.14).

Es läßt sich mathematisch nachweisen, daß die Aussagekraft einer Hauptachsenanalyse durch Drehung (Rotation) des Koordinatenkreuzes in seinem Ursprung nicht verändert wird. Aus diesem Grunde wird zur Interpretationserleichterung häufig eine Rotation durchgeführt. Dreht man das Koordinatenkreuz in Abbildung 3.14 in seinem Ursprung, so läßt sich beispielsweise die Konstellation aus Abbildung 3.15 erreichen. Jetzt lädt die obere Punktwolke vor allem auf Faktor 2 und die untere auf Faktor 1. Damit wird die Interpretation erheblich erleichtert.

Rotationen werden automatisch von den vorhandenen Computerprogrammen ausgeführt. Erfolgt die Rotation „rechtwinklig", d. h. unter Beibehaltung des rechtwinkligen Koordinatenkreuzes, so wird häufig auf die sogenannte Varimax-Rotation zurückgegriffen. Möglich sind aber auch schiefwinklige Rotationen, wobei allerdings die Unabhängigkeitsprämisse der Faktoren (im statistischen Sinne) aufgegeben wird. Eigentlich wäre dann eine erneute Faktorana-

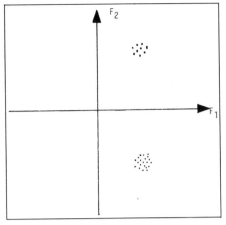

Abb. 3.14. Unrotierte Faktorladungen

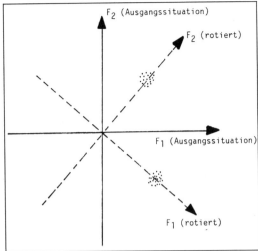

Abb. 3.15. Rotierte Faktorladungen

lyse notwendig. Empirische Untersuchungen haben allerdings gezeigt, daß diese häufig zu kaum noch interpretierbaren Ergebnissen führt.

Tabelle 3.13 zeigt das Ergebnis der rechtwinkligen Varimax-Rotation für unser Beispiel: Die Faktorladungen auf die jeweiligen Faktoren sind jeweils noch höher geworden, wie auch die graphische Darstellung der Faktorladungsmatrix in Abbildung 3.16 zeigt.

3.2.5 Die Bestimmung der Faktorwerte

Für eine Vielzahl von Fragestellungen ist es von großem Interesse, nicht nur die Variablen auf eine geringere Anzahl von Faktoren zu reduzieren, sondern danach zu erfahren, welche Werte die Objekte (Marken) nun hinsichtlich der extrahierten Faktoren annehmen. Man benötigt also nicht nur die Faktoren selbst, sondern auch die Ausprägung der Faktoren bei den Objekten bzw. Personen. Dieses bezeichnet man als das Problem der Bestimmung der *Faktorwerte*.

Tabelle 3.13. Rotierte Faktorladungsmatrix

	FACTOR 1	FACTOR 2
STREICHF	.96842	-.08027
UNGEFETT	.99934	.01105
KALORIEN	.98500	.15712
VITAMIN	.97670	-.06933
HALTBARK	.17853	.93565
PREIS	-.17630	.93884

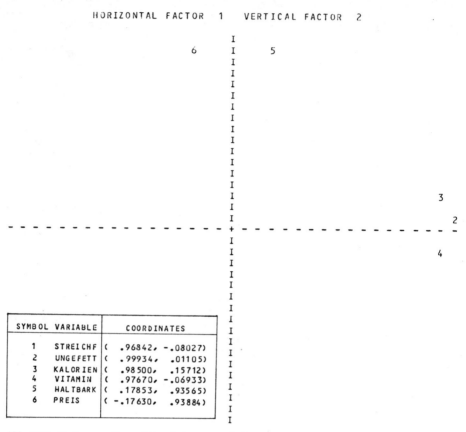

Abb. 3.16. Varimax-rotierte Faktorladungsmatrix beim 4-Produkte-Beispiel

Wie oben erläutert, ist es das Ziel der Faktorenanalyse, die standardisierte Ausgangsdatenmatrix Z als Linearkombination von Faktoren darzustellen. Es galt:

$$Z = A \cdot P \qquad (3c)$$

Wir haben uns bisher mit der Bestimmung von A (Faktorladungen) beschäftigt.
Da Z gegeben ist, ist die Gleichung (3 c) nach den gesuchten Faktorwerten P
aufzulösen. Bei Auflösung nach P ergibt sich durch Multiplikation von links
mit der inversen Matrix A^{-1}:

$$A^{-1} \cdot Z = A^{-1} \cdot A \cdot P \qquad (12)$$

Da $A^{-1} \cdot A$ definitionsgemäß die Einheitsmatrix E ergibt, folgt:

$$A^{-1} \cdot Z = E \cdot P \qquad (13)$$

Da $E \cdot P = P$ ist, ergibt sich:

$$P = A^{-1} \cdot Z \qquad (14)$$

Für das in der Regel nicht quadratische Faktormuster A (es sollen ja gerade weniger Faktoren als Variable gefunden werden!) ist eine Inversion in der Regel nicht möglich. Deshalb könnte in bestimmten Fällen folgende Vorgehensweise eine Lösung bieten:

(3 c) wird von links mit A′ multipliziert:

$$A' \cdot Z = A' \cdot A \cdot P \qquad (15)$$

Matrix (A′·A) ist definitionsgemäß quadratisch und somit eher invertierbar:

$$(A' \cdot A)^{-1} \cdot A' \cdot Z = (A' \cdot A)^{-1} \cdot (A' \cdot A) \cdot P \qquad (16)$$

Da $(A' \cdot A)^{-1} \cdot (A' \cdot A)$ definitionsgemäß eine Einheitsmatrix ergibt, gilt:

$$P = (A' \cdot A)^{-1} \cdot A' \cdot Z \qquad (17)$$

In bestimmten Fällen können sich bei der Lösung dieser Gleichung aber ebenfalls Schwierigkeiten ergeben. Man benötigt dann Schätzverfahren (Heuristiken) zur Lösung dieses Problems. Je nach Wahl des Schätzverfahrens kann daher die Lösung variieren.

3.2.6 Zusammenfassende Darstellung der Faktorenanalyse

Wie im einzelnen dargestellt, sind zur Durchführung einer Faktorenanalyse *sechs Schritte* notwendig, um die Variablen einer Datenmatrix auf die den Daten zugrundeliegenden hypothetischen Faktoren zurückzuführen (Abbildung 3.17), wobei die Kantenlängen in Relation zueinander stehen: In der Ausgangsdatenmatrix X wird analog zum Beispiel davon ausgegangen, daß die Zahl der Variablen (6) größer ist als die Zahl der Objekte (4). Die Korrelationsmatrix ist dagegen definitionsgemäß quadratisch. Aus der Darstellung wird noch einmal deutlich, welche Begriffe welchen Rechenoperationen bzw. Rechenergebnissen zuzuordnen sind.

Zusammenfassend läßt sich noch einmal festhalten: Bei der Ermittlung der Faktorenwerte aus den Ausgangsdaten sind zwei verschiedene Arten von Rechenschritten notwendig:
- solche, die eindeutig festgelegt sind (die Entwicklung der standardisierten Datenmatrix und der Korrelationsmatrix aus der Datenmatrix),
- solche, wo der Verwender des Verfahrens subjektiv eingreifen kann und muß, wo das Ergebnis also von seinen Entscheidungen abhängt (z. B. die Kommunalitätenschätzung).

Geht man davon aus, daß die erhobenen Daten das für die Korrelationsanalyse notwendige Skalenniveau besitzen, d. h. sind sie mindestens intervallskaliert, dann sind lediglich die *ersten beiden Schritte* von X nach Z und Z nach R *manipulationsfrei*. Alle anderen notwendigen Rechenschritte, die in Abbildung 3.17 durch Pfeile gekennzeichnet sind, sind subjektiven Maßnahmen des Untersuchenden zugänglich und erfordern die Eingriffe.

In den gängigen Computerprogrammen für die Durchführung einer Faktorenanalyse wird dieses Problem i. d. R. so gelöst, daß dem Verwender des Ver-

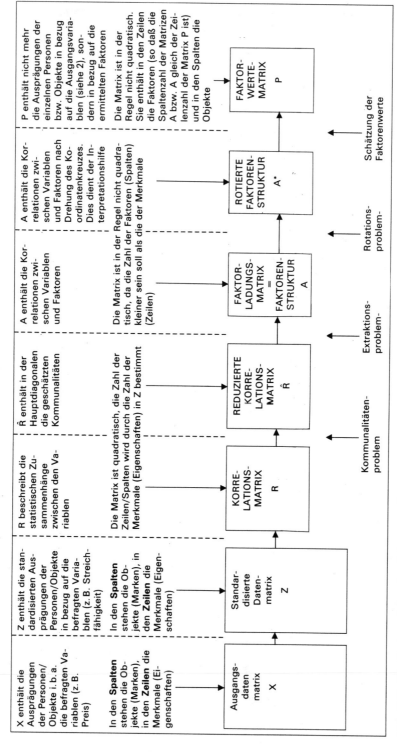

Abb. 3.17. Die Rechenschritte der Faktorenanalyse

fahrens für die einzelnen Entscheidungsprobleme „Standardlösungen" angeboten werden. Der Verwender muß nur eingreifen, wenn er eine andere Lösung anstrebt, beispielsweise statt der automatisch durchgeführten Varimax-Rotation eine schiefwinklige Rotation.

Gerade diese Vorgehensweise ist jedoch immer dann höchst problematisch, wenn dem Anwender die Bedeutung der einzelnen Schritte im Verfahren nicht klar ist und er das ausgedruckte Ergebnis als „die" Lösung ansieht.

Um diesen Fehler vermeiden zu helfen und die Aussagekraft faktoranalytischer Untersuchungen beurteilen zu können, wird im folgenden eine Faktoranalyse anhand eines komplexeren konkreten Beispiels vorgestellt. Um die einzelnen Rechenschritte nachprüfen zu können, sind in der Anlage die Ausgangsdatenmatrix sowie die Mittelwerte über die Befragten abgedruckt. Es werden verschiedene Lösungen bei den einzelnen Teilproblemen im Rechengang der Faktoranalyse vorgestellt und kommentiert, um so den möglichen Manipulationsspielraum bei der Verwendung des Verfahrens offenzulegen.

3.3 Die Faktorenanalyse anhand eines Fallbeispiels

In einer empirischen Erhebung wurden elf Emulsionsfette (Butter und Margarine) im Hinblick auf bestimmte Eigenschaften beurteilt. Im einzelnen handelte es sich um die in Abbildung 3.18 angeführten Marken und Eigenschaften.

32 Personen wurden befragt (vgl. die Daten in Anhang 2).

Es sollte auf Basis dieser Befragung geprüft werden, ob die zehn Eigenschaften alle *unabhängig voneinander* zur (subjektiven) Beurteilung der Marken notwendig waren, oder ob bestimmte komplexere Faktoren eine hinreichend genaue Beurteilung ergaben. In einem zweiten Schritt sollten die Marken entsprechend der Faktorenausprägung positioniert werden.

Marken M_k (k = 1–11)	Eigenschaften x_i (i = 1–10)
1 Becel	A Streichfähigkeit
2 Du darfst	B Preis
3 Rama	C Haltbarkeit
4 Delicado	D Anteil ungesättigter Fettsäuren
5 Holl. Markenbutter	E Back- und Brateignung
6 Weihnachtsbutter	F Geschmack
7 Homa	G Kaloriengehalt
8 Flora	H Anteil tierischer Fette
9 SB	I Vitaminisierungsgrad
10 Sanella	K Natürlichkeit
11 Botteram	

Abb. 3.18. Variable und Objekte des Beispiels

```
TITLE "Beispiel zur Faktorenanalyse"

* DATENDEFINITION
* ---------------

DATA LIST FIXED
  /Streichf Preis Haltbark Ungefett Backeign Geschmac Kalorien
   Tierfett Vitamin Natur 1-60(3) Marke 63-70(A)
VARIABLE LABELS  Streichf   "Streichfähigkeit"
                 /Preis      "Preis"
                 /Haltbark   "Haltbarkeit"
                 /Ungefett   "Anteil ungesättigter Fettsäuren"
                 /Backeign   "Brat- und Backeignung"
                 /Geschmac   "Geschmack"
                 /Kalorien   "Kaloriengehalt"
                 /Tierfett   "Anteil tierischer Fette"
                 /Vitamin    "Vitaminisierungsgrad"
                 /Natur      "Natürlichkeit"
                 /Marke      "Margarinenmarke"
VALUE LABELS  Streichf TO Natur 1 "niedrig" 7 "hoch"
BEGIN DATA
 4.684 4.737 4.368 4.368 3.632 4.263 3.368 2.125 4.474 4.526   BECEL
 4.900 4.600 4.050 3.800 2.350 3.900 2.842 2.286 3.850 3.500   DU DARFS
 4.969 4.125 4.750 3.710 4.344 4.344 4.063 1.783 3.938 3.781   RAMA
 .
 .
 .
 4.379 3.655 4.103 3.643 3.793 3.828 3.621 2.000 3.310 3.621   BOTTERAM
END DATA

* PROZEDUR
* --------

SUBTITLE "Hauptachsenanalyse für den Margarinemarkt (PA2)"
FACTOR VARIABLES = Streichf TO Natur
  /ANALYSIS    = ALL
  /FORMAT      = SORT
  /PRINT       = UNIVARIATE INITIAL CORRELATION EXTRACTION
                 ROTATION FSCORE REPR
  /PLOT        = EIGEN ROTATION (1 2)
  /DIAGONAL    = 0.89937 0.65854 0.89937 0.57178 0.62939 0.86668
                 0.84551 0.89591 0.56604 0.86668
  /CRITERIA    = ECONVERGE (0.2)
  /EXTRACTION  = PA2
  /ROTATION    = VARIAMX
FINISH
```

Abb. 3.19. SPSS-Kommandos für das Beispiel zur Faktorenanalyse

Die Faktorenanalyse wurde mit dem Programm SPSS[x] gerechnet[5]. Die SPSS-Kommandos zur Faktorenanalyse zeigt Abbildung 3.19. Der jeweilige Output wird im folgenden in den einzelnen Schritten des Rechenprogramms nachvollzogen und kommentiert.

1. In einem ersten Schritt wird zunächst die Datenmatrix standardisiert und in eine Korrelationsmatrix überführt. Das Ergebnis zeigt Tabelle 3.14. Bis zu diesem Schritt ist die Rechnung manipulationsfrei in dem Sinne, daß eine (subjektive) Entscheidung des Forschers nicht notwendig ist.
2. Im zweiten Schritt erfolgt der erste Eingriff des Forschers: Er muß eine Schätzung der Kommunalitäten, also des Anteils der durch die gemeinsamen Faktoren zu erklärenden Varianz, anstellen.
   SPSS[x] sieht dazu verschiedene Schätzverfahren vor, von denen hier nur zwei gebräuchliche Verfahren vorgestellt werden sollen:

Tabelle 3.14. Die Korrelationsmatrix

```
CORRELATION MATRIX:

          STREICHF    PREIS   HALTBARK  UNGEFETT  BACKEIGN  GESCHMAC  KALORIEN  TIERFETT  VITAMIN    NATUR

STREICHF  1.00000
PREIS     -.28895   1.00000
HALTBARK   .89937   -.33980   1.00000
UNGEFETT   .48464   -.23218    .57178   1.00000
BACKEIGN  -.15045   -.16904    .17839   -.06004   1.00000
GESCHMAC  -.63366    .65854   -.50773   -.34799    .41726   1.00000
KALORIEN  -.79422    .24186   -.59315   -.48707    .62939    .84551   1.00000
TIERFETT  -.89591    .35669   -.88394   -.44931    .14005    .77854    .82962   1.00000
VITAMIN    .08180    .56604    .04053    .27680    .12052    .51850    .14006    .20144   1.00000
NATUR     -.73668    .55410   -.61988   -.08554    .27325    .86668    .74318    .82959    .53097   1.00000
```

Tabelle 3.15. Vergleich der geschätzten Kommunalitäten

	PA 2 bzw. PAF (Iterative Methode)	DIAGONAL (freie Methode)
	EST COMMUNALITY*	EST COMMUNALITY
x_1	0,98406	0,89937
x_2	0,95874	0,65854
x_3	0,98599	0,89937
x_4	0,88438	0,57178
x_5	0,96550	0,62939
x_6	0,99157	0,86668
x_7	0,99460	0,84551
x_8	0,99134	0,89591
x_9	0,86869	0,56604
x_{10}	0,97041	0,86668

* ermittelt mit SPSS 9

– Iterationsverfahren:

– Wahl des höchsten Korrelationskoeffizienten der jeweiligen Spalte/Zeile ($\neq r_{ii} = 1$):

Im SPSS-Programm mit dem Schlüsselwort PA 2 bzw. PAF realisierbar. Diese Werte muß der Anwender unter Angabe des Schlüsselwortes DIAGONAL selbst eingeben. Er kann auch jeden beliebigen anderen Wert eingeben.

Die *Ausgangswerte* der zwei Schätzverfahren zeigt die Tabelle 3.15.

Die unterschiedlichen Kommunalitäten beeinflussen in erheblichem Maße das Ergebnis der Faktorenanalyse, denn die Kommunalitäten geben an, wieviel Prozent die zu extrahierenden Faktoren zur Erklärung der Varianz der jeweiligen Variablen beitragen. Ergibt sich aus der Kommunalitätenschätzung beispielsweise ein Wert von 0,57178 – wie in obigem Beispiel in bezug auf Variable 4 (vgl. eingerahmten Wert) – dann wird bereits in diesem Schritt *vom Verwender* festgelegt, daß nur etwa die Hälfte der beobachteten Varianz durch gemeinsame Faktoren *erklärt werden soll*. Der Erklärungswert der gefundenen Faktoren ist somit immer auch im Hinblick auf die *zugrundeliegende Kommunalität* zu beurteilen.

In unserem Beispiel wurde das iterative Verfahren gewählt. Im Gegensatz zu älteren SPSS-Versionen ist das Programm SPSS^x jedoch nicht in der Lage, eine Invertierung der Korrelationsmatrix in unserem Beispiel vorzunehmen. Wir haben deshalb mit Hilfe des Unterbefehls DIAGONAL die jeweils höchsten Korrelationskoeffizienten der Zeile/Spalte (ausgenommen die Diagonalelemente) als Ausgangswerte für die Kommunalitätenschätzung angegeben. Die nachfolgenden Ergebnisse basieren auf diesen Ausgangswerten und unterscheiden sich somit in den Ergebnissen gegenüber den früheren Auflagen dieses Buches.

3. Die Ergebnisse der Faktorenanalyse werden auch durch die Wahl des Verfahrens zur Bestimmung der Faktorladungen bestimmt. Bisher wurden drei Ansätze vorgestellt:
   - Zentroid-Methode
   - Hauptachsenanalyse
   - Hauptkomponentenanalyse.

   Im vorliegenden Fallbeispiel wurde die Hauptachsenanalyse angewendet.

4. Nach der Kommunalitätenschätzung kann dann die Faktorextraktion erfolgen. Die Zahl der maximal möglichen Faktoren entspricht der Zahl der Variablen: Dann entspricht *jeder* Faktor *einer* Variablen. Da aber gerade die Zahl der Faktoren kleiner als die der Variablen sein soll, ist zu entscheiden, wie viele Faktoren (Zahl der Faktoren < Zahl der Variablen) extrahiert werden sollen (Abbildung 3.20).

   Wie bereits gezeigt, existieren zur Lösung dieses Problems verschiedene Vorschläge, ohne daß auf eine theoretisch befriedigende Alternative zurückgegriffen werden kann. Das SPSS^x-Programm sieht daher zum Beispiel folgende Alternativen vor (Wörter in Großbuchstaben $\hat{=}$ SPSS^x-Schlüsselwörter). Unabhängig davon, welches Kriterium man zur Extraktion der Faktoren verwendet, ist es zunächst sinnvoll, so viele Faktoren zu extrahieren, wie

In der Literatur vorgeschlagene Kriterien zur Bestimmung der Faktoranzahl	Bei SPSS^x realisierte Alternativen
1. Extrahiere solange, bis x% (i.d.R. 95%) der Varianz erklärt sind.	Kann ex post manuell bestimmt werden. (NFACTORS)
2. Extrahiere nur Faktoren mit Eigenwerten größer 1 (Kaiser-Kriterium)	Vom Computer automatisch verwandt, wenn keine andere Spezifikation.
3. Extrahiere n (z.B. 3) Faktoren	NFACTORS
4. Scree-Test: Die Faktoren werden nach Eigenwerten in abfallender Reihenfolge geordnet. An die Faktoren mit den niedrigsten Eigenwerten wird eine Gerade angepaßt. Der letzte Punkt links auf der Geraden bestimmt die Faktorenzahl.	MINEIGEN
5. Zahl der Faktoren soll kleiner als die Hälfte der Zahl der Variablen sein.	NFACTORS
6. Extrahiere alle Faktoren, die nach der Rotation interpretierbar sind.	Kann ex post manuell bestimmt werden. (NFACTORS)

Abb. 3.20. Ausgewählte Faktorextraktionskriterien

Tabelle 3.16. Extrahierte Faktoren mit Eigenwerten und Varianzerklärungsanteil

INITIAL STATISTICS:

VARIABLE	COMMUNALITY	FACTOR	EIGENVALUE	PCT OF VAR	CUM PCT
STREICHF	.89937	1	5.45125	54.5	54.5
PREIS	.65854	2	1.89259	18.9	73.4
HALTBARK	.89937	3	1.45751	14.6	88.0
UNGEFETT	.57178	4	.77550	7.8	95.8
BACKEIGN	.62939	5	.26950	2.7	98.5
GESCHMAC	.86668	6	.09601	1.0	99.4
KALORIEN	.84551	7	.03347	.3	99.8
TIERFETT	.89591	8	.01660	.2	99.9
VITAMIN	.56604	9	.00451	.0	100.0
NATUR	.86668	10	.00305	.0	100.0

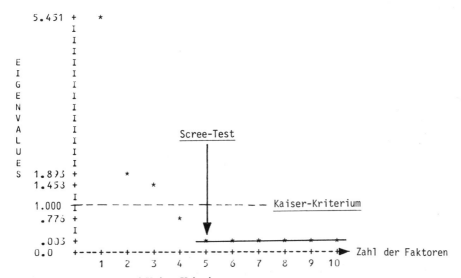

Abb. 3.21. Scree-Test und Kaiser-Kriterium

Variablen vorhanden sind. Tabelle 3.16 zeigt den entsprechenden SPSS[x]-Ausdruck.

Nach der Faustregel (95% Varianzerklärung) ergeben sich vier Faktoren. Abbildung 3.21 zeigt die entsprechende Zahl der Faktoren für das Kaiser-Kriterium und den Scree-Test.

Wegen der unterschiedlichen Ergebnisse der drei Extraktionskriterien muß sich der Anwender *subjektiv* für eine der Lösungen entscheiden.

Nach dem von uns gewählten Kaiser-Kriterium ergibt sich eine 3-Faktorlösung. Diese drei Faktoren erklären zusammen 88% der Ausgangsvarianz (vgl. Spalte CUM PCT), wobei der 1. Faktor 54,5%, der 2. Faktor 18,9% und der 3. Faktor 14,6% der Ausgangsvarianz erklären.

Tabelle 3.17 zeigt eine Übersicht des SPSS[x]-Outputs für die drei-faktorielle Lösung nach dem Kaiser-Kriterium. Der obere Teil der Abbildung enthält

Tabelle 3.17. Unrotiertes Faktorextraktionsergebnis bei SPSS

```
FACTOR MATRIX:

     1
            FACTOR  1      FACTOR  2      FACTOR  3

  TIERFETT     .94200       -.15024       -.05740
  GESCHMAC     .89570        .35129        .07833
  KALORIEN     .88278       -.04134        .42748
  NATUR        .88213        .33068       -.04963
  STREICHF    -.88096        .36610        .00251
  HALTBARK    -.80245        .45197        .32737
  PREIS        .51248        .39833       -.47661

  VITAMIN      .28252        .74380       -.17472
  UNGEFETT    -.46206        .47045       -.00137

  BACKEIGN     .27143        .22098        .76709
```

```
FINAL STATISTICS:

     2                              3
  VARIABLE    COMMUNALITY    FACTOR   EIGENVALUE   PCT OF VAR   CUM PCT

  STREICHF      .91013         1       5.29674        53.0        53.0
  PREIS         .64845         2       1.57740        15.8        68.7
  HALTBARK      .95537         3       1.14791        11.5        80.2
  UNGEFETT      .43483
  BACKEIGN      .71093
  GESCHMAC      .93182
  KALORIEN      .96375
  TIERFETT      .91323
  VITAMIN       .66358
  NATUR         .88996
```

die unrotierte Faktorladungsmatrix, sortiert nach Ladungen, der untere Teil jeweils die nach der Faktorextraktion gegebenen Kommunalitäten, die Eigenwerte der Faktoren (EIGENVALUE), den Prozentsatz der erklärten Varianz (PCT OF VAR) für den jeweiligen Faktor und darüber hinaus noch die kumulierten Werte (CUM PCT).

Teil 1 in obiger Abbildung zeigt die Faktorladungen der extrahierten Faktoren nach ihrer Ladungsgröße sortiert. Dabei wird deutlich, daß die Variablen „Anteil tierischer Fette", „Geschmack", „Kaloriengehalt", „Natürlichkeit", „Streichfähigkeit", „Haltbarkeit" und „Preis" offenbar „viel mit Faktor 1 zu tun haben", während Faktor 2 offenbar mit der Variablen „Vitaminisierungsgrad" und Faktor 3 vor allem mit „Brat- und Backeignung" korreliert. Diese Zusammenhänge werden wir später zur Faktorinterpretation verwenden.

Teil 2 spiegelt die Kommunalitäten auf der Basis des iterativen Verfahrens im Rahmen der Hauptachsenanalyse wieder. Auffällig ist dabei vor allem, daß offenbar die Varianzanteile der Variablen „Ungesättigte Fettsäuren" nur zu einem relativ geringen Teil durch die gefundenen Faktoren erklärbar sind.

In Teil 3 werden schließlich. die Eigenwerte der Faktoren, also die Varianzerklärungsanteile der jeweiligen Faktoren über alle Variablen, dargelegt. Bei
zehn Variablen beträgt die Gesamtvarianz wegen der Normierung jeder Ein-
zelvarianz auf den Wert von 1 gleich 10. Das bedeutet z. B. für den ersten
Faktor mit einem Eigenwert von 5,29674 im Verhältnis zu 10 einen Erklä-
runganteil von ca. 53% der Gesamtvarianz. Insgesamt beträgt die Summe
der drei Eigenwerte 8,02205. Setzt man diese Summe ins Verhältnis zur Gesamtvarianz von 10, so ergibt sich ein durch die Faktoren erklärter Varianzanteil von 80,2% (vgl. Spalte CUM PCT).
Die in der Übersicht ausgewiesenen Varianzerklärungsanteile (PCT OF
VAR) geben also an, wieviel der jeweilige Faktor an Erklärungsanteil in bezug auf *alle* Ausgangsvariablen besitzt. Der erklärte Varianzanteil in Höhe
von 53% durch Faktor 1 ergibt sich daher aus der Division von 5,29674
durch die Zahl der Ausgangsvariablen.

5. Um aus den unendlich vielen Möglichkeiten der Positionierung eines Koordinatenkreuzes die beste, d. h. interpretationsfähigste, bestimmen zu können, wird das oben ermittelte Faktorenmuster rotiert.
Die rechtwinklige Rotation kann im zwei-dimensionalen (wie im drei-di-
mensionalen) Fall grundsätzlich auch graphisch erfolgen, indem der Unter-
suchende versucht, das Koordinatenkreuz so zu drehen, daß möglichst viele
Punkte im Koordinatenkreuz (Faktorladungen) auf einer der beiden Achsen
liegen. Im Mehr-als-drei-Faktoren-Fall ist es allerdings notwendig, die Rotation analytisch vorzunehmen. Die analytische Lösung im SPSS^x-Pro-
gramm auf der Basis des Varimax-Kriteriums beim vorliegenden Beispiel
zeigt Tabelle 3.18 (Beispiel mit Hilfe der Hauptachsenanalyse).
Vergleicht man die Lösung der rotierten Faktorladungen mit den unrotier-
ten (Tabelle 3.17), dann zeigt sich eine erhebliche Veränderung. Nach Rotation laden z. T. andere Variable auf bestimmte Faktoren im Vergleich zur
nicht rotierten Faktorenladungsmatrix.
Welche Interpretation läßt diese Rotation zu? Dazu wurden die jeweils po-

Tabelle 3.18. Varimax-rotierte Faktormatrix

ROTATED FACTOR MATRIX:

	FACTOR 1	FACTOR 2	FACTOR 3
HALTBARK	.94613	-.19812	.14479
STREICHF	.91579	-.17913	-.19841
TIERFETT	-.84117	.39663	.21987
UNGEFETT	.64728	.11945	-.03989
VITAMIN	.20192	.78137	.11076
PREIS	-.22504	.75366	-.17262
NATUR	-.50399	.72936	.32247
GESCHMAC	-.48628	.70279	.44882
BACKEIGN	.01464	.01371	.84293
KALORIEN	-.66821	.26198	.66979

	F_1 Konsistenz- veränderung	F_2 ?	F_3 Verwendungs- zweck
Haltbarkeit	+		
Streichfähigkeit	+		
Tierfette	−		
Ungesättigte Fettsäuren	+		
Vitaminisierungsgrad		+	
Preis		+	
Natürlichkeit	−	+	
Geschmack		+	
Brat- und Backeignung			+
Kaloriengehalt	−		+

Abb. 3.22. Schematische Darstellung der Faktorladungen

sitiv oder negativ hochladenden Variablen auf die jeweiligen Faktoren unterstrichen. Zur Veranschaulichung ist es häufig sinnvoll, die hochladenden Variablen – wie in Abbildung 3.22 dargestellt – mit einem + oder − (positive oder negative Korrelation) in bezug auf den jeweiligen Faktor zu kennzeichnen.

Dabei wird deutlich, daß Faktor 1 gekennzeichnet ist durch hohe Haltbarkeit, hohe Streichfähigkeit und Anteil ungesättigter Fettsäuren. Es bestehen jedoch negative Beziehungen zum Anteil tierischer Fette, zur Natürlichkeit und zum Kaloriengehalt.

Alle diese Variablen haben etwas zu tun mit einer „Veränderung der Konsistenz" des Produktes, denn Margarine ist ohne weitere Behandlung nicht besonders streichfähig und haltbar. Nur durch „Zusatzmaßnahmen" kann der Kaloriengehalt gesenkt werden. Wir nennen diesen komplexen Faktor daher „Konsistenzveränderung". Der Leser möge selber versuchen, die Interpretation der beiden anderen Faktoren nachzuvollziehen. Dabei wird gerade bei Faktor 2 deutlich werden, welche Schwierigkeiten die Interpretation in manchen Fällen aufwerfen kann.

Häufig ist es allerdings notwendig, die Daten detaillierter zu analysieren, um die Ergebnisse einer Rotation richtig zu deuten. Gerade beim Rotationsproblem eröffnen sich erhebliche Manipulationsspielräume. Damit wird die Faktorenanalyse zu einem gefährlichen Instrument in der Hand unseriöser Anwender.

6. Nach Extraktion der drei Faktoren interessiert häufig auch, wie die verschiedenen Marken anhand dieser drei Faktoren beurteilt wurden. Auf dieser Basis lassen sich beispielsweise Produktpositionierungen vornehmen. Auch dazu sind Schätzungen notwendig. Empirische Untersuchungen haben gezeigt, daß je nach verwendeter Schätzmethode die Ergebnisse erheblich variieren können. In der Regel erfolgt die Schätzung der Faktoren*werte*,

Tabelle 3.19. Faktorwerte (Hauptachsenanalyse)

MARKEN	FAKTOR 1	FAKTOR 2	FAKTOR 3
001	.88914	.94017	-.51888
002	-.06009	-.42482	-2.02710
003	1.18371	-.87509	1.75823
004	-1.50796	.85806	-.08150
005	-1.04485	1.70099	.50066
006	-1.35184	-.68012	.92185
007	.29005	-.20964	-.41568
008	1.38963	1.25316	-.30900
009	.74161	-.27281	.91560
010	.00597	-1.29691	.84002
011	-.54042	-.99299	-1.58419

die streng von den Faktor*ladungen* zu trennen sind, – wie auch im SPSS[x]-Programm – durch eine multiple Regressionsrechnung. Die dabei geschätzten *Regressionskoeffizienten* werden bei SPSS[x] unter der Überschrift „FACTOR SCORE COEFFICIENTS" abgedruckt. (Das sind *nicht* die Faktorwerte!) Tabelle 3.19 zeigt die *Faktorwerte-Matrix* für dieses Beispiel. Für den Fall, daß für bestimmte Variable einzelne Probanden keine Aussagen gemacht haben (Problem der missing values) gilt:
(1) die Fallzahl verringert sich für die entsprechende Variable,
(2) für diesen Fall können keine Faktorwerte berechnet werden.
Da in unsere Analyse nicht die Aussagen der einzelnen Probanden eingingen (vgl. dazu S. 69), sondern für die elf Marken die Mittelwerte über alle Probanden, waren die Effekte nicht relevant.
Stellt man die Faktorwerte der beiden ersten Faktoren graphisch dar (auf die Darstellung des 3. Faktors wird aus Anschauungsgründen verzichtet, da dies eine dreidimensionale Abbildung erfordern würde), so ergeben sich folgende Produktpositionen für die elf Aufstrichfette (Abbildung 3.23).
Die Achsen stellen in Abbildung 3.23 die beiden ersten extrahierten Faktoren dar und die Punkte im Koordinatenkreuz geben die jeweiligen Positionen der Marken in bezug auf die beiden Faktoren an (Faktorwerte). Produkt 3 (Rama) hat beispielsweise die Koordinaten 1,1887/ − 0,8751 (vgl. die Werte in Tabelle 3.19). Bei einer 2-faktoriellen Lösung gibt diese Position an, daß offenbar die Befragten, die ja die ursprünglichen zehn Variablen bewertet hatten, bei einer „Bündelung" der zehn Variablen zu zwei unabhängigen Faktoren, Produkt 3 in bezug auf Faktor 1 (Konsistenzveränderung) relativ positiv und Faktor 2 (?) relativ negativ bewerten. Entsprechendes gilt für die Bewertung (Positionierung) der übrigen zehn Marken.
Als Ergebnis zeigt sich, daß z. B. die Marken 4 (Delicado) und 5 (Holl. Markenbutter) im Vergleich zu den anderen Produkten eine Extremposition aufweisen (vgl. auch die Produkte 1 und 8).
Bei der inhaltlichen Interpretation der Faktorwerte ist darauf zu achten, daß sie aufgrund der Standardisierung der Ausgangsdatenmatrix ebenfalls standardisierte Größen darstellen, d. h. sie besitzen einen Mittelwert von 0 und eine Varianz von 1. Für die Interpretation der Faktorwerte bedeutet das folgendes:

– Ein negativer Faktorwert besagt, daß ein Produkt (Objekt) in bezug auf diesen Faktor *im Vergleich zu allen anderen* betrachteten Objekten unterdurchschnittlich ausgeprägt ist.

– Ein Faktorwert von 0 besagt, daß ein Produkt (Objekt) in bezug auf diesen Faktor eine *dem Durchschnitt entsprechende* Ausprägung besitzt.

– Ein positiver Faktorwert besagt, daß ein Produkt (Objekt) in bezug auf diesen Faktor *im Vergleich zu allen anderen* betrachteten Objekten überdurchschnittlich ausgeprägt ist.

Damit sind z. B. die Koordinatenwerte von Produkt 3 (Rama) mit 1,1887/ −0,8751 wie folgt zu interpretieren: Bei Rama wird die Konsistenzveränderung (Faktor 1) im Vergleich zu den übrigen Margarinemarken als überdurchschnittlich stark angesehen, während Faktor 2 als unterdurchschnittlich stark ausgeprägt angesehen wird. Dabei ist zu beachten, daß die Faktorwerte unter Verwendung *aller* Faktorladungen aus der rotierten Faktorladungsmatrix (vgl. Tabelle 3.18) berechnet werden. Somit haben auch „kleine" Faktorladungen einen Einfluß auf die Größe der Faktorwerte. Das bedeutet in unserem Beispiel, daß insbesondere die Faktorwerte beim Ver-

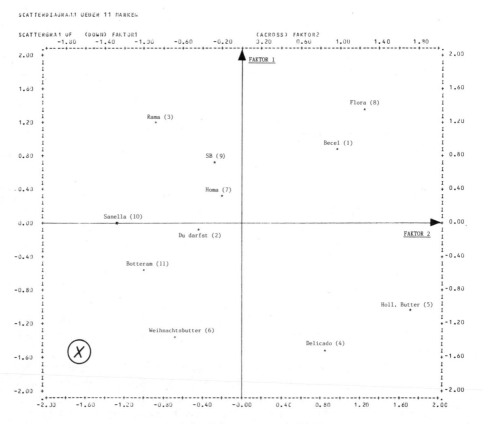

Abb. 3.23. Graphische Darstellung der Faktorwerte nach PA 2

wendungszweck (Faktor 3) *nicht nur* durch die Variablen Brat- und Backeignung und Kaloriengehalt bestimmt werden, sondern auch alle anderen Variablen einen Einfluß – wenn auch nur einen geringen – auf die Bestimmung der Faktorwerte haben.

Solche Informationen lassen sich z. B. für Marktsegmentierungsstudien verwenden, indem durch die Faktorenanalyse Marktnischen aufgedeckt werden können. So befindet sich z. B. im Bereich links unten (geringe Konsistenzveränderung, negative Ausprägung auf Faktor 2, siehe X) kein Produkt. Stellt sich heraus, daß diese Kombination von Merkmalen für ein Aufstrichfett von genügend Nachfragern gewünscht wird, kann diese Marktnische durch ein neues Produkt mit eben diesen Eigenschaften geschlossen werden.

3.4 Zusammenfassung: Empfehlungen für eine normierte Faktorenanalyse

Die obigen Ausführungen haben gezeigt, daß eine Faktorenanalyse bei gleichen Ausgangsdaten zu unterschiedlichen Ergebnissen führen kann, je nachdem, wie die subjektiv festzulegenden Einflußgrößen „eingestellt" werden. Gerade für denjenigen, der neu in diesem Gebiet tätig werden will, mögen einige Empfehlungen (Abbildung 3.24) für die vom Anwender subjektiv festzulegenden Größen eine erste Hilfestellung bedeuten. Die Vorschläge sind dabei daran orientiert, inwieweit sie sich bei der Fülle bereits durchgeführter Faktorenanalysen bewährt haben.

Abschließend sei nochmals betont, daß diese Empfehlungen lediglich an denjenigen gerichtet sind, der sich neu mit der Faktorenanalyse befaßt. Die Leser, die tiefer in die Materie eindringen möchten, seien vor allem auf das Buch von Überla verwiesen. Hier finden sich weitere ins Detail gehende Erläuterungen und Empfehlungen[6].

3.5 Probleme bei der praktischen Anwendung der Faktorenanalyse

3.5.1 Unvollständige Fragebögen: Das Missing Value-Problem

Beim praktischen Einsatz der Faktorenanalyse steht der Anwender häufig vor dem Problem, daß die Fragebögen nicht alle vollständig ausgefüllt sind. Um die fehlenden Werte (missing values) im Programm handhaben zu können, bietet SPSS[x] drei Optionen an:

1. Die Werte werden *fallweise* ausgeschlossen („*Listwise deletion*"), d. h. sobald ein fehlender Wert bei *einer* Variablen auftritt, wird der gesamte Fragebogen aus der weiteren Analyse ausgeschlossen. Dadurch wird die Fallzahl häufig erheblich reduziert!
2. Die Werte werden *variablenweise* ausgeschlossen („*pairwise deletion*"), d. h. bei Fehlen eines Wertes wird nicht der gesamte Fragebogen eliminiert, son-

NOTWENDIGE SCHRITTE DER FAKTORENANALYSE	EMPFEHLUNGEN BZW. VORAUSSETZUNGEN
1. Ausgangserhebung	– Daten müssen metrisch skaliert sein (mindestens Intervallskala)
	– Fallzahl sollte mindestens der dreifachen Variablenzahl entsprechen, **mindestens** aber der Zahl der Variablen
2. Erstellen der Ausgangsdatenmatrix	– Standardisierung
3. Errechnen der Korrelationsmatrix	
4. Kommunalitätenschätzung	– Höchster Korrelationskoeffizient der Zeile/ Spalte
	– Bei Verwendung von SPSS* Iteration (PA 2 bzw. PAF)
5. Faktorextraktion	– Mit Tischrechner: Zentroidmethode
	– Mit DV-Anlage: Hauptachsenanalyse
6. Bestimmung der Faktorenzahl	– Kaiser-Kriterium
7. Rotation	– Varimax-Kriterium
8. Interpretation	– Höchstens Faktorladungen >0,5 verwenden (Konvention)
8. Bestimmung der Faktorwerte	– Regressionsschätzung

Abb. 3.24. Empfehlungen zur Faktoranalyse

dern lediglich die betroffene Variable. Dadurch wird zwar nicht die Fallzahl insgesamt reduziert, aber bei der Durchschnittsbildung liegen pro Variable unterschiedliche Fallzahlen vor. Dadurch kann es zu einer Ungleichgewichtung der Variablen kommen.
3. Es erfolgt überhaupt kein Ausschluß. Für die fehlenden Werte pro Variable werden *Durchschnittswerte* (nachträglich) eingesetzt.

Je nachdem, welches Verfahren der Anwender zugrundelegt, können unterschiedliche Ergebnisse resultieren, so daß hier ein weiterer Manipulationsspielraum vorliegt.

3.5.2 Starke Streuung der Antworten: Das Problem der Durchschnittsbildung

In unserem Fallbeispiel hatte die Befragung eine *dreidimensionale Matrix* ergeben (Abbildung 3.25).
    32 Personen hatten 11 Objekte (Marken) anhand von 10 Eigenschaften beurteilt. Diese dreidimensionale Datenmatrix hatten wir durch Bildung der

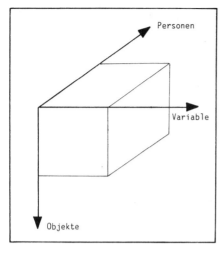

Personen

Variable

Objekte

Abb. 3.25. Der „Datenquader"

Durchschnitte über die 32 Personen auf eine zweidimensionale Objekte/Variablen-Matrix verdichtet. Diese Durchschnittsbildung verschenkt aber die Informationen über die personenbezogene Streuung der Daten. Ist diese Streuung groß, wird also auch viel Informationspotential verschenkt.

Eine Möglichkeit, die personenbezogene Streuung in den Daten mit in die Analyse einfließen zu lassen, besteht darin, die Beurteilung der jeweiligen Marke für jede Person aufrecht zu erhalten, indem jede einzelne Markenbeurteilung durch jede Person als *ein* Objekt betrachtet wird. Die dreidimensionale Matrix in Abbildung 3.25 wird dann zu einer vergrößerten zweidimensionalen Matrix (Abbildung 3.26).

In diesem Falle werden aus den ursprünglich (durchschnittlich) bewerteten 11 Objekten (Marken) $11 \times 32 = 352$ Objekte. (Da in unserem Fallbeispiel jedoch nicht alle Personen alle Marken beurteilt hatten, ergaben sich nur 259 Objekte.)

Vergleicht man die Ergebnisse des „Durchschnittsverfahrens" mit dem „personenbezogenen Objektverfahren", dann können *erhebliche Unterschiede* in den Ergebnissen der Faktorenanalyse auftreten. Tabelle 3.20 stellt die Ergebnisse bei einer Zweifaktoren-Lösung gegenüber.

Dabei wird deutlich, daß sich die Faktorladungen z. T. erheblich verschoben haben. Am ehesten entsprechen sich die Faktorstrukturen der jeweiligen Faktoren 1 und 2 sowie 2 und 1.

Unterschiede ergaben sich auch in den Positionierungen der Marken anhand der Faktorwerte. Abbildung 3.27 zeigt die Durchschnittspositionen der 11 Marken. Vergleicht man die Positionen von Rama und Holländischer Markenbutter aus der Durchschnittspositionierung mit der personenbezogenen Positionierung in Abbildung 3.28, dann werden die Ergebnisunterschiede besonders deutlich: Die Vielzahl unterdrückter Informationen bei der Mittelwertbildung führt über verschiedene Faktorenmuster letztlich auch zu recht heterogenen

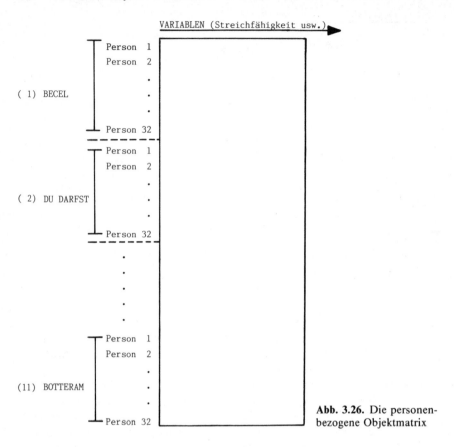

Abb. 3.26. Die personen-bezogene Objektmatrix

Tabelle 3.20. Die Faktorladungen im Vergleich

	DURCHSCHNITTSVERFAHREN (N = 11)		OBJEKTVERFAHREN (N = 259)	
	FACTOR 1	FACTOR 2	FACTOR 1	FACTOR 2
STREICHF	-.92283	-.26763	.05511	.60587
PREIS	.14909	.59670	.29508	-.04318
HALTBARK	-.88732	-.17311	.24322	.56293
UNGEFETT	-.62643	.05723	.19595	.04763
BACKEIGN	.10020	.26789	.41331	.04199
GESCHMAC	.47692	.84993	.75743	-.11048
KALORIEN	.71535	.50339	.33476	-.33302
TIERFETT	.82825	.48270	.28910	-.58721
VITAMIN	-.27198	.73901	.72009	.09162
NATUR	.47731	.82039	.64076	-.20145

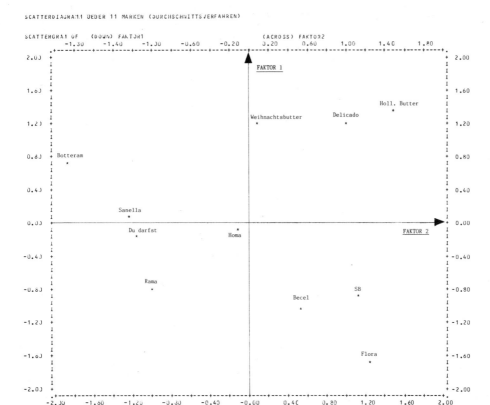

Abb. 3.27. Die zweidimensionale Positionierung beim Durchschnittsverfahren

Faktorwertstrukturen und damit Positionen. Dadurch, daß sich bei den Analysen unterschiedliche Faktorenmuster ergeben, sind die Positionierungen in letzter Konsequenz nicht mehr vergleichbar.

3.5.3 Entdeckungs- oder Begründungszusammenhang: Exploratorische versus konfirmatorische Faktorenanalyse

Bei einer Vielzahl wissenschaftlicher und praktischer Fragestellungen ist von Interesse, Strukturen in einem empirischen Datensatz zu erkennen. Der Anwender hat keine konkreten Vorstellungen über den Zusammenhang zwischen Variablen und es werden lediglich hypothetische Faktoren als verursachend für empirisch beobachtete Korrelationen zwischen Variablen angesehen, ohne daß der Anwender genaue Kenntnisse über diese Faktoren besitzt. In einer solchen Situation bietet die in diesem Kapitel beschriebene Faktorenanalyse ein geeignetes Analyseinstrumentarium zur Aufdeckung unbekannter Strukturen. Die Faktorenanalyse ist damit im Hinblick auf den methodologischen Standort in den *Entdeckungszusammenhang* einzuordnen. Sie kann deshalb auch als *Hypo-*

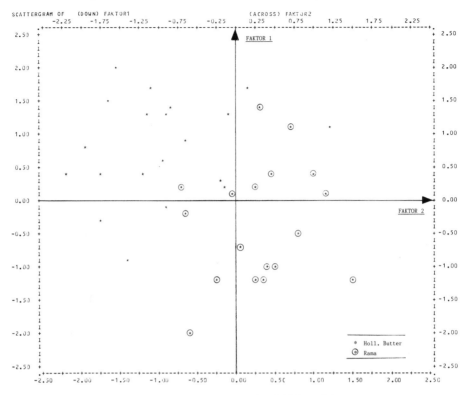

Abb. 3.28. Die zweidimensionale Positionierung beim Objektverfahren

thesengenerierungsinstrument bezeichnet werden, und wir sprechen in diesem Fall von einer *explorativen Faktorenanalyse*.

Demgegenüber existieren bei vielen Anwendungsfällen aber bereits a priori konkrete Vorstellungen über mögliche hypothetische Faktoren, die hinter empirisch beobachteten Korrelationen zwischen Variablen zu vermuten sind. Aufgrund *theoretischer* Vorüberlegungen werden Hypothesen über die Beziehung zwischen direkt beobachtbaren Variablen und dahinter stehenden nicht beobachtbaren Faktoren aufgestellt und es ist von Interesse, diese Hypothesen an einem empirischen Datensatz zu prüfen. Hier kann die Faktorenanalyse zur *Hypothesenprüfung* herangezogen werden. Wir befinden uns damit im *Begründungszusammenhang*. In solchen Anwendungsfällen spricht man von einer *konfirmatorischen Faktorenanalyse*. Die konfirmatorische Faktorenanalyse basiert ebenfalls auf dem Fundamentaltheorem der Faktorenanalyse. Die Anwendung einer solchen Faktorenanalyse setzt allerdings voraus, daß der Anwender die Beziehungen zwischen beobachteten Variablen und Faktoren aufgrund intensiver theoretischer Überlegungen *vor* Anwendung der Faktorenanalyse festlegt. Die konfirmatorische Faktorenanalyse stellt einen *Spezialfall* des LIS-REL-Ansatzes der Kausalanalyse dar. Wir wollen deshalb hier auf eine Darstellung der konfirmatorischen Faktorenanalyse verzichten und den interessierten Leser auf die entsprechenden Ausführungen in Kapitel 6 verweisen. Dort findet sich auch eine genauere Diskussion der Unterschiede zwischen explorativer und konfirmatorischer Faktorenanalyse[7].

Anmerkungen

1 Vgl. auch Hofstätter, Peter R.: Faktorenanalyse, in: König, René (Hrsg.): Handbuch der empirischen Sozialforschung, Bd. 1, Stuttgart 1962, S. 390.
2 Vgl. auch Hammann, Peter/Erichson, Bernd: Marktforschung, 2. Aufl., Stuttgart, New York 1990, S. 202.
3 Vgl. zu diesem Kapitel Child, Dennis: The Essentials of Factor Analysis, 2. Aufl., London usw. 1973, S. 18–29. Dieser Quelle ist auch das verwendete Beispiel entnommen.
4 Vgl. hierzu aber Überla, Karl: Faktorenanalyse, 2. Aufl., Berlin usw. 1972, S. 155f.
5 Vgl. die Programmbeschreibung für SPSS[x] bei: SPSS Inc. (Hrsg.): SPSS[x] User's Guide, 3rd ed., New York 1988.
6 Vgl. Überla, Karl: a. a. O. passim.
7 Vgl. Kap. 6 dieses Buches, insbesondere Abschnitt 6.5.3.

Literaturhinweise

Child D (1973) The Essentials of Factor Analysis, 2. Aufl, London usw.
Harman HH (1976) Modern Factor Analysis, 3. Aufl, Chicago
Hofstätter PR (1974) Faktorenanalyse. In: König R (Hrsg.) Handbuch der empirischen Sozialforschung, Bd 3 a, 3. Aufl: Stuttgart (S 204–272)
Hüttner M (1979) Informationen für Marketing-Entscheidungen, München (S 329–351)
Kim J-O, Mueller CW (1978) Introduction to Factor Analysis, Sage University Paper, Series Number 07-013, Beverly Hills, London
Ost F (1984) Faktorenanalyse. In: Fahrmeir L/Hamerle A (Hrsg.): Multivariate statistische Verfahren, Berlin usw. (S 575–662)
Revenstorf D (1976) Lehrbuch der Faktorenanalyse, Stuttgart
Überla K (1972) Faktorenanalyse, 2. Aufl: Berlin usw.
Weiber R (1984) Faktorenanalyse, St. Gallen

4 Clusteranalyse

4.1 Problemstellung

Unter dem Begriff Clusteranalyse versteht man Verfahren zur Gruppenbildung. Das durch sie zu verarbeitende Datenmaterial besteht im allgemeinen aus einer Vielzahl von *Personen bzw. Objekten.* Beispielhaft seien die 20 000 eingeschriebenen Studenten einer Universität genannt. Von diesen Personen hat man einige Eigenschaften ermittelt. In unserem Fall mögen dies das Geschlecht, das Studienfach, die Semesterzahl, der Studienwohnort, die Nationalität und der Familienstand sein. Ausgehend von diesen Daten besteht die Zielsetzung der Clusteranalyse in der *Zusammenfassung der Studenten zu Gruppen.* Die Mitglieder einer Gruppe sollen dabei eine weitgehend verwandte Eigenschaftsstruktur aufweisen; d. h. sich möglichst ähnlich sein. Zwischen den Gruppen sollen demgegenüber (so gut wie) keine Ähnlichkeiten bestehen. Ein wesentliches Charakteristikum der Clusteranalyse ist die gleichzeitige Heranziehung *aller* vorliegenden Eigenschaften zur Gruppenbildung.

Ihren Ablauf kann man in zwei grundlegende Schritte unterteilen:

1. Schritt: Wahl des Proximitätsmaßes
Man überprüft für jeweils zwei Personen die Ausprägungen der sechs Merkmale und versucht, durch einen Zahlenwert die Unterschiede bzw. Übereinstimmungen zu messen. Die berechnete Zahl symbolisiert die Ähnlichkeit der Personen hinsichtlich der untersuchten Merkmale.

2. Schritt: Wahl des Fusionierungsalgorithmus
Aufgrund der Ähnlichkeitswerte werden die Personen so zu Gruppen zusammengefaßt, daß sich die Studenten mit weitgehend übereinstimmenden Eigenschaftsstrukturen in einer Gruppe wiederfinden.

Diesen Schritten entsprechend ist dieses Kapital aufgebaut. Nachdem nachfolgend kurz einige Anwendungsgebiete der Clusteranalyse dargestellt worden sind, sollen im zweiten Abschnitt die Möglichkeiten zur Quantifizierung der Ähnlichkeit zwischen den Objekten aufgezeigt werden. Im dritten Abschnitt findet man eine Beschreibung einzelner Verfahren, die zur Gruppenbildung geeignet sind. Den Abschluß des Kapitels bilden Empfehlungen für die Anwendung der Clusteranalyse und eine Zusammenfassung der Ergebnisse.

In Tabelle 4.1 sind einige *Anwendungsbeispiele* der Clusteranalyse im Rahmen der Wirtschaftswissenschaften zusammengestellt. Sie vermittelten einen Einblick in die Problemstellung, die Zahl und Art der Merkmale, die Zahl und

Tabelle 4.1. Anwendungsbeispiele der Clusteranalyse

Problemstellung	Zahl und Art der Merkmale	Zahl und Art der Untersuchungseinheiten	Ermittelte Gruppenzahl
Auswahl von Testmärkten[1]	14 Merkmale z. B.: Anzahl der Haushalte; Einwohnerzahl; Anteil der Einzel- u. Großhandlungen	88 nordamerikanische Großstädte	18
Klassifikation von Unternehmungen, um Aufschluß über Organisationsstrukturen und Unternehmenstypen zu gewinnen[2]	30 Merkmale z. B.: Produktivität Beschäftigte Technologie Absatzwege	50 Unternehmen	4
Auffinden von Persönlichkeitstypen[3]	Zustimmung oder Ablehnung einer Batterie von Statements z. B. „Faulenzen könnte ich nie genug".	2133 Männer 2294 Frauen	15

Art der Untersuchungseinheiten und die ermittelte Gruppenanzahl. Weitere Wissenschaftsgebiete, in denen die Clusteranalyse angewendet wird, sind u. a. die Medizin, die Archäologie, die Soziologie, die Linguistik und die Biologie.

Bei allen Problemstellungen, die mit Hilfe der Clusteranalyse gelöst werden können, geht es immer um die Analyse einer *heterogenen Gesamtheit von Objekten* (z. B. Personen, Unternehmen), mit dem Ziel, *homogene Teilmengen von Objekten* aus der Objektgesamtheit zu identifizieren.

4.2 Quantifizierung der Ähnlichkeit zwischen den Objekten

4.2.1 Überblick über ausgewählte Proximitätsmaße

Den Ausgangspunkt der Clusteranalyse bildet eine *Rohdatenmatrix* mit K Objekten (z. B. Personen, Unternehmen), die durch J Variable beschrieben werden und deren Aufbau Abbildung 4.1 zeigt.

Im Inneren dieser Matrix stehen die objektbezogenen metrischen und/oder nicht metrischen Variablenwerte. Im ersten Schritt geht es zunächst um die *Quantifizierung der Ähnlichkeit* zwischen den Objekten durch eine statistische Maßzahl. Zu diesem Zweck wird die Rohdatenmatrix in eine *Distanz- oder Ähnlichkeitsmatrix* (Abbildung 4.2) überführt, die immer eine quadratische (K × K)-Matrix darstellt.

```
             Variable 1    Variable 2   ...   Variable J
 Objekt  1
 Objekt  2
    -
    -
    -
 Objekt  K
```

Abb. 4.1. Aufbau der Rohdatenmatrix

```
             Objekt 1    Objekt 2   ...   Objekt K
 Objekt  1
 Objekt  2
    -
    -
    -
 Objekt  K
```

Abb. 4.2. Aufbau einer Distanz oder Ähnlichkeitsmatrix

Diese Matrix enthält die Ähnlichkeits- oder Unähnlichkeitswerte (Distanz-werte) zwischen den betrachteten Objekten, die unter Verwendung der objekt-bezogenen Variablenwerte aus der Rohdatenmatrix berechnet werden. Maße, die eine Quantifizierung der Ähnlichkeit oder Distanz zwischen den Objekten ermöglichen, werden allgemein als *Proximitätsmaße* bezeichnet. Es lassen sich zwei Arten von Proximitätsmaßen unterscheiden:

- *Ähnlichkeitsmaße* spiegeln die Ähnlichkeit zwischen zwei Objekten wider: Je größer der Wert eines Ähnlichkeitsmaßes wird, desto ähnlicher sind sich zwei Objekte.
- *Distanzmaße* messen die Unähnlichkeit zwischen zwei Objekten: Je größer die Distanz wird, desto unähnlicher sind sich zwei Objekte.

In Abhängigkeit des Skalenniveaus der betrachteten Merkmale ist eine Viel-zahl von Proximitätsmaßen entwickelt worden. Beispiele für mögliche Proximi-tätsmaße zeigt die Abbildung 4.3 und wir wollen im folgenden entsprechend dem Skalenniveau der Ausgangsdaten jeweils drei Maße näher betrachten.

4.2.2 Nominales Skalenniveau der Merkmale

4.2.2.1 Die Ermittlung der Ähnlichkeit zwischen Objekten mit binärer Variablenstruktur

Nominale Merkmale, die mehr als zwei mögliche Merkmalsausprägungen auf-weisen, werden in binäre (Hilfs-)Variable zerlegt, und jeder Merkmalsausprä-gung (Kategorie) wird entweder der Wert 1 (Eigenschaft vorhanden) oder der Wert 0 (Eigenschaft nicht vorhanden) zugewiesen. Damit lassen sich mehrkate-goriale Merkmale in Binärvariable (0/1-Variable) zerlegen, und wir können im folgenden *Ähnlichkeitsmaße für binäre Variable* als Spezialfall nominaler Merk-

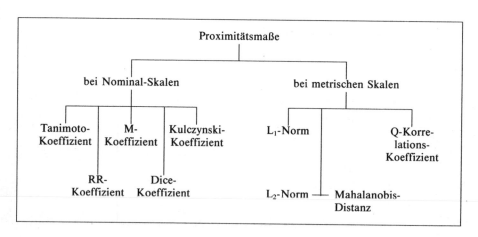

Abb. 4.3. Überblick über ausgewählte Proximitätsmaße

male behandeln. Dabei ist aber zu berücksichtigen, daß bei großer und unterschiedlich großer Anzahl von Kategorien solche Ähnlichkeitsmaße zu starken Verzerrungen führen können, die den gemeinsamen *Nichtbesitz* einer Eigenschaft als *Übereinstimmung* von Objekten betrachten (z. B. RR- und M-Koeffizient).

Bei der Ermittlung der Ähnlichkeit zwischen zwei Objekten wird immer von einem *Paarvergleich* ausgegangen, d. h. für jeweils zwei Objekte werden alle Eigenschaftsausprägungen miteinander verglichen. Wie man Tabelle 4.2 entnehmen kann, lassen sich im Fall binärer Merkmale beim Vergleich zweier Objekte bezüglich einer Eigenschaft vier Fälle unterscheiden:

- bei beiden Objekten ist die Eigenschaft vorhanden (Feld a)
- nur Objekt 2 weist die Eigenschaft auf (Feld b)
- nur Objekt 1 weist die Eigenschaft auf (Feld c)
- bei beiden Objekten ist die Eigenschaft nicht vorhanden (Feld e)

Für die Ermittlung von Ähnlichkeiten zwischen Objekten mit binärer Variablenstruktur ist in der Literatur eine Vielzahl von Maßzahlen entwickelt worden, die sich *größtenteils* auf folgende allgemeine *Ähnlichkeitsfunktion* zurückführen lassen[4]:

$$S_{ij} = \frac{a + \delta \cdot e}{a + \delta \cdot e + \lambda(b+c)} \qquad (1)$$

mit:

S_{ij} = Ähnlichkeit zwischen den Objekten i und j;
δ, λ = mögliche (konstante) Gewichtungsfaktoren

Dabei entsprechen die Variablen a, b, c und e den Kennungen in Tabelle 4.2, wobei z. B. die Variable a der *Anzahl der Eigenschaften* entspricht, die bei *beiden Objekten* (i und j) vorhanden ist. Je nach Wahl der Gewichtungsfaktoren δ und λ erhält man unterschiedliche Ähnlichkeitsmaße für Objekte mit binären Variablen. Tabelle 4.3 gibt einen Überblick[5].

Tabelle 4.2. Kombinationsmöglichkeiten binärer Variablen

Objekt 1	Objekt 2		Zeilensumme
	Eigenschaft vorhanden (1)	Eigenschaft nicht vorhanden (0)	
Eigenschaft vorhanden (1)	Bei beiden Objekten ist die Eigenschaft vorhanden (a)	Nur Objekt 1 weist die Eigenschaft auf (c)	a + c
Eigenschaft nicht vorhanden (0)	Nur Objekt 2 weist die Eigenschaft auf (b)	Bei beiden Objekten ist die Eigenschaft nicht vorhanden (e)	b + e
Spaltensumme	a + b	c + e	Summe der Kombinationsmöglichkeiten: a + b + c + e = m

Tabelle 4.3. Definition ausgewählter Ähnlichkeitsmaße bei binären Variablen

Name des Koeffizienten	Gewichtungsfaktoren δ	λ	Definition
Tanimoto	0	1	$\dfrac{a}{a+b+c}$
Simple Matching (M)	1	1	$\dfrac{a+e}{m}$
Russel & Rao (RR)	–	–	$\dfrac{a}{m}$
Dice	0	1/2	$\dfrac{2a}{2a+(b+c)}$
Kulczynski	–	–	$\dfrac{a}{b+c}$

4.2.2.2 Betrachtung des Tanimoto-, RR- und M-Koeffizienten für ein Beispiel

Zur Verdeutlichung der Darstellung wird das in Tabelle 4.4 enthaltene Beispiel herangezogen, das elf Butter- und Margarinemarken mit jeweils zehn Eigenschaften enthält. Bezüglich der Merkmale wird angegeben, ob ein Produkt die jeweilige Eigenschaft aufweist (1) oder nicht (0).

Wir wollen nun die Berechnung der Ähnlichkeit zwischen den Objekten mit Hilfe des Tanimoto-, RR- und M-Koeffizienten näher betrachten.

Tabelle 4.4. Ausgangsdatenmatrix zur Darstellung von Ähnlichkeitskoeffizienten bei binären Variablen

Emulsionsfette / Eigenschaften	Lagerzeit mehr als 1 Monat	Diätprodukt	Nationale Werbung	Becherverpackung	Pfundgröße	Verkaufshilfen	Eignung für Sonderangebote	Direktbezug vom Hersteller	Handelsspanne mehr als 20%	Beanstandungen im letzten Jahr
Becel	1	1	1	1	0	0	1	0	0	0
Du darfst	1	1	0	1	0	1	0	1	0	1
Rama	1	0	1	1	1	1	1	1	1	0
Delicado Sahnebutter	0	0	1	1	0	0	1	0	1	0
Holländische Butter	0	0	0	0	0	1	0	0	0	0
Weihnachtsbutter	0	0	0	0	1	0	1	0	0	1
Homa	1	0	0	1	1	1	0	1	0	1
Flora	1	1	1	1	1	0	1	0	1	0
SB	1	1	0	1	1	1	0	0	1	0
Sanella	1	0	1	1	1	0	1	1	1	0
Botteram	0	0	1	1	1	1	0	0	0	1

Der *Tanimoto-Koeffizient* mißt den relativen Anteil gemeinsamer Eigenschaften bezogen auf die Variablen, die mindestens eine 1 aufweisen. Zunächst wird festgestellt, wie viele Eigenschaften beide Produkte übereinstimmend aufweisen. In unserem Beispiel sind dies bei den Margarinemarken „Becel" und „Du darfst" drei Merkmale („Lagerzeit mehr als 1 Monat", „Diätprodukt" und „Becherverpackung"). Anschließend werden die Eigenschaften gezählt, die lediglich bei einem Produkt vorhanden sind. In unserem Beispiel lassen sich fünf Attribute finden („Nationale Werbung", „Verkaufshilfen", „Eignung für Sonderangebote", „Direktbezug vom Hersteller" und „Beanstandungen im letzten Jahr"). Setzt man die Anzahl der Eigenschaften, die bei beiden Produkten vorhanden sind, in den Zähler (a = 3) und addiert hierzu für den Nenner die Anzahl der Eigenschaften, die nur bei einem Produkt vorhanden sind (b + c = 5), so beträgt der Tanimoto-Koeffizient für die Produkte „Becel" und „Du darfst" 0,375.

Auf dem gleichen Weg werden für alle anderen Objektpaare die entsprechenden Ähnlichkeiten berechnet. Tabelle 4.5 gibt die Ergebnisse wieder. Bezüglich der dargestellten Matrix ist auf zwei Dinge hinzuweisen:

– Die Ähnlichkeit zweier Objekte wird nicht durch ihre Reihenfolge beim Vergleich beeinflußt; d. h. es ist unerheblich, ob die Ähnlichkeit zwischen „Becel" und „Du darfst" oder zwischen „Du darfst" und „Becel" gemessen wird (Symmetrie-Eigenschaft). Daher ist auch zu erklären, daß die Ähnlichkeit der Produkte in Tabelle 4.5 nur durch die untere Dreiecksmatrix wiedergegeben wird.

Tabelle 4.5. Tanimoto-Koeffizient

	Becel	Du darfst	Rama	Delicado Sahnebutter	Holländische Butter	Weihnachtsbutter	Homa	Flora	SB	Sanella	Botteram
Becel	1										
Du darfst	0,375	1									
Rama	0,444	0,4	1								
Delicado Sahnebutter	0,5	0,111	0,5	1							
Holländische Butter	0	0,167	0,125	0	1						
Weihnachtsbutter	0,143	0,125	0,222	0,167	0	1					
Homa	0,222	0,714	0,556	0,111	0,167	0,286	1				
Flora	0,714	0,3	0,667	0,571	0	0,25	0,3	1			
SB	0,375	0,5	0,556	0,25	0,167	0,125	0,5	0,625	1		
Sanella	0,5	0,3	0,875	0,571	0	0,25	0,444	0,75	0,444	1	
Botteram	0,25	0,375	0,444	0,286	0,2	0,333	0,571	0,333	0,375	0,333	1

– Die Werte der Ähnlichkeitsmessung liegen zwischen 0 („totale Unähnlichkeit", a = 0) und 1 („totale Ähnlichkeit", b = c = 0). Wird die Übereinstimmung der Merkmale bei einem Produkt geprüft, so gelangt man zum Ergebnis der vollständigen Übereinstimmung. Somit ist auch verständlich, daß
man in der Diagonalen der Matrix lediglich die Zahl 1 vorfindet.

Die Erläuterungen setzen uns nunmehr in die Lage, das ähnlichste und das
unähnlichste Paar zu ermitteln. Die größte Übereinstimmung weisen die Margarinesorten „Rama" und „Sanella" auf (Tanimoto-Koeffizient = 0,875). Als
völlig unähnlich werden fünf Paare bezeichnet: „Holländische Butter" – „Becel", „Holländische Butter" – „Delicado Sahnebutter", „Weihnachtsbutter" –
„Holländische Butter", „Flora" – „Holländische Butter" und „Sanella" –
„Holländische Butter" (Tanimoto-Koeffizient = 0, da a = 0).
    Auf eine etwas andere Art und Weise wird die Ähnlichkeit der Objektpaare
beim *RR-Koeffizienten* (Russel & Rao-Koeffizient) gemessen. Der Unterschied
zum Tanimoto-Koeffizienten besteht darin, daß nunmehr im Nenner auch die
Fälle, bei denen beide Objekte das Merkmal *nicht* aufweisen (e), mitaufgenom-
men werden. Somit finden sich alle in der jeweiligen Untersuchung berücksichtigten Eigenschaften im Nenner des Ähnlichkeitsmaßes wieder. Abgesehen von
den Extremwerten (0 und 1) ergeben sich in unserem Beispiel nur „Zehntel-
Brüche" als RR-Koeffizient. Existiert beim Paarvergleich der Fall, daß wenigstens eine Eigenschaft bei beiden Objekten nicht vorhanden ist, so weist der
RR-Koeffizient einen kleineren Ähnlichkeitswert auf als der Tanimoto-Koeffizient. Dieser Fall ist beim Produktpaar „Becel"/„Du darfst" zu verzeichnen.
Beide Margarinemarken weisen nicht die Eigenschaften „Pfundgröße" und
„Handelsspanne mehr als 20%" auf. Somit „sinkt" ihr Ähnlichkeitswert im
Vergleich zum Tanimoto-Koeffizienten auf 0,3. Besteht kein gleichzeitiges Fehlen einer Eigenschaft (e = 0), gelangen beide Ähnlichkeitsmaße zum gleichen
Ergebnis. Die einzelnen Werte für den RR-Koeffizienten enthält Tabelle 4.6.
    Abschließend sei noch aus der Vielzahl der in der Literatur diskutierten
Ähnlichkeitsmaße der *M-Koeffizient* (auch Simple-Matching-Koeffizient genannt) erwähnt. Gegenüber dem vorher behandelten Maß werden hier im Zähler *alle* übereinstimmenden Komponenten erfaßt. Zu den bereits oben genannten Merkmalen kommen daher beim Vergleich von „Becel" und „Du darfst"
noch die beiden Eigenschaften „Pfundgröße" und „Handelsspanne mehr als
20%" hinzu. Die Ähnlichkeit, die sich entsprechend des Bruchs $\left(\dfrac{a+e}{m}\right)$ berechnet, hat für das genannte Produktpaar folglich einen Wert von 0,5. Die
Werte für die anderen Vergleiche kann man Tabelle 4.7 entnehmen.
    Alle drei genannten Ähnlichkeitsmaße gelangen zum gleichen Ergebnis,
wenn keine Eigenschaft beim Paarvergleich gleichzeitig fehlt; d. h. wenn e = 0
ist. Ist dies jedoch nicht gegeben, so weist grundsätzlich der RR-Koeffizient
den geringsten und der M-Koeffizient den höchsten Ähnlichkeitswert auf. Eine
Mittelposition nimmt das Tanimoto-Ähnlichkeitsmaß ein. Tanimoto- und M-
Koeffizient kommen jedoch dann zum gleichen Ergebnis, wenn lediglich die
Fälle a und e existieren, d. h. nur ein gleichzeitiges Vorhandensein bzw. Fehlen
von Eigenschaften beim Paarvergleich zu verzeichnen ist.

Tabelle 4.6. RR-Koeffizient

	Becel	Du darfst	Rama	Delicado Sahnebutter	Holländische Butter	Weihnachts-butter	Homa	Flora	SB	Sanella	Botteram
Becel	1										
Du darfst	0,3	1									
Rama	0,4	0,4	1								
Delicado Sahnebutter	0,3	0,1	0,4	1							
Holländische Butter	0,0	0,1	0,1	0,0	1						
Weihnachts-butter	0,1	0,1	0,2	0,1	0,0	1					
Homa	0,2	0,5	0,5	0,1	0,1	0,2	1				
Flora	0,5	0,3	0,6	0,4	0,0	0,2	0,3	1			
SB	0,3	0,4	0,5	0,2	0,1	0,1	0,4	0,5	1		
Sanella	0,4	0,3	0,7	0,4	0,0	0,2	0,4	0,6	0,4	1	
Botteram	0,2	0,3	0,4	0,2	0,1	0,2	0,4	0,3	0,3	0,3	1

Tabelle 4.7. Simple-Matching (M)-Koeffizient

	Becel	Du darfst	Rama	Delicado Sahnebutter	Holländische Butter	Weihnachts-butter	Homa	Flora	SB	Sanella	Botteram
Becel	1										
Du darfst	0,5	1									
Rama	0,5	0,4	1								
Delicado Sahnebutter	0,7	0,2	0,6	1							
Holländische Butter	0,4	0,5	0,3	0,5	1						
Weihnachts-butter	0,2	0,3	0,3	0,5	0,6	1					
Homa	0,3	0,8	0,6	0,2	0,5	0,5	1				
Flora	0,8	0,3	0,7	0,7	0,2	0,4	0,3	1			
SB	0,5	0,6	0,6	0,4	0,5	0,2	0,6	0,7	1		
Sanella	0,6	0,3	0,9	0,7	0,2	0,4	0,5	0,8	0,5	1	
Botteram	0,4	0,5	0,5	0,5	0,6	0,6	0,7	0,4	0,5	0,4	1

An dieser Stelle kann nicht ausführlich auf alle *Unterschiede der Ähnlichkeitsrangfolge* in unserem Beispiel eingegangen werden, die sich aufgrund der drei vorgestellten Koeffizienten ergeben. Es sei jedoch kurz – vielleicht als Anregung zum Selbststudium – auf einige Differenzen hingewiesen:

- Die Objektpaare „SB" und „Rama" bzw. „Homa" und „Rama" belegen beim RR-Koeffizienten den dritten Rang in der Ähnlichkeitsreihenfolge. Bei den beiden anderen Ähnlichkeitsmaßen sind die Produkte nicht unter den ersten neun ähnlichsten Paaren zu finden.
- Während „Weihnachtsbutter" und „Holländische Butter" nach dem Tanimoto- und RR-Koeffizienten keinerlei Ähnlichkeit aufweisen, beläuft sich ihr Ähnlichkeitswert nach dem M-Koeffizienten auf 0,6.

Welches Ähnlichkeitsmaß im Rahmen einer empirischen Analyse vorzuziehen ist, läßt sich nicht allgemeingültig sagen. Eine große Bedeutung bei dieser nur im Einzelfall zu treffenden Entscheidung hat die Frage, ob das Nichtvorhandensein eines Merkmals für die Problemstellung die gleiche Bedeutung bzw. Aussagekraft besitzt wie das Vorhandensein der Eigenschaft. Machen wir uns diesen Sachverhalt am Beispiel der eingangs erwähnten Studenten-Untersuchung klar. Beim Merkmal „Geschlecht" kommt z. B. dem Vorhandensein der Eigenschaftsausprägung „männlich" die gleiche Aussagekraft zu wie dem Nichtvorhandensein. Dies gilt nicht für das Merkmal „Nationalität" mit den Ausprägungen „Deutscher" und „Nicht-Deutscher"; denn durch die Aussage „Nicht-Deutscher" läßt sich die genaue Nationalität, die möglicherweise von Interesse ist, nicht bestimmen. Wenn also das Vorhandensein einer Eigenschaft (eines Merkmals) dieselbe Aussagekraft für die Gruppierung besitzt wie das Nichtvorhandensein, so ist Ähnlichkeitsmaßen, die im Zähler alle Übereinstimmungen berücksichtigen (z. B. M-Koeffizient) der Vorzug zu gewähren. Umgekehrt ist es ratsam, den Tanimoto-Koeffizienten oder mit ihm verwandte Maßstäbe heranzuziehen.

Bisher wurden lediglich binäre Variable betrachtet. Wir wollen nun den Fall mehrkategorialer Merkmale etwas genauer betrachten. Die dargestellten Ähnlichkeitsmaße lassen sich in diesem Fall erst dann verwenden, nachdem eine Transformation in binäre Merkmale durchgeführt wurde. Dies soll an einem Beispiel verdeutlicht werden. Bei der Eigenschaft „Beanstandungen im letzten Jahr" sei nicht mehr danach unterschieden, ob im letzten Jahr Mängel bei der Lieferung aufgetreten sind oder nicht, es sollen vielmehr die in Tabelle 4.8 gezeigten Beanstandungsklassen gebildet werden.

Aus Tabelle 4.8 läßt sich neben den Beanstandungsstufen gleichzeitig entnehmen, wie man eine Transformation durchführen kann, wobei durch die Abstufungen keine Rangordnung zum Ausdruck gebracht werden soll.

Die Zahl der Abstufungen bestimmt dabei die Länge des aus Nullen und Einsen bestehenden Feldes. In unserem Fall umfaßt das Feld somit vier Stellen. Für jede Beanstandungsklasse ist jeweils eine Spalte vorgesehen, die bei Gültigkeit mit einer Eins versehen wird. Treten beispielsweise sieben Beanstandungen auf, so wird die für diese Klasse vorgesehene dritte Spalte mit einer Eins versehen und die restlichen Spalten erhalten jeweils eine Null. Bezüglich der Verwendung der Ähnlichkeitskoeffizienten bei mehrstufigen Variablen ist

Tabelle 4.8. Beispiel einer Datentransformation

Zahl der Beanstandungen	Stufe	Transformation in mehrere binäre Merkmale
0	1	1000
1– 5	2	0100
6–10	3	0010
mehr als 10	4	0001

darauf hinzuweisen, daß bei großer und/oder unterschiedlicher Stufenzahl der Merkmale die Maße, die den gemeinsamen Nicht-Besitz als Übereinstimmung interpretieren (d. h. der Wert wird mit in den Zähler genommen), wegen der Verzerrungsgefahr möglichst keine Berücksichtigung finden sollten (vgl. hierzu auch Abschnitt 4.4). Würden wir beispielsweise die Ähnlichkeit zweier Objekte bezüglich der Zahl der Beanstandungen überprüfen, so ergäbe sich im obigen Beispiel dem M-Koeffizienten entsprechend – unabhängig von der Wahl der beiden differierenden Beanstandungsstufen – immer ein Ähnlichkeitswert von 0,5. Daß dies Ergebnis wenig sinnvoll ist, bedarf keiner besonderen Erläuterung.

4.2.3 Metrisches Skalenniveau der Merkmale

Wir betrachten nun eine weitere Gruppe von Proximitätsmaßen, die der Klassifikation von Objekten dient, die Eigenschaften mit metrischem Skalenniveau aufweisen. Zur Bestimmung der Beziehung zwischen den Objekten zieht man i. d. R. ihre *Distanz* heran. Zwei Objekte bezeichnet man als sehr ähnlich, wenn ihre Distanz sehr klein ist. Eine große Distanz weist umgekehrt auf eine geringe Ähnlichkeit der Produkte hin. Sind zwei Objekte als vollkommen identisch anzusehen, so ergibt sich eine Distanz von Null.

Zur Erläuterung von Proximitätsmaßen bei metrischem Skalenniveau der Beschreibungsmerkmale der Objekte soll im folgenden auf ein konkretes Beispiel zurückgegriffen werden. In einer Befragung seien Hausfrauen nach ihrer Einschätzung von Emulsionsfetten (Butter, Margarine) befragt worden. Dabei seien die Marken Rama, Homa, Flora, SB und Weihnachtsbutter anhand der

Tabelle 4.9. Ausgangsdatenmatrix für das 5-Produkte-Beispiel

Marken \ Eigenschaften	Kalorien-gehalt	Preis	Vitamini-sierungsgrad
Rama	1	2	1
Homa	2	3	3
Flora	3	2	1
SB	5	4	7
Weihnachtsbutter	6	7	6

Variablen Kaloriengehalt, Preis und Vitaminisierungsgrad auf einer siebenstufigen Skala von hoch bis niedrig beurteilt worden. Die Tabelle 4.9 enthält die
durchschnittlichen subjektiven Beurteilungswerte der 30 befragten Hausfrauen
für die entsprechenden Emulsionsfette.

Mit Hilfe des in Tabelle 4.9 dargestellten Beispiels wollen wir im folgenden
drei Proximitätsmaße zur Bestimmung der Unähnlichkeit bzw. Ähnlichkeit
zwischen Objekten mit *metrischem* Skalenniveau der Beschreibungsmerkmale
näher betrachten. In der praktischen Anwendung stellen die sog. *Minkowski-
Metriken* oder *L_r-Normen* weit verbreitete Distanzmaße dar, die sich wie folgt
berechnen lassen:

Minkowski-Metrik

$$d_{k1} = \left[\sum_{j=1}^{J} |x_{kj} - x_{1j}|^r \right]^{\frac{1}{r}} \qquad (2)$$

mit:
d_{k1}:   Distanz der Objekte k und 1
x_{kj}; x_{1j}: Wert der Variablen j bei Objekt k, 1 (j = 1, 2, ..., J)
$r \geq 1$:   Minkowski-Konstante

Dabei stellt r eine positive Konstante dar. Für r = 1 erhält man die *City-Block-
Metrik* (L_1-Norm) und für r = 2 die *Euklidische Distanz* (L_2-Norm). Die *City-
Block-Metrik* (auch Manhattan- oder Taxifahrer-Metrik genannt) spielt bei
praktischen Anwendungen vor allem bei der Clusterung von Standorten eine
bedeutende Rolle. Sie wird berechnet, indem man die Differenz bei jeder Eigenschaft für ein Objektpaar bildet und die sich ergebenden absoluten Differenzwerte addiert. Die Berechnung dieser Distanz (d) sei beispielhaft für das
Objektpaar „Rama" und „Homa" (vgl. Tabelle 4.9) durchgeführt, wobei die
erste Zahl bei der Differenzbildung jeweils den Eigenschaftswert von „Rama"
darstellt.

$$\begin{aligned} d_{Rama, Homa} &= |1 - 2| + |2 - 3| + |1 - 3| \\ &= 1 + 1 + 2 \\ &= 4 \end{aligned}$$

Zwischen den Produkten „Rama" und „Homa" ergibt sich somit aufgrund der
L_1-Norm eine Distanz von 4. In der gleichen Weise werden für alle anderen
Objektpaare die Abstände ermittelt. Das Ergebnis der Berechnungen zeigt die
Tabelle 4.10.

Tabelle 4.10. Distanzmatrix entsprechend der L_1-Norm

	Rama	Homa	Flora	SB	Weihnachtsbutter
Rama	0				
Homa	4	0			
Flora	2	4	0		
SB	12	8	10	0	
Weihnachtsbutter	15	11	13	5	0

Da ein Objekt zu sich selbst immer eine Distanz von Null besitzt, besteht auch die Hauptdiagonale einer Distanzmatrix immer aus Nullen. Aus diesem Grund wollen wir im folgenden bei der Aufstellung einer Distanzmatrix die Hauptdiagonalwerte jeweils vernachlässigen, d. h. die erste Zeile und die letzte Spalte der Distanzmatrix in Tabelle 4.10 können eliminiert werden.

Die Tabelle 4.10 macht deutlich, daß mit einem Abstandwert von 2 das Produktpaar „Flora" und „Rama" die größte Ähnlichkeit aufweist. Die geringste Ähnlichkeit besteht demgegenüber zwischen „Weihnachtsbutter" und der Margarinemarke „Rama". Hier beträgt die Differenz 15.

Ebenfalls ausgehend von den Differenzwerten bei jeder Eigenschaft für ein Objektpaar läßt sich die Berechnung der *Euklidischen Distanz* erläutern. Die quadrierten Differenzwerte werden addiert und aus der Summe wird die Quadratwurzel gezogen. Basierend auf unseren oben berechneten Differenzwerten gelangt man für das Produktpaar „Rama" und „Homa" zunächst wie folgt zur *quadrierten Euklidischen Distanz:*

$$
\begin{aligned}
d^2_{\text{Rama, Homa}} &= 1^2 + 1^2 + 2^2 \\
&= 1 + 1 + 4 \\
&= 6
\end{aligned}
$$

Durch die Quadrierung werden große Differenzwerte bei der Berechnung der Distanz stärker berücksichtigt, während geringen Differenzwerten ein kleines Gewicht zukommt. Sowohl die quadrierte Euklidische Distanz als auch die Euklidische Distanz können als Maß für die Unähnlichkeit zwischen Objekten herangezogen werden. Da eine Reihe von Algorithmen auf der *quadrierten* Euklidischen Distanz aufbaut, wollen wir im folgenden unsere Betrachtungen ebenfalls auf die quadrierte Euklidische Distanz stützen. Die Tabelle 4.11 faßt die quadrierten Euklidischen Distanzen für unser 5-Produkte-Beispiel zusammen.

Bezüglich des ähnlichsten und des unähnlichsten Paares gelangt man bei der quadrierten Euklidischen Distanz zur gleichen Aussage wie bei der City-Block-Metrik. Faßt man die Reihenfolge der Ähnlichkeiten nach beiden Metriken in einer Tabelle zusammen (Tabelle 4.12), so wird deutlich, daß sich bei den Produktpaaren „SB" und „Flora" sowie „Weihnachtsbutter" und „Homa" eine Verschiebung der Reihenfolge der Ähnlichkeiten ergeben hat. Die Wahl des Distanzmaßes beeinflußt somit die Ähnlichkeitsreihenfolge der Untersuchungsobjekte.

Tabelle 4.11. Distanzmatrix nach der quadrierten Euklidischen Distanz

	Rama	Homa	Flora	SB
Homa	6			
Flora	4	6		
SB	56	26	44	
Weihnachtsbutter	75	41	59	11

Tabelle 4.12. Reihenfolge der Ähnlichkeiten entsprechend der quadrierten Euklidischen Distanz (Klammerwerte der Tabelle) sowie der L_1-Norm

	Rama	Homa	Flora	SB
Homa	2 (2)			
Flora	1 (1)	2 (2)		
SB	7 (7)	4 (4)	5 (6)	
Weihnachtsbutter	9 (9)	6 (5)	8 (8)	3 (3)

Die unterschiedlichen Ergebnisse sind auf die abweichende Behandlung der Differenzen zurückzuführen, da bei der L_1-Norm alle Differenzwerte *gleichgewichtig* in die Berechnung eingehen.

Bei der Anwendung der *Minkowski-Metriken* ist allerdings darauf zu achten, daß *vergleichbare Maßeinheiten* zugrunde liegen. Das ist in unserem Beispiel erfüllt, da alle Eigenschaftsmerkmale der Margarinemarken auf einer von 1 bis 7 gehenden Ratingskala erhoben wurden. Ist diese Voraussetzung *nicht* erfüllt, so müssen die Ausgangsdaten zuerst z. B. mit Hilfe einer *Standardisierung* vergleichbar gemacht werden (vgl. Abschnitt 4.4).

Neben den bisher besprochenen Distanzmaßen kann zur Bestimmung der Proximität zwischen Objekten aber auch ein Ähnlichkeitsmaß herangezogen werden. Ein solches Ähnlichkeitsmaß ist z. B. der *Q-Korrelationskoeffizient*, der sich wie folgt berechnen läßt:

$$r_{p,q} = \frac{\sum\limits_{j=1}^{J} (x_{jp} - \bar{x}_p) \cdot (x_{jq} - \bar{x}_q)}{\left\{ \sum\limits_{j} (x_{jp} - \bar{x}_p)^2 \sum\limits_{j} (x_{jq} - \bar{x}_q)^2 \right\}^{\frac{1}{2}}} \qquad (3)$$

mit:

x_{jp} = Ausprägung der Eigenschaft j bei Objekt (Cluster) p (bzw. q), wobei: $j = 1, 2, \ldots, J$
$\bar{x}_p$ = Durchschnittswert aller Eigenschaften bei Objekt (Cluster) p (bzw. q)

Der Q-Korrelationskoeffizient berechnet die Ähnlichkeit zwischen zwei Objekten p und q bei Berücksichtigung aller Variablen. Zu diesem Zweck benötigt man den Durchschnittswert über alle Variablen bei einem Objekt. So ergibt sich z. B. für „Rama" ein Variablendurchschnitt von $(1 + 2 + 1) : 3 = 4/3 \ (= \bar{x}_p)$ und für „Homa" ein Variablendurchschnitt von $(2 + 3 + 3) : 3 = 8/3 \ (= \bar{x}_q)$. Mit

Tabelle 4.13. Ähnlichkeitsmatrix entsprechend dem Q-Korrelationskoeffizienten

	Rama	Homa	Flora	SB	Weih.butter
Rama	1,000				
Homa	0,500	1,000			
Flora	0,000	−0,866	1,000		
SB	−0,756	0,189	−0,655	1,000	
Weihnachtsbutter	1,000	0,500	0,000	−0,756	1,000

Hilfe dieser Variablendurchschnitte läßt sich die Ähnlichkeit zwischen z. B. „Rama" und „Homa" wie folgt bestimmen (Tabelle 4.9):

$x_{jp} - \bar{x}_p$	$x_{jq} - \bar{x}_q$	$(x_{jp} - \bar{x}_p)(x_{jq} - \bar{x}_q)$	$(x_{jp} - \bar{x}_p)^2$	$(x_{jq} - \bar{x}_q)^2$
$-1/3$	$-2/3$	$2/9$	$1/9$	$4/9$
$2/3$	$1/3$	$2/9$	$4/9$	$1/9$
$-1/3$	$1/3$	$-1/9$	$1/9$	$1/9$
		$3/9$	$6/9$	$6/9$

$$r_{p,q} = \frac{3/9}{\sqrt{6/9 \cdot 6/9}} = \underline{0,5}$$

mit:

p = Rama; q = Homa

Führt man diese Berechnung für alle Produktpaare durch, so ergibt sich für unser Beispiel die in Tabelle 4.13 dargestellte Ähnlichkeitsmatrix auf Basis des Q-Korrelationskoeffizienten

Vergleicht man diese Ähnlichkeitswerte mit den Distanzwerten aus Tabelle 4.11, so wird deutlich, daß sich die Beziehungen zwischen den Objekten stark verschoben haben. Nach der quadrierten Euklidischen Distanz sind sich „Weihnachtsbutter" und „Rama" am unähnlichsten, während sie nach dem Q-Korrelationskoeffizienten als das ähnlichste Markenpaar erkannt werden. Ebenso sind nach Euklid „Flora" und „Rama" mit einer Distanz von 4 sehr ähnlich, während sie mit einer Korrelation von 0 in Tabelle 4.13 als vollkommen unähnlich gelten. Diese Vergleiche machen deutlich, daß bei der Wahl des Proximitätsmaßes vor allem inhaltliche Überlegungen eine Rolle spielen. Betrachten wir zu diesem Zweck einmal die Profilverläufe von „Rama" und „Weihnachtsbutter" entsprechend den Ausgangsdaten in unserem Beispiel.

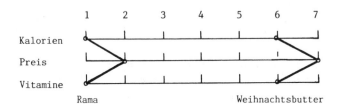

Die Profilverläufe zeigen, daß „Rama" und „Weihnachtsbutter" zwar sehr weit voneinander entfernt liegen, der Verlauf ihrer Profile aber vollkommen gleich ist. Von daher läßt sich erklären, warum sie bei Verwendung eines Distanzmaßes als vollkommen unähnlich und bei Verwendung des Q-Korrelationskoeffizienten als vollkommen ähnlich erkannt werden. Allgemein läßt sich somit festhalten:

Zur Messung der Ähnlichkeit zwischen Objekten sind

– *Distanzmaße* immer dann geeignet, wenn der absolute Abstand zwischen

Objekten von Interesse ist und die Unähnlichkeit dann als um so größer anzusehen ist, wenn zwei Objekte weit entfernt voneinander liegen;
- *Ähnlichkeitsmaße* immer dann geeignet, wenn der primäre Ähnlichkeits-
aspekt im Gleichlauf zweier Profile zu sehen ist, unabhängig davon, auf wel-
chem *Niveau* die Objekte liegen.

Betrachten wir hierzu ein Beispiel: Eine Reihe von Unternehmen wird durch
die Umsätze eines bestimmten Produktes im Ablauf von fünf Jahren (= Variable) beschrieben. Mit Hilfe der Clusteranalyse sollen solche Unternehmen zusammengefaßt werden, die

1. im Zeitablauf ähnliche *Umsatzgrößen* mit diesem Produkt erzielt haben.
2. im Zeitablauf ähnliche *Umsatzentwicklungen* bei diesem Produkt erlebt haben.

Im ersten Fall ist für die Fusionierung die *Umsatzhöhe* von Bedeutung. Folglich muß die Proximität zwischen den Unternehmen mit Hilfe eines *Distanzmaßes* ermittelt werden. Im zweiten Fall hingegen spielt die Umsatzhöhe keine
Rolle, sondern die *Umsatzentwicklung*, und ein Ähnlichkeitsmaß (Korrelationskoeffizient) ist das geeignete Proximitätsmaß.

4.2.4 Gemischte Variable und ihre Behandlung

Durch die bisherige Darstellung wurde deutlich, daß die clusteranalytischen
Verfahren kein spezielles Skalenniveau der Merkmale verlangen. Dieser Vorteil
der allgemeinen Verwendbarkeit ist allerdings mit dcm Problem der Behandlung *gemischter Variabler* verbunden; denn man verzeichnet in empirischen
Studien sehr häufig sowohl metrische als auch nicht-metrische Eigenschaften
der zu klassifizierenden Objekte. Ist dies der Fall, so muß man eine Antwort
auf die Frage finden, wie die Variablen unterschiedlichen Skalenniveaus gemeinsam Berücksichtigung finden können. Im folgenden sollen einige Wege
der Problemlösung aufgezeigt werden[6]. Es ergeben sich grundsätzlich *zwei
mögliche Verfahrensweisen*.
Im ersten Fall werden für die metrischen und die nicht-metrischen Variablen
getrennt die Ähnlichkeitskoeffizienten bzw. Distanzen berechnet. Die Gesamtähn-
lichkeit ermittelt man als ungewichteten oder gewichteten Mittelwert der im
vorherigen Schritt berechneten Größen. Verdeutlichen wir uns den Vorgang am
Beispiel der Produkte „Rama" und „Flora". Die Ähnlichkeit der Produkte soll
anhand der nominalen (Tabelle 4.4) und der metrischen Eigenschaften (Tabelle
4.9) bestimmt werden. Als M-Koeffizient für diese beiden Produkte hatten wir
einen Wert von 0,7 ermittelt (Tabelle 4.7). Die sich daraus ergebende Distanz
der beiden Margarinesorten beläuft sich auf 0,3. Man erhält sie, indem man
den Wert für die Ähnlichkeit von der Zahl 1 subtrahiert. Bei den metrischen
Eigenschaften hatten wir für die beiden Produkte eine quadrierte euklidische
Distanz von 4 (Tabelle 4.11) berechnet. Verwendet man nun das *ungewichtete
arithmetische Mittel* als gemeinsames Distanzmaß, so erhalten wir in unserem
Beispiel einen Wert von 2,15. Zu einer anderen Distanz kann man bei Anwen-

dung des *gewichteten arithmetischen Mittels* gelangen. Hier besteht einmal die Möglichkeit, mehr oder weniger willkürlich extern Gewichte für den metrischen und den nicht-metrischen Abstand vorzugeben. Zum anderen kann man auch den jeweiligen Anteil der Variablen an der Gesamt-Variablenzahl als Gewichtungsfaktor heranziehen. Würde man den letzten Weg beschreiten, so ergäben sich in unserem Beispiel keine Veränderungen gegenüber der Verwendung des ungewichteten arithmetischen Mittels, wenn wir sowohl zehn nominale als auch zehn metrische Merkmale zur Klassifikation benutzt hätten.

Der zweite Lösungsweg besteht in der *Transformation von einem höheren auf ein niedrigeres Skalenniveau*. Welche Möglichkeiten sich in dieser Hinsicht ergeben, wollen wir am Beispiel des Merkmals „Preis" verdeutlichen. Für die betrachteten 5 Emulsionsfette im „metrischen Fall" habe man die nachstehenden durchschnittlichen Verkaufspreise ermittelt (bezogen auf eine 250-Gramm-Packung).

Rama	1,75 DM
Weihnachtsbutter	2,05 DM
Homa	1,35 DM
Flora	1,65 DM
SB	1,59 DM

Eine Möglichkeit zur Umwandlung der vorliegenden Verhältnisskalen in binäre Skalen besteht in der *Dichotomisierung*. Hierbei hat man eine Schnittstelle festzulegen, die zu einer Trennung der niedrig- und hochpreisigen Emulsionsfette führt. Würde man diese Grenze bei 1,60 DM annehmen, so erhielten die Preisausprägungen bis zu 1,59 DM als Schlüssel eine Null und die darüber hinausgehenden Preise eine Eins. Vorteilhaft an dem dargestellten Vorgehen ist seine Einfachheit sowie seine rasche Anwendungsmöglichkeit. Als problematisch ist demgegenüber der hohe Informationsverlust zu bezeichnen; denn „Flora" stünde in preislicher Hinsicht mit „Weihnachtsbutter" auf einer Stufe, obwohl die letztgenannte Marke wesentlich teurer ist. Ein weiterer Problemaspekt besteht in der Festlegung der Schnittstelle. Ihre willkürliche Bestimmung kann leicht zu Verzerrungen der realen Gegebenheiten führen, dies hat wiederum einen Einfluß auf das Gruppierungsergebnis.

Der Informationsverlust läßt sich verringern, wenn man *Preisintervalle* bildet und jedes Intervall binär derart kodiert, daß, wenn der Preis für ein Produkt in das Intervall fällt, eine Eins und ansonsten eine Null verschlüsselt wird. Diese Vorgehensweise wurde bereits in Abschnitt 4.2.2 ausführlich dargestellt.

Abschließend sei eine dritte Möglichkeit genannt, die ebenfalls auf einer Einteilung in Preisklassen beruht. In unserem Beispiel gehen wir von vier Intervallen (Tabelle 4.14) aus. Zur Verschlüsselung benötigen wir dann drei binäre Merkmale. Die Codierung einer Null bzw. einer Eins erfolgt entsprechend der Antwort auf die nachfolgenden Fragen:

Merkmal 1:   Preis gleich oder größer als 1,40 DM?
               nein = 0   ja = 1
Merkmal 2:   Preis gleich oder größer als 1,70 DM?
               nein = 0   ja = 1

Merkmal 3:   Preis gleich oder größer als 2,00 DM?
           nein = 0   ja = 1

Das erste Preisintervall verschlüsselt man somit durch drei Nullen, da jede
Frage mit nein beantwortet wird. Geht man auch bei den anderen Klassen in
der beschriebenen Weise vor, so ergibt sich die in Tabelle 4.14 enthaltene Codierung. Verwendet man nun die erhaltene Binärkombination z. B. zur
Verschlüsselung von „Rama", so erhalten wir für dieses Produkt die Zahlen-
folge „1 1 0". Tabelle 4.15 enthält die weiteren Verschlüsselungen der Emulsionsfette.

Tabelle 4.14. Codierung von Preisklassen

Preis	Binäres Merkmal		
	1	2	3
bis 1,40 DM	0	0	0
1,40–1,69 DM	1	0	0
1,70–1,99 DM	1	1	0
2,00–2,30 DM	1	1	1

Tabelle 4.15. Verschlüsselung der Emulsionsfette

Produkte	Binär-Schlüssel		
Rama	1	1	0
Weihnachtsbutter	1	1	1
Homa	0	0	0
Flora	1	0	0
SB	1	0	0

Der besondere Vorteil des Verfahrens liegt in seinem geringen Informationsverlust, der um so geringer ausfällt, je kleiner die jeweilige Klassenspanne ist.
Bei sieben Preisklassen könnte man beispielsweise zu einer Halbierung der
Spannweite und damit zu einer besseren Wiedergabe der tatsächlichen Preis-
unterschiede gelangen. Ein Nachteil einer derartigen Verschlüsselung ist in der
Zunahme des Gewichts der betreffenden Eigenschaft zu sehen. Gehen wir
nämlich davon aus, daß in unserer Studie neben dem Merkmal „Preis" nur
noch Eigenschaften mit zwei Ausprägungen existieren, so läßt sich erkennen,
daß dem Preis bei fünf Preisklassen ein vierfaches Gewicht zukommt. Eine
Halbierung der Spannweiten führt dann zu einem achtfachen Gewicht. Inwieweit eine stärkere Berücksichtigung eines einzelnen Merkmals erwünscht ist,
muß man im Einzelfall klären.

4.3 Algorithmen zur Gruppenbildung

4.3.1 Überblick über Cluster-Algorithmen

Die bisherigen Ausführungen haben gezeigt, wie sich mit Hilfe von Proximitätsmaßen eine Distanz- oder Ähnlichkeitsmatrix aus den Ausgangsdaten ermitteln läßt. Die gewonnene Distanz- oder Ähnlichkeitsmatrix bildet nun den Ausgangspunkt der Clusteralgorithmen, die eine Zusammenfassung der Objekte zum Ziel haben. Die Clusteranalyse bietet dem Anwender ein breites Methodenspektrum an Algorithmen zur Gruppierung einer gegebenen Objektmenge. Nach der Zahl der Variablen, die beim Fusionierungsprozeß Berücksichtigung finden, lassen sich *monothetische und polythetische Verfahren* unterscheiden. Monothetische Verfahren sind dadurch gekennzeichnet, daß sie zur Gruppierung jeweils nur eine Variable heranziehen. Der große Vorteil der Clusteranalyse liegt aber gerade darin, simultan alle relevanten Beschreibungsmerkmale (Variable) zur Gruppierung der Objekte heranzuziehen. Da dieser Zielsetzung aber nur polythetische Verfahren entsprechen, sollen auch nur diese im folgenden betrachtet werden.

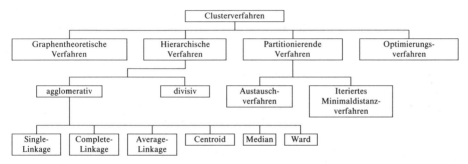

Abb. 4.4. Überblick über ausgewählte Cluster-Algorithmen

Eine weitere Einteilung der Clusteralgorithmen läßt sich entsprechend der Vorgehensweise im Fusionierungsprozeß vornehmen. Die Abbildung 4.4 gibt einen entsprechenden Überblick. Aus der Vielzahl existierender Verfahren soll der Ablauf bei hierarchischen und partitionierenden Verfahren beispielhaft dargestellt werden:

- Bei den *hierarchischen Verfahren* unterscheidet man zusätzlich noch nach agglomerativen und divisiven Algorithmen. Während man bei den agglomerativen Verfahren von der feinsten Partition (sie entspricht der Anzahl der Untersuchungsobjekte) ausgeht, bildet die gröbste Partition (alle Untersuchungsobjekte befinden sich in einer Gruppe) den Ausgangspunkt der divisiven Algorithmen. Somit läßt sich der Ablauf der ersten Verfahrensart durch die *Zusammenfassung* zu Gruppen und der der zweiten Verfahrensart durch die *Aufteilung* einer Gesamtheit in Gruppen charakterisieren. Da den divisiven Verfahren bei der praktischen Anwendung jedoch kaum eine Bedeutung zukommt, werden sie im folgenden nicht mehr betrachtet.

– Die *partitionierenden Verfahren* gehen von einer gegebenen Gruppierung der Objekte (Startpartition) aus und ordnen die einzelnen Elemente mit Hilfe eines Austauschalgorithmusses zwischen den Gruppen so lange um, bis eine gegebene Zielfunktion ein Optimum erreicht. Während bei den hierarchischen Verfahren eine einmal gebildete Gruppe im Analyseprozeß *nicht* mehr aufgelöst werden kann, haben die partitionierenden Verfahren den Vorteil, daß während des Fusionierungsprozesses Elemente zwischen den Gruppen ausgetauscht werden können.

4.3.2 Hierarchische Verfahren

4.3.2.1 Ablauf der agglomerativen Verfahren

Die in der Praxis häufig zur Anwendung kommenden *agglomerativen Algorithmen* sind die in Abbildung 4.4 dargestellten sechs Verfahren. Der Ablauf dieser Verfahren umfaßt insgesamt die folgenden Schritte (vgl. auch Abbildung 4.5):

1. Schritt: Man startet mit der feinsten Partition; d. h. jedes Objekt stellt ein Cluster dar. In unserem Beispiel aus Tabelle 4.9 gehen wir somit von fünf Gruppen aus.
2. Schritt: Man berechnet für alle in die Untersuchung eingeschlossenen Objekte die Distanz. In unserem Fall erhalten wir somit $\binom{5}{2} = 10$ Abstände.

Für den weiteren Verlauf gehen wir von den in Tabelle 4.11 enthaltenen quadrierten Euklidischen Distanzen aus.
3. Schritt: Es werden die beiden Cluster mit der geringsten Distanz zueinander gesucht. Im ersten Durchlauf weisen die beiden Margarinemarken „Rama" und „Flora" den geringsten Abstand auf ($d^2 = 4$).
4. Schritt: Die beiden Gruppen mit der größten Ähnlichkeit faßt man zu einem neuen Cluster zusammen. Die Zahl der Gruppen nimmt somit um 1 ab. Zum Ende des ersten Durchgangs existieren in unserem Beispiel noch vier Gruppen.
5. Schritt: Man berechnet die Abstände zwischen den neuen und den übrigen Gruppen und gelangt so zu einer *reduzierten* Distanzmatrix. Die Unterschiede zwischen den agglomerativen Verfahren ergeben sich *nur* daraus, wie die Distanz zwischen einem Objekt (Cluster) R und dem neuen Cluster (P+Q) ermittelt wird.

Sind zwei Objekte (Gruppen) P und Q zu vereinigen, so erhält man die Distanz D(R; P+Q) zwischen irgendeiner Gruppe R und der neuen Gruppe (P+Q) durch folgende Transformation[7]:

$$D(R; P+Q) = A \cdot D(R, P) + B \cdot D(R, Q) + E \cdot D(P, Q)$$
$$+ G \cdot |D(R, P) - D(R, Q)| \tag{4}$$

mit:
D(R, P): Distanz zwischen den Gruppen R und P
D(R, Q): Distanz zwischen den Gruppen R und Q
D(P, Q): Distanz zwischen den Gruppen P und Q

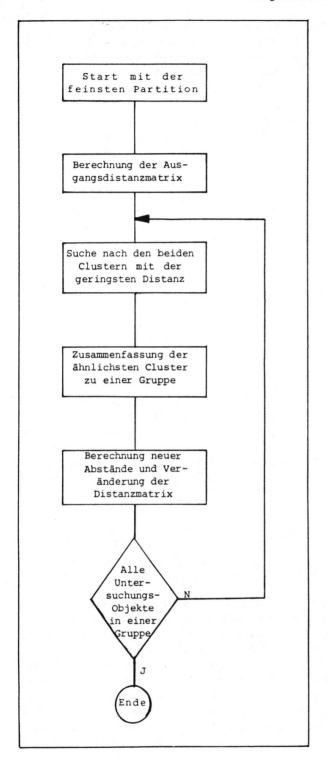

Abb. 4.5. Ablaufschritte der agglomerativen hierarchischen Clusterverfahren

Die Größen A, B, E und G sind Konstante, die je nach verwendetem Algorithmus variieren. Die in Abbildung 4.4 dargestellten agglomerativen Verfahren erhält man durch Zuweisung entsprechender Werte für die Konstanten in Gleichung (4). Die Tabelle 4.16 zeigt die jeweiligen Wertzuweisungen und die sich damit ergebenden Distanzberechnungen bei ausgewählten agglomerativen Verfahren[8].

Während bei den ersten vier Verfahren grundsätzlich alle möglichen Proximitätsmaße verwendet werden können, ist die Anwendung der Verfahren „Centroid", „Median" und „Ward" nur sinnvoll bei Verwendung eines Distanzmaßes. Bezüglich des *Skalenniveaus* der Ausgangsdaten läßt sich festhalten, daß die Verfahren sowohl bei metrischen als auch bei nicht-metrischen Ausgangsdaten angewandt werden können. Entscheidend ist hier nur, daß die verwendeten *Proximitätsmaße* auf das Skalenniveau der Daten abgestimmt sind; denn nicht-metrische Proximitätsmaße stellen relative Häufigkeiten dar, die im Ergebnis metrisch interpretiert werden können.

4.3.2.2 Vorgehensweise bei den Verfahren „Single-Linkage", „Complete-Linkage" und „Ward"

Das *Single-Linkage-Verfahren* vereinigt im ersten Schritt die Objekte, die gemäß der Distanzmatrix aus Tabelle 4.11 die *kleinste* Distanz aufweisen, d. h. die Objekte, die sich am ähnlichsten sind. Somit werden im ersten Durchlauf die Objekte „Rama" und „Flora" mit einer Distanz von 4 vereinigt. Da „Rama" und „Flora" nun eine eigenständige Gruppe bilden, muß im nächsten Schritt der Abstand dieser Gruppe zu allen übrigen Objekten bestimmt werden. Als Distanz zwischen der neuen Gruppe „Rama, Flora" und einem Objekt (Gruppe) R wird nun der *kleinste* Wert der Einzeldistanzen zwischen „Rama" und R und „Flora" und R herangezogen, so daß sich die neue Distanz gemäß Formel (4) wie folgt bestimmt (vgl. Tabelle 4.16):

$$D(R; P+Q) = 0.5\,(D(R, P) + D(R, Q) - |D(R, P) - D(R, Q)|) \qquad (5)$$

Vereinfacht ergibt sich diese Distanz auch aus der Beziehung:

$$D(R; P+Q) = \min\{D(R, P); D(R, Q)\}$$

Das Single-Linkage-Verfahren weist somit einer neu gebildeten Gruppe die kleinste Distanz zu, die sich aus den alten Distanzen der in der Gruppe vereinigten Objekte zu einem bestimmten anderen Objekt ergibt. Man bezeichnet diese Methode deshalb auch als „*Nearest-Neighbour-Verfahren*". Verdeutlichen wir uns dieses Vorgehen beispielhaft an der Distanzbestimmung zwischen der Gruppe „Rama, Flora" und der Marke „SB". Zur Berechnung der neuen Distanz sind die Abstände zwischen „Rama" und „SB" sowie zwischen „Flora" und „SB" heranzuziehen. Aus der Ausgangsdistanzmatrix (Tabelle 4.11) ersieht man, daß die erstgenannte Distanz 56 und die zweitgenannte Distanz 44 beträgt. Somit wird für den zweiten Durchlauf als Distanz zwischen der

Tabelle 4.16. Distanzberechnung bei ausgewählten agglomerativen Verfahren

Verfahren	Konstante A	B	E	G	Distanzberechnung ($D(R; P+Q)$) nach Gleichung (4):
Single Linkage	0,5	0,5	0	$-0,5$	$0,5 \cdot (D(R,P) + D(R,Q) - \lvert D(R,P) - D(R,Q)\rvert)$
Complete Linkage	0,5	0,5	0	0,5	$0,5 \cdot (D(R,P) + D(R,Q) + \lvert D(R,P) - D(R,Q)\rvert)$
Average Linkage (ungewichtet)	0,5	0,5	0	0	$0,5 \cdot (D(R,P) + D(R,Q))$
Average Linkage (gewichtet)	$\dfrac{NP}{NP+NQ}$	$\dfrac{NQ}{NP+NQ}$	0	0	$\dfrac{1}{NP+NQ}\{(NP \cdot D(R,P) + NQ \cdot D(R,Q)\}$
Centroid	$\dfrac{NP}{NP+NQ}$	$\dfrac{NQ}{NP+NQ}$	$-\dfrac{NP \cdot NQ}{(NP+NQ)^2}$	0	$\dfrac{1}{NP+NQ}\{NP \cdot D(R,P) + NQ \cdot D(R,Q)\}$ $-\dfrac{NP \cdot NQ}{(NP+NQ)^2} \cdot D(P,Q)$
Median	0,5	0,5	$-0,25$	0	$0,5(D(R,P) + D(R,Q)) - 0,25 \cdot D(P,Q)$
Ward	$\dfrac{NR+NP}{NR+NP+NQ}$	$\dfrac{NR+NQ}{NR+NP+NQ}$	$-\dfrac{NR}{NR+NP+NQ}$	0	$\dfrac{1}{NR+NP+NQ}\{(NR+NP) \cdot D(R,P) + (NR+NQ) \cdot D(R,Q) - NR \cdot D(P;Q)\}$

mit: NR = Zahl der Objekte in Gruppe R
NP = Zahl der Objekte in Gruppe P
NQ = Zahl der Objekte in Gruppe Q

Gruppe „Rama, Flora" und der Marke „SB" eine Distanz von 44 zugrunde gelegt. Die Abbildung 4.6 verdeutlicht die Vorgehensweise noch einmal graphisch. Der ‚Kreis' um „Rama" und „Flora" soll verdeutlichen, daß sich die beiden Produkte bereits in einem Cluster befinden.

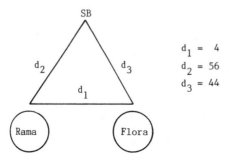

$$d_1 = 4$$
$$d_2 = 56$$
$$d_3 = 44$$

Abb. 4.6. Berechnung der neuen Distanz beim Single-Linkage-Verfahren

Formal lassen sich diese Distanzen auch mit Hilfe von Formel (5) bestimmen. Dabei ist P+Q die Gruppe „Flora (P) und Rama (Q)", und R stellt jeweils ein verbleibendes Objekt dar. Die neuen Distanzen zwischen „Flora, Rama" und den übrigen Objekten ergeben sich in unserem Beispiel dann wie folgt (vgl. die Werte in Tabelle 4.11):

D(Homa; Flora + Rama) $= 0,5 \cdot (6 + 6 - |6 - 6|) = 6$
D(SB; Flora + Rama) $= 0,5 \cdot (44 + 56 - |44 - 56|) = 44$
D(W. butter; Flora + Rama) $= 0,5 \cdot (59 + 75 - |59 - 75|) = 59$

Damit erhält man die reduzierte Distanzmatrix, indem man die Zeilen und Spalten der fusionierten Cluster aus der für den betrachteten Durchgang gültigen Distanzmatrix entfernt und dafür eine neue Spalte und Zeile für die gerade gebildete Gruppe einfügt. Am Ende des ersten Durchgangs ergibt sich eine reduzierte Distanzmatrix (Tabelle 4.17), die in der zweiten Runde Verwendung findet.

Tabelle 4.17. Distanzmatrix nach dem ersten Durchlauf beim Single-Linkage-Verfahren

	Flora; Rama	Homa	SB
Homa	6		
SB	44	26	
Weihnachtsbutter	59	41	11

Den Werten in Tabelle 4.18 entsprechend werden im nächsten Schritt die Marken „SB" und „Weihnachtsbutter" zu einer eigenständigen Gruppe zusammengefaßt. Die Distanz zwischen den verbleibenden Gruppen „Rama, Flora, Homa" und „SB, Weihnachtsbutter" ergibt sich dann auf Basis von Tabelle 4.18 wie folgt:

D(Rama, Flora, Homa; SB-Wb.) $= 0,5 \cdot (26 + 41 - |26 - 41|) = 26$

Tabelle 4.18. Distanzmatrix nach dem zweiten Durchlauf beim Single-Linkage-Verfahren

	Flora; Rama; Homa	SB
SB	26	
Weihnachtsbutter	41	11

Abb. 4.7. Dendrogramm für das Single-Linkage-Verfahren

Entsprechend der reduzierten Distanzmatrix werden im nächsten Lauf die Objekte (Cluster) vereinigt, die die geringste Distanz aufweisen. Im vorliegenden Fall wird „Homa" in die Gruppe „Rama; Flora" aufgenommen, da hier die Distanz (d = 6) am kleinsten ist. Die reduzierte Distanzmatrix im zweiten Lauf ergibt sich dann wie folgt:

$$D(SB; Flora + Rama + Homa) = 0,5 \cdot (44 + 26 - |44 - 26|) = 26$$
$$D(Wb.; Flora + Rama + Homa) = 0,5 \cdot (59 + 41 - |59 - 41|) = 41$$

Somit ergibt sich die reduzierte Distanzmatrix im dritten Durchlauf gemäß Tabelle 4.18.

Somit läßt sich der Fusionierungsalgorithmus beim Single-Linkage-Verfahren graphisch durch ein *Dendrogramm* verdeutlichen (Abbildung 4.7).

Dadurch, daß das Single-Linkage-Verfahren als neue Distanz zwischen zwei Gruppen immer den kleinsten Wert der Einzeldistanzen heranzieht, ist es geeignet, „*Ausreißer*' in einer Objektmenge zu erkennen. Es hat dadurch aber den Nachteil, daß es zur Kettenbildung neigt, d. h. viele große Gruppen bildet. Dadurch können „schlecht" getrennte Gruppen nicht aufgedeckt werden.

Der Unterschied zwischen dem gerade erläuterten Algorithmus und dem *Complete-Linkage-Verfahren* besteht in der Vorgehensweise bei der neuen Distanzbildung im vierten Schritt. Diese berechnet sich gemäß Formel (4) wie folgt (vgl. Tabelle 4.16):

$$D(R; P + Q) = 0,5 \cdot (D(R, P) + D(R, Q) + |D(R, P) - D(R, Q)|) \qquad (6)$$

Es werden also nicht die geringsten Abstände als neue Distanz herangezogen – wie beim Single-Linkage-Verfahren –, sondern die größten Abstände, so daß sich für (6) auch schreiben läßt:

$$D(R; P + Q) = \max\{D(R, P); D(R, Q)\}$$

Man bezeichnet dieses Verfahren deshalb auch als „*Furthest-Neighbour-Verfahren*". Ausgehend von der Distanzmatrix in Tabelle 4.11 werden im ersten Schritt auch hier die Objekte „Rama" und „Flora" vereinigt. Der Abstand dieser Gruppe zu z.B. „SB" entspricht aber jetzt in der reduzierten Distanzmatrix dem größten Einzelabstand, der entsprechend Abbildung 4.6 56 beträgt. Formal ergeben sich die Einzelabstände gemäß (6) wie folgt:

$$D(\text{Homa; Flora}+\text{Rama}) = 0{,}5 \cdot (6 + 6 + |6 - 6|) = 6$$
$$D(\text{SB; Flora}+\text{Rama}) = 0{,}5 \cdot (44 + 56 + |44 - 56|) = 56$$
$$D(\text{W. butter; Flora}+\text{Rama}) = 0{,}5 \cdot (59 + 75 + |59 - 75|) = 75$$

Damit erhalten wir die in Tabelle 4.19 dargestellte reduzierte Distanzmatrix.

Im nächsten Durchlauf wird auch hier die Marke „Homa" in die Gruppe „Rama, Flora" aufgenommen, da entsprechend Tabelle 4.19 hier die kleinste Distanz mit $d = 6$ auftritt. Der Prozeß setzt sich nun ebenso wie beim Single-Linkage-Verfahren fort, wobei die jeweiligen Distanzen immer nach Formel (6) bestimmt werden. Hier sei nur das *Endergebnis* anhand eines Dendrogramms aufgezeigt (Abbildung 4.8).

Obwohl in diesem (kleinen) Beispiel der Fusionierungsprozeß im Single- und Complete-Linkage-Verfahren nahezu identisch verläuft, tendiert das Complete-Linkage-Verfahren eher zur *Bildung kleiner Gruppen*. Das liegt darin begründet, daß als neue Distanz jeweils der größte Wert der Einzeldistanzen herangezogen wird. Von daher ist das Complete-Linkage-Verfahren, im Gegensatz zum Single-Linkage-Verfahren, nicht dazu geeignet, „Ausreißer" in einer Objektgesamtheit zu entdecken. Diese führen beim Complete-Linkage-Verfahren eher zu einer Verzerrung des Gruppierungsprozesses und sollten daher vor Anwendung dieses Verfahrens (etwa mit Hilfe des Single-Linkage-Verfahrens) eliminiert werden.

Tabelle 4.19. Reduzierte Distanzmatrix nach dem ersten Durchlauf beim Complete-Linkage-Verfahren

	Flora; Rama	Homa	SB
Homa	6		
SB	56	26	
Weihnachtsbutter	75	41	11

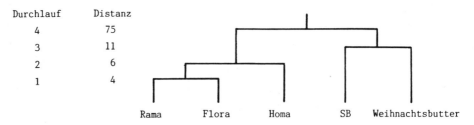

Abb. 4.8. Dendrogramm für das Complete-Linkage-Verfahren

Als letzter hierarchischer Cluster-Algorithmus soll noch das *Ward-Verfahren* dargestellt werden. Dieses Verfahren unterscheidet sich von den vorhergehenden nicht nur durch die Art der neuen Distanzbildung, sondern auch durch die Vorgehensweise bei der Fusion von Gruppen. Der Abstand zwischen dem zuletzt gebildeten Cluster und den anderen Gruppen wird wie folgt berechnet (vgl. Tabelle 4.16):

$$D(R; P+Q) = \frac{1}{NR+NP+NQ} \{(NR+NP) \cdot D(R, P) + $$
$$+ (NR+NQ) \cdot D(R, Q) - NR \cdot D(P, Q)\} \quad (7)$$

Das Ward-Verfahren unterscheidet sich von den bisher dargestellten Linkage-Verfahren insbesondere dadurch, daß *nicht* diejenigen Gruppen zusammengefaßt werden, die die geringste Distanz aufweisen, sondern es werden die Objekte (Gruppen) vereinigt, die ein vorgegebenes *Heterogenitätsmaß* am wenigsten vergrößern. Das Ziel des Ward-Verfahrens besteht darin, jeweils diejenigen Objekte (Gruppen) zu vereinigen, die die Streuung (Varianz) in einer Gruppe möglichst wenig erhöhen. Dadurch werden möglichst *homogene* Cluster gebildet. Als Heterogenitätsmaß wird das *Varianzkriterium* verwendet, das auch als Fehlerquadratsumme bezeichnet wird.

Die *Fehlerquadratsumme* (Varianzkriterium) errechnet sich für eine Gruppe p wie folgt:

$$V_p = \sum_{i=1}^{n_p} \sum_{j=1}^{J} (x_{ij} - \bar{x}_{jp})^2 \quad (8)$$

mit:

x_{ij} = Beobachtungswert der Variablen j (j = 1, ..., J) bei Objekt i (für alle Objekte i = 1, ..., n_p in Gruppe p)

$\bar{x}_{jp}$ = Mittelwert über die Beobachtungswerte der Variablen j in Gruppe p $\left(= 1/n_p \sum_{i=1}^{n_p} x_{ij} \right)$

Wird dem Ward-Verfahren als Proximitätsmaß die quadrierte Euklidische Distanz zugrunde gelegt, so werden auch hier im ersten Schritt die quadrierten Euklidischen Distanzen zwischen allen Objekten berechnet. Somit hat auch das Ward-Verfahren für unser 5-Produkte-Beispiel die in Tabelle 4.11 berechnete Distanzmatrix als Ausgangspunkt. Da in Tabelle 4.11 noch *keine* Objekte vereinigt wurden, besitzt die Fehlerquadratsumme im ersten Schritt einen Wert von Null; d. h. jedes Objekt ist eine „eigenständige Gruppe", und folglich tritt auch bei den Variablenwerten dieser Objekte noch keine Streuung auf. Das Zielkriterium beim Ward-Verfahren für die Zusammenfassung von Objekten (Gruppen) lautet nun:

„Vereinige diejenigen Objekte (Gruppen), die die Fehlerquadratsumme am wenigsten erhöhen."

Es läßt sich nun zeigen, daß die Werte der Distanzmatrix in Tabelle 4.11 und die mit Hilfe von Gleichung (7) berechneten Distanzen genau der *doppelten Zunahme der Fehlerquadratsumme* bei Fusionierung zweier Objekte (Gruppen) entsprechen. Fassen wir also zunächst die Produkte „Rama" und „Flora" mit einer quadrierten Euklidischen Distanz von 4 zusammen, so *erhöht* sich dadurch die Fehlerquadratsumme um $\frac{1}{2} \cdot 4 = 2$. Da die Fehlerquadratsumme im Ausgang Null war, beträgt sie nach Vereinigung dieser Produkte ebenfalls 2.

Im zweiten Schritt müssen nun die Distanzen zwischen der Gruppe „Rama, Flora" und den verbleibenden Objekten gemäß Gleichung (7) bestimmt werden. Wir verwenden zu diesem Zweck die Distanzen aus Tabelle 4.11.

$$D(\text{Homa}; \text{Rama}+\text{Flora}) = \tfrac{1}{3}\{(1+1)\cdot \; 6+(1+1)\cdot \; 6-1\cdot 4\} = \; 6{,}667$$
$$D(\text{SB}; \text{Rama}+\text{Flora}) \;\;= \tfrac{1}{3}\{(1+1)\cdot 56+(1+1)\cdot 44-1\cdot 4\} = 65{,}333$$
$$D(\text{Wb}.; \text{Rama}+\text{Flora}) \;\;= \tfrac{1}{3}\{(1+1)\cdot 75+(1+1)\cdot 59-1\cdot 4\} = 88{,}000$$

Wir erhalten damit im zweiten Schritt die reduzierte Distanzmatrix im Ward-Verfahren, die ebenfalls die *doppelte Zunahme* der Fehlerquadratsumme bei Fusionierung zweier Objekte (Gruppen) enthält (Tabelle 4.20).

Die doppelte Zunahme der Fehlerquadratsumme ist bei Hinzunahme von „Homa" in die Gruppe „Rama, Flora" am geringsten. In diesem Fall wird die Fehlerquadratsumme nur um $\frac{1}{2} \cdot 6{,}667 = 3{,}333$ erhöht. Die gesamte Fehlerquadratsumme beträgt nach diesem Schritt:

$$V_p = 2 + 3{,}333 = 5{,}333 \, ;$$

wobei der Wert 2 die Zunahme der Fehlerquadratsumme aus dem ersten Schritt war. Nach Abschluß dieser Fusionierung sind die Produkte „Rama", „Flora" und „Homa" in einer Gruppe, und die Fehlerquadratsumme beträgt 5,333. Dieser Wert läßt sich auch mit Hilfe von Gleichung (8) unter Verwendung der Ausgangsdaten in Tabelle 4.9 berechnen:

Wir müssen zu diesem Zweck zunächst die Mittelwerte für die Variablen „Kaloriengehalt" (X_1), „Preis" (X_2) und „Vitaminisicrungsgrad" (X_3) über die Objekte „Rama, Homa, Flora" berechnen. Wir erhalten aus Tabelle 4.9:

$$\bar{X}_1 = 2\,; \quad \bar{X}_2 = 2\tfrac{1}{3}\,; \quad \bar{X}_3 = 1\tfrac{2}{3}\,;$$

Nun bilden wir gemäß Formel (8) die quadrierten Differenzen zwischen den Beobachtungswerten (X_{ij}) einer jeden Variablen bei jedem Produkt und addieren alle Werte. Es folgt:

$$V_p = \underbrace{(1-2)^2+(2-2\tfrac{1}{3})^2+(1-1\tfrac{2}{3})^2}_{\text{Rama}}+\underbrace{(2-2)^2+(3-2\tfrac{1}{3})^2+(3-1\tfrac{2}{3})^2}_{\text{Homa}}$$

$$+\underbrace{(3-2)^2+(2-2\tfrac{1}{3})^2+(1-1\tfrac{2}{3})^2}_{\text{Flora}}$$

$$= (-1)^2+(-\tfrac{1}{3})^2+(-\tfrac{2}{3})^2+(0)^2+(\tfrac{2}{3})^2+(1\tfrac{1}{3})^2+1^2+(-\tfrac{1}{3})^2+(-\tfrac{2}{3})^2 =$$

$$= 1+\tfrac{1}{9}+\tfrac{4}{9}+0+\tfrac{4}{9}+\tfrac{16}{9}+1+\tfrac{1}{9}+\tfrac{4}{9} = 5\tfrac{3}{9}$$

$$= \underline{\underline{5{,}333}}$$

Im nächsten Schritt müssen nun die Distanzen zwischen der Gruppe „Rama, Flora, Homa" und den verbleibenden Produkten bestimmt werden. Wir verwenden hierzu wiederum Gleichung (7) und die Ergebnisse aus Tabelle 4.20 des ersten Durchlaufs:

Tabelle 4.20. Matrix der doppelten Heterogenitätszuwächse nach dem ersten Durchlauf beim Ward-Verfahren

	Rama; Flora	Homa	SB
Homa	6,667		
SB	65,333	26	
Weihnachtsbutter	88,000	41	11

$D(\text{SB}; \text{Rama, Flora} + \text{Homa}) = \frac{1}{4}\{(1+2)\cdot65,333+(1+1)\cdot26-1\cdot6,667\} = 60,333$
$D(\text{Wb.}; \text{Rama, Flora} + \text{Homa}) = \frac{1}{4}\{(1+2)\cdot88,000+(1+1)\cdot41-1\cdot6,667\} = 84,833$

Damit erhalten wir folgendes Ergebnis im zweiten Durchlauf beim Ward-Verfahren (Tabelle 4.21).

Die Tabelle 4.21 zeigt, daß die doppelte Zunahme in der Fehlerquadratsumme dann am kleinsten ist, wenn wir im nächsten Schritt die Objekte „SB" und „Weihnachtsbutter" vereinigen. Die Fehlerquadratsumme *erhöht* sich dann nur um $\frac{1}{2}\cdot11=5,5$ und beträgt nach dieser Fusionierung:

$$V_p = 5,333 + 5,5 = 10,833 ;$$

wobei 5,333 den Wert der Fehlerquadratsumme aus dem vorangegangenen Schritt entspricht.

Werden im letzten Schritt die Gruppen „Rama, Flora, Homa" und „SB, Weihnachtsbutter" vereinigt, so bedeutet das eine doppelte Zunahme der Fehlerquadratsumme um:

$$D(\text{Rama, Flora, Homa}; \text{Wb.} + \text{SB}) = \frac{1}{5}\{(3+1)\cdot84,833+(3+1)\cdot60,333-3\cdot11\}$$
$$= 109,533$$

Nach diesem Schritt sind *alle* Objekte in einem Cluster vereinigt, wobei das Varianzkriterium im letzten Schritt nochmals um $\frac{1}{2}\cdot109,533=54,767$ erhöht wurde. Die Gesamtfehlerquadratsumme beträgt somit im Endzustand $10,833+54,767=65,6$.

Der Fusionierungsprozeß entsprechend dem Ward-Verfahren läßt sich zusammenfassend durch ein Dendrogramm wiedergeben, wobei nach jedem Schritt die Fehlerquadratsumme aufgeführt ist (Abbildung 4.9).

Abschließend sei noch darauf hingewiesen, daß eine Untersuchung von Bergs gezeigt hat, daß das *Ward-Verfahren* im Vergleich zu anderen Algorithmen in den meisten Fällen sehr gute Partitionen findet und die Elemente rich-

Tabelle 4.21. Matrix der doppelten Heterogenitätszuwächse nach dem zweiten Durchlauf beim Ward-Verfahren

	Rama, Flora, Homa	SB
SB	60,333	
Weihnachtsbutter	84,833	11

144 Clusteranalyse

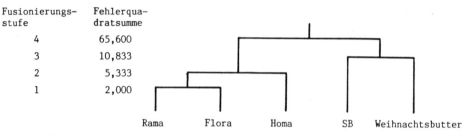

Fusionierungs- stufe	Fehlerqua- dratsumme
4	65,600
3	10,833
2	5,333
1	2,000

Rama   Flora   Homa   SB   Weihnachtsbutter

Abb. 4.9. Dendrogramm für das Ward-Verfahren

tig den Gruppen zuordnet[9]. Das Ward-Verfahren kann somit als sehr guter Fusionierungsalgorithmus angesehen werden, wenn

– die Verwendung eines Distanzmaßes ein (inhaltlich) sinnvolles Kriterium zur Ähnlichkeitsbestimmung darstellt;
– alle Variablen auf metrischem Skalenniveau gemessen wurden;
– keine Ausreißer in einer Objektmenge enthalten sind, bzw. vorher separiert wurden;
– die Variablen unkorreliert sind;
– zu erwarten ist, daß die Elementzahl in jeder Gruppe ungefähr gleich groß ist;
– die Gruppen in etwa die gleiche Ausdehnung besitzen.

Die drei letztgenannten Voraussetzungen beziehen sich auf die Anwendbarkeit des im Rahmen des Ward-Verfahrens verwendeten Varianzkriteriums (auch „Spur-W-Kriterium" genannt). Allerdings neigt das Ward-Verfahren dazu, möglichst gleich große Cluster zu bilden und ist nicht in der Lage, langgestreckte Gruppen oder solche mit kleiner Elementzahl zu erkennen.

Die bisherigen Ausführungen haben gezeigt, nach welchen Kriterien verschiedene Clusteranalysealgorithmen eine Fusionierung von Einzelobjekten zu Gruppen vornehmen. Dabei gehen alle agglomerativen Verfahren von der feinsten Partition (alle Objekte bilden jeweils ein eigenständiges Cluster) aus und enden mit einer Zusammenfassung aller Objekte in einer großen Gruppe. Der Anwender muß aber entscheiden, welche Anzahl von Gruppen als die beste anzusehen ist. Wir wollen dieses Problem, gemeinsam mit einem zusammenfassenden Vergleich der hier besprochenen Algorithmen, an einem komplexeren Beispiel verdeutlichen.

4.3.2.3 Vergleich der hierarchischen Verfahren anhand eines Beispiels und Bestimmung der besten Clusterzahl

In einer empirischen Erhebung wurden elf Emulsionsfette (Butter und Margarine) im Hinblick auf bestimmte Eigenschaften beurteilt. Im einzelnen handelte es sich um die in Abbildung 4.10 aufgeführten Marken und Eigenschaften.

Marken M_k (k = 1–11)	Eigenschaften x_i (i = 1–10)
1 Becel	A Streichfähigkeit
2 Du darfst	B Preis
3 Rama	C Haltbarkeit
4 Delicado	D Anteil ungesättigter
5 Holl. Markenbutter	Fettsäuren
6 Weihnachtsbutter	E Back- und Brateignung
7 Homa	F Geschmack
8 Flora	G Kaloriengehalt
9 SB	H Anteil tierischer Fette
10 Sanella	I Vitaminisierungsgrad
11 Botteram	K Natürlichkeit

Abb. 4.10. Marken und Eigenschaften des Fallbeispiels

Die Eigenschaftsbeurteilung erfolgte durch *32 Studenten* des Hauptstudiums an der Ruhr-Universität Bochum. Die Probanden wurden gebeten, jede Marke einzeln nach diesen Eigenschaften auf einer siebenstufigen Intervallskala zu beurteilen. Man erhielt somit eine dreidimensionale Matrix ($32 \times 11 \times 10$) mit 352 metrischen Eigenschaftsurteilen. Da die Algorithmen der Clusteranalyse lediglich *zweidimensionale Matrizen* verarbeiten können, wurde aus den 32 Urteilen pro Eigenschaft das *arithmetische Mittel* berechnet, so daß wir für die nachfolgenden Betrachtungen eine 11×10-Matrix heranziehen, mit den 11 Emulsionsfetten als Fälle und den 10 Eigenschaftsurteilen als Variable (vgl. die Daten in Anhang 2). Bei einer solchen Durchschnittsbildung muß man sich allerdings bewußt sein, daß bestimmte Informationen (nämlich die über die Streuung der Ausprägungen zwischen den Personen) verloren gehen.

Bei den meisten Anwendungen im Rahmen der Clusteranalyse wird jedoch *keine* Durchschnittsbildung vorgenommen und im Ausgang die Rohdatenmatrix betrachtet. Dabei können Probleme insbesondere dadurch entstehen, daß einzelnen Variablen bei bestimmten Fällen kein Wert zugewiesen wurde *(Problem der missing values)*. Das vorliegende Beispiel zum Margarinemarkt wurde mit Hilfe der Prozedur „Cluster" im Rahmen des Programmpakets *SPSS*[x] analysiert. Für die Handhabung von „missing values" bietet die Prozedur „Cluster" zwei Möglichkeiten:

1. Weist ein Objekt bei einer Variablen einen fehlenden Wert auf, so wird dieses Objekt aus der Analyse herausgenommen (listwise delition).
2. Fehlende Werte werden ignoriert und als gültige Werte behandelt.

Von der ersten Möglichkeit sollte jedoch nur dann Gebrauch gemacht werden, wenn bei vielen Variablen eines Objektes fehlende Werte auftreten. Darüber hinaus besteht auch die Möglichkeit, daß Variable mit fehlenden Werten durch den Durchschnittswert dieser Variablen über alle betrachteten Objekte ersetzt werden. Das Problem der missing values war im vorliegenden Fall nur bei der Berechnung der Durchschnittswerte relevant. Die Marken und Eigenschaften in Abbildung 4.10 wurden mit Hilfe der im vorangegangenen Abschnitt besprochenen Clusteranalysealgorithmen untersucht. Dabei wurde jedem Verfahren die *quadrierte Euklidische Distanz* als Proximitätsmaß zugrunde gelegt. Im ersten Schritt erhalten wir somit für alle Verfahren die in Tabelle 4.22 dargestellte Distanzmatrix der elf Emulsionsfette.

Dabei entsprechen die Kennzeichnungen 1 bis 11 den elf Margarinemarken aus Abbildung 4.10. Die Tabelle 4.22 macht deutlich, daß die größte Distanz zwischen „Du darfst" (2) und „Holländischer Butter" (5) besteht. Die geringste Distanz hingegen weisen „Homa" (7) und „Rama" (3) auf. Der Fusionie-

Tabelle 4.22. Distanzmatrix der quadrierten Euklidischen Distanz für die elf Emulsionsfette

```
SQUARED EUCLIDEAN DISSIMILARITY DISTANCE COEFFICIENT MATRIX


CASE      1        2        3        4        5        6        7        8        9       10

   2   4.009
   3   2.991    6.732
   4  15.603   20.781   18.315
   5  22.798   30.847   26.402    2.684
   6  19.798   23.604   20.527    7.739    5.701
   7   2.571    6.208    0.331   17.838   24.980   18.232
   8   1.873    5.442    0.882   19.813   28.061   23.523    0.834
   9   2.583    5.351    0.429   20.177   28.545   21.607    0.785    1.302
  10   3.600    7.452    0.432   17.676   24.600   17.351    0.495    2.030    0.640
  11   4.328    4.274    2.224   19.561   27.965   17.810    2.232    3.971    1.350    1.554


        LEGENDE:   1   BECEL                          7   HOMA
                   2   DU DARFST                      8   FLORA SOFT
                   3   RAMA                           9   SB
                   4   DELICADO SAHNEBUTTER          10   SANELLA
                   5   HOLL. MARKENBUTTER            11   BOTTERAM
                   6   WEIHNACHTSBUTTER
```

Tabelle 4.23. Entwicklung der Fehlerquadratsumme beim Ward-Verfahren

```
AGGLOMERATION SCHEDULE USING WARD METHOD
```

STAGE	CLUSTERS COMBINED CLUSTER 1	CLUSTER 2	COEFFICIENT	STAGE CLUSTER CLUSTER 1	1ST APPEARS CLUSTER 2	NEXT STAGE
1	3	7	0.165595	0	0	2
2	3	10	0.419262	1	0	3
3	3	9	0.777964	2	0	4
4	3	8	1.631862	3	0	6
5	4	5	2.973886	0	0	8
6	3	11	4.590518	4	0	9
7	1	2	6.595075	0	0	9
8	4	6	10.627932	5	0	10
9	1	3	14.988176	7	6	10
10	1	4	56.326729	9	8	0

rungsprozeß im Rahmen des *Ward-Verfahrens* läßt sich durch Tabelle 4.23 verdeutlichen.

Es wird deutlich, daß bei den ersten vier Fusionierungsschritten die Marken „Rama, Homa, Sanella, SB und Flora" vereinigt werden, wobei die Fehlerquadratsumme nach der vierten Stufe 1,632 beträgt, d. h. die Varianz der Variablenwerte in dieser Gruppe also noch sehr gering ist. Mit Hilfe der Werte in Tabelle 4.23 läßt sich nun entscheiden, wie viele Cluster als Endlösung heranzuziehen sind. Ein Kriterium, das hier Hilfe bieten kann, stellt das sog. *Elbow-Kriterium* dar. Zu diesem Zweck tragen wir die Fehlerquadratsumme gegen die entsprechende Clusterzahl in einem Koordinatensystem ab. Es ergibt sich die Darstellung entsprechend Abbildung 4.11.

Es zeigt sich (vgl. auch Tabelle 4.23), daß beim Übergang von 2 Clustern zur letzten Fusionierungsstufe die Fehlerquadratsumme von 14,988 auf 56,327 ansteigt, so daß im Vergleich zu den vorhergehenden Fusionen an dieser Stelle ein relativ starker Heterogenitätszuwachs vorliegt. Von daher ist es empfehlenswert, sich für eine *2-Cluster-Lösung* zu entscheiden. Aufschluß über die Entwicklung des Varianz-Kriteriums im Rahmen des Fusionierungsprozesses beim Ward-Verfahren gibt aber auch das Dendrogramm der Abbildung 4.12.

Bei der Erstellung des Dendrogramms werden durch SPSS[x] die Fehlerquadratsummen, die im Laufe eines Fusionierungsprozesses auftreten, immer auf-

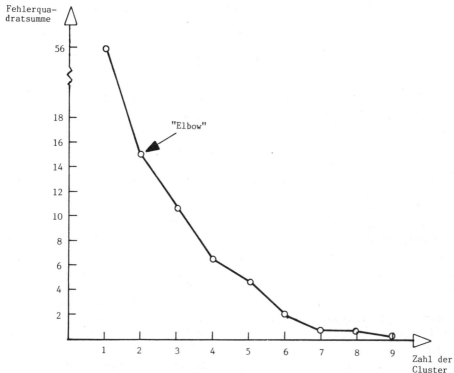

Abb. 4.11. Elbow-Kriterium beim Ward-Verfahren

DENDROGRAM USING WARD METHOD

```
                 RESCALED DISTANCE CLUSTER COMBINE

   C A S E        0         5        10        15        20       25
   LABEL  SEQ     +---------+---------+---------+---------+---------+

      3           -I
      7           -I
     10           -I
      9           -I-I
      8           -I I---------I
     11           ---I             I-----------------------------------I
      1           -----I-------I                                       I
      2           -----I                                               I
      4           ---I-----I                                           I
      5           ---I     I-------------------------------------------I
      6           ---------I
```

Abb. 4.12. Dendrogramm für das Ward-Verfahren

eine Skala von 0 bis 25 normiert, so daß die Fehlerquadratsumme der *letzten* Fusionierungsstufe (hier: 56,327) immer einem Wert von 25 entspricht.

Zum Vergleich der agglomerativen Verfahren wurde das bisher betrachtete Beispiel auch mit den Verfahren „Single-Linkage", „Complete-Linkage", Average-Linkage", „Centroid" und „Median" analysiert. Als zentraler Unterschied zum Ward-Verfahren ist hier vor allem zu nennen, daß diese Verfahren in den Koeffizientenmatrizen nicht den doppelten Zuwachs des Varianzkriteriums enthalten, sondern die Distanzen bzw. Ähnlichkeiten zwischen den Objekten (Gruppen). Allerdings führten im vorliegenden Fall alle Verfahren zu identischen Lösungen im 2-Cluster-Fall. Die Marken „Delicado Sahnebutter", „Holländische Butter" und „Weihnachtsbutter" bildeten eine Gruppe und alle Margarinesorten waren in einer zweiten Gruppe zusammengefaßt.

Unterschiede bei den einzelnen Verfahren ergaben sich jedoch in der Art der Fusionierung. So weist z. B. das Single-Linkage-Verfahren bei der 5-Cluster-Lösung die Marken „Du darfst", „Delicado", „Holländische Butter" und „Weihnachtsbutter" als jeweils eigenständige Gruppen aus. Dadurch wird insbesondere die Eigenschaft des Single-Linkage-Verfahrens deutlich, sog. „Ausreißer" zu erkennen.

Allgemein lassen sich die betrachteten Verfahren bezüglich ihrer Fusionierungseigenschaften in dilatierende, kontrahierende und konservative Verfahren einteilen. *Dilatierende Verfahren* neigen dazu, die Objekte zu sehr in einzelne etwa gleich große Gruppen zusammenzufassen, während *kontrahierende Algorithmen* dazu tendieren, zunächst wenige große Gruppen zu bilden, denen viele kleine gegenüberstehen[10]. Kontrahierende Verfahren sind damit geeignet, insbesondere „Ausreißer" in einem Objektraum zu identifizieren. Weist ein Verfahren weder Tendenzen zur Dilatation noch zur Kontraktion auf, so wird es als *konservativ* bezeichnet. Daneben lassen sich Verfahren auch danach beurteilen, ob sie zur Kettenbildung neigen, d. h. ob sie im Fusionierungsprozeß primär einzelne Objekte aneinanderreihen und damit große Gruppen erzeugen. Schließlich kann noch danach gefragt werden, ob mit zunehmender Fusionie-

Tabelle 4.24. Charakterisierung agglomerativer Verfahren

Verfahren	Eigenschaft	Monoton?	Proximitätsmaße	Bemerkungen
Single-Linkage	kontrahierend	ja	alle	neigt zur Kettenbildung
Complete-Linkage	dilatierend	ja	alle	neigt zu kleinen Gruppen
Average-Linkage	konservativ	ja	alle	—
Centroid	konservativ	nein	Distanzmaße	—
Median	konservativ	nein	Distanzmaße	—
Ward	konservativ	ja	Distanzmaße	bildet etwa gleichgroße Gruppen

Tabelle 4.25. Mittelwerte und Varianzen der Eigenschaftsurteile über alle elf Marken (Erhebungsgesamtheit)

	Mittelwert	Varianz
Streichfähigkeit	4,523	0,387
Preis	4,309	0,536
Haltbarkeit	4,219	0,268
Ungesättigte Fettsäuren	3,800	0,088
Back- und Brateignung	3,922	0,331
Geschmack	4,467	0,273
Kaloriengehalt	4,062	0,560
Tierische Fette	2,907	2,780
Vitaminisierungsgrad	3,996	0,113
Natürlichkeit	4,102	0,297

rung das verwendete Heterogenitätsmaß monoton ansteigt oder ob auch ein Absinken des Heterogenitätsmaßes möglich ist. Betrachtet man die obigen Kriterien, so lassen sich die hier besprochenen Verfahren wie in Tabelle 4.24 gezeigt charakterisieren.

Da im vorliegenden Fall alle Verfahren nach dem Elbow-Kriterium eine 2-Cluster-Lösung erbrachten, wollen wir diese abschließend näher betrachten. In Cluster 1 sind die Produkte „Delicado", „Holländische Butter" und „Weihnachtsbutter" zusammengefaßt, und wir bezeichnen dieses Cluster deshalb als „Butter-Cluster". Das zweite Cluster enthält alle Margarinesorten und wird deshalb als „Margarine-Cluster" bezeichnet. Zur Beurteilung der beiden Gruppen lassen sich die Mittelwerte und Varianzen der 10 Eigenschaftsurteile über alle elf Marken sowie die entsprechenden Mittelwerte und Varianzen der Variablen in dem jeweiligen Cluster heranziehen. Die Werte für die Erhebungsgesamtheit (11 Marken) zeigt Tabelle 4.25.

Ein erstes Kriterium zur Beurteilung der *Homogenität* einer gefundenen Gruppe stellt der *F-Wert* dar, der sich für *jede Variable* in einer Gruppe wie folgt berechnet:

$$F = \frac{V(J, G)}{V(J)}$$

mit:

V(J, G) = Varianz der Variablen J in Gruppe G
V(J)   = Varianz der Variablen J in der Erhebungsgesamtheit

Je kleiner ein F-Wert ist, desto geringer ist die Streuung dieser Variablen in einer Gruppe im Vergleich zur Erhebungsgesamtheit. Der F-Wert sollte 1 nicht übersteigen, da in diesem Fall die entsprechende Variable in der Gruppe eine größere Streuung aufweist als in der Erhebungsgesamtheit.

Da SPSS[x] zu den Clusterlösungen *keine* Statistiken ausdruckt, empfiehlt es sich, die gefundenen Cluster durch eine „Sort-Cases-Anweisung" auf separate Datenfiles zu schreiben und die folgenden Rechnungen z. B. mit Hilfe der Prozedur „Frequencies" durchzuführen. Will man die F-Werte z. B. für das „Butter-Cluster" berechnen, so muß man zunächst die Mittelwerte und Varianzen der Variablen in diesem Cluster bestimmen. Für die Variable „Streichfähigkeit" ergibt sich im „Butter-Cluster" ein Mittelwert von 3,654 und eine Varianz von 0,005. Damit errechnet sich der entsprechende F-Wert wie folgt:

$$F = \frac{0,005}{0,387} = 0,013$$

Die F-Werte sind nun für *alle* Variablen in beiden Clustern zu berechnen. Ein Cluster ist dann als vollkommen homogen anzusehen, wenn *alle* F-Werte kleiner als 1 sind.

Ein weiteres Kriterium, das allerdings primär Anhaltspunkte zur *Interpretation* der Cluster liefern soll, stellt der *T-Wert* dar. Er berechnet sich für *jede Variable* in einer Gruppe wie folgt:

$$T = \frac{\bar{X}(J, G) - \bar{X}(J)}{S(J)}$$

mit:

$\bar{X}(J, G)$ = Mittelwert der Variablen J über die Objekte in Gruppe G
$\bar{X}(J)$ = Gesamtmittelwert der Variablen J in der Erhebungsgesamtheit
S(J)   = Standardabweichung der Variablen J in der Erhebungsgesamtheit

Die T-Werte stellen normierte Werte dar, wobei

- negative T-Werte anzeigen, daß eine Variable in der betrachteten Gruppe im Vergleich zur Erhebungsgesamtheit unterrepräsentiert ist;
- positive T-Werte anzeigen, daß eine Variable in der betrachteten Gruppe im Vergleich zur Erhebungsgesamtheit überrepräsentiert ist.

Somit dienen diese Werte *nicht* zur Beurteilung der Güte einer Clusterlösung, sondern können zur Charakterisierung der jeweiligen Cluster herangezogen werden.

Für die Variable „Streichfähigkeit" im „Butter-Cluster" wurde ein Mittelwert von 3,654 errechnet. Folglich ergibt sich als T-Wert für diese Variable (vgl. die Werte in Tabelle 4.25.):

$$T = \frac{3,654 - 4,523}{\sqrt{0,387}} = -1,397$$

Die Tabelle 4.26 zeigt die T-Werte für beide Cluster.

Für das „Margarine-Cluster" zeigt sich, daß die Variablen „Streichfähig-keit", „Haltbarkeit" und „Anteil ungesättigter Fettsäuren" positive Werte auf-weisen, d. h. überrepräsentiert sind. Im „Butter-Cluster" hingegen sind genau diese Variablen unterrepräsentiert, denn sie weisen dort negative T-Werte auf. Alle übrigen Variablen zeigen die umgekehrte Tendenz; sie sind im „Margari-ne-Cluster" unterrepräsentiert (negative T-Werte) und im „Butter-Cluster" überrepräsentiert (positive T-Werte). Somit sind die Marken im „Margarine-Cluster" vor allem durch hohe „Streichfähigkeit" sowie „Haltbarkeit" ge-kennzeichnet und weisen einen hohen „Anteil an ungesättigten Fettsäuren" auf. Andererseits werden z. B. „Geschmack", „Kaloriengehalt" und „Natür-lichkeit" der Margarinemarken eher als gering angesehen.

Das „Butter-Cluster" hingegen ist durch z. B. hohe Werte bei „Geschmack", „Kaloriengehalt" und „Natürlichkeit" gekennzeichnet, während „Streichfä-higkeit", „Haltbarkeit" und der „Anteil ungesättigter Fettsäuren" bei den But-termarken nur gering ausgeprägt sind.

Eine weitere Möglichkeit zur Feststellung der Trennschärfe zwischen den ge-fundenen Clustern bietet auch die Anwendung einer *Diskriminanzanalyse* im Anschluß an die Clusteranalyse. In diesem Fall werden die gefundenen Cluster als Gruppen vorgegeben und die Eigenschaftsurteile als unabhängige Variable betrachtet. Mit Hilfe einer schrittweisen Diskriminanzanalyse lassen sich dann diejenigen Eigenschaftsurteile ermitteln, die besonders zur Trennung der ge-fundenen Cluster beitragen[11].

Zu der in SPSS[x] implementierten Clusteranalyse ist abschließend zu bemer-ken, daß sie *nur* für Variable mit *metrischem Skalenniveau* angewandt werden kann. Eine Prozedur zur Analyse von Objekten, die durch binäre Variable be-schrieben werden, ist nicht enthalten.

Tabelle 4.26. T-Werte für die Zwei-Cluster-Lösung

	T-Werte „Butter-Cluster"	T-Werte „Margarine-Cluster"
Streichfähigkeit	−1,397	0,524
Preis	0,630	−0,236
Haltbarkeit	−1,365	0,512
Ungesättigte Fettsäuren	−0,865	0,325
Back- und Brateignung	0,303	−0,114
Geschmack	1,276	−0,478
Kaloriengehalt	1,353	−0,507
Tierische Fette	1,528	−0,573
Vitaminisierungsgrad	0,312	−0,117
Natürlichkeit	1,282	−0,481

4.3.3 Partitionierende Verfahren

Die Gemeinsamkeit partitionierender Verfahren (vgl. auch Abbildung 4.4) besteht darin, daß man, ausgehend von einer vorgegebenen Gruppeneinteilung, durch Verlagerung der Objekte in andere Gruppen zu einer besseren Lösung zu gelangen versucht[12]. Die in diesem Bereich existierenden Verfahren unterscheiden sich in zweierlei Hinsicht. Erstens ist in diesem Zusammenhang auf die Art und Weise, wie die Verbesserung der Clusterbildung gemessen wird, hinzuweisen. Ein zweiter Unterschied besteht in der Regelung des Austausches der Objekte zwischen den Gruppen.

Im Rahmen unserer Darstellung wollen wir beispielhaft das *Austauschverfahren* kurz erläutern. Die Verbesserung einer Gruppenbildung soll durch das Varianzkriterium gemessen werden (vgl. Abschnitt 4.3.2.2). Wie das Austauschverfahren im einzelnen abläuft, wird anhand der nachfolgenden Schritte deutlich (vgl. auch Abbildung 4.13):

1. Schritt: Man gibt eine Anfangspartition vor.
2. Schritt: Es wird pro Gruppe für jede Eigenschaft das arithmetische Mittel berechnet.
3. Schritt: Man ermittelt für die jeweils gültige Gruppenzuordnung die Fehlerquadratsumme.
4. Schritt: Die Objekte werden daraufhin untersucht, ob durch eine Verlagerung das Varianzkriterium vermindert werden kann.
5. Schritt: Das Objekt, das zu einer maximalen Verringerung führt, wird in die entsprechende Gruppe verlagert.
6. Schritt: Für die empfangende und die abgebende Gruppe müssen die neuen Mittelwerte berechnet werden.

Das Verfahren setzt den nächsten Durchlauf mit dem 3. Schritt fort. Beendet wird die Clusterung, wenn alle Objekte bezüglich ihrer Verlagerung untersucht wurden und sich keine Verbesserung des Varianzkriteriums mehr erreichen läßt. Der Abbruch an dieser Stelle muß erfolgen, da nicht alle grundsätzlich möglichen Gruppenbildungen auf ihren Zielfunktionswert hin untersucht werden können. Diese Aussage läßt sich leicht dadurch erklären, daß für m Objekte und g Gruppen g^m Einteilungsmöglichkeiten existieren. Gehen wir bei unserem Beispiel von z.B. drei Gruppen aus, so bestehen hier bereits ca. 177 000 Möglichkeiten zur Clusterbildung. Bereits diese Zahlen verdeutlichen, daß auch bei heutigen EDV-Anlagen eine vollständige Enumeration nicht wirtschaftlich realisierbar ist. Man gelangt folglich nur zu lokalen und nicht zu globalen Optima. Daher ist bei den partitionierenden Verfahren erforderlich, zu einer Verbesserung der Lösung durch eine Veränderung der Startpartition zu gelangen. Inwieweit hierdurch eine homogenere Gruppenbildung erzielt wird läßt sich anhand des Varianzkriteriums ablesen. Ist der Zielfunktionswert gesunken, so ist man dem Vorhaben der Zusammenfassung gleichartiger Objekte nähergekommen.

Hinter der einfachen Feststellung „Veränderung der Startpartition" verbergen sich zwei Entscheidungsprobleme. Erstens muß man festlegen, auf *wie viele Gruppen* die Objekte verteilt werden sollen. Zweitens ist festzulegen, nach wel-

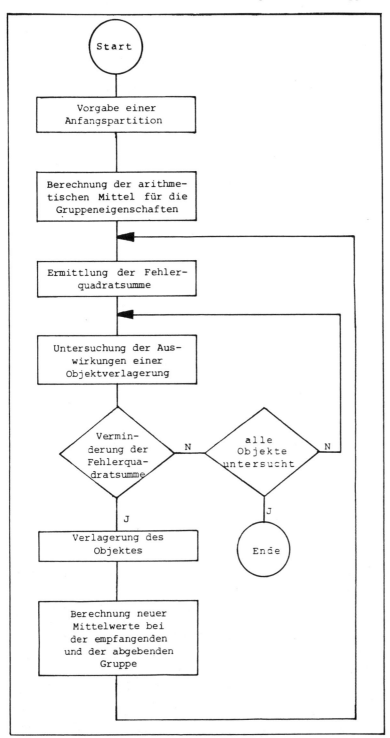

Abb. 4.13. Ablauf des Austauschverfahrens

chem Modus die Untersuchungsobjekte auf die Startgruppen zu verteilen sind. Hierzu kann man beispielsweise eine Zufallszahlentabelle heranziehen. Eine andere Möglichkeit besteht darin, daß man die Objekte entsprechend der Reihenfolge ihrer Numerierung den Gruppen 1, 2, ... k; 1, 2, ... k; ... zuordnet. Weiterhin lassen sich auch die Ergebnisse hierarchischer Verfahren für die Festlegung der Startpartition heranziehen.

Vergleicht man die agglomerativen hierarchischen und die partitionierenden Verfahren, so ergibt sich ein zentraler Unterscheidungspunkt. Während bei den erstgenannten Verfahren sich ein einmal *konstruiertes Cluster* in der Analyse nicht mehr auflösen läßt, kann bei den partitionierenden Verfahren jedes Element von Cluster zu Cluster beliebig verschoben werden. Die partitionierenden Verfahren zeichnen sich somit durch eine größere Variabilität aus. Sie haben jedoch bei praktischen Anwendungen nur wenig Verbreitung gefunden. Dieser Umstand ist vor allem durch folgende Punkte begründet:

- Die Ergebnisse der partitionierenden Verfahren werden verstärkt durch die der „Umordnung" der Objekte zugrunde liegenden Zielfunktion beeinflußt.
- Die Wahl der Startpartition ist häufig subjektiv begründet und kann ebenfalls die Ergebnisse des Clusterprozesses beeinflussen.
- Man gelangt bei partitionierenden Verfahren häufig nur zu lokalen und nicht zu globalen Optima, da selbst bei modernen EDV-Anlagen die Durchführung einer vollständigen Enumeration nicht wirtschaftlich möglich ist.

4.4 Anwendungsempfehlungen

Bevor eine Clusteranalyse durchgeführt wird, sollte der Anwender einige Überlegungen zur Auswahl und Aufbereitung der Ausgangsdaten anstellen. Im einzelnen sollten insbesondere folgende Punkte Beachtung finden[13].

1. Anzahl der Objekte
2. Problem der Ausreißer
3. Anzahl zu betrachtender Merkmale (Variable)
4. Gewichtung der Merkmale
5. Vergleichbarkeit der Merkmale

Wurde eine Clusteranalyse auf Basis einer Stichprobe durchgeführt und sollen aufgrund der gefundenen Gruppierung Rückschlüsse auf die Grundgesamtheit gezogen werden, so muß sichergestellt werden, daß auch *genügend Elemente* in den einzelnen Gruppen enthalten sind, um die entsprechenden Teilgesamtheiten in der Grundgesamtheit zu repräsentieren. Da man i. d. R. im voraus aber nicht weiß, welche Gruppen in einer Erhebungsgesamtheit vertreten sind – denn das *Auffinden* solcher Gruppen ist ja gerade das *Ziel* der Clusteranalyse –, sollte man insbesondere sog. Ausreißer aus einer gegebenen Objektmenge herausnehmen. *Ausreißer* sind Objekte, die im Vergleich zu den übrigen Objekten eine vollkommen anders gelagerte Kombination der Merkmalsausprägungen aufweisen und dadurch von allen anderen Objekten weit entfernt liegen. Sie führen dazu, daß der Fusionierungsprozeß der übrigen Objekte durch sie stark beeinflußt wird und damit das Erkennen der Zusammenhänge zwischen den übrigen Objekten erschwert wird und Verzerrungen auftreten. Eine Möglichkeit zum Auffinden solcher Ausreißer bietet z. B. das Single-Linkage-Verfahren (vgl. Abschnitt 4.3.2.2). Mit seiner Hilfe können Ausreißer erkannt und dann aus der Untersuchung herausgenommen werden.

Ebenso wie für die Anzahl der zu betrachtenden Objekte gibt es auch für die Zahl der in einer Clusteranalyse heranzuziehenden Variablen keine eindeutigen Vorschriften. Der Anwender sollte darauf achten, daß nur solche Merkmale im Gruppierungsprozeß Berücksichtigung finden, die aus *theoretischen* Überlegungen als *relevant* für den zu untersuchenden Sachverhalt anzusehen sind. Merkmale, die für den Untersuchungszusammenhang bedeutungslos sind, müssen aus dem Gruppierungsprozeß herausgenommen werden.

Weiterhin läßt sich im voraus i. d. R. *nicht* bestimmen, ob die betrachteten Merkmale mit unterschiedlichem Gewicht zur Gruppenbildung beitragen sollen, so daß in praktischen Anwendungen weitgehend eine *Gleichgewichtung* der Merkmale unterstellt wird. Hierbei ist darauf zu achten, daß insbesondere durch hoch korrelierende Merkmale bei der Fusionierung der Objekte bestimmte Aspekte überbetont werden, was wiederum zu einer Verzerrung der Ergebnisse führen kann. Will man eine Gleichgewichtung der Merkmale sicherstellen und liegen korrelierte Ausgangsdaten vor, so bieten sich vor allem folgende Lösungsmöglichkeiten an:

– *Vorschalten einer explorativen Faktorenanalyse*
   Das Ziel der *explorativen Faktorenanalyse* (vgl. Kapitel 3 dieses Buches) liegt vor allem in der Reduktion hoch korrelierter Variablen auf *unabhängige* Faktoren. Werden die Ausgangsvariablen mit Hilfe einer Faktorenanalyse auf solche Faktoren verdichtet, so kann auf Basis der Faktorwerte, zwischen denen keine Korrelationen mehr auftreten, eine Clusteranalyse durchgeführt werden. Dabei ist aber darauf zu achten, daß die Faktoren und damit auch die Faktorenwerte i. d. R. Interpretationsschwierigkeiten aufweisen und nur einen Teil der Ausgangsinformation widerspiegeln.
– *Verwendung der Mahalanobis-Distanz*
   Verwendet man zur Ermittlung der Unterschiede zwischen den Objekten die *Mahalanobis-Distanz*, so lassen sich dadurch bereits im Rahmen der Distanzberechnung zwischen den Objekten etwaige Korrelationen zwischen den Variablen ausschließen. Die Mahalanobis-Distanz stellt allerdings bestimmte Voraussetzungen an das Datenmaterial (z. B. einheitliche Mittelwerte der Variablen in allen Gruppen), die gerade bei Clusteranalyseproblemen häufig *nicht* erfüllt sind[14].
– *Ausschluß korrelierter Variable*
   Weisen zwei Merkmale hohe Korrelationen ($> 0,9$) auf, so gilt es zu überlegen, ob eines der Merkmale nicht aus den Ausgangsdaten auszuschließen ist. Die Informationen, die eine hoch korrelierte Variable liefert, werden größtenteils durch die andere Variable mit erfaßt und können von daher als redundant angesehen werden. Der Ausschluß korrelierter Merkmale aus der Ausgangsdatenmatrix ist u. E. die sinnvollste Möglichkeit, eine Gleichgewichtung der Daten sicherzustellen[15].

Schließlich sollte der Anwender noch darauf achten, daß in den Ausgangsdaten *keine konstanten Merkmale*, d. h. Merkmale, die bei allen Objekten dieselbe Ausprägung besitzen, auftreten, da sie zu einer Nivellierung der Unterschiede zwischen den Objekten beitragen und somit Verzerrungen bei der Fusionierung hervorrufen können. Konstante Merkmale sind nicht trennungs-
wirksam und können von daher aus der Analyse herausgenommen werden (das
gilt besonders für Merkmale, die fast überall Null-Werte aufweisen).

Ebenfalls zu einer (impliziten) Gewichtung kann es dann kommen, wenn die
Ausgangsdaten auf unterschiedlichem Skalenniveau erhoben wurden. So
kommt es allein dadurch zu einer Vergrößerung der Differenzen zwischen den
Merkmalsausprägungen, wenn ein Merkmal auf einer sehr fein dimensionierten (d. h. breiten) Skala erhoben wurde. Um eine *Vergleichbarkeit* zwischen den
Variablen herzustellen, empfiehlt es sich, zu Beginn der Analyse z. B. eine Standardisierung der Daten vorzunehmen[16]. Durch die Transformation

$$z_{ij} = \frac{x_{ij} - \bar{x}_j}{S_j}$$

mit:

x_{ij}: Ausprägung von Merkmal j bei Objekt i
$\bar{x}_j$: Mittelwert von Merkmal j
S_j: Standardabweichung von Merkmal j

wird erreicht, daß alle Variablen einen Mittelwert von Null und eine Varianz
von Eins besitzen (sog. standardisierte oder normierte Variable).

Erst nach diesen Überlegungen beginnt die eigentliche Aufgabe der Clusteranalyse. Der Anwender muß nun entscheiden, welches Proximitätsmaß und
welcher Fusionierungsalgorithmus verwendet werden soll. Diese Entscheidungen können nur jeweils vor dem Hintergrund einer konkreten Anwendungssituation getroffen werden.

Besteht bezüglich der Anwendung eines bestimmten Cluster-Verfahrens Unsicherheit, so empfiehlt es sich, zunächst einmal das Verfahren von Ward anzuwenden. Eine Simulationsstudie von Bergs hat gezeigt, daß nur das *Ward-Verfahren* „gleichzeitig sehr gute Partitionen findet und meistens die richtige Clusterzahl signalisiert[17]". Anschließend können die Ergebnisse des Ward-Verfahrens durch die Anwendung anderer Algorithmen überprüft werden. Dabei
sollte man aber die unterschiedlichen Fusionierungseigenschaften einzelner
Algorithmen beachten (vgl. Tabelle 4.24).

4.5 Zusammenfassung

Zur Verdeutlichung der durchzuführenden Tätigkeiten im Rahmen einer Clusteranalyse sei auf Abbildung 4.14 verwiesen. Sie enthält auf der linken Seite
die acht wesentlichen Arbeitsschritte eines Gruppierungsprozesses. Die einzelnen Schritte bedürfen nunmehr keiner weiteren Erläuterung, es soll allerdings
vermerkt werden, daß die Analyse und Interpretation der Ergebnisse zu einem
wiederholten Durchlauf einzelner Stufen führen kann. Dies wird immer dann
der Fall sein, wenn die Ergebnisse keine sinnvolle Interpretation gestatten.

Eine weitere Begründung für die Wiederholung erkennt man bei Betrachtung der rechten Seite der Abbildung.

Dort sind für jeden Ablaufschritt beispielhaft Problemstellungen in Form von Fragen genannt, auf die bei Durchführung einer Studie Antwort gefunden

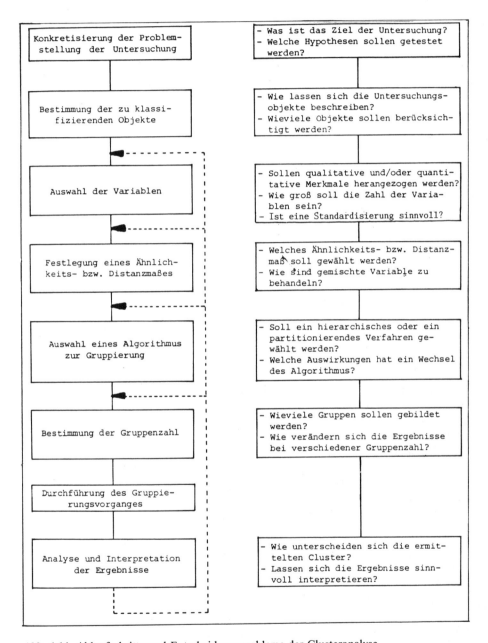

Abb. 4.14. Ablaufschritte und Entscheidungsprobleme der Clusteranalyse

werden muß. Die Überprüfung der Auswirkungen einer anderen Antwortalternative auf die Gruppierungsergebnisse kann somit ebenfalls zu einem wiederholten Durchlauf einzelner Stufen führen.

Bedenkt man nun, daß die genannten Fragen nur eine begrenzte Auswahl darstellen und daß darüber hinaus auf viele Fragen mehr als zwei Antwortalternativen bestehen, so wird der breite Manövrier- und Einflußraum des Anwenders deutlich. Diese Tatsache hat zwar den Vorteil, daß sich hierdurch ein breites Anwendungsgebiet der Clusterverfahren ergibt. Überspitzt formuliert, gibt es bei Vorliegen eines Gruppierungsbedarfs kaum wesentliche Widerstände, die einer Verwendung der Clusteranalyse im Wege stehen. Auf der anderen Seite steht der Anwender in der Gefahr, die Daten der Untersuchung so zu manipulieren, daß sich die gewünschten Ergebnisse einstellen. Um Dritten einen Einblick in das Vorgehen im Rahmen der Analyse zu geben, sollte der jeweilige Anwender bei Darstellung seiner Ergebnisse wenigstens die nachstehenden Fragen offen und klar beantworten:

1. Welches Ähnlichkeitsmaß und welcher Algorithmus wurden gewählt?
2. Was waren die Gründe für die Wahl?
3. Wie stabil sind die Ergebnisse bei
   - Veränderung des Ähnlichkeitsmaßes
   - Wechsel des Algorithmus
   - Veränderung der Gruppenzahl?

Anhang

SPSS-Kommandos für das Beispiel zur Clusteranalyse

```
TITLE "Beispiel zur Clusteranalyse"

* DATENDEFINITION
* ---------------

DATA LIST FIXED
   /Streichf Preis Haltbark Ungefett Backeign Geschmac Kalorien
    Tierfett Vitamin Natur 1-60(3) Marke 63-70(A)
VARIABLE LABELS  Streichf    "Streichfähigkeit"
                 /Preis      "Preis"
                 /Haltbark   "Haltbarkeit"
                 /Ungefett   "Anteil ungesättigter Fettsäuren"
                 /Backeign   "Brat- und Backeignung"
                 /Geschmac   "Geschmack"
                 /Kalorien   "Kaloriengehalt"
                 /Tierfett   "Anteil tierischer Fette"
                 /Vitamin    "Vitaminisierungsgrad"
                 /Natur      "Natürlichkeit"
                 /Marke      "Margarinenmarke"
VALUE LABELS    Streichf TO Natur 1 "niedrig" 7 "hoch"
BEGIN DATA
 4.684 4.737 4.368 4.368 3.632 4.263 3.368 2.125 4.474 4.526  BECEL
 4.900 4.600 4.050 3.800 2.350 3.900 2.842 2.286 3.850 3.500  DU DARFS
 4.969 4.125 4.750 3.710 4.344 4.344 4.063 1.783 3.938 3.781  RAMA
 .
 .
 .
 4.379 3.655 4.103 3.643 3.793 3.828 3.621 2.000 3.310 3.621  BOTTERAM
END DATA
```

```
*  PROZEDUR
*  --------

SUBTITLE "Clusteranalyse für den Margarinemarkt (WARD Verfahren)"
CLUSTER  Streichf TO Natur
  /ID       = Marke
  /MEASURE  = SEUCLID
  /METHOD   = WARD
  /PRINT    = CLUSTERS(2 6) DISTANCE SCHEDULE
  /PLOT     = DENDROGRAM
FINISH
```

Anmerkungen

1 Vgl. Green, Paul E/Frank, Ronald E/Robinson, Patrick J.: Cluster Analysis in Test Market Selection, in: Management Science, Serie B, 13. Jg., 1967, S. B 387-400.
2 Vgl. Goronzy, F.: A Numerical Taxonomy of Business Enterprises, in: Numerical Taxonomie, hrsg. von Cole, A. J., London New York 1969, S. 42-52.
3 Steinhausen, Detlef/Steinhausen, Jörg: Cluster-Analyse als Instrument der Zielgruppendefinition in der Marktforschung, in: Fallstudien Cluster-Analyse, hrsg. von Späth, Helmuth, München 1977, S. 7-36.
4 Vgl. Steinhausen, Detlef/Langer, Klaus: Clusteranalyse, Berlin New York 1977, S. 54.
5 Eine Darstellung weiterer Ähnlichkeitskoeffizienten findet man u. a. bei Steinhausen/Langer, a. a. O., S. 53 ff.
6 Vgl. Bock, Hans Herrmann: Automatische Klassifikation, Göttingen 1974, S. 74 f. Vogel, Friedrich: Probleme und Verfahren der numerischen Klassifikation, Göttingen 1975, S. 73 ff.
7 Vgl. Steinhausen/Langer, a. a. O., S. 76.
8 Vgl. dieselben, ebenda, S. 77.
9 Vgl. Bergs, Siegfried: Optimalität bei Cluster-Analysen, Diss. Münster 1981, S. 96 f.
10 Vgl. Steinhausen/Langer, a. a. O., S. 75 ff.
11 Vgl. zur Diskriminanzanalyse Kap. 5 in diesem Buch.
12 Vgl. auch zu den partitionierenden Verfahren: Späth, Helmuth: Cluster-Analyse-Algorithmen zur Objektklassifizierung und Datenreduktion, 2. Aufl., München Wien 1977, S. 35 ff.
13 Vgl. zu diesen Problemkreisen auch: Bergs, a. a. O., S. 51 ff.
14 Vgl. hierzu: Bock, a. a. O., S. 40 ff. Steinhausen/Langer, a. a. O., S. 59 ff. Vogel, a. a. O., S. 89 ff.
15 Vgl. auch Vogel, a. a. O., S. 92.
16 Weitere Möglichkeiten zur Sicherstellung der Vergleichbarkeit von Merkmalen zeigt z. B. Bergs, a. a. O., S. 59 f.
17 Bergs, a. a. O., S. 97.

Literaturhinweise

Akaiski Y et al (1987) Cluster Model & Other Topics, Teaneck New York
Aldendorfer MS, Blackfield RK (1984) Cluster Analysis, West Hilcrest
Bergs S (1981) Optimalität bei Cluster-Analysen, Diss. Münster
Baumann U (1971) Psychologische Taxonomie, Bern Stuttgart Wien
Bock HH (1974) Automatische Klassifikation, Göttingen
Everitt B (1974) Cluster Analysis, London
Späth H (1977) Cluster-Analyse-Algorithmen zur Objektklassifizierung und Datenreduktion, 2. Aufl., München Wien
Steinhausen D, Langer K (1977) Clusteranalyse, Berlin New York
Vogel F (1975) Probleme und Verfahren der numerischen Klassifikation, Göttingen

5 Diskriminanzanalyse

5.1 Problemstellung

Die Diskriminanzanalyse ist eine Methode zur *Analyse von Gruppenunterschieden*, die es ermöglicht, zwei oder mehr Gruppen simultan hinsichtlich einer Mehrzahl von Merkmalsvariablen zu untersuchen[1]. Dabei kann es sich z. B. um Gruppen von Käufern verschiedener Marken, von Wählern verschiedener Parteien oder von Patienten mit verschiedenen Symptomen handeln. Insbesondere lassen sich mit Hilfe der Diskriminanzanalyse die beiden folgenden Fragestellungen untersuchen:

„Unterscheiden sich die Gruppen signifikant?"
„Wie lassen sich die Gruppenunterschiede erklären?"

Ein zweites Anwendungsgebiet der Diskriminanzanalyse, das von besonderer praktischer Wichtigkeit ist, bildet die *Klassifizierung*, womit die folgende Fragestellung gemeint ist:

„In welche Gruppe ist ein Objekt, dessen Gruppenzugehörigkeit nicht bekannt ist, aufgrund seiner Merkmalsausprägungen einzuordnen?"

In Tabelle 5.1 sind einige *Anwendungsbeispiele* der Diskriminanzanalyse, die sich in der Literatur finden lassen, skizziert[2]. Ein illustratives, wenn auch in der praktischen Durchführung nicht unproblematisches Anwendungsbeispiel bildet die Kreditwürdigkeitsprüfung[3]. Die Kreditkunden einer Bank lassen sich nach ihrem Zahlungsverhalten in „gute" und „schlechte" Fälle einteilen. Mit Hilfe der Diskriminanzanalyse kann sodann geprüft werden, hinsichtlich welcher Merkmale (z. B. Einkommen, Beschäftigungsdauer, Anzahl weiterer Kredite) sich die beiden Gruppen signifikant unterscheiden. Auf diese Weise läßt sich ein Katalog von relevanten (diskriminatorisch bedeutsamen) Merkmalen zusammenstellen, der bei neuen Antragstellern erhoben und für deren Einstufung verwendet werden kann. Ein ähnliches Problem, wie dem Kreditsachbearbeiter einer Bank, stellt sich auch dem Archäologen, der einen Schädelfund einordnen möchte, der Zulassungsbehörde, die die Erfolgsaussichten eines Bewerbers beurteilen, oder dem Arzt, der eine Frühdiagnose stellen möchte.

Für die Einordnung von Objekten mit unbekannter Gruppenzugehörigkeit liefert die Diskriminanzanalyse Kriterien, mit Hilfe derer sich die Wahrscheinlichkeit einer *Fehlklassifikation* oder auch die Kosten der Fehlklassifikation minimieren lassen.

Die Anwendung der Diskriminanzanalyse erfordert, daß zunächst Daten von Elementen (Personen, Objekten) mit bekannter Gruppenzugehörigkeit vorliegen. Die Diskriminanzanalyse unterscheidet sich somit hinsichtlich ihrer Problemstellung grundsätzlich von taxonomischen (gruppierenden) Verfahren, wie der Clusteranalyse, die von ungruppierten Daten ausgehen. Durch Clusteranalyse werden Gruppen *erzeugt*, durch Diskriminanzanalyse dagegen vorgegebene Gruppen *untersucht*. Beide Verfahren können sich somit sehr gut ergänzen.

Der Begriff der Klassifizierung wird mit unterschiedlicher Bedeutung verwendet. Zum einen wird damit die Bildung von Gruppen (Taxonomie), zum

Tabelle 5.1. Anwendungsbeispiele der Diskriminanzanalyse

Problemstellung	Gruppierung	Merkmalsvariablen
Prüfung der Kredit-würdigkeit	Risikoklasse: – hoch – niedrig	Soziodemographische Merkmale (Alter, Einkommen etc.) Anzahl weiterer Kredite Beschäftigungsdauer
Auswahl von Außen-dienstmitarbeitern	Verkaufserfolg: – hoch – niedrig	Ausbildung Alter Persönlichkeitsmerkmale Körperliche Merkmale
Analyse der Marken-wahl beim Autokauf	Marke: – Mercedes – BMW – Audi etc.	Einstellung zu Eigenschaften von Autos, z. B.: Aussehen, Geschwindigkeit, Straßen-lage, Wirtschaftlichkeit etc.
Wähleranalyse	Partei: – CDU – SPD – FDP – Grüne	Einstellung zu politischen Themen wie Abrüstung, Atomenergie, Tempolimit, Besteuerung, Mitbestimmung, Wehrdienst etc.
Diagnose bei Atemnot von Neugeborenen	Überleben: – ja – nein	Geburtsgewicht Geschlecht Postmenstruales Alter pH-Wert des Blutes etc.
Erfolgsaussichten von neuen Produkten	Wirtschaftlicher Erfolg: – Gewinn – Verlust	Neuigkeitsgrad des Produktes, Marktkenntnis des Unternehmens, Technologisches Know-How, Preis/Leistungs-Verhältnis etc.
Analyse der Diffusion von Innovationen	Adoptergruppen – Innovatoren – Imitatoren	Risikofreudigkeit Soziale Mobilität Einkommen Statusbewußtsein etc.

anderen die Einordnung von Elementen in vorgegebene Gruppen gemeint. Im Rahmen der Diskriminanzanalyse wird er mit letzterer Bedeutung verwendet.

5.2 Grundkonzepte der Diskriminanzanalyse

5.2.1 Die Analyse von Gruppenunterschieden

Ein Grundprinzip der Diskriminanzanalyse, das auch bei anderen multivaria-ten Verfahren angewendet wird, besteht darin, daß eine Mehrzahl von Varia-blen bei minimalem Informationsverlust durch eine Linearkombination zu ei-ner einzigen Variablen zusammengefaßt wird. Dieses Prinzip zur *Reduktion von Daten* wird auch bei der Diskriminanzanalyse angewendet, um eine Menge von J Merkmalsvariablen

$$X_1, X_2, X_3, \ldots, X_J$$

mittels derer sich bestimmte Elemente beschreiben lassen, durch eine einzige Variable Y zu ersetzen.

Die zur Kombination der Merkmalsvariablen verwendete Funktion heißt *Diskriminanzfunktion* (Trennfunktion). Sie hat allgemein die folgende Form:

$$Y = b_0 + b_1 X_1 + b_2 X_2 + \ldots + b_J X_J \qquad (1)$$

mit
Y = Diskriminanzvariable
X_j = Merkmalsvariable j (j = 1, 2, ..., J)
b_j = Diskriminanzkoeffizient für Merkmalsvariable j
b_0 = Konstantes Glied

Eine Aufgabe der Diskriminanzanalyse besteht darin, die Parameter der Diskriminanzfunktion optimal zu schätzen. Die Diskriminanzfunktion wird auch als kanonische Diskriminanzfunktion und die Diskriminanzvariable als eine kanonische Variable bezeichnet. Der Ausdruck „kanonisch" kennzeichnet, daß eine Linearkombination von Variablen vorgenommen wird.

Für die Merkmalsausprägungen eines Elementes i

$$X_{1i}, X_{2i}, X_{3i}, \ldots, X_{Ji}$$

liefert die Diskriminanzfunktion den Diskriminanzwert Y_i. Zwei Elemente a und b lassen sich sehr viel einfacher mit Hilfe ihrer Diskriminanzwerte Y_a und Y_b vergleichen als aufgrund ihrer möglicherweise zahlreichen Merkmale. Die Differenz

$$|Y_a - Y_b| \qquad (2)$$

bildet ein Maß für die Unterschiedlichkeit (Diskriminanz) der beiden Elemente.

Analog kann mit Hilfe der Diskriminanzfunktion auch die *Unterschiedlichkeit von Gruppen* gemessen werden. Durch Bildung der jeweiligen Mittelwerte der Merkmalsvariablen über die Elemente einer Gruppe g erhält man das Gruppenmittel bzw. *Centroid*

$$\bar{X}_{1g}, \bar{X}_{2g}, \bar{X}_{3g}, \ldots, \bar{X}_{Jg}.$$

Einfacher läßt sich das Centroid der Gruppe g durch den Wert $\bar{Y}_g$ ausdrücken, den man alternativ durch Einsetzen der J Mittelwerte der Merkmalsvariablen in die Diskriminanzfunktion oder als Mittelwert der individuellen Diskriminanzwerte berechnen kann. Die Unterschiedlichkeit zweier Gruppen A und B läßt sich damit intuitiv durch die Differenz

$$|\bar{Y}_A - \bar{Y}_B| \qquad (3)$$

messen. Es wird später gezeigt, wie sich dieses Maß verfeinern und für die

Messung der Unterschiedlichkeit von mehr als zwei Gruppen (Mehrgruppenfall) erweitern läßt.

Die Diskriminanzfunktion läßt sich geometrisch als eine Gerade darstellen, die als *Diskriminanzachse* bezeichnet wird. Einzelne Elemente sowie Centroide von Gruppen lassen sich sodann als Punkte auf der Diskriminanzachse lokalisieren und die Unterschiede zwischen den Elementen und/oder Gruppen als *Distanzen* repräsentieren. In Abbildung 5.1 sind die Centroide von zwei Gruppen auf der Diskriminanzachse markiert.

Neben Merkmalsvariablen und Diskriminanzvariablen läßt sich eine dritte Art von Variablen in die Diskriminanzanalyse einführen, die als *Gruppierungsvariable* bezeichnet werden. Die Gruppierungsvariable kann zur Identifizierung der untersuchten Gruppen bzw. zur Indizierung der Gruppenzugehörigkeit bei den Untersuchungsobjekten verwendet werden. Z. B.

Kreditrisiko: A = niedriges Risiko (Kreditrückzahlung)
                           B = hohes Risiko (Kreditausfall)
Parteizugehörigkeit: 1 = CDU
                           2 = SPD
                           3 = FDP
                           4 = Grüne

Prinzipiell ist es gleichgültig, welche Zahlen oder sonstigen Symbole der Gruppierungsvariablen zugeordnet werden, solange sich die Gruppen eindeutig identifizieren lassen. Bei mehr als zwei Gruppen sowie auch für die Datenverarbeitung ist eine numerische Gruppierungsvariable i. d. R. vorteilhaft. Kennzeichnet man die Elemente der Untersuchungsstichprobe durch eine Gruppierungsvariable, so hat dies bei Durchführung der Diskriminanzanalyse mittels EDV den Vorteil, daß ein Sortieren der Daten nach Gruppen entfallen kann.

Die Diskriminanzanalyse läßt sich formal auch als ein Verfahren der Dependenzanalyse charakterisieren, bei dem die Gruppierungsvariable die abhängige Variable und die Merkmalsvariablen die unabhängigen Variablen bilden. Im Unterschied zur Gruppierungsvariablen, die nur nominales Skalenniveau besitzt bzw. besitzen muß, ist die Diskriminanzvariable eine metrische Variable, da sie durch eine arithmetische Verknüpfung der Merkmalsvariablen gebildet wird. Die Merkmalsvariablen müssen daher ebenfalls metrisch skaliert sein.

Will man über die Feststellung von Gruppenunterschieden hinaus diese auch erklären, so geben hierfür die Diskriminanzkoeffizienten b_j Anhaltspunk-

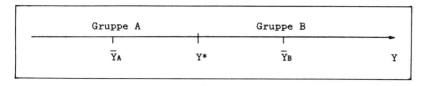

Abb. 5.1. Diskriminanzachse
$\bar{Y}_g$ = Centroid von Gruppe g (g = A, B)
Y^* = kritischer Diskriminanzwert (Trennkriterium)

te. In ihnen spiegelt sich die Wichtigkeit einer Merkmalsvariablen zur Trennung zwischen den Gruppen.

5.2.2 Die Klassifizierung von Objekten

Im Rahmen der Diskriminanzanalyse existieren verschiedenartige Ansätze zur Klassifizierung, d. h. zur Einordnung von Elementen mit unbekannter Gruppenzugehörigkeit. Einige dieser Verfahren nehmen direkten Bezug auf die Merkmalsvariablen. Wurde aber die kanonische Diskriminanzfunktion bereits ermittelt, so bringt es Vorteile, diese auch zur Schätzung der unbekannten Gruppenzugehörigkeit zu nutzen.

Zur Durchführung der Klassifizierung auf Basis von Diskriminanzwerten existieren zwei Konzepte:

- Distanzkonzept
- Wahrscheinlichkeitskonzept

Da das *Distanzkonzept* die Grundlage für das Wahrscheinlichkeitskonzept bildet, sei hier zunächst nur dieses erläutert. Das Distanzkonzept beinhaltet die folgende Klassifizierungsregel:

Ordne ein Element i derjenigen Gruppe g zu, für die die Distanz

$$|Y_i - \bar{Y}_g|$$

minimal ist.

$\bar{Y}_g$ = Centroid der Gruppe g (g = 1, ..., G)
Y_i = Diskriminanzwert von Element i

Einen Spezialfall des Distanzkonzeptes bildet das Konzept des kritischen Diskriminanzwertes, das bei nur zwei Gruppen angewendet werden kann. Bei gleicher Größe der beiden Gruppen wird der *kritische Diskriminanzwert* als Mittelwert der beiden Gruppencentroide berechnet:

$$Y^* = \frac{\bar{Y}_A + \bar{Y}_B}{2} \tag{4}$$

Er ist in Abbildung 5.1 markiert. Die Klassifizierung läßt sich mit Hilfe des kritischen Diskriminanzwertes wie folgt durchführen: Ein Element mit Diskriminanzwert Y_i wird

in die Gruppe A eingeordnet, wenn $Y_i < Y^*$ gilt
in die Gruppe B eingeordnet, wenn $Y_i > Y^*$ gilt.

Im Fall $Y_i = Y^*$ ist eine Klassifizierung nicht möglich.

Beispiel: Es sei folgende Diskriminanzfunktion gegeben:

$$Y = -2 + 0,8 X_1 - 0,5 X_2$$

mit $Y^* = 0$ (kritischer Wert)

Für ein Element i mit den Merkmalswerten $X_{1i} = 5$ und $X_{2i} = 3$ erhält man den Diskriminanzwert $Y_i = 0,5$. Folglich ist das Element in Gruppe B einzuordnen.

5.3 Formulierung der Diskriminanzfunktion

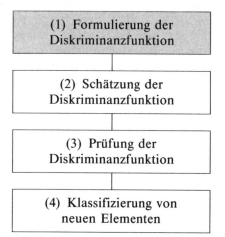

(1) Formulierung der Diskriminanzfunktion

(2) Schätzung der Diskriminanzfunktion

(3) Prüfung der Diskriminanzfunktion

(4) Klassifizierung von neuen Elementen

Die Durchführung einer Diskriminanzanalyse beginnt mit der Formulierung der Diskriminanzfunktion (Modellspezifikation). Sie umfaßt die Definition der Gruppen sowie die Definition und Auswahl der Merkmalsvariablen.

Die *Definition der Gruppen* kann sich unmittelbar aus dem Anwendungsproblem ergeben (z. B. Gruppierung von Käufern nach Automarken oder von Wählern nach Parteien). Mit der Definition der Gruppen ist auch die Festlegung der Anzahl von Gruppen, die in einer Diskriminanzanalyse berücksichtigt werden sollen, verbunden. Bei der Kreditwürdigkeitsprüfung lassen sich z. B. anstelle von nur zwei auch drei Risikoklassen (niedriges, mittleres und hohes Risiko) unterscheiden. Bei der Gruppierung nach Automarken muß entschieden werden, welche Automarken berücksichtigt werden sollen (nur die großen oder auch kleinere?). Es ist hierbei auch das verfügbare Datenmaterial zu berücksichtigen, da die Fallzahlen in den einzelnen Gruppen nicht zu klein werden dürfen. Außerdem sollte, wie schon erwähnt, die Anzahl der Gruppen nicht größer als die Anzahl der Merkmalsvariablen sein. Unter Umständen kann es erforderlich werden, zwei oder mehrere Gruppen zu einer Gruppe zusammenzufassen.

Die Definition der Gruppen kann unter Umständen auch das Ergebnis einer vorgeschalteten Analyse sein. Durch Anwendung der Clusteranalyse lassen sich Gruppen bilden, die sodann mit Hilfe der Diskriminanzanalyse untersucht werden. Wenn für die Gruppenbildung bei der Clusteranalyse andere Merkmalsvariable herangezogen werden als bei der Diskriminanzanalyse, so bezeichnet man erstere auch als „*aktive*" und letztere als „*passive*" Variable. Beispiel: Gruppierung (Segmentierung) von Personen nach Persönlichkeitsmerkmalen (aktiv) durch Clusteranalyse und Untersuchung der Segmente auf Unterschiede im Konsumverhalten (passiv) mittels Diskriminanzanalyse. Die Kenntnis der passiven Variablen kann sodann bei der Identifizierung von Zielgruppen und die der aktiven Variablen bei der Konzipierung von Werbebotschaften genutzt werden.

Die *Auswahl der Merkmalsvariablen* erfolgt zunächst hypothetisch, d. h. aufgrund von theoretischen oder sachlogischen Überlegungen werden solche Variablen in die Analyse einbezogen, die mutmaßlich zwischen den Gruppen differieren und die somit zur Unterscheidung der Gruppen beitragen können.

Durch Vergleich der Mittelwerte einer Merkmalsvariablen in den verschiedenen Gruppen läßt sich überprüfen, ob ein diskriminatorisches Potential vorhanden ist. Die tatsächliche diskriminatorische Bedeutung einer Merkmalsvariablen aber läßt sich erst nach Schätzung der Diskriminanzfunktion feststellen, da sie auch von der Korrelation zu den übrigen Merkmalsvariablen in der Diskriminanzfunktion abhängig ist. Diese Überprüfung erfolgt in Stufe (3) des Ablaufschemas. Gegebenenfalls kann ein Rücksprung nach (1) erforderlich werden.

Die Merkmalsvariablen müssen metrisches Skalenniveau besitzen. Binäre (zweiwertige) Variablen lassen sich generell wie metrische (quantitative) Variablen behandeln. Sollen nominal skalierte Merkmalsvariablen in einer Diskriminanzanalyse berücksichtigt werden, so müssen diese in binäre Variable zerlegt werden. Eine nominal skalierte Variable mit M Stufen (Merkmalsausprägungen) läßt sich äquivalent durch $M-1$ binäre Variable ersetzen. Beispiel: Ersetzung einer Merkmalsvariablen „Farbe" mit vier Ausprägungen durch drei binäre Variable.

Farbe	X_1	X_2	X_3
blau	0	0	0
rot	1	0	0
grün	0	1	0
gelb	0	0	1

Die Schritte (2) bis (4) des Ablaufschemas der Diskriminanzanalyse werden in den folgenden Abschnitten behandelt.

5.4 Schätzung der Diskriminanzfunktion

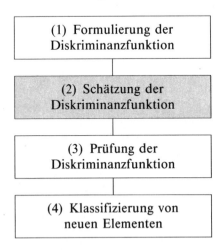

5.4.1 Das Diskriminanzkriterium

Die Schätzung der Diskriminanzfunktion (1) oder genauer gesagt der unbekannten Koeffizienten b_j in der Diskriminanzfunktion erfolgt so, daß sich die untersuchten Gruppen maximal unterscheiden. Als Maß für die Unterschiedlichkeit von Gruppen wurde bereits die Distanz im Diskriminanzraum eingeführt. Dieses Maß muß jedoch noch verfeinert werden.

Offenbar unterscheiden sich in Abbildung 5.2 die beiden Gruppen (die als Verteilungen über der Diskriminanzachse dargestellt sind) in der oberen Hälfte stärker als die beiden Gruppen in der unteren Hälfte, obgleich die Distanz der Gruppencentroide jeweils gleich ist. Ein besseres Maß der Unterschiedlichkeit (Diskriminanz) erhält man deshalb, wenn auch die Streuung der Gruppen berücksichtigt wird. Wählt man die Standardabweichung s als Maß für die Streuung einer Gruppe, so läßt sich das folgende *Diskriminanzmaß* für zwei Gruppen A und B bilden:

$$U = \frac{|\bar{Y}_A - \bar{Y}_B|}{s} \qquad (5a)$$

Äquivalent ist das folgende Maß:

$$U^2 = \frac{(\bar{Y}_A - \bar{Y}_B)^2}{s^2} \qquad (5b)$$

Die optimale Diskriminanzfunktion Y für die Gruppen A und B ist dann diejenige, hinsichtlich derer das Diskriminanzmaß U bzw. U^2 maximal wird.

Geometrisch läßt sich das Diskriminanzmaß als *Überschneidung* der Gruppen interpretieren. Je geringer die Überschneidung der Gruppen ist, desto stärker unterscheiden sich diese und umgekehrt. Die Überschneidung hängt dabei, wie Abbildung 5.2 verdeutlicht, sowohl von der *Distanz* der Gruppen wie auch von deren *Streuung* ab.

Das Diskriminanzmaß in der Form (5a) oder (5b) ist allerdings nur unter den folgenden *Prämissen* anwendbar:

a) zwei Gruppen
b) gleiche Größe der Gruppen
c) gleiche Streuung der Gruppen

Um die Prämissen a) und b) aufzuheben, ist die quadrierte Distanz zwischen den Gruppen im Zähler von (5b) durch die *Varianz zwischen den Gruppen* zu ersetzen. Diese lautet:

$$\frac{SS_b}{G-1} = \frac{\sum\limits_{g=1}^{G} I_g (\bar{Y}_g - \bar{Y})^2}{G-1} \qquad (6)$$

mit
$\bar{Y}_g$ = Mittlerer Diskriminanzwert in Gruppe g
$\bar{Y}$ = Gesamtmittel über alle Elemente
I_g = Fallzahl in Gruppe g (g = 1, ..., G)

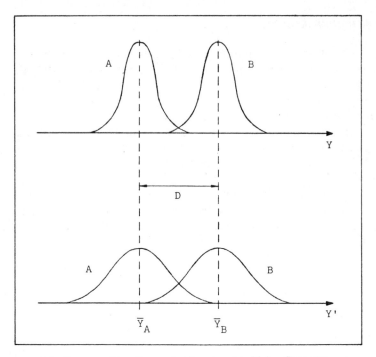

Abb. 5.2. Gruppen (Verteilungen) mit unterschiedlicher Streuung

In (6) wird anstelle der Distanz zwischen zwei Gruppen die Summe der quadrierten Distanzen einer beliebigen Anzahl von Gruppen vom Gesamtmittel berechnet. Durch Multiplikation der Summanden mit der jeweiligen Gruppengröße wird die unterschiedliche Größe der Gruppen berücksichtigt. Der Nenner von (6) gibt die Anzahl der Freiheitsgrade an.

Um die Prämisse c) aufzuheben, ist die Varianz im Nenner von (5b) durch ein Maß für die gesamte (gepoolte) Streuung innerhalb von zwei oder mehreren Gruppen zu ersetzen. Ein derartiges Maß bildet die *gepoolte Innergruppen-Varianz* (pooled within-groups variance):

$$\frac{SS_w}{I-G} = \frac{\sum_{g=1}^{G} \sum_{i=1}^{I_g} (Y_{gi} - \bar{Y}_g)^2}{I-G} \tag{7}$$

mit
Y_{gi} = Diskriminanzwert von Element i in Gruppe g
I = Gesamtzahl der Elemente in der Untersuchung
$\qquad (I = I_1 + I_2 + \ldots + I_G)$

Die Zahl der Freiheitsgrade im Nenner von (7) ergibt sich aus der Anzahl aller Elemente (Beobachtungen) vermindert um die Zahl der Gruppen (Mittelwerte, die aus den Beobachtungen errechnet wurden).

Unter Verwendung dieser Maße lautet das Diskriminanzmaß:

$$U^2 = \frac{SS_b}{SS_w} \cdot \frac{I-G}{G-1} = \frac{\text{Varianz zwischen den Gruppen}}{\text{Varianz in den Gruppen}} \tag{8}$$

Zur Schätzung der Diskriminanzfunktion kann der Faktor $(I-G)/(G-1)$ auch entfallen, da er konstant (unabhängig von den Diskriminanzwerten) ist und somit keinen Einfluß auf die Optimierung der Diskriminanzfunktion hat. Man erhält damit anstelle von (8) das folgende Optimierungskriterium (das hier durch den Buchstaben Gamma symbolisiert wird):

$$\Gamma = \frac{SS_b}{SS_w} = \frac{\text{Streuung zwischen den Gruppen}}{\text{Streuung in den Gruppen}} \tag{9a}$$

Dieses Kriterium wird als *Diskriminanzkriterium* bezeichnet. SS_b und SS_w sind jeweils Summen von Quadraten (Sum of Squares). Das „b" steht für „between" und das „w" für „within". Ausgeschrieben lautet das Diskriminanzkriterium:

$$\Gamma = \frac{\sum\limits_{g=1}^{G} n_g (\bar{Y}_g - \bar{Y})^2}{\sum\limits_{g=1}^{G} \sum\limits_{i=1}^{I_g} (Y_{gi} - \bar{Y}_g)^2} \tag{9b}$$

Das Problem der *Schätzung der Diskriminanzfunktion* läßt sich damit wie folgt formulieren:

Wähle die Koeffizienten b_j so, daß bezüglich der Diskriminanzwerte der Quotient

$$\Gamma = \frac{\text{Streuung zwischen den Gruppen}}{\text{Streuung in den Gruppen}}$$

maximal wird.

Die Streuung zwischen den Gruppen wird auch als (durch die Diskriminanzfunktion) erklärte Streuung und die Streuung in den Gruppen als nichterklärte Streuung bezeichnet. Beide zusammen addieren sich zur Gesamtstreuung der Diskriminanzwerte.

Gesamtstreuung = Streuung zwischen + Streuung in
                    den Gruppen   den Gruppen

             = erklärte Streuung + nichterklärte
                                 Streuung

Das Diskriminanzkriterium läßt sich damit auch als Verhältnis von erklärter und nichterklärter Streuung interpretieren.

Der Maximalwert des Diskriminanzkriteriums

$$\gamma = \text{Max}\{\Gamma\}$$

ist in algebraischer Hinsicht ein *Eigenwert*. Für die *rechnerische Durchführung* der Diskriminanzanalyse ist es erforderlich, die unbekannte Diskriminanzfunktion (1) in das Diskriminanzkriterium einzusetzen, da die Diskriminanzwerte in (9) nicht bekannt sind[4]. Nähere Ausführungen finden sich im Anhang A dieses Kapitels.

5.4.2 Geometrische Ableitung

Ergänzend zur obigen Ableitung der optimalen Diskriminanzfunktion auf analytischem Wege soll das Problem nachfolgend mit geometrischen Mitteln behandelt werden.

Die Diskriminanzfunktion in der allgemeinen Form

$$Y = b_0 + b_1 X_1 + b_2 X_2 + \ldots + b_J X_J$$

bildet geometrisch gesehen eine Ebene (für $J = 2$) bzw. Hyperebene (für $J > 2$) *über* dem Raum, der durch die J Merkmalsvariablen gebildet wird. Die Diskriminanzfunktion (bzw. die durch sie erzeugte Diskriminanzvariable) läßt sich aber auch als eine Gerade *im* Raum (Koordinatensystem) der Merkmalsvariablen darstellen. Diese Gerade wird als *Diskriminanzachse* bezeichnet. In den Abbildungen 5.1 und 5.2 wurde die Diskriminanzachse bereits isoliert dargestellt.

Bei nur zwei Merkmalsvariablen X_1 und X_2 lautet die Diskriminanzfunktion

$$Y = b_0 + b_1 X_1 + b_2 X_2$$

Sie bildet eine Ebene im dreidimensionalen Raum mit den Koordinaten Y, X_1 und X_2. Für einen bestimmten Wert $Y = c$ erhält man eine *Isoquante* der Diskriminanzfunktion, d. h. eine Gerade der Form

$$X_2 = \frac{c - b_0}{b_2} - \frac{b_1}{b_2} \cdot X_1$$

Die Isoquante ist der geometrische Ort aller Merkmalskombinationen (X_1, X_2), für die die Diskriminanzfunktion den Wert c liefert. Zeichnet man für verschiedene Werte $c_1, c_2, c_3, \ldots$ die Isoquanten in das Koordinatensystem der Merkmalsvariablen X_1 und X_2 ein, so erhält man eine zweidimensionale Darstellung der Diskriminanzfunktion.

Noch einfacher ist die Darstellung in Form der *Diskriminanzachse*. Die Diskriminanzachse ist eine Gerade, die senkrecht zu den Isoquanten durch den Nullpunkt des Koordinatensystems verläuft, d. h. sie bildet eine Gerade der Form

$$X_2 = \frac{b_2}{b_1} \cdot X_1$$

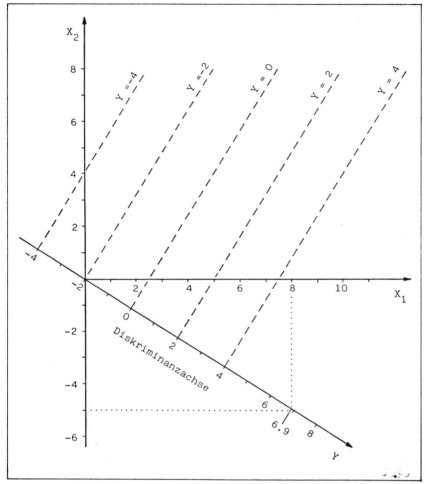

Abb. 5.3. Konstruktion der Diskriminanzachse für die Diskriminanzfunktion
$Y = -2 + 0,8X_1 - 0,5X_2$

Diese Gerade wird so mit einer Skala versehen, daß die Projektion eines beliebigen Punktes (X_1, X_2) gerade den zugehörigen Diskriminanzwert Y liefert.

Beispiel: Die Diskriminanzfunktion laute

$$Y = -2,0 + 0,8X_1 - 0,5X_2$$

In Abbildung 5.3 sind die zugehörigen Isoquanten für die Werte

$$Y = -4, -2, 0, 2, 4$$

als gestrichelte Linie eingezeichnet. Beispielsweise für $Y = 0$ lautet die Isoquante

$$X_2 = -4 + 1,6X_1$$

Die zugehörige Diskriminanzachse läßt sich auch ohne Bildung der Isoquanten sehr einfach konstruieren. Man braucht nur für einen beliebigen Wert z den Punkt $(b_1 \cdot z, b_2 \cdot z)$ in das Koordinatensystem einzutragen und mit dem Nullpunkt verbinden. Die sich so ergebende Gerade bildet die Diskriminanzachse. Für $z = 10$ erhält man z. B. den Punkt $(8, -5)$, dessen Koordinaten in Abbildung 5.3 durch die gepunkteten Linien markiert sind. Die Diskriminanzfunktion liefert für den Punkt $(8, -5)$ bzw. die Merkmalskombination $X_1 = 8$ und $X_2 = -5$ den Wert 6,9, der sich auf der Diskriminanzachse ablesen läßt. Das konstante Glied $b_0 = -2$ gibt die Entfernung des Nullpunktes der Diskriminanzachse vom Nullpunkt des Koordinatensystems der Merkmalsvariablen an.

Das Konzept der Diskriminanzachse läßt sich, wie das der Diskriminanzfunktion, bei beliebig großer Anzahl von Merkmalsvariablen anwenden. Eine grafische Darstellung der Diskriminanzachse im Koordinatensystem der Merkmalsvariablen aber ist jedoch nur bei zwei oder maximal drei Merkmalsvariablen möglich.

In Abbildung 5.4 sind die Punktwolken von zwei Gruppen in schematischer Form durch Ellipsen dargestellt[5]. Weiterhin sind die Häufigkeitsverteilungen, die man durch Projektion der beiden Punktwolken auf die Diskriminanzachse erhalten würde, eingezeichnet.

Es wurde oben dargelegt, daß sich die Unterschiedlichkeit von Gruppen geometrisch durch deren Überschneidung erfassen läßt (je geringer die Überschneidung, desto größer die Unterschiedlichkeit). Die *Überschneidung* der Gruppen, die in Abbildung 5.4 schraffiert dargestellt ist, umfaßt die Menge der Elemente, deren Diskriminanzwerte jeweils jenseits des kritischen Wertes Y* liegen und die somit *fehlklassifiziert* werden. Das heißt hier, daß ein Element der Gruppe A fehlklassifiziert wird, wenn sein Diskriminanzwert Y rechts vom kritischen Wert liegt (Y > Y*), und ein Element der Gruppe B wird fehlklassifiziert, wenn sein Diskriminanzwert links vom kritischen Wert liegt (Y < Y*).

In Abbildung 5.4 ist weiterhin eine zweite Diskriminanzachse Y' eingezeichnet, die offenbar schlechter als Y diskriminiert, da sich die projizierten Verteilungen stärker überschneiden. Theoretisch lassen sich durch Drehung um den Koordinatenursprung unendlich viele Diskriminanzachsen (und damit Diskriminanzfunktionen) bilden. Optimal ist diejenige Diskriminanzachse, bezüglich welcher die Überschneidung der projizierten Verteilungen minimal wird. Diese mit geometrischen Mitteln zu finden, wäre nur bei zwei Merkmalsvariablen möglich und auch hier ein sehr mühseliges und ungenaues Verfahren. Die geometrische Behandlung sollte daher primär zur Vertiefung des Verständnisses dienen.

5.4.3 Normierung der Diskriminanzfunktion

Für gegebene Merkmalswerte ist die optimale Lage der Diskriminanzachse durch das Diskriminanzkriterium eindeutig festgelegt. Dies gilt jedoch nicht für die Skala auf der Diskriminanzachse. Nullpunkt und Skaleneinheit müssen

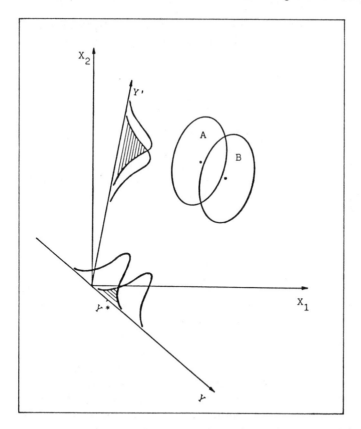

Abb. 5.4. Schematisierte Darstellung der Verteilungen von zwei Gruppen und ihrer Projektionen auf die Diskriminanzachse

gesondert festgelegt, d. h. die Skala muß normiert werden. Dies gilt gleichermaßen für die Diskriminanzfunktion.

Bei zwei Merkmalsvariablen ist die Lage (Steigung) der Diskriminanzachse durch den Quotienten b_2/b_1 bestimmt. Multipliziert man die Koeffizienten mit einem konstanten Faktor, so hat dies keinen Einfluß auf die Lage der Diskriminanzachse, sondern verändert lediglich die Skaleneinheit der Diskriminanzachse. Auch das konstante Glied b_0 hat keinen Einfluß auf die Lage der Diskriminanzachse, sondern bestimmt nur die Entfernung des Nullpunktes der Skala vom Nullpunkt des Koordinatensystems. Eine Veränderung von b_0 bewirkt somit eine Verschiebung der Skala.

Die Normierung der Diskriminanzfunktion (und damit der Skala auf der Diskriminanzachse) erfolgt mehr oder minder willkürlich nach Zweckmäßigkeitsgründen. Es existieren daher unterschiedliche Konventionen, unter denen sich die folgende durchgesetzt hat: Die Diskriminanzkoeffizienten werden so normiert, daß die gepoolte Innergruppen-Varianz der Diskriminanzwerte (7) eins ergibt. Anschließend wird der Wert von b_0 so gewählt, daß der Gesamtmittelwert der Diskriminanzwerte null wird. Dadurch erhält im Normalfall auch der kritische Diskriminanzwert Y* für den Zwei-Gruppen-Fall den Wert null[6].

5.4.4 Beispiel

Die Ausführungen sollen anhand eines kleinen Beispiels für zwei Gruppen und zwei Merkmalsvariable illustriert werden. Ein Lebensmittelhersteller möchte wissen, ob sich zwei von ihm hergestellte Margarinemarken (g = A, B) hinsichtlich der Wahrnehmung ihrer Eigenschaften durch die Konsumenten unterscheiden. Insbesondere interessieren ihn die Merkmale „Streichfähigkeit" und „Haltbarkeit". Er führt daher eine Befragung von Konsumenten durch, bei der diese aufgefordert werden, ihre subjektiven Beurteilungen der beiden Marken bezüglich der ausgewählten Merkmale auf einer siebenstufigen Rating-Skala auszudrücken. In Tabelle 5.2 sind die Befragungsergebnisse von 12 Personen wiedergegeben.

Im Streudiagramm der Abbildung 5.5 sind die 24 Gruppenelemente (Beurteilungen der Marken A und B) als Kreuze und Punkte geometrisch dargestellt. Außerdem sind die Häufigkeitsverteilungen (Histogramme) der Merkmalsausprägungen bezüglich jeder der beiden Merkmalsvariablen dargestellt. Man ersieht daraus z. B., daß die Marke B hinsichtlich Streichfähigkeit von den meisten Personen höher eingestuft wird als die der Marke A, während die Haltbarkeit beider Marken annähernd gleich beurteilt wird. Dies wird auch durch einen Vergleich der Gruppen-Mittelwerte in Tabelle 5.3a sowie der Zwischengruppen-Streuungen in Tabelle 5.3d deutlich. Es ist daraus zu schließen, daß der Haltbarkeit hier geringere diskriminatorische Bedeutung zukommt als der Streichfähigkeit.

Tabelle 5.2. Ausgangsdaten für das Rechenbeispiel (zwei Gruppen, zwei Variable)

Gruppe:	Marke A		Marke B	
Person i	Streich- fähigkeit X_{1Ai}	Haltbarkeit X_{2Ai}	Streich- fähigkeit X_{1Bi}	Haltbarkeit X_{2Bi}
1	2	3	5	4
2	3	4	4	3
3	6	5	7	5
4	4	4	3	3
5	3	2	4	4
6	4	7	5	2
7	3	5	4	2
8	2	4	5	5
9	5	6	6	7
10	3	6	5	3
11	3	3	6	4
12	4	5	6	6

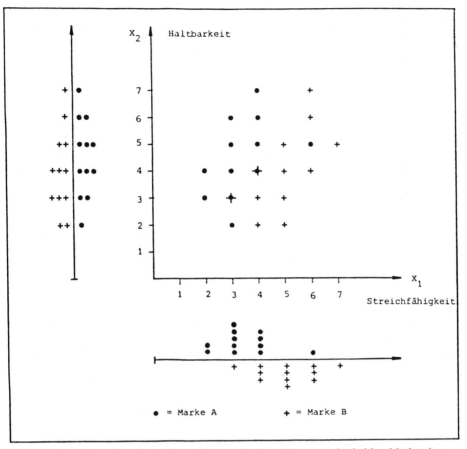

Abb. 5.5. Darstellung der Markenbeurteilungen im Streudiagramm der beiden Merkmals-variablen

Tabelle 5.3a. Gruppenspezifische Maße der Merkmalsvariablen
$\bar{X}_{jg}$ = Mittelwert von Variable j in Gruppe g
SS_{jg} = Quadratsumme der Abweichungen vom Mittelwert (Sum of Squares)
SC_{12} = Kreuzproduktsumme der Abweichungen (Sum of Cross Products)

Gruppe g:	Marke A		Marke B	
Variable j:	Streich-fähigkeit X_{1A}	Haltbar-keit X_{2A}	Streich-fähigkeit X_{1B}	Haltbar-keit X_{2B}
$\bar{X}_{jg} = \dfrac{1}{I_g} \sum\limits_{i=1}^{I_g} X_{jgi}$	3,5	4,5	5,0	4,0
$SS_{jg} = \sum\limits_{i=1}^{I_g} (X_{jgi} - \bar{X}_{jg})^2$	15,0	23,0	14,0	26,0
$SC_{12g} = \sum\limits_{i=1}^{I_g} (X_{1gi} - \bar{X}_{1g}) \cdot (X_{2gi} - \bar{X}_{2g})$	9,0		12,0	

Tabelle 5.3 b. Gepoolte Innergruppen-Streuungsmaße der Merkmalsvariablen W_{jj} = Within Sum of Squares, W_{12} = Within Sum of Cross Products, s_j = Standardabweichung, s_{12} = Kovarianz

Variable j:	Streichfähigkeit X_1	Haltbarkeit X_2
$W_{jj} = \sum\limits_{g=1}^{G} \sum\limits_{i=1}^{I_g} (X_{jgi} - \bar{X}_{jg})^2$ $= SS_{jA} + SS_{jB}$	$15 + 14 = 29$	$23 + 26 = 49$
$s_j^2 = \dfrac{1}{I-G} W_{jj}$	$\dfrac{1}{24-2} 29 = 1,318$	$\dfrac{1}{24-2} 49 = 2,227$
s_j	$1,148$	$1,492$
$W_{12} = \sum\limits_{g=1}^{G} \sum\limits_{i=1}^{I_g} (X_{1gi} - \bar{X}_{1g}) \cdot (X_{2gi} - \bar{X}_{2g})$ $= SC_{12A} + SC_{12B}$	$9 + 12 = 21$	
$s_{12} = \dfrac{1}{I-G} W_{12}$	$\dfrac{1}{24-2} 21 = 0,955$	

Tabelle 5.3 c. Gesamtmittelwerte der Merkmalsvariablen

Variable j:	Streichfähigkeit X_1	Haltbarkeit X_2
$\bar{X}_j = \dfrac{1}{I} \sum\limits_{i=1}^{I} X_{ji}$	$4,25$	$4,25$

Tabelle 5.3 d. Zwischengruppen-Streuungsmaße der Merkmalsvariablen B_{jj} = Between Sum of Squares, B_{12} = Between Sum of Cross Products

Variable j:	Streichfähigkeit X_1	Haltbarkeit X_2
$B_{jj} = \sum\limits_{g=1}^{G} I_g (\bar{X}_{jg} - \bar{X}_j)^2$	$12 \cdot (3,5 - 4,25)^2$ $+ 12 \cdot (5,0 - 4,25)^2$ $= 13,5$	$12 \cdot (4,5 - 4,25)^2$ $+ 12 \cdot (4,0 - 4,25)^2$ $= 1,5$
$B_{12} = \sum\limits_{g=1}^{G} I_g (\bar{X}_{1g} - \bar{X}_1) \cdot (\bar{X}_{2g} - \bar{X}_2)$	$12 \cdot (3,5 - 4,25) \cdot (4,5 - 4,25)$ $+ 12 \cdot (5,0 - 4,25) \cdot (4,0 - 4,25)$ $= -4,5$	

Mittels Diskriminanzanalyse ist jetzt zu prüfen, ob sich durch eine Kombination der beiden Merkmalsvariablen eine bessere Trennung der Gruppen (Marken) A und B herbeiführen läßt, als es eine der Merkmalsvariablen allein ermöglicht. Geometrisch gesprochen heißt das, daß die Häufigkeitsverteilungen,

die man durch Projektion der Streupunkte auf die zu findende Diskriminanzachse erhält, eine geringere Überschneidung aufweisen müssen, als die Häufigkeitsverteilungen bezüglich der einzelnen Merkmalsvariablen.

Die gesuchte *Diskriminanzfunktion*, die mit Hilfe der Werte in den Tabellen
5.3 a–d errechnet wurde (vgl. Anhang A), lautet:

$$Y = -1,9823 + 1,03106\,X_1 - 0,56463\,X_2$$

Abbildung 5.6 zeigt die zugehörige Diskriminanzachse im Koordinatensystem
der Merkmalsvariablen sowie die Projektionen der Streupunkte auf die Diskriminanzachse. Die Häufigkeitsverteilungen weisen nur noch eine geringe Überschneidung auf. Man sieht weiterhin, daß insgesamt nur drei Elemente (eins
von Gruppe A und zwei von Gruppe B) falsch klassifiziert werden.

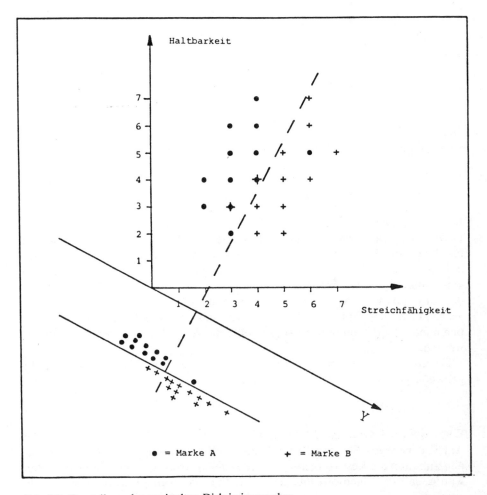

Abb. 5.6. Darstellung der ermittelten Diskriminanzachse

5.4.5 Vergleich mit Regressionsanalyse

Die Diskriminanzanalyse läßt sich formal auch als ein Verfahren charakterisieren, mittels dessen eine nominal skalierte Variable (die Gruppierungsvariable) durch eine Mehrzahl von metrisch skalierten Variablen (den Merkmalsvariablen) erklärt oder prognostiziert werden soll. Im Unterschied dazu ist bei der Regressionsanalyse auch die abhängige Variable metrisch skaliert.

Da sich eine binäre Variable formal immer wie eine metrische Variable behandeln läßt, besteht im *Zwei-Gruppen-Fall* eine formale Übereinstimmung zwischen Diskriminanz- und Regressionsanalyse. Mit einer Gruppierungsvariablen, die für Elemente der Gruppe A den Wert 1 und für Elemente der Gruppe B den Wert 2 annimmt, erhält man die folgende *Regressionsfunktion:*

$$Y = 0,9829 + 0,26894\,X_1 - 0,14728\,X_2$$

Multipliziert man die Regressionskoeffizienten mit dem Faktor 3,834, so erhält man die obigen Diskriminanzkoeffizienten. Die erhaltene Regressionsfunktion ist also lediglich anders „normiert" als die Diskriminanzfunktion.

Trotz der formalen Ähnlichkeit bestehen gravierende *modelltheoretische Unterschiede* zwischen Regressionsanalyse und Diskriminanzanalyse. Die abhängige Variable des Regressionsmodells ist eine Zufallsvariable, während die unabhängigen Variablen fix sind. Im statistischen Modell der Diskriminanzanalyse, das auf R. A. Fisher zurückgeht[7], verhält es sich genau umgekehrt, d. h. die Gruppen sind fixiert und die Merkmale variieren zufällig (stochastisch). Im Idealfall sind die Merkmalsvariablen multivariat normalverteilt.

5.4.6 Mehrfache Diskriminanzfunktionen

Im *Mehr-Gruppen-Fall*, d. h. bei mehr als zwei Gruppen, können mehr als eine Diskriminanzfunktion ermittelt werden. Bei G Gruppen lassen sich maximal G − 1 Diskriminanzfunktionen, die jeweils orthogonal (rechtwinklig bzw. unkorreliert) zueinander sind, bilden. Die Anzahl der Diskriminanzfunktionen kann allerdings nicht größer sein als die Anzahl J der Merkmalsvariablen, so daß die maximale Anzahl von Diskriminanzfunktionen durch Min{G − 1, J} gegeben ist. Gewöhnlich wird man jedoch mehr Merkmalsvariablen als Gruppen haben. Ist das nicht der Fall, so sollte die Anzahl der Gruppen vermindert werden.

Zu jeder Diskriminanzfunktion gehört ein Eigenwert. Für die Folge der Eigenwerte gilt

$$\gamma_1 > \gamma_2 > \gamma_3 > \dots$$

Eine zweite Diskriminanzfunktion wird so ermittelt, daß sie einen maximalen Anteil derjenigen Streuung erklärt, die nach Ermittlung der ersten Diskriminanzfunktion als Rest verbleibt. Da die erste Diskriminanzfunktion so ermittelt wurde, daß ihr Eigenwert und damit ihr Erklärungsanteil maximal wird, muß der Erklärungsanteil der zweiten Diskriminanzfunktion (bezogen auf die ge-

samte Streuung) geringer sein. Entsprechend wird jede weitere Diskriminanzfunktion so ermittelt, daß sie jeweils einen maximalen Anteil der verbleibenden
Reststreuung erklärt.

Als Maß für die relative Wichtigkeit einer Diskriminanzfunktion wird der
Eigenwertanteil (erklärter Varianzanteil)

$$EA_k = \frac{\gamma_k}{\gamma_1 + \gamma_2 + \dots + \gamma_K} \qquad (10)$$

verwendet. Er gibt die durch die k-te Diskriminanzfunktion erklärte Streuung
als Anteil der Streuung an, die insgesamt durch die Menge der K möglichen
Diskriminanzfunktionen erklärt wird. Die Eigenwertanteile summieren sich zu
eins, während die Eigenwerte selbst auch größer als eins sein können. Auf die
statistische Signifikanzprüfung von Diskriminanzfunktionen wird im folgenden Abschnitt eingegangen.

Die Wichtigkeit (diskriminatorische Bedeutung) der sukzessiv ermittelten
Diskriminanzfunktionen nimmt in der Regel sehr schnell ab. Empirische Er-
fahrungen zeigen, daß man auch bei großer Anzahl von Gruppen und Merkmalsvariablen meist mit zwei Diskriminanzfunktionen auskommt[8]. Dies hat
unter anderem den Vorteil, daß sich die Ergebnisse leichter interpretieren und
auch grafisch darstellen lassen.

Bei zwei Diskriminanzfunktionen läßt sich (analog der Diskriminanzachse
bei einer Diskriminanzfunktion) eine *Diskriminanzebene* bilden. Die Elemente
der Gruppen, die geometrisch gesehen Punkte im J-dimensionalen Raum der
Merkmalsvariablen bilden, lassen sich in der Diskriminanzebene grafisch darstellen. Desgleichen lassen sich auch die Merkmalsvariablen in der Diskriminanzebene als Vektoren darstellen. Die Diskriminanzanalyse kann somit auch
als ein metrisches Verfahren der multidimensionalen Skalierung Verwendung
finden[9].

5.5 Prüfung der Diskriminanzfunktion

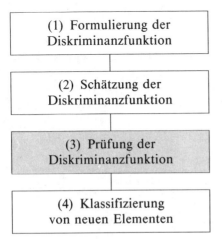

(1) Formulierung der
Diskriminanzfunktion

(2) Schätzung der
Diskriminanzfunktion

(3) Prüfung der
Diskriminanzfunktion

(4) Klassifizierung
von neuen Elementen

Die Güte (Trennkraft) einer Diskriminanzfunktion läßt sich an der Unterschiedlichkeit der Gruppen, wie sie sich
in den Diskriminanzwerten widerspiegelt, messen. Zwecks Prüfung der Diskriminanzfunktion läßt sich daher auf das
oben abgeleitete Diskriminanzkriterium
zurückgreifen.

Eine zweite Möglichkeit zur Prüfung
der Diskriminanzfunktion besteht darin,
die durch die Diskriminanzfunktion be-
wirkte Klassifizierung der Untersuchungsobjekte mit deren tatsächlicher
Gruppenzugehörigkeit zu vergleichen.
Beide Möglichkeiten sind inhaltlich eng

miteinander verknüpft und müssen somit zu ähnlichen Ergebnissen führen. Die zweite Möglichkeit soll hier zunächst behandelt werden.

5.5.1 Prüfung der Klassifikation

Um zu überprüfen, ob die Elemente in der untersuchten Stichprobe durch die ermittelte Diskriminanzfunktion korrekt oder falsch klassifiziert werden, sind zunächst deren Diskriminanzwerte zu berechnen.

Für das erste Element des Beispiels (die Beurteilung von Marke A durch Person 1) erhält man mit der oben ermittelten Diskriminanzfunktion den Diskriminanzwert

$$Y_{A1} = -1,9823 + 1,03106 \cdot 2 - 0,56463 \cdot 3$$
$$= -1,6141$$

In Tabelle 5.4 sind die Diskriminanzwerte aller 24 Markenbeurteilungen sowie deren Mittelwerte, empirische Varianzen und Standardabweichungen in den beiden Gruppen zusammengestellt. Die Mittelwerte kennzeichnen die Lage der Gruppenmittel (Centroide) auf der Diskriminanzachse, die in Abbildung 5.7 wiedergegeben ist. Für das Gesamtmittel und damit den kritischen Diskriminanzwert ergibt sich gemäß der durchgeführten Normierung der Wert null.

Die korrekt klassifizierten Elemente der Gruppe A müssen negative und die der Gruppe B positive Diskriminanzwerte haben. Aus Tabelle 5.4 ist, wie schon aus Abbildung 5.5, ersichtlich, daß ein Element von Gruppe A und zwei Elemente von Gruppe B falsch zugeordnet werden. Insgesamt werden somit 21 von 24 Beurteilungen korrekt klassifiziert und die „Trefferquote" beträgt 87,5%.

Die Häufigkeiten der korrekt und falsch klassifizierten Elemente für die verschiedenen Gruppen lassen sich übersichtlich in einer sog. *Klassifikationsmatrix* (auch Confusion-Matrix genannt) zusammenfassen. Tabelle 5.5 zeigt die Klassifikationsmatrix für das Beispiel. In der Diagonale stehen die Fallzahlen der korrekt klassifizierten Elemente jeder Gruppe und in den übrigen Feldern die der falsch klassifizierten Elemente. In Klammern sind jeweils die relativen Häufigkeiten angegeben. Die Klassifikationsmatrix läßt sich analog auch für mehr als zwei Gruppen erstellen.

Um die Klassifikationsfähigkeit einer Diskriminanzfunktion richtig beurteilen zu können, muß man deren Trefferquote mit derjenigen Trefferquote ver-

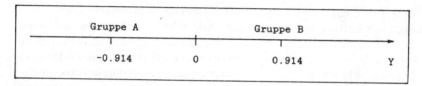

Abb. 5.7. Diskriminanzachse

Tabelle 5.4. Diskriminanzwerte der Markenbeurteilungen (mit Angabe von Mittelwert, Varianz und Standardabweichung)

Person i	Marke A Y_{Ai}	Marke B Y_{Bi}
1	− 1,6141	0,9145
2	− 1,1477	0,4480
3	1,3809*	2,4119
4	− 0,1166	− 0,5830*
5	− 0,0184	− 0,1166*
6	− 1,8105	2,0437
7	− 1,7123	1,0126
8	− 2,1787	0,3498
9	− 0,2148	0,2516
10	− 2,2769	1,4791
11	− 0,5830	1,9455
12	− 0,6812	0,8163
$\bar{Y}_g$	− 0,9145	0,9145
s_g^2	1,1636	0,8364
s_g	1,0787	0,9145

Tabelle 5.5. Klassifikationsmatrix

Tatsächliche Gruppenzugehörigkeit	Prognostizierte Gruppenzugehörigkeit	
	Marke A	Marke B
Marke A	11 (91,7%)	1 (8,3%)
Marke B	2 (16,7%)	10 (83,3%)

gleichen, die man bei einer rein *zufälligen Zuordnung* der Elemente, z. B. durch Werfen einer Münze oder durch Würfeln, erreichen würde. Im vorliegenden Fall bei zwei Gruppen mit gleicher Größe wäre bei zufälliger Zuordnung bereits eine Trefferquote von 50% zu erwarten. Eine Diskriminanzfunktion kann nur dann von Nutzen sein, wenn sie eine höhere Trefferquote erzielt, als nach dem Zufallsprinzip zu erwarten ist.

Weiterhin ist zu berücksichtigen, daß die Trefferquote immer überhöht ist, wenn sie, wie allgemein üblich, auf Basis derselben Stichprobe berechnet wird, die auch für die Schätzung der Diskriminanzfunktion verwendet wurde. Da die Diskriminanzfunktion immer so ermittelt wird, daß die Trefferquote in der verwendeten Stichprobe maximal wird, ist bei Anwendung auf eine andere Stichprobe mit einer niedrigeren Trefferquote zu rechnen. Dieser *Stichprobeneffekt* vermindert sich allerdings mit zunehmendem Umfang der Stichprobe.

Eine *bereinigte Trefferquote* läßt sich gewinnen, indem man die verfügbare Stichprobe zufällig in zwei Unterstichproben aufteilt. Der eine Teil wird zur

Schätzung der Diskriminanzfunktion verwendet und der andere zur Berechnung der Trefferquote. Diese Vorgehensweise ist allerdings nur dann zweckmäßig, wenn eine hinreichend große Stichprobe zur Verfügung steht, da mit abnehmender Größe der Stichprobe die Zuverlässigkeit der geschätzten Diskriminanzkoeffizienten abnimmt. Außerdem wird die vorhandene Information nur unvollständig genutzt[10].

5.5.2 Prüfung der Diskriminanz

Die Diskriminanzfunktion wurde durch Maximierung der Unterschiedlichkeit der Gruppen ermittelt. Der Eigenwert (Maximalwert des Diskriminanzkriteriums)

$$\gamma = \frac{SS_b}{SS_w} = \frac{\text{erklärte Streuung}}{\text{nichterklärte Streuung}} \tag{11}$$

bildet somit gleichermaßen ein Maß für die Unterschiedlichkeit der Gruppen wie auch die Güte (Trennkraft) der Diskriminanzfunktion. Er besitzt jedoch den Nachteil, daß er nicht auf Werte zwischen null und eins normiert ist. Wie sich aus (11) ersehen läßt, kann der Eigenwert auch größer als eins sein, da SS_b und SS_w beliebige positive Werte annehmen können.

Im Gegensatz dazu sind die folgenden Quotienten auf Werte von null bis eins normiert:

$$\frac{SS_b}{SS_b + SS_w} = \frac{\text{erklärte Streuung}}{\text{Gesamtstreuung}} = \frac{\gamma}{1+\gamma} \tag{12}$$

$$\frac{SS_w}{SS_b + SS_w} = \frac{\text{nichterklärte Streuung}}{\text{Gesamtstreuung}} = \frac{1}{1+\gamma} \tag{13}$$

Im Zwei-Gruppen-Fall entspricht (12) dem Bestimmtheitsmaß R^2 der Regressionsanalyse. In der Diskriminanzanalyse wird üblicherweise die Wurzel von (12) als Gütemaß verwendet. Sie wird als *kanonischer Korrelationskoeffizient* bezeichnet[11]. Im Zwei-Gruppen-Fall ist die kanonische Korrelation identisch mit der (einfachen) Korrelation zwischen den geschätzten Diskriminanzwerten und der Gruppierungsvariablen.

Kanonischer Korrelationskoeffizient

$$C = \sqrt{\frac{\gamma}{1+\gamma}} \tag{14}$$

mit
γ = Eigenwert der Diskriminanzfunktion

Im Beispiel erhält man für den kanonischen Korrelationskoeffizienten den Wert

$$C = \sqrt{\frac{0,91224}{1+0,91224}} = 0,6907$$

Der Ausdruck in (15) wird als *Wilks' Lambda* (oder auch als U-Statistik) bezeichnet. Er ist ein „inverses" Gütemaß, d. h. kleinere Werte bedeuten höhere Unterschiedlichkeit der Gruppen bzw. Trennkraft der Diskriminanzfunktion und umgekehrt.

Wilks' Lambda

$$L = \frac{1}{1+\gamma} \tag{15}$$

mit
γ = Eigenwert der Diskriminanzfunktion

Im Beispiel erhält man für Wilks' Lambda den Wert

$$L = \frac{1}{1+0,91224} = 0,5229$$

Zwischen C und L besteht die folgende Beziehung

$$C^2 + L = 1$$

Die Bedeutung von Wilks' Lambda liegt darin, daß es sich in eine probabilistische Variable transformieren läßt und damit Wahrscheinlichkeitsaussagen über die Unterschiedlichkeit von Gruppen erlaubt. Dadurch wird eine statistische *Signifikanzprüfung der Diskriminanzfunktion* möglich. Die Transformation

$$\chi^2 = -\left[N - \frac{J+G}{2} - 1\right] \ln L \tag{16}$$

liefert eine Variable, die angenähert chi^2-verteilt ist mit $J \cdot (G-1)$ Freiheitsgraden (degrees of freedom). Der Chi^2-Wert wird mit kleinerem L größer. Höhere Werte bedeuten daher auch größere Unterschiedlichkeit der Gruppen.
    Für das Beispiel erhält man

$$\chi^2 = -\left[24 - \frac{2+2}{2} - 1\right] \ln 0,5229 = 13,615$$

Für 2 Freiheitsgrade läßt sich damit aus der Chi^2-Tabelle im Anhang dieses Buches ein Signifikanzniveau (Irrtumswahrscheinlichkeit) α von annähernd 0,001 entnehmen. Die ermittelte Diskriminanzfunktion ist also hoch signifikant.
    Die Signifikanzprüfung beinhaltet eine Überprüfung der Nullhypothese, daß die beiden Gruppen sich nicht unterscheiden, oder, angewendet auf das Beispiel, daß die beiden Marken gleich beurteilt werden. Unter dieser Hypothese

kommt einer größeren Unterschiedlichkeit und damit einem größeren Chi²-Wert eine niedrigere Wahrscheinlichkeit zu. Die Wahrscheinlichkeit, daß bei Richtigkeit der Nullhypothese (und somit also rein zufallsbedingt) ein Chi²-Wert von 13,6 zustandekommt, ist wenig größer als 0,1%. Es ist somit höchst unwahrscheinlich, daß die Nullhypothese wahr ist.

Mit Hilfe von Wilks' Lambda läßt sich auch vor Durchführung einer Diskriminanzanalyse für jede Merkmalsvariable isoliert deren Trennfähigkeit überprüfen. Die Berechnung erfolgt in diesem Fall durch Streuungszerlegung gemäß Formel (13). Zur Signifikanzprüfung kann anstelle der Chi²-Verteilung auch die F-Verteilung verwendet werden. Das Ergebnis entspricht dann einer einfachen Varianzanalyse zwischen Gruppierungs- und Merkmalsvariable.

Im *Mehr-Gruppen-Fall*, wenn sich K Diskriminanzfunktionen bilden lassen, können diese einzeln mit Hilfe der obigen Maße beurteilt und miteinander verglichen werden. Um die *Unterschiedlichkeit der Gruppen* zu prüfen, müssen dagegen alle Diskriminanzfunktionen bzw. deren Eigenwerte gemeinsam berücksichtigt werden. Ein geeignetes Maß hierfür ist das *multivariate Wilks' Lambda*. Man erhält es durch Multiplikation der univariaten Lambdas gemäß (15).

Multivariates Wilks' Lambda

$$L = \prod_{k=1}^{K} \frac{1}{1+\gamma_k} \qquad (17)$$

mit
γ_k = Eigenwert der k-ten Diskriminanzfunktion

Zwecks Signifikanzprüfung der Unterschiedlichkeit der Gruppen bzw. der Gesamtheit der Diskriminanzfunktionen kann wiederum mittels der Transformation (16) eine Chi²-Variable gebildet werden.

Um zu entscheiden, ob nach Ermittlung der ersten k Diskriminanzfunktionen die restlichen Q−k Diskriminanzfunktionen noch signifikant zur Unterscheidung der Gruppen beitragen können, ist es von Nutzen, Wilks' Lambda in folgender Form zu berechnen:

Wilks' Lambda für *residuelle Diskriminanz* nach Ermittlung von k Diskriminanzfunktionen

$$L_k = \prod_{q=k+1}^{K} \frac{1}{1+\gamma_q} \quad k=0, 1, \dots K-1 \qquad (18)$$

mit
γ_q = Eigenwert der q-ten Diskriminanzfunktion

Die zugehörige Chi²-Variable, die man durch Einsetzen von L_k in (16) erhält, besitzt $(J-k)\cdot(G-k-1)$ Freiheitsgrade. Für k=0 ist Formel (18) identisch mit (17).

Wird die residuelle Diskriminanz insignifikant, so kann man die Ermittlung weiterer Diskriminanzfunktionen abbrechen, da diese nicht signifikant zur Trennung der Gruppen beitragen können. Diese Vorgehensweise bietet allerdings keine Gewähr dafür, daß die bereits ermittelten k Diskriminanzfunktionen alle signifikant sind (ausgenommen bei $k = 1$), sondern stellt lediglich sicher, daß diese in ihrer Gesamtheit signifikant trennen. Ist die residuelle Diskriminanz bereits für $k = 0$ insignifikant, so bedeutet dies, daß die Nullhypothese nicht widerlegt werden kann. Es ist zu folgern, daß keine systematischen Unterschiede zwischen den Gruppen existieren und somit die Bildung von Diskriminanzfunktionen nutzlos ist.

Die statistische Signifikanz einer Diskriminanzfunktion besagt andererseits noch nicht, daß diese auch wirklich gut trennt, sondern lediglich, daß sich die Gruppen bezüglich dieser Diskriminanzfunktion signifikant unterscheiden. Sehr kleine Unterschiede zwischen den Gruppen aber werden immer signifikant, wenn der Stichprobenumfang hinreichend groß wird. Bei der Beurteilung von Diskriminanzfunktionen müssen daher (wie bei allen statistischen Hypothesenprüfungen) auch außerstatistische Aspekte berücksichtigt werden. Aus Gründen der Interpretierbarkeit und grafischen Darstellbarkeit kann es z. B. bei einer Mehrzahl von signifikanten Diskriminanzfunktion sinnvoll sein, sich mit nur zwei oder maximal drei Diskriminanzfunktionen zu begnügen.

5.5.3 Prüfung der Merkmalsvariablen

Es ist aus zweierlei Gründen von Interesse, die Wichtigkeit der Merkmalsvariablen in der Diskriminanzfunktion beurteilen zu können. Zum einen, um die Unterschiedlichkeit der Gruppen erklären zu können, und zum anderen, um unwichtige Variable aus der Diskriminanzfunktion zu entfernen.

Die ermittelten Diskriminanzkoeffizienten sind für die Beurteilung der diskriminatorischen Bedeutung einer Merkmalsvariablen ungeeignet. Die Größe eines Diskriminanzkoeffizienten ist unter anderem abhängig von der Standardabweichung der zugehörigen Variablen und damit von eventuell willkürlichen Skalierungseffekten. Hat man z. B. eine Merkmalsvariable „Preis" und ändert deren Maßeinheit von [DM] auf [Pfennig], so würde sich deren Standardabweichung um den Faktor 100 vergrößern, der Diskriminanzkoeffizient aber auf ein Hundertstel zusammenschrumpfen.

Um diesen Effekt auszuschalten, muß man die Diskriminanzkoeffizienten mit den Standardabweichungen der betreffenden Merkmalsvariablen multiplizieren. Die so erhaltenen Koeffizienten werden als *standardisierte Diskriminanzkoeffizienten* bezeichnet[12].

Standardisierter Diskriminanzkoeffizient

$$b_j^* = b_j \cdot s_j \tag{19}$$

mit
b_j = Diskriminanzkoeffizient von Merkmalsvariable j
s_j = Standardabweichung von Merkmalsvariable j

Zweckmäßigerweise werden für die Standardisierung die gesamten (gepoolten) Innergruppen-Standardabweichungen der Merkmalsvariablen verwendet. Für das Beispiel lassen sich aus Tabelle 5.3b die Werte $s_1 = 1{,}148$ und $s_2 = 1{,}492$ entnehmen. Man erhält damit die standardisierten Diskriminanzkoeffizienten

$$b_1^* = b_1 \cdot s_1 = \quad 1{,}031 \cdot 1{,}148 = \quad 1{,}184$$

$$b_2^* = b_2 \cdot s_2 = -0{,}565 \cdot 1{,}492 = -0{,}843$$

Für die Unterscheidung der beiden Margarinemarken ist hier die „Streichfähigkeit" mit 1,184 also wichtiger als die „Haltbarkeit" mit einem Wert von −0,843. Das Vorzeichen spielt dabei keine Rolle.

Das gleiche Ergebnis konnte man bereits durch isolierte Betrachtung (univariate Analyse) der beiden Merkmalsvariablen erhalten (vgl. Abbildung 5.5 und Tabelle 5.3 d). Bei mehr als zwei Merkmalsvariablen aber kann es sehr wohl infolge der Interkorrelation zwischen den Merkmalsvariablen der Fall sein, daß einer Variable nur geringe diskriminatorische Bedeutung zukommt, die bei isolierter Betrachtung wichtig erscheint, und umgekehrt.

Zur Unterscheidung von den standardisierten Diskriminanzkoeffizienten werden die (normierten) Koeffizienten der Diskriminanzfunktion auch als *unstandardisierte Diskriminanzkoeffizienten* bezeichnet. Zur Berechnung von Diskriminanzwerten müssen immer die unstandardisierten Diskriminanzkoeffizienten verwendet werden.

5.6 Klassifizierung

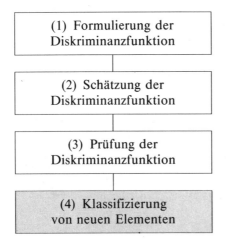

Für die Klassifizierung von neuen Elementen lassen sich die folgenden Konzepte unterscheiden:

- Distanzkonzept
- Wahrscheinlichkeitskonzept
- Klassifizierungsfunktionen

Das Distanzkonzept wurde oben bereits angesprochen. Auf dem Distanzkonzept basiert auch das Wahrscheinlichkeitskonzept, welches die Behandlung der Klassifizierung als ein statistisches Entscheidungsproblem ermöglicht. Es besitzt daher unter diesen Konzepten die größte Flexibilität. Weniger flexibel, aber besonders einfach in der praktischen Durchführung, ist die Klassifizierung mit Hilfe der Fisher'schen Klassifizierungsfunktionen.

5.6.1 Das Distanzkonzept

Gemäß dem Distanzkonzept wird ein Element i in diejenige Gruppe g eingeordnet, der es am nächsten liegt, d. h. bezüglich derer die Distanz zwischen Element und Gruppenmittel (Centroid) minimal wird. Die Distanz ergibt sich dabei aus dem Abstand zwischen Element und Centroid auf der Diskriminanz-achse. Üblicherweise werden die quadrierten Distanzen

$$D_{ig}^2 = (Y_i - \bar{Y}_g)^2 \quad (g = 1, \ldots, G) \tag{20}$$

verwendet. Bei einer Mehrzahl von K Diskriminanzfunktionen läßt sich dieses Maß wie folgt verallgemeinern:

Quadrierte euklidische Distanz

$$D_{ig}^2 = \sum_{k=1}^{K} (Y_{ki} - \bar{Y}_{kg})^2 \quad (g = 1, \ldots, G) \tag{21}$$

mit

Y_{ki} = Diskriminanzwert von Element i bezüglich Diskriminanzfunktion k
$\bar{Y}_{kg}$ = Lage des Centroids von Gruppe g bezüglich Diskriminanzfunktion k

D_{ig} ist die *euklidische Distanz* im K-dimensionalen Diskriminanzraum zwischen dem Element i und dem Centroid der Gruppe g. Die Anwendbarkeit der euklidischen Distanz folgt aus der Orthogonalität und Normierung der Diskriminanzfunktionen.

Alternativ lassen sich auch Distanzen im J-dimensionalen Raum der Merkmalsvariablen berechnen. Es müssen dabei jedoch die unterschiedlichen Maßeinheiten (Standardabweichungen) der Variablen wie auch die Korrelationen zwischen den Variablen berücksichtigt werden. Ein verallgemeinertes Distanzmaß, bei dem dies der Fall ist, ist die *Mahalanobis-Distanz*. Bei nur zwei Variablen errechnet sich die quadrierte Mahalanobis-Distanz wie folgt:

$$D_{ig}^2 = \frac{(X_{1i} - \bar{X}_{1g})^2 s_2^2 + (X_{2i} - \bar{X}_{2g})^2 s_1^2 - 2(X_{1i} - \bar{X}_{1g})(X_{2i} - \bar{X}_{2g}) s_{12}}{s_1^2 s_2^2 - s_{12}}$$

Dabei sind durch s_1 bzw. s_2 die Standardabweichungen und durch s_{12} die Kovarianz der beiden Variablen bezeichnet. Die Mahalanobis-Distanz nimmt zu, wenn die Korrelation zwischen den Variablen (und damit s_{12}) abnimmt. Da die Standardabweichungen der Diskriminanzvariablen immer eins und deren Korrelationen null sind, sind folglich die euklidischen Distanzen im Diskriminanzraum zugleich auch Mahalanobis-Distanzen. Vgl. hierzu auch die Ausführungen im Anhang B dieses Kapitels.

Die Klassifizierung nach euklidischen Distanzen im Raum der Diskriminanzvariablen ist der Klassifizierung nach Mahalanobis-Distanzen im Raum der Merkmalsvariablen äquivalent, wenn alle K möglichen Diskriminanzfunktionen berücksichtigt werden[13]. Liegen die Diskriminanzfunktionen vor, so bedeutet es eine erhebliche Erleichterung, wenn die Distanzen im Diskriminanzraum gebildet werden.

Es ist für die Durchführung der Klassifizierung nicht zwingend, alle mathematisch möglichen Diskriminanzfunktionen zu berücksichtigen. Vielmehr reicht es aus, sich auf die wichtigen oder die signifikanten Diskriminanzfunktionen zu beschränken, da sich dadurch bei nur unbedeutendem Informationsverlust die Berechnung wesentlich vereinfacht. Die Beschränkung auf die signifikanten Diskriminanzfunktionen kann überdies den Vorteil haben, daß Zufallsfehler in den Merkmalsvariablen herausgefiltert werden.

Die obigen Ausführungen unterstellen, daß die Streuungen in den Gruppen annähernd gleich sind. Wenn diese Annahme nicht aufrechterhalten werden kann, müssen modifizierte Distanzen verwendet werden, deren Berechnung im Anhang B gezeigt wird. Bei Verwendung von SPSS[x] kann die Annahme gleicher Streuungen (Kovarianzmatrizen der Merkmalsvariablen) durch Berechnung von *Box's M* überprüft werden[14]. Mittels einer F-Verteilung läßt sich daraus die Wahrscheinlichkeit (Signifikanz) dieser Annahme ableiten. Niedrige Signifikanzwerte deuten auf ungleiche Streuungen hin.

5.6.2 Das Wahrscheinlichkeitskonzept

Das Wahrscheinlichkeitskonzept ermöglicht gegenüber dem Distanzkonzeptes auch die Berücksichtigung von

- Apriori-Wahrscheinlichkeiten
- ungleichen „Kosten" der Fehlklassifikation

Ohne diese Erweiterungen führt es zu den gleichen Ergebnissen wie das Distanzkonzept.

Das Wahrscheinlichkeitskonzept beinhaltet die folgende *Klassifizierungsregel:*

Ordne ein Element i derjenigen Gruppe g zu, für die die Wahrscheinlichkeit

$$P(g|Y_i)$$

maximal ist.

$P(g|Y_i)$ = Wahrscheinlichkeit für die Zugehörigkeit von Element i mit Diskriminanzwert Y_i zu Gruppe g (g = 1, ..., G)

Zur Berechnung der Klassifizierungswahrscheinlichkeiten $P(g|Y_i)$ wird das *Bayes-Theorem* angewendet. In der Terminologie der statistischen Entscheidungstheorie werden sie als *Aposteriori-Wahrscheinlichkeiten* bezeichnet. Sie ergeben sich durch Verknüpfung von a priori gegebenen Wahrscheinlichkeiten sowie von bedingten Wahrscheinlichkeiten, in denen die in den Merkmalsvariablen enthaltene Information zum Ausdruck kommt.

Bayes-Theorem

$$P(g|Y_i) = \frac{P(Y_i|g)\,P_i(g)}{\displaystyle\sum_{g=1}^{G} P(Y_i|g)\,P_i(g)} \qquad (g = 1, ..., G) \qquad (22)$$

mit
$P(g|Y_i)$ = Aposteriori-Wahrscheinlichkeit
$P(Y_i|g)$ = Bedingte Wahrscheinlichkeit
$P_i(g)$ = Apriori-Wahrscheinlichkeit

Die *bedingte Wahrscheinlichkeit* gibt an, wie wahrscheinlich ein Diskriminanzwert Y_i für das Element i wäre, wenn dieses zu Gruppe g gehören würde. Sie läßt sich durch Transformation der Distanz D_{ig} ermitteln.

Als *Apriori-Wahrscheinlichkeiten* werden solche Wahrscheinlichkeiten bezeichnet, die a priori, d. h. vor Ermittlung der Diskriminanzfunktion bzw. der Diskriminanzwerte, hinsichtlich der Gruppenzugehörigkeit gegeben sind oder geschätzt werden können.

Mittels der Apriori-Wahrscheinlichkeiten läßt sich gegebenenfalls berücksichtigen, daß die betrachteten Gruppen mit unterschiedlicher Häufigkeit in der Realität vorkommen. A priori ist z. B. von einer Person eher zu erwarten, daß sie Wähler einer großen Partei oder Käufer einer Marke mit großem Marktanteil ist, als Wähler einer kleinen Partei oder Käufer einer kleinen Marke. Entsprechend den relativen Größen der Gruppen, soweit diese bekannt sind, können daher Apriori-Wahrscheinlichkeiten gebildet werden. Der Untersucher kann aber auch durch subjektive Schätzung der Apriori-Wahrscheinlichkeiten seine persönliche Meinung, die er unabhängig von den in die Diskriminanzfunktion eingehenden Informationen gebildet hat, in die Rechnung einbringen.

Die Apriori-Wahrscheinlichkeiten müssen sich über die Gruppen zu eins addieren:

$$\sum_{g=1}^{G} P_i(g) = 1$$

Wenn alle Apriori-Wahrscheinlichkeiten gleich sind, d. h. wenn

$$P_i(g) = 1/G \quad \text{für} \quad g = 1, \ldots, G$$

gilt, dann haben sie keinen Effekt auf die Berechnung der Aposteriori-Wahrscheinlichkeiten und können auch weggelassen werden.

Bei Durchführung einer Klassifikation im Rahmen von konkreten Problemstellungen (Entscheidungsproblemen) ist es häufig der Fall, daß die Konsequenzen oder *„Kosten" der Fehlklassifikation* zwischen den Gruppen differieren. So ist z. B. in der medizinischen Diagnostik der Schaden, der dadurch entsteht, daß eine bösartige Krankheit nicht rechtzeitig erkannt wird, sicherlich größer, als die irrtümliche Diagnose einer bösartigen Krankheit. Das Beispiel macht gleichzeitig deutlich, daß die Bewertung der „Kosten" sehr schwierig sein kann. Eine ungenaue Bewertung aber ist i. d. R. besser als keine Bewertung und damit keine Berücksichtigung der unterschiedlichen Konsequenzen.

Die Berücksichtigung von ungleichen Kosten der Fehlklassifikation kann durch Anwendung der *Bayes'schen Entscheidungsregel* erfolgen, die auf dem Konzept des statistischen Erwartungswertes basiert[15]. Es ist dabei gleichgültig ob der Erwartungswert eines Kosten- bzw. Verlustkriteriums minimiert oder eines Gewinn- bzw. Nutzenkriteriums maximiert wird.

Klassifizierung durch Anwendung der Bayes-Regel

Ordne ein Element i derjenigen Gruppe g zu, für die der Erwartungswert der Kosten

$$E_g(K) = \sum_{h=1}^{G} K_{gh} P(h|Y_i) \quad (g=1,\ldots,G) \tag{23}$$

minimal ist.

$P(h|Y_i)$ = Wahrscheinlichkeit für die Zugehörigkeit von Element i mit Diskriminanzwert Y_i zu Gruppe h $(h=1,\ldots,G)$

K_{gh} = Kosten der Einstufung in Gruppe g, wenn das Element zu Gruppe h gehört

Die Anwendung der Bayes-Regel soll an einem kleinen *Beispiel* verdeutlicht werden. Ein Bankkunde i möchte einen Kredit in Höhe von DM 1000 für ein Jahr zu einem Zinssatz von 10% aufnehmen. Für die Bank stellt sich das Problem, den möglichen Zinsgewinn gegen das Risiko eines Kreditausfalls abzuwägen. Für den Kunden wurden folgende *Klassifizierungswahrscheinlichkeiten* ermittelt:

$P(1|Y_i) = 0,8$ (Kreditrückzahlung)

$P(2|Y_i) = 0,2$ (Kreditausfall)

Wenn die Einordnung in Gruppe 1 mit einer Vergabe des Kredites und die Einordnung in Gruppe 2 mit einer Ablehnung gekoppelt ist, so lassen sich die folgenden *Kosten* einer Fehlklassifikation angeben:

Einordnung in Gruppe g	tatsächliche Gruppenzugehörigkeit	
	Rückzahlung 1	Ausfall 2
1 Vergabe	− 100	1 000
2 Ablehnung	100	0

Vergibt die Bank den Kredit, so erlangt sie bei ordnungsgemäßer Tilgung einen Gewinn (negative Kosten) in Höhe von DM 100, während ihr bei Zahlungsunfähigkeit des Kunden ein Verlust in Höhe von DM 1000 entsteht. Vergibt die Bank dagegen den Kredit nicht, so entstehen ihr eventuell Opportunitätskosten (durch entgangenen Gewinn) in Höhe von DM 100.

Die *Erwartungswerte* der Kosten für die beiden Handlungsalternativen errechnen sich mit den obigen Wahrscheinlichkeiten wie folgt:

Vergabe: $E_1(K) = -100 \cdot 0,8 + 1000 \cdot 0,2 = 120$
Ablehnung: $E_2(K) = 100 \cdot 0,8 + 0 \cdot 0,2 = 80$

Die erwarteten Kosten der zweiten Alternative sind niedriger. Folglich ist der Kreditantrag bei Anwendung der Bayes-Regel abzulehnen, obgleich die Wahrscheinlichkeit einer Kreditrückzahlung weit höher ist als die eines Kreditausfalls.

5.6.3 Berechnung der Klassifizierungswahrscheinlichkeiten

Die Klassifizierungswahrscheinlichkeiten lassen sich aus den Distanzen unter Anwendung des Bayes-Theorems wie folgt berechnen (vgl. Anhang C):

$$P(g|Y_i) = \frac{\exp(-D_{ig}^2/2)\,P_i(g)}{\sum\limits_{g=1}^{G} \exp(-D_{ig}^2/2)\,P_i(g)} \qquad (g=1,\ldots,G) \qquad (24)$$

mit

D_{ig} = Distanz zwischen Element i und dem Centroid von Gruppe g
$P_i(g)$ = Apriori-Wahrscheinlichkeit für die Zugehörigkeit von Element i zu Gruppe g

Beispiel: Für ein Element i mit Merkmalswerten

$$X_{1i}=6 \quad \text{und} \quad X_{2i}=7$$

erhält man durch Anwendung der oben ermittelten Diskriminanzfunktion den folgenden Diskriminanzwert:

$$Y_i = -1,9823 + 1,03106\cdot6 + 0,56463\cdot7 = 0,2516$$

Bezüglich der beiden Gruppen A und B erhält man die quadrierten *Distanzen:*

$$D_{ig}^2=(Y_i-\bar{Y}_g)^2$$

$D_{iA}^2=(0,2516+0,9145)^2=1,3598$
$D_{iB}^2=(0,2516-0,9145)^2=0,4394$

Die *Transformation der Distanzen* liefert die Werte (Dichten):

$$f(Y_i|g)=\exp(-D_{ig}^2/2)$$

$f(Y_i|A)=0,5067$
$f(Y_i|B)=0,8028$

Damit erhält man durch (24) unter Vernachlässigung von Apriori-Wahrscheinlichkeiten die gesuchten *Klassifizierungswahrscheinlichkeiten:*

$$P(g|Y_i) = \frac{f(Y_i|g)}{f(Y_i|A)+f(Y_i|B)}$$

$$P(A|Y_i) = \frac{0,5067}{0,5067+0,8028} = 0,387$$

$$P(B|Y_i) = \frac{0,8028}{0,5067+0,8028} = 0,613$$

Das Element i ist folglich in die Gruppe B einzuordnen. Dasselbe Ergebnis liefert auch das Distanzkonzept. Unterschiedliche Ergebnisse können sich nur bei Einbeziehung von Apriori-Wahrscheinlichkeiten ergeben.
Sind die *Apriori-Wahrscheinlichkeiten*

$$P_i(A)=0,4 \quad \text{und} \quad P_i(B)=0,6$$

gegeben und sollen diese in die Schätzung einbezogen werden, so erhält man stattdessen die folgenden Klassifizierungswahrscheinlichkeiten:

$$P(g|Y_i) = \frac{f(Y_i|g)\,P_i(g)}{f(Y_i|A)\,P_i(A) + f(Y_i|B)\,P_i(B)}$$

$$P(A|Y_i) = \frac{0,5067 \cdot 0,4}{0,5067 \cdot 0,4 + 0,8028 \cdot 0,6} = 0,296$$

$$P(B|Y_i) = \frac{0,8028 \cdot 0,6}{0,5067 \cdot 0,4 + 0,8028 \cdot 0,6} = 0,704$$

Da sich hier die in den Merkmalswerten enthaltene Information und die Apriori-Information gegenseitig bestärken, erhöht sich die relative Sicherheit für die Einordnung von Element i in Gruppe B.

Die obigen Berechnungen basieren auf der *Annahme gleicher Streuungen* in den Gruppen. Die Überprüfung dieser Annahme mit Hilfe von Box's M liefert für das Beispiel ein Signifikanzniveau von über 95%, welches die Annahme gleicher Streuungen rechtfertigt. Die Berechnung von Klassifizierungswahrscheinlichkeiten unter Berücksichtigung ungleicher Streuungen wird im Anhang C behandelt. Bei Anwendung von SPSS[x] kann die Klassifizierung wahlweise unter der Annahme gleicher Streuungen (Voreinstellung) wie auch unter Berücksichtigung der individuellen Streuungen in den Gruppen durchgeführt werden.

5.6.4 Überprüfung der Klassifizierung

Die Summe der Klassifizierungswahrscheinlichkeiten, die man durch Anwendung des Bayes-Theorems erhält, ergibt immer eins. Die Anwendung des Bayes-Theorems schließt also aus, daß ein zu klassifizierendes Element eventuell keiner der vorgegebenen Gruppen angehört. Die Klassifizierungswahrscheinlichkeiten erlauben deshalb auch keine Aussage darüber, ob und wie wahrscheinlich es ist, daß ein klassifiziertes Element überhaupt einer der betrachteten Gruppen angehört.

Aus diesem Grunde ist es zur Kontrolle der Klassifizierung zweckmäßig, für die gewählte Gruppe g (mit der höchsten Klassifizierungswahrscheinlichkeit) die bedingte Wahrscheinlichkeit $P(Y_i|g)$ zu überprüfen. In Formel (24) wurde die explizite Berechnung der bedingten Wahrscheinlichkeiten umgangen. Sie müssen daher bei Bedarf gesondert ermittelt werden.

Die bedingte Wahrscheinlichkeit ist in Abbildung 5.8 dargestellt. Je größer die Distanz D_{ig} wird, desto unwahrscheinlicher wird es, daß für ein Element von Gruppe g eine gleich große oder gar größere Distanz beobachtet wird, und desto geringer wird damit die Wahrscheinlichkeit der Hypothese „Element i gehört zu Gruppe g". Die bedingte Wahrscheinlichkeit $P(Y_i|g)$ ist die Wahrscheinlichkeit bzw. das Signifikanzniveau dieser Hypothese.

Im Gegensatz zu den Apriori- und Aposteriori-Wahrscheinlichkeiten müssen sich die bedingte Wahrscheinlichkeit über die Gruppen nicht zu eins addieren. Die bedingten Wahrscheinlichkeiten eines Elementes können daher bezüglich aller Gruppen beliebig klein sein. Da die bedingte Wahrscheinlichkeit für

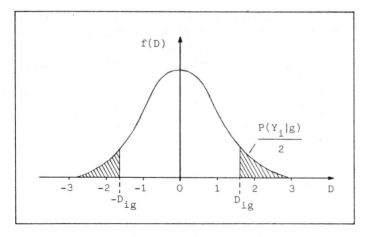

Abb. 5.8. Darstellung der bedingten Wahrscheinlichkeit (schraffierte Fläche) unter der Dichtefunktion der standardisierten Normalverteilung

die Gruppe mit der höchsten Klassifizierungswahrscheinlichkeit am größten ist, braucht sie nur für diese Gruppe überprüft zu werden. Etwas anderes kann gelten, wenn Apriori-Wahrscheinlichkeiten berücksichtigt wurden.

Die bedingte Wahrscheinlichkeit läßt sich mit Hilfe einer Tabelle der standardisierten Normalverteilung leicht bestimmen. Für das oben betrachtete Element mit dem Diskriminanzwert $Y_i = 0,2516$ und der minimalen Distanz $D_{iB} = 0,663$ erhält man die bedingte Wahrscheinlichkeit

$$P(Y_i|B) = 0,507$$

Gut die Hälfte aller Elemente der Gruppe B ist also weiter entfernt vom Centroid, als das Element i. Das Element i fällt daher nicht durch ungewöhnliche Merkmalsausprägungen auf.

Im Vergleich dazu sei ein Element r mit den Merkmalswerten

$$X_{1r} = 1 \quad \text{und} \quad X_{2r} = 6$$

betrachtet. Für dieses Element erhält man den Diskriminanzwert $Y_r = -4,339$ und die Klassifizierungswahrscheinlichkeiten

$$P(A|Y_r) = 0,9996$$

$$P(B|Y_r) = 0,0004$$

Das Element wäre also der Gruppe A zuzuordnen. Die Distanz zum Centroid von Gruppe A beträgt $D_{rA} = 3,42$. Damit ergibt sich bezüglich Gruppe A die bedingte Wahrscheinlichkeit

$$p(Y_r|A) = 0,0006$$

Die Wahrscheinlichkeit dafür, daß ein Element der Gruppe A eine so große Distanz aufweist, wie das Element r, ist also außerordentlich gering. Bezüglich Gruppe B wäre die bedingte Wahrscheinlichkeit natürlich noch geringer. Man muß sich daher fragen, ob dieses Element überhaupt einer der beiden Gruppen angehört.

Im Programm SPSS[x] werden für jedes zu klassifizierende Element die jeweils zwei höchsten Klassifizierungswahrscheinlichkeiten sowie die bedingte Wahrscheinlichkeit für die Gruppe mit der höchsten Klassifizierungswahrscheinlichkeit angegeben.

5.6.5 Klassifizierungsfunktionen

Die von R. A. Fisher entwickelten Klassifizierungsfunktionen bilden ein bequemes Hilfsmittel, um die Klassifizierung direkt auf Basis der Merkmalswerte (ohne Verwendung von Diskriminanzfunktionen) durchzuführen. Da die Klassifizierungsfunktionen auch als (lineare) Diskriminanzfunktionen bezeichnet werden, können sich leicht Verwechslungen mit den (kanonischen) Diskriminanzfunktionen ergeben.

Da für jede Gruppe eine gesonderte Klassifizierungsfunktion bestimmt wird, erhält man G Funktionen folgender Form:

Klassifizierungsfunktionen

$$
\begin{aligned}
F_1 &= b_{01} + b_{11}X_1 + b_{21}X_2 + \ldots + b_{J1}X_J \\
F_2 &= b_{02} + b_{12}X_1 + b_{22}X_2 + \ldots + b_{J2}X_J \\
&\vdots \\
F_G &= b_{0G} + b_{1G}X_1 + b_{2G}X_2 + \ldots + b_{JG}X_J
\end{aligned}
\tag{25}
$$

mit
X_j = Merkmalsvariable j (j = 1, ..., J)

Zur Durchführung der Klassifizierung eines Elementes ist für jede Gruppe g ein Funktionswert Fg zu berechnen. Das zu klassifizierende Element ist derjenigen Gruppe g zuzuordnen, für die der Funktionswert F_g maximal ist.

Für das Beispiel erhält man die folgenden zwei Klassifizierungsfunktionen (vgl. Anhang D):

$$F_A = -6{,}597 + 1{,}728X_1 + 1{,}280X_2$$

$$F_B = -10{,}222 + 3{,}614X_1 + 0{,}247X_2$$

Für das Element i mit den Merkmalswerten

$$X_{1i} = 6 \quad \text{und} \quad X_{2i} = 7$$

erhält man durch Einsetzen in die Klassifizierungsfunktionen die Funktionswerte:

$F_{Ai} = 12,73$

$F_{Bi} = 13,19$

Das Element i ist also, wie es auch oben der Fall war, in die Gruppe B einzu-ordnen.

Die Klassifizierungsfunktionen führen zu identischen Ergebnissen, wie die Klassifikation auf Basis von Diskriminanzwerten, wenn alle Diskriminanz-funktionen berücksichtigt werden und gleiche Streuung in den Gruppen unter-stellt wird. Die Funktionswerte haben keinen interpretatorischen Gehalt und sie lassen sich damit auch nicht als Basis einer statistischen Entscheidungsfin-dung bei ungleichen Kosten der Fehlklassifikation verwenden.

Die Einbeziehung von Apriori-Wahrscheinlichkeiten bereitet dagegen keine Schwierigkeiten. Zur Berücksichtigung der Apriori-Wahrscheinlichkeit $P_i(g)$ sind die Klassifizierungsfunktionen wie folgt zu modifizieren:

$$F_g := F_g + \ln P_i(g) \qquad (g = 1, \ldots, G) \tag{26}$$

Werden nur gruppenspezifische Apriori-Wahrscheinlichkeiten $P(g)$ berück-sichtigt, so lassen sich diese in die Berechnung des konstanten Gliedes b_{0g} ei-ner Funktion F_g einbeziehen. So wurden auch die konstanten Glieder in den obigen Funktionen wie folgt berechnet:

$$b_{0g} = a_g + \ln P(g)$$

Sind keine Apriori-Wahrscheinlichkeiten bekannt, so kann immer $P(g) = 1/G$ gesetzt werden. Im Beispiel ergibt dies:

$$b_{0A} = -5,904 + \ln 0,5 = -6,597$$

$$b_{0B} = -9,529 + \ln 0,5 = -10,222$$

In dieser Form erhält man auch bei Anwendung von SPSS[x] die Klassifizie-rungsfunktionen, wenn keine Apriori-Wahrscheinlichkeiten angegeben wer-den.

5.7 Fallbeispiel

5.7.1 Problemstellung

Die grundsätzliche Problemstellung des Fallbeispiels ist identisch mit der Pro-blemstellung des Rechenbeispiels, das im Abschnitt 5.4.4 eingeführt wurde. Der Datensatz des Fallbeispiels (er ist im Anhang dieses Buches wiedergege-ben) ist jedoch umfangreicher und soll hier zur Demonstration einer Diskrimi-nanzanalyse unter Anwendung des Computer-Programms SPSS[x] dienen.

Dem Fallbeispiel liegen empirische Daten für 11 Emulsionsfette (Butter-
und Margarinemarken) zugrunde, die hinsichtlich 10 verschiedener Merkmale
untersucht wurden (vgl. Tabelle 5.6). Zu diesem Zweck wurden 32 Personen
befragt. Da nicht alle Personen alle Marken beurteilen konnten, umfaßt der
Datensatz nur 295 Markenbeurteilungen anstelle der vollständigen Anzahl von
352 Markenbeurteilungen (32 Personen × 11 Marken). Jede Markenbeurteilung umfaßt dabei die Skalenwerte von 10 Merkmalen, die mittels einer siebenstufigen Rating-Skala erhoben wurden.

Von den 295 Markenbeurteilungen sind nur 211 vollständig, während die
restlichen 84 Beurteilungen fehlende Werte, sog. *Missing Values*, enthalten.
Missing Values bilden ein unvermeidliches Problem bei der Durchführung von
Befragungen (z. B. weil Personen nicht antworten können oder wollen oder als
Folge von Interviewerfehlern). Die unvollständigen Beurteilungen sollen zu-
nächst in der Diskriminanzanalyse nicht berücksichtigt werden, so daß sich die
Fallzahl auf 211 verringert. In SPSS[x] existieren verschiedene Optionen zur Be-
handlung von Missing Values, auf die in Abschnitt 5.8.3 eingegangen wird.

Anders als im Rechenbeispiel bildet hier im Fallbeispiel nicht jede Marke
eine eigene Gruppe. Vielmehr wurden (durch Anwendung der Clusteranalyse)
drei Marktsegmente gebildet, in denen jeweils möglichst ähnliche Marken zusammengefaßt wurden. In Tabelle 5.7 sind die Gruppen definiert. Mittels Diskriminanzanalyse soll jetzt untersucht werden, ob und wie diese Gruppen sich
unterscheiden.

Tabelle 5.6. Untersuchte Marken und Variable im Fallbeispiel

Emulsionsfette (Butter- und Margarinemarken)	Merkmalsvariablen (subjektive Beurteilungen)
1 Becel	1 Streichfähigkeit
2 Du darfst	2 Preis
3 Rama	3 Haltbarkeit
4 Delicado	4 Anteil ungesättigter Fettsäuren
5 Holländische Markenbutter	5 Back- und Brateignung
6 Weihnachtsbutter	6 Geschmack
7 Homa	7 Kaloriengehalt
8 Flora Soft	8 Anteil tierischer Fette
9 SB	9 Vitaminisierungsgrad
10 Sanella	10 Natürlichkeit
11 Botteram	

Tabelle 5.7. Definition der Gruppen

Marktsegmente (Gruppen)	Marken im Segment
A	Becel, Du darfst, Flora Soft
B	Rama, Homa, SB, Sanella, Botteram
C	Delicado, Holländische Markenbutter, Weihnachtsbutter

Eine weitergehende Problemstellung, der hier allerdings nicht nachgegangen werden soll, könnte in der Kontrolle der Marktpositionierung eines neuen Produktes bestehen. Mittels der oben behandelten Techniken der Klassifizierung ließe sich überprüfen, ob das Produkt sich bezüglich seiner Wahrnehmung durch die Konsumenten in das angestrebte Marktsegment einordnet.

5.7.2 Ergebnisse

Nachfolgend werden die wichtigsten Ergebnisse des Programmausdrucks wiedergegeben und kommentiert. Die SPSS[x]-Steuerkarten, mit denen man diese Ergebnisse erhält, werden im folgenden Abschnitt behandelt.

Aus Abbildung 5.9 läßt sich ersehen, wie gut die 10 Merkmalsvariablen jeweils isoliert zwischen den drei Gruppen trennen (vgl. dazu Abschnitt 5.5.2). Mit Ausnahme der Variable „UNGEFETT" (Anteil ungesättigter Fettsäuren) trennen alle Variablen signifikant mit einer Irrtumswahrscheinlichkeit unter 5%. Am besten trennt die Variable „TIERFETT" (Anteil tierischer Fette).

In Abbildung 5.10 sind die geschätzten Parameter der beiden Diskriminanzfunktionen wiedergegeben. Außerdem sind die Centroide der drei Gruppen bezüglich der beiden Diskriminanzfunktionen angegeben. Einige Diskriminanzkoeffizienten sind sehr klein und wurden daher im E-Format ausgegeben. „E−02" bedeutet beispielsweise, daß der vorstehende Dezimalbruch mit „10 hoch −2" zu multiplizieren (bzw. durch 100 zu dividieren) ist.

Abbildung 5.11 enthält die in Abschnitt 5.5.2 behandelten Gütemaße zur Beurteilung der Diskriminanzfunktionen. Die Sternchen in der ersten Spalte der abgebildeten Tabelle zeigen an, daß beide Diskriminanzfunktionen bei der Klassifizierung berücksichtigt werden.

Aus Spalte 2 und 3 ist ersichtlich, daß die relative Wichtigkeit der zweiten Diskriminanzfunktion mit 14,81% Eigenwertanteil (Varianzanteil) wesentlich geringer ist als die der ersten Diskriminanzfunktion (vgl. Abschnitt 5.4.6). Die

```
WILKS' LAMBDA (U-STATISTIC) AND UNIVARIATE F-RATIO
WITH   2 AND        208 DEGREES OF FREEDOM

  VARIABLE   WILKS' LAMBDA       F        SIGNIFICANCE
  --------   ------------    ------------  ------------

  STREICHF      .88406        13.64          .0000
  PREIS         .92991         7.839         .0005
  HALTBARK      .86119        16.76          .0000
  UNGEFETT      .98041         2.078         .1278
  BACKEIGN      .96986         3.232         .0415
  GESCHMAC      .85903        17.07          .0000
  KALORIEN      .81274        23.96          .0000
  TIERFETT      .68083        48.75          .0000
  VITAMIN       .95837         4.518         .0120
  NATUR         .83469        20.60          .0000
```

Abb. 5.9. Univariate Trennfähigkeit der Merkmalsvariablen

```
UNSTANDARDIZED CANONICAL DISCRIMINANT FUNCTION COEFFICIENTS

                    FUNC  1           FUNC  2

    STREICHF      -.2008839E-02     .1862379
    PREIS          .1439926E-02     .2482704
    HALTBARK      -.3421124        -.6160366E-01
    UNGEFETT      -.1930949         .4962958E-01
    BACKEIGN      -.1187485        -.3357721
    GESCHMAC       .3254699         .9354414E-01
    KALORIEN       .2413358        -.3344694
    TIERFETT       .2704287         .4874132E-01
    VITAMIN       -.2076199         .3649515
    NATUR          .3083682         .1254622
    (CONSTANT)   -1.017555        -1.692580




CANONICAL DISCRIMINANT FUNCTIONS EVALUATED AT GROUP MEANS (GROUP CENTROIDS)

      GROUP      FUNC  1     FUNC  2

        1        -.63176      .74553
        2        -.62643     -.36651
        3        1.87270      .00156
```

Abb. 5.10. Parameter der beiden Diskriminanzfunktionen und Diskriminanzwerte der Centroide

```
                         CANONICAL DISCRIMINANT FUNCTIONS

                  PERCENT OF  CUMULATIVE    CANONICAL  :   AFTER
FUNCTION EIGENVALUE  VARIANCE    PERCENT    CORRELATION : FUNCTION  WILKS' LAMBDA  CHI-SQUARED  D.F. SIGNIF]
                                                        :    0        .3776016       198.19      20   .00
   1*    1.19337     85.19       85.19       .7376178   :    1        .8282191        38.355      9   .00
   2*     .20741     14.81      100.00       .4144646   :

   * MARKS THE   2 CANONICAL DISCRIMINANT FUNCTION(S) TO BE USED IN THE REMAINING ANALYSIS.
```

Abb. 5.11. Gütemaße der Diskriminanzfunktionen

kumulativen Eigenwertanteile in Spalte 4 erhält man durch Summierung der Eigenwertanteile. Für den letzten Wert muß sich daher immer 100 ergeben. Die folgende Spalte enthält die kanonischen Korrelationskoeffizienten gemäß Formel (14).

Im rechten Teil der Tabelle findet man die Werte für das residuelle Wilks' Lambda gemäß Formel (18) mit den zugehörigen Chi^2-Werten. Die daraus folgenden Signifikanzwerte in der letzten Spalte zeigen, daß auch die zweite Diskriminanzfunktion noch hochsignifikant (Irrtumswahrscheinlichkeit = 0,000) zur Trennung der Gruppen beiträgt.

Die Abbildung 5.12 mit den standardisierten Diskriminanzkoeffizienten läßt die Wichtigkeit der Merkmalsvariablen innerhalb der beiden Diskriminanzfunktionen erkennen. Die größte diskriminatorische Bedeutung besitzt die Variable „TIERFETT" für die Diskriminanzfunktion 1 und die Variable „BACKEIGN" für die Diskriminanzfunktion 2.

```
STANDARDIZED CANONICAL DISCRIMINANT FUNCTION COEFFICIENTS

                    FUNC  1      FUNC  2

STREICHF           -.00310       .28699
PREIS               .00235       .40445
HALTBARK           -.38984      -.07020
UNGEFETT           -.28548       .07337
BACKEIGN           -.20035      -.56651
GESCHMAC            .43739       .12571
KALORIEN            .37131      -.51461
TIERFETT            .62013       .11177
VITAMIN            -.28353       .49839
NATUR               .41829       .17018
```

Abb. 5.12. Standardisierte Diskriminanzkoeffizienten

Um die diskriminatorische Bedeutung einer Merkmalsvariablen bezüglich aller Diskriminanzfunktionen zu beurteilen, sind die mit den Eigenwertanteilen gewichteten absoluten Werte der Koeffizienten einer Merkmalsvariablen zu addieren. Man erhält auf diese Weise die mittleren Diskriminanzkoeffizienten:

$$\bar{b}_j = \sum_{k=1}^{K} |b_{jk}| \cdot EA_k$$

mit

b_{jk} = Standardisierter Diskriminanzkoeffizient für Merkmalsvariable j bezüglich Diskriminanzfunktion k

EA_k = Eigenwertanteil der Diskriminanzfunktion k

Man erhält hier mit den Eigenwertanteilen aus Abbildung 5.11 für die Variable „STREICHF" den niedrigsten und für die Variable „TIERFETT" den höchsten Wert für den mittleren Diskriminanzkoeffizienten:

$$\bar{b}_1 = 0,0031 \cdot 0,852 + 0,2870 \cdot 0,148 = 0,0451$$

$$\bar{b}_8 = 0,6201 \cdot 0,852 + 0,1118 \cdot 0,148 = 0,5450$$

Die Variable „STREICHF" besitzt somit die geringste und die Variable „TIERFETT" die größte diskriminatorische Bedeutung.

Abbildung 5.13 zeigt die Klassifikationsmatrix (vgl. Abschnitt 5.5.1). Die „Trefferquote" in der Untersuchungsstichprobe beträgt 71,56%. Bei zufälliger Einordnung der Elemente (Beurteilungen) in die drei Gruppen wäre dagegen (unter Vernachlässigung der unterschiedlichen Gruppengrößen) eine Trefferquote von 33,3% zu erwarten. Die Zahlen unter der Matrix zeigen an, daß nur die 211 vollständigen Beurteilungen (ohne Missing Values) bei der Klassifizierung berücksichtigt wurden.

In Abbildung 5.14 sind die individuellen Klassifizierungsergebnisse zusammengestellt. Für jedes Element lassen sich die folgenden Angaben entnehmen:

– die tatsächliche Gruppenzugehörigkeit
– die geschätzte Gruppenzugehörigkeit

```
CLASSIFICATION RESULTS -


                        NO. OF      PREDICTED GROUP MEMBERSHIP
    ACTUAL GROUP        CASES          1          2          3
--------------------    ------     --------   --------   --------

GROUP       1             52           32         18          2
SEGMENT A                            61.5P      34.6P       3.8P

GROUP       2            106           20         76         10
SEGMENT B                            18.9P      71.7P       9.4P

GROUP       3             53            2          8         43
SEGMENT C                             3.8P      15.1P      81.1P


PERCENT OF "GROUPED" CASES CORRECTLY CLASSIFIED:   71.56P


CLASSIFICATION PROCESSING SUMMARY

        295 CASES WERE PROCESSED.
          0 CASES WERE EXCLUDED FOR MISSING OR OUT-OF-RANGE GROUP CODES.
         84 CASES HAD AT LEAST ONE MISSING DISCRIMINATING VARIABLE.
        211 CASES WERE USED FOR PRINTED OUTPUT.
```

Abb. 5.13. Klassifikationsmatrix

```
CASE    MIS          ACTUAL       HIGHEST PROBABILITY     2ND HIGHEST
SEQNUM  VAL  SEL     GROUP        GROUP P(D/G) P(G/D)     GROUP P(G/D)    DISCRIMINANT SCORES

  1               1 ***            2   .7132  .5507         1  .4452      -1.3650     -.0052
  2               1 ***            3   .9086  .9677         1  .0169       2.2098      .2811
  3               1                1   .0749  .9318         2  .0434       -.0619     2.9496
  4               1 ***            2   .6441  .8032         1  .1565       -.4130    -1.2800
  5               1                1   .0134  .9777         2  .0214      -1.2199     3.6227
  6               1                1   .1822  .9265         2  .0643       -.5614     2.5895
  7               1                1   .9268  .6973         2  .2940       -.9542      .9647
  8               1                1   .2738  .6224         3  .2605       .6660     1.6976
 10               1 ***            2   .4876  .6184         3  .2279       .3526    -1.0578
 11               1 ***            2   .9945  .6218         1  .3448       -.5247     -.3402
 12               1                1   .8631  .7520         2  .2252       -.5092     1.2742
 13               1                1   .7945  .5928         2  .4027      -1.2762      .5341
 14               1                1   .9257  .6791         2  .2802       -.3217      .9871
 16               1 ***            2   .8175  .6472         1  .3473      -1.2613     -.3732
 17               1 ***            2   .7954  .7194         1  .2747      -1.2266     -.6790
 19               1                1   .5728  .7437         2  .2547      -1.6076     1.1483
 20               1                1   .7722  .7740         2  .1972       -.3833     1.4203
 21               1                1   .2712  .9108         2  .0815       -.6958     2.3597
 22               1 ***            2   .7256  .4875         1  .3702       .1113      -.0545
 23               1                1   .8189  .7052         2  .2391       -.1582     1.1643
 24               1                1   .8342  .7722         2  .2157       -.7502     1.3359
 25               1                1   .0336  .9673         2  .0318      -1.3188     3.2578
 28               1                1   .2738  .6224         3  .2605       .6660     1.6976
 31               1                1   .7185  .8041         2  .1769       -.5255     1.5518
  .
  .
  .
293               2                2   .5672  .4267         1  .3221       .3930      -.0585
294               2                2   .9202  .6023         1  .3288       -.2189     -.3529
295               2                2   .8221  .5673         1  .4261      -1.1779     -.0704
```

Abb. 5.14. Individuelle Klassifizierungsergebnisse

- die höchste und zweithöchste Klassifizierungswahrscheinlichkeit P(G|D)
- die bedingte Wahrscheinlichkeit P(D|G) für die geschätzte Gruppe
- die Diskriminanzwerte bezüglich der beiden Diskriminanzfunktionen

(Vgl. hierzu die Abschnitte 5.6.2 bis 5.6.4.) Im Unterschied zu der hier gewählten Notation werden die Diskriminanzvariablen im Programmausdruck nicht durch „Y", sondern durch „D" symbolisiert. Die fehlklassifizierten Elemente sind durch Sternchen gekennzeichnet. Die Diskriminanzwerte in den beiden letzten Spalten bilden die Koordinaten eines Elementes in der folgenden Darstellung.

Abbildung 5.15 bildet eine Darstellung der Gruppen in der Diskriminanzebene, die durch die beiden Diskriminanzfunktionen gebildet wird. Die Diskriminanzebene entspricht der Diskriminanzachse im Zwei-Gruppen-Fall (bei nur einer Diskriminanzfunktion). Die Elemente sind als Zahlen, die die Gruppenzugehörigkeit angeben, und die Gruppencentroide als Sternchen dargestellt.

Das Klassifizierungsdiagramm in der Abbildung 5.16 zeigt die Aufteilung

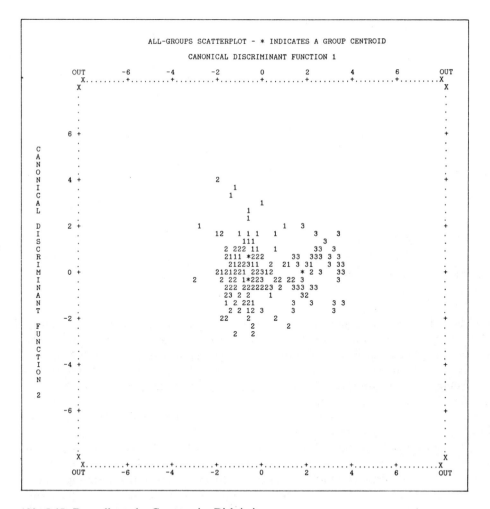

Abb. 5.15. Darstellung der Gruppen im Diskriminanzraum

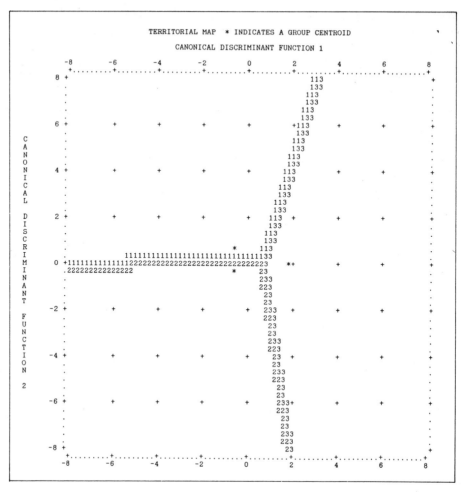

Abb. 5.16. Klassifizierungsdiagramm (Gebietskarte der Gruppen)

der Diskriminanzebene in Gebiete, die den Zugehörigkeitsbereich der Gruppen markieren. Innerhalb der Gebietsgrenzen ist die Klassifizierungswahrscheinlichkeit für die betreffende Gruppe größer als für die übrigen Gruppen. Auf den Gebietsgrenzen sind die Klassifizierungswahrscheinlichkeiten für die angrenzenden Gruppen identisch. Sie entsprechen dem kritischen Diskriminanzwert auf der Diskriminanzachse.

In Abbildung 5.17 sind die geschätzten Klassifizierungsfunktionen für die drei Gruppen wiedergegeben (vgl. Abschnitt 5.6.5).

Die obigen Klassifizierungsergebnisse wie auch die Klassifizierungsfunktionen basieren auf der Annahme gleicher Streuungen der Merkmalsvariablen in den Gruppen. Ein Test auf Gleichheit der Streuungen ist in Abbildung 5.18 zu sehen. Als Maß der Streuung einer Gruppe wird die logarithmierte Determinante der Kovarianzmatrix der 10 Merkmalsvariablen angegeben. Man ersieht

```
PRIOR PROBABILITY FOR EACH GROUP IS  .33333


CLASSIFICATION FUNCTION COEFFICIENTS
(FISHER'S LINEAR DISCRIMINANT FUNCTIONS)

SEGMENT =         1              2              3
             SEGMENT        SEGMENT        SEGMENT


STREICHF     1.831523       1.624408       1.687936
PREIS         .8456452       .5695668       .6645459
HALTBARK     2.355184       2.421868       1.544212
UNGEFETT     1.166599       1.110380        .6460790
BACKEIGN      .1788142E-01   .3906404      -.2971428E-01
GESCHMAC      .6385188       .5362273      1.384048
KALORIEN      .8274307      1.200658       1.680680
TIERFETT      .4910381       .4382760      1.132052
VITAMIN      -.9504848E-01  -.5019940      -.8865351
NATUR        1.181393       1.043516       1.860346
(CONSTANT)  -21.04548      -18.95459      -23.61070
```

Abb. 5.17. Klassifizierungsfunktionen

```
TEST OF EQUALITY OF GROUP COVARIANCE MATRICES USING BOX'S M

  THE RANKS AND NATURAL LOGARITHMS OF DETERMINANTS PRINTED ARE THOSE
  OF THE GROUP COVARIANCE MATRICES.

     GROUP LABEL              RANK    LOG DETERMINANT

          1 SEGMENT A          10         6.961980
          2 SEGMENT B          10         4.640730
          3 SEGMENT C          10         6.623975
       POOLED WITHIN-GROUPS
       COVARIANCE MATRIX       10         6.801619

    BOX'S M       APPROXIMATE F  DEGREES OF FREEDOM  SIGNIFICANCE
    227.95           1.9123      110,     66371.6      .0000
```

Abb. 5.18. Test auf Gleichheit der Streuungen in den Gruppen (Box's M)

daraus, daß die Streuung der zweiten Gruppe bedeutend geringer ist, als die der beiden anderen Gruppen. Auf diesen Werten basiert die Berechnung von Box's M sowie der F-Test zur Überprüfung der Annahme gleicher Streuungen. Der F-Wert ist hier so groß, daß die Annahme gleicher Streuungen hier nicht aufrechterhalten werden kann und folglich die obigen Klassifizierungsergebnisse in Frage zu stellen sind.

Es wurde daher eine zweite Analyse unter Berücksichtigung der ungleichen Gruppenstreuungen durchgeführt. Die Abbildung 5.19 zeigt das veränderte Klassifizierungsdiagramm. Das Gebiet der Gruppe 2 (Segment B) hat sich stark verkleinert, da die Streuung in dieser Gruppe am geringsten ist.

Man beachte, daß die Klassifizierungsfunktionen immer auf Basis der gepoolten Innergruppen-Streuung der Merkmalsvariablen berechnet werden (vgl.

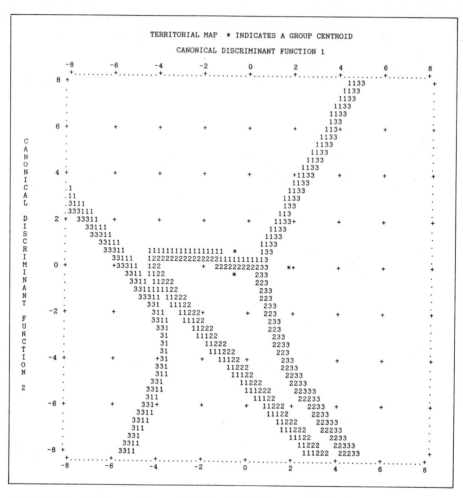

Abb. 5.19. Klassifizierungsdiagramm bei Berücksichtigung ungleicher Streuungen

Anhang D) und sich somit, im Gegensatz zu den Klassifizierungswahrscheinlichkeiten, nicht verändern. Die Anwendung der Klassifizierungsfunktionen ist
daher nur bei annähernd gleichen Streuungen der Gruppen sinnvoll.

5.8 Zur Anwendung von SPSS[x]

Im folgenden sollen einige Hinweise für die Durchführung der Diskriminanzanalyse mit SPSS[x] gegeben werden. Bezüglich näherer Ausführungen zur
Handhabung des Programms sei auf den SPSS[x] User's Guide sowie auf die
deutsche Programmbeschreibung von W. Schubö und H.-M. Uehlinger verwiesen. Nützlich ist auch der SPSS[x] Advanced Statistics Guide von M. J. Norusis.

```
TITLE "Diskriminanzanalyse für den Margarinemarkt"

* DATENDEFINITION
* ---------------

DATA LIST FIXED
   /Streichf 8 Preis 9  Haltbark 10  Ungefett 11
    Backeign 12  Geschmac 13 Kalorien  14  Tierfett 15
    Vitamin 16  Natur 17  Person 21-22 Marke 24-25

* DATENMODIFIKATION
* -----------------
* Definition der Segmente (Gruppen):
*    A: Becel, Du darfst, Flora
*    B: Rama, Homa, SB, Sanella, Botteram
*    C: Delicado, Holländische Butter, Weihnachtsbutter

COMPUTE Segment = Marke
RECODE  Segment (1,2,8=1) (3,7,9,10,11=2) (4,5,6=3)
VALUE LABELS Segment 1 "Segment A"
                     2 "Segment B"
                     3 "Segment C"

BEGIN DATA
    1     3354123134     01  1
    2     6126446767     02  1
    3     6652252167     03  1
    .
    .
    .
  295     7353544154     33 11
END DATA

* PROZEDUR
* --------

SUBTITLE "          Drei-Gruppen-Fall"
DSCRIMINANT GROUPS = Segment (1,3)
    /VARIABLES  = Streichf TO Natur
    /ANALYSIS   = Streichf TO Natur
    /METHOD     = DIRECT
    /PRIORS     = EQUAL
    /STATISTICS = 1 2 6 7 10 11 12 13 14 15
FINISH
```

Abb. 5.20. SPSS-Kommandos für das Beispiel zur Diskriminanzanalyse

5.8.1 Die SPSS-Kommandos

Abbildung 5.20 zeigt die SPSS-Kommandos zur Auswertung des Fallbeispiels.

Mittels der Anweisungen COMPUTE und RECODE wurde die Variable SEGMENT erzeugt, die in der folgenden Analyse als Gruppierungsvariable dient. Sie erhält die Werte 1 für Segment A, 2 für Segment B und 3 für Segment C.

Die Prozeduranweisung DISCRIMINANT zur Durchführung der Diskriminanzanalyse enthält eine Reihe von Unteranweisungen (subcommands). Durch die Unteranweisung GROUPS wird die Gruppierungsvariable bestimmt. Durch die Werte in den Klammern läßt sich der Wertebereich der Gruppierungsvariablen und damit die Anzahl der untersuchten Gruppen einengen (hier sollen die Gruppen 1–3 untersucht werden). Durch die Unteranweisung VARIABLES werden die Merkmalsvariablen bestimmt.

Die folgende Unteranweisung ANALYSIS ist nur dann erforderlich, wenn mehrere Diskriminanzanalysen mit derselben Gruppierungsvariablen durchgeführt werden sollen. Dabei können jeweils verschiedene Untermengen von Merkmalsvariablen ausgewählt werden. Innerhalb der Prozeduranweisung DISCRIMINANT können beliebig viele ANALYSIS-Anweisungen erfolgen, während die Anweisungen GROUPS und VARIABLES jeweils nur einmal vorkommen dürfen. In dem hier wiedergegebenen Job hätte die ANALYSIS-Anweisung auch entfallen können.

Auf die jeweils vorstehende ANALYSIS-Anweisung (soweit vorhanden) beziehen sich die beiden folgenden Unteranweisungen METHOD und PRIORS. Die Anweisung METHOD = DIRECT besagt, daß alle ausgewählten Merkmalsvariablen simultan in die Analyse einbezogen werden sollen. Andere Spezifikationen, wie z. B. WILKS, MAHAL oder RAO dienen der Durchführung einer schrittweisen Diskriminanzanalyse (vgl. Abschnitt 5.8.4).

Die Anweisung PRIORS = EQUAL besagt, daß den Gruppen gleiche Apriori-Wahrscheinlichkeiten zugeordnet werden sollen. Die Spezifikation EQUAL bildet die Voreinstellung von SPSS[x] (default specification) und kann daher auch entfallen. Eine zweite Analyse mit Angabe von Apriori-Wahrscheinlichkeiten ließe sich wie folgt durchführen:

```
ANALYSIS = STREICHF TO NATUR/
METHOD = DIRECT/
PRIORS = .27, .46, .27/
```

Die obigen Apriori-Wahrscheinlichkeiten geben die relative Anzahl von Marken in den Gruppen an. Im Fallbeispiel erhöht sich bei Berücksichtigung dieser Apriori-Wahrscheinlichkeiten die Trefferquote der Klassifikation von 71,6% auf 75,4%.

Mittels der OPTIONS-Anweisung bestehen weitere Möglichkeiten, um die Durchführung der Diskriminanzanalyse zu steuern. Durch

```
OPTIONS 11
```

läßt sich die Klassifizierung auf Basis der individuellen Gruppenstreuungen durchführen, mittels derer das Klassifizierungsdiagramm in Abbildung 5.19 erstellt wurde.

Über die STATISTICS-Anweisung läßt sich die Programmausgabe steuern. Standardmäßig werden nur die Gütemaße der Diskriminanzfunktionen, die standardisierten Diskriminanzkoeffizienten und die Gruppencentroide ausgegeben.

5.8.2 Klassifizierung von ungruppierten Elementen

Neue Elemente, deren Gruppenzugehörigkeit nicht bekannt ist, lassen sich durch Einbeziehung in den Datensatz ohne Änderung der obigen Steuerkarten klassifizieren. Es ist dafür lediglich erforderlich, daß die Gruppierungsvariable für die neuen Elemente einen Wert erhält, der außerhalb des durch die GROUPS-Anweisung spezifizierten Bereichs liegt.

Beispiel: Der Margarine-Hersteller läßt ein Testprodukt beurteilen und möchte jetzt herausfinden, wie dessen Beurteilungen in die zuvor gebildeten Segmente zu klassifizieren sind. Wird das Testprodukt als Marke 0 kodiert, so erhält über die obigen Anweisungen auch die Variable SEGMENT für jede Beurteilung des Testproduktes den Wert 0. Dieser Wert liegt nicht im Bereich 1–3, der durch die GROUPS-Anweisung angegeben wurde.

Jedes Element, dessen Gruppierungswert die GROUPS-Spezifikation nicht erfüllt, gilt als „ungruppiert" und wird bei der Ermittlung der Diskriminanzfunktionen nicht berücksichtigt. In der anschließenden Klassifizierungsphase werden dagegen auch die ungruppierten Elemente einbezogen. Die Liste der individuellen Klassifizierungsergebnisse (Abbildung 5.14), die man durch STATISTICS 14 erhält, liefert für die ungruppierten Elemente dieselben Angaben wie für die gruppierten Elemente. In der Klassifikationsmatrix, die man durch STATISTICS 13 erhält, erfolgt die Zusammenfassung der Klassifizierungsergebnisse für die ungruppierten Elemente in einer gesonderten Zeile.

5.8.3 Behandlung von Missing Values

Im Datensatz des Fallbeispiels erscheinen die fehlenden Werte der Merkmalsvariablen als Leerzeichen. Sie werden vom Programm automatisch durch einen sog. *System-missing value* ersetzt.

Alternativ hätte man die fehlenden Werrte im Datensatz auch durch eine 0 (oder einen anderen Wert, der unter den beobachteten Werten nicht vorkommt), ersetzen können. Mittels der Anweisung

MISSING VALUES STREICHF TO NATUR (0)

kann man dem Programm sodann mitteilen, daß der Wert 0 für einen fehlenden Wert steht. Derartige vom Benutzer bestimmte fehlende Werte werden in SPSS[x] als *User-missing values* bezeichnet. Für eine Variable lassen sich mehrere Missing Values angeben, z. B. 0 für „Ich weiß nicht" und 9 für „Antwort verweigert".

Bei der Diskriminanzanalyse gelten für die Behandlung von Missing Values folgende Voreinstellungen:

– Elemente mit Missing Values in den *Merkmalsvariablen* (die durch die VARIABLES-Anweisung ausgewählt wurden) bleiben unberücksichtigt.
– Elemente mit fehlendem oder undefiniertem Wert der *Gruppierungsvariablen* (gemäß der GROUPS-Anweisung)
    – bleiben bei der *Analyse* (Schätzung der Diskriminanzfunktionen) unberücksichtigt
    – werden aber bei der *Klassifizierung* einbezogen.

Mittels der Optionen 1 und 8 läßt sich die Behandlung von Elementen mit Missing Values in den Merkmalsvariablen ändern:

Option 1: User-missing values werden wie tatsächliche Werte behandelt. Die betreffenden Elemente werden sowohl in die Analyse wie auch in die Klassifizierung einbezogen.

Option 8: Elemente mit Missing Values werden in die Klassifizierung einbezogen, indem der fehlende Wert durch den Mittelwert der betreffenden Variablen ersetzt wird. Dies gilt gleichermaßen für User- und System-missing values.

Bei der Schätzung der Diskriminanzfunktionen bleiben also Elemente mit System-missing values wie auch Elemente mit fehlendem oder undefiniertem Wert der Gruppierungsvariablen grundsätzlich unberücksichtigt. Die Nutzung von Option 1 bei Missing Values in den Merkmalsvariablen dürfte nur in seltenen Fällen sinnvoll sein.

Die Anwendung von Option 8 führt im Fallbeispiel zu einer Verschlechterung der Trefferquote von 71,6 % auf 65,1 %. Das bedeutet, daß nur 48,8 % von den 84 Elementen mit Missing Values in den Merkmalsvariablen korrekt klassifiziert werden. Nach dem Zufallsprinzip wäre eine Trefferquote von 33,3 % zu erwarten.

5.8.4 Schrittweise Diskriminanzanalyse

Mittels der Unteranweisung

METHOD = DIRECT/

wird das Programm veranlaßt, alle Merkmalsvariablen simultan in die Diskriminanzfunktion(en) aufzunehmen. Diese sog. *direkte Methode* ist im Programm voreingestellt, d. h. sie wird auch dann angewendet, wenn die METHOD-Anweisung weggelassen wird.

Alternativ kann eine *schrittweise Methode* (stepwise method) gewählt werden, bei welcher Schritt für Schritt jeweils diejenige Variable in die Diskriminanzfunktion(en) aufgenommen wird, die ein bestimmtes Gütekriterium optimiert. Es wird also zunächst eine Diskriminanzanalyse mit einer Merkmalsvariablen, dann mit zwei Merkmalsvariablen und so fort durchgeführt. Aus der Rangfolge der Variablen gemäß ihrer Aufnahme in die Diskriminanzfunktion(en) läßt sich deren Wichtigkeit erkennen.

SPSS[x] gestattet die Wahl zwischen fünf verschiedenen Kriterien:

WILKS   Wilk's Lambda wird minimiert
MAHAL   Die kleinste Mahalanobis-Distanz zwischen jeweils zwei Gruppen wird maximiert
MAXMINF   Der kleinste F-Wert für jeweils zwei Gruppen wird maximiert
MINRESID   Die größte nichterklärte Streuung für jeweils zwei Gruppen wird minimiert
RAO   Rao's V wird maximiert

Die Kriterien WILKS und RAO optimieren die Trennung bezüglich aller Gruppen, während die Kriterien MAHAL, MAXMINF und MINRESID eine optimale Trennung der am schlechtesten trennbaren Gruppen anstreben. Das

Kriterium RAO ist besonders geeignet, wenn unwichtige (redundante) Variable erkannt und eliminiert werden sollen (vgl. hierzu Norusis, 1985, S. 98 f.). Im Zwei-Gruppen-Fall sind alle Kriterien identisch.

Beispiel:
DISCRIMINANT   GROUPS = SEGMENT (1,3)/
               VARIABLES = STREICHF TO NATUR/
               ANALYSIS = STREICHF TO NATUR/
               METHOD = WILKS/
               PIN = 0.1/

Es wird eine schrittweise Diskriminanzanalyse nach dem Kriterium WILKS durchgeführt. Bei jedem Schritt wird diejenige Variable ausgewählt, für die das multivariate Wilks' Lambda (17) minimal wird. Dieses Kriterium erfordert den geringsten Rechenaufwand. Abbildung 5.21 zeigt die Zusammenfassung (Summary Table) der Analyse.

Man ersieht aus Abbildung 5.21 die Reihenfolge, in der die Merkmalsvariablen in die beiden Diskriminanzfunktionen aufgenommen wurden sowie den jeweiligen Wert für das multivariate Wilks' Lambda. Im ersten Schritt wird die Variable „TIERFETT" aufgenommen, da sie das kleinste univariate Wilks' Lambda besitzt (vgl. Abbildung 5.9). Die Variable „STREICHF" dagegen bleibt unberücksichtigt, da sie das geforderte Signifikanzniveau (PIN-Wert, siehe unten) nicht erreicht. Trotz des Verzichts auf diese Variable verschlechtert sich die Trefferquote der Klassifizierung nicht, sondern sie steigt sogar von 71,6% auf 72,0%.

Die Durchführung einer schrittweisen Diskriminanzanalyse läßt sich mit Hilfe verschiedener statistischer Kontrollparameter steuern. Insbesondere läßt sich damit eine Aufnahme von unwichtigen Merkmalsvariablen, die wenig zur Trennung der Gruppen beitragen, verhindern. Zwei Unteranweisungen zur Spezifikation derartiger Parameter sind die folgenden:

FIN = n   F-to-enter $(n \geq 0)$
PIN = n   Signifikanzniveau des F-to-enter $(0 < n \leq 1)$

```
                            SUMMARY TABLE

                ACTION        VARS   WILKS'
     STEP ENTERED REMOVED      IN    LAMBDA    SIG.     LABEL

       1    TIERFETT            1    .680833   .0000
       2    KALORIEN            2    .600542   .0000
       3    NATUR               3    .548517   .0000
       4    HALTBARK            4    .493011   .0000
       5    UNGEFETT            5    .468023   .0000
       6    PREIS               6    .445081   .0000
       7    VITAMIN             7    .427316   .0000
       8    GESCHMAC            8    .405951   .0000
       9    BACKEIGN            9    .382112   .0000
```

Abb. 5.21. Ergebnis der schrittweisen Diskriminanzanalyse

F-to-enter mißt die Verringerung von Wilks' Lambda und somit die Erhöhung der Diskriminanz, die durch die Aufnahme einer Merkmalsvariablen in die Diskriminanzfunktion(en) bewirkt wird. Eine Variable wird nur dann aufgenommen, wenn ihr F-to-enter den FIN-Wert übersteigt. Wird die PIN-Anweisung gegeben, so wird eine Variable nur dann aufgenommen, wenn ihr Signifikanzniveau (Irrtumswahrscheinlichkeit der Nullhypothese) unter dem PIN-Wert bleibt. Da das Signifikanzniveau des F-Wertes auch von der Anzahl der Freiheitsgrade und somit von der Anzahl bereits aufgenommenen Variablen abhängt, sind die beiden Kriterien nicht identisch. Allgemein gilt: Je größer der FIN-Wert bzw. je kleiner der PIN-Wert, desto mehr Variablen werden ausgeschlossen.

Bei Durchführung einer schrittweisen Diskriminanzanalyse kann es auch vorkommen, daß eine bereits ausgewählte Variable wieder entfernt wird. Die Anzahl der Schritte kann daher größer sein als die Anzahl der Variablen. Die maximale Schrittzahl ist gleich der doppelten Anzahl der Merkmalsvariablen. Mittels der Unteranweisung MAXSTEPS = n kann sie verringert werden.

5.8.5 Anzahl der Diskriminanzfunktionen

Mittels der Unteranweisung FUNCTIONS läßt sich die Anzahl der Diskriminanzfunktionen einschränken. Wird diese Anweisung nicht verwendet, so wird die Klassifizierung mit der maximalen Anzahl von Diskriminanzfunktionen durchgeführt.

In der FUNCTIONS-Anweisung müssen immer drei Parameter in folgender Reihenfolge angegeben werden:

- Anzahl der Diskriminanzfunktionen
  Voreinstellung: Min$\{G-1, J\}$
- kumulativer Eigenwertanteil in Prozent
  Voreinstellung: 100
- Signifikanzniveau der Funktionen
  Voreinstellung: 1,0

Beispiel:
DISCRIMINANT   GROUPS = SEGMENT (1,3)/
               VARIABLES = STREICHF TO NATUR/
               FUNCTIONS = 2, 100, .05/

Da 2 hier die maximale Anzahl von Diskriminanzfunktionen ist, kann nur das geforderte Signifikanzniveau von 0,05 wirksam werden. Aber auch diese Anforderung verändert die Ergebnisse des Fallbeispiels nicht, da das tatsächliche Signifikanzniveau beider Diskriminanzfunktionen praktisch gleich null ist (vgl. Abbildung 5.11). Wenn man dagegen den ersten Parameter auf 1 setzt und somit auf die zweite Diskriminanzfunktion verzichtet, so verschlechtert sich die Trefferquote der Klassifizierung von 71,6% auf 52,6%.

5.9 Anwendungsempfehlungen

Abschließend seien einige Empfehlungen für die Durchführung einer Diskriminanzanalyse zusammengestellt.

Erhebung der Daten und Formulierung der Diskriminanzfunktion:

- Die Stichprobe darf keine Elemente enthalten, die gleichzeitig zu mehr als nur einer Gruppe gehören (z. B. Person mit zwei Berufen).
- Der Umfang der Stichprobe sollte wenigstens doppelt so groß sein wie die Anzahl der Merkmalsvariablen.
- Die Anzahl der Merkmalsvariablen sollte größer sein als die Anzahl der Gruppen.

Schätzung der Diskriminanzfunktion:

- Zunächst sollte die Schätzung nach dem Kriterium WILKS erfolgen, entweder en bloc (METHOD = DIRECT) oder schrittweise (METHOD = WILKS).
- Wenn Unsicherheit bezüglich der auszuwählenden Merkmalsvariablen besteht, sollte das Kriterium RAO angewendet werden.
- Soll insbesondere eine Unterscheidung der am schlechtesten trennbaren Gruppen erreicht werden, so sind die Kriterien MAHAL, MAXMINF oder MINRESID anzuwenden.
- Grafische Darstellungen erleichtern die Interpretation und können somit vor Fehlurteilen schützen. Eine Beschränkung auf zwei Diskriminanzfunktionen ist daher im Mehr-Gruppen-Fall von Vorteil.

Klassifizierung:

- Die Gleichheit der Gruppenstreuungen ist zu prüfen. Gegebenenfalls sind die individuellen Gruppenstreuungen zu berücksichtigen. Es entfällt damit die Anwendbarkeit von Klassifizierungsfunktionen.
- Im Mehr-Gruppen-Fall sollten nicht alle mathematisch möglichen, sondern nur die signifikanten bzw. wichtigsten Diskriminanzfunktionen für die Klassifizierung verwendet werden.
- Bei ungleichen Kosten einer Fehlklassifikation muß die Klassifizierung auf Basis des Wahrscheinlichkeitskonzeptes vorgenommen werden.

Anhang

A. Schätzung der Diskriminanzfunktion

Ergänzend zum Text wird nachfolgend die Methode zur Schätzung der Diskriminanzfunktion näher erläutert.

Anstelle der gesuchten normierten Diskriminanzfunktion (1) wird zunächst eine *nicht-normierte Diskriminanzfunktion* der Form

$$Y = v_1 X_1 + v_2 X_2 + \ldots + v_j X_j \tag{A 1}$$

ermittelt. Die Koeffizienten v_j seien proportional zu den Koeffizienten b_j und damit ebenfalls optimal im Sinne des Diskriminanzkriteriums. Nach Einsetzen von (A 1) in (9 b) erhält man in Matrizenschreibweise folgenden Ausdruck für das Diskriminanzkriterium:

$$\Gamma = \frac{v' \underline{B} v}{v' \underline{W} v} \tag{A 2}$$

mit

v = Spaltenvektor der nicht-normierten Diskriminanzkoeffizienten v_j $(j = 1, \ldots, J)$
$\underline{B}$ = $(J \times J)$-Matrix für die Streuung der J Merkmalsvariablen *zwischen den Gruppen*
$\underline{W}$ = $(J \times J)$-Matrix für die Streuung der J Merkmalsvariablen *in den Gruppen*

Die Matrixelemente von $\underline{B}$ und $\underline{W}$ lauten:

$$B_{jr} = \sum_{g=1}^{G} I_g (\bar{X}_{jg} - \bar{X}_j)(\bar{X}_{rg} - \bar{X}_r) \tag{A 3}$$

$$W_{jr} = \sum_{g=1}^{G} \sum_{i=1}^{I_g} (X_{jgi} - \bar{X}_{jg})(\bar{X}_{rgi} - \bar{X}_{rg}) \tag{A 4}$$

mit

X_{jgi} = Merkmalsausprägung von Element i in Gruppe g bezüglich Merkmalsvariable j $(j, r = 1, \ldots, J)$
$\bar{X}_{jg}$ = Mittelwert von Variable j in Gruppe g
I_g = Fallzahl in Gruppe g
G = Anzahl der Gruppen

Die Maximierung von Γ mittels vektorieller Differentiation nach v liefert für den Maximalwert γ von Γ die folgende Bedingung:

$$\frac{\delta \Gamma}{\delta v} = \frac{2[(\underline{B} v)(v' \underline{W} v) - (v' \underline{B} v)(\underline{W} v)]}{(v' \underline{W} v)^2} = \underline{0} \tag{A 5}$$

Dabei ist durch $\underline{0}$ ein Null-Vektor bezeichnet. Nach Division von Zähler und Nenner durch $(v' \underline{W} v)$ und unter Verwendung der Definition (A 2) für γ erhält man

$$\frac{2[\underline{B} v - \gamma \underline{W} v]}{v' \underline{W} v} = \underline{0} \tag{A 6}$$

Dieser Ausdruck läßt sich umformen in

$$(\underline{B} - \gamma \underline{W}) v = \underline{0} \tag{A 7}$$

Falls $\underline{W}$ regulär ist (Rang J besitzt) und sich somit invertieren läßt, kann man (A 7) weiter umformen in

$$(\underline{A} - \gamma \underline{E}) v = \underline{0} \quad \text{mit} \quad \underline{A} = \underline{W}^{-1} \underline{B} \tag{A 8}$$

wobei durch $\underline{E}$ die Einheitsmatrix bezeichnet ist. Die Lösung von (A 8) bildet ein klassisches *Eigenwertproblem*. Zu finden ist der größte Eigenwert γ der Matrix $\underline{A}$. Der gesuchte Vektor v ist somit ein zugehöriger Eigenvektor.

Die gesuchten Diskriminanzkoeffizienten sollen die *Normierungsbedingung*

$$\frac{1}{I - G} b' \underline{W} b = 1 \quad \text{mit} \quad I = I_1 + I_2 + \ldots + I_G \tag{A 9}$$

erfüllen, d. h. die gepoolte Innergruppen-Varianz der Diskriminanzwerte in der Stichprobe vom Umfang I soll den Wert eins erhalten. Die *normierten Diskriminanzkoeffizienten* erhält man somit durch folgende Transformation:

$$\underline{b} = \underline{v}\,\frac{1}{s} \quad \text{mit} \quad s^2 = \frac{1}{I-G}\,\underline{v}'\,\underline{W}\,\underline{v} \tag{A 10}$$

Dabei ist s die gepoolte Innergruppen-Standardabweichung der Diskriminanzwerte, die man mit den nichtnormierten Diskriminanzkoeffizienten $\underline{v}$ erhalten würde. Mit Hilfe der normierten Diskriminanzkoeffizienten wird sodann das *konstante Glied* der Diskriminanzfunktion wie folgt berechnet:

$$b_0 = -\sum_{j=1}^{J} b_j\,\bar{X}_j \tag{A 11}$$

Weitere Diskriminanzfunktionen lassen sich in analoger Weise ermitteln, indem man den jeweils nächstgrößten Eigenwert aufsucht. Jede so ermittelte Diskriminanzfunktion ist orthogonal zu den vorher ermittelten Funktionen und erklärt einen Teil der jeweils verbleibenden Reststreuung in den Gruppen. Das Rechenverfahren der Diskriminanzanalyse beinhaltet somit eine Hauptkomponentenanalyse der Matrix $\underline{A}$. Die Anzahl der positiven Eigenwerte und damit der möglichen Diskriminanzfunktionen kann nicht größer sein als Min$\{G-1, J\}$.

Beispiel. Als Beispiel dienen die Daten in Tabelle 5.2 für zwei Gruppen und zwei Variable. Bei zwei Merkmalsvariablen umfassen die Matrizen $\underline{B}$ und $\underline{W}$ in (A 2) nur jeweils vier Elemente. Mit den Werten aus Tabelle 5.3 b und 5.3 d erhält man

$$\underline{B} = \begin{bmatrix} B_{11} & B_{12} \\ B_{21} & B_{22} \end{bmatrix} = \begin{bmatrix} 13,5 & -4,5 \\ -4,5 & 1,5 \end{bmatrix}$$

und

$$\underline{W} = \begin{bmatrix} W_{11} & W_{12} \\ W_{21} & W_{22} \end{bmatrix} = \begin{bmatrix} 29 & 21 \\ 21 & 49 \end{bmatrix}$$

Die Inversion von $\underline{W}$ ergibt:

$$\underline{W}^{-1} = \begin{bmatrix} 0,05 & -0,02143 \\ -0,02143 & 0,02959 \end{bmatrix}$$

und die Multiplikation der Inversen mit $\underline{B}$ liefert die Matrix

$$\underline{A} = \underline{W}^{-1}\underline{B} = \begin{bmatrix} 0,77143 & -0,25714 \\ -0,42245 & 0,14082 \end{bmatrix}$$

Durch Nullsetzen der Determinante

$$\begin{vmatrix} 0,77143 - \gamma & -0,25714 \\ -0,42245 & 0,14082 - \gamma \end{vmatrix}_{\text{det}}$$

erhält man schließlich die quadratische Gleichung

$$\gamma^2 - \gamma\,0,91225 + 0 = 0$$

deren Nullstelle $\gamma = 0,91225$ der gesuchte Eigenwert der Matrix $\underline{A}$ ist (im Zwei-Gruppen-Fall existiert nur eine von Null verschiedene Nullstelle).

Nach Subtraktion des Eigenwertes von den Diagonalelementen in $\underline{A}$ ergibt sich die reduzierte Matrix

$$\underline{R} = \underline{A} - \dot{\gamma}\,\underline{E} = \begin{bmatrix} -0,14082 & -0,25714 \\ -0,42245 & -0,77143 \end{bmatrix}$$

Der zugehörige Eigenvektor v läßt sich durch Lösung des Gleichungssystems

$$\underset{\sim}{R}\,v = \underset{\sim}{0}$$

finden. Da die Zeilen der Matrix $\underset{\sim}{R}$ proportional zueinander sind (sonst wäre das Gleichungssystem nicht lösbar), läßt sich unschwer erkennen, daß die beiden folgenden Vektoren Lösungsvektoren sind:

$$\underset{\sim}{v} = \begin{bmatrix} 0{,}77143 \\ -0{,}42245 \end{bmatrix} \quad \text{oder} \quad \begin{bmatrix} -0{,}25714 \\ 0{,}14082 \end{bmatrix}$$

Man erhält sie, indem man die Diagonalelemente von $\underset{\sim}{R}$ vertauscht und ihre Vorzeichen ändert. Natürlich ist auch jede proportionale Transformation dieser Vektoren ein zulässiger Lösungsvektor.

Wählt man die Elemente des ersten Vektors als Diskriminanzkoeffizienten, so erhält man damit die *nicht-normierte Diskriminanzfunktion*

$$Y = 0{,}77143\,X_1 - 0{,}42245\,X_2$$

Unter Anwendung von (A 10) erhält man den *Normierungsfaktor*

$$\frac{1}{s} = 1{,}33656$$

und nach Multiplikation mit v den Vektor der *normierten Diskriminanzkoeffizienten*

$$\underset{\sim}{b} = \begin{bmatrix} 1{,}03106 \\ -0{,}56463 \end{bmatrix}$$

Formel (A 11) liefert damit für das konstante Glied

$$b_0 = -(1{,}03106 \cdot 4{,}25 - 0{,}56463 \cdot 4{,}25) = -1{,}9823$$

Die *normierte Diskriminanzfunktion* lautet somit:

$$Y = -1{,}9823 + 1{,}03106\,X_1 - 0{,}56463\,X_2$$

Die Koeffizienten der normierten Diskriminanzfunktion werden zur Unterscheidung von den standardisierten Diskriminanzkoeffizienten auch als unstandardisierte Diskriminanzkoeffizienten bezeichnet. Eine standardisierte Diskriminanzfunktion existiert dagegen i. d. R. nicht, es sei denn, daß jede Merkmalsvariable bereits so standardisiert wäre, daß ihr Gesamtmittel null und ihre gepoolte Innergruppen-Varianz eins ist. In diesem Falle wären die Koeffizienten der normierten Diskriminanzfunktion gleichzeitig standardisierte Diskriminanzkoeffizienten.

B. Berechnung von Distanzen

Auf Basis von J *Merkmalsvariablen* X_j läßt sich die Mahalanobis-Distanz (verallgemeinerte Distanz) zwischen einem Element i und dem Centroid der Gruppe g wie folgt berechnen:

$$D_{ig}^2 = (\underset{\sim}{X}_i - \bar{\underset{\sim}{X}}_g)\,\underset{\sim}{C}^{-1}(\underset{\sim}{X}_i - \bar{\underset{\sim}{X}}_g)' \tag{B 1}$$

mit $\quad \underset{\sim}{X}_i' = [X_{1i}, X_{2i}, \ldots, X_{Ji}]'$
$\qquad \bar{\underset{\sim}{X}}_g' = [\bar{X}_{1g}, \bar{X}_{2g}, \ldots, \bar{X}_{Jg}]'$

und

$$C = \frac{W}{I-G} \quad \text{(Kovarianzmatrix)} \tag{B2}$$

C ist die gepoolte Innergruppen-Kovarianzmatrix der Merkmalsvariablen, die man aus der Streuungsmatrix W gemäß (A4) nach Division durch die Anzahl der Freiheitsgrade erhält. Die Kovarianzmatrix der Diskriminanzvariablen bildet unter der Annahme gleicher Streuungen eine Einheitsmatrix E. Die Berechnung der Mahalanobis-Distanz auf Basis von K *Diskriminanzvariablen* Y_k vereinfacht sich daher wie folgt:

$$D_{ig}^2 = (Y_i - \bar{Y}_g) E (Y_i - \bar{Y}_g)'$$

$$= \sum_{k=1}^{K} (Y_{ki} - \bar{Y}_{kg})^2 \tag{B3}$$

Bei *Berücksichtigung ungleicher Streuungen* in den Gruppen ist das folgende modifizierte Distanzmaß zu berechnen:

$$Q_{ig}^2 = (Y_i - \bar{Y}_g) C_g^{-1} (Y_i - \bar{Y}_g)' + \ln |C_g| \tag{B4}$$

mit

C_g = Kovarianzmatrix der Diskriminanzvariablen in Gruppe g

$|C_g|$ = Determinante der Kovarianzmatrix

Diese Distanzen können entweder direkt zur Klassifizierung (nach minimaler Distanz) oder zur Berechnung von Klassifizierungswahrscheinlichkeiten verwendet werden (vgl. hierzu Tatsuoka, 1971, S. 217ff.).

C. Berechnung von Klassifizierungswahrscheinlichkeiten

Unter Bezugnahme auf den zentralen Grenzwertsatz der Statistik läßt sich unterstellen, daß die Diskriminanzwerte und damit die Distanzen der Elemente einer Gruppe g vom Centroid dieser Gruppe normalverteilt sind. Damit läßt sich für ein Element i mit Diskriminanzwert Y_i unter der der Hypothese „Element i gehört zu Gruppe g" die folgende *Dichte* angeben:

$$f(Y_i|g) = \frac{1}{s_g \sqrt{2\pi}} e^{-(D_{ig}^2)/2 s_g^2} \tag{C1}$$

mit

$$D_{ig}^2 = (Y_i - Y_g)^2$$

Besitzen alle Gruppen gleiche Streuung, so gilt infolge der Normierung der Diskriminanzfunktion für deren Standardabweichungen:

$$s_g = 1 \quad (g = 1, \ldots, G)$$

Die obige Dichtefunktion vereinfacht sich damit zu:

$$f(Y_i|g) = \frac{1}{\sqrt{2\pi}} e^{-(D_{ig})^2/2} \tag{C2}$$

Die Verwendung einer stetigen Verteilung der Diskriminanzwerte erfordert, daß die übliche diskrete Formulierung des Bayes-Theorems gemäß (22) zwecks Berechnung von Klassifizierungswahrscheinlichkeiten modifiziert wird (vgl. hierzu Tatsuoka, 1971, S. 228 f.). Setzt man anstelle der bedingten Wahrscheinlichkeiten $P(Y_i|g)$ die Dichte $f(Y_i|g)$ gemäß (C2) unter Weglassung des konstanten Terms $1/\sqrt{2\pi}$ in die Bayes-Formel ein, so erhält man anstelle von (22) die folgende Formel zur Berechnung der *Klassifizierungswahrscheinlichkeiten*:

$$P(g|Y_i) = \frac{\exp(-D_{ig}^2/2)\,P_i(g)}{\sum\limits_{g=1}^{G} \exp(-D_{ig}^2/2)\,P_i(g)} \qquad (g=1,\ldots,G) \tag{C3}$$

Für die Anwendung dieser Formel macht es keinen Unterschied, ob die Klassifizierung auf Basis einer oder mehrerer Diskriminanzfunktionen erfolgen soll. Im zweiten Fall bilden die Diskriminanzwerte und Centroide jeweils Vektoren und die Distanzen sind gemäß (21) bzw. (B 3) zu berechnen.

Bei wesentlich *unterschiedlicher Streuung* in den Gruppen kann die vereinfachte Dichtefunktion gemäß (C 2) nicht länger verwendet werden, sondern es muß auf die Formel (C 1) zurückgegriffen werden. Zwecks Vereinfachung der Berechnung läßt sich (C 1) umformen in

$$f(Y_i|g) = \frac{1}{\sqrt{2\pi}}\, e^{-Q_{ig}/2} \tag{C4}$$

mit

$$Q_{ig}^2 = \frac{(Y_i - \bar{Y}_g)^2}{s_g^2} + \ln s_g^2 \tag{C5}$$

Es sind also unter Berücksichtigung der individuellen Streuung der Gruppen *modifizierte Distanzen* zu berechnen.

Zur Berechnung der Klassifizierungswahrscheinlichkeiten ist damit die folgende Formel anzuwenden:

$$P(g|Y_i) = \frac{f(Y_{ig}|g)\,P_i(g)}{\sum\limits_{g=1}^{G} f(Y_{ig}|g)\,P_i(g)} \qquad (g=1,\ldots,G) \tag{C6}$$

Bei mehreren Diskriminanzfunktionen ist anstelle von (C 5) die Formel (B 4) anzuwenden.

Für das *Beispiel* sind in Tabelle 5.4 die folgenden empirischen Varianzen der Diskriminanzwerte in den beiden Gruppen angegeben:

$$s_A^2 = 1{,}1636 \quad \text{und} \quad s_B^2 = 0{,}8364$$

Man erhält damit die folgenden Klassifizierungswahrscheinlichkeiten:

$$P(A|Y_i) = 0{,}381$$

$$P(B|Y_i) = 0{,}619$$

Diese unterscheiden sich hier nur geringfügig von den in Abschnitt 5.6.4 unter der Annahme gleicher Streuungen berechneten Klassifizierungswahrscheinlichkeiten. In kritischen Fällen aber sollte stets untersucht werden, ob sich durch Berücksichtigung der individuellen Streuungen das Ergebnis der Klassifizierung verändert.

D. Berechnung von Klassifizierungsfunktionen

Die Koeffizienten der Klassifizierungsfunktionen (25) werden auf Basis der Merkmalsvariablen wie folgt berechnet:

$$b_{jg} = (I-G) \sum\limits_{r=1}^{J} W_{jr}^{-1}\,\bar{X}_{rg} \qquad \begin{array}{l} (j=1,\ldots,J) \\ (g=1,\ldots,G) \end{array} \tag{D1}$$

wobei durch W_{jr} die Streuungsmaße der Merkmalsvariablen gemäß (A4) bezeichnet sind. Das konstante Glied der Funktion F_g berechnet sich unter Berücksichtigung der Apriori-Wahrscheinlichkeit P_g durch:

$$b_{0g} = -\frac{1}{2} \sum_{j=1}^{J} b_{jg} \bar{X}_{jg} + \ln P_g \quad (g = 1, \ldots, G) \tag{D2}$$

(Vgl. SPSS Statistical Algorithms, 1985, S. 59). Die zur Berechnung erforderlichen Werte können dem Beispiel im Teil A dieses Anhangs entnommen werden.

Anmerkungen

1 Will man prüfen, ob sich zwei Gruppen (Stichproben) hinsichtlich eines quantitativen Merkmals signifikant unterscheiden, so kann dies durch einen t-Test, und bei mehr als zwei Gruppen mittels Varianzanalyse erfolgen (vgl. dazu Kapitel 2).
2 Auf zahlreiche Anwendungen der Diskriminanzanalyse verweist Lachenbruch, P. A.: Discriminant Analysis, London 1975. Eine Bibliographie zu Anwendungen der Diskriminanzanalyse im Marketing-Bereich findet sich in: Green, P. E., – Tull, D. S.: Research for Marketing Decisions, 4. Aufl., Englewood Cliffs (N. J.) 1978, S. 654–655.
3 Problematisch für die Anwendung der Diskriminanzanalyse bei der Kreditwürdigkeitsprüfung ist, daß die Datenbasis immer vorselektiert ist und daher in der Regel weit weniger „schlechte" als „gute" Fälle enthalten wird. Vgl. hierzu z. B.: Häußler, W. M., Empirische Ergebnisse zu Diskriminationsverfahren bei Kreditscoringsystemen, in: Zeitschrift für Operations Research, Band 23, 1979, Seite B191–B210.
4 Zur Mathematik der Diskriminanzanalyse vgl. insbesondere Tatsuoka, M. M.: Multivariate Analysis, New York 1971, S. 157 ff; Cooley, W. W., – Lohnes, P. R.: Multivariate Data Analysis, New York 1985, S. 213 ff.
5 Die Ellipse bedeutet hier eine Linie (Isoquante) gleicher Wahrscheinlichkeit (z. B. 95%) einer bivariaten Verteilung. Sie entspricht den Quantilen einer univariaten Verteilung.
6 Dieser Konvention wird auch im Programm-Paket *SPSS*[x] gefolgt. Bis einschließlich Release 8 erfolgte in *SPSS* die Normierung auf Basis der Gesamtvarianz, die im Gegensatz zur gepoolten Innergruppen-Varianz aus den quadrierten Abweichungen der Diskriminanzwerte vom Gesamtmittel errechnet wird und somit die Gruppenunterschiede bezüglich der Mittelwerte nicht berücksichtigt. Vgl. SPSS Inc.: SPSS Statistical Algorithms, SPSS Inc. reports, 1985, Seite 53–67. Bedingt durch die Änderungen im Programm-Paket SPSS haben sich auch in diesem Buch einige Ergebnisse geändert.
7 Fisher, R. S.: The use of multiple measurement in taxonomic problems, in: Annals of Eugenics, 7, 1936, S. 179–188.
8 Vgl. Cooley, W. W., – Lohnes, P. R.: Multivariate Data Analysis, New York 1985, S. 244.
9 Vgl. dazu z. B. Johnson, R. M.: Market Segmentation – A Strategic Management Tool, in: Journal of Marketing Research, Vol. 8, Febr. 1971, S. 13–18.
10 Ein effizienteres Verfahren besteht darin, die Stichprobe in eine Mehrzahl von k Unterstichproben aufzuteilen, von denen man k − 1 Unterstichproben für die Schätzung einer Diskriminanzfunktion verwendet, mit welcher sodann die Elemente der k-ten Unterstichprobe klassifiziert werden. Dies läßt sich für jede Kombination von k − 1 Unterstichproben wiederholen *(Jackknife-Methode)*. Man erhält damit insgesamt k Diskriminanzfunktionen, deren Koeffizienten miteinander zu kombinieren sind. Ein Spezialfall dieser Vorgehensweise ergibt sich für k = N. Man klassifiziert jedes Element mit Hilfe einer Diskriminanzfunktion, die auf Basis der übrigen N − 1 Elemente geschätzt wurde. Auf diese Art läßt sich unter vollständiger Nutzung der vorhandenen Information eine unverzerrte Schätzung der Trefferquote wie auch der Klassifikationsmatrix erzielen. Vgl. hierzu Melvin, R. C., – Perreault, W. D.: Validation of Discriminant Analysis in Marketing Research, in: Journal of Marketing Research, Febr. 1977, S. 60–68, sowie die dort angegebene Literatur.

11 Der Begriff stammt aus der kanonischen Korrelationsanalyse. Mit diesen Verfahren läßt sich die Beziehung zwischen zwei Mengen von jeweils metrisch skalierten Variablen untersuchen. Faßt man jede Menge mittels einer Linearkombination zu einer kanonischen Variablen zusammen, so ist der kanonische Korrelationskoeffizient der einfache Korrelationskoeffizient (nach Bravais/Pearson) zwischen den beiden kanonischen Variablen. Die Linearkombinationen werden bei der kanonischen Analyse so ermittelt, daß der kanonische Korrelationskoeffizient maximal wird.
Die Diskriminanzanalyse läßt sich als Spezialfall einer kanonischen Analyse interpretieren. Jede nominal skalierte Variable mit G Stufen, und somit auch die Gruppierungsvariable einer Diskriminanzanalyse, läßt sich äquivalent durch $G-1$ binäre Variable ersetzen. Die Diskriminanzanalyse bildet somit eine kanonische Analyse zwischen einer Menge von binären Variablen und einer Menge metrisch skalierten Merkmalsvariablen. Vgl. hierzu Tatsuoka, M. M., a. a. O., S. 177 ff.

12 Die normierten Diskriminanzkoeffizienten stimmen mit den standardisierten Diskriminanzkoeffizienten dann überein, wenn die Merkmalsvariablen vor Durchführung der Diskriminanzanalyse so standardisiert werden, daß ihre Mittelwerte null und ihre gepoolten Innergruppen-Standardabweichungen eins ergeben.

13 Vgl. dazu Tatsuoka, M. M.: Multivariate Analysis, New York 1971, S. 232 ff.

14 Vgl. dazu Cooley, W. W., – Lohnes, P. R.: Multivariate Data Analysis, New York 1985, S. 229.

15 Vgl. dazu z. B. Schneeweiss, H.: Entscheidungskriterien bei Risiko, Berlin 1967; Mag, W.: Entscheidung und Information, München 1977.

Literaturhinweise

Cooley WF, Lohnes PR (1985) Multivariate Data Analysis, New York, Repr. usw.

Green PE, Tull DS, Albaum G (1988) Research for Marketing Decisions, 5th ed, Englewood Cliffs (NJ)

Kendall M (1980) Multivariate Analysis, 2nd, London

Klecka WR (1980) Discriminant Analysis, Beverly Hills

Lachenbruch PA (1975) Discriminant Analysis, London

Morrison DF (1976) Multivariate Statistical Methods, 2nd ed, New York

Morrison DF (1971) On the Interpretation of Discriminant Analysis, in: Multivariate Analysis in Marketing: Theory and Applications, hrsg von Aaker DA, Belmont (S 127–142)

Norusis MJ (1985) SPSS[x] Advanced Statistics Guide, New York

Schubö W, Uehlinger H-M (1986) SPSS[x]-Handbuch der Programmversion 2.2, Stuttgart New York

SPSS Inc (1988) SPSS[x] User's Guide, 3rd ed, New York

SPSS Inc (1985) SPSS Statistical Algorithms, SPSS Inc report, Chicago

Tatsuoka MM (1971) Multivariate Analysis: Techniques for Educational and Psychological Research, New York

6 Der LISREL-Ansatz der Kausalanalyse

6.1 Grundgedanke und Problemstellung

Bei vielen Fragestellungen im praktischen und wissenschaftlichen Bereich geht es darum, *kausale Abhängigkeiten* zwischen bestimmten Merkmalen (Variablen) zu untersuchen. Werden mit Hilfe eines Datensatzes Kausalitäten überprüft, so spricht man allgemein von einer *Kausalanalyse*. Im Rahmen der Kausalanalyse ist es von *besonderer* Wichtigkeit, daß der Anwender *vor* Anwendung eines statistischen Verfahrens intensive Überlegungen über die Beziehungen zwischen den Variablen anstellt. Auf Basis eines *theoretisch fundierten* Hypothesensystems wird dann mit Hilfe der Kausalanalyse überprüft, ob die theoretisch aufgestellten Beziehungen mit dem empirisch gewonnenen Datenmaterial übereinstimmen. Die Kausalanalyse hat damit *konfirmatorischen Charakter*, d. h. sie ist den hypothesenprüfenden statistischen Verfahren zuzurechnen. Die Besonderheit des LISREL-Ansatzes (LISREL = *Li*near *S*tructural *Rel*ationships) der Kausalanalyse ist darin zu sehen, daß mit seiner Hilfe Beziehungen zwischen *latenten, d. h. nicht direkt beobachtbaren Variablen* überprüft werden können.

Betrachten wir zur Verdeutlichung zwei einfache Beispiele:

Beispiel 1:
Hypothese: „Die Herstellungskosten eines Produktes beeinflussen den Kaufpreis dieses Produktes."
   Bezeichnen wir die Kosten mit x_1 und den Preis mit x_2, so läßt sich die in dieser Hypothese formulierte kausale Abhängigkeit wie folgt darstellen:

Beispiel 2:
Hypothese: „Die Einstellung gegenüber einem Produkt bestimmt das Kaufverhalten des Kunden."

Bezeichnen wir die Einstellung mit ξ (lies: Ksi) und das Kaufverhalten mit η (lies: Eta), so läßt sich die in dieser Hypothese formulierte kausale Abhängigkeit wie folgt darstellen.

Im ersten Beispiel wird eine Abhängigkeit zwischen zwei *direkt meßbaren* Größen angenommen. Unterstellt man, daß beide Variable linear zusammenhängen, so läßt sich die Hypothese in Beispiel 1 auch mathematisch formulieren:

$$x_2 = a + b \cdot x_1$$

Werden im Rahmen einer Untersuchung empirische Werte für x_1 und x_2 erhoben, so können mit ihrer Hilfe die Koeffizienten a und b in der Gleichung bestimmt werden.

Auch die im zweiten Beispiel unterstellte Abhängigkeit läßt sich formal in einer Gleichung ausdrücken:

$$\eta = a + b \cdot \xi$$

Der Unterschied zwischen beiden Beispielen liegt darin, daß sich im zweiten Beispiel die betrachteten Variablen einer direkten Meßbarkeit entziehen, d. h. sie stellen *latente Variable bzw. hypothetische Konstrukte* dar. Um diesen Unterschied zu verdeutlichen, wurden die Variablen im zweiten Beispiel mit griechischen Kleinbuchstaben bezeichnet und durch Kreise eingefaßt, während die direkt meßbaren Variablen im ersten Beispiel mit lateinischen Kleinbuchstaben bezeichnet und durch Rechtecke dargestellt wurden. *Hypothetische Konstrukte* sind durch abstrakte Inhalte gekennzeichnet, bei denen sich nicht unmittelbar entscheiden läßt, ob der gemeinte Sachverhalt in der Realität vorliegt oder nicht. Sie spielen in fast allen Wissenschaftsdisziplinen und bei vielen praktischen Anwendungen eine große Rolle. So stellen z. B. Begriffe wie psychosomatische Störungen, Sozialisation, Einstellung, Verhaltensintention, Sozialstatus, Selbstverwirklichung, Motivation, Aggression, Frustration oder Image hypothetische Konstrukte dar. Häufig ist bei praktischen Fragestellungen das Zusammenwirken zwischen solchen latenten Variablen von Interesse.

Greifen wir nochmals auf Beispiel 2 zurück, so ist einsichtig, daß sich für die hypothetischen Konstrukte „Einstellung" und „Kaufverhalten" nicht direkt empirische Meßwerte erheben lassen und sich die unterstellte kausale Abhängigkeit ohne weitere Informationen nicht überprüfen läßt. Es ist deshalb notwendig, eine Operationalisierung der hypothetischen Konstrukte vorzunehmen, d. h. die hypothetischen Konstrukte sind zu definieren und es ist nach

(Meß-)Indikatoren zu suchen. „Indikatoren sind unmittelbar meßbare Sachverhalte, welche das Vorliegen der gemeinten, aber nicht direkt erfaßbaren Phänomene ... anzeigen[1]". In der Wissenschaftstheorie spricht man in diesem Zusammenhang von einer *theoretischen Sprache* und einer *Beobachtungssprache.* Die theoretische Sprache umfaßt dabei die hypothetischen Konstrukte, d. h. sie wird aus Begriffen gebildet, die auf nicht direkt meßbare Sachverhalte bezogen sind. Die Beobachtungssprache hingegen enthält Begriffe, die sich auf direkt beobachtbare empirische Phänomene beziehen[2]. Die in Beispiel 1 formulierte Hypothese wäre allein dem Bereich der Beobachtungssprache und die Hypothese aus Beispiel 2 allein dem Bereich der theoretischen Sprache zuzurechnen. Neben der theoretischen Sprache und der Beobachtungssprache gibt es aber noch eine dritte Klasse von Aussagen, die sog. *Korrespondenzhypothesen.* Sie enthalten gemischte Sätze, die sowohl theoretische als auch beobachtbare Variable enthalten und schlagen damit eine Brücke zwischen der theoretischen Sprache und der Beobachtungssprache. Mit ihrer Hilfe können hypothetische Konstrukte operationalisiert werden. Um die Beziehungen zwischen den hypothetischen Konstrukten aus Beispiel 2 quantitativ erfassen zu können, muß jede latente Variable durch ein oder mehrere Indikatoren definiert werden. „Die Indikatoren stellen die empirische Repräsentation der nicht beobachtbaren, latenten Variablen dar. Die Zuordnung erfolgt mit Hilfe von Korrespondenzhypothesen, die die theoretischen Begriffe mit Begriffen der Beobachtungssprache verbinden[3]."

Der LISREL-Ansatz der Kausalanalyse basiert auf diesen Überlegungen. In einem *Strukturmodell* werden die aufgrund theoretischer Überlegungen aufgestellten Beziehungen zwischen *hypothetischen Konstrukten* abgebildet.

Dabei werden die abhängigen latenten Variablen als endogene Größen und die unabhängigen latenten Variablen als exogene Größen bezeichnet und durch griechische Kleinbuchstaben dargestellt. (Auf eine genauere Unterscheidung zwischen endogenen und exogenen Variablen gehen wir später noch ein; vgl. Abschnitt 6.2.2.1). Beispiel 2 stellt somit ein einfaches Strukturmodell mit einer endogenen (η) und einer exogenen (ξ) Variable dar.

In einem zweiten Schritt wird *ein Meßmodell für die latenten endogenen Variablen* und *ein Meßmodell für die latenten exogenen Variablen* formuliert. Diese Meßmodelle enthalten empirische Indikatoren für die latenten Größen und sollen die nicht beobachtbaren latenten Variablen möglichst gut abbilden. Wir wollen für unser Beispiel 2 vereinfacht unterstellen, daß

- die latente endogene Variable „Kaufverhalten" durch den direkt beobachtbaren Indikator „Zahl der Käufe" (y_1) erfaßt werden kann;
- die latente exogene Variable „Einstellung" durch zwei verschiedene Einstellungs-Meßmodelle erfaßt werden kann, die metrische Einstellungswerte liefern.

Das Strukturmodell aus Beispiel 2 läßt sich jetzt durch „Anhängen" der obigen Meßmodelle zu einem *vollständigen LISREL-Modell* ausbauen, das wie folgt aussieht:

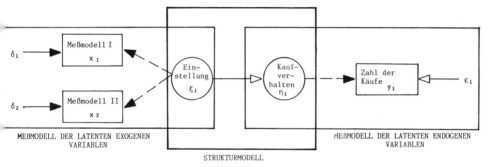

Auf Basis der Indikatorvariablen x_1, x_2 und y_1 ist es nun möglich, Kovarianzen oder Korrelationen *zwischen den Indikatorvariablen* zu berechnen. Diese Kovarianzen oder Korrelationen dienen im LISREL-Ansatz zur Bestimmung der Beziehungen

– zwischen latenten Variablen und ihren Indikatorvariablen, wodurch sich z. B. auch die Validität der Indikatoren zur Messung eines hypothetischen Konstruktes bestimmen läßt;
– zwischen den latenten endogenen und exogenen Variablen.

Da die Beziehungen zwischen den hypothetischen Konstrukten in einem vollständigen LISREL-Modell aus den Kovarianzen oder Korrelationen zwischen den Indikatorvariablen errechnet werden, spricht man in diesem Zusammenhang auch von einer *Kovarianzstrukturanalyse*. Den Ausgangspunkt der Kovarianzstrukturanalyse bildet somit nicht die erhobene Rohdatenmatrix, sondern die aus einem empirischen Datensatz errechnete Kovarianzmatrix oder die Korrelationsmatrix. Es läßt sich somit sagen, daß der LISREL-Ansatz der Kausalanalyse eine Analyse auf der Ebene von aggregierten Daten (Kovarianz- und Korrelationsdaten) darstellt und ein *gegebenes* Hypothesensystem in seiner Gesamtheit überprüft.

Der Leser sei an dieser Stelle nochmals darauf hingewiesen, daß die Anwendung des LISREL-Ansatzes als *Hypothesenprüfungsinstrument* nur dann sinnvoll ist, wenn die Hypothesenbildung auf Basis intensiver und sorgfältig durchgeführter sachlicher Überlegungen erfolgt ist. Das gilt um so mehr, je komplexer das zu prüfende System von Hypothesen wird.

Typische Fragestellungen aus unterschiedlichen Wissenschaftsgebieten, die mit Hilfe eines LISREL-Modells untersucht werden können sowie die dazugehörigen Einteilungen der Variablen zeigt Tabelle 6.1.

Der im folgenden dargestellte LISREL-Ansatz geht insbesondere auf die Arbeiten von Jöreskog zurück, der die Entwicklung von neuen Verfahren der Kausalanalyse stark vorangetrieben hat. Der von ihm entwickelte kausalanalytische Ansatz ist mathematisch in einem *linearen Strukturgleichungsmodell* (LISREL = *Li*near *S*tructural *Rel*ationships) formuliert und in Zusammenarbeit mit Sörbom in dem gleichnamigen Programmpaket programmiert worden[9]. Die neueste Version dieses Programms, LISREL VI, ist dem Programm-

Tabelle 6.1. Typische Fragestellungen des LISREL-Ansatzes der Kausalanalyse

FRAGESTELLUNG	LATENTE VARIABLE(N)	INDIKATOREN
Welche Auswirkungen besitzen Familie und Schule auf die Schulleistung eines Kindes[4]?	Familie ⎫ Schule ⎬ exogene Variable	Beruf des Vaters Schulbildung des Vaters Schulbildung der Mutter Ausmaß an Nachhilfe Ausbildungsniveau des Lehrers
	Schulleistung → endogene Variable	Wissentest Interessenstest
Beeinflussen Einstellungen und Bezugsgruppen die Verhaltensintentionen gegenüber Zeitschriften[5]?	Einstellung ⎫ ⎬ exogene Variable Bezugsgruppe ⎭	Einstellungsmodelle: * Ideal-Konzept-Modell * Meßmodell der Einstellung zum Handeln * Erwartungs-x-Wert-Modell Kollegeneinfluß Freundeseinfluß
	Verhaltensintention → endogene Variable	Wahrscheinlichkeit eine Zeitschrift zu lesen Wahrscheinlichkeit eine Zeitschrift zu kaufen
Inwieweit ist die Berücksichtigung von Warentestinformationen bei produktpolitischen Marketing-Entscheidungen abhängig von der Branchenzugehörigkeit, der Organisationsgröße und der Konkurrenzintensität eines Industrieunternehmens[6]?	Branchenzugehörigkeit ⎫ Organisationsgröße ⎬ exogene Variable Konkurrenzintensität ⎭	Branche (Nominalskala) Jahresumsatz Anzahl der Beschäftigten Wahrgenommener Wettbewerbsdruck
	Produktentwicklung mit Testkriterien ⎫ ⎬ endogene Variable Produktänderung aufgrund von Testkriterien ⎭	Häufigkeit der Berücksichtigung von Testkriterien Ausmaß der Berücksichtigung von Testkriterien Ausmaß, in dem Testkriterien zu Produktänderungen beitragen
Inwieweit nehmen Rollenunsicherheit und Arbeitsmotivation eines Verkäufers Einfluß auf seine Selbstwertschätzung, seine Berufszufriedenheit und den erzielten Umsatz[7]?	Rollenverständnis ⎫ ⎬ exogene Variable Arbeitsmotivation ⎭	Meßmodell 1 Meßmodell 2 Meßmodell 1 Meßmodell 2
	Selbstwertschätzung ⎫ Berufszufriedenheit ⎬ endogene Variable Leistung ⎭	Meßmodell 1 Meßmodell 2 Meßmodell 1 Meßmodell 2 Umsatz
Messen unterschiedliche Konzepte zur Beurteilung des Risikos bei Auslandsinvestitionen nur die Dimensionen „Wirtschaftliche und politische Stabilität des Landes" und „Zahlungsfähigkeit des Landes"[8]?	Stabilität ⎫ ⎬ exogene Variable Zahlungsfähigkeit ⎭	Alternative Risikokonzepte zur Beurteilung des Länderrisikos bei Auslandsinvestitionen wie z. B. der BERI-Index

paket SPSS-X angeschlossen, und das gesamte Datenhandling kann mit Hilfe der Befehlssprache von SPSS durchgeführt werden.

Bevor wir eine genauere Betrachtung des Analyseinstrumentariums des LIS-REL-Ansatzes vornehmen (Abschnitt 6.4), wollen wir zunächst grundlegende Begriffe der Kausalanalyse klären sowie die Elemente eines vollständigen LIS-REL-Modells genauer betrachten und die allgemeine Vorgehensweise an einem Rechenbeispiel erläutern. Es sei an dieser Stelle bereits darauf hingewiesen, daß zum Verständnis des LISREL-Ansatzes grundlegende Kenntnisse der Regressions- und der Faktorenanalyse erforderlich sind. Dem mit diesen Methoden nicht vertrauten Leser sei deshalb empfohlen, sich die Grundzüge dieser Methoden (Kapitel 1 und 3 dieses Buches) anzueignen, bevor er sich mit dem vorliegenden Kapitel intensiver auseinandersetzt.

6.2 Grundlegende Zusammenhänge der Kausalanalyse

6.2.1 Begriff der Kausalität: Kovarianz und Korrelation

Gegenstand dieses Kapitels sind Kausalmodelle. Es ist deshalb erforderlich, daß wir uns auf ein bestimmtes Verständnis des Kausalbegriffs einigen. Wir wollen hier jedoch *nicht* näher auf die Diskussion eingehen, was unter Kausalität zu verstehen ist, sondern eine hier verwendete Arbeitsdefinition aufstellen[10].

Mit BLALOCK wird im folgenden davon ausgegangen, daß eine Variable X nur dann eine direkte Ursache der Variablen Y (geschrieben als: X→Y) darstellt, wenn eine Veränderung von Y durch eine Veränderung von X hervorgerufen wird und alle anderen Variablen, die nicht kausal von Y abhängen, in einem Kausalmodell konstant gehalten werden[11]. Von einer Kausalität kann somit gesprochen werden, wenn Variationen der Variable X Variationen der Variablen Y hervorrufen.

Es stellt sich die Frage, wie eine Kausalitätsbeziehung formal erfaßt werden kann. Zu diesem Zweck greifen wir auf die Definition der Kovarianz und der Korrelation zwischen zwei Variablen zurück. Die empirische Kovarianz $s(x_1, x_2)$ zwischen zwei Variablen x_1 und x_2 ist wie folgt definiert:

Empirische Kovarianz

$$s(x_1, x_2) = \frac{1}{K-1} \sum_k (x_{k1} - \bar{x}_1) \cdot (x_{k2} - \bar{x}_2) \tag{1}$$

Legende:
x_{k1} = Ausprägung der Variablen 1 bei Objekt k
        (Objekte sind z. B. die befragten Personen)
$\bar{x}_1$ = Mittelwert der Ausprägungen von Variable 1 über alle Objekte (k = 1, ..., K)
x_{k2} = Ausprägung der Variablen 2 bei Objekt k
$\bar{x}_2$ = Mittelwert der Ausprägungen von Variable 2 über alle Objekte

Ermittelt man auf Basis empirischer Werte für die Kovarianz einen Wert nahe Null, so kann davon ausgegangen werden, daß keine Beziehung zwischen beiden Variablen besteht, d. h. sie werden nicht häufiger zusammen angetroffen als dies dem Zufall entspricht. Ergeben sich hingegen für die Kovarianz Werte größer oder kleiner als Null, so bedeutet das, daß sich die Werte beider Variablen in die gleiche Richtung (positiv) oder in entgegengesetzter Richtung (negativ) entwickeln.

Für die Kovarianz zwischen zwei Variablen läßt sich jedoch kein bestimmtes Definitionsintervall angeben, d. h. es läßt sich vorab nicht festlegen, in welcher Spannbreite der Wert der Kovarianz liegen muß. Somit gibt der absolute Wert einer Kovarianz noch keine Auskunft darüber, wie *stark* die Beziehung zwischen zwei Variablen ist. Es ist deshalb sinnvoll, die Kovarianz auf ein Intervall zu normieren, mit dessen Hilfe eine eindeutige Aussage über die Stärke des Zusammenhangs zwischen zwei Variablen getroffen werden kann. Eine solche Normierung ist zu erreichen, indem man die Kovarianz durch die Standardabweichungen (= Streuung der Beobachtungswerte um den jeweiligen Mittelwert) der jeweiligen Variablen dividiert. Diese Normierung beschreibt der *Korrelationskoeffizient* zwischen zwei Variablen.

Korrelationskoeffizient

$$r_{x_1, x_2} = \frac{s(x_1, x_2)}{s_{x_1} \cdot s_{x_2}} \tag{2}$$

Legende:

$s(x_1, x_2)$ = Kovarianz zwischen den Variablen x_1 und x_2

$s_{x_1} \quad = \sqrt{\dfrac{1}{K-1} \sum_k (x_{k1} - \bar{x}_1)^2}$ = Standardabweichung der Variablen x_1

$s_{x_2} \quad = \sqrt{\dfrac{1}{K-1} \sum_k (x_{k2} - \bar{x}_2)^2}$ = Standardabweichung der Variablen x_2

Der Korrelationskoeffizient kann Werte zwischen -1 und $+1$ annehmen. Je mehr sich sein Wert *absolut* der Größe 1 nähert, desto größer ist die Abhängigkeit zwischen den Variablen anzusehen. Ein Korrelationskoeffizient von Null spiegelt statistische Unabhängigkeit der Variablen wider.

Der Korrelationskoeffizient läßt jedoch *keine* Aussage darüber zu, welche Variable als *verursachend* für eine andere Variable anzusehen ist.

Es sind vielmehr *vier grundsätzliche Interpretationsmöglichkeiten* einer Korrelation denkbar:

A Die Variable x_1 ist verursachend für den Wert der Variablen x_2:
$$x_1 \rightarrow x_2$$
Wir sprechen in diesem Fall von einer *kausal-interpretierten Korrelation*, da eine eindeutige Wirkungsrichtung von x_1 auf x_2 unterstellt wird.

B Die Variable x_2 ist verursachend für den Wert der Variable x_1:
$$x_2 \rightarrow x_1$$
Auch hier sprechen wir, ebenso wie in Fall A, von einer *kausal interpretierten Korrelation*.

C Die Abhängigkeit der Variablen x_1 und x_2 ist *teilweise bedingt* durch den Einfluß einer exogenen (hypothetischen) Größe ξ (lies: Ksi), die hinter diesen Variablen steht:

In diesem Fall kann die errechnete Korrelation nur zum Teil kausal interpretiert werden, da x_2 nicht nur *direkt* von x_1 beeinflußt wird, sondern auch von der hypothetischen Größe ξ, die die Variable x_2 sowohl direkt als auch indirekt (nämlich über x_1) beeinflußt.

Hier ist noch eine weitere Interpretationsmöglichkeit denkbar, wenn wir den Pfeil von x_2 auf x_1 gehen lassen.

D Der Zusammenhang zwischen den Variablen x_1 und x_2 resultiert allein aus einer exogenen (hypothetischen) Größe ξ, die hinter den Variablen steht:

In diesem Fall sprechen wir von einer *kausal nicht interpretierten Korrelation* zwischen x_1 und x_2, da die Korrelation zwischen beiden Variablen *allein* aus dem Einfluß der (hypothetischen) Größe ξ resultiert. *Unterstellt man*, daß die Korrelation zwischen zwei Variablen allein auf eine hypothetische Größe zurückgeführt werden kann, die hinter diesen Variablen zu vermuten ist, so folgt man damit dem Denkansatz der *Faktorenanalyse*[12]. Die Faktorenanalyse ermöglicht dann eine Aussage darüber, wie stark die Variablen x_1 und x_2 von der hypothetischen Größe beeinflußt werden. Die Interpretationsmöglichkeit D läßt sich wie folgt überprüfen:

Wir gehen davon aus, daß sich für die Variablen x_1, x_2 und ξ drei Korrelationen berechnen lassen. Ist allein ξ für die Korrelation zwischen x_1 und x_2 verantwortlich, so muß die Korrelation zwischen x_1 und x_2 gleich Null sein, wenn die Variable ξ *konstant* gehalten wird, d. h. wenn der Einfluß von ξ eliminiert wird. Dieser Sachverhalt läßt sich mit Hilfe des *partiellen Korrelationskoeffizienten* überprüfen, der sich wie folgt berechnen läßt[13]:

Partieller Korrelationskoeffizient

$$r_{x_1,x_2 \cdot \xi} = \frac{r_{x_1,x_2} - r_{x_1,\xi} \cdot r_{x_2,\xi}}{\sqrt{(1 - r_{x_1,\xi})^2 \cdot (1 - r_{x_2,\xi})^2}} \tag{3}$$

Legende:

$r_{x_1,x_2 \cdot \xi}$ = partieller Korrelationskoeffizient zwischen x_1 und x_2, wenn der Einfluß von ξ eliminiert (konstant gehalten) wird

r_{x_1,x_2} = Korrelationskoeffizient zwischen x_1 und x_2

$r_{x_1,\xi}$ = Korrelationskoeffizient zwischen x_1 und ξ

$r_{x_2,\xi}$ = Korrelationskoeffizient zwischen x_2 und ξ

Die Variable ξ ist dann als allein verantwortlich für die Korrelation zwischen x_1 und x_2 anzusehen, wenn der partielle Korrelationskoeffizient in (3) gleich Null wird. Das ist genau dann der Fall, wenn

$$r_{x_1,x_2} = r_{x_1,\xi} \cdot r_{x_2,\xi}$$

gilt. Nach dieser Beziehung ergibt sich die Korrelation zwischen x_1 und x_2 in diesem Fall allein durch Multiplikation der Korrelationen zwischen x_1, ξ und x_2, ξ.

Die vorangegangenen Ausführungen haben gezeigt, daß auf Basis einer errechneten Korrelation zwischen zwei Variablen vier grundsätzliche Interpretationsmöglichkeiten denkbar sind, die alle von unterschiedlichen Annahmen über die Kausalität zwischen den Variablen ausgehen. Alle genannten Interpretationsmöglichkeiten finden im LISREL-Ansatz der Kausalanalyse Anwendung, je nachdem welche Beziehungen zwischen den Variablen *vorab* postuliert wurden (denn mit Hilfe von LISREL werden Variablenbeziehungen *überprüft*, die aufgrund theoretischer Vorüberlegungen a priori aufgestellt wurden).

Die Überprüfung a priori formulierter kausaler Zusammenhänge ist mit Hilfe eines regressionsanalytischen Ansatzes möglich, der im LISREL-Ansatz der Kausalanalyse enthalten ist.

6.2.2 Die Überprüfung kausaler Zusammenhänge im LISREL-Modell

6.2.2.1 Die Denkweise in Kausalstrukturen

Ein wesentliches Kennzeichen des LISREL-Ansatzes liegt in der *Denkweise in Kausalstrukturen*. Ein aufgrund theoretischer Überlegungen aufgestelltes Hypothesensystem wird auf Basis der Kovarianz- oder Korrelationsbeziehungen zwischen den Variablen überprüft. Der LISREL-Ansatz bedient sich zu diesem Zweck des methodischen Instrumentariums der Regressionsanalyse[14].

Den Ausgangspunkt der Analyse bildet immer ein hypothetisches Kausalmodell, das aufgrund theoretischer Vorüberlegungen aufgestellt wurde und die vermuteten kausalen Abhängigkeiten zwischen den Variablen widerspiegelt. Das verbal formulierte Hypothesensystem wird anschließend in einem *Pfaddiagramm* graphisch dargestellt. Obwohl die Erstellung eines Pfaddiagramms letztendlich für die Durchführung der Analyse *nicht* notwendig ist, besitzt das Pfaddiagramm jedoch insbesondere folgende Vorteile[15]:

1. Die graphische Darstellung von Hypothesen ist leichter verständlich, als die rein verbale Formulierung oder deren Darstellung in mathematischen Gleichungen.
2. Auf Basis des Pfaddiagramms lassen sich die im LISREL-Ansatz notwendigen Gleichungen leichter ableiten.
3. Es können leichter neue Variablen eingeführt werden und deren Beziehungen untereinander sowie deren Beziehungen zu bereits enthaltenen Variablen überlegt werden.

4. Das Aufdecken evtl. noch fehlender Variablenbeziehungen in einem komplexen Hypothesensystem wird erleichtert.

Wurden zu einer bestimmten Fragestellung Hypothesen formuliert, so besteht die Aufgabe des LISREL-Ansatzes in der *Hypothesenprüfung.* Wird z. B. unterstellt, daß die Variable y_1 von den Größen x_1, x_2 und x_3 beeinflußt wird, so ergibt sich folgendes *Pfaddiagramm:*

Die mathematische Formulierung dieser Beziehung lautet dann:

$$y_1 = b_0 + b_{11} \cdot x_1 + b_{12} \cdot x_2 + b_{13} \cdot x_3$$

In dieser Gleichung wurden die Indices der Koeffizienten b so gewählt, daß an erster Stelle der Index der Variablen aufgeführt wird, auf die ein Pfeil hinzeigt und an zweiter Stelle der Index der Variablen steht, von der ein Pfeil weggeht. Wir wollen diese Bezeichnungsweise im folgenden beibehalten.

Liegen für die Variablen in obigem Pfaddiagramm empirische Daten vor, so lassen sich die Koeffizienten b_0, b_{11}, b_{12} und b_{13} durch Anwendung der multiplen Regressionsanalyse schätzen und auf Signifikanz überprüfen. Die Schätzung der Koeffizienten allein stellt aber noch *keine* Überprüfung unserer Hypothese dar. Es ist deshalb notwendig, daß bei der Hypothesenformulierung die Beziehungen zwischen den Variablen und die *Vorzeichen* der Koeffizienten aufgrund theoretischer Überlegungen festgelegt werden. Dadurch wird erreicht, daß bei der Bestimmung der Koeffizienten zumindest die Hypothesen bezüglich des a priori vermuteten Vorzeichens geprüft werden[16]. Die Formulierung von Hypothesen erfordert äußerste Sorgfalt und muß aus theoretischer Sicht fundiert sein.

Wird eine theoretische Vorarbeit nicht oder nur unzureichend geleistet, so wird mit Hilfe der Pfadanalyse kein Kausalmodell überprüft, sondern lediglich ein Regressionsmodell an empirisches Datenmaterial angepaßt.

Wir wollen nun unser Beispiel etwas erweitern und gehen davon aus, daß ein *gegebenes Hypothesensystem* folgendes Pfaddiagramm erbracht hat:

In diesem Fall läßt sich das Pfaddiagramm nicht mehr in einer Gleichung abbilden, sondern es sind bereits 2 Gleichungen notwendig:

(1) $x_2 = b_1 + b_{21} \cdot x_1$

(2) $x_3 = b_2 + b_{31} \cdot x_1 + b_{32} \cdot x_2$

Man bezeichnet die Gleichungen, die sich aus der mathematischen Formulierung des Pfaddiagramms ergeben als *Strukturgleichungen*, da sie die Struktur zwischen den Variablen widerspiegeln, und man spricht in diesem Zusammenhang von einem *Mehrgleichungssystem*.

Die Variable x_2 ist „abhängig" in Gleichung 1 und „unabhängig" in Gleichung 2. Man unterscheidet deshalb in Mehrgleichungssystemen nicht zwischen abhängigen und unabhängigen Variablen, sondern zwischen endogenen und exogenen Variablen. *Endogene Variable* werden durch die Beziehungen im Kausalmodell erklärt und stehen in der Regel links vom Gleichheitszeichen. Sie können aber auch rechts vom Gleichheitszeichen stehen, wenn sie zur Erklärung anderer endogener Variablen dienen. Im obigen Beispiel stellen x_2 und x_3 endogene Variable dar. *Exogene Variable* hingegen stehen *immer* rechts vom Gleichheitszeichen und werden durch das betrachtete System *nicht* erklärt. Sie stellen damit immer erklärende (unabhängige) Variable dar und sind exogen, d. h. von außen in ein System gegeben. In unserem Beispiel ist nur x_1 eine exogene Variable.

Die Koeffizienten der Gleichungen (1) und (2) können wiederum mit Hilfe der Regressionsanalyse geschätzt werden. Sie lassen sich aber auch unmittelbar aus der Korrelationsmatrix der Variablen berechnen, wenn man das *Fundamentaltheorem der Pfadanalyse* anwendet.

6.2.2.2 Das Fundamentaltheorem der Pfadanalyse

Die Pfadanalyse stellt einen Spezialfall des regressionsanalytischen Ansatzes dar und dient ebenfalls zur Überprüfung kausaler Abhängigkeiten zwischen Variablen. Dem regressionsanalytischen Ansatz im LISREL-Modell und der Pfadanalyse sind gemeinsam, daß beide Verfahren nicht die Originalwerte der Variablen betrachten, sondern alle Variablen als Abweichungen von ihrem jeweiligen Mittelwert in die Analyse eingehen. Wir betrachten also nicht mehr den Wert der Variablen j bei Objekt k, sondern nehmen folgende Transformation vor:

Zentrierte Variable

$$x_{kj}^* = x_{kj} - \bar{x}_j \qquad\qquad (4)$$

mit:

x_{kj}^* = Wert der zentrierten Variablen j bei Objekt k

x_{kj} = Beobachtungswert der Variablen j bei Objekt k

$\bar{x}_j$ = Mittelwert der Variablen j über alle Objekte

Werden Variable in obiger Weise transformiert, so spricht man von *zentrierten Variablen*. Durch die Zentrierung einer Variablen kann bei der Bestimmung der Koeffizienten einer Gleichung eine Vereinfachung derart erreicht werden, daß der konstante Term eliminiert wird. Betrachten wir zur Verdeutlichung eine einfache Gleichung der Art:

$$y_i = a + b \cdot x_i$$

Für den Mittelwert ($\bar{Y}$) der Variablen Y gilt:

$$\bar{Y} = a + b \cdot \bar{X} ; \quad \bar{X} = \text{Mittelwert der Variablen X}$$

Wird die Variable Y zentriert, so folgt:

$$y_i - \bar{Y} = (a + b \cdot x_i) - (a + b \cdot \bar{x})$$
$$= b \cdot (x_i - \bar{X})$$

Durch die Zentrierung der Variablen Y wird also erreicht, daß in unserer ursprünglichen Gleichung der konstante Term a eliminiert werden konnte und nur noch der Koeffizient b zu bestimmen ist, wobei auch die Variable X eine zentrierte Variable darstellt. Wird eine zentrierte Variable noch durch ihre Standardabweichung dividiert, so erhält man eine *standardisierte* Variable, die wir mit Z bezeichnen wollen:

Standardisierte Variable

$$z_{kj} = \frac{x_{kj} - \bar{x}_j}{s_j} \tag{5}$$

mit:
x_{kj} = Beobachtungswert der Variablen j bei Objekt k
$\bar{x}_j$ = Mittelwert der Variablen j über alle Objekte
s_j = Standardabweichung der Variablen j
z_{kj} = standardisierter Beobachtungswert der Variablen j bei Objekt k

Standardisierte Variable sind dadurch gekennzeichnet, daß sie einen *Mittelwert von 0* und eine *Standardabweichung von 1* besitzen. Wir werden im folgenden ebenfalls alle Variablen standardisieren. Betrachten wir nochmals das Beispiel im vorangegangenen Abschnitt und nehmen eine Standardisierung der betrachteten Variablen x_1 bis x_3 vor, so vereinfachen sich die Strukturgleichungen wie folgt (vgl. S. 232):

(1a) $z_2 = p_{21} \cdot z_1$
(2a) $z_3 = p_{31} \cdot z_1 + p_{32} \cdot z_2$

Dabei wurden die Variablen nicht mehr mit X sondern mit Z bezeichnet, um zu verdeutlichen, daß es sich hier um standardisierte Variable handelt. Außerdem haben wir die Koeffizienten b_{ij} durch p_{ij} ersetzt. Dadurch soll kenntlich gemacht werden, daß es sich um Koeffizienten in Gleichungen handelt, deren Variablen standardisiert wurden. Man bezeichnet die Koeffizienten p_{ij} als *(standardisierte) Pfadkoeffizienten*. Werden die *Variablen nicht standardisiert, sondern nur zentriert, so spricht man von unstandardisierten Pfadkoeffizienten oder ‚path regressions'.*

In unserem Beispiel wurde bisher angenommen, daß die endogenen Variablen durch die unterstellten Variablenbeziehungen vollständig erklärt werden können. Davon kann in der Realität *nicht* ausgegangen werden. Vielmehr müssen wir davon ausgehen, daß

– bei der Erhebung empirischer Daten Meßfehler begangen werden, die sich z. B. in Übertragungsfehlern oder in Verständnisfehlern bei der Erhebung dokumentieren. Solche Fehler beeinflussen ebenfalls die endogenen Variablen im Kausalmodell und können in einer *Meßfehlervariablen* zusammengefaßt werden.

– ein gegebenes Hypothesensystem nicht immer alle relevanten Variablen erfaßt, die auf die endogenen Variablen im Kausalmodell Einfluß nehmen. Solche Variablen werden als *Drittvariable* bezeichnet.

Der Anwender sollte jedoch versuchen, alle relevanten Variablen in seinem Hypothesensystem zu erfassen, um damit Drittvariableneffekte auszuschließen.

Dem obigen Sachverhalt wird im Rahmen des LISREL-Ansatzes durch eine *Residualvariable oder Irrtumsvariable e* Rechnung getragen, die mögliche Meßfehler und/oder Drittvariableneffekte in einer Größe zusammenfaßt. Berücksichtigt man die Residualvariable, so verändert sich das Pfaddiagramm in unserem Beispiel wie folgt:

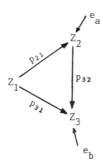

Bilden wir das obige Pfaddiagramm in Gleichungen ab, wobei wir unterstellen, daß alle Variable *standardisiert* wurden und somit *in diesem Fall* auch die *Residualvariablen standardisierte Größen* darstellen, so ergeben sich die folgenden Strukturgleichungen:

(1) $z_2 = p_{21} \cdot z_1 + p_{2a} \cdot e_a$

(2) $z_3 = p_{31} \cdot z_1 + p_{32} \cdot z_2 + p_{3b} \cdot e_b$

Unser Ziel besteht nun darin, die standardisierten Pfadkoeffizienten des obigen Gleichungssystems zu bestimmen. Das ist einerseits mit Hilfe der Regressionsanalyse möglich, kann aber auch mit Hilfe des *Fundamentaltheorems der Pfadanalyse* erfolgen. Wir wollen die zuletzt genannte Vorgehensweise hier näher betrachten, da sie das Verständnis für die Dekomposition von Korrelationen erleichtert. Zu diesem Zweck ist es notwendig, daß man weiß, wie sich ein Korrelationskoeffizient beim Vorliegen von standardisierten Variablen bestimmt. Allgemein gilt für den Korrelationskoeffizienten zwischen zwei beliebigen Variablen x_1 und x_2 (vgl. S. 228):

$$r_{x_1,x_2} = \frac{s(x_1, x_2)}{s_{x_1} \cdot s_{x_2}}$$

Werden die Variablen standardisiert, so gilt für die Standardabweichung dieser Variablen $s_{x_1} = s_{x_2} = 1$, wodurch im Fall *standardisierter Daten* der Korrelationskoeffizient der Kovarianz entspricht. Es gilt also:

$$r_{x_1,x_2} = s(x_1, x_2)$$

Dieser Ausdruck kann nochmals vereinfacht werden, wenn wir die Definition der Kovarianz betrachten (vgl. S. 227). Da der Mittelwert einer standardisierten Variablen immer Null beträgt, läßt sich für die Kovarianz in diesem Fall schreiben:

$$s(x_1, x_2) = \frac{1}{K-1} \sum_k x_{k1} \cdot x_{k2}$$

Berücksichtigen wir jetzt noch, daß wir standardisierte Variable mit Z bezeichnet hatten, so bestimmt sich der Korrelationskoeffizient (Kovarianz) bei standardisierten Variablen wie folgt:

Korrelationskoeffizient bei standardisierten Variablen

$$r_{z_1,z_2} = \frac{1}{K-1} \sum_k z_{k1} \cdot z_{k2} \qquad (6)$$

mit:
z_{k1} = standardisierter Beobachtungswert der Variablen 1 bei Objekt k
z_{k2} = standardisierter Beobachtungswert der Variablen 2 bei Objekt k

Diese Beziehung wollen wir nun verwenden, um die Koeffizienten in unserem obigen Strukturgleichungssystem mit standardisierten Variablen zu bestimmen. Wir bedienen uns dazu der sog. *Multiplikationsmethode*[17].

Jede Gleichung wird der Reihe nach mit jeder einzelnen *determinierenden Variablen* multipliziert. Die determinierenden Variablen, die auch als prädeterminierte Variablen bezeichnet werden, sind alle Variablen, die rechts vom Gleichheitszeichen stehen und auf die links vom Gleichheitszeichen stehenden Variablen direkt oder indirekt (d. h. über zwischengeschaltete Variable) kausal einwirken. So ist z. B. x_1 eine *direkt determinierende Variable* von x_3, wenn gilt:

$$x_1 \rightarrow x_3$$

Wir sprechen von einer *indirekt determinierenden Variablen* x_1, wenn x_1 z. B. über x_2 auf x_3 wirkt:

$$x_1 \longrightarrow x_2 \longrightarrow x_3$$

Determinierende Variable können sowohl die endogenen als auch die exogenen Variablen in einem Kausalmodell sein, wobei jedoch die *Residualvariablen nicht* den determinierenden Variablen zugerechnet werden.

Wenden wir die Multiplikationsmethode auf unser Beispiel an, so ergeben sich aus den zwei Strukturgleichungen auf S. 234 drei *neue Gleichungen:*

(1) $z_2 \cdot z_1 = p_{21} \cdot z_1 \cdot z_1 + p_{2a} \cdot e_a \cdot z_1$

(2) $z_3 \cdot z_1 = p_{31} \cdot z_1 \cdot z_1 + p_{32} \cdot z_2 \cdot z_1 + p_{3b} \cdot e_b \cdot z_1$

(3) $z_3 \cdot z_2 = p_{31} \cdot z_1 \cdot z_2 + p_{32} \cdot z_2 \cdot z_2 + p_{3b} \cdot e_b \cdot z_2$

Dividieren wir nun jede dieser Gleichungen durch $K-1$, so entsprechen die Ausdrücke $\frac{1}{K-1} \sum z_i \cdot z_j$ gerade den Korrelationskoeffizienten zwischen den Variablen i und j (r_{ij}), da wir alle Variablen vorher standardisiert hatten. Folglich läßt sich das Gleichungssystem nach Division mit $K-1$ und unter Berücksichtigung, daß $r_{ii} = 1$ ist, wie folgt schreiben:

(1 a) $r_{21} = p_{21}   + p_{2a} \cdot r_{a1}$

(2 a) $r_{31} = p_{31}   + p_{32} \cdot r_{21} + p_{3b} \cdot r_{b1}$

(3 a) $r_{32} = p_{31} \cdot r_{12} + p_{32}   + p_{3b} \cdot r_{b2}$

Das Gleichungssystem enthält nur noch Korrelationskoeffizienten und standardisierte Pfadkoeffizienten. Die Variable z_i ist immer die determinierte Variable (Variable auf die ein Pfeil hinzeigt) und z_j sind alle determinierenden Variablen von z_i (Variable von denen ein Pfeil weggeht).

Mit dem so gewonnenen Gleichungssystem ist jedoch eine Bestimmung der standardisierten Pfadkoeffizienten noch nicht möglich, da den drei Gleichungen die fünf unbekannten Pfadkoeffizienten p_{21}, p_{31}, p_{32}, p_{2a} und p_{3b} gegenüber stehen. Wir führen deshalb folgende *Annahme* ein:

„Die Residualvariablen (e) sind unkorreliert mit den determinierenden Variablen.“

Würde eine Korrelation zwischen Residualvariable und determinierender Variable zugelassen, so würde damit z. B. unterstellt, daß die Residualvariable mindestens noch eine weitere Größe enthält, die auf die determinierende Variable und damit auch auf die links vom Gleichheitszeichen stehende Variable einwirkt. In diesem Fall würde in unserem Hypothesensystem mindestens eine relevante Variable fehlen, d. h. die Hypothesen wären unvollständig (im Prinzip sogar falsch), und die Koeffizienten würden damit auch falsch geschätzt. Da wir jedoch davon ausgehen, daß in unserem Hypothesensystem alle relevanten Variablen enthalten sind, haben wir bereits stillschweigend unterstellt, daß zwischen den Residualvariablen und den determinierenden Variablen keine Korrelationen bestehen. Für unser obiges Gleichungssystem bedeutet diese Annahme, daß die Korrelationen r_{a1}, r_{b1} und r_{b2} Null sind, wodurch sich das Gleichungssystem nochmals vereinfacht:

(1 b) $r_{21} = p_{21}$

(2 b) $r_{31} = p_{31} \quad\quad + p_{32} \cdot r_{21}$

(3 b) $r_{32} = p_{31} \cdot r_{21} + p_{32}$

Diese Gleichungen, die mit Hilfe der Multiplikationsmethode ermittelt wurden, lassen sich auch mit Hilfe des von Wright beschriebenen *Fundamentaltheorems der Pfadanalyse* wie folgt bestimmen[18]:

Fundamentaltheorem der Pfadanalyse

$$r_{ij} = \sum_q p_{iq} \cdot r_{qj} \tag{7}$$

wobei:
* i und j zwei Variable Z_i und Z_j (i $\neq$ j) im Pfaddiagramm bezeichnen, die durch einen Pfeil direkt miteinander verbunden sind.
* q über *alle* determinierenden Variablen Z_j läuft.
* die Residualvariablen (e) nicht zu den determinierenden Variablen zählen.

Der Leser sollte einmal selbst die Gültigkeit des Fundamentaltheorems in unserem Beispiel nachprüfen.

Obiges Gleichungssystem enthält nur noch drei unbekannte Koeffizienten (p_{21}, p_{31}, p_{32}) und ist damit eindeutig lösbar, da alle Korrelationskoeffizienten aus empirischen Daten ermittelt werden können. Die einzelnen standardisierten Pfadkoeffizienten lassen sich nun jeweils durch eine Kombination von Korrelationskoeffizienten ausdrücken. Im einzelnen erhalten wir:

(1 c) $\underline{p_{21} = r_{21}}$

(2 c) $p_{31} = r_{31} - p_{32} \cdot r_{21}$

(3 c) $p_{32} = r_{32} - p_{31} \cdot r_{21}$

Setzen wir für p_{32} in (2 c) die Beziehung in (3 c) ein, so folgt:

(2 d) $p_{31} = r_{31} - (r_{32} - p_{31} \cdot r_{21}) \cdot r_{21}$

$\quad\quad\quad = r_{31} - r_{32} \cdot r_{21} + p_{31} \cdot r_{21}^2$

Damit folgt:

$$p_{31}(1 - r_{21}^2) = r_{31} - r_{32} \cdot r_{21}$$

(2 d) $$p_{31} = \frac{r_{31} - r_{32} \cdot r_{21}}{1 - r_{21}^2}$$

Analog erhält man für p_{32} in (3 c), wenn man für p_{31} die Beziehung in (2 c) verwendet:

(3 d) $$p_{32} = \frac{r_{32} - r_{31} \cdot r_{21}}{1 - r_{21}^2}$$

Da die einzelnen Korrelationen aus dem empirischen Datenmaterial bekannt sind, lassen sich mit ihrer Hilfe die standardisierten Pfadkoeffizienten bestimmen.

An dieser Stelle sei angemerkt, daß die Ausdrücke rechts vom Gleichheitszeichen bei p_{31} und p_{32} den *partialisierten standardisierten Regressionskoeffizienten entsprechen*, d. h. wir hätten diese standardisierten Pfadkoeffizienten auch mit Hilfe von zwei multiplen Regressionsgleichungen bestimmen können. Im Fall von p_{21} ist der standardisierte Pfadkoeffizient gleich dem standardisierten Regressionskoeffizenten und enspricht gleichzeitig dem Korrelationskoeffizienten. Die letztgenannte Beziehung gilt immer dann, wenn nur *eine* abhängige und *eine* unabhängige Variable (abgesehen von den Residualvariablen) betrachtet wird.

6.2.2.3 Die Dekomposition von Korrelationen

Das Fundamentaltheorem der Pfadanalyse hat verdeutlicht, daß sich die Pfadkoeffizienten in einem Pfaddiagramm auf Basis der empirischen Korrelationswerte bestimmen lassen. Mit Hilfe der gewonnenen Pfadkoeffizientten lassen sich die empirischen Korrelationswerte nun in *kausale und nichtkausale* Komponenten zerlegen[19]. Wir wollen einmal unterstellen, daß für unser obiges Beispiel folgende empirische Korrelationswerte errechnet wurden: $r_{21} = 0,5$; $r_{31} = 0,5$; $r_{32} = 0,4$. Gemäß den Gleichungen (1 c), (2 d) und (3 d) aus Abschnitt 6.2.2.2 ergeben sich dann die folgenden Pfadkoeffizienten:

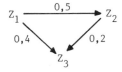

In obigem Pfaddiagramm entsprechen die Pfadkoeffizienten den *direkten kausalen Effekten* zwischen den Variablen. So tritt z. B. zwischen Z_3 und Z_1 ein direkter kausaler Effekt in Höhe von 0,4 auf. Demgegenüber besitzt die Variable Z_1 aber auch einen *indirekten kausalen Effekt* auf Z_3, da Z_1 über Z_2 auf Z_3 einwirkt. Die Stärke dieses indirekten kausalen Effektes ist gleich dem Produkt der Pfadkoeffizienten der einzelnen direkten kausalen Beziehungen. In diesem Beispiel errechnet sich der indirekte kausale Effekt von Z_1 auf Z_3 wie folgt: $0,5 \cdot 0,2 = 0,1$. Addieren wir den direkten kausalen Effekt von Z_1 auf Z_3 ($= 0,4$) und den indirekten kausalen Effekt von Z_1 auf Z_3 ($= 0,1$), so ergibt sich ein *totaler kausaler Effekt* zwischen Z_1 und Z_3 in Höhe von $0,4 + 0,1 = 0,5$. Da der empirische Korrelationswert zwischen Z_1 und Z_3 ebenfalls 0,5 beträgt, stellt diese Korrelation eine vollständig kausal interpretierte Korrelation dar; es tritt *keine* nichtkausale Komponente der Korrelation auf.

Betrachten wir nun die Variablen Z_2 und Z_3, so zeigt sich, daß hier *nur* ein direkter kausaler Effekt in Höhe von 0,2 auftritt, während der empirische Korrelationswert zwischen Z_2 und Z_3 0,4 beträgt. Da kein indirekter kausaler Effekt zwischen Z_2 und Z_3 auftritt, beträgt der totale kausale Effekt ebenfalls 0,2. Die Differenz zum empirischen Korrelationswert spiegelt nun die *nichtkausale Komponente* dieser Korrelation wider, die hier $0,4-0,2=0,2$ beträgt. Diese nichtkausal interpretierte Komponente der empirischen Korrelation ist in diesem Fall auf den Effekt einer „Drittvariablen" zurückzuführen. Diese Drittvariable stellt Z_1 dar, die auf die korrelierenden Variablen Z_2 und Z_3 gleichzeitig wirkt und in diesem Fall den nichtkausal interpretierten Anteil der empirischen Korrelation ausmacht.

Die bisher besprochenen Komponenten einer Korrelation lassen sich in einer Tabelle wie folgt zusammenfassen:

Variablenbeziehungen	$Z_2 Z_1$	$Z_3 Z_1$	$Z_3 Z_2$
(A) empirische Korrelationen	0,5	0,5	0,4
direkter kausaler Effekt	0,5	0,4	0,2
+ indirekter kausaler Effekt	—	0,1	—
(B) Totaler kausaler Effekt	0,5	0,5	0,2
Nichtkausale Komponente (A−B)	0	0	0,2

Eine nichtkausale Komponente einer Korrelation kann neben Drittvariablen-Effekten auch durch indirekt wirkende korrelative Effekte hervorgerufen werden. Zur Verdeutlichung ändern wir unser obiges Pfaddiagramm, bei Erhaltung aller Werte, wie folgt:

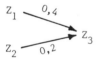

In diesem Beispiel bestehen die *Korrelationen* zwischen Z_1, Z_3 ($=0,5$) und zwischen Z_2, Z_3 ($=0,4$) jeweils aus einem direkten kausalen Effekt in Höhe der Pfadkoeffizienten und aus einer nichtkausalen Komponenten, die durch die Korrelation zwischen Z_1 und Z_2 ($=0,5$) verursacht wird. Die Korrelation zwischen Z_1 und Z_2 bewirkt, daß z. B. Z_1 indirekt über Z_2 auf Z_3 einen „Effekt" ausübt, der allerdings nicht kausal interpretiert werden kann. Der *kausale Anteil* der Korrelation zwischen Z_1 und Z_3 wird dadurch um 0,1 vermindert. Der gleiche Sachverhalt gilt für die Korrelation zwischen Z_2 und Z_3.

Die vorangegangenen Ausführungen haben gezeigt, daß die Dekomposition von Korrelationswerten Aufschluß über kausale und nichtkausale Komponenten in Variablenbeziehungen geben kann. Die bisher dargestellten Beziehungen werden im LISREL-Ansatz der Kausalanalyse zur Überprüfung von Kausalitäten verwendet.

6.3 Die Anwendung von Regressions- und Faktorenanalyse im LISREL-Ansatz der Kausalanalyse

6.3.1 Besonderheiten des LISREL-Ansatzes

Bei den bisherigen Überlegungen wurde unterstellt, daß die betrachteten Variablen direkt beobachtbare Größen darstellen. Im Einführungsabschnitt hatten wir jedoch herausgestellt, daß der LISREL-Ansatz der Kausalanalyse in der Lage ist, die Beziehungen zwischen hypothetischen Konstrukten, d. h. nicht direkt beobachtbaren Variablen abzuschätzen und zu überprüfen. Zur Bestimmung der Beziehungen zwischen hypothetischen Konstrukten, die wir hier auch als latente Variable bezeichnen, wird im Rahmen des LISREL-Ansatzes die Regressionsanalyse verwendet. Eine Überprüfung kausaler Abhängigkeiten zwischen hypothetischen Konstrukten ist jedoch nur möglich, wenn die hypothetischen Konstrukte durch empirisch beobachtbare Indikatoren operationalisiert worden sind. Der LISREL-Ansatz verlangt deshalb, daß alle in einem Hypothesensystem enthaltenen hypothetischen Konstrukte durch ein oder mehrere *Indikatorvariable* beschrieben werden. Alle Indikatorvariablen der exogenen latenten Variablen werden dabei mit X bezeichnet, und alle Indikatorvariablen, die sich auf endogene latente Variable beziehen, werden mit Y bezeichnet. Zur Unterscheidung der Indikatorvariablen von den latenten Variablen bezeichnet man die endogenen latenten Variablen mit dem griechischen Kleinbuchstaben eta (η) und die exogenen latenten Variablen mit dem griechischen Kleinbuchstaben Ksi (ξ).

Diese Bezeichnungsweise hat sich in der Literatur durchgesetzt und entspricht der Notation des Programmpakets LISREL VI. Tabelle 6.2 gibt dem Leser einen Überblick über die *Variablen in einem vollständigen LISREL-Modell* sowie über deren Bedeutung und Abkürzungen:

Tabelle 6.2. Variablen im vollständigen LISREL-Modell

Abkürzung	Sprechweise	Bedeutung	Notation in LISREL VI*
η	Eta	latente endogene Variable, die im Modell erklärt wird	NE
ξ	Ksi	latente exogene Variable, die im Modell *nicht* erklärt wird	NK
y	—	Indikator-(Meß-)Variable für eine latente endogene Variable	NY
x	—	Indikator-(Meß-)Variable für eine latente exogene Variable	NX
ε	Epsilon	Residualvariable für eine Indikatorvariable y	—
δ	Delta	Residualvariable für eine Indikatorvariable x	—
ζ	Zeta	Residualvariable für eine latente endogene Variable	—

* Die Bezeichnung N steht für die jeweilige Anzahl (number) dieser Variablen

Wir wollen nun einmal davon ausgehen, daß es sich bei den Variablen aus unserem Beispiel in Abschnitt 6.2.2.2 um latente Variable handelt. Das Strukturmodell würde sich dann wie folgt verändern:

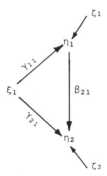

In diesem Pfaddiagramm wurden die Residualvariablen e durch den griechischen Kleinbuchstaben Zeta (ζ) ersetzt, um deutlich zu machen, daß es sich um Residualgrößen in einem System latenter Variablen handelt. Entsprechend verändern sich unsere Strukturgleichungen wie folgt:

(1) $\eta_1 = \gamma_{11} \cdot \xi_1 + \zeta_1$
(2) $\eta_2 = \beta_{21} \cdot \eta_1 + \gamma_{21} \cdot \xi_1 + \zeta_2$

Auch hier wird unterstellt, daß die latenten Variablen standardisiert (oder zumindest zentriert) wurden und entsprechend die Koeffizienten standardisierte Pfadkoeffizienten darstellen, wobei die standardisierten Pfadkoeffizienten zwischen latenten endogenen Variablen durch den griechischen Kleinbuchstaben Beta (β) und die zwischen latenten endogenen und exogenen Variablen durch den griechischen Kleinbuchstaben Gamma (γ) gekennzeichnet werden. Das Strukturmodell der latenten Variablen kann statt in zwei Gleichungen auch wie folgt in Matrixschreibweise dargestellt werden:

$$\begin{bmatrix} \eta_1 \\ \eta_2 \end{bmatrix} = \begin{bmatrix} 0 & 0 \\ \beta_{21} & 0 \end{bmatrix} \cdot \begin{bmatrix} \eta_1 \\ \eta_2 \end{bmatrix} + \begin{bmatrix} \gamma_{11} \\ \gamma_{21} \end{bmatrix} \cdot \xi_1 + \begin{bmatrix} \zeta_1 \\ \zeta_2 \end{bmatrix}$$

oder allgemein:

$$\eta = B \cdot \eta + \Gamma \cdot \xi + \zeta$$

Die Koeffizientenmatrizen B und Γ lassen sich mit Hilfe des *Fundamentaltheorems der Pfadanalyse* bestimmen. Wir stoßen allerdings jetzt auf die Schwierigkeit, daß die Korrelationen zwischen den latenten Variablen nicht bekannt sind, da keine empirischen Beobachtungswerte hierfür vorliegen. Wir wollen deshalb unterstellen, daß in diesem Beispiel alle latenten Variablen durch je zwei Indikatorvariablen beschrieben werden. Für die *latente exogene Variable* ergibt sich damit folgendes Pfaddiagramm:

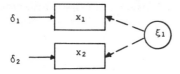

Wir bezeichnen ein solches Modell als *Meßmodell der (latenten) exogenen Variablen*, da wir davon ausgehen, daß die latente Größe Ksi durch zwei direkt beobachtbare Indikatorvariable beschrieben werden kann. Das Meßmodell läßt sich ebenfalls durch Regressionsgleichungen darstellen:

$$x_1 = \lambda_{11} \cdot \xi_1 + \delta_1$$
$$x_2 = \lambda_{21} \cdot \xi_1 + \delta_2$$

Auch im Meßmodell wird unterstellt, daß alle Variablen standardisiert (oder zumindest zentriert) sind, wodurch der konstante Term in den Gleichungen wegfällt. Die Gleichungen lassen sich in *Matrixschreibweise* wie folgt zusammenfassen:

$$\begin{bmatrix} x_1 \\ x_2 \end{bmatrix} = \begin{bmatrix} \lambda_{11} \\ \lambda_{21} \end{bmatrix} \cdot \xi_1 + \begin{bmatrix} \delta_1 \\ \delta_2 \end{bmatrix}$$

oder allgemein:

$$X = \Lambda_x \cdot \xi + \delta$$

Dabei stellt LAMBDA-X (Λ_x) die Matrix der Pfadkoeffizienten dar, und δ ist der Vektor der Residuen.

Im Meßmodell wird unterstellt, daß sich die Korrelationen zwischen den direkt beobachtbaren Variablen auf den Einfluß der latenten Variablen zurückführen lassen, d. h. die Korrelationen werden *nicht* kausal interpretiert. Die latente Variable bestimmt damit als verursachende Variable den Beobachtungswert der Indikatorvariablen. Aus diesem Grund zeigt die Pfeilspitze in obigem Pfaddiagramm auf die jeweilige Indikatorvariable. Mit dieser Überlegung folgen wir dem Denkansatz der *Faktorenanalyse*, und das Meßmodell stellt nichts anderes als ein faktoranalytisches Modell dar[20]. Nach dem *Fundamentaltheorem der Faktorenanalyse* läßt sich die Korrelationsmatrix R_x, die die Korrelationen zwischen den X-Variablen enthält, wie folgt reproduzieren:

$$R_x = \Lambda_x \cdot \Phi \cdot \Lambda_x' + \Theta_\delta$$

Dabei ist Λ_x' die Transponierte der LAMBDA-X-Matrix, und die Matrix Phi (Φ) enthält die Korrelationen zwischen den Faktoren, d. h. in diesem Fall die Korrelationen zwischen den exogenen latenten Variablen. Unterstellt man, daß die exogenen Variablen untereinander *nicht* korrelieren, so vereinfacht sich das Fundamentaltheorem der Faktorenanalyse zu:

$$R_x = \Lambda_x \cdot \Lambda_x' + \Theta_\delta$$

Die Matrix Lambda-X enthält die Faktorladungen der Indikatorvariablen auf die latenten exogenen Variablen und Theta-Delta ($\Theta\delta$) stellt die Kovarianzmatrix der Residualgrößen Delta (δ) dar. Die Faktorladungen sind nichts anderes als die Regressionen der Indikatoren auf die latenten exogenen Variablen, wobei im Fall *standardisierter Variablen* (von dem wir hier ausgehen) die Regressionskoeffizienten den Pfadkoeffizienten entsprechen, die im Rahmen der Faktorenanalyse als *Faktorladungen* bezeichnet werden. Geht man weiterhin davon aus, daß die latenten exogenen Variablen voneinander unabhängig sind, so entsprechen die Faktorladungen gleichzeitig den Korrelationen zwischen Indikatorvariablen und hypothetischen Konstrukten.

Neben den latenten exogenen Variablen sollen aber auch die latenten endogenen Variablen (in unserem Beispiel η_1 und η_2) durch jeweils zwei Indikatorvariablen operationalisiert werden. Analog zu den vorangegangenen Ausführungen erhalten wir damit folgendes *Meßmodell der (latenten) endogenen Variablen:*

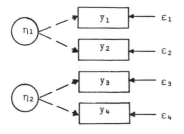

Eine mathematische Formulierung des Meßmodells erhalten wir analog zu oben durch folgende Matrizengleichung:

$$
\begin{bmatrix} y_1 \\ y_2 \\ y_3 \\ y_4 \end{bmatrix} =
\begin{bmatrix} \lambda_{11} & 0 \\ \lambda_{21} & 0 \\ 0 & \lambda_{32} \\ 0 & \lambda_{42} \end{bmatrix} \cdot
\begin{bmatrix} \eta_1 \\ \eta_2 \end{bmatrix} +
\begin{bmatrix} \varepsilon_1 \\ \varepsilon_2 \\ \varepsilon_3 \\ \varepsilon_4 \end{bmatrix}
$$

oder allgemein:

$$Y = \Lambda_y \cdot \eta + \varepsilon$$

In dieser Matrizengleichung enthält Λ_y die Faktorladungen der Meßvariablen Y_1 bis Y_4 auf die latenten Variablen η_1 und η_2, und Epsilon (ε) ist der Vektor der Residuen.

Auch das Meßmodell der endogenen Variablen stellt ein Faktorenmodell dar, und die Korrelationen zwischen den empirischen Indikatorvariablen lassen sich ebenfalls auf faktoranalytischem Wege reproduzieren. Allerdings verkomplizieren sich die Rechenoperationen dadurch, daß zwischen den endogenen Variablen direkte kausale Abhängigkeiten zugelassen werden. So besitzt in unserem Beispiel die endogene Größe η_1 einen direkten Effekt auf die endogene Größe η_2 (vgl. das Strukturmodell auf S. 241).

Fassen wir die bisherigen Schritte noch einmal zusammen:

Der *LISREL-Ansatz der Kausalanalyse* ist in der Lage, kausale Abhängigkeiten zwischen latenten Variablen zu überprüfen. Alle in einem Kausalmodell betrachteten Variable werden standardisiert (oder zentriert), d. h. sie gehen als Abweichungswerte von ihrem Mittelwert in die Analyse ein. Zu diesem Zweck werden

- die Beziehungen zwischen den latenten Variablen in einem *Strukturmodell* abgebildet, das dem *regressionsanalytischen Denkansatz* entspricht.
- die latenten Variablen durch direkt beobachtbare Indikatorvariable operationalisiert, wobei für endogene und exogene Variable getrennte *Meßmodelle* aufgestellt werden, die dem *faktoranalytischen Denkmodell* entsprechen.

Die Beziehungen zwischen latenten Variablen und Indikatorvariablen können mit Hilfe der Faktorenanalyse bestimmt werden, während die Schätzung der Beziehungen zwischen den latenten Größen mit Hilfe der Regressionsanalyse erfolgt. Wie die Berechnung der Pfadkoeffizienten im Strukturmodell erfolgt, wird deutlich, wenn wir die bisher betrachteten Teilmodelle zusammenfügen. Wir hängen zu diesem Zweck das Meßmodell der exogenen Variablen an die linke Seite des Strukturmodells und das Meßmodell der endogenen Varibeln an die rechte Seite des Strukturmodells. Auf diese Weise erhalten wir für unser Beispiel folgendes Pfaddiagramm eines *vollständigen LISREL-Modells*:

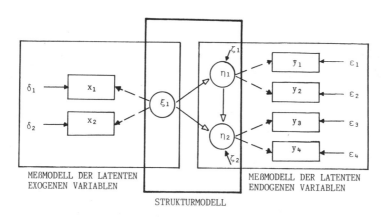

MESSMODELL DER LATENTEN EXOGENEN VARIABLEN

MESSMODELL DER LATENTEN ENDOGENEN VARIABLEN

STRUKTURMODELL

In diesem Pfaddiagramm sind nur die X- und Y-Variablen direkt empirisch beobachtbare Größen, zwischen denen Korrelationen berechnet werden können. Wir haben gezeigt, daß sich aus den Korrelationen zwischen den X-Variablen die Beziehungen im Meßmodell der exogenen Variablen bestimmen lassen, und die Korrelationen zwischen den Y-Variablen die Beziehungen im Meßmodell der endogenen Variablen bestimmen. Die Korrelationen zwischen den X- und Y-Variablen schlagen quasi eine Brücke zwischen beiden Meßmodellen, und mit ihrer Hilfe ist es möglich, die Beziehungen im Strukturmodell auf regressionsanalytischem Wege zu bestimmen. Wie das im einzelnen geschehen kann wird im nächsten Abschnitt an einem einfachen Rechenbeispiel demonstriert.

6.3.2 Rechenbeispiel für ein vollständiges LISREL-Modell

6.3.2.1 Die Hypothesen

Die *Besonderheit* des LISREL-Ansatzes der Kausalanalyse liegt in der *Integration von zwei Faktormodellen mit einem Regressionsmodell*, wodurch theoretisch unterstellte Beziehungen zwischen latenten Variablen überprüft werden können. Wir wollen im folgenden zeigen, wie die Beziehung zwischen einer latenten exogenen und einer latenten endogenen Variablen überprüft werden kann. Wir greifen zu diesem Zweck auf das Beispiel im ersten Abschnitt zurück. Wir hatten dort beispielhaft folgende Hypothesen aufgestellt (vgl. S. 224f.):

1. Die Einstellung gegenüber einem Produkt bestimmt das Kaufverhalten des Kunden.
2. Das Kaufverhalten ist durch die Zahl der Käufe eindeutig erfaßbar.
3. Die Einstellung wird durch zwei verschiedene Meßmodelle operationalisiert.

Wir wollen diese Hypothesen noch um folgende erweitern:

4. Durch eine positive Einstellung gegenüber dem Produkt, wird auch das Kaufverhalten positiv beeinflußt.
5. Die Erfassung des Kaufverhaltens durch die Zahl der Käufe ist ohne Meßfehler möglich.
6. Je größer die Einstellungswerte der beiden Meßmodelle sind, desto positiver ist auch die Einstellung gegenüber dem Produkt.

Durch die letzten drei Hypothesen werden aufgrund theoretischer Überlegungen die *Vorzeichen* der Koeffizienten in unserem Kausalmodell bestimmt. Solche Hypothesen sind notwendig, da mit Hilfe des LISREL-Ansatzes die Größe der Koeffizienten aus dem empirischen Datenmaterial geschätzt wird. Diese Schätzung stellt letztendlich aber *keine Hypothesenprüfung* dar, sondern nur eine Anpassung an empirische Daten. Stimmen aber die Vorzeichen der geschätzten Koeffizienten mit den theoretisch überlegten Vorzeichen überein, so kann zumindest in diesem Zusammenhang von einer Hypothesenprüfung gesprochen werden. Eine „echte Hypothesenprüfung" würde dann erreicht, wenn man nicht nur die Vorzeichen der Koeffizienten, sondern auch deren Größe aufgrund theoretischer Überlegungen (entweder absolut oder in einem Intervall) festlegt und diese Festsetzung mit den Schätzungen vergleicht.

An dieser Stelle wird nochmals deutlich, daß jedes LISREL-Modell mit der Theorie beginnen muß. Das Ziel des LISREL-Ansatzes ist die Hypothesenprüfung, die um so besser erreicht wird, je mehr Informationen aufgrund theoretischer Vorabüberlegungen in das Modell eingehen. Diese Informationen beziehen sich sowohl auf Richtung und Stärke der Beziehungen, als auch auf die Zahl möglicher latenter Variable und Indikatoren.

Wir wollen einmal *unterstellen*, daß obiges Hypothesensystem den Zusammenhang zwischen Einstellung und Kaufabsicht theoretisch fundiert erklären könnte. Die Hypothesen lassen sich dann durch folgendes Pfaddiagramm abbilden:

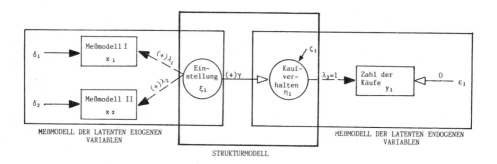

Das Pfaddiagramm spiegelt den einfachsten Fall eines vollständigen LISREL-Modells mit einer latenten exogenen und einer latenten endogenen Variablen wider. Die in Klammern stehenden Vorzeichen geben die theoretisch begründeten Vorzeichen der Koeffizienten an, und der Koeffizient λ_3 wurde auf 1 gesetzt, da wir unterstellen, daß die Kaufabsicht *eindeutig* durch die Zahl der Käufe operationalisiert werden kann. Folglich kann die Residualvariable ε_1 in diesem Fall a priori als Null angenommen werden.

Gehen wir davon aus, daß die Indikatorvariablen an K Objekten gemessen und *alle* im Modell enthaltenen Variablen *standardisiert* wurden, so läßt sich das Pfaddiagramm durch folgende Gleichungen abbilden:

Gleichungssystem des LISREL-Modells

$$\eta_{k1} = \gamma \cdot \xi_{k1} + \zeta_{k1} \qquad \text{„Strukturmodell"}$$

$$\left.\begin{array}{l} x_{k1} = \lambda_1 \cdot \xi_{k1} + \delta_{k1} \\ x_{k2} = \lambda_2 \cdot \xi_{k1} + \delta_{k2} \end{array}\right\} \quad \text{„Meßmodell der latenten exogenen Variable"}$$

$$y_{k1} = \lambda_3 \cdot \eta_{k1} + \varepsilon_{k1} \qquad \text{„Meßmodell der latenten endogenen Variable"}$$

Der Index k deutet dabei an, daß es sich bei der entsprechenden Variable um den Beobachtungswert bei Objekt k handelt, wobei auch die latenten Variablen eine objektspezifische Ausprägung besitzen, die allerdings nicht beobachtbar ist. Für die Indikatorvariablen sollen sich folgende Korrelationen aus der empirischen Erhebung ergeben haben:

$$R = \begin{bmatrix} r_{y_1,y_1} & & \\ r_{y_1,x_1} & r_{x_1,x_1} & \\ r_{y_1,x_2} & r_{x_1,x_2} & r_{x_2,x_2} \end{bmatrix} = \begin{bmatrix} 1 & & \\ 0{,}72 & 1 & \\ 0{,}48 & 0{,}54 & 1 \end{bmatrix}$$

Im folgenden wird gezeigt, wie sich mit Hilfe der empirischen Korrelationen die Parameter im Gleichungssystem bestimmen lassen.

6.3.2.2 Die Schätzung der Parameter

Mit Hilfe des LISREL-Ansatzes werden die in Abschnitt 6.3.2.1 aufgestellten Hypothesen an den aus dem empirischen Datenmaterial errechneten Korrelationen überprüft. Die Hypothesenprüfung erfolgt dabei wie folgt: Mit Hilfe der Parameter λ_1, λ_2, λ_3, δ_1, δ_2, ε_1 und ζ_1 wird eine modelltheoretische Korrelationsmatrix $\hat{\Sigma}$ errechnet und möglichst gut an die empirische Korrelationsmatrix R angepaßt. Wir wollen in einem ersten Schritt überlegen, wie sich die modelltheoretische Korrelationsmatrix durch eine Kombination der Parameter (sprich Pfadkoeffizienten) bestimmen läßt.

Wir haben unterstellt, daß *alle* Variablen *standardisiert* sind. Zwischen zwei standardisierten Variablen Z läßt sich der Korrelationskoeffizient wie folgt berechnen (vgl. S. 235):

$$r_{z_1,z_2} = \frac{1}{K-1} \sum_k z_{k1} \cdot z_{k2}$$

Wir benutzen diese Beziehungen nun zur Errechnung der Korrelationen zwischen den standardisierten Indikatorvariablen, wobei wir das Gleichungssystem von S. 246 zur Berechnung heranziehen. Für die Korrelation zwischen den standardisierten Indikatoren x_1 und x_2 folgt:

$$r_{x_1,x_2} = \frac{1}{K-1} \sum_k x_{k1} \cdot x_{k2}$$

Setzen wir für x_{k1} und x_{k2} die Gleichungen aus unserem Gleichungssystem ein, so ergibt sich:

$$r_{x_1,x_2} = \frac{1}{K-1} \sum_k (\lambda_1 \xi_{k1} + \delta_{k1})(\lambda_2 \xi_{k1} + \delta_{k2})$$

$$= \frac{1}{K-1} \sum_k (\lambda_1 \lambda_2 \xi_{k1}^2 + \lambda_1 \xi_{k1} \delta_{k2} + \lambda_2 \xi_{k1} \delta_{k1} + \delta_{k1} \delta_{k2})$$

$$= \lambda_1 \lambda_2 \underbrace{\boxed{\frac{\sum \xi_{k1}^2}{K-1}}}_{1} + \lambda_1 \underbrace{\boxed{\frac{\sum \xi_{k1} \delta_{k2}}{K-1}}}_{0} + \lambda_2 \underbrace{\boxed{\frac{\sum \xi_{k1} \delta_{k1}}{K-1}}}_{0} + \underbrace{\boxed{\frac{\sum \delta_{k1} \delta_{k2}}{K-1}}}_{0}$$

Da alle Variablen standardisiert sind, stellen die oben eingerahmten Ausdrücke Korrelationen dar. Der erste Ausdruck ist die Korrelation der exogenen latenten Variable Ksi mit sich selbst; diese Korrelation ist immer 1. Die beiden nächsten Ausdrücke geben die Korrelationen zwischen der exogenen latenten Variable Ksi und den Residualvariablen an. Ist ein Hypothesensystem aus theoretischer Sicht aber als vollständig zu bezeichnen, so müssen diese Korrelationen Null sein (vgl. die Ausführungen auf S. 236). Wir setzen also die Annahme, daß determinierende Variable und Residualvariable nicht korrelieren. Diese Annahme ist bei linearen Modellen, wie wir sie hier betrachten, *äquivalent* mit der Annahme, daß auch die Residualvariablen miteinander *nicht* korrelieren[21]. Folglich ist auch die im letzten Ausdruck stehende Korrelation zwischen den Residualvariablen δ_1 und δ_2 gleich Null. Für die Korrelation zwischen den Indikatoren x_1 und x_2 ergibt sich damit:

$$r_{x_1, x_2} = \lambda_1 \cdot \lambda_2$$

Die empirische Korrelation zwischen x_1 und x_2 läßt sich also durch Multiplikation der Parameter λ_1 und λ_2 reproduzieren. Analog zu dieser Vorgehensweise lassen sich auch die Korrelationen zwischen y_1 und x_2 sowie zwischen y_1 und x_1 durch eine Kombination der Modellparameter ausdrücken:

$$r_{y_1, x_2} = \frac{1}{K-1} \sum_k y_{k1} x_{k2}$$

$$= \frac{1}{K-1} \sum_k (\lambda_3 \eta_{k1} + \varepsilon_{k1})(\lambda_2 \xi_{k1} + \delta_{k2})$$

$$= \frac{1}{K-1} \sum_k (\lambda_2 \lambda_3 \eta_{k1} \xi_{k1} + \lambda_3 \eta_{k1} \delta_{k2} + \lambda_2 \xi_{k1} \varepsilon_{k1} + \varepsilon_{k1} \delta_{k2})$$

$$= \lambda_2 \lambda_3 \underbrace{\frac{\sum \eta_{k1} \xi_{k1}}{K-1}}_{r_{\eta_1 \xi_1}} + \lambda_3 \underbrace{\frac{\sum \eta_{k1} \delta_{k2}}{K-1}}_{0} + \lambda_2 \underbrace{\frac{\sum \xi_{k1} \varepsilon_{k1}}{K-1}}_{0} + \underbrace{\frac{\sum \varepsilon_{k1} \delta_{k2}}{K-1}}_{0}$$

$$\underline{r_{y_1, x_2} = \lambda_2 \lambda_3 r_{\eta_1 \xi_1}}$$

$$r_{y_1, x_1} = \frac{1}{K-1} \sum_k y_{k1} x_{k1}$$

$$= \frac{1}{K-1} \sum_k (\lambda_3 \eta_{k1} + \varepsilon_{k1})(\lambda_1 \xi_{k1} + \delta_{k1})$$

$$= \frac{1}{K-1} \sum_k (\lambda_1 \lambda_3 \eta_{k1} \xi_{k1} + \lambda_3 \eta_{k1} \delta_{k1} + \lambda_1 \xi_{k1} \varepsilon_{k1} + \varepsilon_{k1} \delta_{k1})$$

$$= \lambda_1 \lambda_3 \underbrace{\frac{\sum \eta_{k1} \xi_{k1}}{K-1}}_{r_{\eta_1 \xi_1}} + \lambda_3 \underbrace{\frac{\sum \eta_{k1} \delta_{k1}}{K-1}}_{0} + \lambda_1 \underbrace{\frac{\sum \xi_{k1} \varepsilon_{k1}}{K-1}}_{0} + \underbrace{\frac{\sum \varepsilon_{k1} \delta_{k1}}{K-1}}_{0}$$

$$\underline{r_{y_1, x_1} = \lambda_1 \lambda_3 r_{\eta_1 \xi_1}}$$

Die beiden zuletzt berechneten Korrelationen zwischen den Indikatoren y_1, x_1 und x_2 enthalten auf der rechten Seite noch jeweils die Korrelation zwischen den latenten Größen Eta und Ksi. Wir müssen uns deshalb überlegen, wie sich diese Korrelation berechnen läßt, da hierfür *keine* empirischen Beobachtungswerte zur Verfügung stehen. Wir greifen zu diesem Zweck auf die Ausführungen in Abschnitt 6.2.2.2 zurück. Die Strukturgleichung der latenten Variablen hat in unserem Beispiel folgendes Aussehen:

$$\eta_{k1} = \gamma \cdot \xi_{k1} + \zeta_{k1}$$

Da die latenten Variablen ebenfalls als *standardisiert* angenommen wurden, erhält man die Korrelation zwischen η_1 und ξ_1, indem man zunächst obige Strukturgleichung mit der determinierenden Variablen ξ_1 multipliziert und anschließend die Summe über alle Objekte k bildet und dieses Ergebnis durch $K-1$ dividiert. Es folgt:

$$\frac{\sum\limits_{k} \eta_{k1} \cdot \xi_{k1}}{K-1} = \gamma \cdot \underbrace{\frac{\sum\limits_{k} \xi_{k1} \cdot \xi_{k1}}{K-1}}_{1} + \underbrace{\frac{\sum\limits_{k} \zeta_{k1} \cdot \xi_{k1}}{K-1}}_{0}$$

Dafür läßt sich auch schreiben:

$$r_{\eta_1, \xi_1} = \gamma$$

Auch hier haben wir unterstellt, daß determinierende Variable (ξ_1) und Residualvariable (ζ_1) nicht korrelieren. Diese Beziehung können wir nun bei der Berechnung der Korrelationen zwischen den Indikatoren benutzen (vgl. S. 248). Damit ergibt sich für die einzelnen Korrelationskoeffizienten das folgende Ergebnis:

$$r_{x_1, x_2} = \lambda_1 \cdot \lambda_2$$

$$r_{y_1, x_1} = \lambda_1 \cdot \lambda_3 \cdot \gamma$$

$$r_{y_1, x_2} = \lambda_2 \cdot \lambda_3 \cdot \gamma$$

Es zeigt sich, daß sich alle empirischen Korrelationskoeffizienten durch eine Kombination der Modellparameter bestimmen lassen. Mit Hilfe dieser Beziehungen läßt sich nun die folgende *modelltheoretische Korrelationsmatrix* $\hat{\Sigma}$ bestimmen:

$$\hat{\Sigma} = \begin{bmatrix} \hat{r}_{y_1, y_1} & & \\ \hat{r}_{y_1, x_1} & \hat{r}_{x_1, x_1} & \\ \hat{r}_{y_1, x_2} & \hat{r}_{x_1, x_2} & \hat{r}_{x_2, x_2} \end{bmatrix} = \begin{bmatrix} \lambda_3^2 + \varepsilon_1^2 & & \\ \lambda_1 \cdot \lambda_3 \cdot \gamma & \lambda_1^2 + \delta_1^2 & \\ \lambda_2 \cdot \lambda_3 \cdot \gamma & \lambda_1 \cdot \lambda_2 & \lambda_2^2 + \delta_2^2 \end{bmatrix}$$

Das Dach über den Korrelationen soll deutlich machen, daß es sich bei diesen Korrelationskoeffizienten *nicht* um die empirischen Korrelationen, sondern um die modelltheoretisch errechenbaren Korrelationen handelt. Daß für die Selbstkorrelationen der Indikatoren (Hauptdiagonale von $\hat{\Sigma}$) die obigen Beziehungen gelten, sollte der Leser selbst überprüfen. Die Korrelation r_{y_1,y_1} ergibt sich z. B. durch $\frac{1}{K-1}\sum_k y_{k1} \cdot y_{k1}$, wobei für y_{k1} die Beziehung aus dem Gleichungssystem auf S. 246 zu verwenden ist.

Das Ziel des LISREL-Ansatzes besteht nun darin, die modelltheoretische Korrelationsmatrix $\hat{\Sigma}$ möglichst gut an die empirische Korrelationsmatrix R anzupassen. Es muß also die Differenz

$$R - \hat{\Sigma}$$

minimiert werden. Wir setzen zu diesem Zweck die Elemente der modelltheoretischen Korrelationsmatrix gleich den Korrelationswerten aus der empirischen Korrelationsmatrix (vgl. S. 247) und erhalten folgendes Gleichungssystem:

(I) $r_{x_1,x_2} = \lambda_1 \cdot \lambda_2 = 0{,}54$

(II) $r_{y_1,x_1} = \lambda_1 \cdot \lambda_3 \cdot \gamma = 0{,}72$

(III) $r_{y_1,x_2} = \lambda_2 \cdot \lambda_3 \cdot \gamma = 0{,}48$

(IV) $r_{x_1,x_1} = \lambda_1^2 + \delta_1^2 = 1$

(V) $r_{x_2,x_2} = \lambda_2^2 + \delta_2^2 = 1$

(VI) $r_{y_1,y_1} = \lambda_3^2 + \varepsilon_1^2 = 1$

Diesen sechs Gleichungen stehen die sieben zu schätzenden Modellparameter $\lambda_1, \lambda_2, \lambda_3, \gamma, \delta_1, \delta_2$ und ε_1 gegenüber, wodurch das Gleichungssystem in dieser Weise noch nicht lösbar ist. Wir hatten jedoch in Hypothese 5 (S. 245) unterstellt, daß die latente Variable „Kaufverhalten" *ohne* Meßfehler erfaßt werden kann, d. h. ε_1 ist gleich Null und somit ist $\lambda_3 = 1$. Damit entfällt Gleichung VI und den verbleibenden fünf Gleichungen stehen jetzt genau fünf Unbekannte gegenüber. Damit ist das Gleichungssystem wie folgt eindeutig lösbar:

Wir dividieren zunächst (II) durch (III) und erhalten:

$$\frac{\lambda_1 \cdot \lambda_3 \cdot \gamma}{\lambda_2 \cdot \lambda_3 \cdot \gamma} = \frac{0{,}72}{0{,}48}$$

$$\frac{\lambda_1}{\lambda_2} = \frac{0{,}72}{0{,}48}$$

$$\lambda_1 = 1{,}5 \cdot \lambda_2$$

Diese Beziehung setzen wir in (I) ein, und es folgt:

$$1{,}5 \cdot \lambda_2 \cdot \lambda_2 = 0{,}54$$

$$\lambda_2^2 = 0{,}36$$

$$\lambda_2 = 0{,}6$$

Jetzt ergeben sich die übrigen Parameterwerte unmittelbar wie folgt:

$$\lambda_1 = \frac{0,54}{0,6}$$

$\lambda_1 = 0,9$ aus (I)

$\lambda_3 = 1$ gemäß Hypothese 5

$$\gamma = \frac{0,72}{0,9}$$

$\gamma = 0,8$ aus (II)

$\varepsilon_1 = 0$ gemäß Hypothese 5

$\delta_2^2 = 0,19$ aus (IV)

$\delta_2^2 = 0,64$ aus (V)

Wir konnten in diesem Beispiel alle Modellparameter mit Hilfe der empirischen Korrelationswerte eindeutig bestimmen. Es zeigt sich, daß die postulierten Vorzeichen der Parameter mit allen Vorzeichen der errechneten Parameter übereinstimmen. Unsere Hypothesen können deshalb im Kontext des Modells als bestätigt angesehen werden.

Bei praktischen Anwendungen stehen im Regelfall aber mehr empirische Korrelationswerte zur Verfügung als Parameter zu schätzen sind. Das sich in solchen Fällen ergebende Gleichungssystem ist dann nicht mehr eindeutig lösbar. Aus diesem Grund werden zunächst für alle zu schätzenden Parameter Näherungswerte *(Startwerte)* vorgegeben, wobei das Programmpaket LISREL VI diese Startwerte automatisch festsetzt. Die Matrix $\hat{\Sigma}$ wird dann iterativ so geschätzt, daß sie sich möglichst gut an die empirische Korrelationsmatrix R annähert. Die Zielfunktion zur Schätzung der Parameter lautet in diesem Fall

$$(R - \hat{\Sigma}) \to \text{Min!}$$

Stehen mehr empirische Korrelationswerte zur Verfügung als Parameter im Modell zu schätzen sind, so spricht man von einem *überidentifizierten Modell* mit einer positiven Anzahl von Freiheitsgraden. Solche Modelle bieten den Vorteil, daß neben der Schätzung der Modellparameter auch Teststatistiken berechnet werden können, die eine Aussage darüber zulassen, wie gut sich die modelltheoretische Korrelationsmatrix an die empirische Korrelationsmatrix anpaßt. Es lassen sich also Gütekriterien für die Modellschätzung entwickeln, auf die wir in Abschnitt 6.4.6 noch näher eingehen werden. Bei dem hier betrachteten Beispiel können solche Teststatistiken nicht berechnet werden, da *alle* zur Verfügung stehenden empirischen Korrelationswerte bereits zur Berechnung der Modellparameter benötigt wurden. In diesem Fall spricht man von einem *genau identifizierten Modell* mit Null Freiheitsgraden.

6.3.2.3 Die Interpretation der Ergebnisse

Wir konnten im vorangegangenen Abschnitt alle Parameter des Kausalmodells mit Hilfe der empirischen Korrelationswerte bestimmen. Tragen wir diese Parameterwerte in unser Pfaddiagramm ein, so ergibt sich folgendes Bild:

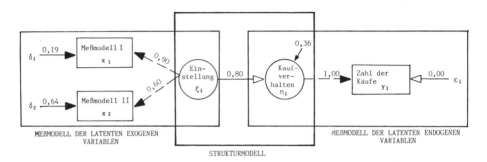

Da die endogene Variable „Kaufverhalten" eindeutig durch den Indikator „Zahl der Käufer" operationalisiert werden kann (das wurde in unserer Hypothese 5 *unterstellt*), beträgt der standardisierte Pfadkoeffizient in diesem Fall 1 und die Meßfehlergröße 0. Für die standardisierten Pfadkoeffizienten zwischen der exogenen Variable „Einstellung" und den beiden Indikatorvariablen ergeben sich Koeffizienten von 0,9 und 0,6. Wir hatten gezeigt, daß diese Koeffizienten den Korrelationen zwischen exogener Variable und Indikatorvariablen entsprechen. Folglich beträgt die Korrelation zwischen „Einstellung" und „Meßmodell I" 0,9 und die Korrelation zwischen „Einstellung" und „Meßmodell II" 0,6. Der standardisierte Pfadkoeffizient zwichen der „Einstellung" und dem „Kaufverhalten" in Höhe von 0,8 entspricht dem Anteil der Standardabweichung der Variablen „Kaufverhalten" (η_1), der durch die exogene Variable „Einstellung" (ξ_1) erklärt werden kann, korrigiert um den Einfluß anderer Variablen, die auf die Einstellung und die Kaufverhalten wirken bzw. die mit diesen Variablen korrelieren. Da in unserem Beispiel keine weiteren Variablen betrachtet wurden, die auf die Einstellung und das Kaufverhalten einwirken, kann auch dieser Pfadkoeffizient als Korrelationskoeffizient zwischen den latenten Variablen interpretiert werden. Es sei allerdings betont, daß eine solche Interpretation nur möglich ist, wenn nur zwei latente Variablen in einem direkten kausalen Verhältnis stehen. Ansonsten spiegeln die standardisierten Pfadkoeffizienten im Strukturmodell immer den Anteil der Standardabweichung einer endogenen Variablen wider, der durch die exogene Variable erklärt wird, korrigiert um den Einfluß anderer Variablen, die auf die beiden latenten Größen wirken.

Wir hatten weiterhin gesehen, daß die Selbstkorrelationen der Indikatorvariablen ebenfalls durch eine Kombination der Modellparameter dargestellt werden können. Da wir standardisierte Variable betrachtet haben, entspricht die Selbstkorrelation in Höhe von 1 gleichzeitig auch der Varianz der entsprechenden Indikatorvariablen, die im Fall standardisierter Größen ebenfalls 1 beträgt. Die Varianz läßt sich nun in zwei Komponenten zerlegen:

1 = Erklärter Varianzanteil + Unerklärter Varianzanteil

Der *erklärte Varianzanteil* einer Indikatorvariablen entspricht dem Quadrat des entsprechenden Pfadkoeffizienten zwischen Indikatorvariable und latenter Variable. Somit ergibt sich im Fall der Indikatorvariablen „Meßmodell I" ein durch die latente Variable „Einstellung" erklärter Varianzanteil in Höhe von $0{,}9^2 = 0{,}81$. Entsprechend beträgt der erklärte Varianzanteil der Indikatorvariablen „Meßmodell II" $0{,}6^2 = 0{,}36$.

Subtrahiert man die erklärten Varianzanteile von der Gesamtvarianz der jeweiligen Indikatorvariablen in Höhe von 1, so erhält man die *nicht erklärten Varianzanteile* der Indikatorvariablen. Damit ergibt sich für die Indikatorvariable „Meßmodell I", daß $1 - 0{,}81 = 19\%$ der Varianz dieser Indikatorgröße durch die im Modell unterstellten Kausalbeziehungen *nicht* erklärt werden kann. Ebenso erhalten wir für die Indikatorvariable „Meßmodell II", daß $1 - 0{,}36 = 64\%$ der Varianz von x_2 unerklärt bleiben und auf Meßfehler oder Drittvariableneffekte zurückzuführen sind. Da auch die latenten Variablen als standardisierte Größen betrachtet wurden, beträgt auch ihre Varianz 1. Folglich entspricht das Quadrat des standardisierten Pfadkoeffizienten zwischen „Einstellung" und „Kaufverhalten" dem Varianzanteil des Kaufverhaltens, der durch die latente Variable „Einstellung" erklärt werden kann. In unserem Beispiel ergibt sich somit ein Wert von $0{,}8^2 = 0{,}64$. Somit wird durch die latente Größe „Einstellung" 64% der Varianz der latenten Variable „Kaufverhalten" erklärt. Bilden wir die Differenz $1 - 0{,}64 = 0{,}36$, so ergibt sich in diesem Beispiel, daß 36% (ζ_1) der Varianz des Kaufverhaltens durch die unterstellten Kausalbeziehungen nicht erklärt werden können.

Mit Hilfe der gewonnenen Ergebnisse läßt sich weiterhin verdeutlichen, daß der LISREL-Ansatz unterschiedliche Interpretationsmöglichkeiten eines Korrelationskoeffizienten verwendet, wie wir sie in Abschnitt 6.2.1 besprochen hatten. Da wir in diesem Beispiel nur eine exogene und eine endogene Variable betrachteten, entspricht der Pfadkoeffizient $\gamma = 0{,}8$ dem Korrelationskoeffizienten zwischen den latenten Variablen. Diese Korrelation wird *kausal interpretiert*, da die exogene Variable allein als verursachende Variable deklariert wird. Bei der Korrelation zwischen x_1 und x_2 ($r_{x_1, x_2} = 0{,}54$) hingegen liegt der Fall einer *kausal nicht interpretierten Korrelation* vor. Es wird in den Meßmodellen unterstellt, daß die Korrelationen zwischen den Indikatorvariablen durch eine hinter diesen Variablen stehende latente Größe verursacht werden. Stimmt diese Interpretation, so müßte die Korrelation zwischen x_1 und x_2 gleich Null werden, wenn man den Einfluß der Variablen „Einstellung" eliminiert. Da die Faktorladungen im Meßmodell der latenten exogenen Variablen den Korrelationen zwischen Indikatoren und latenter Variable entsprechen, läßt sich diese Interpretation mit Hilfe des partiellen Korrelationskoeffizienten überprüfen (vgl. S. 229):

$$r_{x_1, x_2 \cdot \xi_1} = \frac{r_{x_1, x_2} - r_{x_1, \xi_1} \cdot r_{x_2, \xi_1}}{\sqrt{(1 - r_{x_1, \xi_1})^2 \cdot (1 - r_{x_2, \xi_1})^2}}$$

Wird der partielle Korrelationskoeffizient Null, so bedeutet das, daß zwischen x_1 und x_2 keine kausale Abhängigkeit besteht, wenn man den Einfluß der latenten Größe eliminiert. In unserem Beispiel sind alle benötigten Korrelationen bekannt:

$$r_{x_1, x_2} = 0,54$$

$$r_{x_1, \xi_1} = 0,9$$

$$r_{x_2, \xi_1} = 0,6$$

Damit ergibt sich für den partiellen Korrelationskoeffizienten:

$$r_{x_1, x_2 \cdot \xi_1} = \frac{0,54 - 0,9 \cdot 0,6}{\sqrt{(1 - 0,9)^2 (1 - 0,6)^2}} = 0$$

Da der partielle Korrelationskoeffizient Null ist, kann in diesem Beispiel davon ausgegangen werden, daß die empirische Korrelation zwischen Meßmodell I und Meßmodell II allein durch den Einfluß der latenten Variable „Einstellung" verursacht wird.

6.3.3 Ablaufschritte in einem vollständigen LISREL-Modell

Die bisherigen Ausführungen haben deutlich gemacht, daß ein vollständiges LISREL-Modell aus drei Teilmodellen besteht:

1. Das *Strukturmodell* bildet die theoretisch vermuteten Zusammenhänge zwischen den *latenten* Variablen ab. Dabei werden die endogenen Variablen durch die im Modell unterstellten kausalen Beziehungen erklärt, während die exogenen Variablen als erklärende Größen dienen und selbst durch das Kausalmodell *nicht* erklärt werden.
2. Das *Meßmodell der latenten exogenen Variablen* enthält empirische Indikatoren, die zur Operationalisierung der exogenen Variablen dienen und spiegelt die vermuteten Zusammenhänge zwischen diesen Indikatoren und den exogenen Größen wider.
3. Das *Meßmodell der latenten endogenen Variablen* enthält empirische Indikatoren, die zur Operationalisierung der endogenen Variablen dienen und spiegelt die vermuteten Zusammenhänge zwischen diesen Indikatoren und den endogenen Größen wider.

An einem Rechenbeispiel wurde gezeigt, daß sich die Parameter im LISREL-Modell allein auf Basis der empirisch gewonnenen Korrelationen schätzen lassen. Dabei bilden im LISREL-Ansatz die Korrelationen zwischen den Meßvariablen der endogenen Größen und der exogenen Größen die Grundlage zur Schätzung der Parameter im Strukturmodell.

Zur Überprüfung eines aufgrund *theoretischer Überlegungen* aufgestellten Hypothesensystems mit Hilfe des LISREL-Ansatzes lassen sich nun folgende *Ablaufschritte* festhalten:

1. Schritt: Hypothesenbildung. Das Ziel des LISREL-Ansatzes der Kausalanalyse besteht vorrangig in der Überprüfung eines aufgrund theoretischer Überlegungen aufgestellten Hypothesensystems mit Hilfe empirischer Daten. Es ist deshalb in einem ersten Schritt erforderlich, genaue Überlegungen darüber anzustellen, welche Variablen in einem LISREL-Modell Berücksichtigung finden sollen und wie die Beziehungen zwischen diesen Variablen aussehen sollen (Festlegung der Vorzeichen).

2. Schritt: Erstellung eines Pfaddiagramms. Da Hypothesensysteme sehr häufig komplexe Ursache-Wirkungs-Zusammenhänge enthalten, ist es empfehlenswert, diese Beziehungszusammenhänge graphisch zu verdeutlichen. Die aufgestellten Hypothesen werden deshalb in einem Pfaddiagramm dargestellt.

3. Schritt: Spezifikation der Modellstruktur. Die verbal formulierten Hypothesen und deren im Pfaddiagramm graphisch dargestellten Beziehungszusammenhänge müssen in einem dritten Schritt in mathematische Gleichungen überführt werden. Die mathematische Spezifikation eines gegebenen Hypothesensystems erfolgt im Rahmen des LISREL-Ansatzes mit Hilfe von Matrizengleichungen.

4. Schritt: Identifikation der Modellstruktur. Sind die Hypothesen in Matrizengleichungen formuliert, so muß geprüft werden, ob das sich ergebende Gleichungssystem lösbar ist. Im Rahmen dieses Schrittes wird geprüft, ob die Informationen, die aus den empirischen Daten bereitgestellt werden, ausreichen, um die unbekannten Parameter in eindeutiger Weise bestimmen zu können.

5. Schritt: Parameterschätzungen. Gilt ein LISREL-Modell als identifiziert, so kann eine Schätzung der einzelnen Modell-Parameter erfolgen. Das Programmpaket LISREL VI stellt dem Anwender dafür mehrere Methoden zur Verfügung, die an unterschiedlich strenge Annahmen geknüpft sind.

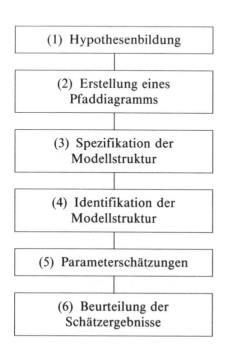

Abb. 6.1. Ablaufschritte bei der Anwendung des LISREL-Ansatzes

6. Schritt: Beurteilung der Parameterschätzungen. Sind die Modell-Parameter geschätzt, so läßt sich abschließend prüfen, wie gut sich die theoretische Modellstruktur an den empirischen Datensatz anpaßt. Der LISREL-Ansatz stellt dabei Prüfkriterien zur Verfügung, die sich zum einen auf die Prüfung der Modellstruktur als Ganzes beziehen und zum anderen eine Prüfung von Teilstrukturen (z. B. isolierte Prüfung der Meßmodelle) ermöglichen.

Die obigen Schritte zur Analyse eines vollständigen LISREL-Modells sind in einem Ablaufdiagramm (Abbildung 6.1) noch einmal zusammengefaßt und werden nachfolgend anhand eines Fallbeispiels im Detail dargestellt.

6.4   Ein vollständiges LISREL-Modell für das Kaufverhalten bei Margarine

6.4.1   Hypothesen zum Kaufverhalten bei Margarine

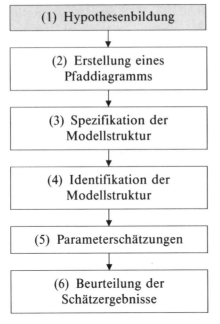

Voraussetzung für die Anwendung eines LISREL-Modells sind explizite Hypothesen über die Beziehungen in einem empirischen Datensatz, die aufgrund *intensiver sachlogischer Überlegungen* aufgestellt werden müssen*. Wir gehen im folgenden von einem *fiktiven Fallbeispiel* aus, wobei unterstellt wird, daß beim Kauf von Margarine die Verbraucher insbesondere auf die „Verwendungsbreite" und die „Attraktivität" der Margarine achten. Die „Verwendungsbreite" soll durch die „Lagerfähigkeit" und den „Gesundheitsgrad" der Margarine bestimmt werden und die „Attraktivität" durch die „Wirtschaftlichkeit des Margarinekaufs" und ebenfalls den „Gesundheitsgrad". Wir gehen von folgenden Hypothesen über die Beziehung zwischen diesen fünf latenten Variablen aus:

H_1: Je größer die Lagerfähigkeit einer Margarine eingeschätzt wird, desto besser wird sie auch hinsichtlich ihrer Verwendungsbreite eingestuft.

---

* Aus diesem Grund konnte die diesem Buch zugrunde liegende empirische Erhebung zum Margarinemarkt nicht als Basis für das folgende, mit dem Programmpaket *LISREL VI* durchgeführte Rechenbeispiel verwendet werden, da die durchgeführte Befragung nicht auf Basis einer Theorie über das Kaufverhalten bei Margarine vorgenommen wurde. Wir haben deshalb eigens für dieses Kapitel einen theoretischen Datensatz generiert, der auf bestimmten Annahmen über das Kaufverhalten bei Margarine aufbaut.

H_2: Je höher ein Verbraucher den Gesundheitsgrad einer Margarine einschätzt, desto geringer wird ihre Verwendungsbreite angesehen.

H_3: Je höher ein Verbraucher den Gesundheitsgrad einer Margarine einschätzt, desto attraktiver wird die Margarine angesehen.

H_4: Je größer die Wirtschaftlichkeit der Margarine beurteilt wird, desto größer ist auch ihre empfundene Attraktivität.

H_5: Mit zunehmender Verwendungsbreite einer Margarine wird auch der Margarinekauf in den Augen der Konsumenten immer attraktiver.

Des weiteren wird nicht ausgeschlossen, daß zwischen den latenten Größen Lagerfähigkeit, Gesundheitsgrad und Wirtschaftlichkeit Korrelationen bestehen. Außerdem sollen auch mögliche Meßfehler im Datensatz geschätzt werden.

Die hier genannten Kriterien, die für den Kauf einer Margarine verantwortlich sein sollen, stellen *hypothetische Konstrukte* dar, die sich einer direkten Meßbarkeit entziehen. Es müssen deshalb aufgrund theoretischer Überlegungen direkt meßbare Größen gefunden werden, die eine Operationalisierung der hypothetischen Konstrukte ermöglichen. Bei der Wahl der Meßgrößen ist darauf zu achten, daß die hypothetischen Konstrukte als „hinter diesen Meßgrößen stehend" angesehen werden können, d. h. die Meßvariablen sind so zu wählen, daß sich aus theoretischer Sicht die Korrelationen zwischen den Indikatoren durch die jeweilige hypothetische (latente) Größe erklären lassen. Wir wollen hier unterstellen, daß dieser Sachverhalt für die Meßvariablen in Tabelle 6.3 Gültigkeit besitzt. Die für die Meßvariablen empirisch erhobenen metrischen Werte sind dabei eine Einschätzung der befragten Personen (= Objekte) bezüglich dieser Indikatoren bei Margarine. Die Beziehungen zwischen den Meßvariablen und den hypothetischen Konstrukten stellen ebenfalls *Hypothesen* dar, die aufgrund *sachlogischer Überlegungen* zum Kaufverhalten bei Margarine aufgestellt wurden. Dabei wird unterstellt, daß zwischen Indikatorvariablen und hypothetischen Konstrukten jeweils positive Beziehungen bestehen.

Die in den Hypothesen 1 bis 5 vermuteten Zusammenhänge beim Kauf von Margarine werden nun unter Verwendung der Indikatorvariablen in Tabelle

Tabelle 6.3. Operationalisierung der latenten Variablen durch Indikatoren

Latente Variable	Meßvariable (Indikatoren)
Endogene Variable (η):	
η_1: Verwendungsbreite	y_1: Brat- und Backeignung
η_2: Attraktivität	y_2: Natürlichkeit
	y_3: Geschmack
Exogene Variable (ξ):	
ξ_1: Lagerfähigkeit	x_1: Anteil ungesättigter Fettsäuren
	x_2: Haltbarkeit
ξ_2: Gesundheitsgrad	x_3: Vitaminisierungsgrad
ξ_3: Wirtschaftlichkeit	x_4: Preisvorstellung
	x_5: Streichfähigkeit

6.3 anhand eines fiktiven Datensatzes überprüft. Dafür ist es zunächst zweckmäßig, daß wir die verbal postulierten Beziehungen graphisch darstellen und
in ein Pfaddiagramm überführen.

6.4.2 Darstellung der Hypothesen zum Kaufverhalten bei Margarine in einem Pfaddiagramm

6.4.2.1 Empfehlungen zur Erstellung eines Pfaddiagramms

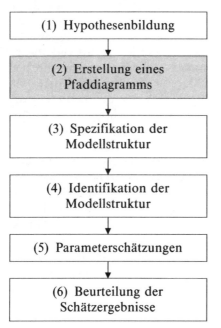

Das allgemeine LISREL-Modell wird
durch die Formulierung verbaler Hypothesen sowie deren Umsetzung in
graphische und mathematische Strukturen spezifiziert.

Für die Erstellung eines Pfaddiagramms haben sich in der Forschungs-
praxis bestimmte Konventionen heraus-
gebildet. Die Tabelle 6.4 auf Seite 259
basiert auf diesen Konventionen und
faßt Empfehlungen zur Erstellung eines
Pfaddiagramms für ein vollständiges
LISREL-Modell zusammen.[22]

6.4.2.2 Pfaddiagramm für das Margarinebeispiel

Mit Hilfe der in Tabelle 6.4 aufgestellten Regeln lassen sich nun die Hypothesen zum Kaufverhalten bei Margarine (vgl. S. 256 f.) wie folgt in ein Pfaddiagramm überführen:

– Gemäß Tabelle 6.3 stellen die Variablen x_1 bis x_5 Meßvariable für latente
  exogene Variable dar und sind nach Regel (9) als Kästchen links im Pfaddiagramm (Regel 12) darzustellen.
– Die Größen y_1 bis y_3 sind Meßvariable für latente endogene Variable und
  sind gemäß den Regeln (9) und (12) als Kästchen rechts im Pfaddiagramm
  darzustellen. Die Verbindungen zwischen den Meßvariablen und den latenten Variablen werden gemäß Regel (10) durch gestrichelte Pfeile dargestellt.

Tabelle 6.4. Empfehlungen zur Erstellung eines Pfaddiagramms für ein vollständiges LISREL-Modell

---

A: Allgemeine Konstruktionsregeln

(1) Eine *kausale Beziehung* zwischen zwei Variablen wird immer durch einen geraden Pfeil (= Pfad) dargestellt. (→)
Die Endpunkte eines Pfeils bilden also immer zwei kausal verbundene Variable.

(2) Ein Pfeil hat seinen Ursprung immer bei der verursachenden (unabhängigen) Variablen und seinen Endpunkt immer bei der abhängigen Variablen.

(3) Ein Pfeil hat immer nur *eine* Variable als Ursprung und *eine* Variable als Endpunkt.

(4) Je-desto-Hypothesen beschreiben kausale Beziehungen, wobei die zu Anfang genannte Größe *immer* die verursachende (ξ/η) und die zuletzt genannte Größe *immer* die kausal abhängige (η) Größe darstellt.

(5) Der Einfluß von Residualvariablen (Meßfehlervariable) wird ebenfalls durch Pfeile dargestellt, wobei der Ursprung eines Pfeils immer von der Residualvariablen ausgeht.

(6) Nicht kausal interpretierte *Beziehungen* werden immer durch gekrümmte Doppelpfeile dargestellt und sind *nur* zwischen latenten exogenen Variablen (ξ-Variable) oder zwischen den Meßfehlervariablen zulässig. ($\curvearrowright$)

B: Allgemeine Bezeichnungs- und Darstellungsweisen

(7) Die Stärke kausaler oder nicht kausal interpretierter Beziehungen wird durch griechische Kleinbuchstaben dargestellt und immer mit zwei Zahlenindices versehen.

(8) Bei *kausalen Beziehungen* gibt der erste Index *immer* die Variable an, auf die ein Pfeil hinzeigt (abhängige Variable) und der zweite Index entspricht *immer* der Variablen, von der ein Pfeil ausgeht (unabhängige Variable).

(9) Direkt beobachtbare (Meß-) Variable werden in Kästchen ($\square$) dargestellt, latente Variable werden durch Kreise ($\bigcirc$) gekennzeichnet und Meßfehlervariable bleiben uneingefaßt.

(10) Beziehungen zwischen Indikatorvariablen und latenten Variablen werden *hier* durch gestrichelte Pfeile dargestellt, um deutlich zu machen, daß sie wie eine kausale Beziehung behandelt werden. Hier stellt die Indikatorvariable immer die abhängige und die latente Variable immer die unabhängige Variable dar. (- -→)

C: Konstruktionsregeln im vollständigen LISREL-Modell

(11) Ein vollständiges LISREL-Modell besteht *immer* aus *zwei* Meßmodellen und *einem* Strukturmodell.

(12) Das Pfaddiagramm für ein vollständiges LISREL-Modell ist wie folgt aufgebaut:
* Links steht das *Meßmodell der latenten exogenen Variablen.* Es besteht aus x- und ξ-Variablen und den Beziehungen zwischen diesen Variablen.
* In der Mitte wird das *Strukturmodell* abgebildet. Es besteht aus ξ- und η-Variablen und den Beziehungen zwischen diesen Variablen.
* Rechts steht das *Meßmodell der latenten endogenen Variablen.* Es besteht aus y- und η-Variablen und den Beziehungen zwischen diesen Variablen.

(13) Für die Kennzeichnung *kausaler Beziehungen* werden folgende griechischen Kleinbuchstaben als Bezeichnungen gewählt:
λ (lies: Lambda): kennzeichnet eine kausale Beziehung zwischen einer latenten endogenen oder exogenen Variablen und ihrer entsprechenden Meßvariablen;
γ (lies: Gamma): kennzeichnet eine kausale Beziehung zwischen einer ξ (exogenen)-Variablen und einer η (endogenen)-Variablen;
β (lies: Beta): kennzeichnet eine kausale Beziehung zwischen zwei η (endogenen)-Variablen

(14) *Kausal nicht interpretierte Beziehungen* zwischen exogenen Variablen werden durch den griechischen Buchstaben Φ (lies: Phi) dargestellt.

- Die latenten Größen Lagerfähigkeit, Gesundheitsgrad und Wirtschaftlichkeit sind gemäß Regel (4) ξ-Variable und Verwendungsbreite und Attraktivität sind η-Variable. Sie sind nach Regel (9) als Kreise darzustellen.
- Die in den Hypothesen unterstellten kausalen Beziehungen sind nach den Regeln (1) bis (3) als Pfeile darzustellen.
- Die unterstellten nicht kausal interpretierten Beziehungen zwischen den ξ-Variablen sind gemäß Regel (6) durch gekrümmte Doppelpfeile darzustellen.
- Die Bezeichnungen im Pfaddiagramm ergeben sich aus den Regeln (7), (8), (13) und (14).
- Die Wirkungsrichtungen zwischen den betrachteten Variablen werden entsprechend der aufgestellten Hypothesen (gekennzeichnet durch + oder −) in das Pfaddiagramm aufgenommen.
- Da wir davon ausgehen müssen, daß bei der empirischen Erhebung *Meßfehler* auftreten, werden alle Residualvariablen in das Pfaddiagramm eingezeichnet.

Wir erhalten damit in einem ersten Schritt das in Abbildung 6.2 dargestellte Pfaddiagramm. Es enthält alle Informationen, die bisher in den Hypothesen zum Kaufverhalten bei Margarine aufgestellt wurden. Wir wollen im folgenden jedoch noch weitere Informationen bei der Schätzung unseres LISREL-Modells berücksichtigen, die aus sachlogischen Überlegungen resultieren. Da wir diese Überlegungen jedoch erst an späterer Stelle anstellen, muß das Pfaddiagramm in Abbildung 6.2 zunächst einmal als vorläufig bezeichnet werden.

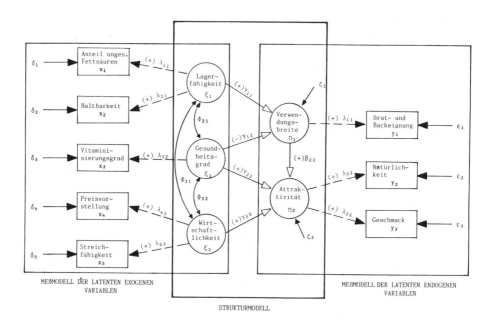

Abb. 6.2. (Vorläufiges) Pfaddiagramm für das Kaufverhalten bei Margarine

6.4.3 Spezifikation der Modellstruktur

6.4.3.1 Empfehlungen zur mathematischen Formulierung des Pfaddiagramms

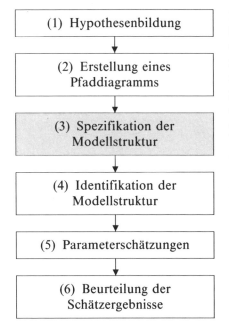

Die im Pfaddiagramm dargestellten Strukturen müssen nun in ein lineares Gleichungssystem überführt werden, damit die Beziehungen im Modell mathematisch geschätzt werden können. In einem ersten Schritt werden die im Pfaddiagramm bestehenden Beziehungen in ein Gleichungssystem übertragen. Wir bedienen uns dabei der in Tabelle 6.5 dargestellten Regeln[23].

Das sich damit ergebende Gleichungssystem wird in einem zweiten Schritt in Matrizenschreibweise dargestellt, wodurch eine größere Übersichtlichkeit erreicht wird. Außerdem verlangt das Programmpaket LISREL VI die Spezifikation eines Kausalmodells in Matrizenschreibweise. Wir bedienen uns dabei der aus Tabelle 6.6 ersichtlichen Regeln.

Tabelle 6.5. Empfehlungen zur mathematischen Formulierung des Pfaddiagramms in einem Gleichungssystem

Erstellung der Gleichungssysteme
(1) Für jede abhängige (X, Y und η) Variable läßt sich genau eine Gleichung formulieren.
(2) Abhängige Variable sind solche Variable, auf die ein Pfeil hinzeigt.
(3) Variable, auf die ein Pfeil hinzeigt, stehen links vom Gleichheitszeichen und Variable, von denen ein Pfeil ausgeht, stehen rechts vom Gleichheitszeichen.
(4) Die Pfeile des Pfaddiagramms werden mathematisch durch Pfadkoeffizienten repräsentiert, deren Größe die Stärke des jeweiligen Zusammenhangs angibt.
(5) Werden abhängige Variable (x, y, η) von mehreren unabhängigen Variablen beeinflußt, so werden die unabhängigen Variablen additiv verknüpft.

Tabelle 6.6. Empfehlungen zur Formulierung des Pfaddiagramms in Matrizenschreibweise

Erstellung der Matrizen-Gleichungen
(1) Ein vollständiges LISREL-Modell besteht immer aus drei Matrizen-Gleichungen: Zwei für die Meßmodelle und eine für das Strukturmodell.
(2) Die Koeffizienten zwischen je zwei Variablengruppen werden in einer Matrix zusammengefaßt, wobei alle Matrizen durch griechische Großbuchstaben entsprechend den Bezeichnungen der Koeffizienten gekennzeichnet werden.
(3) Die Variablen selbst werden als *Spaltenvektoren* aufgefaßt und zur Kennzeichnung werden die *griechischen Kleinbuchstaben beibehalten.*

6.4.3.2 Das Gleichungssystem für das Margarinebeispiel

Die Erstellung des Gleichungssystems für unser Margarinebeispiel erfolgt auf Basis des Pfaddiagramms in Abbildung 6.2. Mit Hilfe der Regeln in Tabelle 6.5 lassen sich im ersten Schritt die folgenden Gleichungen ableiten:

(A) *Gleichungen im Strukturmodell*

(1) $\eta_1 = \qquad \gamma_{11} \cdot \xi_1 + \gamma_{12} \cdot \xi_2 \qquad\qquad + \zeta_1$

(2) $\eta_2 = \beta_{21} \cdot \eta_1 \qquad + \gamma_{22} \cdot \xi_2 + \gamma_{23} \cdot \xi_3 + \zeta_2$

(B) *Gleichungen im Meßmodell der latenten endogenen Variablen*

(3) $y_1 = \lambda_{11} \cdot \eta_1 \qquad\quad + \varepsilon_1$

(4) $y_2 = \qquad\quad \lambda_{22} \cdot \eta_2 + \varepsilon_2$

(5) $y_3 = \qquad\quad \lambda_{32} \cdot \eta_2 + \varepsilon_3$

(C) *Gleichungen im Meßmodell der latenten exogenen Variablen*

(6) $x_1 = \lambda_{11} \cdot \xi_1 \qquad\qquad + \delta_1$

(7) $x_2 = \lambda_{21} \cdot \xi_1 \qquad\qquad + \delta_2$

(8) $x_3 = \qquad\quad \lambda_{32} \cdot \xi_2 \qquad + \delta_3$

(9) $x_4 = \qquad\qquad\qquad \lambda_{43} \cdot \xi_3 + \delta_4$

(10) $x_5 = \qquad\qquad\qquad \lambda_{53} \cdot \xi_3 + \delta_5$

Diese Gleichungen lassen sich mit Hilfe der Regeln aus Tabelle 6.6 in Matrizen-Schreibweise wie folgt zusammenfassen:

(A)
$$\begin{bmatrix} \eta_1 \\ \eta_2 \end{bmatrix} = \begin{bmatrix} 0 & 0 \\ \beta_{21} & 0 \end{bmatrix} \cdot \begin{bmatrix} \eta_1 \\ \eta_2 \end{bmatrix} + \begin{bmatrix} \gamma_{11} & \gamma_{12} & 0 \\ 0 & \gamma_{22} & \gamma_{23} \end{bmatrix} \cdot \begin{bmatrix} \xi_1 \\ \xi_2 \\ \xi_3 \end{bmatrix} + \begin{bmatrix} \zeta_{11} & \\ 0 & \zeta_{22} \end{bmatrix}$$

(B)
$$\begin{bmatrix} y_1 \\ y_2 \\ y_3 \end{bmatrix} = \begin{bmatrix} \lambda_{11} & 0 \\ 0 & \lambda_{22} \\ 0 & \lambda_{32} \end{bmatrix} \cdot \begin{bmatrix} \eta_1 \\ \eta_2 \end{bmatrix} + \begin{bmatrix} \varepsilon_{11} & & \\ 0 & \varepsilon_{22} & \\ 0 & 0 & \varepsilon_{33} \end{bmatrix}$$

(C)
$$\begin{bmatrix} x_1 \\ x_2 \\ x_3 \\ x_4 \\ x_5 \end{bmatrix} = \begin{bmatrix} \lambda_{11} & 0 & 0 \\ \lambda_{21} & 0 & 0 \\ 0 & \lambda_{32} & 0 \\ 0 & 0 & \lambda_{43} \\ 0 & 0 & \lambda_{53} \end{bmatrix} \cdot \begin{bmatrix} \xi_1 \\ \xi_2 \\ \xi_3 \end{bmatrix} + \begin{bmatrix} \delta_{11} & & & & \\ 0 & \delta_{22} & & & \\ 0 & 0 & \delta_{33} & & \\ 0 & 0 & 0 & \delta_{44} & \\ 0 & 0 & 0 & 0 & \delta_{55} \end{bmatrix}$$

Durch das obige lineare Gleichungssystem sind die Beziehungen im Pfaddiagramm eindeutig abgebildet, wobei sich die aufgestellten Matrizen noch wie folgt verkürzen lassen[24]:

(A) Strukturgleichungsmodell

$\eta = B \cdot \eta + \Gamma \cdot \xi + \zeta$

(B) Meßmodell der latenten endogenen Variablen

$y = \Lambda_y \cdot \eta + \varepsilon$

(C) Meßmodell der latenten exogenen Variablen

$x = \Lambda_x \cdot \xi + \delta$

6.4.3.3 Parameter und Annahmen im allgemeinen LISREL-Modell

Das LISREL-Modell geht bei der Lösung der Matrizengleichungen von bestimmten Annahmen aus, die in der Box auf S. 264 zusammengestellt und kurz erläutert sind. Zur Verdeutlichung werden die einzelnen Parametermatrizen eines vollständigen LISREL-Modells nochmals in Tabelle 6.7 zusammengefaßt.

Zur mathematischen Spezifikation eines vollständigen LISREL-Modells muß in *allen acht Parametermatrizen* der Tabelle 6.7 bestimmt werden, welche Elemente zu schätzen sind. Dabei entsprechen die Matrizen Λ_y, Λ_x, B und Γ den Matrizen in den Gleichungen (A), (B) und (C), und sie enthalten die in den Hypothesen postulierten kausalen Beziehungen. Durch die Φ-Matrix werden die Kovarianzen bzw. Korrelationen (wenn die latenten Größen standardisiert werden) zwischen den latenten exogenen Variablen geschätzt und durch die Matrix Ψ die der Residualgrößen in den Strukturgleichungen. Die ζ-Variablen spiegeln den Anteil nichterklärter Varianz in den latenten endogenen Kon-

Tabelle 6.7. Die acht Parametermatrizen eines vollständigen LISREL-Modells

Abkürzung	Sprechweise	Bedeutung	LISREL VI-Notation
Λ_y	LAMBDA-y	ist eine (p × m)-Matrix und repräsentiert die Koeffizienten der Pfade zwischen y und η-Variablen	LY
Λ_x	LAMBDA-x	ist eine (q × n)-Matrix und repräsentiert die Koeffizienten der Pfade zwischen x und ξ-Variablen	LX
B	BETA	ist eine (m × m)-Matrix und repräsentiert die postulierten kausalen Beziehungen zwischen η-Variablen	BE
Γ	GAMMA	ist eine (m × n)-Matrix und repräsentiert die postulierten Beziehungen zwischen den ξ und η-Variablen	GA
Φ	PHI	ist eine (n × n)-Matrix und enthält die Kovarianzen zwischen den ξ-Variablen	PH
Ψ	PSI	ist eine (m × m)-Matrix und enthält die Kovarianzen zwischen den ζ-Variablen	PS
Θ_ε	THETA-EPSILON	ist eine (p × p)-Matrix und enthält die Kovarianzen zwischen den ε-Variablen	TE
Θ_δ	THETA-DELTA	ist eine (q × q)-Matrix und enthält die Kovarianzen zwischen den δ-Variablen	TD

Dabei bedeuten: p = Anzahl der y-Variable;
q = Anzahl der x-Variable;
m = Anzahl der η-Variable;
n = Anzahl der ξ-Variable.

strukten wider. Die Matrizen Θ_δ und Θ_ε sind die Kovarianzmatrizen der Meßfehler. Der LISREL-Ansatz unterscheidet damit explizit zwischen Fehlern in
den postulierten Kausalbeziehungen durch die Größen ζ und Fehlern in den

---

Annahmen im LISREL-Modell

    (a) ζ ist unkorreliert mit ξ
    (b) ε ist unkorreliert mit η
    (c) δ ist unkorreliert mit ξ
    (d) δ, ε und ζ korrelieren nicht miteinander

Die Annahmen, daß die *Meßfehlervariablen* nicht mit den hypothetischen
Konstrukten und auch nicht untereinander korrelieren dürfen, lassen sich
wie folgt erklären[25]:
Würde z. B. eine Residualvariable δ mit einer unabhängigen Variablen korrelieren, so ist zu vermuten, daß in δ mindestens eine Variable enthalten ist,
die sowohl eine Auswirkung auf ξ besitzt als auch auf die zu erklärende
Variable x. Damit wäre das unterstellte Meßmodell (C) falsch, da es (mindestens) eine unabhängige Variable zu wenig enthält. Weiterhin ist denkbar,
daß bei einer Korrelation zwischen δ und ξ in δ eine „Drittvariable" als die
Korrelation verursachende Größe enthalten ist. In diesem Fall könnte die
vorhandene Korrelation zwischen Residualvariable und unabhängiger Variable nur durch Eliminierung der Drittvariablen beseitigt werden, d. h. neben der korrelierten unabhängigen Variable muß noch eine (theoretische)
Drittvariable in das Modell aufgenommen werden. Diese Überlegung ist
auch der Grund für die Annahme (d). Bei der Schätzung der Parameter mit
LISREL VI ist es u. a. möglich, etwaige Korrelationen zwischen den Residualvariablen zu bestimmen. Diese Korrelationen werden für die δ-Varia-
blen in der Matrix Θ_δ, für die ε-Variablen in der Matrix Θ_ε und für die
ζ-Variablen in der Matrix Ψ erfaßt. Treten zwischen den Meßfehlern hohe
Korrelationen auf (z. B. zwischen den δ-Variablen), so ist damit Annahme
(d) verletzt. Eine Begründung hierfür liegt z. B. darin, daß bei der Messung
ein systematischer Fehler aufgetreten ist, der *alle* δ-Variablen beeinflußt
oder daß gleichartige Drittvariableneffekte relevant sind. Ein solcher Umstand läßt sich dadurch beheben, daß man eine weitere hypothetische
Größe einführt (also in diesem Fall eine ξ-Variable), die als verursachende
Variable auf *alle* x-Variablen wirkt, bei denen die entsprechenden δ-Varia-
blen korrelieren. Eine solche Größe wird dann als *Methodenfaktor* bezeichnet. Nach Einführung des Methodenfaktors, der in diesem Fall in kausaler
Abhängigkeit mit allen x-Variablen steht, müßten die Korrelationen zwischen den δ-Variablen verschwunden sein. Der LISREL-Ansatz geht jedoch
davon aus, daß Drittvariableneffekte *nicht* relevant sind, da bei deren Vorliegen die Parameter im Modell falsch geschätzt würden. Die Matrizen Θ_δ,
Θ_ε und Ψ dienen zur Überprüfung dieser Annahme. Man spricht deshalb
bei LISREL-Modellen auch *nicht von Residualvariablen*, sondern stattdessen *nur von Meßfehlervariablen*.

durchgeführten Messungen (über die Größen δ und ε). Sind durch die acht Parametermatrizen eines vollständigen LISREL-Modells die in den Ausgangs-hypothesen formulierten kausalen Beziehungen mathematisch spezifiziert, so erfolgt die Schätzung der einzelnen Parameter. Da die Beziehungen in einem gegebenen Hypothesensystem durch Matrizen wiedergegeben werden, ist es möglich, daß neben den zu schätzenden Parametern einzelne Elemente in den Matrizen

- *Nullwerte* aufweisen, wenn zwischen zwei Variablen aufgrund theoretischer Überlegungen *kein* Beziehungszusammenhang vermutet wird;
- durch *gleich große Werte* geschätzt werden sollen. Das ist immer dann der Fall, wenn aufgrund sachlogischer Überlegungen *vorab* festgelegt werden kann, daß die Stärke der Beziehungen bei mehreren Variablen als gleichgroß anzusehen ist.

Diesem Sachverhalt wird im Rahmen des LISREL-Ansatzes durch drei ver-schiedene Arten von Parametern Rechnung getragen, wobei der Forscher aus Anwendersicht *vorab* bestimmen muß, welche Parameter in seinem Hypothe-sensystem auftreten. Im einzelnen unterscheidet LISREL folgende Parameter:

1. Feste Parameter (fixed parameters). Parameter, denen a priori ein bestimmter konstanter Wert zugewiesen wird, heißen feste Parameter.

Dieser Fall tritt vor allem dann auf, wenn aufgrund der theoretischen Über-legungen davon ausgegangen wird, daß keine kausalen Beziehungen zwischen bestimmten Variablen bestehen. In diesem Fall werden die entsprechenden Pa-rameter auf Null gesetzt und nicht im Modell geschätzt (vgl. die entsprechen-den Null-Werte in den Matrizen der Gleichungen (A), (B) und (C) auf S. 262).

Feste Parameter können aber auch durch Werte größer Null belegt werden, wenn man aufgrund von a priori Überlegungen in der Lage ist, eine kausale Beziehung zwischen zwei Variablen numerisch genau abzuschätzen. Auch in diesem Fall wird der entsprechende Parameter nicht mehr im Modell geschätzt, sondern geht mit dem zugewiesenen Wert in die Lösung ein.

2. Restringierte Parameter (constrained parameters). Parameter, die im Modell geschätzt werden sollen, deren Wert aber genau dem Wert eines oder mehrerer anderer Parameter entsprechen soll, heißen restringierte Parameter.

Es kann z. B. aufgrund theoretischer Überlegungen sinnvoll sein, daß der Einfluß von zwei unabhängigen Variablen auf eine abhängige Variable als gleich groß angesehen wird oder daß die Werte von Meßfehlervariablen gleich groß sind. Werden zwei Parameter als restringiert festgelegt, so ist zur Schät-zung der Modellstruktur nur ein Parameter notwendig, da mit der Schätzung dieses Parameters auch automatisch der andere Parameter bestimmt ist. Die Zahl der zu schätzenden Parameter wird dadurch also verringert.

3. Freie Parameter (free parameters). Parameter, deren Werte als unbekannt gelten und erst aus den empirischen Daten geschätzt werden sollen, heißen freie Parameter. Sie spiegeln die postulierten kausalen Beziehungen und zu schätzenden Meßfehlergrößen sowie die Kovarianzen zwischen den Variablen wider.

6.4.3.4 Festlegung der Parameter für das Margarinebeispiel

Zur Verdeutlichung der Handhabung der unterschiedlichen Typen von Parametern in einem LISREL-Modell wollen wir für unser Beispiel die Parameter in den Gleichungen (A), (B) und (C) in Abschnitt 6.4.3.2 wie folgt festlegen (vgl. auch das Pfaddiagramm in Abbildung 6.2):

1. Feste Parameter. Die latente exogene Variable „Gesundheitsgrad" wird durch die Indikatorvariable „Vitaminisierungsgrad" erhoben und die latente endogene Variable „Verwendungsbreite" durch die Indikatorvariable „Brat- und Backeignung" (vgl. Tabelle 6.3). Wir gehen davon aus, daß *beide* Indikatorvariable die jeweiligen latenten Variablen in eindeutiger Weise repräsentieren, so daß wir die Pfade λ_{11} zwischen „Verwendungsbreite" und „Brat- und Backeignung" und λ_{32} zwischen „Gesundheitsgrad" und „Vitaminisierungsgrad" auf 1 festsetzen. Damit unterstellen wir (bei standardisierten latenten Variablen), daß zwischen den jeweiligen Variablen jeweils eine Korrelation von 1 besteht. Außerdem sollen diese Meßvariable ohne Meßfehler erhoben worden sein, so daß wir auch für die Pfade ε_{11} bzw. δ_{33} der Meßfehlervariablen einen festen Parameter von Null vorgeben können.

Des weiteren sollen sachlogische Überlegungen ergeben haben, daß die Einschätzung der Meßvariablen „Natürlichkeit" vollständig durch die latente Variable „Attraktivität" bestimmt wird und somit auch der Pfad λ_{22} zwischen „Attraktivität" und „Natürlichkeit" auf 1 festgesetzt werden kann. Unsicherheiten sollen hier allerdings bezüglich evtl. vorhandener Meßfehler bei der Erhebung der „Natürlichkeit" bestehen, so daß wir den Meßfehler ε_{22} durch das Modell schätzen lassen.

Bezüglich der latenten exogenen Größen „Lagerfähigkeit", „Gesundheitsgrad" und „Wirtschaftlichkeit" wollen wir annehmen, daß sie Einheitsvarianz besitzen, so daß die Varianzen in der Phi-Matrix (als die Koeffizienten Φ_{11}, Φ_{22} und Φ_{33}) als feste Parameter mit dem Wert 1 in das Modell eingehen. Damit ist die Phi-Matrix eine *Korrelationsmatrix*, die die Korrelationen zwischen den Meßvariablen und den latenten exogenen Variablen enthält. Gleichzeitig wird dadurch die LAMBDA-X-Matrix eine sog. *Faktorladungsmatrix*, d. h. sie enthält die Korrelationen zwischen den Ksi- und den x-Variablen.

2. Restringierte Parameter. Wir wollen unterstellen, daß *theoretische Überlegungen* gezeigt haben, daß der Einfluß der latenten Variablen „Lagerfähigkeit" auf die Meßvariablen „Fettsäuren" und „Haltbarkeit" als *gleich stark anzusehen* ist und auch die entsprechenden Meßfehlervariablen gleich groß sind. Damit können die Pfade λ_{11} und λ_{21} der Lambda-X-Matrix sowie die Pfade δ_{11} und δ_{22} der Theta-Delta-Matrix als restringiert angesehen werden.

3. Freie Parameter. Alle übrigen zu schätzenden Parameter werden in der in Abbildung 6.2 spezifizierten Form beibehalten und stellen *freie Parameter* dar.

Die obigen Überlegungen zur Bestimmung der Parameter in einem Hypothesensystem müssen bei praktischen Anwendungen *immer* aufgrund theoretischer Überlegungen *vorab* im Rahmen der Hypothesenformulierung (1. Schritt im LISREL-Modell) aufgestellt werden. Wir haben hier lediglich aus didaktischen Gründen eine Trennung zwischen der Festlegung der Beziehungen in einem Hypothesensystem und der *vorab* bereits festlegbaren Stärke einzelner Beziehungen vorgenommen. Die Bestimmung der einzelnen Parameterarten hat auch einen Einfluß auf das Pfaddiagramm, das im 2. Schritt festgelegt wurde. Deshalb wurde das Pfaddiagramm in Abbildung 6.2 als „vorläufig" bezeichnet.

Die obigen Festsetzungen einzelner Parameter führen nun auch zu einer Veränderung der Gleichungen (A), (B) und (C) in Abschnitt 6.4.3.2. In Gleichung (B) werden λ_{11} und λ_{22} auf 1 und ε_{11} auf 0 gesetzt, und in Gleichung (C) werden $\lambda_{32} = 1$ und $\delta_{33} = 0$ spezifiziert. Für die restringierten Parameter wird in Gleichung (C) $\lambda_{11} = \lambda_{21}$ und $\delta_{11} = \delta_{22}$ vorgegeben. Damit ergibt sich die Zahl der im Modell zu schätzenden Parameter wie folgt:

– In Gleichung (A) sind zu schätzen:
β_{21}; γ_{11}; γ_{12}; γ_{22}; γ_{23}; ζ_{11}; ζ_{22} = 7 Parameter
– In Gleichung (B) sind zu schätzen:
λ_{32}; ε_{22}; ε_{33} = 3 Parameter
– In Gleichung (C) sind zu schätzen:
$\lambda_{11}(=\lambda_{21})$; λ_{43}; λ_{53}; $\delta_{11}(=\delta_{22})$; δ_{44}; δ_{55} = 6 Parameter
– Weiterhin sollen die Korrelationen zwischen den latenten exogenen Variablen (Φ_{21}; Φ_{31}; Φ_{32}) in der Phi-Matrix geschätzt werden   = 3 Parameter

Damit enthält unser Modell insgesamt 19 zu schätzende Parameter. Gleichzeitig ändert sich durch die getroffenen Vereinbarungen bezüglich der Parameterarten auch unser Pfaddiagramm. Wir erhalten damit das in Abbildung 6.3 dar-

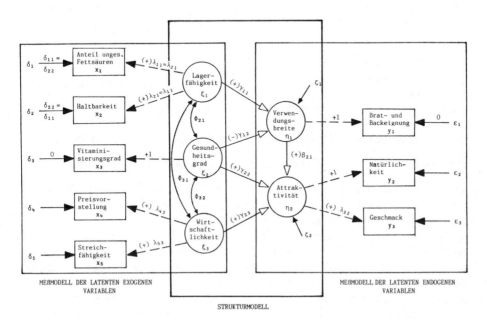

Abb. 6.3. Endgültiges Pfaddiagramm mit festen und restringierten Parametern

gestellte „endgültige Pfaddiagramm", das bei praktischen Anwendungen direkt im 2. Schritt der Analyse aufgestellt wird.

Bevor nun eine Schätzung der einzelnen Parameter möglich ist, muß geklärt werden, ob die empirischen Daten eine ausreichende Informationsmenge zur Schätzung der Parameter bereitstellen können.

6.4.4 Das Problem der Identifizierbarkeit eines Modells

6.4.4.1 Allgemeine Überlegungen

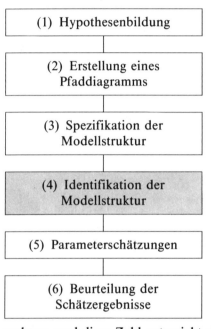

Das Problem der Identifizierbarkeit besteht aus der Frage, ob ein Gleichungssystem *eindeutig* lösbar ist, d. h. es muß geprüft werden, ob die Informationen, die aus den empirischen Daten bereitgestellt werden können, ausreichen, die aufgestellten Gleichungen zu „identifizieren[26]". Ein vollständiges LISREL-Modell stellt immer ein *Mehrgleichungssystem* dar, das nur dann lösbar ist, wenn die Zahl der Gleichungen *mindestens* der Zahl der zu schätzenden Parameter entspricht. Die Zahl der Gleichungen im LISREL-Modell entspricht immer der Anzahl der unterschiedlichen Elemente in der modelltheoretischen Korrelationsmatrix $\hat{\Sigma}$. Werden n *Indikatorvariable* erhoben, so lassen sich $\frac{n(n+1)}{2}$ Korrelationskoeffizienten berechnen, und diese Zahl entspricht gleichzeitig der Zahl der unterschiedlichen Elemente in der modelltheoretischen Korrelationsmatrix. In unserem Rechenbeispiel in Abschnitt 6.3.2 wurden z. B. drei Indikatorvariable erhoben und es ergaben sich $\frac{3(3+1)}{2} = 6$ Gleichungen, denen jedoch im ersten Schritt 7 unbekannte Parameter gegenüberstanden (vgl. S. 250). Bildet man jetzt die Differenz s − t, wobei s der Anzahl der Gleichungen und t der Anzahl der unbekannten Parameter entspricht, so erhält man die *Zahl der Freiheitsgrade* (= degrees of freedom; kurz: d. f.) eines Gleichungssystems[27]. In unserem Rechenbeispiel ergeben sich 6 − 7 = − 1 d. f., und ein solches Modell ist nicht identifiziert, d. h. nicht lösbar, da die aus dem empirischen Datenmaterial zur Verfügung stehenden Informationen zur Berechnung der Parameter *nicht* ausreichen. Entspricht hingegen die Zahl der Gleichungen der Zahl der unbekannten Parameter, so ergeben sich 0 d. f., und das Gleichungssystem ist eindeutig lösbar. Allerdings werden in einem solchen Fall alle „empirischen Informationen" zur Berechnung der Parameter benötigt, und es stehen keine Informationen mehr zur Verfügung, um z. B. die Modellstruktur zu testen. Somit kann ein solcher Fall nicht als sinnvoll angesehen werden, da die Modellparameter lediglich aus den empirischen Daten errechnet werden. Es ist deshalb empfehlenswert, bei der empirischen Erhebung sicherzustellen, daß mindestens so viele Indikatorvariable erhoben werden, wie erforderlich sind, um eine *positive* Zahl von Freiheitsgraden zu erreichen. Als *Faustregel* kann man sich merken, daß die *Zahl der Freiheitsgrade der Zahl der zu schätzenden Parameter entsprechen sollte*. Für die Lösbarkeit eines LISREL-Modells ist es somit unbedingt erforderlich *(notwendige Bedingung)*, daß die Zahl der Freiheitsgrade größer oder gleich Null ist.

Bezeichnen wir die Zahl der y-Variablen mit p und die der x-Variablen mit q, so ergibt sich die Anzahl der zur Verfügung stehenden empirischen Korrelationen gemäß $\frac{1}{2}(p+q)\cdot(p+q+1)$. Damit läßt sich eine notwendige Bedingung für Identifizierbarkeit wie folgt formulieren, wobei t die Zahl der zu schätzenden Parameter angibt:

$$t \leq \frac{1}{2}(p+q)\cdot(p+q+1) \tag{8}$$

Diese Bedingung reicht i. d. R. jedoch nicht aus, um die Identifizierbarkeit einer Modellstruktur mit Sicherheit überprüfen zu können. Es ist deshalb notwendig, weitere Kriterien zur Überprüfung der Identifizierbarkeit heranzuziehen.

Eine nützliche Hilfestellung zur Erkennung *nicht* identifizierter LISREL-Modelle bietet das Programmpaket LISREL VI. Die Identifizierbarkeit einer Modellstruktur setzt voraus, daß die zu schätzenden Gleichungen *linear unabhängig* sind. Von linearer Unabhängigkeit kann dann ausgegangen werden, wenn das Programm die zur Schätzung notwendigen Matrizeninversionen vornehmen kann. Ist dies nicht der Fall, so liefert das Programm entsprechende Meldungen darüber, welche Matrizen nicht positiv definit, d. h. nicht invertierbar sind. Außerdem druckt das Programm Warnmeldungen bezüglich nicht identifizierter Parameter aus. Damit im LISREL-Modell überhaupt eine Schätzung der Parameter möglich ist, muß vor allem die verwendete empirische Korrelationsmatrix positiv definit (invertierbar) sein. Eine notwendige Bedingung dafür ist, daß die Zahl der untersuchten Objekte größer ist als die Zahl der erhobenen Indikatorvariablen.

Kann ein Modell als identifiziert angesehen werden, so ist eine eindeutige Schätzung der gesuchten Parameter möglich.

6.4.4.2 Identifizierbarkeit im Margarinebeispiel

In unserem Fallbeispiel zum Margarinemarkt hatten wir in Abschnitt 6.4.3.3 insgesamt 19 zu schätzende Parameter ermittelt. Die Anzahl der zur Verfügung stehenden empirischen Korrelationen entspricht in unserem Beispiel $\frac{1}{2}(3+5)$ $(3+5+1)=36$, da 3 y-Variable und 5 x-Variable empirisch erhoben wurden. Somit beträgt die Anzahl der Freiheitsgrade $36-19=17$, wodurch eine notwendige Bedingung der Identifizierbarkeit erfüllt ist. Außerdem waren im Rechen-lauf alle Matrizen positiv definiert und es wurden keine Warnmeldungen über nicht identifizierbare Parameter ausgegeben.

Mit Abschluß dieses 4. Schrittes im Rahmen des LISREL-Ansatzes sind nun weitgehend alle Punkte abgeschlossen, die direkt *durch den Anwender vorzuneh-men* sind. Im einzelnen haben wir bisher

- Hypothesen zum Kaufverhalten bei Margarine aufgestellt,
- die Beziehungen im Hypothesensystem in ein Pfaddiagramm übertragen,
- eine mathematische Formulierung der Hypothesen vorgenommen,
- die notwendige Bedingung für Identifizierbarkeit des Modells geprüft.

In einem letzten Schritt ist nun noch festzulegen, welches Schätzverfahren zur Bestimmung der Parameter zu verwenden ist.

6.4.5 Schätzung der Parameter

6.4.5.1 Alternative Schätzverfahren

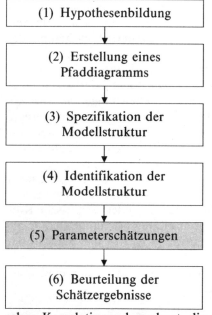

Durch die Spezifikation der Hypothesen zum Kaufverhalten bei Margarine in Matrizengleichungen ist festgelegt, wel-che Parameter im Rahmen der LISREL-Analyse zu schätzen sind. Diese Schät-zungen erfolgen auf Basis eines empiri-schen Datensatzes.

Den folgenden Berechnungen liegen die betrachteten 8 Indikatorvariablen zu-grunde. Die Einschätzung dieser Indika-torvariablen bei Margarine wurde bei 170 fiktiven Personen (= Objekte) erho-ben. Alle Variable gehen in den LIS-REL-Ansatz als Abweichungswerte vom Mittelwert ein, d. h. es werden *zentrierte Variable* betrachtet. Dadurch wird er-reicht, daß in den Regressionsgleichun-gen keine konstanten Terme zu schätzen sind (vgl. Abschnitt 6.2.2.2). Für die In-dikatorvariablen wurden die empiri-schen Korrelationen berechnet, die unserem LISREL-Modell als Eingabema-trix und zur Schätzung der Modellparameter dienen. Die empirische Korrela-tionsmatrix R ist für das Margarinebeispiel in Abbildung 6.4 dargestellt.

Wird eine *Korrelationsmatrix* zu Parameterschätzungen herangezogen, so stellt auch die im LISREL-Modell berechnete modelltheoretische Matrix $\hat{\Sigma}$ eine Korrelationsmatrix dar. Die Matrix $\hat{\Sigma}$ wird nun durch geeignete Schätzung der Parameter bestmöglich an die empirische Korrelationsmatrix R angenä-hert. Ziel des Schätzverfahrens ist es, den Ausdruck $(R - \hat{\Sigma})$ zu minimieren. Dabei läßt sich $\hat{\Sigma}$ allein auf Basis der acht Parametermatrizen berechnen.

Wir betrachten hierzu noch einmal die Eingabematrix R. In unserem Beispiel gibt es drei y-Variable und fünf x-Variable. Da das Programm *immer* verlangt, daß zuerst die y-Variable eingelesen werden, hat R den in Abbildung 6.5 dargestellten Aufbau.

Im oberen Dreieck I stehen die Korrelationen zwischen den y-Variablen, die verantwortlich sind für die Beziehungen im Meßmodell der latenten endogenen Konstrukte. Entsprechend stehen im unteren Dreieck III die Korrelationen der x-Variablen, die die Beziehungen im Meßmodell der latenten exogenen Variablen bestimmen. Im Rechteck II stehen die Korrelationen zwischen den x- und den y-Variablen, die für die Pfade im Strukturmodell verantwortlich sind. Da Korrelationsmatrizen immer symmetrische Matrizen darstellen (d. h. unter- und oberhalb der Hauptdiagonalen stehen die gleichen Werte), genügt es, wenn wir die untere Dreiecksmatrix betrachten.

Entsprechend der Matrix R in Abbildung 6.5 ist auch die *modelltheoretische* Korrelationsmatrix $\hat{\Sigma}$ aufgebaut, die durch das *LISREL-Modell berechnet* wird. Sie läßt sich analog zu Abbildung 6.5 in vier Untermatrizen zerlegen:

$$\hat{\Sigma} := \begin{bmatrix} \Sigma_{yy} & \Sigma_{yx} \\ \Sigma_{xy} & \Sigma_{xx} \end{bmatrix} \tag{9}$$

```
          CORRELATION MATRIX TO BE ANALYZED

               BRAT+BAC    NATUR     GESCHMAC   UNG FETT   HALTBARK   VITAMINE   PREISVOR   STREICHF
               --------   --------   --------   --------   --------   --------   --------   --------
BRAT+BAC       1.00000
NATUR          0.39406    1.00000
GESCHMAC       0.41793    0.62698    1.00000
UNG FETT       0.50685    0.31405    0.22502    1.00000
HALTBARK       0.54405    0.32406    0.28100    0.54584    1.00000
VITAMINE      -0.35665   -0.03799   -0.15536   -0.17360   -0.29374    1.00000
PREISVOR       0.18903    0.20806    0.28399    0.17410    0.16092   -0.27677    1.00000
STREICHF       0.12903    0.26610    0.20200    0.17202    0.20110   -0.19878    0.36493    1.00000


          DETERMINANT = 0.120153D+00
```

Abb. 6.4. Die empirische Korrelationsmatrix R

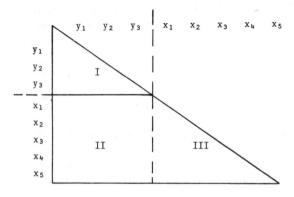

Abb. 6.5. Aufbau der empirischen Korrelationsmatrix R

Dabei entspricht Σ_{xy} gerade Σ_{yx}. Die in (9) enthaltenen Teilmatrizen ergeben sich jeweils durch Multiplikation der in Abschnitt 6.4.3.3 spezifizierten acht Parametermatrizen (vgl. auch Tabelle 6.7):

$$\Sigma_{yy} = \Lambda_y \cdot C \cdot \Lambda_y' + \Theta_\varepsilon \quad \text{mit:} \quad C = (I - B)^{-1}(\Gamma \Phi \Gamma' + \Psi)(I - B')^{-1} \tag{9a}$$

$$\Sigma_{xy} = \Lambda_x \cdot D \cdot \Lambda_y' \quad \text{mit:} \quad D = \Phi \Gamma'(I - B')^{-1} \tag{9b}$$

$$\Sigma_{yx} = \Lambda_y \cdot G \cdot \Lambda_x' \quad \text{mit:} \quad G = (I - B)^{-1} \Gamma \Phi \tag{9c}$$

$$\Sigma_{xx} = \Lambda_x \cdot \Phi \cdot \Lambda_x' + \Theta_\delta \tag{9d}$$

Die Gleichungen (9a) bis (9d) machen deutlich, daß alle Teilmatrizen von $\hat{\Sigma}$ gleichartig aufgebaut sind. Sie basieren dabei auf dem *Fundamentaltheorem der Faktorenanalyse*[28]. So bestimmt z.B. die Gleichung (9d), die Korrelationen zwischen den x-Variablen auf Basis der Parametermatrizen Λ_x, Φ und Θ_δ, wobei Φ die Korrelationen zwischen den latenten exogenen Variablen enthält. Fassen wir die obigen Matrizengleichungen wieder zu einer Matrix zusammen, so errechnet sich $\hat{\Sigma}$ wie folgt[29]:

$$\hat{\Sigma} = \left[\begin{array}{c|c} \Lambda_y(I-B)^{-1}(\Gamma \Phi \Gamma' + \Psi)(I-B')^{-1}\Lambda_y' + \Theta_\varepsilon & \Lambda_y(I-B)^{-1}\Gamma \Phi \Lambda_x' \\ \hline \Lambda_x \Phi \Gamma'(I-B')^{-1}\Lambda_y' & \Lambda_x \Phi \Lambda_x' + \Theta_\delta \end{array} \right] \tag{10}$$

Die Gleichung (10) zeigt, daß zur Berechnung der Elemente von $\hat{\Sigma}$ *alle* acht Parametermatrizen benötigt werden, die vom Anwender spezifiziert wurden. Dadurch wird deutlich, daß Modifikationen der Parametermatrizen auch zu einer veränderten $\hat{\Sigma}$-Matrix führen. Da die Parametermatrizen nur eine mathematische Formulierung der aufgrund sachlogischer Überlegungen aufgestellten Hypothesen darstellen, wird offensichtlich, daß letztendlich Schlüssigkeit und Fundiertheit der Hypothesen über die Ergebnisse der im LISREL-Modell errechneten modelltheoretischen Korrelationsmatrix entscheiden und damit auch die Güte der Modellschätzungen bestimmen.

Gemäß Gleichung (10) gilt, daß die Elemente in $\hat{\Sigma}$, die wir mit σ_{ij} bezeichnen wollen, eine Funktion der unbekannten Modellparameter darstellen. Fassen wir die unbekannten Modellparameter zu einem Vektor π zusammen, so werden in einem ersten Schritt für alle Parameter Startwerte vorgegeben, die eine Annahme über die „wahren" Werte der zu schätzenden Parameter darstellen. Mit Hilfe dieser Startwerte wird dann *die* modelltheoretische Korrelationsmatrix $\hat{\Sigma}$ errechnet, die mit größter Wahrscheinlichkeit die empirische Korrelationsmatrix R reproduziert. Die Festlegung der Startwerte kann entweder durch den Anwender selbst erfolgen oder sie werden in LISREL mit Hilfe einer der folgenden Methoden bestimmt[30]:

1. Methode der Instrumentalvariablen (IV)
2. Zweistufenschätzmethode (two-stage least square; TSLS)

Beide Methoden stellen nicht-iterative Verfahren dar. Die Schätzwerte dieser Methoden können auch als endgültige Modellschätzer verwendet werden; denn sie sind relativ robust gegenüber Fehlspezifikationen, da die Parameter sukzessive pro Gleichung geschätzt werden. Dadurch können sie jedoch nur einen Teil der Gesamtinformation aus der empirischen Korrelationsmatrix R für die Schätzung der Parameter verwenden. Außerdem sind sie nur in der Lage, die Parameterschätzungen vorzunehmen *ohne* Berechnung jeglicher Teststatistiken.

In den meisten Fällen wird der Anwender ein iteratives Schätzverfahren verwenden, das *simultan alle Informationen* aus der empirischen Korrelationsmatrix zur Parameterschätzung verwendet und weiterhin die Berechnung von Schätzstatistiken erlaubt. Bei den iterativen Verfahren werden die Startwerte mit Hilfe der Methode der Instrumentalvariablen (IV) oder der Zweistufenschätzmethode (TSLS) *automatisch* vom Programm vorgegeben, und der Anwender hat die Wahl zwischen folgenden iterativen Schätzverfahren[31].

3. Die *Methode der ungewichteten kleinsten Quadrate* (unweighted least squares; ULS) minimiert die Funktion
$$U(\pi) = \tfrac{1}{2}\,\mathrm{sp}\,(S - \Sigma)^2$$
4. Die *Methode der verallgemeinerten kleinsten Quadrate* (generalized least squares; GLS) minimiert die Funktion
$$G(\pi) = \tfrac{1}{2}\,\mathrm{sp}\,((S - \Sigma)\cdot S^{-1})^2$$
5. Das *Maximum-Likelihood-Verfahren* (ML) minimiert die Funktion
$$M(\pi) = \log|\Sigma| + \mathrm{sp}\,(S\cdot\Sigma^{-1}) - \log|S| - (p+q)$$

Dabei bedeutet sp die Spur einer Matrix, d. h. es werden die Elemente der Hauptdiagonalen einer Matrix summiert und p bzw. q entspricht der Anzahl der y- bzw. x-Variablen.

Alle drei Schätzverfahren können zu der Klasse der gewichteten Kleinst-Quadrate-Schätzungen gerechnet werden.

Dabei ist zu beachten, daß das GLS-Verfahren und die ML-Methode eine *Normalverteilung* der Ausgangsvariablen voraussetzen und nur dann durchführbar sind, wenn die Eingabematrix positiv definit und damit invertierbar ist. Ist die Annahme der Multinormalverteilung erfüllt, so sind die ML-Schätzer die präzisesten, bei großem Stichprobenumfang (vgl. zum Stichprobenumfang Abschnitt 6.7).

Das ULS-Verfahren hingegen stellt an die Ausgangsdaten *nicht* die Anforderung einer Normalverteilung und ist damit unter weit allgemeineren Bedingungen in der Lage, konsistente Schätzer hervorzubringen. Es ist allerdings einschränkend zu bemerken, daß das ULS-Verfahren im Gegensatz zu den Methoden GLS und ML bestimmte Teststatistiken nicht bereitstellen kann (vgl. hierzu Abschnitt 6.4.6.2.3).

Liegen hingegen die oben genannten Voraussetzungen vor, so ist von allen drei Schätzmethoden die ML-Methode als das beste Schätzverfahren anzusehen. Bei allen iterativen Verfahren geht die entsprechende Minimierungsprozedur auf das Verfahren nach Fletcher und Powell zurück[32].

6.4.5.2 Ergebnisse der Schätzungen im Margarinebeispiel mit Hilfe der Maximum-Likelihood-Methode

6.4.5.2.1 Interpretation der Parameterschätzungen

Die Maximum-Likelihood-Methode ist das in der Praxis am häufigsten angewendete Verfahren zur Schätzung einer theoretischen Modellstruktur. Aus diesem Grund wollen wir die Ergebnisse der Modellschätzung für das Kaufverhalten bei Margarine mit Hilfe der ML-Methode im folgenden ausführlich besprechen. *Die ML-Methode maximiert die Wahrscheinlichkeit dafür, daß die modelltheoretische Korrelationsmatrix die betreffende empirische Korrelationsmatrix erzeugt hat.* Zur besseren Übersicht zeigt die Abbildung 6.6 nochmals die von uns vorgenommene Modellspezifikation, wie sie bei LISREL VI zu Beginn ausgedruckt wird. Die Zahlen 1 bis 19 in den einzelnen Matrizen stehen jeweils für einen zu schätzenden Parameter, während die 0-Kennungen für nicht zu schätzende oder feste Parameter im Modell stehen. Restringierte Parameter werden mit jeweils der gleichen Zahl gekennzeichnet (vgl. hierzu z. B. die LAMBDA-X-Matrix). Ein Vergleich mit den Gleichungen (A), (B) und (C) in Abschnitt 6.4.3.2 und den Ausführungen in Abschnitt 6.4.3.4 zeigt, daß die dort vorgenommenen Spezifikationen identisch sind mit den Festsetzungen in Abbildung 6.6.

Unter Verwendung der *ML-Methode* wurden die einzelnen Parameter wie in Abbildung 6.7 gezeigt, geschätzt.

Diese Werte stellen Schätzgrößen für die Parameter unseres Modells dar. Mit ihrer Hilfe lassen sich die im endgültigen Pfaddiagramm eingezeichneten Parameter (vgl. Abbildung 6.3) quantifizieren. Übertragen wir die Parameterschätzungen zur Verdeutlichung in ein Pfaddiagramm, so ergibt sich das in Abbildung 6.8 wiedergegebene Bild.

Wir sprechen hier von einer *unstandardisierten Lösung*, da die LAMBDA-Y-Matrix *keine* Faktorladungsmatrix darstellt, sondern die Regressionskoeffizienten zwischen den Meßvariablen und den latenten endogenen Variablen enthält. Demgegenüber entspricht die LAMBDA-X-Matrix einer Faktorladungsmatrix, d. h. sie enthält die Korrelationen zwischen Meßvariablen und latenten exogenen Variablen, da die Phi-Matrix von uns als Korrelationsmatrix spezifiziert wurde (vgl. Abschnitt 6.4.3.4). In der Phi-Matrix zeigt sich, daß der „Gesundheitsgrad" sowohl mit der „Lagerfähigkeit" als auch mit der „Wirtschaftlichkeit" negativ korreliert ist, während „Wirtschaftlichkeit" und „Lagerfähigkeit" mit 0,39 positiv korrelieren. In allen drei Fällen sind die Korrelationen jedoch als *relativ* gering anzusehen. Die Matrix LAMBDA-X gibt Auskunft darüber, wie stark die Indikatorvariablen mit den hypothetischen exogenen Konstrukten korrelieren. Setzt man diese Faktorladungen ins Quadrat, so erhalten wir den erklärten Varianzanteil einer beobachteten x-Variablen. So erklärt z. B. das Konstrukt „Wirtschaftlichkeit" $0{,}629^2 = 0{,}396$ der Varianz der Variablen „Preisvorstellung". Folglich bleibt ein Varianzanteil von $1 - 0{,}396 = 0{,}604$ unerklärt. Dieser Wert entspricht genau dem Wert der „Preisvorstellung" in der THETA-DELTA-Matrix, d. h. 60,4% der Einheitsvarianz der Variablen „Preisvorstellung" sind auf Meßfehler und evtl. nicht berück-

```
VOLLSTAENDIGES LISREL-MODELL ZUM MARGARINEMARKT (ML)
PARAMETER SPECIFICATIONS

        LAMBDA Y

            VERWENDB    ATTRAKT.
            --------    --------
BRAT+BAC         0           0
NATUR            0           0
GESCHMAC         0           1

        LAMBDA X

            LAGERF      GESUNDH     WIRTLK
            --------    --------    --------
UNG FETT         2           0           0
HALTBARK         2           0           0
VITAMINE         0           0           0
PREISVOR         0           0           3
STREICHF         0           0           4

        BETA

            VERWENDB    ATTRAKT.
            --------    --------
VERWENDB         0           0
ATTRAKT.         5           0

        GAMMA

            LAGERF      GESUNDH     WIRTLK
            --------    --------    --------
VERWENDB         6           7           0
ATTRAKT.         0           8           9

        PHI

            LAGERF      GESUNDH     WIRTLK
            --------    --------    --------
LAGERF           0
GESUNDH         10           0
WIRTLK          11          12           0

        PSI

            VERWENDB    ATTRAKT.
            --------    --------
                13          14

        THETA EPS

            BRAT+BAC    NATUR       GESCHMAC
            --------    --------    --------
                 0          15          16

        THETA DELTA

            UNG FETT    HALTBARK    VITAMINE    PREISVOR    STREICHF
            --------    --------    --------    --------    --------
                17          17           0          18          19
```

Abb. 6.6. Spezifikation der Modellstruktur

```
VOLLSTAENDIGES LISREL-MODELL ZUM MARGARINEMARKT (ML)
LISREL ESTIMATES (MAXIMUM LIKELIHOOD)
```

```
        LAMBDA Y

             VERWENDB   ATTRAKT.
             --------   --------
BRAT+BAC      1.00000    0.00000
NATUR         0.00000    1.00000
GESCHMAC      0.00000    0.98060
```

```
        LAMBDA X

             LAGERF     GESUNDH    WIRTLK
             --------   --------   --------
UNG FETT      0.74172    0.00000    0.00000
HALTBARK      0.74172    0.00000    0.00000
VITAMINE      0.00000    1.00000    0.00000
PREISVOR      0.00000    0.00000    0.62949
STREICHF      0.00000    0.00000    0.56956
```

```
        BETA

             VERWENDB   ATTRAKT.
             --------   --------
VERWENDB      0.00000    0.00000
ATTRAKT.      0.36255    0.00000
```

```
        GAMMA

             LAGERF     GESUNDH    WIRTLK
             --------   --------   --------
VERWENDB      0.65785   -0.14931    0.00000
ATTRAKT.      0.00000    0.18975    0.33802
```

```
        PHI

             LAGERF     GESUNDH    WIRTLK
             --------   --------   --------
LAGERF        1.00000
GESUNDH      -0.31517    1.00000
WIRTLK        0.39098   -0.40137    1.00000
```

```
        PSI

             VERWENDB   ATTRAKT.
             --------   --------
              0.48302    0.34559
```

```
        THETA EPS

             BRAT+BAC   NATUR      GESCHMAC
             --------   --------   --------
              0.00000    0.36061    0.38518
```

```
        THETA DELTA

             UNG FETT   HALTBARK   VITAMINE   PREISVOR   STREICHF
             --------   --------   --------   --------   --------
              0.44986    0.44986    0.00000    0.60374    0.67560
```

Abb. 6.7. Parameterschätzung ($\hat{\pi}$) mit Hilfe der ML-Methode (unstandardisierte Lösung)

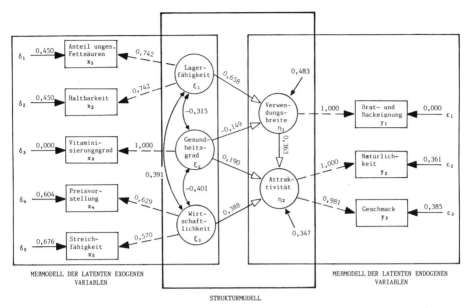

Abb. 6.8. Pfaddiagramm mit Schätzergebnissen der unstandardisierten Lösung

sichtigte Variableneffekte zurückzuführen. Entsprechend sind auch die übrigen Werte in den Matrizen LAMBDA-X und THETA-DELTA zu interpretieren. Außerdem wird deutlich, daß die Werte der von uns als restringiert festgelegten Parameter ($\lambda_{11} = \lambda_{21}$ und $\delta_{11} = \delta_{22}$) durch das Programm jeweils gleich groß geschätzt wurden. Bei der Interpretation des Meßmodells der y-Variablen wurde die Varianz der latenten endogenen Konstrukte nicht auf 1 gebracht. Somit können auch die Matrizen LAMBDA-Y und THETA-EPSILON *nicht* als Korrelationsmatrizen interpretiert werden, sondern sind als Kovarianz-Matrizen anzusehen. Durch das Programmpaket wurde *nur* der Parameter λ_{32} der LAMBDA-Y-Matrix geschätzt, da alle übrigen Parameter von uns a priori festgesetzt wurden (vgl. Abschnitt 6.4.3.4). Die THETA-EPSILON-Matrix macht dabei deutlich, daß die nicht erklärte Varianz der erhobenen Variable „Natürlichkeit" 0,36 und die der Variable „Geschmack" 0,385 beträgt, während wir bei der „Brat- und Backeignung" a priori *unterstellt* hatten, daß keine Meßfehler auftreten.

Da die Matrix LAMBDA-Y eine Kovarianz-Matrix darstellt, gibt der Wert von 0,98 zwischen „Geschmack" und „Attraktivität" die *Kovarianz* zwischen diesen beiden Variablen an. Da die Kovarianz aber durch die Skaleneinheiten der jeweiligen Variablen, sprich durch deren Varianzen beeinflußt werden, empfiehlt es sich, zur Interpretation die *standardisierte Lösung* heranzuziehen (Abbildung 6.9).

Die standardisierte Lösung wird von LISREL VI durch Fixierung der Varianzen *aller latenten Variablen* auf 1 errechnet. Da wir bei den latenten exogenen Variablen diese Fixierung bereits vorgenommen hatten, stimmen die stan-

```
VOLLSTAENDIGES LISREL-MODELL ZUM MARGARINEMARKT (ML)
STANDARDIZED SOLUTION

        LAMBDA Y

            VERWENDB    ATTRAKT.

            --------    --------
BRAT+BAC    1.00000     0.00000
NATUR       0.00000     0.80352
GESCHMAC    0.00000     0.78793

        LAMBDA X

            LAGERF      GESUNDH     WIRTLK

            --------    --------    --------
UNG FETT    0.74172     0.00000     0.00000
HALTBARK    0.74172     0.00000     0.00000
VITAMINE    0.00000     1.00000     0.00000
PREISVOR    0.00000     0.00000     0.62949
STREICHF    0.00000     0.00000     0.56956

        BETA

            VERWENDB    ATTRAKT.

            --------    --------
VERWENDB    0.00000     0.00000
ATTRAKT.    0.45119     0.00000

        GAMMA

            LAGERF      GESUNDH     WIRTLK

            --------    --------    --------
VERWENDB    0.65785    -0.14931     0.00000
ATTRAKT.    0.00000     0.23614     0.48289

        PHI

            LAGERF      GESUNDH     WIRTLK

            --------    --------    --------
LAGERF      1.00000
GESUNDH    -0.31517     1.00000
WIRTLK      0.39098    -0.40137     1.00000

        PSI

            VERWENDB    ATTRAKT.

            --------    --------
            0.48302     0.53681

        CORRELATION MATRIX FOR ETA

            VERWENDB    ATTRAKT.

            --------    --------
VERWENDB    1.00000
ATTRAKT.    0.52012     1.00000

        REGRESSION MATRIX ETA ON KSI (STANDARDIZED)

            LAGERF      GESUNDH     WIRTLK

            --------    --------    --------
VERWENDB    0.65785    -0.14931     0.00000
ATTRAKT.    0.29682     0.16878     0.48289
```

Abb. 6.9. Standardisierte Lösung

dardisierte (Abbildung 6.9) und die unstandardisierte Lösung (Abbildung 6.7) für die Matrizen LAMBDA-X, PHI und THETA-DELTA überein. Die LAMB-DA-Y-Matrix enthält in der *standardisierten Lösung* die Korrelationen zwischen den beobachteten Variablen und den latenten endogenen Größen und kann jetzt auch als *Faktorladungsmatrix* interpretiert werden. So besagt z. B. der Wert von 0,803, daß die „Attraktivität" einer Margarine relativ stark mit der subjektiv empfundenen „Natürlichkeit" korreliert. Die quadrierten Faktorladungen aus der LAMBDA-Y-Matrix der *standardisierten Lösung* ergänzen sich jetzt mit den Werten der THETA-EPSILON-Matrix der *unstandardisierten Lösung* ebenfalls zu 1. Durch die Standardisierung ändern sich außerdem die Koeffizienten in den Matrizen des Strukturmodells (BETA, GAMMA und PSI).

Betrachten wir nun die *Koeffizienten des Strukturmodells*. In der standardisierten Lösung werden zusätzlich zu den Parametermatrizen noch die Korrelationen zwischen den endogenen Variablen errechnet. Dabei zeigt sich, daß „Verwendungsbreite" und „Attraktivität" mit einem Wert von 0,52 korrelieren. Die BETA-Matrix gibt hier genauere Auskunft. Wir finden dort den Wert 0,451, d. h. die Varianz des Konstruktes „Attraktivität" wird zu $0,451^2 = 20,34\%$ durch das Konstrukt „Verwendungsbreite" bestimmt. Betrachten wir abschließend noch die Effekte, die von den exogenen Konstrukten auf die endogenen Konstrukte wirken. Die Vorzeichen der Koeffizienten in GAMMA entsprechen genau den unterstellten Richtungszusammenhängen in den Hypothesen H_1 bis H_4 (vgl. Abschnitt 6.4.1). Am stärksten wird die „Verwendungsbreite" von der „Lagerfähigkeit" beeinflußt (0,657) und die „Attraktivität" mit 0,483 von der „Wirtschaftlichkeit". Die Effekte des „Gesundheitsgrades" auf die endogenen Konstrukte sind im Vergleich zu den übrigen Effekten geringer, und die „Verwendungsbreite" wird negativ beeinflußt. Es läßt sich also z. B. sagen, daß je größer der „Gesundheitsgrad" anzusehen ist, desto geringer wird die „Verwendungsbreite" einer Margarine angesehen und je größer die „Wirtschaftlichkeit", desto attraktiver ist eine Margarine in den Augen der Konsumenten.

6.4.5.2.2 Indirekte und totale Beeinflussungseffekte

Neben den bisher beschriebenen *direkten Beeinflussungseffekten* zwischen den Variablen lassen sich aber auch *indirekte Effekte* zwischen den Variablen erfassen, die dadurch entstehen, daß eine Variable über eine oder mehrere Zwischenvariable auf eine andere wirkt. Direkte und indirekte Effekte ergeben zusammen den *totalen Beeinflussungseffekt* (vgl. auch Abschnitt 6.2.2.3). Zur Bestimmung dieser Effekte haben wir die *unstandardisierte Lösung* der Modellschätzung (vgl. Abbildung 6.7) herangezogen. Wir wollen hier zur Verdeutlichung die im *Strukturmodell* wirkenden Effekte näher betrachten. Abbildung 6.10 faßt nochmals die im Strukturmodell vorhandenen *direkten Beeinflussungseffekte* der unstandardisierten Lösung zusammen.

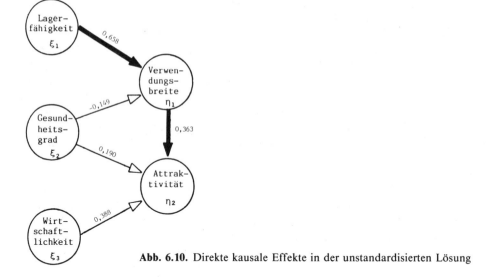

Abb. 6.10. Direkte kausale Effekte in der unstandardisierten Lösung

Die totalen Beeinflussungseffekte zwischen den Variablen lassen sich nun wie folgt berechnen:

Totaler Effekt = direkt kausaler Effekt + indirekt kausaler Effekt

Indirekte kausale Effekte ergeben sich immer dann, wenn sich im Pfaddiagramm die Beziehung zwischen zwei Variablen nur über ein oder mehrere *zwischengeschaltete Variablen* finden läßt. Die indirekten Effekte lassen sich einfach durch Multiplikation der entsprechenden Koeffizienten ermitteln.

So besteht z. B. ein *indirekter kausaler Effekt* zwischen „Lagerfähigkeit" und „Attraktivität", da die Lagerfähigkeit über die endogene Variable „Verwendungsbreite" auf die „Attraktivität" einwirkt (vgl. die verstärkt gezeichneten Pfeile in Abbildung 6.10). Dieser indirekte Effekt errechnet sich wie folgt und entspricht gleichzeitig dem *totalen kausalen Effekt* zwischen diesen Variablen, da *kein* direkter Effekt zwischen „Lagerfähigkeit" und „Attraktivität" auftritt (vgl. den eingerahmten Wert in Abbildung 6.11):

$$\text{Total}(\xi_1; \eta_2) = 0{,}65785 \cdot 0{,}36255 = 0{,}2385$$

Einen direkten und einen indirekten kausalen Effekt besitzt die latente exogene Variable „Gesundheit" auf die latente endogene Variable „Attraktivität". Der direkte kausale Effekt beträgt 0,18975, und der indirekte Beeinflussungseffekt verläuft über die zwischengeschaltete endogene Variable „Verwendungsbreite". Der totale kausale Effekt zwischen „Gesundheit" und „Attraktivität" errechnet sich damit wie folgt (vgl. auch Abbildung 6.11):

$$\text{Total}(\xi_2; \eta_2) = 0{,}18975 + (-0{,}14931) \cdot 0{,}36255 = 0{,}13561$$

Insgesamt wird also die „Attraktivität" einer Margarine durch den „Gesundheitsgrad" positiv beeinflußt. Dieser Effekt wird aber dadurch abgeschwächt, daß eine hoch empfundene Gesundheit zu einer Einschränkung der Verwendungsbreite führt und damit die Attraktivität der Margarine wieder herabsetzt.

Außer den bisher aufgezeigten Effekten bestehen im *Strukturmodell nur* direkte Effekte, die gleichzeitig den totalen Effekten entsprechen. Die totalen Effekte werden durch das Programmpaket LISREL VI automatisch berechnet, und Abbildung 6.11 zeigt den Computerausdruck.

Neben den im Strukturmodell auftretenden totalen kausalen Effekten werden durch LISREL VI auch die totalen kausalen Effekte zwischen den latenten Variablen und den y-Variablen auf Basis der *unstandardisierten Lösung* errechnet. Der Anwender muß hier jedoch aufgrund *inhaltlicher Überlegungen* entscheiden, ob eine solche Effektenzerlegung sinnvoll ist; denn die latenten Variablen sind weitgehend ad hoc Erklärungen, die aus den gemessenen Variablen abgeleitet werden. So ist es in unserem Fall z. B. fraglich, ob die „Wirtschaftlichkeit" tatsächlich die Meßvariable „Geschmack" beeinflußt.

Die totalen Effekte, die sich aus der *standardisierten Lösung* zwischen den Ksi- und den Eta-Variablen ergeben, werden von LISREL im Rahmen der standardisierten Lösung unter der Überschrift „REGRESSION MATRIX ETA ON KSI (STANDARDIZED)" abgedruckt (vgl. Abbildung 6.9).

```
VOLLSTAENDIGES LISREL-MODELL ZUM MARGARINEMARKT (ML)
TOTAL EFFECTS

          TOTAL EFFECTS OF KSI ON   ETA

            LAGERF      GESUNDH     WIRTLK
            --------    --------    --------
VERWENDB    0.65785    -0.14931     0.00000
ATTRAKT.   [0.23850]    0.13561     0.38802

          TOTAL EFFECTS OF KSI ON   Y

            LAGERF      GESUNDH     WIRTLK
            --------    --------    --------
BRAT+BAC    0.65785    -0.14931     0.00000
NATUR       0.23850     0.13561     0.38802
GESCHMAC    0.23387     0.13298     0.38049

          TOTAL EFFECTS OF ETA ON   ETA

            VERWENDB    ATTRAKT.
            --------    --------
VERWENDB    0.00000     0.00000
ATTRAKT.    0.36255     0.00000

          TOTAL EFFECTS OF ETA ON   Y

            VERWENDB    ATTRAKT.
            --------    --------
BRAT+BAC    1.00000     0.00000
NATUR       0.36255     1.00000
GESCHMAC    0.35551     0.98060
```

Abb. 6.11. Totale kausale Effekte im Margarinebeispiel

6.4.6 Test der Modellstruktur

6.4.6.1 Plausibilitätsbetrachtungen der Schätzungen

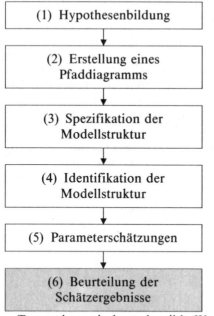

(1) Hypothesenbildung

(2) Erstellung eines Pfaddiagramms

(3) Spezifikation der Modellstruktur

(4) Identifikation der Modellstruktur

(5) Parameterschätzungen

(6) Beurteilung der Schätzergebnisse

Mit Hilfe der Maximum-Likelihood-Methode wurden die einzelnen Parameter unseres Modellbeispiels geschätzt. Die Schätzung erfolgte dabei mit der Zielsetzung, die mit Hilfe der geschätzten Parameter berechenbare modelltheoretische Korrelationsmatrix möglichst gut an die empirische Korrelationsmatrix anzupassen. Es stellt sich jetzt natürlich die Frage, wie gut diese Anpassung durch die Parameterschätzungen gelungen ist.

Bevor auf einzelne Gütekriterien im Detail eingegangen wird, soll jedoch vorab noch eine Plausibilitätsbetrachtung der Schätzungen vorgenommen werden, die Aufschluß darüber gibt, ob die im Modell geschätzten Parameter auch keine logisch oder theoretisch unplausiblen Werte aufweisen und damit *Fehlspezifikationen* im Modell vorliegen.

Treten theoretisch unplausible Werte auf, so ist das aufgestellte Modell entweder falsch oder die Daten können die benötigten Informationen nicht bereitstellen. Solche Werte liefern einen Hinweis dafür, daß Fehlspezifikationen im Modell vorgenommen wurden oder daß das Modell in Teilen nicht identifizierbar ist. Parameterschätzungen sind z. B. dann als unplausibel anzusehen, wenn die Matrix Phi als Korrelationsmatrix der exogenen Konstrukte spezifiziert wurde (1 in der Hauptdiagonalen), die Lambda-x-Matrix aber absolute Werte größer als 1 aufweist. Ein weiterer Indikator sind *negative Varianzen* sowie Kovarianz- oder Korrelationsmatrizen, die nicht positiv definit, d. h. nicht invertierbar sind. Im letzten Fall wird eine entsprechende Meldung vom Programm ausgedruckt. Im vorliegenden Modell treten keine unplausiblen Schätzungen auf.

6.4.6.2 Testkriterien des LISREL-Modells

Die Anpassungsgüte zwischen modelltheoretischer und empirischer Korrelationsmatrix kann im Rahmen des Programmpakets LISREL VI mit Hilfe statistischer Kriterien überprüft werden. Das Programmpaket stellt zu diesem Zweck Gütekriterien bereit, die

– die Zuverlässigkeit der Prameterschätzungen überprüfen;

- zur Beurteilung dafür dienen, wie gut die in den Hypothesen aufgestellten Beziehungen *insgesamt* durch die empirischen Daten wiedergegeben werden;
- die Güte einzelner Teilstrukturen überprüfen.

6.4.6.2.1 Die Zuverlässigkeit der Schätzungen

Die Zuverlässigkeit der Parameterschätzungen kann mit Hilfe statistischer Kriterien überprüft werden. Im einzelnen werden hierfür folgende Gütekriterien zur Verfügung gestellt:

1. *Standardfehler der Schätzung*
Die Schätzungen der einzelnen Parameter stellen sog. Punktschätzungen dar, d. h. für jeden Parameter wird nur ein konkreter Wert berechnet. Da das betrachtete Datenmaterial aber im Regelfall eine Stichprobe aus der Grundgesamtheit darstellt, können diese Schätzungen je nach Stichprobe variieren. Für alle geschätzten Parameter werden deshalb die Standardfehler (STANDARD ERRORS) berechnet, die angeben, mit welcher Streuung bei den Parameterschätzungen zu rechnen ist.
Sind die Standardfehler sehr groß, so ist dies ein Indiz, daß die Parameter (Koeffizienten) im Modell nicht sehr zuverlässig sind. Für unser Modell sind die Standardfehler in Abbildung 6.12 aufgeführt. Sie liegen alle unter 0,14, und es kann von daher auf relativ sichere Schätzungen geschlossen werden. Bei der Interpretation der Standardfehler ist allerdings zu beachten, daß im vorliegenden Fall eine *Korrelationsmatrix* analysiert wurde. Die „wahren" Standardfehler werden aber bei der Analyse von Korrelationsmatrizen unterschätzt.

2. *Multiple Korrelationskoeffizienten*
Wie zuverlässig die Messung der *latenten Variablen* in einem Modell ist, läßt sich durch die sog. *Reliabilität* ausdrücken. Die Reliabilität einer Variablen spiegelt den Grad wider, mit dem eine Messung frei von zufälligen Meßfehlern ist, d. h. mit dem unabhängige, aber vergleichbare Messungen ein und derselben Variablen übereinstimmen[33]. Allgemein ergibt sich die Reliabilität aus der Beziehung:

$$\text{Reliabilität} = 1 - \frac{\text{Fehlervarianz}}{\text{Gesamtvarianz}}$$

Die Reliabilität wird in LISREL VI durch quadrierte multiple Korrelationskoeffizienten für jede beobachtete Variable und die (unabhängigen) latenten endogenen Variablen separat berechnet, sowie für die Strukturgleichungen insgesamt. Diese Koeffizienten können zwischen 0 und 1 liegen, und je näher sich ihr Wert an 1 annähert, desto zuverlässiger sind die Messungen im Modell.
Ergeben sich hier z. B. Werte größer als 1, so ist das ebenfalls ein Hinweis darauf, daß eine Fehlspezifikation im Modell vorliegt.
Die Reliabilitätskoeffizienten geben Auskunft, wie gut die Messungen der Indikatorvariablen und der latenten endogenen Variablen gelungen sind.

VOLLSTAENDIGES LISREL-MODELL ZUM MARGARINEMARKT (ML)
STANDARD ERRORS

LAMBDA Y

	VERWENDB	ATTRAKT.
BRAT+BAC	0.00000	0.00000
NATUR	0.00000	0.00000
GESCHMAC	0.00000	0.13525

LAMBDA X

	LAGERF	GESUNDH	WIRTLK
UNG FETT	0.05894	0.00000	0.00000
HALTBARK	0.05894	0.00000	0.00000
VITAMINE	0.00000	0.00000	0.00000
PREISVOR	0.00000	0.00000	0.10125
STREICHF	0.00000	0.00000	0.09755

BETA

	VERWENDB	ATTRAKT.
VERWENDB	0.00000	0.00000
ATTRAKT.	0.07334	0.00000

GAMMA

	LAGERF	GESUNDH	WIRTLK
VERWENDB	0.08099	0.06837	0.00000
ATTRAKT.	0.00000	0.07836	0.10406

PHI

	LAGERF	GESUNDH	WIRTLK
LAGERF	0.00000		
GESUNDH	0.08268	0.00000	
WIRTLK	0.10872	0.09469	0.00000

PSI

VERWENDB	ATTRAKT.
0.07367	0.09050

THETA EPS

BRAT+BAC	NATUR	GESCHMAC
0.00000	0.08611	0.08479

THETA DELTA

UNG FETT	HALTBARK	VITAMINE	PREISVOR	STREICHF
0.04865	0.04865	0.00000	0.11441	0.10654

Abb. 6.12. Standardfehler (Ŝ) der Schätzungen

```
SQUARED MULTIPLE CORRELATIONS FOR Y - VARIABLES

  BRAT+BAC    NATUR     GESCHMAC
  --------   --------   --------
  1.00000    0.63939    0.61482

SQUARED MULTIPLE CORRELATIONS FOR X - VARIABLES

  UNG FETT   HALTBARK   VITAMINE   PREISVOR   STREICHF
  --------   --------   --------   --------   --------
  0.55014    0.55014    1.00000    0.39626    0.32440

SQUARED MULTIPLE CORRELATIONS FOR STRUCTURAL EQUATIONS

  VERWENDB   ATTRAKT.
  --------   --------
  0.51698    0.46319

TOTAL COEFFICIENT OF DETERMINATION FOR STRUCTURAL EQUATIONS  IS  0.645
```

Abb. 6.13. Reliabilitätskoeffizienten der unabhängigen Variablen

Dabei werden die „beobachteten" Varianzen, wenn sie nicht bekannt sind (z. B. bei Korrelationen als Eingabematrix) ebenfalls durch das Programm geschätzt. In bezug auf die beobachteten Variablen geben die multiplen Korrelationskoeffizienten an, wie gut die jeweiligen Meßvariablen einzeln zur Messung der latenten Größen dienen.

Die quadrierten multiplen Korrelationskoeffizienten für die endogenen Konstrukte (latente unabhängige Variable) sind ein Maß für die Stärke der Kausalbeziehungen in den Strukturgleichungen.

Demgegenüber spiegelt das *Bestimmtheitsmaß* (COEFFICIENT OF DETERMINATION) die Stärke der Kausalbeziehungen für *alle Strukturgleichungen gemeinsam* wider[34]. Das Bestimmtheitsmaß läßt sich auch für die beobachteten Variablen berechnen und gibt an, wie gut die Indikatoren *zusammen* zur Messung der latenten Variablen dienen. Kurz läßt sich sagen, daß durch die Reliabilitätskoeffizienten in Abbildung 6.13 die erklärten Varianzen der beobachteten und latenten Variablen wiedergegeben werden.

Die Werte in Abbildung 6.13 machen deutlich, daß für die latente endogene Variable „Attraktivität" der Indikator „Natürlichkeit" mit einem Wert von 0,639 die reliabelste Messung darstellt, während die „Brat- und Backeignung" (da a priori *ohne* Meßfehler spezifiziert) eindeutig die endogene Größe „Verwendungsbreite" mißt. Für die latenten exogenen Größen stellen die „ungesättigten Fettsäuren" und die „Haltbarkeit" mit 0,55 die reliabelsten Messungen für die „Lagerfähigkeit" dar und die „Preisvorstellung" ist mit 0,396 die reliabelste Messung für die „Wirtschaftlichkeit". Auch die Reliabilität des Strukturgleichungsmodells (d. h. der Stärke der Zusammenhänge im Strukturmodell) ist mit einem Bestimmtheitsmaß von 0,645 noch zu akzeptieren. An dieser Stelle muß aber auch darauf hingewiesen werden, daß z. B. für die latente Größe „Verwendungsbreite" *unterstellt* wurde, daß sie *ohne* Meßfehler durch die beobachtbare Variable „Brat- und Backeignung" erhoben werden kann.

Somit besitzt die „Brat- und Backeignung" eine Reliabilität von 1. Eine solche Annahme ist aber i. d. R. bei praktischen Anwendungen unrealistisch. Da die a priori Festsetzung eines Wertes sowohl die Parameterschätzungen als auch die Standardfehler beeinflußt, sollte aufgrund *theoretischer Überlegungen* genau überprüft werden, ob die Festsetzung eines Pfades auf 1 sinnvoll ist oder ob nicht Werte kleiner 1 als sinnvoll zu erachten sind und die Differenz als Meßfehlerwert in der Analyse vorgegeben wird.

3. *Korrelationen zwischen den Parameterschätzungen*

Das Programm berechnet Korrelationen zwischen *allen geschätzten Parametern*. Ist eine Korrelation zwischen zwei Parametern sehr hoch, so sollte einer der Parameter aus der Modellstruktur entfernt werden, da in einem solchen Fall die entsprechenden Parameter identische Sachverhalte messen und somit einer als redundant angesehen werden kann. Als sehr hoch werden bei praktischen Anwendungen nur solche Korrelationen angesehen, die Werte von absolut größer als 0,9 aufweisen. In unserem Modell zum Kaufverhalten bei Margarine traten keine hohen Korrelationen auf, und folglich können alle spezifizierten Parameter beibehalten werden.

Aufgrund obiger Gütekriterien kann aus *theoretischer Sicht* davon ausgegangen werden, daß keine Fehlspezifikationen in unserem Modell vorliegen. Wir wollen nun in einem zweiten Schritt prüfen, wie gut sich die theoretische Modellstruktur an die empirischen Daten anpaßt.

6.4.6.2.2 Die Beurteilung der Gesamtstruktur

Die folgenden Kriterien liefern ein Maß für die Anpassungsgüte der theoretischen Modellstruktur an die empirischen Daten. Im einzelnen wollen wir vier verschiedene *Gütekriterien* zur Beurteilung eines Modells *in seiner Gesamtheit* betrachten:

- Chi-Quadrat-Wert
- Goodness-of-Fit-Index
- Adjusted-Goodness-of-Fit-Index
- Root-Mean-Square-Residual

Diese statistischen Kriterien geben die Gesamtanpassungsgüte eines Modells an, und man spricht in diesem Zusammenhang auch von dem *Fit eines Modells*. Für das vorliegende Modellbeispiel ergaben sich für die obigen Gütekriterien die in Abbildung 6.14 aufgeführten Werte.

```
           MEASURES OF GOODNESS OF FIT FOR THE WHOLE MODEL :
CHi-SQUARE WITH   17 DEGREES OF FREEDOM IS      16.15 (PROB. LEVEL = 0.513)
                 GOODNESS OF FIT INDEX IS 0.976
              ADJUSTED GOODNESS OF FIT INDEX IS 0.949
               ROOT MEAN SQUARE RESIDUAL IS      0.032
```

Abb. 6.14. Kriterien zur Beurteilung der Güte eines LISREL-Modells

1. Der Chi-Quadrat-Wert. Die *Validität* eines Modells kann mit Hilfe eines Likelihood-Ratio-Tests überprüft werden. Dieser Test stellt im Prinzip einen Chi-Quadrat-Anpassungstest dar, und es wird die Nullhypothese

H_0: Die empirische Kovarianz-Matrix entspricht der modelltheoretischen Kovarianz-Matrix.

geprüft gegen die Alternativhypothese

H_1: Die empirische Kovarianz-Matrix entspricht einer beliebig positiv definiten Matrix A.

Die sich ergebende Prüfgröße ist Chi-Quadrat-verteilt mit $\frac{1}{2}(p+q)(p+q+1)$ $-t$ d. f. (vgl. Abschnitt 6.4.4.1). In unserem Modell wurden 17 Freiheitsgrade errechnet, und der Chi-Quadrat-Wert entspricht 16,15.

Bei *praktischen Anwendungen* ist es weit verbreitet, ein Modell dann anzunehmen, wenn der Chi-Quadrat-Wert im Verhältnis zu den Freiheitsgraden möglichst klein wird, d. h. er sollte kleiner oder gleich der Anzahl der Freiheitsgrade sein. Dies ist in unserem Modell der Fall. Weiterhin wird die Wahrscheinlichkeit (w) dafür berechnet, daß die *Ablehnung* der Nullhypothese eine Fehlentscheidung darstellen würde, d. h. $1-w$ entspricht der Irrtumswahrscheinlichkeit (Fehler 1. Art) der klassischen Testtheorie. In der Praxis werden Modelle häufig dann verworfen, wenn w kleiner als 0,1 ist[35]. In unserem Beispiel entspricht w=0,513, und damit würde eine Ablehnung des Modells mit einer Wahrscheinlichkeit von 0,513 eine Fehlentscheidung darstellen (vgl. Prob. LEVEL in Abbildung 6.14).

Die Berechnung des Chi-Quadrat-Wertes ist jedoch an eine Reihe von Voraussetzungen geknüpft, und er ist nur dann eine geeignete Teststatistik, wenn

– alle beobachteten Variablen Normalverteilung besitzen,
– die durchgeführte Schätzung auf einer Stichproben-Kovarianz-Matrix basiert,
– ein „ausreichend großer" Stichprobenumfang vorliegt.

Diese Voraussetzungen sind bei praktischen Anwendungen jedoch nur selten erfüllt. Z. B. basieren die vorliegenden Schätzungen *nicht* auf der Stichproben-Kovarianz-Matrix, sondern auf der Stichproben-Korrelationsmatrix, und damit ist die Chi-Quadrat-Teststatistik letztendlich auf unser Beispiel nicht anwendbar. Außerdem reagiert der Chi-Quadrat-Wert äußerst sensitiv auf den Stichprobenumfang und Abweichungen von der Normalverteilungsannahme. So steigen z. B. die Chancen, daß ein Modell angenommen wird mit kleiner werdendem Stichprobenumfang und umgekehrt. Die Frage des „ausreichenden" Stichprobenumfangs spielt deshalb eine zentrale Rolle bei der Anwendung der Chi-Quadrat-Teststatistik (vgl. hierzu Abschnitt 6.7)[36].

Weiterhin ist die Chi-Quadrat-Teststatistik nicht in der Lage, eine Abschätzung des Fehlers 2. Art vorzunehmen, d. h. es läßt sich keine Wahrscheinlichkeit dafür angeben, mit welcher Wahrscheinlichkeit man eine falsche Modellstruktur als wahr annimmt[37]. Der Chi-Quadrat-Wert ist also mit Vorsicht zu interpretieren. Das gilt insbesondere vor dem Hintergrund, daß er ein Maß für die Anpassungsgüte des *gesamten Modells* darstellt; also auch dann hohe

Werte annimmt, wenn komplexe Modelle nur in Teilen von der empirischen Kovarianz-Matrix abweichen.

Vor diesem Hintergrund haben Jöreskog und Sörbom zwei weitere Kriterien zur Beurteilung der Gesamtgüte eines Modells entwickelt, die unabhängig vom Stichprobenumfang und relativ robust gegenüber Verletzungen der Multinormalverteilungsannahme sind. Sie werden als GFI und AGFI bezeichnet.

2. Der Goodness-of-Fit-Index (GFI). Der Goodness-of-Fit-Index mißt die relative Menge an Varianz und Kovarianz, der das Modell insgesamt Rechnung trägt und entspricht dem Bestimmtheitsmaß im Rahmen der Regressionsanalyse. GFI kann Werte zwischen 0 und 1 annehmen, und für GFI = 1 können alle empirischen Varianzen und Kovarianzen durch das Modell errechnet werden. In unserem Beispiel beträgt GFI = 0,976, d. h. die Modellstruktur erklärt 97,6% der gesamten Ausgangsvarianz.

3. Der Adjusted-Goodness-of-Fit-Index (AGFI). Der AGFI-Wert ist ebenfalls ein Maß für die im Modell erklärte Varianz, das aber zusätzlich noch die Zahl der Freiheitsgrade berücksichtigt. Er läßt sich wie folgt berechnen:

$$AGFI = 1 - \frac{k(k+1)}{2\,d}(1 - GFI) \tag{11}$$

mit:
k = Anzahl der y- und x-Variablen
d = Zahl der Freiheitsgrade

Für unser Beispiel ergibt sich:

$$AGFI = 1 - \frac{8(8+1)}{2\cdot 17}(1 - 0{,}976) = \underline{\underline{0{,}949}}.$$

Auch AGFI liegt zwischen 0 und 1, und je mehr sich AGFI an 1 annähert, desto besser ist der Fit des Modells anzusehen.

4. Root-Mean-Square-Residual (RMR). Der RMR-Index bezieht sich auf die Residualvarianzen, die in einem Modell *nicht* erklärt werden können. Er ist damit ein Maß für die durchschnittlich durch das Modell *nicht* erklärten Varianzen und Kovarianzen und entspricht dem Standardfehler im Rahmen der Regressionsanalyse. Dabei wird unterstellt, daß alle Varianzen der Meßvariablen in etwa gleich groß sind. Deshalb sollte RMR nur dann zur Beurteilung einer Modellstruktur herangezogen werden, wenn als *Eingabematrix eine Korrelationsmatrix* verwendet wurde.

Je mehr sich RMR an 0 annähert, desto weniger Varianz bzw. Kovarianz wird im Modell *nicht* erklärt und desto besser ist folglich die Anpassungsgüte des Modells. In unserem Beispiel, daß auf einer Korrelations-Matrix basiert, beträgt RMR = 0,032, womit auch nach diesem Kriterium eine sehr gute Modellanpassung gelungen ist. RMR ist besonders dazu geeignet, zwei verschiedene Modelle, die am gleichen Datensatz getestet wurden, miteinander zu vergleichen.

Die bisher besprochenen Kriterien zur Überprüfung des globalen Fits eines Modells können jedoch *keine* Auskunft über die Anpassungsgüte von *Teilstrukturen im Modell* (z. B. die Güte der Abbildung eines Meßmodells) geben. So kann es z. B. sein, daß die Anpassungsgüte des Gesamtmodells gut ist, während die Anpassung von Teilstrukturen durchaus zu wünschen übrig läßt. In unserem Beispiel weisen alle vier Kriterien zur Beurteilung der Gesamtstruktur auf einen sehr guten Fit des Modells hin.

Außerdem gibt ein schlechter Fit des Gesamtmodells *keine* Auskunft darüber, welche Teile im Modell falsch spezifiziert wurden oder für die schlechte Anpassungsgüte des Gesamtmodells verantwortlich sind. Wir wollen deshalb im folgenden Gütekriterien für die Beurteilung von Teilstrukturen eines Modells diskutieren.

6.4.6.2.3 Die Beurteilung von Teilstrukturen

Wie gut die Schätzung einzelner Parameter ist und welche Werte für einen schlechten Fit des Gesamtmodells verantwortlich sind, läßt sich z. B. mit Hilfe der folgenden Kriterien ermitteln:

- Beurteilung der Residuen
- Betrachtung der normalisierten Residuen und Q-Plot
- T-Werte
- Vergleich alternativer Schätzverfahren

1. Beurteilung der Residuen. Mit Hilfe der geschätzten Parameter läßt sich über Gleichung (10) in Abschnitt 6.4.5.1 die modelltheoretische Korrelations-Matrix $\hat{\Sigma}$ berechnen. Sie ist in Abbildung 6.15 unter der Überschrift „FITTED MOMENTS" abgedruckt. Bildet man nun die Differenz $(R - \hat{\Sigma})$, wobei R die empirische Korrelations-Matrix darstellt (vgl. Abbildung 6.4), so erhält man die Residuen, die im Modell *nicht* erklärt werden können. Diese Differenzmatrix wird in LISREL als „FITTED RESIDUALS" bezeichnet. Je näher die Residualwerte an Null liegen, desto geringer ist die Zahl der nicht erklärten Korrelationen. Die Abbildung 6.15 zeigt, daß im vorliegenden Fall kein Residuum größer als 0,07 ist. Bei praktischen Anwendungen geht man häufig dann von „*guten*" Modellen aus, wenn die Werte der Residuen 0,1 nicht übersteigen.

2. Die Betrachtung normalisierter Residuen und Q-Plot. Die einfachen Residuen sind dann ein guter Indikator für Fehlspezifikationen im Modell, wenn die Eingabematrix eine *Korrelations-Matrix* darstellt. Im Fall von Kovarianz-Matrizen jedoch werden die Differenzen durch die Größe der jeweiligen Varianzen beeinflußt. Es ist von daher nützlich, diesen Effekt durch eine „Standardisierung" der einfachsten Residuen zu eliminieren. Aus diesem Grund werden alle unter (1) betrachteten Residuen durch ihre *geschätzte* Standardabweichung dividiert, wodurch sich die *normalisierten Residuen* (NR) ergeben.

Jöreskog und Sörbom sehen einen Spezifikationsfehler im Modell dann als gegeben, wenn $NR_{ij} > 2$ wird, wobei die entsprechenden Indizes i und j einen Hinweis darauf geben, welche Variablen für den Fehler verantwortlich sind.

```
VOLLSTAENDIGES LISREL-MODELL ZUM MARGARINEMARKT (ML)
FITTED MOMENTS AND RESIDUALS
```

FITTED MOMENTS ($\hat{\Sigma}$)

	BRAT+BAC	NATUR	GESCHMAC	UNG FETT	HALTBARK	VITAMINE	PREISVOR	STRE
BRAT+BAC	1.00000							
NATUR	0.41793	1.00627						
GESCHMAC	0.40982	0.63312	1.00603					
UNG FETT	0.52285	0.25772	0.25272	1.00000				
HALTBARK	0.52285	0.25772	0.25272	0.55014	1.00000			
VITAMINE	-0.35665	-0.09529	-0.09344	-0.23377	-0.23377	1.00000		
PREISVOR	0.19964	0.26869	0.26348	0.18255	0.18255	-0.25266	1.00000	
STREICHF	0.18063	0.24311	0.23839	0.16517	0.16517	-0.22860	0.35853	1.00

FITTED RESIDUALS ($R - \hat{\Sigma}$)

	BRAT+BAC	NATUR	GESCHMAC	UNG FETT	HALTBARK	VITAMINE	PREISVOR	STRE
BRAT+BAC	-0.00000							
NATUR	-0.02387	-0.00627						
GESCHMAC	0.00811	-0.00614	-0.00603					
UNG FETT	-0.01600	0.05633	-0.02770	-0.00000				
HALTBARK	0.02120	0.06634	0.02828	-0.00430	-0.00000			
VITAMINE	0.00000	0.05730	-0.06242	0.05997	-0.05997	0.00000		
PREISVOR	-0.01061	-0.06063	0.02051	-0.00845	-0.02163	-0.02411	0.00000	
STREICHF	-0.05160	0.02299	-0.03639	0.00685	0.03593	0.02982	0.00640	0.00

NORMALIZED RESIDUALS

	BRAT+BAC	NATUR	GESCHMAC	UNG FETT	HALTBARK	VITAMINE	PREISVOR	STRE
BRAT+BAC	-0.00000							
NATUR	-0.28552	-0.05723						
GESCHMAC	0.09732	-0.06719	-0.05536					
UNG FETT	-0.18428	0.70702	-0.34817	-0.00001				
HALTBARK	0.24428	0.83266	0.35540	-0.04903	-0.00001			
VITAMINE	0.00000	0.73928	-0.80549	0.75914	-0.75914	0.00000		
PREISVOR	-0.13520	-0.75897	0.25715	-0.10808	-0.27663	-0.30390	0.00000	
STREICHF	-0.66009	0.28959	-0.45838	0.08786	0.46084	0.37794	0.07830	0.00

Abb. 6.15. Modelltheoretische Korrelationsmatrix und Residual-Matrizen

Die entsprechenden Variablen lassen sich dann über die Eingabematrix lokalisieren. Für unser Modell liegen alle normalisierten Residuen unter 0,9 (vgl. Abbildung 6.15). Außerdem wurde hier eine Korrelations-Matrix analysiert.

Graphisch lassen sich die normalisierten Residuen in einem Q-Plot darstellen. Mit Hilfe des Q-Plots läßt sich überprüfen,

- ob die Ausgangsdaten von der Annahme der Multi-Normalverteilung abweichen;
- wie gut der *Gesamtfit* des gegebenen Modells ist.

Beim Q-Plot werden die normalisierten Residuen gegen die Quantile der Normalverteilung geplottet. Liegen die sich daraus ergebenden Punkte alle auf einer senkrechten Geraden (Parallelen zur Ordinate), so hat das Modell den absolut besten Fit, und liegen alle Punkte auf einer horizontalen Geraden (Parallele zur Abzisse), so bedeutet dies der absolut schlechteste Fit (vgl. die in Abbildung 6.16 verstärkt eingezeichneten Pfeile). Ein noch zu akzeptierender Fit ergibt sich immer dann, wenn die Punkte der normalisierten Residuen unge-

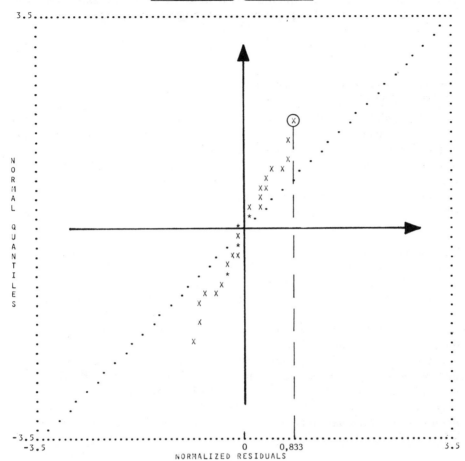

Abb. 6.16. Q-Plot der normalisierten Residuen

fähr auf der Diagonalen im Q-Plot verlaufen (vgl. die gepunktete Linie in Abbildung 6.16). Weichen die Punkte im Q-Plot stark von einer Geraden ab, so ist das ein Indikator dafür, daß Fehlspezifikationen im Modell oder Abweichungen von der Normalverteilungsannahme vorliegen, unabhängig davon, ob ein guter oder ein schlechter Fit vorliegt.

Die Abbildung 6.16 zeigt den Q-Plot für unser Beispiel. Die Punkte liegen ungefähr auf einer Geraden mit einer Steigung größer 1, was auf einen relativ guten Modell-Fit hindeutet. Der in Abbildung 6.16 eingekreiste Punkt entspricht dabei genau dem in Abbildung 6.15 umrandeten Wert in der Matrix der normalisierten Residuen. Auf diese Weise lassen sich alle Werte der normalisierten Residuen aus Abbildung 6.15 im Q-Plot identifizieren, wobei dicht beieinanderliegende Werte durch einen * gekennzeichnet sind.

3. Betrachtung der T-Werte. Für alle *im Modell geschätzten Parameter* wird ein Test darauf durchgeführt, ob die geschätzten Werte signifikant von Null verschieden sind. Für jeden Parameter wird folgende Prüfgröße errechnet.

$$t_i = \frac{\hat{\pi}_i}{\hat{s}_i} \qquad (12)$$

mit:

$\hat{\pi}_i$ = geschätzter Parameterwert der unstandardisierten Lösung
$\hat{s}_i$ = Standardfehler der Schätzung des Parameters i

Die t-Werte sind in Abbildung 6.17 wiedergegeben und lassen sich leicht durch Division der Werte aus den Abbildungen 6.7 und 6.12 nachrechnen. Die Parameterschätzungen können dann als signifikant von Null verschieden angesehen werden, wenn die t-Werte absolut größer als 2 sind. Solche Werte sind ein Indiz dafür, daß die entsprechenden Parameter einen gewichtigen Beitrag zur Bildung der Modellstruktur liefern. Im vorliegenden Modell (Abbildung 6.17) sind alle t-Werte absolut größer als 2 und somit für die Modellspezifikation unbedingt erforderlich.

4. Vergleich alternativer Schätzverfahren. Die Zuverlässigkeit einzelner Schätzungen läßt sich auch durch die Anwendung alternativer Schätzverfahren überprüfen. Wird ein Modell mit Hilfe mehrerer Methoden geschätzt, und stimmen alle Schätzungen überein, so ist es als nahezu sicher anzusehen, daß der „wahre" Wert eines Parameters gefunden ist. Das gilt insbesondere dann, wenn die iterativ geschätzten Parameter nahe an den Parametern einer Schätzung mit nicht-iterativem Verfahren liegen.

Die folgende Tabelle zeigt ausgewählte Parameterschätzungen für das Modell zum Kaufverhalten bei Margarine nach dem nicht-iterativen TSLS-Verfahren und nach den iterativen ULS-, GLS- und ML-Verfahren.

Die Tabelle 6.8 zeigt, daß die Abweichungen zwischen den Schätzungen der *iterativen Verfahren nur minimal sind* und auch gegenüber dem nicht-iterativen TSLS-Verfahren keine großen Abweichungen auftreten. Es kann deshalb da-

Tabelle 6.8. Alternative Parameterschätzungen für ausgewählte Parameter

Parameter	TSLS	GLS	ULS	ML
λ_{11}	0,842	0,749	0,749	0,742
λ_{43}	0,641	0,615	0,628	0,629
γ_{11}	0,432	0,649	0,665	0,658
γ_{12}	−0,219	−0,183	−0,141	−0,149
γ_{22}	0,193	0,200	0,183	0,190
ϕ_{21}	−0,319	−0,296	−0,313	−0,315
ϕ_{31}	0,384	0,374	0,381	0,391
ϕ_{32}	−0,395	−0,402	−0,394	−0,401

```
VOLLSTAENDIGES LISREL-MODELL ZUM MARGARINEMARKT (ML)
T-VALUES

        LAMBDA Y

            VERWENDB    ATTRAKT.
            --------    --------
BRAT+BAC    0.00000     0.00000
NATUR       0.00000     0.00000
GESCHMAC    0.00000     7.25050

        LAMBDA X

            LAGERF      GESUNDH     WIRTLK
            --------    --------    --------
UNG FETT    12.58432    0.00000     0.00000
HALTBARK    12.58432    0.00000     0.00000
VITAMINE    0.00000     0.00000     0.00000
PREISVOR    0.00000     0.00000     6.21741
STREICHF    0.00000     0.00000     5.83847

        BETA

            VERWENDB    ATTRAKT.
            --------    --------
VERWENDB    0.00000     0.00000
ATTRAKT.    4.94355     0.00000

        GAMMA

            LAGERF      GESUNDH     WIRTLK
            --------    --------    --------
VERWENDB    -8.12257    -2.18385    0.00000
ATTRAKT.    0.00000     2.42150     3.72889

        PHI

            LAGERF      GESUNDH     WIRTLK
            --------    --------    --------
LAGERF      0.00000
GESUNDH     -3.81184    0.00000
WIRTLK      3.59630     -4.23855    0.00000

        PSI

            VERWENDB    ATTRAKT.
            --------    --------
            6.55637     3.32990

        THETA EPS

            BRAT+BAC    NATUR       GESCHMAC
            --------    --------    --------
            0.00000     4.18770     4.54282

        THETA DELTA

            UNG FETT    HALTBARK    VITAMINE    PREISVOR    STREICHF
            --------    --------    --------    --------    --------
            9.24686     9.24686     0.00000     5.27706     6.34161
```

Abb. 6.17. t-Werte der geschätzten Parameter

von ausgegangen werden, daß die Schätzungen unseres Modells mit Hilfe der ML-Methode den „wahren" Werten der Parameter sehr nahe kommen.

Die Annahmen, die einer Modellschätzung zugrunde liegen, sind je nach Schätzmethode unterschiedlich. Außerdem liefern nicht alle Schätzverfahren die bisher besprochenen Kriterien zur Überprüfung der Anpassungsgüte eines Modells. So schätzen die nicht-iterativen Verfahren TSLS und IV *nur* die Parameter *ohne* Berechnung eines Gütekriteriums (vgl. Abschnitt 6.4.5.1). Bei den *iterativen Verfahren* sind die von dem Verfahren errechneten Gütekriterien in Tabelle 6.9 mit einem × gekennzeichnet.

Mit der Beurteilung der Güte der Parameterschätzungen haben wir alle Ablaufschritte im Rahmen eines vollständigen LISREL-Modells durchlaufen und können damit die Analyse zunächst einmal beenden.

Es stellt sich abschließend die Frage, welche Maßnahmen ergriffen werden können, wenn die Gütekriterien eine schlechte Anpassung der modelltheoretischen Korrelationsmatrix an die empirischen Daten erbracht haben. In einem solchen Fall wäre zunächst einmal die Konsequenz zu ziehen, daß die im Hypothesensystem aufgestellte Theorie nicht mit den erhobenen Daten übereinstimmt und somit aus empirischer Sicht zu verwerfen ist, wenn man von Repräsentativität der empirischen Erhebung ausgehen kann.

Es kann aber auch versucht werden, aus dem verwendeten Datenmaterial Anregungen zur Modifikation der aufgestellten Hypothesen zu erhalten. Für diese Zwecke können ebenfalls die besprochenen Gütekriterien herangezogen werden, und wir wollen im nächsten Abschnitt die Vorgehensweise bei der Veränderung einer Modellstruktur aufzeigen.

Tabelle 6.9. Teststatistiken und Annahmen iterativer Schätzverfahren

Kriterien/Annahmen	Verfahren		
	ML	GLS	ULS
A: *Kriterien*			
CHI-Quadrat-Wert	×	×	
GFI	×	×	×
AGFI	×	×	×
RMR	×	×	×
Standardfehler	×	×	
T-Werte	×	×	
Normalisierte Residuen	×	×	×
Q-Plots	×	×	×
B: *Annahmen*			
* Normalverteilung	×	×	
* Eingabematrix muß positiv definit sein	×	×	

6.5   Die Modifikation der Modellstruktur

6.5.1   Der LISREL-Ansatz als exploratives Datenanalyseinstrument

Das primäre Ziel der bisherigen Analyse lag in der Überprüfung eines gegebenen Hypothesensystems an einem empirischen Datensatz. Der LISREL-Ansatz der Kausalanalyse hat von daher eindeutig *konfirmatorischen*, d. h. *hypothesenprüfenden Charakter*. Bei praktischen Anwendungen kommt es jedoch sehr häufig vor, daß sich die modelltheoretische Matrix $\hat{\Sigma}$ nicht optimal an die empirische Eingabematrix anpaßt. In diesem Fall kann der Anwender versuchen, durch eine Modifikation der Modellstruktur, d. h. eine Umformulierung seiner Hypothesen, die Anpassungsgüte zu verbessern. Das Programmpaket LISREL VI stellt dem Anwender dabei Kriterien zur Verfügung, die Anregungen zu möglichen Modellmodifikationen geben können. Diese Kriterien sind *identisch mit den bisher betrachteten Gütekriterien*, die allerdings jetzt eine *andere Interpretation* erfahren. Bedient sich der Anwender dieser Kriterien, so muß er sich jedoch bewußt sein, daß er damit den konfirmatorischen Charakter des LISREL-Ansatzes aufgibt und sich in den Bereich der *explorativen*, d. h. *hypothesenbildenden Datenanalyse* begibt. Soll eine modifizierte Modellstruktur auch empirisch überprüft werden, so muß dies an einem *neuen* Datensatz erfolgen, der zur Modellveränderung *nicht* verwendet wurde.

Die Vorgehensweise bei der Modifikation der Modellstruktur wird an einem Beispiel für ein Meßmodell der exogenen Variablen aufgezeigt, da das bisher verwendete Margarinebeispiel eine zufriedenstellende Anpassungsgüte erreichte. Wir wenden also im folgenden den LISREL-Ansatz auf die *isolierte Betrachtung* eines Meßmodells der exogenen Variablen an, wodurch die Betrachtung des Strukturmodells herausfällt. Damit vereinfacht sich die modelltheoretische Korrelationsmatrix $\hat{\Sigma}$ des LISREL-Modells zu einem rein faktoranalytischen Ansatz, und es gilt entsprechend Gleichung (9 d) in Abschnitt 6.4.5.1:

$$\hat{\Sigma} = \Lambda_x \cdot \Phi \cdot \Lambda_x' + \Theta_\delta \quad (= \Sigma_{xx}) \tag{13}$$

Wird nur das Meßmodell der exogenen Variablen in einem LISREL-Modell betrachtet, so spricht man auch von einer *konfirmatorischen Faktorenanalyse*. Die folgenden Ausführungen zur Modellveränderung lassen sich aber problemlos auf die Modifikation von vollständigen LISREL-Modellen übertragen.

Wird ein LISREL-Modell an ein und demselben Datensatz überprüft *und* modifiziert, so müssen die bisher betrachteten Ablaufschritte im LISREL-Modell um einen weiteren Schritt erweitert werden, wodurch sich das in Abbildung 6.18 dargestellte Ablaufdiagramm ergibt.

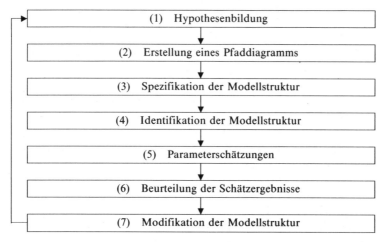

Abb. 6.18. Erweiterung der Ablaufschritte im LISREL-Modell

Wir wollen im folgenden alle Ablaufschritte an einem Beispiel demonstrieren, wobei wir die Schritte (1) bis (6) jedoch nur kurz darstellen, da sie zu dem bisher betrachteten (vollständigen) LISREL-Modell analog sind.

6.5.2 Beispiel für ein Meßmodell der exogenen Variablen

6.5.2.1 Hypothesen und Spezifikation der Modellstruktur

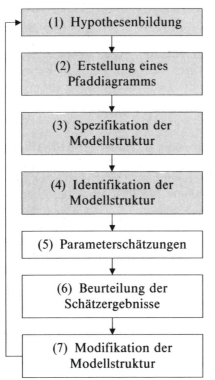

Wir betrachten in diesem Abschnitt ein weiteres Beispiel aus dem Margarine-markt, wobei wir *unterstellen* wollen, daß die Verbraucher beim Margarinekauf ausschließlich nach den Kriterien „Verwendungsbreite" und „Wirtschaftlichkeit" entscheiden. Da diese Vermutung keine „gesicherte Theorie" zum Kaufverhalten bei Margarine darstellt *(das LISREL-Modell aber theoretisch fundierte Hypothesen verlangt)*, wurde auch für dieses Beispiel ein fiktiver Datensatz mit 210 Fällen generiert, der es erlaubt, die Vorgehensweise bei der Modifikation von Modellstrukturen idealisiert darzustellen.

Auch die hier betrachteten Kaufkriterien stellen hypothetische Konstrukte dar, die durch direkt beobachtbare Indikatoren operationalisiert werden sollen, die in Abbildung 6.19 dargestellt sind.

Meßvariable für die latente Variable „*Verwendungsbreite*"
  x_1: „Brat- und Backeignung"
  x_2: „Vitaminisierungsgrad"
  x_3: „Streichfähigkeit"

Meßvariable für die latente Variable „*Wirtschaftlichkeit*"
  x_4: „Preisvorstellung"
  x_5: „Haltbarkeit"

Abb. 6.19. Meßvariable der hypothetischen Konstrukte

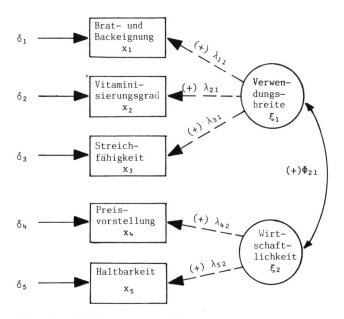

Abb. 6.20. Pfaddiagramm des Meßmodells

Dabei wird vermutet, daß zwischen den Meßvariablen und den hypothetischen Konstrukten positive Beziehungen vorliegen. Entsprechend der Regeln aus Tabelle 6.4 lassen sich die obigen Hypothesen in ein Pfaddiagramm übertragen (Abbildung 6.20).

Mit Hilfe der Regeln aus Tabellen 6.5 und 6.6 läßt sich das Pfaddiagramm dann in Matrizenschreibweise darstellen (Abbildung 6.21).

Die in Gleichung (13) aufgeführten Parametermatrizen (Λ_x, Φ und Θ_δ) sollen nun so geschätzt werden, daß sich die modelltheoretische Korrelationsmatrix an die empirische Korrelationsmatrix möglichst gut anpaßt. Dabei soll *unterstellt* werden, daß die latenten Variablen „Verwendungsbreite" (ξ_1) und „Wirtschaftlichkeit" (ξ_2) *standardisierte Größen* darstellen. Mit dieser Annahme wird die Varianz der latenten Variablen auf 1 festgesetzt und die Matrix Φ stellt die *Korrelationsmatrix* der latenten Variablen dar. Damit sind in diesem Modell 11 verschiedene Parameter zu schätzen (vgl. Abbildung 6.20). Bei 5 In-

$$\begin{bmatrix} x_1 \\ x_2 \\ x_3 \\ x_4 \\ x_5 \end{bmatrix} = \begin{bmatrix} \lambda_{11} & 0 \\ \lambda_{21} & 0 \\ \lambda_{31} & 0 \\ 0 & \lambda_{42} \\ 0 & \lambda_{52} \end{bmatrix} \cdot \begin{bmatrix} \xi_1 \\ \xi_2 \end{bmatrix} + \begin{bmatrix} \delta_1 \\ \delta_2 \\ \delta_3 \\ \delta_4 \\ \delta_5 \end{bmatrix}$$

bzw.

$$X = \Lambda_x \cdot \xi + \delta \tag{14}$$

Abb. 6.21. Spezifikation des Meßmodells in einer Matrizengleichung

dikatorvariablen gibt es $\dfrac{5(5+1)}{2} = 15$ empirische Korrelationen, und unser Modell besitzt somit $15 - 11 = 4$ d. f., d. h. die *notwendige Bedingung* für Identifizierbarkeit ist erfüllt.

Als Eingabematrix dient die folgende Korrelationsmatrix, die aus dem von uns generierten Datensatz mit 210 Fällen errechnet wurde.

```
KONFIRMATORISCHE FAKTORENANALYSE FUER DEN MARGARINEMARKT (ML)

        CORRELATION MATRIX TO BE ANALYZED

          BRAT+BAC   VITAMINE   STREICHF   PREISVOR   HALTBARK

          --------   --------   --------   --------   --------
BRAT+BAC  . 1.000
VITAMINE    0.540     1.000
STREICHF    0.632     0.540     1.000
PREISVOR    0.475     0.420     0.375     1.000
HALTBARK    0.395     0.355     0.432     0.725     1.000
        DETERMINANT = 0.125447D+00
```

Abb. 6.22. Empirische Korrelationsmatrix für das Meßmodell

6.5.2.2 Ergebnisse der Parameterschätzungen

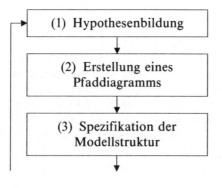

(1) Hypothesenbildung

(2) Erstellung eines Pfaddiagramms

(3) Spezifikation der Modellstruktur

Auch in diesem Beispiel sollen die Modellparameter mit Hilfe der Maximum-Likelihood-Methode geschätzt werden, da sie die „besten" Schätzer erbringt, wenn die der Methode zugrunde liegenden Annahmen erfüllt sind. Nach der ML-Methode ergaben sich für unser Modell die in Abbildung 6.23 dargestellten Parameterschätzungen.

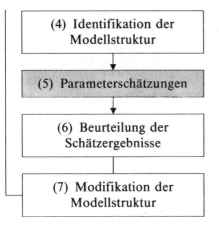

(4) Identifikation der Modellstruktur

(5) Parameterschätzungen

(6) Beurteilung der Schätzergebnisse

(7) Modifikation der Modellstruktur

Die Modellschätzung in Abbildung 6.23 bestätigt die von uns aufgestellten Hypothesen zum Kaufverhalten bei Margarine. Die beobachteten Variablen weisen hohe Korrelationen mit den latenten Größen auf. Auch die in der THETA-DELTA-Matrix erfaßten Meßfehler sind als relativ gering anzusehen. Der größte Meßfehler tritt bei der Variable „Vitaminisierungsgrad" mit 0,527 auf, d. h. 52,7% der Varianz der Variable „Vitaminisierungsgrad" kann nicht erklärt werden. Alle Parameterschätzungen weisen plausible Werte auf, d. h. es treten keine Korrelationen größer als 1 auf und die geschätzten Varianzen sind nicht negativ. Weiterhin macht die Abbildung 6.23 deutlich, daß zwischen der „Verwendungsbreite" und der „Wirtschaftlichkeit" eine Korrelation in Höhe von 0,631 auftritt. Das bedeutet, daß sich „Verwendungsbreite" und „Wirtschaftlichkeit" gegenseitig bedingen und nicht unabhängig voneinander das Kaufverhalten bei Margarine bestimmen.

```
KONFIRMATORISCHE FAKTORENANALYSE FUER DEN MARGARINEMARKT (ML)
LISREL ESTIMATES (MAXIMUM LIKELIHOOD)

        LAMBDA X

             VERWENDB    WIRTLK
             --------    --------
BRAT+BAC      0.806      0.000
VITAMINE      0.688      0.000
STREICHF      0.777      0.000
PREISVOR      0.000      0.881
HALTBARK      0.000      0.823

        PHI

             VERWENDB    WIRTLK
             --------    --------
VERWENDB      1.000
WIRTLK        0.631      1.000

        THETA DELTA

             BRAT+BAC   VITAMINE   STREICHF   PREISVOR   HALTBARK
             --------   --------   --------   --------   --------
BRAT+BAC      0.350
VITAMINE      0.000      0.527
STREICHF      0.000      0.000      0.397
PREISVOR      0.000      0.000      0.000      0.224
HALTBARK      0.000      0.000      0.000      0.000      0.323
```

Abb. 6.23. Parameterschätzungen mit Hilfe der ML-Methode

6.5.2.3 Die Güte des Modells

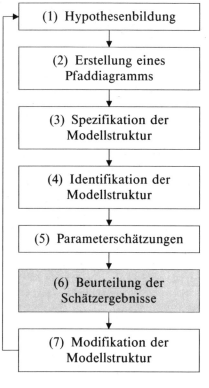

In Abschnitt 6.4.6 wurde ausführlich diskutiert, welche Kriterien zur Beurteilung der Güte eines Modells herangezogen werden können. Es sei deshalb hier auf eine detaillierte Diskussion der einzelnen Kriterien verzichtet.

Wir geben im folgenden nur einen kurzen Überblick über die Anpassungsgüte der modelltheoretischen Korrelationsmatrix an die empirische Korrelationsmatrix. Die Abbildung 6.24 faßt die Kriterien zur Beurteilung der *Anpassungsgüte des Gesamtmodells* zusammen.

Es zeigt sich, daß der Chi-Quadrat-Wert mit 12,49 und 4 d. f. relativ hoch ist. Es gilt allerdings zu beachten, daß im vorliegenden Fall eine Korrelationsmatrix und *nicht* eine Kovarianz-Matrix analysiert wurde, so daß der Chi-Quadrat-Wert nur mit Einschränkung eine *valide Testgröße* darstellt. Auch der Probability-Level (w) liegt mit 0,014 unterhalb der Akzeptanzgrenze. Er besagt, daß wir bei *Ablehnung* des vorliegenden Modells mit einer Wahrscheinlichkeit von 0,014 eine Fehlentscheidung treffen würden bzw. ein „wahres" Modell ablehnen würden.

Außerdem ist zu beachten, daß der Chi-Quadrat-Wert äußerst sensitiv auf die Größe des Stichprobenumfangs reagiert. Tabelle 6.10 zeigt, daß der Chi-

```
          MEASURES OF GOODNESS OF FIT FOR THE WHOLE MODEL :
CHI-SQUARE WITH   4 DEGREES OF FREEDOM IS       12.49 (PROB. LEVEL = 0.014)
          GOODNESS OF FIT INDEX IS 0.978
     ADJUSTED GOODNESS OF FIT INDEX IS 0.917
       ROOT MEAN SQUARE RESIDUAL IS      0.022
```

Abb. 6.24. Die Anpassungsgüte des Gesamtmodells

Tabelle 6.10. Veränderung des Chi-Quadrat-Wertes bei Variation des Stichprobenumfangs

	Stichprobenumfang (N)				
	100	160	210	260	300
Chi-Quadrat-Wert (4 d. f.)	5,920	9,500	12,490	15,480	17,870
Probability-Level (w)	0,206	0,050	0,014	0,004	0,001

Quadrat-Wert bei *konstant* bleibenden Parameterschätzungen *allein* durch Variation des Stichprobenumfangs verbessert werden kann.

So ist z. B. der Wert für N = 100 als gut anzusehen, während sich für N = 300 ein sehr schlechter Fit (Anpassungsgüte) des Modells darstellt.

Die Größen „Goodness of Fit Index" (GFI) und „Adjusted Goodness of Fit Index" (AGFI) hingegen, die nicht auf so restriktiven Annahmen wie der Chi-Quadrat-Wert aufbauen, weisen Werte nahe 1 auf, d. h. es können nahezu 100% der empirischen Korrelationen durch die Modellstruktur erklärt werden. Auch die Größe „Root Mean Square Residual" (RMR) weist mit einem Wert von 0,022 auf eine gute Anpassung der theoretischen Modellstruktur hin; denn sie besagt, daß nur 2,2% der empirischen Korrelationen als Residualgrößen auftreten, die durch das Modell nicht erklärt werden können.

Auf eine Diskussion der Detailkriterien zur Beurteilung der Güte der Modellstruktur sei hier verzichtet. Wir wollen dafür im nächsten Abschnitt aufzeigen, wie *diese Kriterien* auch dazu verwendet werden können, eine „schlechte" Modellstruktur zu verbessern.

6.5.2.4 Möglichkeiten der Modellmodifikation

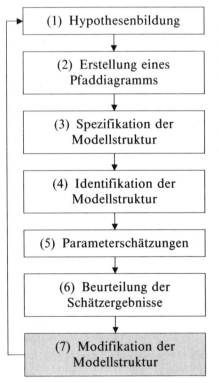

(1) Hypothesenbildung

(2) Erstellung eines Pfaddiagramms

(3) Spezifikation der Modellstruktur

(4) Identifikation der Modellstruktur

(5) Parameterschätzungen

(6) Beurteilung der Schätzergebnisse

(7) Modifikation der Modellstruktur

Die in Abschnitt 6.4.6.2.3 diskutierten Detailkriterien zur Beurteilung eines Modells können auch dazu verwendet werden, ein „schlechtes" Modell zu modifizieren und damit besser an die empirischen Daten anzupassen. Der LISREL-Ansatz der Kausalanalyse *verliert damit jedoch seinen ursprünglich konfirmatorischen Charakter* und wird zu einem Instrument der *explorativen Datenanalyse.* Es geht jetzt also nicht mehr nur darum, eine gegebene Theorie an einem empirischen Datensatz zu überprüfen, sondern auch aus dem Datensatz neue Hypothesen zu generieren. Der LISREL-Ansatz ist damit *nicht eindeutig* zu den Verfahren der explorativen oder konfirmatorischen Datenanalyse zuzuordnen, sondern kann je nach Anwendungsziel sowohl konfirmatorisch als auch exploratorisch verwendet werden. Gehen wir von einem gegebenen Modell aus, so lassen sich mit Hilfe der bisher verwendeten Gütekriterien auch Informationen darüber gewinnen, wie ein Modell zu modifizieren ist, damit eine bessere Anpassungsgüte erreicht werden kann. Je nach Beurteilungskriterium läßt sich ermitteln, ob zur Verbesserung einer gege-

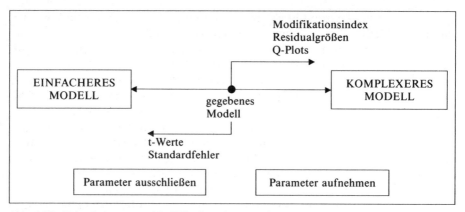

Abb. 6.25. Ablaufschema zur Modifikation einer gegebenen Modellstruktur

benen Modellstruktur neue Parameter aufzunehmen sind oder enthaltene Parameter ausgeschlossen werden sollen. Einen Überblick gibt Abbildung 6.25. Der darin dargestellte Ablauf besitzt bei der Betrachtung eines vollständigen LISREL-Modells in gleicher Weise *uneingeschränkt* Gültigkeit.

6.5.2.4.1 Vereinfachung der Modellstruktur

Eine gegebene Modellstruktur läßt sich dadurch vereinfachen, daß bisher spezifizierte Parameter wieder aus dem Modell ausgeschlossen werden, wenn damit eine Verbesserung der Anpassungsgüte des Modells erreicht werden kann. Hinweise darauf, welche Parameter *keine* „Erklärungsmächtigkeit" besitzen, liefern insbesondere folgende Teststatistiken:

– Standardfehler der Schätzung,
– t-Werte.

Werden aufgrund dieser Werte Parameter aus dem Modell ausgeschlossen, so wird dadurch auch die Schätzung der übrigen Parameter beeinflußt, was zu einer Verbesserung des Fits eines Modells führen kann.

Für jeden geschätzten Parameter werden die *Standardfehler der Schätzung* berechnet, die Auskunft darüber geben, wie „sicher" eine vorgenommene Schätzung ist bzw. mit welchen Abweichungen in den Schätzwerten gerechnet werden muß. Treten hier hohe Werte auf, so muß der entsprechende Parameter mit äußerster Vorsicht interpretiert werden und stellt nur unter großer Unsicherheit eine valide Schätzung für den Parameter dar. Parameter mit großen Standardfehlern sollten deshalb aus dem Modell herausgenommen werden. Im vorliegenden Beispiel lagen *alle* Standardfehler unter 0,08, so daß aufgrund der Standardfehler davon ausgegangen werden kann, daß alle ML-Schätzungen valide sind und somit keiner der ursprünglich spezifizierten Parameter aus dem Modell auszuschließen ist.

Auf Basis der Standardfehler werden für jeden Parameter *t-Werte* berechnet, die Auskunft darüber geben, ob die geschätzten Werte signifikant von Null verschieden sind (vgl. Abschnitt 6.4.6.2.3). Sind die t-Werte für einen Parameter absolut kleiner als 2, so muß davon ausgegangen werden, daß sich der entsprechende Parameter nicht signifikant von Null unterscheidet. Das bedeutet aber, daß er keinen großen Beitrag zur Erklärung der Beziehungsstrukturen liefert bzw. daß seine Erklärungskraft nur unter starken Vorbehalten anzuerkennen ist. Es ist deshalb ratsam, Parameter mit t-Werten absolut kleiner als 2 auf Null zu fixieren und somit aus dem Beziehungsgefüge des Modells auszuschließen.

Im vorliegenden Beispiel weisen die t-Werte immer Werte größer 3 auf (negative t-Werte treten nicht auf) und auch von daher können alle bisher spezifizierten Parameter im Modell beibehalten werden.

Für das vorliegende Beispiel läßt sich also aufgrund der bisher betrachteten Gütekriterien *keine Vereinfachung* der Modellstruktur erreichen.

6.5.2.4.2 Vergrößerung der Modellstruktur

Die Anpassungsgüte eines Modells kann auch durch Aufnahme bisher als fest deklarierter Parameter (Parameter mit Null-Pfaden) verbessert werden. Dies geschieht in der Weise, daß die entsprechenden festen Parameter zu freien Parameter werden und damit im Modell geschätzt werden. Welche Parameter in ein Modell aufgenommen werden sollen läßt sich durch folgende Kriterien herausfinden:

- einfache und normalisierte Residuen,
- Q-Plot der normalisierten Residuen,
- Modifikations-Index.

Die *einfachen Residuen* ergeben sich aus der Differenz der Elemente der empirischen und der modelltheoretischen Korrelationsmatrix. Treten hier hohe Werte auf, so ist dies ein Indiz dafür, daß die entsprechende Korrelation in der Ausgangsmatrix nicht in ausreichendem Maße reproduziert werden konnte. Daraus läßt sich schließen, daß zusätzliche Pfade in die Modellbeziehung aufzunehmen sind, um eine Verbesserung der Ergebnisse zu erreichen. In unserem Beispiel lagen alle einfachen Residuen absolut unter 0,06.

Wir hatten aber gezeigt, daß auch die Residualgrößen durch die Varianzen der Parameter beeinflußt werden und deshalb mit ihrer Standardabweichung zu korrigieren sind, woraus sich die *normalisierten Residuen* ergeben. Die normalisierten Residuen lassen sich mit Hilfe eines *Q-Plots* graphisch darstellen (vgl. Abschnitt 6.4.6.2.3). Er spiegelt die Werte der normalisierten Residuen wider, die hier alle absolut kleiner als 0,8 waren. Der Q-Plot in Abbildung 6.26 zeigt, daß eine relativ gute Anpassung des Modells an die empirischen Daten gelungen ist. Die Funktion besitzt eine Steigung größer 1 und die Werte liegen nahezu alle auf einer Geraden, was darauf schließen läßt, daß keine großen Abweichungen gegenüber der Normalverteilungsannahme auftreten.

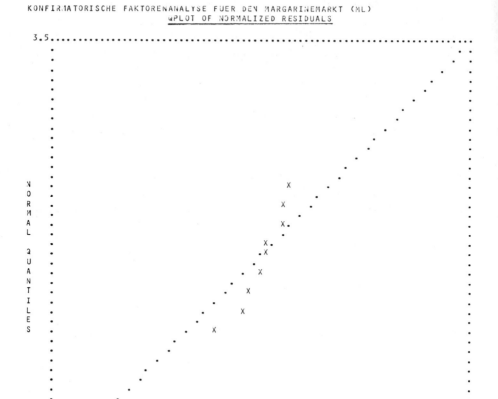

Abb. 6.26. Q-Plot der normalisierten Residuen

Somit geben die einfachen und normalisierten Residuen keinen Hinweis darauf, daß durch eine Aufnahme weiterer Parameter die Modellstruktur verbessert werden kann.

Ein weiteres Kriterium zur Ermittlung evtl. freizusetzender Parameter wurde von Sörbom entwickelt und ist unter dem Namen *Modifikations-Index* im Programmpaket LISREL VI implementiert[38].

Der Modifikations-Index schätzt für jeden als *fest* spezifizierten Parameter ab, um wieviel der Chi-Quadrat-Wert sinken würde, wenn dieser Parameter freigesetzt wird. Dabei wird *unterstellt*, daß alle übrigen Parameter ihre bisher geschätzten Werte beibehalten. Er bezieht sich damit nur auf solche Parameter, die bisher *nicht* in die Beziehungsstrukturen des Modells aufgenommen waren. Eine Freisetzung des entsprechenden Parameters beeinflußt jedoch auch die

Schätzungen der übrigen Parameter, so daß bei Aufnahme eines entsprechenden Parameters i. d. R. der Chi-Quadrat-Wert um mehr sinkt, als der Modifikations-Index berechnet hat. Bei besonders „schlechten" Modellen kann die Aufnahme eines Parameters aber auch zu einer Vergrößerung des Chi-Quadrat-Wertes führen. Es ist deshalb ratsam, den Modifikations-Index *nicht „blind" zu benutzen*, sondern *vor dem Hintergrund theoretischer Überlegungen* zu entscheiden, ob die Aufnahme eines Parameters sinnvoll ist.

Der Modifikations-Index ist für alle bereits im Modell als frei spezifizierten Parameter Null, ebenso wie für solche Parameter, die bei Freisetzung nicht identifiziert werden könnten. Im Programmpaket LISREL VI wird die Freisetzung von festen Parametern auf Basis des Modifikations-Index automatisch vorgenommen, wenn der Anwender den Befehl einer automatischen Modifikation *(Automatic Model Modification)* gibt. Das Programm setzt dann alle Parameter frei, die bei Aufnahme in das Modell auf einem statistischen Niveau von 1% signifikant sind (das Signifikanzniveau kann durch den Anwender mit Hilfe des Befehls SL verändert werden). In Zahlen ausgedrückt bedeutet das i. d. R., daß Parameter dann freigesetzt werden, wenn der Modifikations-Index für einen Parameter einen Wert von größer als 5 annimmt.

Die Abbildung 6.27 zeigt, daß der Modifikations-Index mit 11,404 für den Parameter THETA-DELTA(4,3) am größten ist, d. h. daß zwischen den beobachteten Variablen „Streichfähigkeit" und „Preisvorstellung" eine *Korrelation der Meßfehler* vorliegt. Wird diese Meßfehlerkorrelation in die Analyse aufgenommen, so kann der Chi-Quadrat-Wert um 11,404 verringert werden, wenn alle übrigen Parameter mit gleichen Werten geschätzt würden.

```
KONFIRMATORISCHE FAKTORENANALYSE FUER DEN MARGARINEMARKT (ML)
MODIFICATION INDICES

        LAMBDA X

                VERWENDB     WIRTLK

                --------     --------
BRAT+BAC          0.000        0.143
VITAMINE          0.000        0.535
STREICHF          0.000        1.118
PREISVOR          0.000        0.000
HALTBARK          0.000        0.000


        PHI

                VERWENDB     WIRTLK

                --------     --------
VERWENDB          0.000
WIRTLK            0.000        0.000


        THETA DELTA

                BRAT+BAC   VITAMINE   STREICHF   PREISVOR   HALTBARK

                --------   --------   --------   --------   --------
BRAT+BAC          0.000
VITAMINE          1.118      0.000
STREICHF          0.535      0.143      0.000
PREISVOR          4.533      1.867     11.404      0.000
HALTBARK          3.954      0.751      7.826      0.000      0.000

        MAXIMUM MODIFICATION INDEX IS   11.40 FOR ELEMENT ( 4, 3) OF THETA DELTA
```

Abb. 6.27. Werte des Modifikations-Index

Eine Freisetzung der Meßfehlerkorrelation zwischen „Streichfähigkeit" und „Preisvorstellung" zeigt, daß dadurch der Gesamtfit des Modells wesentlich verbessert werden kann (vgl. Abbildung 6.28).

```
              MEASURES OF GOODNESS OF FIT FOR THE WHOLE MODEL :
CHI-SQUARE WITH    3 DEGREES OF FREEDOM IS        0.37 (PROB. LEVEL = 0.946)
                   GOODNESS OF FIT INDEX IS 0.999
                ADJUSTED GOODNESS OF FIT INDEX IS 0.996
                ROOT MEAN SQUARE RESIDUAL IS        0.006
```

Abb. 6.28. Fitmaße für das Gesamtmodell nach Freisetzung des Parameters THETA-DELTA(4,3)

Alle Beurteilungskriterien in Abbildung 6.28 für den Gesamtfit des Modells konnten durch die Freisetzung des Parameters THETA-DELTA(4,3) verbessert werden, so daß das Modell nun als „sehr gut" bezeichnet werden kann. Dies wird vor allem dadurch deutlich, daß der sich nun ergebende Q-Plot der normalisierten Residuen fast eine Parallele zur Ordinate bildet und nahezu alle Werte auf einer Geraden liegen, was auf einen sehr guten Fit und Erfüllung der Annahme der Multi-Normalverteilung hinweist (vgl. Abschnitt 6.4.6.2.3). Der Q-Plot ist nach Aufnahme von THETA-DELTA(4,3) in Abbildung 6.29 dargestellt (vgl. demgegenüber auch den Plot vor Aufnahme von THETA-DELTA(4,3) in Abbildung 6.26).

Werden Modelle auf die bisher beschriebene Weise modifiziert, so muß sich der Anwender darüber im klaren sein, daß

- eine solche Vorgehensweise nur dann sinnvoll ist, wenn aufgrund *theoretischer Überlegungen* die Aufnahme eines Parameters plausibel erscheint;
- ein langer Suchprozeß irgendwann in den meisten Fällen zu einem *Modell* führt, *das zu den Daten paßt;*
- modifizierte Modelle auch lediglich *Charakteristika eines bestimmten Datensatzes widerspiegeln* können und von daher nicht die Allgemeingültigkeit einer Theorie stützen;
- durch eine solche Anwendung der *konfirmatorische* Gehalt des LISREL-Ansatzes herabgesetzt wird und man sich im Bereich der *explorativen* Datenanalyse befindet;
- für die Überprüfung einer auf diesem Wege gewonnenen Theorie ein *neuer Datensatz* erforderlich ist.

6.5.3 Konfirmatorische versus exploratorische Faktorenanalyse

Wir haben in Abschnitt 6.5.1 erwähnt, daß es sich bei dem hier betrachteten Meßmodell der exogenen Variablen um eine *konfirmatorische Faktorenanalyse* handelt. Sie ist vor allem dadurch gekennzeichnet, daß der Anwender die Faktorenstruktur aufgrund *theoretischer* Vorüberlegungen a priori vorgibt und dann mit Hilfe von LISREL an empirischen Daten überprüft. Sobald jedoch eine Modifikation der Modellstruktur vorgenommen wird, – wie in Abschnitt 6.5.2.4 – gewinnt auch die hier vorgestellte Faktorenanalyse *explorativen Charakter.*

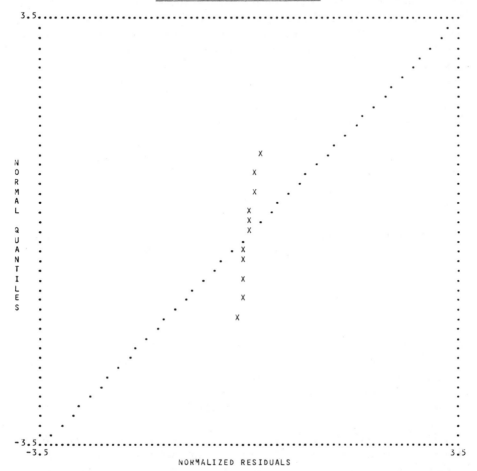

Abb. 6.29. Q-Plot der normalisierten Residuen nach Aufnahme von THETA-DELTA(4,3) in die Modellstruktur

Wir wollen im folgenden kurz die grundlegenden Unterschiede zwischen konfirmatorischer und klassischer (explorativer) Faktorenanalyse aufzeigen, da beiden Verfahren bei der praktischen Anwendung große Bedeutung zukommt[39].

Die konfirmatorische Faktorenanalyse geht ebenso wie die explorative Faktorenanalyse davon aus, daß hinter einer Reihe von beobachteten Variablen ein oder mehrere *hypothetische Konstrukte* stehen. Dabei versucht die explorative Faktorenanalyse aus einem gegebenen Datensatz diese hypothetischen Konstrukte zu ermitteln. Die konfirmatorische Faktorenanalyse hingegen setzt voraus, daß eine genaue Vorstellung bzw. eine eindeutige Theorie darüber vorliegt, wie diese hypothetischen Konstrukte aussehen und in welcher Beziehung sie zu den beobachteten Variablen stehen. Sie versucht dann, mit Hilfe eines empirischen Datensatzes, eine Überprüfung der Beziehungen zwischen den beobachteten Variablen und den hypothetischen Konstrukten vorzunehmen. Es ist also auch für die konfirmatorische Faktorenanalyse, ebenso wie im Fall des vollständigen LISREL-Modells, unabdingbar notwendig, a priori genaue und gesicherte Vorstellungen über mögliche Beziehungszusammenhänge zu besitzen.

Die konfirmatorische Faktorenanalyse unterscheidet sich von der explorativen Faktorenanalyse insbesondere durch folgende Punkte:

- Durch *theoretische* Überlegungen wird bestimmt, welche beobachteten Variable mit welchen hypothetischen Faktoren in Beziehung stehen, und ob die Faktoren voneinander unabhängig sind oder ob Abhängigkeiten zwischen den Faktoren bestehen.
- Bei der konfirmatorischen Faktorenanalyse werden häufig einzelne Variable auch nur einzelnen Faktoren zugerechnet, d. h. es werden häufig aufgrund *inhaltlicher* Überlegungen sog. Null-Ladungen unterstellt. Diese Null-Ladungen (feste Parameter) bleiben dann zwar im Laufe der Analyse erhalten, beeinflussen aber die Schätzung der übrigen Parameter.
- Aufgrund der häufig spezifizierten Null-Ladungen werden i. d. R. bei konfirmatorischen Faktorenanalysen Abhängigkeiten zwischen den Faktoren zugelassen und geschätzt, während man in der explorativen Faktorenanalyse bestrebt ist, möglichst voneinander *unabhängige* Faktoren zu erhalten.
- Die Anzahl der Faktoren wird in der konfirmatorischen Faktorenanalyse vom Forscher vorgegeben und nicht erst im Laufe des Verfahrens durch ein bestimmtes Abbruchkriterium (Extraktionskriterium) bestimmt.
- Durch die Vorgabe einfacher Faktorenstrukturen erübrigt sich auch eine Rotation, sie ist sogar unmöglich, sobald ein Modell eindeutig identifiziert ist[40].

Die hier vorgestellte konfirmatorische Faktorenanalyse stellt ein *Submodell eines vollständigen LISREL-Modells* in Form eines *Meßmodells der latenten exogenen Variablen* dar. Sie ist u. a. dadurch gekennzeichnet, daß zwischen den hypothetischen Konstrukten nur korrelative, d. h. kausal nicht interpretierte Beziehungen zugelassen werden. Ein weiteres Modell der konfirmatorischen Faktorenanalyse läßt sich bei isolierter Betrachtung des *Meßmodells der latenten endogenen Variablen* aufstellen. Dieses Modell unterscheidet sich von dem hier dargestellten vor allem dadurch, daß zwischen den hypothetischen Konstrukten (= endogene Variable im vollständigen LISREL-Modell) kausale Abhängigkeiten spezifiziert werden können. Dadurch läßt sich z. B. abschätzen, wie stark ein hypothetisches Konstrukt auf eine andere latente Variable wirkt.

6.6 Annahmen und Voraussetzungen des LISREL-Ansatzes

Der LISREL-Ansatz der Kausalanalyse stellt eine Analyse auf Aggregationsniveau dar. Alle Variablen gehen als zentrierte oder standardisierte Größen in die Analyse ein.

Die Analyse baut auf einer Reihe von Annahmen und Voraussetzungen auf, die sich wie folgt zusammenfassen lassen:

1. Die beobachteten Variablen x und y folgen einer Multi-Normalverteilung. Diese Annahme ist jedoch dann *nicht* notwendig, wenn als Schätzverfahren die ULS-Methode angewendet wird.
2. Die Meßmodelle entsprechen dem Grundmodell der Faktorenanalyse und den in Abschnitt 6.4.3.3 getroffenen Annahmen.
3. Für das Strukturmodell wird angenommen, daß die Residuen nicht mit den exogenen latenten Variablen korrelieren und die Erwartungswerte der Residuen Null sind.
4. Zusätzlich wird angenommen, daß die Meßfehler nicht mit den Residuen der Strukturgleichungen und nicht mit anderen Konstrukten korreliert sind.
5. Es wird Linearität und Additivität der Konstrukte und Meßhypothesen unterstellt.
6. Um die Parameter schätzen zu können, muß die modelltheoretische Kovarianz-Matrix positiv definit, d. h. invertierbar sein und das Modell muß identifizierbar sein.

Neben diesen statistischen Kriterien stellt der LISREL-Ansatz aber auch bestimmte inhaltliche Anforderungen an das zu analysierende Datenmaterial. LISREL kann seinem *konfirmatorischen Charakter* nur dann gerecht werden, wenn

– eine gesicherte *Theorie* über die Zusammenhänge zwischen den Variablen vorliegt,
– möglichst *viele Informationen* (z. B. in Form von Variablen) in die Analyse eingehen, wobei diese Informationen aus theoretischen oder vorausgegangenen explorativen Analysen gewonnen werden können.

6.7 Anwendungsempfehlungen

Der LISREL-Ansatz der Kausalanalyse stellt von der *Grundidee* her ein *konfirmatorisches* Datenanalyseinstrument dar, d. h. eine aufgrund von a priori angestellten *theoretischen Überlegungen gewonnene Theorie* soll anhand eines empirischen Datensatzes überprüft werden. Bei der Anwendung des LISREL-Ansatzes zur Hypothesenprüfung sollten insbesondere folgende Punkte beachtet werden:

1. Wahl der Eingabematrix. In die Analyse gehen nicht die Rohdaten ein, sondern sie werden im allgemeinen zu einer Kovarianz- oder Korrelationsmatrix verdichtet, d. h. LISREL stellt eine Analyse auf *Aggregationsniveau* dar. Wir haben in diesem Kapitel (aus didaktischen Gründen) nur Korrelationsmatrizen als Eingabematrix betrachtet. Verwendet man hingegen eine *Kovarianzmatrix*, so werden dadurch in der modelltheoretischen Matrix Kovarianzen reproduziert. Die Interpretation der Ergebnisse verändert sich jedoch in diesem Fall, da die Schätzergebnisse der unstandardisierten Lösung dann keine Korrelationen, sondern Varianzen und Kovarianzen der Parameter darstellen. Durch die Betrachtung von Kovarianzmatrizen werden der Parameterschätzung im Vergleich zu Korrelationsmatrizen *mehr Informationen* bereitgestellt: nämlich die Information über Varianzen und Kovarianzen der Meßvariablen. Außerdem erfordert die Interpretation der Chi-Quadrat-Teststatistik die Analyse von Kovarianzmatrizen. Verwendet man im Fall von Kovarianzmatrizen zur Interpretation der Schätzergebnisse die *standardisierte Lösung*, so werden dort die Varianzen und Kovarianzen in Korrelationen „umgerechnet", und die Interpretation ist identisch mit dem Fall einer Korrelationsmatrix als Eingabematrix.

2. Zahl der Meßvariablen und Skalenniveau. Je mehr Informationen in ein LISREL-Modell eingehen, desto besser kann ein gegebenes Hypothesensystem überprüft werden. Das gilt auch für die Zahl der zu analysierenden Meßvariablen, die theoretisch unbegrenzt ist.

Jedoch stößt man aus EDV-technischen Gründen bei ca. 50 Indikatoren an die Grenze einer *vertretbaren* Rechenzeit.

Bezüglich des Skalenniveaus der Meßvariablen ist LISREL in der Lage, *metrische und/oder nicht metrische Daten* zu verarbeiten. Im Fall nicht metrisch skalierter (nominalskalierter) Variablen werden durch das Programmpaket die Korrelationen zwischen diesen Variablen durch einen auf nicht metrischem Skalenniveau basierenden Korrelationskoeffizienten berechnet. Die sich daraus ergebende Korrelationsmatrix wird dann in gleicher Weise analysiert wie eine Korrelationsmatrix auf Basis metrischer Daten[41].

3. Identifizierbarkeit eines Modells. Notwendige Voraussetzung für die Identifizierbarkeit eines Modells ist die Existenz einer positiven Anzahl von Freiheitsgraden. Hinweise auf nicht identifizierte Modelle geben *Parametermatrizen*, die vom Programm als nicht positiv definit bezeichnet wurden und entsprechende Warnmeldungen über nicht identifizierte Parameter. In solchen Fällen kann der Anwender versuchen, durch Festsetzen oder Gleichsetzen von Parametern in den jeweiligen Parametermatrizen, eine Identifizierbarkeit zu erreichen.

4. Wahl des Schätzverfahrens. Bei der Durchführung einer LISREL-Analyse besitzt der Anwender, im Vergleich zu explorativen Datenanalyseverfahren, einen nur geringen Manipulationsspielraum. Eingriffsmöglichkeiten bestehen nur bei der Wahl des Schätzverfahrens und der Gütekriterien zur Beurteilung einer geschätzten Modellstruktur.

Ist es Ziel der Analyse auch Beurteilungskriterien für die Anpassungsgüte eines Modells zu erhalten (Teststatistiken), so muß der Anwender auf iterative Schätzprozeduren zurückgreifen. Hierbei stehen das ULS-Verfahren, das GLS-Verfahren und die ML-Methode zur Verfügung. Welches dieser Verfahren angewendet wird ist insbesondere davon abhängig, ob die Ausgangsdaten *Multi-Normalverteilung* aufweisen. Die Gültigkeit dieser Voraussetzung kann entweder vorab mit Hilfe entsprechender statistischer Tests oder im Verlauf der LISREL-Analyse anhand des Q-Plots überprüft werden.

Ist die Annahme der Multi-Normalverteilung erfüllt, so kann entweder das GLS-Verfahren oder die ML-Methode zur Schätzung der Parameter herangezogen werden. Dabei liefert die ML-Methode die zuverlässigsten Schätzer, wenn als Eingabematrix eine *Kovarianz-Matrix* verwendet wird und der Stichprobenumfang entsprechend groß ist. Kann eine Multi-Normalverteilung der Ausgangsdaten hingegen nicht als gesichert angesehen werden, so empfiehlt sich die Anwendung des ULS-Verfahrens.

5. Stichprobenumfang. Der Stichprobenumfang spielt eine entscheidende Rolle zur Sicherstellung ausreichender Informationen für die Parameterschätzung und bei der Anwendung der Chi-Quadrat-Teststatistik. Bei praktischen Anwendungen wird häufig davon ausgegangen, daß ein *ausreichender Stichprobenumfang* dann vorliegt, wenn die Stichprobengröße minus der Anzahl der zu schätzenden Parameter größer 50 ist *(Faustregel)*[42]. Simulationsstudien haben gezeigt, daß die Größe des Stichprobenumfangs auch von der Komplexität eines Modells abhängt. Boomsma empfiehlt deshalb eine Stichprobengröße, die nicht unter 200 liegen sollte, wenn das Risiko falscher Schlußfolgerungen möglichst gering gehalten werden soll[43].

6. Modellbeurteilung. Bei der Beurteilung der Anpassungsgüte (Fit) eines Modells sollte der Anwender darauf achten, daß er neben den Kriterien zur Beurteilung der Anpassungsgüte eines Gesamtmodells auch Detailkriterien zur Überprüfung des Fits heranzieht. Ein *„sehr gutes"* Modell liegt dann vor, wenn *alle* Gütekriterien zufriedenstellende Ergebnisse liefern.

7. Modellmodifikation. Wird aufgrund einer LISREL-Analyse eine gegebene Theorie modifiziert, so verläßt man damit den „Pfad" der konfirmatorischen Datenanalyse, und der LISREL-Ansatz erhält *exploratorischen Charakter.* Der Manipulationsspielraum nimmt in diesem Moment *rapide* zu, da sich nahezu jedes Modell auf die Spezifika eines gegebenen Datensatzes ausrichten läßt. In letzter Konsequenz ist eine solche Vorgehensweise nur dann zulässig, wenn sich das gefundene „neue" Modell an einem zweiten Datensatz überprüfen läßt.

Anhang

(1) *Steuerkarten für das vollständige LISREL-Modell*

```
VOLLSTAENDIGES LISREL-MODELL ZUM MARGARINEMARKT (ML)
DA NI=8 NO=170 MA=KM
LA
'BRAT+BACK' 'NATUR' 'GESCHMACK' 'UNG FETT' 'HALTBARK' 'VITAMINE
'PREISVORST' 'STREICHF'
KM SY
(10F7.5)
 100000
 039406 100000
 041793 062698 100000
 050685 031405 022502 100000
 054405 032406 028100 054584 100000
-035665-003799-015586-017380-029374 100000
 018903 020806 028399 017410 016092-027677 100000
 012903 026610 020200 017202 020110-019873 036493 100000
MO NX=5 NK=3 NY=3 NE=2 BE=FU PH=ST PS=DI
LK
'LAGERF' 'GESUNDH' 'WIRTLK'
LE
'VERWENDBK' 'ATTRAKT.'
FR LX(1,1) LX(2,1) LX(4,3) LX(5,3)
FR LY(3,2)
FR BE(2,1)
FI GA(2,1) GA(1,3) TE(1,1) TD(3,3)
VA 1 LX(3,2) LY(1,1) LY(2,2)
EQ LX(1,1) LX(2,1)
EQ TD(1,1) TD(2,2)
OU ND=5 PC SE TV RS EF VA SS TO
```

(2) *Steuerkarten für die konfirmatorische Faktorenanalyse*

```
KONFIRMATORISCHE FAKTORENANALYSE FUER DEN MARGARINEMARKT (ML)
DA NI=5 NO=210 MA=KM
LA
'BRAT+BACK' 'VITAMINE' 'STREICHF' 'PREISVORST' 'HALTBARK'
KM SY
(16F5.3)
 1000
  540 1000
  632  540 1000
  475  420  375 1000
  395  355  432  725 1000
MO NX=5 NK=2 PH=ST TD=SY
LK
'VERWENDBK' 'WIRTLK'
FR LX(1,1) LX(2,1) LX(3,1) LX(4,2) LX(5,2)
OU SE TV RS VA MI SS AM TO
```

Anmerkungen

1 Kroeber-Riel, Werner: Konsumentenverhalten, 3. Aufl. München 1984, S. 27.
2 Vgl. Hempel, C. G.: Grundzüge der Begriffsbildung in der empirischen Wissenschaft, Düsseldorf 1974, S. 72 f.
3 Hodapp, Volker: Analyse linear Kausalmodelle, Bern Stuttgart Toronto 1984, S. 47.
4 Vgl. Noonan, R./Wold, H.: Nipals path modelling with latent variables: Analysing school survey data using Nonlinear Iterative Partial Least Squares, in: Scandinavian Journal of Educational Research, 21 (1977), S. 33 ff.
5 Vgl. Hildebrandt, Lutz: Kausalanalytische Validierung in der Marketingforschung, in: Marketing ZFP, Heft 1, 1984, S. 45 ff.
6 Vgl. Fritz, W.: Warentest und Konsumgüter-Marketing. Forschungskonzeption und empirische Ergebnisse, Wiesbaden 1984. Fritz, W. u. a.: Testnutzung und Testwirkungen im Bereich der Konsumgüterindustrie, in: Raffée, H./Silberer, G. (Hrsg.): Warentest und Unternehmen, Frankfurt am Main 1984.
7 Die Meßmodelle basieren auf verschiedenen Likert-Skalen. Vgl. Bagozzi, R. P.: The Nature and Causes of Self Esteem, Performance and Satisfaction in the Sales Force: A Structural Equation Approach, in: Jorunal of Business, 53 (1980), S. 316 ff.
8 Vgl. zu den einzelnen Risikokonzepten: Backhaus, Klaus/Meyer, Margit/Weiber, Rolf: A LISREL Model for Country Risk Assessment, in: Naresh, K./Malhotra, Ph. D. (Hrsg.): Developments in Marketing Science, Vol. VIII 1985, Atlanta Georgia 1985, S. 437 ff.
9 Vgl. Jöreskog, Karl G/Sörbom, Dag: LISREL 7 – Guide to the Program and Application, ed. SPSS Inc, Chicago 1988.
10 Vgl. zur Diskussion des Kausalbegriffs: Hodapp, Volker, a. a. O., S. 10 ff. und die dort zitierte Literatur.
11 Vgl. Blalock, H. M., Jr.: Four-variable causal models and partial correlations, in: Blalock, H. M., Jr. (ed.): Causal models in the social sciences, 2nd ed., Chicago 1985, S. 24 f.
12 Vgl. zur Faktorenanalyse Kap. 3 dieses Buches.
13 Vgl. Duncan, Otis Dudley et al.: Introduction to Structural Equation Models. New York San Francisco London 1975, S. 10.
14 Vgl. zur Regressionsanalyse Kap. 1 dieses Buches.
15 Vgl. auch: Opp, Karl-Dieter/Schmidt, Peter: Einführung in die Mehrvariablenanalyse, Reinbek bei Hamburg 1976, S. 31.
16 Vgl. zu diesem Problemkreis: Opp/Schmidt, a. a. O., S. 91 ff.
17 Vgl. dieselben, ebenda, S. 98 ff.
18 Vgl. Wright, S.: The Method of Path Coefficients, in: The Annals of Mathematical Statistics, 5 (1934), S. 161 ff.
19 Vgl. zur Dekomposition von Korrelationen: Opp/Schmidt, a. a. O., S. 147 ff. und die Ausführungen in Abschnitt 6.2.1 dieses Kapitels.
20 Vgl. zur Faktorenanalyse Kap. 3 dieses Buches.
21 Vgl. Opp/Schmidt, a. a. O., S. 139, Fußnote 2.
22 Vgl. auch Heise, David R.: Causal Analysis, New York London Sydney Toronto 1975, S. 38 ff. und S. 115.
23 Vgl. auch derselbe, ebenda, S. 49 ff.
24 Aus rechentechnischen Gründen ist in der Matrix B die Hauptdiagonale mit Nullen besetzt und die Differenzmatrix (I − B) muß invertierbar sein, damit das Gleichungssystem lösbar ist. Die Matrix I stellt dabei die Einheitsmatrix dar.
25 Vgl. hierzu auch die Ausführungen auf S. 236 f.
26 Das Problem der Identifizierbarkeit von LISREL-Modellen ist letztendlich noch nicht gelöst, da der LISREL-Ansatz eine Kombination aus Regressionsanalyse und Faktorenanalyse darstellt und die sich daraus ergebende komplexe Modellstruktur in ihrer Gesamtheit nicht *eindeutig* auf Identifizierbarkeit überprüft werden kann. Es existiert jedoch eine Reihe von Hilfskriterien, von denen hier zwei dargestellt wurden, mit denen die Identifizierbarkeit eines LISREL-Modells überprüft werden kann. Zu weiteren Hilfskriterien vgl.: Jöreskog/Sörbom, a. a. O., S. I.20 ff. Hildebrandt, Lutz: Konfirmatorische Analysen von Modellen des Konsumentenverhaltens, Berlin 1983, S. 76 ff.

27 Vgl. zum Konzept der Freiheitsgrade die Ausführungen in Kap. 2 im Rahmen der Varianzanalyse.
28 Vgl. zum Fundamentaltheorem der Faktorenanalyse Kap. 3 dieses Buches und die Ausführungen in Abschnitt 6.3.1 dieses Kapitels.
29 Vgl. zur Herleitung von $\hat{\Sigma}$: Schmidt, Peter: Zur praktischen Anwendung von Theorien: Grundlagenprobleme und Anwendung auf die Hochschuldidaktik, Diss. Mannheim 1977, S. 409 ff.
30 Vgl. Jöreskog/Sörbom, a. a. O., S. I.32 ff. Opp/Schmidt, a. a. O., S. 287 ff.
31 Vgl. Bentler, P. M./Bonett, Douglas G.: Significance Test and Goodness of Fit in the Analysis of Covariance Structure, in: Psychological Bulletin, Vol. 88 (1980), S. 590 ff. Jöreskog, Karl G.: Structural Analysis of Covariance and Correlation Matrices, in: Psychometrika, Vol. 43 (1978), S. 446 f. Jöreskog, Karl G./Sörbom, Dag: Recent Developments in Structural Equation Modeling, in: Journal of Marketing Research, Vol. 19 (1982), S. 405 ff.
32 Vgl. Fletcher, R./Powell, M. J. D.: Rapidly Convergent Descent Method for Minimization, in: Computerjournal, 6 (1963), S. 163 ff.
33 Vgl. Hildebrandt (1984), a. a. O., S. 44 ff.
34 Vgl. zum Begriff des Bestimmtheitsmaßes die Ausführungen im Rahmen der Regressionsanalyse in diesem Buch.
35 Vgl. Bagozzi, Richard P.: Causal Models in Marketing, New York 1980, S. 105.
36 Bezüglich der Sensitivität des Chi-Quadrat-Wertes im Hinblick auf den Stichprobenumfang sind eine Reihe von Simulationsstudien durchgeführt worden. Vgl. hierzu z. B.: Boomsma, A.: The Robustness of LISREL against Small Sample Sizes in Factor Analysis Models, in: Jörreskog, K. G./Wold, H. (Hrsg.): Systems under indirect observations, Amsterdam New York Oxford 1982, S. 149 ff. Bearden, William O./Sharma, Subhash/Teel, Jesse E.: Sample Size Effects on Chi Square and Other Statistics Used in Evaluating Causal Models, in: Journal of Marketing Research, Vol. XIX (1982), S. 425 ff.
37 Vgl. Förster, Friedrich/Fritz, Wolfgang/Silberer, Günter/Raffée, Hans: Der LISREL-Ansatz der Kausalanalyse und seine Bedeutung für die Marketing-Forschung, in: Zeitschrift für Betriebswirtschaft (ZfB), 54 (1984), S. 357 ff. Jöreskog, Structural Analysis of Covariance, a. a. O., S. 447 f. Jöreskog/Sörbom, LISREL VI, a. a. O., S. I.38 ff.
38 Vgl. Sörbom, Dag/Jöreskog, Karl G.: Recent Developments in LISREL: Modification indices, unpublished Paper, University of Uppsala.
39 Vgl. zur explorativen Faktorenanalyse Kap. 3 dieses Buches und: Überla, Karl: Faktorenanalyse, 2. Aufl. Berlin Heidelberg New York 1977; Weiber, Rolf: Faktorenanalyse, St. Gallen 1984.
40 Vgl. Weede, Erich/Jagodzinski, Wolfgang: Einführung in die konfirmatorische Faktorenanalyse, in: Zeitschrift für Soziologie, 6 (1977), S. 316 ff.
41 Vgl. Jöreskog/Sörbom, LISREL VI, a. a. O., Kap. IV.
42 Vgl. Bagozzi, Richard P.: Evaluating Structural Equation Models with Unobservable Variables and Measurement Error: A Comment, in: Journal of Marketing Research, Vol. 18 (1981), S. 380.
43 Vgl. Boomsma, a. a. O., S. 171 ff. und Bearden/Sharma/Teel, a. a. O., S. 429.

Literaturhinweise

Bagozzi RP (1981) Evaluating Structural Equation Models With Unobservable Variables and Measurement Error: A Comment, in: Journal of Marketing Research, Vol. XVIII (S 375–381)
Blalock HM Jr (ed) (1985) Causal models in the social sciences, 2nd ed, Chicago
Förster F, Fritz W, Silberer G, Raffée H (1983) Moderne Verfahren der Kausalanalyse und ihre Bedeutung für die Marketingwissenschaft und -praxis, Arbeitspapier der Universität Mannheim
Förster F, Fritz W, Silberer G, Raffée H (1984) Der LISREL-Ansatz der Kausalanalyse und

seine Bedeutung für die Marketing-Forschung, in: Zeitschrift für Betriebswirtschaft (ZfB) 54 (S 346-367)

Heise DR (1975) Causal Analysis, New York London Sydney Toronto

Hildebrandt L (1983) Konfirmatorische Analysen von Modellen des Konsumentenverhaltens, Berlin

Hodapp V (1984) Analyse linearer Kausalmodelle, Bern Stuttgart Toronto

Homburg C (1989) Exploratorische Ansätze der Kausalanalyse als Instrument der Marketing-planung, Frankfurt

Jöreskog KG, Sörbom D (1982) Recent Developments in Structural Equation Modeling, in: Journal of Marketing research, Vol. XIX (S 404-416)

Jöreskog KG, Sörbom D (1988) LISREL 7 - Guide to the Program and Application, ed. SPSS Inc, Chicago

Opp KD, Schmidt P (1976) Einführung in die Mehrvariablenanalyse, Hamburg

Pfeifer A, Schmidt P (1987) Die Analyse komplexer Strukturgleichungsmodelle, Stuttgart

7 Multidimensionale Skalierung

7.1 Grundgedanken der Multidimensionalen Skalierung

Für viele Bereiche der sozialwissenschaftlichen Forschung ist es von großer
Bedeutung, die subjektive Wahrnehmung von Objekten durch Personen (z. B.
Wahrnehmung von Produkten durch Konsumenten, von Politikern durch Wähler, von Universitäten durch Studenten) zu bestimmen. Man geht davon aus,
daß Objekte eine Position im Wahrnehmungsraum einer Person haben. Der
Wahrnehmungsraum einer Person ist in der Regel mehrdimensional, d. h. Objekte werden von Personen im Hinblick auf verschiedene Dimensionen beurteilt (z. B. ein Auto nach Komfort, Sportlichkeit, Prestige). Die Gesamtheit der
Positionen der Objekte im Wahrnehmungsraum in ihrer relativen Lage zuein-

ander wird Konfiguration genannt. Abbildung 7.1 zeigt eine Konfiguration verschiedener Automarken für eine Person.

Um die Konfiguration im Wahrnehmungsraum bestimmen zu können, stehen grundsätzlich zwei verschiedene Wege zur Verfügung:

- Der Wahrnehmungsraum (die Beurteilungsdimensionen) wird (werden) vorgegeben, d. h. der Forscher geht von vorab festgelegten Beurteilungseigenschaften aus.
- Die Dimensionen des Wahrnehmungsraumes werden nicht vorgegeben, sondern sie werden als ein Ergebnis der Analyse angestrebt.

Im ersten Fall wird die Konfiguration ermittelt, indem die Objekte von der beurteilenden Person anhand von Skalen, die die vorgegebenen Eigenschaften repräsentieren, beurteilt werden. Damit ist das Analyseergebnis nicht unabhängig von der Auswahl der Eigenschaften durch den Forscher.

Diesen Nachteil vermeidet der zweite Weg, indem bei der Beurteilung der Objekte keine Eigenschaften vorgegeben werden. Die beurteilende Person wird lediglich aufgefordert, die subjektiv empfundene Ähnlichkeit der Objekte einzuschätzen. Aus diesen Ähnlichkeiten wird mit Hilfe der Multidimensionalen Skalierung (MDS) die Konfiguration abgeleitet. Die Bedeutung der Dimensionen muß anschließend durch inhaltliche Interpretation der Konfiguration bestimmt werden.

Das methodische Konzept der MDS läßt sich sehr gut anhand eines Beispiels verdeutlichen, in dem der Leser das Ergebnis der Analyse schon kennt. Man will die Skizze einer Landkarte erstellen, die die Lage von zehn Städten abbildet, d. h. man sucht die Konfiguration von 10 Städten. Die verfügbaren Informationen seien lediglich die Entfernungsangaben in einer Kilometertabelle, wie sie in jedem Autoatlas zu finden sind. Eine solche Tabelle

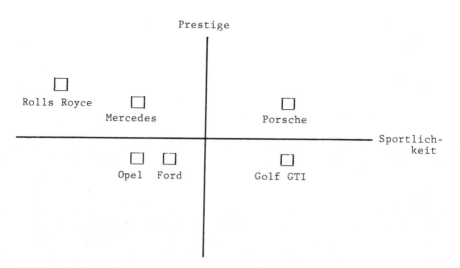

Abb. 7.1. Konfiguration von wahrgenommenen Marken

gibt nicht die geographische Lage der Städte an, sondern lediglich die *paarwei-sen Distanzen*. Tabelle 7.1 zeigt die paarweisen Distanzen von zehn Städten.

Mit Hilfe der MDS soll nun das Problem gelöst werden, aus den vorhande-nen paarweisen Distanzen die *relative Lage* aller Orte zueinander, d. h. die Konfiguration der zehn Städte zu ermitteln. Dies wird in Abbildung 7.2 zu-nächst für die ersten drei Werte aus Tabelle 7.1 (279, 120, 171) gezeigt. Die größte Distanz liegt zwischen Städten Basel und Berlin, die willkürlich die Ausgangspunkte der Lösung bilden. Die Position der dritten Stadt, Frankfurt, liegt 120 mm von Basel entfernt (gezeichnet als Radius um Basel) und 171 mm von Berlin (Radius um Berlin). Man erhält bei zweidimensionaler Darstellung und verkleinertem Maßstab die Konfiguration in Abbildung 7.2.

Es ergeben sich zwei mögliche Konfigurationen mit alternativen Lagen des dritten Ortes (Berlin-Frankfurt-Basel und Berlin-Frankfurt′-Basel). Für den Aussagegehalt des MDS ist es nicht von Belang, welche der beiden Lösungen gewählt wird, da die beiden Lösungen spiegelbildlich identisch sind.

Bei der MDS geht es also nur darum, die relative Position der Objekte zuein-ander adäquat abzubilden: Diese Konfiguration ist unabhängig von Spiege-lung und Drehung (Rotation).

Abbildung 7.3 a zeigt die Konfiguration, die aus den paarweisen Distanzen der zehn Städte abgeleitet wurden.

• Berlin

Frankfurt ——— Frankfurt′

• Basel   **Abb. 7.2.** Positionierung von drei Städten

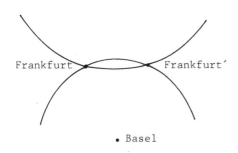

Basel
•

• Stuttgart
Frankfurt   •München
•   •
Köln   Nürnberg
Kassel•

•Hannover

Hamburg •
• Berlin

Abb. 7.3 a. Zweidimensionale Darstellung der Städtedistanzen (Quelle: Borg, 1981, S. 9)

320   Multidimensionale Skalierung

Tabelle 7.1. Entfernungen zwischen 10 Städten (Quelle: Borg, 1981, S. 6)

	1 Basel	2 Berlin	3 Frankfurt	4 Hamburg	5 Hannover	6 Kassel	7 Köln	8 München	9 Nürnberg	10 Stuttgart
1	—									
2	279	—								
3	120	171	—							
4	278	105	158	—						
5	226	99	106	53	—					
6	178	120	58	102	49	—				
7	152	191	59	142	101	73	—			
8	124	205	125	250	199	155	184	—		
9	135	153	78	189	138	95	136	61	—	
10	74	206	63	216	163	114	116	76	64	—

Tabelle 7.2. Rangwerte der Entfernungen zwischen 10 Städten (größte Entfernung = Rang 45, geringste Entfernung = Rang 1) (Quelle: Borg, 1981, S. 14)

	1 Basel	2 Berlin	3 Frankfurt	4 Hamburg	5 Hannover	6 Kassel	7 Köln	8 München	9 Nürnberg	10 Stuttgart
1	—									
2	45	—								
3	20	33	—							
4	44	16	31	—						
5	42	13	17	2	—					
6	34	21	3	15	1	—				
7	28	37	4	27	14	8	—			
8	22	39	23	43	38	30	35	—		
9	24	29	11	36	26	12	25	5	—	
10	9	40	6	41	32	18	19	10	7	—

Das Bild der Konfiguration wird zugänglicher, wenn für die Interpretation des Ergebnisses die vertrauten Himmelsrichtungsachsen eingefügt werden (Abbildung 7.3 b).

Das Ergebnis bedarf, um zu einer üblichen Landkartendarstellung zu werden, der Rotation sowie der Spiegelung an der Nord-Süd-Achse.

Das Beispiel macht deutlich, daß die Interpretation des Ergebnisses der MDS ein schwieriges Problem sein kann, das aufgrund von Sachkenntnis des untersuchten Problems gelöst werden muß.

Neben der Interpretation der Dimensionen tritt bei empirischer Untersuchung i. d. R. die Frage der Zahl der Dimension auf. Während in dem geographischen Beispiel die Zahl der Dimensionen von vornherein feststand, ist bei Konfigurationen in einem subjektiven Wahrnehmungsraum die Zahl der Dimensionen unbekannt und muß durch den Forscher bestimmt werden.

Mit Hilfe der Verfahren des MDS kann die Konfiguration auch auf der Grundlage von Rangfolgen der Entfernung anstelle von metrischen Entfernungsangaben ermittelt werden[1]. Die Rangwerte werden ermittelt, indem die paarweisen Distanzen aus Tabelle 7.1 in eine Rangfolge – beginnend mit dem höchsten Wert für die größte Distanz – gebracht werden (Tabelle 7.2). Abbildung 7.4 zeigt das Ergebnis.

Zur Ermittlung von Konfigurationen im Wahrnehmungsraum, dem eigentlichen Bestimmungszweck der MDS-Verfahren, lassen sich die relativen Positionen der Objekte als *Ähnlichkeiten* interpretieren. So werden in Abbildung 7.1 die Produkte „Opel" und „Ford" als relativ ähnlich, die Marken „Golf GTI"

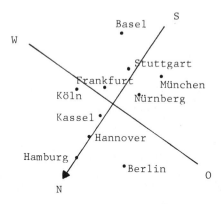

Abb. 7.3 b. Zweidimensionale Darstellung der Städtedistanzen (Quelle: Borg, 1981, S. 9)

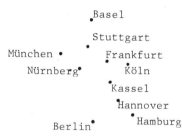

Abb. 7.4. Konfiguration von 10 Städten, abgeleitet aus Rangwerten der Entfernungen (Quelle: Borg, 1981, S. 23)

Abb. 7.5. Ablauf einer MDS

und „Rolls-Royce" als sehr unähnlich empfunden. Das Modell des Wahrneh-mungsraumes läßt ähnliche Objekte dicht beieinander und unähnliche Objekte entfernt voneinander liegen. Ziel der MDS ist es also letztlich, die subjektive Wahrnehmung von Objekten (Meinungsgegenständen) räumlich abzubilden.

Die Schritte einer MDS sind in Abbildung 7.5 zusammengefaßt. Sie werden im folgenden im einzelnen dargestellt. Der Ablauf einer MDS umfaßt also mehrere Schritte.

7.2 Aufbau und Ablauf einer MDS

7.2.1 Erfassung von Ähnlichkeiten (Datenerhebung)

Die Urteile, die Personen über die sub-jektive Wahrnehmung der Ähnlichkeit von Objekten abgeben, beschreiben nicht isoliert einzelne Objekte, sondern deren Beziehungen zueinander. Es wer-den also stets *Objektpaare* miteinander verglichen. In der Literatur werden zahl-reiche Methoden zur Erhebung von Ähnlichkeitsurteilen dargestellt[2]. Im fol-genden werden die drei wichtigsten be-schrieben.

7.2.1.1 Die Methode des Rangordnens

Das klassische Verfahren ist die Methode des Rangordnens. Dabei werden die Markenpaare i. d. R. stufenweise in eine lückenlose Rangfolge der Ähnlichkeit eingeordnet. Es sind z. B. zunächst zwei Gruppen zu bilden: „Ähnliche Paare" und „unähnliche Paare", welche im zweiten Schritt jeweils wieder in zwei Untergruppen wie „sehr ähnliche Paare" und „weniger ähnliche Paare" geteilt werden usw., bis letztlich eine vollständige Rangordnung vorliegt. Insbesondere bei einer größeren Zahl von Objekten erweist sich dieses Verfahren als sehr umständlich und zeitraubend.

7.2.1.2 Die Ankerpunktmethode

Bei der Ankerpunktmethode dient jede Marke genau einmal als Vergleichsobjekt, d. h. als Ankerpunkt für alle restlichen Marken, um diese gemäß ihrer Ähnlichkeit zum Ankerpunkt in eine Rangfolge zu bringen. Zur näheren Erläuterung soll ein Beispiel herangezogen werden, bei dem elf Margarine- und Buttermarken betrachtet werden (Tabelle 7.3). Die Marke „Becel" bildet den ersten Ankerpunkt; die restlichen zehn Marken sind nach dem Grad der Ähnlichkeit zur Marke „Becel" mit einem Rangwert zu versehen, wobei eine fortlaufende Rangordnung zu bilden ist (Rang 1 beschreibt dabei die größte Ähnlichkeit, Rang 10 die geringste).

Entsprechend werden die anderen zehn Marken als Ankerpunkt vorgegeben. Für K Marken erhält man insgesamt $K(K-1)$ Paarvergleiche oder Rangwerte. Während bei der Methode des Rangordnens die Person eine Rangordnung über 55 Ähnlichkeiten erstellen muß, ist hier das Problem der Rangordnung in eine Reihe von Teilaufgaben zerlegt. Für jede der elf Marken sind 10 Ähnlichkeitsvergleiche durchzuführen und in eine Rangordnung zu bringen, in unserem Beispiel mit 11 Marken also 110 Werte. Diese Rangwerte lassen sich in einer quadratischen, aber asymmetrischen Datenmatrix darstellen (vgl. Tabelle 7.4).

Tabelle 7.3. Datenerhebung mittels Ankerpunktmethode (Beispiel)

1. Ankerpunkt: Becel

Marke		Rangwert	
2 –	Du darfst	Rangwert	(1)
3 –	Rama		(7)
4 –	Delicado Sahnebutter		(10)
5 –	Holländische Markenbutter		(8)
6 –	Weihnachtsbutter		(9)
7 –	Homa		(3)
8 –	Flora Soft		(2)
9 –	SB		(4)
10 –	Sanella		(6)
11 –	Botteram		(5)

Tabelle 7.4. Matrix der Ähnlichkeitsdaten (Ankerpunktmethode)

Marke		1	2	3	4	5	6	7	8	9	10	11
Anker-	1	—	1	7	10	8	9	3	2	4	6	5
punkt	2	1	—	9	7	2	8	3	5	4	6	10
	3	10	9	—	8	7	6	3	5	4	2	1
	4	7	6	8	—	1	2	4	9	10	5	3
	5	10	9	8	1	—	2	7	3	5	6	4
	6	10	9	3	1	2	—	8	7	5	6	4
	7	8	7	2	5	6	10	—	3	4	1	9
	8	8	9	4	10	5	6	2	—	3	7	1
	9	9	8	3	10	7	6	4	5	—	1	2
	10	9	10	1	8	6	7	2	5	3	—	4
	11	9	10	1	5	8	6	7	2	3	4	—

Es handelt sich dabei um bedingte (konditionale) Daten, für welche die Werte in der Matrix nur zeilenweise für jeweils einen Ankerpunkt vergleichbar sind, so daß alle rechnerischen Transformationen streng getrennt für jede Zeile der Datenmatrix durchzuführen sind[3].

7.2.1.3 Das Ratingverfahren

Neben der Ankerpunktmethode werden in den meisten empirischen Untersuchungen *Ratingverfahren* bevorzugt. Hierbei werden die Markenpaare gesondert mittels einer zweipoligen Skala beurteilt, z. B.:

Die Marken „Becel" und „Du darfst" sind

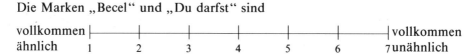

vollkommen ähnlich 1   2   3   4   5   6   7 unähnlich | vollkommen

Die Person soll jeweils den ihrer Meinung nach zutreffenden Punkt auf der Skala ankreuzen. Beim Ratingverfahren wird immer zur Arbeitserleichterung von konsistenten Urteilen ausgegangen, d. h. dem Vergleich der Marke A mit einer Marke B wird der gleiche Wert zugeordnet wie dem Vergleich der Marke B mit Marke A: Insgesamt sind so für K Marken K(K−1)/2 Paarvergleiche durchzuführen. In unserem Beispiel mit elf Marken müssen 55 Vergleiche erstellt werden, halb so viele wie bei der Ankerpunktmethode. Das Ratingverfahren stellt damit die geringste zeitliche Belastung für Personen wie auch für die Rechenzeit dar und ist insbesondere bei einer hohen Anzahl zu beurteilender Marken vorzuziehen. Man erhält eine Dreiecksmatrix, die aus den Paarvergleichen einer Person gewonnen wurde. Allerdings tritt bei dieser Methode möglicherweise das Problem auf, daß die Person verschiedenen Paaren gleiche Werte zuordnet, d. h. gleiche Rangplätze („ties") vergibt.

7.2.2 Wahl des Distanzmodells

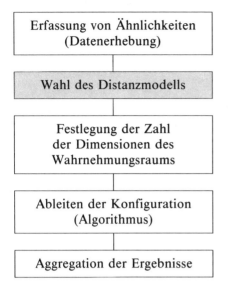

Die Abbildung von Objekten in einem psychologischen Wahrnehmungsraum bedeutet die Darstellung von Ähnlichkeiten in Form von Distanzen, d. h. ähnliche Objekte liegen dicht beieinander (geringe Distanzen), unähnliche Objekte liegen weit auseinander (große Distanzen). Folglich ist es für die Durchführung der MDS von Bedeutung, ein Distanzmaß zu bestimmen. Dafür stehen dem Forscher verschiedene Ansätze zur Verfügung.

7.2.2.1 Euklidische Metrik

Bei der Euklidischen Metrik wird die Distanz zweier Punkte nach ihrer kürzesten Entfernung zueinander („Luftweg", wie auch in obigem Landkartenbeispiel) beschrieben.

Euklidische Metrik

$$d_{kl} = \left[\sum_{f=1}^{R} |w_{kf} - w_{lf}|^2 \right]^{1/2} \tag{1}$$

mit
d_{kl}:   Distanz der Marken k, l
w_{kf}, w_{lf}: Koordinaten der Marke k, l auf der f-ten Dimension (f = 1, 2, ..., R)

Ein Beispiel soll die Berechnung verdeutlichen (vgl. Abbildung 7.6).

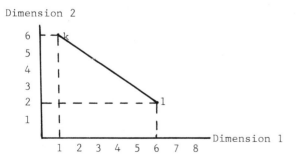

Abb. 7.6. Euklidische Distanz

Die Distanz der Punkte k (1,6) und l (6,2) beträgt dann:

$$d_{kl} = \sqrt{|1-6|^2 + |6-2|^2}$$
$$= \sqrt{25+16}$$
$$= 6,4$$

7.2.2.2 City-Block-Metrik

Bei der City-Block-Metrik wird die Distanz zweier Punkte als Summe der absoluten Abstände zwischen den Punkten ermittelt.

City-Block-Metrik

$$d_{kl} = \sum_{f=1}^{R} |w_{kf} - w_{lf}| \qquad (2)$$

mit
d_{kl}:   Distanz der Punkte k, l
w_{kf}, w_{lf}: Koordinaten der Punkte k, l auf der f-ten Dimension (f = 1, 2, ..., R)

Die Idee der City-Block-Metrik läßt sich vergleichen mit einer nach dem Schachbrettmuster aufgebauten Stadt (z. B. Manhattan), in der die Entfernung zwischen zwei Punkten durch das Abschreiten rechtwinkliger Blöcke gemessen wird. Ein Beispiel verdeutlicht dies für die Entfernung zwischen den Punkten k und l (Abbildung 7.7)

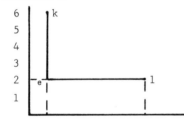

Dimension 1   **Abb. 7.7.** City-Block-Distanz

Die Distanz der Punkte k mit den Koordinaten (1,6) und l mit den Koordinaten (6,2) beträgt hier:

Strecke von k nach e: $d_{ke} = |6-2| = 4$
+ Strecke von e nach l: $d_{el} = |1-6| = 5$
= Strecke von k nach l: $d_{kl} = 4+5 = 9$

was man auch durch Einsetzen der Werte in Formel (2) erhält.

7.2.2.3 Minkowski-Metrik

Eine Verallgemeinerung der beiden obigen Metriken bildet die Minkowski-Metrik. Für zwei Punkte k, l wird die Distanz als Differenz der Koordinatenwerte über alle Dimensionen berechnet. Diese Differenzen werden mit einem konstanten Faktor c potenziert und anschließend summiert. Durch Potenzierung der Gesamtsumme mit dem Faktor 1/c erhält man die gesuchte Distanz d_{kl}:

Minkowski-Metrik

$$d_{kl} = \left[\sum_{f=1}^{R} |w_{kf} - w_{lf}|^c \right]^{1/c} \tag{3}$$

mit
d_{kl}:   Distanz der Marken k und l
w_{kf}, w_{lf}: Koordinaten der Marken k, l auf der f-ten Dimension (f = 1, 2, ..., R)
$c \geqq 1$:   Minkowski-Konstante

Für c = 1 ergibt sich die City-Block-Metrik, für c = 2 die Euklidische Metrik.

7.2.3 Festlegung der Zahl der Dimensionen des Wahrnehmungsraums

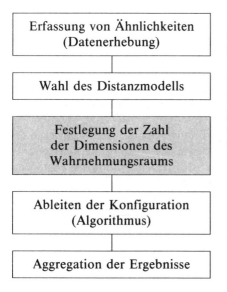

Erfassung von Ähnlichkeiten
(Datenerhebung)

Wahl des Distanzmodells

Festlegung der Zahl
der Dimensionen des
Wahrnehmungsraums

Ableiten der Konfiguration
(Algorithmus)

Aggregation der Ergebnisse

Ein Wahrnehmungsraum wird außer durch die gewählte Metrik durch die Zahl der Dimensionen bestimmt.

Für praktische Anwendungen der MDS ist ein zwei- oder dreidimensionaler Raum anstrebenswert, da dieser eine graphische Darstellung ermöglicht und eine inhaltliche Interpretation erleichtert.

7.2.4 Ableitung der Konfiguration (Algorithmus)

Der Algorithmus der MDS ist darauf gerichtet, eine Konfiguration zu ermitteln, bei der die Rangfolge der Distanzen zwischen den Objekten möglichst gut die Rangfolge der Ähnlichkeiten wiedergibt. Dazu geht man iterativ vor. Man startet mit einer Ausgangskonfiguration und versucht, diese schrittweise zu verbessern. Betrachten wir dazu ein kleines Beispiel mit 4 Objekten, für die eine Ähnlichkeitsmatrix vorliegt (Tabelle 7.5).

Diese Ähnlichkeitsdaten sollen so in Distanzen transformiert werden, daß die Rangfolge der Ähnlichkeiten ($s_{32} > s_{31} > s_{21}$ usw.) möglichst erhalten bleibt.

Der Wahrnehmungsraum sei bestimmt durch die Euklidische Metrik sowie durch zwei Dimensionen. Als Ausgangskonfiguration für das Beispiel seien Koordinatenwerte vorgegeben (Tabelle 7.6).

Die Ausgangskonfiguration läßt sich geometrisch abbilden (Abbildung 7.8).

Für die vier Objekte berechnen wir die Euklidischen *Distanzen* wie in Tabelle 7.7.

Wir prüfen nun, wie gut die Distanzen (vorletzte Spalte) die Wahrnehmungen (letzte Spalte) beschreiben. Dazu wählen wir eine graphische Darstellung, bei der die Rangfolge der Ähnlichkeiten auf der Ordinate und die Distanzen auf der Abszisse abgetragen werden (Abbildung 7.9).

Tabelle 7.5. Ähnlichkeitsdaten (Beispiel)

	1 Rama	2 Homa	3 Becel	4 Butter
1 Rama	–			
2 Homa	3	–		
3 Becel	2	1	–	
4 Butter	5	4	6	–

Tabelle 7.6. Ausgangskonfiguration im 4-Objekte-Beispiel

Objekt	Koordinaten	
	Dimension 1	Dimension 2
1 (Rama)	3	2
2 (Homa)	2	7
3 (Becel)	1	3
4 (Butter)	10	4

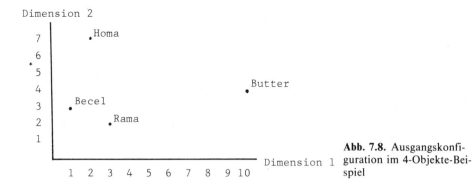

Abb. 7.8. Ausgangskonfiguration im 4-Objekte-Beispiel

Tabelle 7.7. Distanzen im 4-Objekte-Beispiel

Punkte k, l	$|x_{k1} - x_{k2}|$	$|x_{l1} - x_{l2}|$	$\sum_f |x_{kf} - x_{lf}|^2$	d_{kl}	s_{kl}
1,2	1	5	$2 + 25 = 27$	5,2	3
1,3	2	1	$4 + 1 = 5$	2,2	2
1,4	7	2	$49 + 4 = 53$	7,3	5
2,3	1	4	$1 + 16 = 17$	4,1	1
2,4	8	3	$64 + 9 = 73$	8,5	4
3,4	9	1	$81 + 1 = 82$	9,1	6

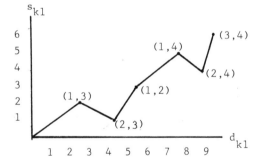

Abb. 7.9. Vergleich der Rangordnung der Ähnlichkeiten und Distanzen

Wenn die Rangfolge der Distanzen der Rangfolge der Ähnlichkeiten entspricht, entsteht durch Verbindung der Punkte ein monoton steigender Verlauf. Das ist in Abbildung 7.9 nicht der Fall. Eine Verbesserung läßt sich möglicherweise durch eine Veränderung der Ausgangskonfiguration erreichen.

Aus Tabelle 7.7 läßt sich entnehmen, daß nur die Objektpaare 1, 2 und 3, 4 die Monotoniebedingung erfüllen. Eine mögliche monotone Funktion ist in Abbildung 7.10 dargestellt. Aus dieser wird ersichtlich, daß die Monotonie dadurch hergestellt werden kann, daß man für die abweichenden Objektpaare 1, 3; 2, 3; 1, 4 und 2, 4 die Distanzen verändert. Zum Beispiel könnte das Objekt 3 in der Konfiguration so verschoben werden, daß die Distanz zum Objekt 2 kleiner wird und gleichzeitig zum Objekt 1 vergrößert wird. Dabei muß je-

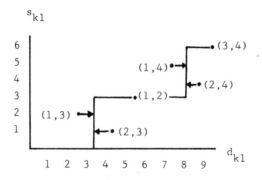

Abb. 7.10. Monotone Transformation

doch beachtet werden, daß von dieser Verschiebung auch die Distanz zwischen Objekt 3 und 4 betroffen ist. Deshalb erfolgt die Verschiebung rechnerisch unter der Nebenbedingung, daß der Rangplatz Nr. 6 des Objektpaares 3, 4 nicht verändert wird.

Wir ermitteln dann sog. Disparitäten ($\hat{d}$), die folgende Bedingung erfüllen müssen:

Wenn gilt: $s_{ij} < s_{kl}$, dann $\hat{d}_{ij} \leq \hat{d}_{kl}$

Ein rechnerischer Weg zur Ermittlung der Disparitäten ist die Mittelwertbildung zwischen den Distanzen der nichtmonotonen Objektpaare. Im Beispiel für die Objektpaare 1, 3 und 2, 3 ergibt sich:

$$\hat{d}_{1,3} = \hat{d}_{2,3} = \frac{d_{1,3} + d_{2,3}}{2} = \frac{2,2 + 4,1}{2} = 3,15$$

Mit Hilfe des Algorithmus von Kruskal werden unter Nutzung der Disparitäten neue Koordinatenwerte und damit eine neue (verbesserte) Konfiguration ermittelt[4].

Aus den Abweichungen der Disparitäten von den Distanzen läßt sich ein allgemeines Maß für die Verletzung der Monotoniebedingung und damit für die Güte einer Konfiguration bestimmen, das als *Streß* bezeichnet wird.

Streß

$$L = \frac{\sum\limits_{k,l} (d_{kl} - \hat{d}_{kl})^2}{\sum\limits_{k,l} (d_{kl} - \bar{d})^2} \tag{4}$$

mit
$\bar{d}$: arithmetischer Mittelwert der Distanzen

Je kleiner der Wert L ausfällt, desto besser ist die Anpassung der Distanzen an die Ähnlichkeiten gelungen.

Im Idealfall einer exakten monotonen Anpassung entsprechen alle Distanzen den Disparitäten und der Streß nimmt den Wert 0 an.

Für unser 4-Objekte-Beispiel berechnen wir den Streß wie in Tabelle 7.8.

Tabelle 7.8. Ermittlung des Streß (Beispiel)

Objektpaar k, l	s_{kl}	d_{kl}	$\hat{d}_{kl}$	$(d_{kl}-\hat{d}_{kl})^2$	$(d_{kl}-\bar{d})^2$
2, 3	1	4,1		0,9	4,0
1, 3	2	2,2	3,15	0,9	15,2
1, 2	3	5,2	5,2	0	0,8
2, 4	4	8,5		0,4	5,8
1, 4	5	7,3	7,9	0,4	1,4
3, 4	6	9,1	9,1	0	9,0
		36,4		2,6	36,2

$\bar{d} = 36,4:6 = 6,1$
$L = 2,6:36,2 = \underline{0,07}$

Tabelle 7.9. Anhaltswerte zur Beurteilung des Streß

Beurteilung des Streß

Streß	Anpassungsgüte
0,4	gering
0,2	ausreichend
0,1	gut
0,05	ausgezeichnet
0,0	perfekt

Der Streß bildet im Algorithmus der MDS das Zielkriterium zur Verbesserung einer gegebenen Konfiguration. Die jeweils gefundene Konfiguration wird iterativ so lange verbessert, bis ein minimaler Streß erreicht ist.

Ist die streßminimale Lösung gefunden, so hilft Tabelle 7.9 bei der Beurteilung der Anpassungsgüte. Kruskal hat diese Erfahrungswerte als Anhaltspunkte zur Beurteilung des Streß vorgeschlagen[5].

Bei der Beurteilung des Streß muß berücksichtigt werden, daß die Vorgabe der Zahl der Dimensionen einen Einfluß auf die Höhe des Streß hat. Eine Lösung mit einem Streß von 0 läßt sich für K Objekte immer erreichen in einem $(K-1)$-dimensionalen Raum. Zum Beispiel lassen sich drei Objekte in der Ebene immer so positionieren, daß die Rangfolge ihrer Distanzen einer beliebigen vorgegebenen Rangfolge der Ähnlichkeiten entspricht (vollkommene Monotonie). Allerdings gibt es im $(K-1)$-dimensionalen Raum unendlich viele Konfigurationen, die diese Bedingung erfüllen. Folglich bleibt die Lösung unseres Problems unbestimmt. Mit abnehmender Zahl der Dimensionen nimmt die Bestimmtheit der Lösung zu, gleichzeitig steigt aber der Streß, weil die Herstellung der Monotonie immer schwieriger wird.

Es offenbart sich also ein Konflikt zwischen dem Ziel der Bestimmtheit der Lösung und der Minimierung des Streß.

7.2.5 Aggregation der Ergebnisse

Erfassung von Ähnlichkeiten
(Datenerhebung)

Wahl des Distanzmodells

Festlegung der Zahl
der Dimensionen des
Wahrnehmungsraums

Ableiten der Konfiguration
(Algorithmus)

Aggregation der Ergebnisse

Wir haben bisher die MDS zur Ermittlung des Wahrnehmungsraumes einer Person verwendet. Bei vielen Anwendungsfragestellungen interessieren jedoch nicht individuelle Wahrnehmungen, sondern diejenigen von Gruppen, z. B. bei der Analyse der Markenwahrnehmung durch Käufergruppen.

Grundsätzlich bieten sich zwei Möglichkeiten zur Lösung des Aggregationsproblems an:

1 Es werden vor der Durchführung der MDS die Ähnlichkeitsdaten durch Bildung von Mittelwerten aggregiert.
2 Es wird durch simultane Verarbeitung der Ähnlichkeitsdaten aller Personen eine gemeinsame Konfiguration für alle Personen ermittelt.

7.3 Fallbeispiel einer MDS

Der Untersuchung liegen 11 Margarine- bzw. Buttermarken zugrunde, deren Ähnlichkeit 32 Auskunftspersonen nach dem Ratingverfahren auf siebenstufigen Skalen beurteilt haben[6]. Zur Auswertung wurde das Computerprogramm POLYCON verwendet[7].
Tabelle 7.10 enthält die Steueranweisungen.

Aus den Steueranweisungen ist zu entnehmen:
Die ANALYSIS-Anweisung steuert
- Vorgabe der Euklidischen Metrik,
- Vorgabe von 10 Iterationen in der ersten Phase des Algorithmus zur Ermittlung der Ausgangskonfiguration und Vorgabe von 150 Iterationen in der zweiten Phase (monotone Transformation),
- Transformation in ansteigender Regression (ASCENDING REGRESSION), d. h. das Objektpaar mit der größten Ähnlichkeit erhält den niedrigsten Ratingwert und soll in der Konfiguration die kleinste Distanz aufweisen,
- Berechnung einer dreidimensionalen und einer zweidimensionalen Lösung.

Die INPUT-Anweisung bewirkt, daß eine aggregierte Lösung auf Basis der Ähnlichkeitsurteile von 32 Auskunftspersonen (replications) errechnet werden soll. Tabelle 7.11 zeigt das Protokoll der Rechnung.

Die *Ausgangskonfiguration* wurde durch das Programm erstellt (s. Markierung (1)).

Tabelle 7.10. Kommandos zur MDS (POLYCON)

```
START
COMMENT   ***************************************
COMMENT   Multidimensionale Skalierung (POLYCON)
COMMENT      Skalierung der Ähnlichkeitsdaten
COMMENT   ***************************************
COMMENT
LABEL     Becel,Duda,Rama,Deli,HollB,WeihnB,Homa
          ,Flora,SB,Sanella,Botteram.
PLOT      ROTATED CONFIGURATION,
          GOODNESS OF FIT.
PRINT     DATA MATRIX,
          DISTANCES MATRIX,
          INITIAL CONFIGURATION,
          ROTATED CONFIGURATION.
ANALYSIS  EUCLIDIAN,
          ITERATIONS(10,150),
          ASCENDING REGRESSION,
          DIMENSIONS(3,2).
INPUT     DATA MATRIX,
          TRIANGULAR(11),
          NO DIAGONAL,
          REPLICATIONS(32),
          FORMAT(10F1.0).
2
65
765
7642
76323
651454
5536442
65204323
661544141
6613433222
0
00
.
.
.
2026543333
TITLE        Skalierung der Ähnlichkeitsdaten
COMPUTE
STOP
```

Die optimale Lösung wurde schon in der zweiten Iteration gefunden (Markierung (2)). Die Lösung weist einen durchschnittlichen Streß von 0,596 aus (Markierung (3)); die Koordinatenwerte der Lösungskonfiguration werden als DERIVED CONFIGURATION bezeichnet (Markierung (4) in Tab. 7.12).

Die Konfiguration als Ergebnis der MDS zeigt Abbildung 7.11.

Abbildung 7.11 zeigt einen Wahrnehmungsraum, dessen Dimensionen keine Bezeichnungen tragen. Die *Interpretation der Dimensionen* wird vereinfacht, wenn die Koordinatenachsen der Lösung so um den Ursprung gedreht werden, daß die Achsen möglichst nahe an einzelnen Punkten oder Punktegruppen der Konfiguration liegen. Das Vorgehen entspricht einer *Varimax-Rotation*[8].

Durch die Rotation werden die Distanzen der Konfiguration, Markierung (5) in Tabelle 7.12, nicht verändert.

In Tabelle 7.12 werden die Koordinaten der *rotierten Lösung* unter Markierung (6) aufgeführt.

Tabelle 7.11. Protokoll der MDS

```
Skalierung der Ähnlichkeitsdaten

SOLUTION IN 2 DIMENSIONS FOR  22 COORDINATES FROM  409 PASSIVE AND 1351 ACTIVE DATA ELEMENTS PARTITIONED INTO  32 SUBSETS


P H A S E   1


MINIMUM STRESS FOUND


(1) I N I T I A L    C O N F I G U R A T I O N
                      1        2        3        4        5        6        7        8        9       10
                    BECEL     DUDA     RAMA     DELI    HOLLB    WEIHNB    HOMA    FLORA      SB     SANEL
    DIMENSION 1     0.275    0.415    0.199   -1.188   -0.741   -0.776    0.277    0.244    0.663    0.35
    DIMENSION 2     0.677    0.848   -0.464   -0.173    0.207    0.146   -0.420   -0.327   -0.081   -0.27
    CONTINUED MATRIX
                     11
                   BOTTERAM
    DIMENSION 1     0.276
    DIMENSION 2    -0.141


P H A S E   2


MINIMUM STRESS FOUND


(2) B E S T    I T E R A T I O N
    ITER P   NP   DIST M   DISP M   DIST V   DISP V  DIST SQ   DIFF SQ STRESS 1 STRESS 2 STRESS 3  PART SQ PART MAX   STRESS
     2  0   409   1.1719   1.1719  97.1713  97.1713 658.8941   0.0000   0.0000   0.0000   0.0000
     2  1    54   0.9137   0.9137  11.9531   6.7550  57.0363   5.1981   0.3019   0.6594   0.8772
     2  2    28   0.6980   0.6980   5.7762   5.1867  19.4164   0.5895   0.1742   0.3195   0.3371
     2  3    45   0.8289   0.8289   8.2951   6.9005  39.2168   1.3946   0.1886   0.4100   0.4496
     2  4    36   0.8372   0.8372   6.9142   5.3906  32.1460   1.5236   0.2177   0.4694   0.5316
     2  5    43   0.8489   0.8489   9.4165   1.9635  40.4007   7.4529   0.4295   0.8897   1.9482
     2  6    54   0.9137   0.9137  11.9531   0.5632  57.0364  11.3899   0.4469   0.9762   4.4970
     2  7    36   0.7663   0.7663   6.5428   4.1381  27.6801   2.4048   0.2947   0.6063   0.7623
     2  8    27   0.8662   0.8662   5.2365   2.9833  25.4957   2.2532   0.2973   0.6560   0.8691
     2  9    54   0.9137   0.9137  11.9531   3.1710  57.0364   8.7821   0.3924   0.8572   1.6642
     2 10    46   0.8434   0.8434   8.7297   1.7106  41.4532   7.0191   0.4115   0.8967   2.0256
              .
              .
              .
     2 30    52   0.8801   0.8801  10.3465   6.9585  50.6282   3.3880   0.2587   0.5722   0.6978
     2 31    28   0.7280   0.7280   5.5155   2.6373  20.3533   2.8782   0.3760   0.7224   1.0447
     2 32    44   0.8574   0.8574   9.5556   5.5577  41.9041   3.9978   0.3089   0.6468   0.8481
     2       1760                          376.0461 242.50281936.0010 133.5434   0.2626   0.5959   0.7421   0.1085   0.1433   0.5959


(3) S T R E S S ( 2 )  =   0.596
```

Zur *Interpretation der Konfiguration* zieht man die Plotterdarstellung heran (Abbildung 7.12).

Man erkennt im wesentlichen drei Punktegruppen: die Margarinemarken 1 (Becel) und 2 (Du darfst), die Buttermarken 4, 5 und 6 sowie die restlichen Margarinemarken.

Inhaltlich entsprechen die Dimensionen des Wahrnehmungsraums den latenten Beurteilungskriterien der Auskunftspersonen bezüglich der Margarine-Butter-Marken. Aus der Kenntnis des Produktmarktes lassen sich Hinweise für die *Interpretation der Dimensionen* finden.

So zeigt die rotierte Konfiguration der Ähnlichkeitsurteile (Abbildung 7.12), daß auf der zweiten Dimension (Abzisse) extreme Ausprägungen der beiden fett- und kalorienarmen Marken 1 und 2 zu finden sind und daher „gesunde Ernährung" als Interpretation herangezogen werden kann. Die erste Dimension (Ordinate) wird insbesondere durch die Punkte der Buttermarken einer-

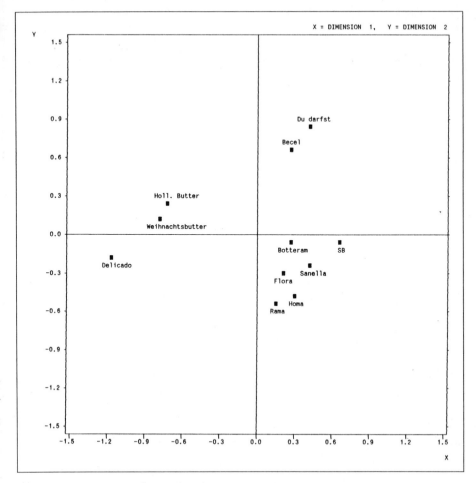

Abb. 7.11. Unrotierte Konfiguration der MDS

seits (unterer Bereich) und die der Margarinemarken andererseits (oberer Bereich) beschrieben, woraus sich die Bezeichnung „Geschmack" ableiten läßt.

7.4 Analyse von Präferenzen

7.4.1 Erhebung von Präferenzdaten

Ähnlichkeitsdaten beinhalten keinerlei Information darüber, ob eine Person ein Objekt als positiv oder negativ bewertet. Will man den Nutzen, d. h. die Präferenz, die eine Person mit einem Objekt verbindet, in die Untersuchung einbeziehen, so ist dafür eine zusätzliche Datenerhebung durchzuführen.

Für das Beispiel der Analyse von elf Margarine- und Buttermarken haben die 32 Personen die Marken zusätzlich in eine Rangfolge der persönlichen Prä-

Tabelle 7.12. Ergebnisse der MDS

```
(4)  D E R I V E D    C O N F I G U R A T I O N
                         1         2         3         4         5         6         7         8         9        10
                       BECEL     DUDA      RAMA      DELI     HOLLB    WEIHNB     HOMA     FLORA       SB      SANEL
     DIMENSION 1       0.264     0.414     0.162    -1.184    -0.724    -0.768     0.286     0.208     0.673     0.40
     DIMENSION 2       0.665     0.839    -0.512    -0.181     0.238     0.129    -0.458    -0.326    -0.065    -0.25
     CONTINUED MATRIX
                        11
                      BOTTERAM
     DIMENSION 1       0.263
     DIMENSION 2      -0.076


     P A R T I A L    D E R I V A T I V E S
                         1         2         3         4         5         6         7         8         9        10
                       BECEL     DUDA      RAMA      DELI     HOLLB    WEIHNB     HOMA     FLORA       SB      SANEL
     DIMENSION 1       0.053     0.046     0.080    -0.143    -0.104    -0.103     0.007     0.097     0.049    -0.03
     DIMENSION 2       0.089     0.107     0.013    -0.004    -0.035     0.048     0.009    -0.041    -0.035    -0.04
     CONTINUED MATRIX
                        11
                      BOTTERAM
     DIMENSION 1       0.054
     DIMENSION 2      -0.105


(5)  D I S T A N C E S
                         1         2         3         4         5         6         7         8         9        10
                       BECEL     DUDA      RAMA      DELI     HOLLB    WEIHNB     HOMA     FLORA       SB      SANEL
     BECEL     1       0.000
     DUDA      2       0.230     0.000
     RAMA      3       1.181     1.374     0.000
     DELI      4       1.677     1.896     1.386     0.000
     HOLLB     5       1.077     1.288     1.161     0.622     0.000
     WEIHNB    6       1.163     1.379     1.129     0.519     0.117     0.000
     HOMA      7       1.123     1.303     0.135     1.495     1.226     1.206     0.000
     FLORA     8       0.993     1.184     0.191     1.399     1.089     1.077     0.153     0.000
     SB        9       0.837     0.940     0.679     1.861     1.430     1.454     0.552     0.534     0.000
     SANELLA  10       0.928     1.092     0.356     1.592     1.232     1.234     0.238     0.211     0.327     0.00
     BOTTERAM 11       0.741     0.927     0.448     1.451     1.036     1.051     0.382     0.257     0.410     0.22
     CONTINUED MATRIX
                        11
                      BOTTERAM
     BOTTERAM 11       0.000
   •

(6)  R O T A T E D    C O N F I G U R A T I O N
                         1         2         3         4         5         6         7         8         9        10
                       BECEL     DUDA      RAMA      DELI     HOLLB    WEIHNB     HOMA     FLORA       SB      SANEL
     DIMENSION 1       0.162     0.285     0.236    -1.144    -0.752    -0.778     0.351     0.254     0.676     0.43
     DIMENSION 2       0.697     0.891    -0.482    -0.355     0.127     0.013    -0.410    -0.292     0.036    -0.18
     CONTINUED MATRIX
                        11
                      BOTTERAM
     DIMENSION 1       0.272
     DIMENSION 2      -0.036
```

ferenz eingeordnet[9]. Der in Tabelle 7.13 gezeigte Ausschnitt aus der Matrix enthält die Präferenzurteile von vier Personen.

Person A äußert für die Marke 7 (Homa) die größte Präferenz (Rangwert 1) und für die Marke 3 (Rama) die zweitgrößte Präferenz (Rangwert 2) usw. Nur die Rangplätze einer Person, beschrieben durch jeweils eine Zeile der Matrix, sind miteinander vergleichbar; es handelt sich also um bedingte Daten. Dies ist insbesondere dann von Bedeutung, wenn Urteile fehlen, d. h. wenn Person A z. B. nur acht Marken bewertet, während Person B für alle elf Marken Rangwerte vergibt.

Es stellt sich die Frage, in welcher Form die Präferenzen im Rahmen der MDS berücksichtigt werden.

Zwei verschiedene Ansätze lassen sich unterscheiden:

- das Idealpunktmodell und
- das Vektormodell.

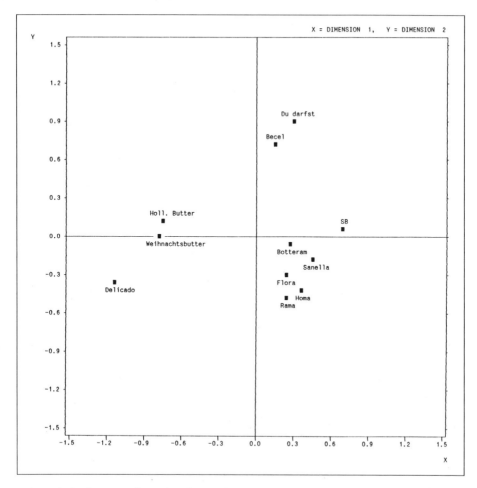

Abb. 7.12. Rotierte Konfiguration der MDS

7.4.2 Idealpunktmodell

Der *Idealpunkt* einer Person repräsentiert ein hypothetisches Objekt, das die meistpräferierte Position im Wahrnehmungsraum einnimmt. Abbildung 7.13 verdeutlicht, daß mit zunehmender Entfernung vom Idealpunkt der Nutzen abnimmt (vgl. Green/Tull, 1982, S. 440).

Eine sinnvolle Anwendung des Idealpunktmodells ist insbesondere dann gegeben, wenn eine ideale Ausprägung hinsichtlich der Beurteilungsdimensionen besteht, bei deren Über- oder Unterschreitung ein Nutzenabfall eintritt, z. B. bei der Streichfähigkeit von Margarine (nicht zu fest/nicht zu flüssig) oder beim Fettgehalt der Margarine (nicht zu viel/nicht zu wenig).

Tabelle 7.13. Matrix der Präferenzdaten von vier Personen

Marke	1	2	3	4	5	6	7	8	9	10	11
Person											
A	10	11	2	4	5	6	1	8	3	7	9
B	6	7	8	5	4	1	10	9	11	2	3
C	7	11	4	8	9	10	6	5	3	1	2
D	11	10	3	9	2	8	7	1	5	4	6

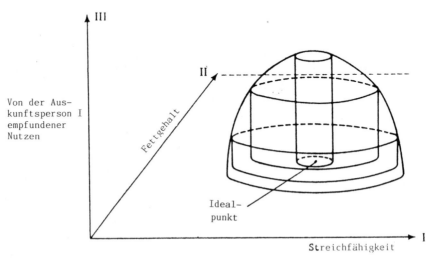

Abb. 7.13. Idealpunktmodell

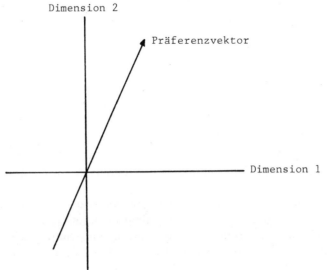

Abb. 7.14. Vektormodell

7.4.3 Vektormodell

Das Vektormodell geht von einer *Präferenzfunktion* aus, für die gilt: „Je mehr, desto besser". Ein Ideal*punkt* läßt sich im Vektormodell nicht angeben, sondern nur eine Richtung (Vektor), die die größtmögliche Nutzenstiftung in beiden Dimensionen anzeigt (Abbildung 7.14).

Eine sinnvolle Anwendung des Vektormodells ist dann gegeben, wenn ein Mehr an Ausprägung in den Beurteilungsdimensionen ein Mehr an Nutzen erzeugt, z. B. „je gesünder, desto besser", „je schmackhafter, desto besser".

7.4.4 Joint Space

Wenn in einer Untersuchung sowohl Ähnlichkeitsurteile als auch Präferenzurteile für die betrachteten Objekte erhoben wurden, liegt es nahe, beide Datensätze zusammen zu skalieren und in einem gemeinsamen *Wahrnehmungs-Präferenz-Raum* (auch „joint space" genannt) darzustellen[10].

Dabei ist zunächst zu entscheiden, ob für die Abbildung ein Idealpunkt- oder ein Vektormodell herangezogen wird. Beim Idealpunktmodell wird der Idealpunkt wie ein weiteres (fiktives) Objekt in der Weise in die Konfiguration einbezogen, daß die Abstände der einzelnen tatsächlichen Objekte zum Idealpunkt die Rangfolge der Präferenzen widerspiegelt. Objekte gleicher Präferenz liegen auf einem Kreis um den Idealpunkt. Die Projektion der Nutzenfunktion auf die Ebene der Beurteilungsdimensionen führt zu konzentrischen Kreisen (Punkte gleichen Nutzens) um den Idealpunkt (Abbildung 7.15).

Die Projektion der Nutzenfunktion eines Vektormodells auf die Ebene der Beurteilungsdimensionen führt zu parallelen Linien gleichen Nutzens. Der Präferenzvektor repräsentiert den Weg des maximalen Nutzenanstiegs, der orthogonal zu den parallelen Linien verläuft. Die Projektion der Objekte auf den Präferenzvektor sollte möglichst gut die Rangfolge der Präferenzen einer Person widerspiegeln. In Abbildung 7.16 spiegelt der Vektor die Präferenzrangfolge $2>3>1>4$ exakt wider.

Dem Idealpunktmodell kommt gegenüber dem Vektormodell die größere Bedeutung zu, da es die Realität meist besser widerspiegelt. Außerdem schließt es das Vektormodell als einen Spezialfall mit ein, der sich ergibt, wenn die Idealpunkte unendlich weit von Zentrum (und damit auch von den Objekten) entfernt liegen.

7.4.5 Fallbeispiel zur Einbindung von Präferenzurteilen (Idealpunktmodell)

Da bereits eine aggregierte Lösung für die Ähnlichkeitsurteile vorliegt, werden die Präferenzen über eine *externe Analyse* nachträglich in die Konfiguration der Ähnlichkeiten eingeführt[11]. Tabelle 7.14 zeigt die Steueranweisungen des POLYCON-Programmlaufs.

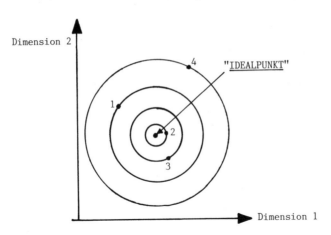

Abb. 7.15. Joint Space (Idealpunktmodell)

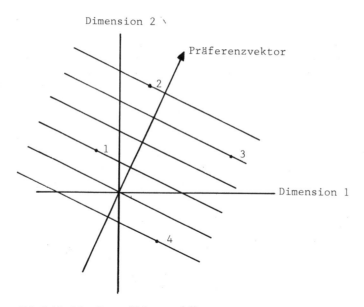

Abb. 7.16. Joint Space (Vektormodell)

Abbildung 7.17 zeigt die Ergebniskonfiguration im zweidimensionalen Wahrnehmungs-Präferenz-Raum.

Die Idealpunkte der Personen verteilen sich in der Konfiguration weitgehend um den Koordinatenursprung. Dies läßt sich möglicherweise durch den Tatbestand erklären, daß es sich bei der befragten Personengruppe um Studenten handelt, die sich weitgehend indifferent gegenüber den einzelnen Margarine- und Buttermarken verhalten.

Tabelle 7.14. Kommandos zur externen Präferenzanalyse (POLYCON)

```
START
COMMENT   ****************************************
COMMENT   Multidimensionale Skalierung (POLYCON)
COMMENT      Skalierung der Präferenzdaten
COMMENT      Verwendung zum Backen und Braten
COMMENT   ****************************************
COMMENT
LABEL     a,b,c,d,e,f,g,h,i,j,k,l,m,n,o,p,q,r,s,t
          ,u,v,w,x,y,z,z,z,z,z,z,z,z
          ,1Becel,2Duda,3Rama,4Deli,5HollB,6WeihnB,7Homa
          ,8Flora,9SB,Sanella,Botteram.
PLOT      ROTATED CONFIGURATION.
PRINT     DATA MATRIX,
          DISTANCES MATRIX,
          INITIAL CONFIGURATION,
          ROTATED CONFIGURATION.
ANALYSIS  EUCLIDIAN,
          ITERATIONS(0,250),
          ASCENDING REGRESSION,
          SECONDARY,
          DIMENSIONS(2),
          ROW COMPARISON,
          ESTIMATION METHOD(1),
          FIX POINTS(33,34,35,36,37,38,39,40,41,42,43).
INPUT     DATA MATRIX,
          RECTANGULAR(32,11),
          FORMAT(11F3.0).
 10 11  2  4  5  6  1  8  3  7  9
  6  7  8  5  4  1 10  9 11  2  3
  7 11  4  8  9 10  6  5  3  1  2
  .
  .
  .
  0  0  1  0  5  6  4  4  3 11  1
INPUT     INITIAL CONFIGURATION,
          RECTANGULAR(43,2),
          FORMAT(2F7.3).
  0.001  0.0
  0.002  0.0
  0.003  0.0
  .
  .
  .
  0.031  0.0
  0.032  0.0
  0.162  0.697
  0.285  0.891
  0.236 -0.482
 -1.144 -0.355
 -0.752  0.127
 -0.778  0.013
  0.351 -0.410
  0.254 -0.292
  0.676  0.036
  0.439 -0.189
  0.272 -0.036
TITLE     Skalierung der Präferenzdaten
TITLE     Verwendung zum Backen und Braten
COMPUTE
STOP
```

7.4.6 Analyse von Merkmalsurteilen

Verfügt man neben den globalen Ähnlichkeitsurteilen in der MDS zusätzlich über Eigenschaftsbeurteilungen bezüglich der in der MDS konfigurierten Objekte, dann kann man versuchen, diese mit der MDS zu verbinden. Die Merk-

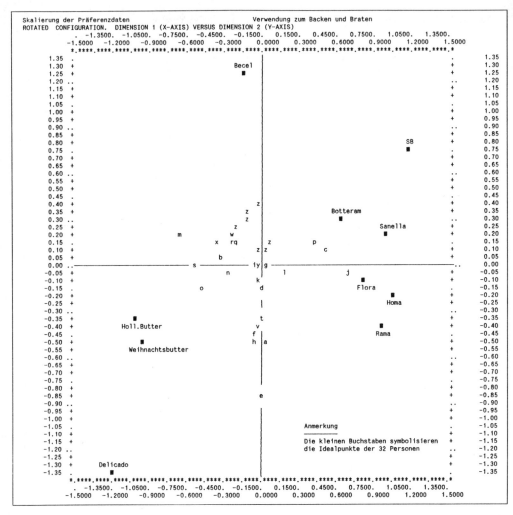

Abb. 7.17. Konfiguration der externen Präferenzanalyse

malsurteile werden extern in die Ähnlichkeitskonfiguration eingepaßt. Das Ergebnis einer derartigen Analyse zeigt Abb. 7.18. Die Eigenschaften sind gemeinsam mit den Objekten (Marken) im Wahrnehmungsraum dargestellt.[12] Je geringer die Distanz zwischen einem Objekt und einer Eigenschaft ist, desto stärker ist diese Eigenschaft (in der Wahrnehmung der befragten Personen) bei dem betreffenden Objekt ausgeprägt.

7.5 Anwendungsempfehlungen

Folgende Anwendungsempfehlungen sollen dem Anfänger den Einstieg in die Nutzung von MDS-Programmen erleichtern.

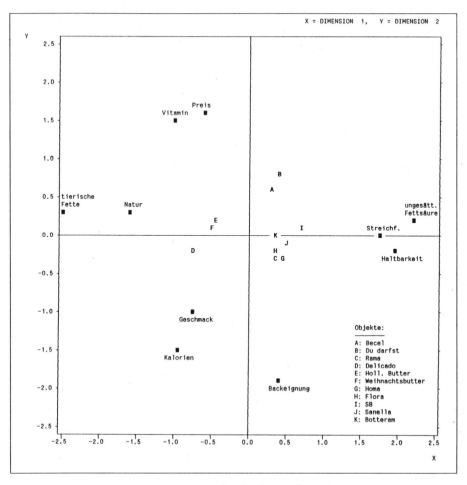

Abb. 7.18. Einbeziehung von Merkmalsurteilen in die Konfiguration

1. Es ist auf eine ausreichende Zahl von Beurteilungsobjekten zu achten (möglichst mehr als acht).
2. Bei der Datenerhebung ist das Ratingverfahren ein leichter Einstieg.
3. Bei der Wahl des Distanzmodells sollte die Euklidische Metrik bevorzugt werden.
4. Es sollten nicht mehr als zwei oder drei Dimensionen vorgegeben werden.
5. Bei der Aggregation ist ein Verfahren mit Replikationen zu bevorzugen.
6. Eine vernünftige Interpretation läßt sich nicht ohne fundierte Sachkenntnis des untersuchten Problems erreichen.

Anmerkungen

1 Die Distanzen bilden den Dateninput einer metrischen MDS. Methodisch basiert die metrische MDS auf der Faktorenanalyse. S. hierzu Torgerson, Warren S.: Multidimensional Scaling: Theory and Method. In: Psychometrika, Vol. 17, 1952, S. 401–419.
2 Vgl. z. B. Green, Paul E., Carmone, Frank J.: Multidimensional Scaling and Related

Techniques in Marketing Analysis, 2. Aufl., Boston 1972, S. 53 ff.; Torgerson, Warren S.: Theory and Method of Scaling, New York 1958, S. 262 ff.; Sixtl, Friedrich: Meßmethoden der Psychologie, Weinheim 1967, S. 316 ff.

3 Vgl. das Beispiel bei Carmone, Frank J., Green, Paul E., Robinson, Patrick J.: TRICON – An IBM 360/65 FORTRAN IV Program for the Triangularisation of Conjoint Data. In: Journal of Marketing Research, Vol. 5, 1968, S. 219–220. Mittels des Verfahrens der Triangularisation kann man die asymmetrische Datenmatrix in eine symmetrische Matrix umformen.

4 Kruskal, J. B.: Multidimensional Scaling by Optimizing Goodness of Fit to a Nonmetric Hypothesis. In: Psychometrika, Vol. 29, 1964, S. 1–27.

5 Kruskal, J. B., Carmone, Frank J.: How to Use MDSCAL, A Program to do Multidimensional Scaling and Multidimensional Unfolding (Version 5 M), Bell Laboratories, Murray Hill New York 1973 (vervielfältigtes Manual).

6 Die Ähnlichkeitsdaten der 32 Personen werden im Anhang dieses Buches, Anlage 3, aufgeführt.

7 Young, Forrest W.: A Model of Polynomial Conjoint Analysis Algorithms. In: Shepard, Roger N., Romney, A. Kimball, Nerlove, Sara Beth: Multidimensional Scaling. Theory and Applications in the Behavioral Science, Vol. I: Theory, New York, London 1972; ders.: POLYCON-Conjoint Scaling. The L. L. Thurstone Psychometric Laboratory, Report No. 118, Chapel Hill 1973 (vervielfältigtes Manual).

8 S. die ausführliche Darstellung in Kapitel 6, Faktorenanalyse.

9 Die Präferenzdaten der 32 Personen werden im Anhang dieses Buches, Anlage 4, abgedruckt.

10 Der Begriff „Joint Space" wurde von Coombs in seiner Unfoldinganalyse eingeführt. In der Unfoldinganalyse wird die Konfiguration der tatsächlichen Objekte sowie des Idealpunktes allein aus den Präferenzurteilen entwickelt (interne Analyse). Vgl. Coombs, C. H.: Psychological Scaling Without a Unit of Measurement. In: Psychological Review, Vol. 57, 1950, S. 145–158 sowie ders.: A Theory of Data, New York, London, Sydney 1964.

11 Zur externen Analyse von Präferenzdaten s. Caroll, J. Douglas: Individual Differences in Multidimensional Scaling. In: Shepard, Roger N., Romney, A. Kimball, Nerlove, Sara, 1972, S. 105–155.

12 Es handelt sich hier um eine multidimensionale Unfolding-Analyse (MDU) der Eigenschaften. Die Analyse wurde mit dem Programm ALSCAL vorgenommen, das bislang nur in SPSS^x verfügbar ist, nicht aber in SPSS/PC +.

Literaturhinweise

Ahrens HJ (1974) Multidimensionale Skalierung. Methodik, Theorie und empirische Gültigkeit mit Anwendungen aus der differentiellen Psychologie und Sozialpsychologie, Weinheim Basel

Borg I (1981) Anwendungsorientierte Multidimensionale Skalierung, Berlin Heidelberg New York

Dichtl E, Schobert R (1979) Mehrdimensionale Skalierung. Methodische Grundlagen und betriebswirtschaftliche Anwendungen, München

Green PE, Carmone FJ (1972) Multidimensional Scaling and Related Techniques in Marketing Analysis, 2. Aufl, Boston, Mass.

Green PE, Rao VR (1972) Applied Multidimensional Scaling: A Comparison of Approaches and Algorithms, New York

Kemper FJ (1984) Multidimensionale Skalierung, Bremen

Kühn W (1976) Einführung in die multidimensionale Skalierung, Stuttgart

Rehder HKK (1975) Multidimensionale Produktmarktstrukturierung - Theorie und Anwendung auf einem Produktmarkt, Meisenheim

Shepard RN, Romney AK, Nerlove SB (1972) Multidimensional Scaling. Theory and Applications in the Behavioral Science, Vol I: Theory (1972); Vol II: Applications (1970) New York

8 Conjoint-Analyse

8.1 Grundidee und Anwendungsgebiete

Bei der Gestaltung von Objekten (z. B. Produkten, Parteiprogrammen) ist es wichtig zu wissen, welchen Beitrag verschiedene Komponenten zum Gesamtnutzen eines Objektes beitragen. So kann es z. B. für einen Margarinehersteller nützlich sein zu wissen, ob eine Änderung der Verpackung oder eine Änderung der Substanz des Produktes einen größeren Beitrag zum empfundenen Gesamtnutzen des Konsumenten stiftet. Oder bei der Gestaltung von Parteiprogrammen kann es von entscheidender Bedeutung sein, ob die Wähler einer stärkeren Umweltorientierung den Vorzug vor einer stärkeren Sozialorientierung geben. Die Conjoint-Analyse ist ein Verfahren, das auf Basis empirisch erhobener Gesamtnutzenwerte versucht, den Beitrag der einzelnen Komponenten zum

Gesamtnutzen zu ermitteln[1]. Die Conjoint-Analyse läßt sich damit als ein *dekompositionelles Verfahren* charakterisieren. In der Regel wird dabei *unterstellt*, daß sich der Gesamtnutzen *additiv* aus den Nutzen der Komponenten (Teilnutzenwerte) zusammensetzt. Die Datenbasis der Conjoint-Analyse bilden Gesamtnutzenurteile (Präferenzurteile) von befragten Personen.

Eines der wichtigsten Anwendungsgebiete der Conjoint-Analyse bildet im Rahmen der Neuproduktplanung die Frage, wie ein neues Produkt (oder eine Dienstleistung) in Hinsicht auf die Bedürfnisse des Marktes optimal zu gestalten ist. Dabei muß vom Untersucher vorab festgelegt werden, welche Objekteigenschaften und welche Ausprägungen dieser Eigenschaften für das Neuprodukt relevant sind und in die Untersuchung einbezogen werden sollen. Dies sei an einem Beispiel verdeutlicht.

Ein Hersteller von Margarine plant die Neueinführung eines Produktes, das sich in zwei Eigenschaften von bestehenden Produkten abheben soll: Kaloriengehalt und Verpackung.

Als Eigenschaftsausprägung betrachtet er:

– Kaloriengehalt: hoch/niedrig
– Verpackung: Becher/Papier

Durch die Festlegung von zwei Eigenschaften, mit jeweils zwei Eigenschaftsausprägungen können vier Kombinationen von Eigenschaftsausprägungen, d. h. vier fiktive Produkte, gebildet werden:

Produkt I	*Produkt II*
wenig Kalorien	wenig Kalorien
im Becher	in Papier
Produkt III	*Produkt IV*
viel Kalorien	viel Kalorien
im Becher	in Papier

Diese vier fiktiven Produkte werden einer Auskunftsperson zur Beurteilung vorgelegt, um deren Nutzenstruktur zu ermitteln. Die Auskunftsperson wird dabei aufgefordert, über die Produkte entsprechend ihrer subjektiven Nutzenvorstellung eine Rangordnung zu bilden. Beispielsweise möge sich folgende Rangordnung ergeben haben:

Rang	Produkt
1	III
2	IV
3	I
4	II

Diese Rangreihe bildet die Grundlage zur Ableitung von Teilnutzenwerten für die einzelnen Eigenschaftsausprägungen. Die Auskunftsperson gibt also *ordinale Gesamtnutzenurteile* ab, aus denen durch die Conjoint-Analyse *metrische Teilnutzenwerte* abgeleitet werden. Damit wird es außerdem möglich, durch

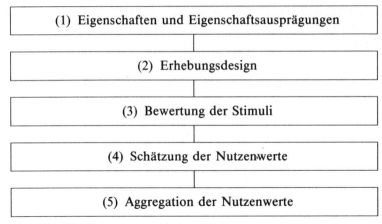

(1) Eigenschaften und Eigenschaftsausprägungen

(2) Erhebungsdesign

(3) Bewertung der Stimuli

(4) Schätzung der Nutzenwerte

(5) Aggregation der Nutzenwerte

Abb. 8.1. Ablaufschritte einer Conjoint-Analyse

Addition der Teilnutzenwerte auch metrische Gesamtnutzenwerte zu ermitteln.

Die Conjoint-Analyse ist in ihrem Kern eine Analyse *individueller* Nutzenvorstellungen. Häufig interessiert darüber hinaus die Nutzenstruktur einer Mehrzahl von Personen. So interessiert z. B. den Margarinehersteller nicht primär die Nutzenstruktur eines einzelnen Konsumenten, sondern die seiner Käufer insgesamt. Zu diesem Zwecke ist eine Aggregation der individuellen Ergebnisse notwendig.

Die Planung und Durchführung einer Conjoint-Analyse erfordert daher die Ablaufschritte, die in Abbildung 8.1 dargestellt sind.

Zunächst müssen vom Untersucher die Eigenschaften und Eigenschaftsausprägungen ausgewählt und sodann ein Erhebungsdesign entwickelt werden. Im dritten Schritt erfolgt die Erhebung der Daten durch Befragung, wobei die fiktiven Produkte (Stimuli) von den Auskunftspersonen bewertet werden. Aus diesen Daten werden mit Hilfe der Conjoint-Analyse die Teilnutzenwerte geschätzt. Evtl. wird anschließend eine Aggregation der individuellen Nutzenwerte vorgenommen.

8.2 Planung und Durchführung einer Conjoint-Analyse

8.2.1 Eigenschaften und Eigenschaftsausprägungen

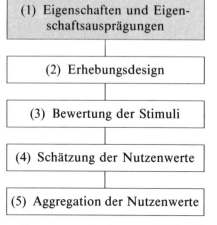

Die durch die Conjoint-Analyse zu ermittelnden Teilnutzenwerte beziehen sich auf einzelne Ausprägungen von Eigenschaften, die der Untersucher für die Analyse vorgeben muß. Bei der Auswahl der Eigenschaften bzw. Eigenschaftsausprägungen sollten folgende Gesichtspunkte beachtet werden:

1. Die *Eigenschaften* müssen *relevant* sein. D. h. der Untersucher muß größte Sorgfalt darauf verwenden, nur solche Eigenschaften auszuwählen, von denen zu vermuten ist, daß sie für die Gesamtnutzenbewertung der Befragten von Bedeutung sind und auf die Kaufentscheidung Einfluß nehmen.

2. Die *Eigenschaften* müssen durch den Hersteller *beeinflußbar* sein. Wenn die Ergebnisse der Conjoint-Analyse für Produktentscheidungen nutzbar gemacht werden sollen, muß die Variation der betreffenden Eigenschaften Parameter der Produktgestaltung sein.

3. Die ausgewählten *Eigenschaften* sollten *unabhängig* sein. Eine Verletzung dieser Bedingung widerspricht dem additiven Modell der Conjoint-Analyse. Unabhängigkeit der Eigenschaften bedeutet, daß der empfundene Nutzen einer Eigenschaftsausprägung nicht durch die Ausprägungen anderer Eigenschaften beeinflußt wird.

4. Die *Eigenschaftsausprägungen* müssen *realisierbar* sein. Die Nutzbarkeit der Ergebnisse für die Produktgestaltung erfordert, daß die untersuchten Eigenschaftsausprägungen vom Hersteller technisch durchführbar sind.

5. Die *Anzahl* der *Eigenschaften* und ihrer *Ausprägungen* muß *begrenzt* werden. Der Befragungsaufwand wächst exponentiell mit der Zahl der Eigenschaftsausprägungen. Deshalb ist es aus erhebungstechnischen Gründen notwendig, sich auf relativ wenige Eigenschaften und je Eigenschaft auf wenige Ausprägungen zu beschränken.

In Erweiterung des Ausgangsbeispiels entscheidet sich der Margarinehersteller für folgende Eigenschaften und Ausprägungen (Tabelle 8.1).

Tabelle 8.1. Eigenschaften und Eigenschaftsausprägungen

Eigenschaft	Ausprägung
A Kaloriengehalt	1 wenig Kalorien — 2 normaler Kaloriengehalt
B Verpackung	1 Becherverpackung — 2 Papierverpackung
C Verwendung	1 Brotaufstrich — 2 Kochen, Backen, Braten — 3 universell

8.2.2 Erhebungsdesign

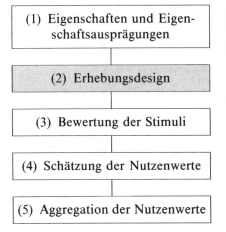

(1) Eigenschaften und Eigenschaftsausprägungen

(2) Erhebungsdesign

(3) Bewertung der Stimuli

(4) Schätzung der Nutzenwerte

(5) Aggregation der Nutzenwerte

Im Rahmen der Festlegung des Erhe-
bungsdesigns sind zwei Entscheidungen
zu treffen:

1. *Definition der Stimuli:* Profil- oder
Zwei-Faktor-Methode?
2. *Zahl der Stimuli:* Vollständiges oder
reduziertes Design?

8.2.2.1 Definition der Stimuli

Als Stimuli werden hier die Kombinationen von Eigenschaftsausprägungen
verstanden, die den Auskunftspersonen zur Beurteilung vorgelegt werden.

Bei der *Profilmethode* besteht ein Stimulus aus der Kombination je einer
Ausprägung aller Eigenschaften. Dadurch können sich in unserem Beispiel in
Tabelle 8.1 für die drei Eigenschaften mit jeweils zwei bzw. drei Ausprägungen
maximal $(2 \times 2 \times 3 =)$ 12 Stimuli ergeben, die in Abbildung 8.2 als Übersicht
dargestellt sind.

Bei der *Zwei-Faktor-Methode*, die auch als Trade-Off-Analyse bezeichnet
wird, werden zur Bildung eines Stimulus jeweils nur zwei Eigenschaften (Fak-
toren) herangezogen[2]. Für jedes mögliche Paar von Eigenschaften wird eine
Trade-Off-Matrix gebildet. Diese enthält die Kombinationen der Ausprägun-
gen der beiden Eigenschaften. Man erhält damit bei n Eigenschaften insgesamt
$\binom{n}{2}$ *Trade-Off-Matrizen.* In unserem Beispiel ergeben sich damit $\binom{3}{2}$, also 3
Trade-Off-Matrizen, die in Abbildung 8.3 wiedergegeben sind. Jede Zelle einer
Trade-Off-Matrix bildet damit einen Stimulus.

Die Wahl zwischen Profil- und Zwei-Faktor-Methode sollte im Hinblick auf
folgende drei Gesichtspunkte erfolgen:

1. Ansprüche an die Auskunftsperson. Da bei der Zwei-Faktor-Methode die
Auskunftsperson nur jeweils zwei Faktoren gleichzeitig betrachten und gegen-
einander abwägen muß („trade off"), besteht gegenüber der Profilmethode
eine leichter zu bewältigende Bewertungsaufgabe. Die Zwei-Faktor-Methode
kann daher auch ohne Interviewereinsatz (z. B. schriftliche Befragung) angewendet werden.

Margarine I	*Margarine II*
kalorienarm	kalorienarm
Becherverpackung	Becherverpackung
als Brotaufstrich geeignet	zum Kochen, Backen, Braten
Margarine III	*Margarine IV*
kalorienarm	normale Kalorien
Becherverpackung	Becherverpackung
universell verwendbar	als Brotaufstrich geeignet
Margarine V	*Margarine VI*
normale Kalorien	normale Kalorien
Becherverpackung	Becherverpackung
zum Kochen, Backen, Braten	universell verwendbar
Margarine VII	*Margarine VIII*
kalorienarm	kalorienarm
Papierverpackung	Papierverpackung
als Brotaufstrich geeignet	zum Kochen, Backen, Braten
Margarine IX	*Margarine X*
kalorienarm	normale Kalorien
Papierverpackung	Papierverpackung
universell verwendbar	als Brotaufstrich geeignet
Margarine XI	*Margarine XII*
normale Kalorien	normale Kalorien
Papierverpackung	Papierverpackung
zum Kochen, Backen, Braten	universell verwendbar

Abb. 8.2. Stimuli bei der Profilmethode

Eigenschaft A Kaloriengehalt	Eigenschaft B, Verpackung	
	1 Becher	2 Papier
1 kalorienarm	A1 B1	A1 B2
2 normale Kalorien	A2 B1	A2 B2

Eigenschaft A Kaloriengehalt	Eigenschaft C, Verwendung		
	1 Brotaufstrich	2 Kochen	3 universell
1 kalorienarm	A1 C1	A1 C2	A1 C3
2 normale Kalorien	A2 C1	A2 C2	A2 C3

Eigenschaft B Verpackung	Eigenschaft C, Verwendung		
	1 Brotaufstrich	2 Kochen	3 universell
1 Becher	B1 C1	B1 C2	B1 C3
2 Papier	B2 C1	B2 C2	B2 C3

Abb. 8.3. Trade-Off-Matrizen

2. *Realitätsbezug.* Da beim realen Beurteilungsprozeß stets komplette Produkte und nicht isolierte Eigenschaften miteinander verglichen werden, liefert die Profilmethode ein realitätsnäheres Design. Außerdem können die Stimuli nicht nur in schriftlicher Form, sondern auch als anschauliche Abbildungen oder Objekte vorgegeben werden.

3. *Zeitaufwand.* Mit zunehmender Anzahl von Eigenschaften und ihren Ausprägungen steigt die Zahl möglicher Stimuli bei der Profilmethode wesentlich schneller als bei der Zwei-Faktor-Methode.

Zusammenfassend läßt sich feststellen, daß bei praktischen Anwendungen der Profilmethode meist der Vorzug gegeben wird. Im folgenden steht daher die Profilmethode im Vordergrund der Betrachtungen.

8.2.2.2 Zahl der Stimuli

In vielen empirischen Untersuchungen besteht häufig der Wunsch, mehr Eigenschaften und/oder Ausprägungen zu analysieren als erhebungstechnisch realisierbar sind. Dies tritt insbesondere bei der Profilmethode auf. Bereits bei sechs Eigenschaften mit je drei Ausprägungen ergeben sich ($3^6 =$) 729 Stimuli, was erhebungstechnisch nicht mehr zu bewältigen ist. Daraus erwächst die Notwendigkeit, aus der Menge der möglichen Stimuli *(vollständiges Design)* eine zweckmäßige Teilmenge *(reduziertes Design)* auszuwählen.

Die Grundidee eines reduzierten Designs besteht darin, eine Teilmenge von Stimuli zu finden, die das vollständige Design möglichst gut repräsentiert. Beispielsweise könnte man eine Zufallsstichprobe ziehen. Davon geht man in der Regel jedoch nicht aus, sondern es wird eine systematische Auswahl der Stimuli vorgenommen. In der experimentellen Forschung ist eine Reihe von Verfahren entwickelt worden, die zur Lösung dieses Problems herangezogen werden können. Die Auswahlproblematik ist bei asymmetrischen Designs wesentlich größer als bei symmetrischen Designs. Von einem *symmetrischen* Design spricht man, wenn alle Eigenschaften die gleiche Anzahl von Ausprägungen aufweisen.

Ein spezielles reduziertes symmetrisches Design ist das *Lateinische Quadrat*. Seine Anwendung ist auf den Fall von genau drei Eigenschaften beschränkt. Das vollständige Design, das dem lateinischen Quadrat zugrunde liegt, umfaßt z. B. im Fall von drei Ausprägungen je Eigenschaft ($3 \times 3 \times 3 =$) 27 Stimuli, die in Tabelle 8.2 dargestellt sind.

Tabelle 8.2. Vollständiges faktorielles Design

*A1*B1C1	*A2*B1C1	*A3*B1C1
*A1*B2C1	*A2*B2C1	*A3*B2C1
*A1*B3C1	*A2*B3C1	*A3*B3C1
*A1*B1C2	*A2*B1C2	*A3*B1C2
*A1*B2C2	*A2*B2C2	*A3*B2C2
*A1*B3C2	*A2*B3C2	*A3*B3C2
*A1*B1C3	*A2*B1C3	*A3*B1C3
*A1*B2C3	*A2*B2C3	*A3*B2C3
*A1*B3C3	*A2*B3C3	*A3*B3C3

Tabelle 8.3. Lateinisches Quadrat

	A1	A2	A3
B1	A1 B1 C1	A2 B1 C2	A3 B1 C3
B2	A1 B2 C2	A2 B2 C3	A3 B2 C1
B2	A1 B3 C3	A2 B3 C1	A3 B3 C2

Von den 27 Stimuli des vollständigen Designs werden 9 derart ausgewählt, daß jede Ausprägung einer Eigenschaft genau einmal mit jeder Ausprägung einer anderen Eigenschaft vorkommt. Damit ergibt sich, daß jede Eigenschaftsausprägung genau dreimal (statt neunmal) im Design vertreten ist. Tabelle 8.3 zeigt das entsprechende Design.

Komplizierter ist die Reduzierung *asymmetrischer Designs*, in denen die verschiedenen Eigenschaften eine unterschiedliche Anzahl von Ausprägungen aufweisen, wie das $(2 \times 2 \times 3)$-faktorielle Design des Margarinebeispiels. Auch hier wurden Pläne zur Konstruktion reduzierter Designs entwickelt. Darauf wird in Abschnitt 8.3 genauer eingegangen.

8.2.3 Bewertung der Stimuli

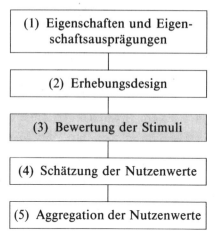

Die Conjoint-Analyse erfordert, daß eine Rangfolge der Stimuli ermittelt wird, die die Nutzenvorstellungen der Auskunftsperson widerspiegelt. Dazu bieten sich verschiedene Vorgehensweisen an.

Üblich ist die Erhebung über *Rangreihung*. Dabei werden die Stimuli nach empfundenen Nutzen mit Rangwerten versehen. Bei einer größeren Anzahl von Stimuli empfiehlt sich eine indirekte Vorgehensweise. Es erfolgt zunächst eine Grobeinteilung in Gruppen unterschiedlichen Nutzens (z. B. niedriger, mittlerer, hoher Nutzen).

Innerhalb der Gruppen werden die Rangfolgen der einzelnen Stimuli ermittelt, die dann zur Gesamtrangordnung zusammengefaßt werden. Weitere Möglichkeiten bestehen darin, die Rangwerte über Rating-Skalen oder Paarvergleiche abzufragen[3].

8.2.4 Schätzung der Nutzenwerte

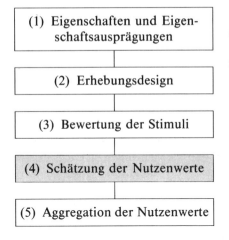

Mit Hilfe der Conjoint-Analyse werden auf Basis der empirisch ermittelten Rangdaten einer Menge von Stimuli zunächst *Teilnutzenwerte* (partworths) für Eigenschaftsausprägungen ermittelt. Aus den Teilnutzenwerten lassen sich die
- metrischen *Gesamtnutzenwerte* der Stimuli,
- relative *Wichtigkeit* der Eigenschaften ableiten.

Die Schätzung der Teilnutzenwerte soll nachfolgend anhand eines kleinen Beispiels mit nur zwei Eigenschaften dargestellt werden:

Ein Hersteller von Margarine möchte die Bedeutung der Eigenschaften „Verwendung" und „Kaloriengehalt" für die Nutzenbildung der Konsumenten untersuchen. Die folgenden *Eigenschaftsausprägungen* wurden spezifiziert:

A: Verwendung: 1. Brotaufstrich
                    2. Kochen, Backen, Braten
                    3. universell verwendbar
B: Kaloriengehalt: 1. kalorienarm
                    2. normaler Kaloriengehalt

Durch Kombination dieser Eigenschaftsausprägungen erhält man die folgenden sechs *Stimuli* (fiktive Produkte):

    I: A1, B1   Brotaufstrich/kalorienarm
   II: A1, B2   Brotaufstrich/normaler Kaloriengehalt
  III: A2, B1   Kochen, Braten, Backen/kalorienarm
   IV: A2, B2   Kochen, Braten, Backen/normaler Kaloriengehalt
    V: A3, B1   universell verwendbar/kalorienarm
   VI: A3, B2   universell verwendbar/normaler Kaloriengehalt

Es sollen alle sechs Stimuli in die Erhebung einbezogen werden. Damit folgt ein vollständiges zweifaches *Untersuchungsdesign*, das in Tabelle 8.4 dargestellt ist.

Tabelle 8.4. Vollständiges Untersuchungsdesign für das Beispiel

		Eigenschaft B	
		1	2
Eigenschaft A	1	p_I	p_{II}
	2	p_{III}	p_{IV}
	3	p_V	p_{VI}

Tabelle 8.5. Rangwerte für eine Auskunftsperson im Beispiel

		Eigenschaft B 1	2
Eigenschaft A	1	2	1
	2	3	4
	3	6	5

Durch p sind dabei die empirischen Rangwerte der jeweiligen Stimuli bezeichnet, die im Rahmen der Untersuchung erhoben werden müssen. Für eine bestimmte Auskunftsperson seien die Rangwerte von Tabelle 8.5 erhoben worden.

Für jede der insgesamt fünf Eigenschaftsausprägungen ist jetzt ein Teilnutzenwert β zu schätzen. Aus der Verknüpfung der Teilnutzenwerte ergibt sich dann der Gesamtnutzenwert y eines Stimulus. Im einfachsten Fall wird daher das folgende *additive Modell* zugrunde gelegt:

$$y = \beta_A + \beta_B \tag{1a}$$

In allgemeiner Form läßt sich das additive Modell der Conjoint-Analyse wie folgt formulieren:

Additives Modell der Conjoint-Analyse

$$y_k = \sum_{j=1}^{J} \sum_{m=1}^{M_j} \beta_{jm} x_{jm} \tag{1}$$

mit:

y_k: geschätzter Gesamtnutzenwert für Stimulus k

β_{jm}: Teilnutzenwert für Ausprägung m von Eigenschaft j

$x_{jm} = \begin{cases} 1 & \text{falls bei Stimulus k die Eigenschaft j in der Ausprägung m vorliegt} \\ 0 & \text{sonst} \end{cases}$

Das additive Modell, das in der Conjoint-Analyse vornehmlich Anwendung findet, besagt, daß die Summe der Teilnutzen den Gesamtnutzen ergibt[4]. Durch Anwendung dieses Modells ergeben sich im Beispiel die folgenden Gesamtnutzenwerte:

$$y_I = \beta_{A1} + \beta_{B1}$$
$$y_{II} = \beta_{A1} + \beta_{B2}$$
$$y_{III} = \beta_{A2} + \beta_{B1}$$
$$y_{IV} = \beta_{A2} + \beta_{B2}$$
$$y_V = \beta_{A3} + \beta_{B1}$$
$$y_{VI} = \beta_{A3} + \beta_{B2}$$

Das zur Bestimmung der Teilnutzenwerte verwendete *Zielkriterium* läßt sich wie folgt formulieren:

Die Teilnutzenwerte β_{jm} sollen so bestimmt werden, daß die resultierenden Gesamtnutzenwerte y_k „möglichst gut" den empirischen Rangwerten p_k entsprechen.

Das Zielkriterium wird im folgenden noch näher spezifiziert.

Das zur Ermittlung der Teilnutzenwerte üblicherweise verwendete Rechenverfahren wird als *monotone Varianzanalyse* bezeichnet. Es bildet eine Weiterentwicklung der gewöhnlichen (metrischen) Varianzanalyse, die in Kapitel 2 dieses Buches behandelt wird.

8.2.4.1 Metrische Lösung

Das Problem der Conjoint-Analyse soll zunächst durch Anwendung der metrischen Varianzanalyse gelöst werden. Dabei wird unterstellt, daß die empirisch ermittelten p-Werte *nicht* ordinales, sondern metrisches Skalenniveau besitzen. Das Modell (1 a) ist daher durch Einbeziehung eines konstanten Gliedes μ wie folgt zu modifizieren:

$$y = \mu + \beta_A + \beta_B \qquad\qquad (1\,b)$$

Durch Anwendung der Varianzanalyse erhält man für die Daten aus Tabelle 8.5 die folgenden Schätzwerte:

$$\mu = 3{,}5 \qquad \beta_{A1} = -2{,}000 \qquad \beta_{B1} = 0{,}1667$$
$$\beta_{A2} = 0{,}0 \qquad \beta_{B2} = -0{,}1667$$
$$\beta_{A3} = 2{,}000$$

Die Berechnung ist im Anhang A dieses Kapitels wiedergegeben. Es ergibt sich damit beispielsweise für Stimulus I der Gesamtnutzenwert:

$$y_I: \quad 3{,}5 - 2{,}0 + 0{,}1667 = 1{,}6667$$

In Tabelle 8.6 sind die empirischen und geschätzten Nutzenwerte sowie deren einfache und quadrierte Abweichungen zusammengefaßt.

Tabelle 8.6. Ermittlung der quadratischen Abweichungen zwischen den empirischen und geschätzten Nutzenwerten

Stimulus	p	y	p − y	$(p-y)^2$
I	2	1,6667	0,333	0,1111
II	1	1,3333	−0,333	0,1111
III	3	3,6667	−0,667	0,4444
IV	4	3,3333	0,667	0,4444
V	6	5,6667	0,333	0,1111
VI	5	5,3333	−0,333	0,1111
	21	21,0000	0,000	1,3333

Die durch Anwendung der Varianzanalyse ermittelten Teilnutzenwerte β sind Kleinst-Quadrate-Schätzungen, d. h. sie wurden so ermittelt, daß die Summe der quadratischen Abweichungen zwischen den empirischen und geschätzten Nutzenwerten minimal ist:

$$\underset{\beta}{\text{Min}} \sum_{k=1}^{K} (p_k - y_k)^2 \qquad (2)$$

Zu der gleichen Lösung hätte man auch durch Anwendung einer Regressionsanalyse (vgl. Kapitel 1 in diesem Buch) der p-Werte auf die 0/1-Variablen (Dummy-Variablen) x_{jm} in Formel (1) gelangen können. Eine derartige Dummy-Regression wird in der Tat im Rahmen der Conjoint-Analyse häufig angewendet[5].

Um zu beurteilen, welche Bedeutung die untersuchten Eigenschaften für die Nutzenbildung haben, läßt sich das folgende Maß heranziehen:

Relative Wichtigkeit einer Eigenschaft

$$w_j = \underset{m}{\text{Max}}\{\beta_{jm}\} - \underset{m}{\text{Min}}\{\beta_{jm}\} \qquad (3)$$

mit:

β_{jm}: Teilnutzenwert für Ausprägung m von Eigenschaft j

Im Beispiel ergibt sich:

$$w_A = 2,0000 - (-2,0000) = 4,0000$$
$$w_B = 0,1667 - (-0,1667) = 0,3333$$

Die Eigenschaft A („Verwendung") besitzt also für die Nutzenbildung der betreffenden Auskunftsperson eine weit größere Wichtigkeit als die Eigenschaft B („Kaloriengehalt").

Um die relativen Wichtigkeiten der Eigenschaften für verschiedene Auskunftspersonen vergleichbar zu machen, sind diese wie folgt zu normieren:

$$\hat{w}_j = \frac{w_j}{\sum_{j=1}^{J} w_j} \qquad (4)$$

Die normierten Wichtigkeiten einer Person summieren sich immer zu eins.

8.2.4.2 Nichtmetrische Lösung

Läßt man die Annahme metrisch skalierter Ausgangswerte fallen und beschränkt sich auf die Annahme ordinal skalierter p-Werte, so gewinnt man größeren Spielraum für die Lösung des Problems einer optimalen Schätzung der Teilnutzenwerte. Dieser Spielraum kann durch Anwendung der *monotonen Varianzanalyse* genutzt werden. Die Art der Ergebnisse und deren Interpretation ändert sich dabei nicht.

Die von J. B. Kruskal entwickelte monotone Varianzanalyse bildet ein iteratives Verfahren und ist somit bedeutend rechenaufwendiger als die metrische Varianzanalyse[6]. Die metrische Lösung kann als Ausgangspunkt für den Iterationsprozeß verwendet werden[7]. Das Prinzip der monotonen Varianzanalyse läßt sich wie folgt darstellen:

Monotone Varianzanalyse

$$p_k \xrightarrow{f_M} z_k \cong y_k = \sum_{j=1}^{J} \sum_{m=1}^{M_j} \beta_{jm} \cdot x_{jm} \qquad (5)$$

mit:

p_k: empirische Rangwerte der Stimuli ($k = 1, \dots, K$)
z_k: monoton angepaßte Rangwerte
y_k: metrische Gesamtnutzenwerte, die durch das additive Modell (1) gewonnen wurden
f_M: monotone Transformation zur Anpassung der z-Werte an die y-Werte
$\cong$: bedeutet möglichst gute Anpassung im Sinne des Kleinst-Quadrate-Kriteriums

Die monotone Varianzanalyse unterscheidet sich von der metrischen Varianzanalyse dadurch, daß die Anpassung der y-Werte (durch Schätzung der Teilnutzenwerte β) nicht direkt an die empirischen p-Werte erfolgt, sondern indirekt über die z-Werte, die folgender *Monotoniebedingung* gehorchen müssen:

$$z_k \leq z_{k'} \quad \text{für} \quad p_k < p_{k'} \quad \text{(schwache Monotonie)} \qquad (6)$$

Das Zielkriterium der monotonen Varianzanalyse beinhaltet daher im Unterschied zu Formel (2) eine Minimierung der Abweichungen zwischen z und y. Es lautet wie folgt:

Zielkriterium der monotonen Varianzanalyse

$$\underset{f_M}{\text{Min}} \; \underset{\beta}{\text{Min}} \; L = \sqrt{\frac{\sum_{k=1}^{K} (z_k - y_k)^2}{\sum_{k=1}^{K} (y_k - \bar{y})^2}} \qquad (7)$$

Die Größe L wird als *Streß* bezeichnet.

Das Zentrum des Streßmaßes bildet das Kleinst-Quadrate-Kriterium im Zähler der Wurzel. Der Nenner dient lediglich als Skalierungsfaktor und bewirkt, daß lineare Transformationen der z-Werte (und damit der angepaßten y-Werte) keinen Einfluß auf die Größe L haben. Die Wurzel selbst soll nur der besseren Interpretation dienen und hat keinen Einfluß auf die Lösung.

Das Zielkriterium erfordert eine zweifache Optimierung, nämlich über die Transformation f_m, die die Bedingung in Formel (6) erfüllen müssen, und die Teilnutzenwerte β. Es kommen daher auch zwei verschiedene Rechenverfahren zur Anwendung. *Wechselseitig* erfolgt für eine

- gegebene Transformation f_M:
  Anpassung von y an z durch Auffindung von Teilnutzenwerten β *(Gradientenverfahren)*.

– gegebene Menge von β-Werten:
Anpassung von z an y durch Auffinden einer monotonen Transformation f_M *(monotone Regression)*.

Das zur Optimierung über β herangezogene Gradientenverfahren (Methode des steilsten Anstiegs) ist ein iteratives Verfahren[8]. Bei jedem Schritt dieses Verfahrens werden für die gefundenen Teilnutzenwerte β die resultierenden Gesamtnutzenwerte y_k berechnet und sodann die Werte z_k durch monotone Regression (von p auf y) optimal angepaßt. Abbildung 8.4 veranschaulicht den Ablauf.

8.2.4.3 Monotone Regression

Unter dem Begriff der monotonen Regression, die als Baustein der monotonen Varianzanalyse dient, verbirgt sich ein im Prinzip sehr einfaches Verfahren[9]. Die Abbildungen 8.5 und 8.6 dienen zur Veranschaulichung.

In Abbildung 8.5 sind die in Abschnitt 8.2.4.1 durch metrische Varianzanalyse ermittelten Gesamtnutzenwerte y_k über den empirischen Rangwerten der

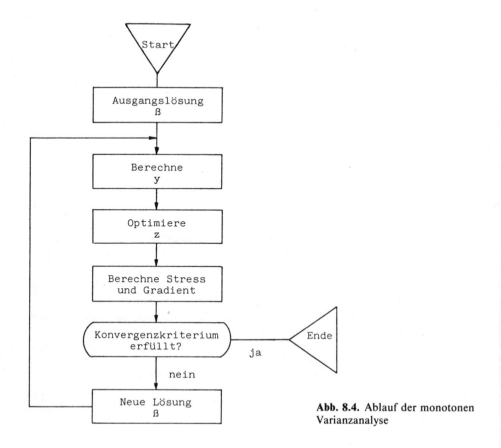

Abb. 8.4. Ablauf der monotonen Varianzanalyse

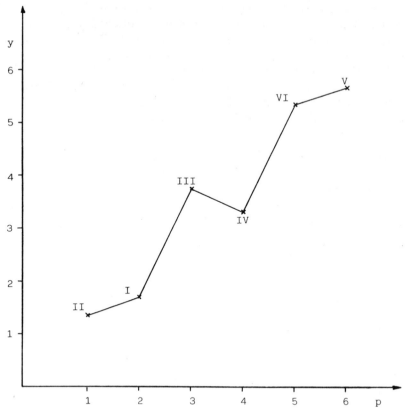

Abb. 8.5. Verlauf der geschätzten y-Werte über den empirischen Rangdaten

sechs Stimuli eingetragen (vgl. Tabelle 8.6). Wie man sieht, ist der sich ergebende Verlauf nicht monoton. Die y-Werte für Stimulus III und IV verletzen
die Monotoniebedingung in Formel (6); denn es gilt:

$$y_{III} > y_{IV} \quad \text{aber} \quad p_{III} < p_{IV}$$

Durch monotone Regression von y über p werden jetzt monoton angepaßte
Werte z, die optimal im Sinne des Kleinst-Quadrate-Kriteriums sind, wie folgt
angepaßt:

- Es wird $z_k = y_k$ gesetzt, wenn y_k die Monotoniebedingung (bezüglich aller
  übrigen y-Werte) erfüllt.
- Verletzen zwei Werte y_k und $y_{k'}$ die Monotoniebedingung, so wird deren
  Mittelwert gebildet und den z-Werten zugeordnet:

$$z_k = z_{k'} = \frac{y_k + y_{k'}}{2}$$

Analog wird verfahren, wenn mehr als zwei y-Werte die Monotoniebedingung verletzen.

Abbildung 8.6 zeigt das Ergebnis der monotonen Regression. Die erhaltenen z-Werte sind nicht nur optimal im Sinne des Kleinst-Quadrate-Kriteriums, sondern sie minimieren auch das Streßmaß in Formel (7), da der Nenner unter der Wurzel bei der monotonen Anpassung konstant bleibt.

Wenn alle y-Werte die Monotoniebedingung erfüllen, ergibt sich für den Streß der Wert $L = 0$ („perfekte Lösung"). In diesem Fall erübrigt sich eine monotone Regression. Wenn sogenannte *Ties* unter den empirischen Rangwerten auftreten, d. h. wenn gleiche Rangwerte mehr als einmal vorkommen, sind bei der monotonen Regression zwei alternative Vorgehensweisen möglich[10]:

- *Primary Approach:*
  Aus $p_k = p_{k'}$ folgt keine Einschränkung für z_k und $z_{k'}$.
- *Secondary Approach:*
  Aus $p_k = p_{k'}$ folgt die Bedingung $z_k = z_{k'}$.

Kruskal, von dem diese Einteilung stammt, erscheint der Primary Approach als die geeignetere Vorgehensweise. Die gängigen Computerprogramme zur Conjoint-Analyse (MONANOVA, UNICON) lassen optional beide Vorgehensweisen zu.

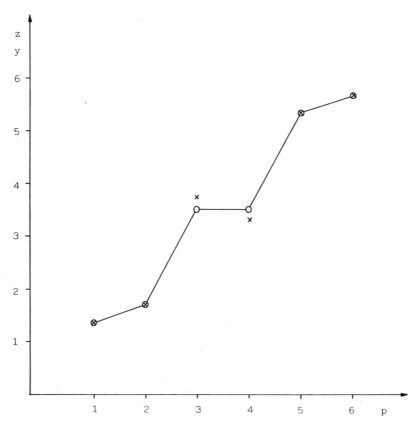

Abb. 8.6. Verlauf der monoton angepaßten z-Werte über den empirischen Rangdaten

8.2.4.4 Fehlende Rangdaten

Es wurde bereits darauf hingewiesen, daß bei größerer Anzahl von Eigenschaften und Eigenschaftsausprägungen *unvollständige Untersuchungsdesigns* angewendet werden müssen, um den Erhebungsaufwand in Grenzen zu halten und eine Überforderung der Versuchspersonen zu vermeiden. Bei unvollständigen Untersuchungsdesigns werden nur für eine systematisch gebildete Teilmenge aus der Gesamtmenge der Stimuli des vollständigen Designs Rangdaten erhoben.

Bei empirischen Untersuchungen ist es weiterhin unvermeidbar, daß ungewollt fehlende Daten, sog. *Missing Values* auftreten, z. B. als Folge von Erhebungsfehlern oder weil die Auskunftspersonen nicht antworten können oder wollen. Auch aus diesen Gründen können daher bei der Durchführung einer Conjoint-Analyse Rangdaten fehlen.

Das Prinzip der Behandlung fehlender Rangdaten ist sehr einfach: Bei der Berechnung der Streß-Formel wie auch bei Durchführung der monotonen Regression werden nur diejenigen Stimuli berücksichtigt, für die empirische Rangdaten vorliegen. Daher ist es gleichgültig, ob die Rangdaten als Missing Values oder infolge eines unvollständigen Designs fehlen.

Bei der Dateneingabe in ein Programm müssen für fehlende Daten *Füllwerte* eingegeben werden.

Beispiel:

vollständige Rangdaten: 2, 1, 3, 4, 6, 5
unvollständige Rangdaten: 2, 0, 3, 4, 0, 5

Die fehlenden Daten werden jeweils durch eine Null ersetzt. Die Null kann dabei als Füllwert durch das Programm vorgegeben oder vom Benutzer (durch Spezifizierung eines Cut-off-Wertes) gewählt werden.

Natürlich dürfen nicht zuviele Rangdaten fehlen, damit eine Ermittlung der zugrundeliegenden Nutzenstruktur möglich ist. Andernfalls kann es sein, daß das Verfahren zusammenbricht (degeneriert). Man erhält dann einen minimalen Streßwert von Null, obgleich die ermittelten Teilnutzenwerte bedeutungslos sind.

8.2.5 Aggregation der Nutzenwerte

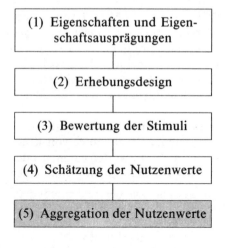

Es wurde gezeigt, wie sich mit Hilfe der Conjoint-Analyse die Nutzenstruktur einer einzelnen Person analysieren läßt. In vielen Fällen aber interessieren den Untersucher nicht die individuellen Nutzenwerte, sondern nur die aggregierten Nutzenwerte für eine Mehrzahl von Individuen. So ist es z. B. für einen Hersteller in der Regel ausreichend, wenn er die mittlere Nutzenstruktur seiner potentiellen Käufer oder für Segmente von Käufern kennt.

Zur Erlangung von aggregierten Ergebnissen der Conjoint-Analyse bestehen grundsätzlich zwei Möglichkeiten:

- Durchführung von Einzelanalysen für jede Auskunftsperson und Aggregation der gewonnenen Teilnutzenwerte.
- Durchführung einer gemeinsamen Conjoint-Analyse für eine Mehrzahl von Auskunftspersonen, die aggregierte Teilnutzenwerte liefert.

Wird für jede Auskunftsperson eine *Individualanalyse* durchgeführt, so lassen sich anschließend die individuellen Teilnutzenwerte je Eigenschaftsausprägung durch Mittelwertbildung über die Personen aggregieren. Zuvor müssen allerdings die Teilnutzenwerte jeder Person normiert werden. Folgende Formel kann für die Normierung verwendet werden:

$$\hat{\beta}_{jm} = \frac{\beta'_{jm}}{\sum\limits_{j=1}^{J} \sum\limits_{m=1}^{M_j} |\beta_{jm}|} \quad \text{mit } \beta'_{jm} = \beta_{jm} - \bar{\beta}_j \tag{8}$$

Die Subtraktion des Mittelwertes $\bar{\beta}$ dient zur Justierung des Nullpunktes und die Division durch die Summe der $|\bar{\beta}'_{jm}|$ dient zur Justierung der Skaleneinheit. Nach Aggregation der normierten Teilnutzenwerte lassen sich durch Anwendung von Formel (1) auch aggregierte Gesamtnutzenwerte für die Stimuli ableiten.

Eine *gemeinsame Conjoint-Analyse* über eine Mehrzahl von Auskunftspersonen läßt sich durchführen, indem die Auskunftspersonen als Wiederholungen (Replikationen) des Untersuchungsdesigns aufgefaßt werden. Die obigen Berechnungsformeln können unverändert übernommen werden, wenn man die Bedeutung des Laufindex k, der zur Identifizierung der Stimuli diente, ändert. Betrachtet man anstelle der Stimuli jetzt Punkte (wie in Abbildung 8.5 und 8.6 dargestellt), so vervielfacht sich bei einer Gesamtanalyse die Anzahl der Punkte entsprechend der Anzahl der Personen. Bei N Personen erhält man

$K = N \times$ Anzahl der Stimuli

$$K = N \cdot \prod_{j=1}^{J} M_j \qquad (9)$$

Punkte, wobei J wiederum die Anzahl der Eigenschaften und M_j die Anzahl der Ausprägungen von Eigenschaft j bezeichnet. Da die aggregierten Teilnutzenwerte die empirischen Rangdaten jeder einzelnen Person nicht mehr so gut reproduzieren können, wie es bei Individualanalysen der Fall ist, fällt der Streßwert der Gesamtanalysen tendenziell höher aus.

Die Durchführung von Einzelanalysen ist bei großer Anzahl von Auskunftspersonen sehr mühselig, wenn der Ablauf nicht automatisiert wird, indem man zuvor etwas Programmieraufwand investiert. Bei einer Gesamtanalyse müssen lediglich die empirischen Rangdaten nacheinander, Person für Person, in das verwendete Computerprogramm eingegeben werden. Da der Speicherbedarf der Programme aber proportional mit der Anzahl der Punkte und somit mit der Anzahl der Personen wächst, kann man recht schnell an technische Grenzen stoßen.

Jede Aggregation ist objektiv mit einem Verlust an Information verbunden. Es muß daher geprüft werden, ob die aggregierten Nutzenstrukturen nicht allzu heterogen sind, da ansonsten wesentliche Informationen durch die Aggregation verloren gehen würden. Bei starker Heterogenität lassen sich durch Anwendung einer Clusteranalyse (vgl. dazu Kapitel 4 in diesem Buch) homogene(re) Teilgruppen bilden. Die Clusterung kann auf Basis der empirischen Rangdaten wie auch auf Basis der durch Einzelanalysen gewonnenen Teilnutzenwerte vorgenommen werden.

8.3 Conjoint-Analyse anhand eines empirischen Beispiels

Im folgenden werden die in den vorangegangenen Abschnitten besprochenen Ablaufschritte der Conjoint-Analyse zu zwei Gruppen zusammengefaßt:

- Die ersten drei Schritte („Bestimmung der Eigenschaften und Eigenschaftsausprägungen", „Erhebungsdesign" und „Bewertung der Stimuli") betreffen die *Datenerhebung*.
- Die Schritte vier und fünf („Schätzung der Nutzenwerte" und „Aggregation der Nutzenwerte") beziehen sich auf die *Datenauswertung*.

8.3.1 Datenerhebung

Für die Neueinführung eines Produktes möchte ein Anbieter vier Eigenschaften von Margarine zur Produktgestaltung heranziehen. Er geht davon aus, daß die vier betrachteten Eigenschaften

A: Preis
B: Verwendung
C: Geschmack
D: Kaloriengehalt

voneinander unabhängig sind und für die Kaufentscheidung als relevant angesehen werden können. Für die vier Eigenschaften geht er von den in Tabelle 8.7 dargestellten Eigenschaftsausprägungen aus. Da für die Eigenschaften A und B die Zahl der Ausprägungen drei und für die Eigenschaften C und D nur zwei beträgt, liegt hier ein asymmetrisches $(3 \times 3 \times 2 \times 2)$-Design vor. Das Erhebungsdesign wird nach der Profilmethode erstellt. Bei einem vollständigen Design, d. h. bei Berücksichtigung aller möglichen Kombinationen aller Eigenschaftsausprägungen würden wir $(3 \times 3 \times 2 \times 2 =)$ 36 fiktive Produkte (Stimuli) erhalten. Da die Bewertung dieser 36 Alternativen jedoch wahrscheinlich eine Überforderung für die Auskunftspersonen bedeuten würde, wird hier ein reduziertes Design gebildet.

Reduzierte asymmetrische Designs werden gewöhnlich wie folgt konstruiert:
- Man erstellt zunächst ein reduziertes Design für den entsprechenden symmetrischen Fall, also anstelle eines $(3 \times 3 \times 2 \times 2)$-Designs ein $(3 \times 3 \times 3 \times 3)$-Design. Block 1 in Tabelle 8.8 zeigt ein reduziertes $(3 \times 3 \times 3 \times 3)$-Design mit 9 Kombinationen (Stimuli).
- Mittels einer eindeutigen Transformation wird sodann für eine oder mehrere Eigenschaften die Zahl der Ausprägungen reduziert.

Tabelle 8.7. Eigenschaften und Eigenschaftsausprägungen in der Margarinestudie

A	Preis	1	2,51 DM–3 DM
		2	2,01 DM–2,50 DM
		3	1,51 DM–2 DM
B	Verwendung	1	als Brotaufstrich geeignet
		2	zum Kochen, Backen, Braten geeignet
		3	universell verwendbar
C	Geschmack	1	nach Butter schmeckend
		2	neutral-pflanzlich schmeckend
D	Kaloriengehalt	1	kalorienarm (400 kcal/100 g)
		2	normaler Kaloriengehalt (700 kcal/100 g)

Tabelle 8.8. Basic plan 2 von Addelman

Zeile \ Spalte	Block 1				Block 2			
	1	2	3	4	1	2	3	4
1	1	1	1	1	1	1	1	1
2	1	2	2	3	1	2	2	1
3	1	3	3	2	1	1	1	2
4	2	1	2	2	2	1	2	2
5	2	2	3	1	2	2	1	1
6	2	3	1	3	2	1	1	1
7	3	1	3	3	1	1	1	1
8	3	2	1	2	1	2	1	2
9	3	3	2	1	1	1	2	1

Im Beispiel muß für die Eigenschaften C und D die Anzahl der Ausprägungen von 3 auf 2 reduziert werden. Eine geeignete Transformation ist z. B. die folgende:

$$1 \rightarrow 1$$
$$2 \rightarrow 2$$
$$3 \rightarrow 1$$

Wendet man diese Transformation auf die Spalten in Block 1 an, so erhält man den Block 2 in Tabelle 8.8. Block 2 bildet ein reduziertes $(2 \times 2 \times 2 \times 2)$-Design.

Die Tabelle 8.8 mit den Blöcken 1 und 2 bildet einen von mehreren Basisplänen (basic plans), die von Addelman entwickelt wurden, um die Bildung reduzierter Designs zu erleichtern[11]. Es lassen sich damit sehr einfach reduzierte Designs mit maximal 4 Eigenschaften und maximal 3 Ausprägungen bilden, so z. B. für die Fälle $(3 \times 3 \times 3 \times 2)$, $(3 \times 3 \times 2 \times 2)$ und $(3 \times 2 \times 2 \times 2)$. Man muß dazu lediglich die benötigten Spalten aus den Blöcken 1 und 2 auswählen.

In unserem Beispiel werden für die beiden Eigenschaften A und B mit jeweils drei Ausprägungen die Spalten 1 und 2 aus Block 1 und für die Eigenschaften C und D mit jeweils zwei Ausprägungen die Spalten 3 und 4 aus Block 2 ausgewählt. Damit ergibt sich das in Tabelle 8.9 formulierte reduzierte Erhebungsdesign.

Tabelle 8.9. Reduziertes Design im empirischen Beispiel

ausgewählte Stimuli	Eigenschaft			
	A	B	C	D
	Anzahl der Ausprägungen			
	3	3	2	2
	Ausprägung			
I	1	1	1	1
II	1	2	2	1
III	1	3	1	2
IV	2	1	2	2
V	2	2	1	1
VI	2	3	1	1
VII	3	1	1	1
VIII	3	2	1	2
IX	3	3	2	1

Tabelle 8.9 ist wie folgt zu interpretieren: Die erste Zeile entspricht dem fiktiven Produkt I (Stimulus I) und ist durch folgende Eigenschaftsausprägungen gekennzeichnet:

```
1  1  1  1
│  │  │  │
│  │  │  Eigenschaft D, Ausprägung 1
│  │  Eigenschaft C, Ausprägung 1
│  Eigenschaft B, Ausprägung 1
Eigenschaft A, Ausprägung 1
```

Als *Produktkärtchen* formuliert lautet Stimulus I wie folgt:

Preis: 2,50–3,00 DM
als Brotaufstrich geeignet
nach Butter schmeckend
kalorienarm (400 kcal/100 g)

Die Tabelle 8.10 zeigt alle neun Stimuli (Produktkärtchen) des reduzierten Designs.

Die neun Stimuli des reduzierten Designs wurden nach der Methode des *Rangordnens* bewertet. Es wurde 40 Studenten die Aufgabe gestellt, jeweils die 9 Produktkärtchen aus Tabelle 8.11 nach der „Eignung für ihren persönlichen Bedarf" zunächst in zwei Gruppen einzuteilen:

- *Gruppe 1:* geeignete Produkte
- *Gruppe 2:* weniger geeignete Produkte.

Anschließend wurde eine Rangordnung der Kärtchen in beiden Gruppen erstellt, deren Ergebnisse dann zu einer Gesamtrangordnung von Rang 1, für die „am wenigsten interessierende Produktalternative", bis zu Rang 9, für die „am stärksten interessierende Produktalternative", zusammengefaßt wurden. Die Gesamtrangordnungen der Auskunftspersonen bilden die Basis für die Datenauswertung.

Tabelle 8.10. Produktkärtchen der Margarinestudie

I	Preis: 2,50–3 DM als Brotaufstrich geeignet nach Butter schmeckend kalorienarm (400 kcal/100 g)	II	zum Backen, Braten, Kochen geeignet neutral-pflanzlich schmeckend kalorienarm (400 kcal/100 g) Preis: 2,50–3 DM
III	nach Butter schmeckend normaler Kaloriengehalt (700 kcal/100 g) Preis: 2,50–3 DM universell verwendbar	IV	normaler Kaloriengehalt (700 kcal/100 g) Preis: 2–2,50 DM als Brotaufstrich geeignet neutral-pflanzlich schmeckend
V	Preis: 2–2,50 DM zum Backen, Braten, Kochen geeignet nach Butter schmeckend kalorienarm (400 kcal/100 g)	VI	universell verwendbar nach Butter schmeckend kalorienarm (400 kcal/100 g) Preis: 2–2,50 DM
VII	nach Butter schmeckend kalorienarm (400 kcal/100 g) Preis: 1,50–2 DM als Brotaufstrich geeignet	VIII	zum Backen, Braten, Kochen geeignet Preis: 1,50–2 DM normaler Kaloriengehalt (700 kcal/100 g) nach Butter schmeckend
IX	Preis: 1,50–2 DM universell verwendbar neutral-pflanzlich schmeckend kalorienarm (400 kcal/100 g)		

8.3.2 Datenauswertung

8.3.2.1 Individuelle Auswertung

Die in der Befragung gewonnenen Rangwerte für die 9 fiktiven Produkte des reduzierten Designs werden in einem ersten Schritt für jede Auskunftsperson isoliert ausgewertet. Zu diesem Zweck müssen die Rangwerte in Form einer vorgeschriebenen Eingabematrix codiert werden. Diese Eingabematrix bezieht sich jedoch auf das *vollständige Design*. Der Aufbau der Eingabematrix ist dabei abhängig von dem verwendeten Computerprogramm[12]. Der Aufbau der hier verwendeten Eingabematrix kann Tabelle 8.11 entnommen werden.

Da jedoch nicht für alle $(3 \times 3 \times 2 \times 2 =)$ 36 fiktiven Produkte Befragungswerte vorliegen, sondern nur für die 9 erhobenen im reduzierten Design, ist die Eingabematrix der hier betrachteten Auskunftsperson entsprechend Tabelle 8.12 aufgebaut.

Die 9 ranggeordneten fiktiven Produkte werden entsprechend dem Aufbau von Tabelle 8.11 genau an die Stelle in der Eingabematrix gesetzt, an der die Position des entsprechenden fiktiven Produktes im vollständigen Design liegen würde. Die nicht bewerteten fiktiven Produkte werden mit Null codiert. Die folgenden Auswertungen basieren damit nur auf den Rangwerten der neun fiktiven Produkte.

In dem hier verwendeten Computer-Programm UNICON werden für jede Auskunftsperson die Daten entsprechend Tabelle 8.12 eingegeben[13]. Die Da-

Tabelle 8.11. Aufbau der Eingabematrix

A1B1C1D1	A2B1C1D1	A3B1C1D1
A1B2C1D1	A2B2C1D1	A3B2C1D1
A1B3C1D1	A2B3C1D1	A3B3C1D1
A1B1C2D1	A2B1C2D1	A3B1C2D1
A1B2C2D1	A2B2C2D1	A3B2C2D1
A1B3C2D1	A2B3C2D1	A3B3C2D1
A1B1C1D2	A2B1C1D2	A3B1C1D2
A1B2C1D2	A2B2C1D2	A3B2C1D2
A1B3C1D2	A2B3C1D2	A3B3C1D2
A1B1C2D2	A2B1C2D2	A3B1C2D2
A1B2C2D2	A2B2C2D2	A3B2C2D2
A1B3C2D2	A2B3C2D2	A3B3C2D2

Tabelle 8.12. Eingabematrix der Auskunftsperson Nr. 15

6	0	7
0	4	0
0	9	0
0	0	0
2	0	0
0	0	8
0	0	0
0	0	1
3	0	0
0	5	0
0	0	0
0	0	0

Tabelle 8.13. Ergebnisse der individuellen Conjoint-Analyse

```
         RUN NAME: UNICON MARGARINE
         TASK NAME: CONJOINT ANALYSE

(1) MODEL      + A  + B  + C  + D


                    FINAL SOLUTION

    MODEL      + A  + B  + C  + D


(2) SOLUTION

    A    0.701   1.160   0.987
    B    0.913  -0.156   0.776
    C    1.038   1.201
    D    1.554   0.891


(3)      A   B   C   D     Z      ZHAT    RESIDUALS      A   B   C   D     Z      ZHAT    RESIDUA

     1   3   2   1   2   2.760   2.760    0.000     2   1   2   2   1   3.300   3.300    0.00
     3   1   3   1   2   3.406   3.406    0.000     4   2   2   1   1   3.595   3.595    0.00
     5   2   1   2   2   4.165   4.165    0.000     6   1   1   1   1   4.206   4.206    0.00
     7   3   1   1   1   4.492   4.492    0.000     8   3   3   2   1   4.518   4.518    0.00
     9   2   3   1   1   4.528   4.528    0.000


(4) NUMBER OF EQUIVALENCE CLASSES

                    IN DATA    9
                    IN Z       9
                    IN ZHAT    9
```

ten in Tabelle 8.12 entsprechen denen der Auskunftsperson Nr. 15. Das Ergebnis der individuellen Conjoint-Analyse für die Auskunftsperson Nr. 15 zeigt Tabelle 8.13.

Aus der Kennung (1) wird deutlich, daß der hier durchgeführten Conjoint-Analyse ein additives Modell zugrunde gelegt wurde, d. h. die Teilnutzenwerte der Eigenschaftsausprägungen werden additiv zum Gesamtnutzenwert eines fiktiven Produktes verknüpft (+A +B +C +D).

Die geschätzten Teilnutzenwerte der Eigenschaftsausprägungen sind unter der Kennung (2): SOLUTION aufgeführt. Für die Eigenschaft A (Preis) betragen die Teilnutzenwerte für die drei Ausprägungen

- 0,701 (Ausprägung: 2,51 DM–3,00 DM)
- 1,160 (Ausprägung: 2,01 DM–2,50 DM)
- 0,987 (Ausprägung: 1,51 DM–2,00 DM)

Entsprechend sind die übrigen Werte der Matrix zu interpretieren. Es zeigt sich, daß die höchstpräferierte Eigenschaftsausprägung D1 („kalorienarm") mit einem Teilnutzenwert von 1,554 ist. Den niedrigsten Teilnutzenwert weist Ausprägung B2 („zum Kochen, Backen, Braten geeignet") mit − 0,156 auf. Das bedeutet, daß durch diesen negativen Teilnutzenwert der Gesamtnutzenwert aufgrund der Additivitätsprämisse sinkt.

Für die 9 fiktiven Produkte des reduzierten Designs sind die Gesamtnutzenwerte unter Kennung (3) aufgeführt (Tabelle 8.13).

Die Tabelle besteht aus zwei Blöcken, die jeweils bis zur Spalte „Residuals" gehen. Die Tabelle ist zeilenweise wie folgt zu lesen:

- Spalte 1 stellt lediglich eine Zeilennumerierung dar.
- Spalten 2 bis 5 enthalten die Eigenschaftsausprägungskombinationen des jeweiligen fiktiven Produktes. Beispielsweise steht in Zeile 1 das Produkt „A3, B2, C1, D2" (vgl. Produkt VIII in Tabelle 8.9).
- In Spalte 6 (Z) finden sich die Gesamtnutzenwerte in aufsteigender Reihenfolge. Der Gesamtnutzenwert von Produkt VIII in Zeile 1 errechnet sich mit Hilfe der Teilnutzenwerte aus Kennung (2) wie folgt:

$$2,760 = 0,987 + (-0,156) + 1,038 + 0,891$$

- Die in Spalte 7 (ZHAT) ausgedruckten Werte entsprechen den monoton transformierten Rangwerten, die in diesem Fall mit den Gesamtnutzenwerten (Z) übereinstimmen.
- Spalte 8 (RESIDUALS) ergibt sich aus der Differenz zwischen Z und ZHAT. In diesem Beispiel sind alle Residuals 0, so daß man von einer perfekten Anpassung ausgehen kann. Diese Anpassung wurde nach vier Iterationen erreicht. Die Abnahme des Streßwertes bei den verschiedenen Iterationen zeigt Abbildung 8.7. Nach der vierten Iteration erreicht der Streß einen Wert von Null, was bereits bei Betrachtung der Residuals deutlich wurde.

In Kennung (4) ist die Anzahl der unterschiedlichen Werte in den Ausgangsdaten (IN DATA), Gesamtnutzenwerte (IN Z) und monoton transformierten Rangwerten (IN ZHAT) angegeben. Die Werte bei „IN DATA" geben an, wie viele unterschiedliche Rangpositionen besetzt wurden. In unserem Beispiel waren dies maximal 9. Da diese Zahl mit der ausgedruckten Zahl übereinstimmt, wird deutlich, daß kein Rangplatz mehrfach vergeben wurde, sondern stets eine klare Abstufung möglich war. Die Werte „IN Z" und „IN ZHAT" geben die Zahl der ermittelten, unterschiedlichen Rangplätze wieder. Stimmen diese Werte mit dem unter „IN DATA" aufgeführten Wert überein, so ist eine gute Anpassung gelungen.

Die Tabelle 8.14 zeigt in der „MATRIX OF Z" alle ermittelten Gesamtnutzenwerte für die 36 fiktiven Produkte. Da aus den Befragungswerten der 9 fiktiven Produkte des reduzierten Designs Teilnutzenwerte für *alle* Eigenschaftsausprägungen errechnet wurden (vgl. Kennung (2) in Tabelle 8.13), lassen sich durch Addition der Teilnutzenwerte auch für die *nicht* in der Befragung berücksichtigten Produktalternativen des vollständigen Designs Gesamtnutzenwerte errechnen.

Der Aufbau der „MATRIX OF Z" entspricht dem Aufbau der Eingabematrix in Tabelle 8.11. Der Wert von 4,206 in der Matrix links oben entspricht also dem Gesamtnutzenwert der Produktalternative „A1, B1, C1, D1".

Die unterstrichenen Werte kennzeichnen die Gesamtnutzenwerte der Produktalternativen des reduzierten Designs. Die höchstpräferierte Produktalter-

```
   PLOT OF STRESS      BY ITERATION

ITERATION
  ============================================================
1  I                                              *   0.52153
2  I                       *                           0.06232
3  I          *                                        0.01172
4  I  *                                                0.00000
```

Abb. 8.7. Entwicklung des Streßwertes

Tabelle 8.14. Gesamtnutzenwerte für alle 36 fiktiven Produkte

MATRIX OF Z

A1	A2	A3	B	C	D
4.206	4.665	4.492	1	1	1
3.136	3.595	3.423	2	1	1
4.068	4.528	4.355	3	1	1
4.369	4.828	4.655	1	2	1
3.300	3.759	3.586	2	2	1
4.232	4.691	4.518	3	2	1
3.543	4.002	3.829	1	1	2
2.474	2.933	2.760	2	1	2
3.406	3.865	3.692	3	1	2
3.706	4.165	3.993	1	2	2
2.637	3.096	2.923	2	2	2
3.569	4.028	3.855	3	2	2

native (vgl. umrahmten Wert) ist „A2, B1, C2, D1", die in der Befragung *nicht* erhoben wurde! Damit ist die Conjoint-Analyse in der Lage, Gesamtnutzenwerte für alle Produktalternativen zu ermitteln, auch wenn nur ein reduziertes Design der Befragung zugrunde gelegen hat.

Um Aussagen über die relative Wichtigkeit der Eigenschaften für die hier betrachtete Person zu machen, sind ergänzende Berechnungen durchzuführen. Mit Hilfe der Formeln (3) und (4) erhält man die Werte in Tabelle 8.15.

Tabelle 8.15. Relative Wichtigkeit der Eigenschaften

	w_j	$\hat{w}_j$
Preis	0,459	19,5%
Verwendung	1,069	45,4%
Geschmack	0,163	6,9%
Kaloriengehalt	0,663	28,2%
Summe	2,354	100,0%

8.3.2.2 Aggregierte Auswertung

Für die Neuprodukteinführung einer Margarinemarke sind die individuellen Auswertungen im Vergleich zu einer aggregierten Auswertung von untergeordnetem Interesse. Der Anbieter möchte wissen, ob es Gruppen von potentiellen Nachfragern gibt, die in bezug auf die Teilnutzenbewertungen ähnliche Präferenzen besitzen. Zu diesem Zweck ist es notwendig, eine Aggregation der individuellen Daten vorzunehmen. Dies kann auf zwei Wegen erfolgen:

1. *Aggregation der Einzelanalysen*

Für alle Auskunftspersonen werden individuelle Conjoint-Analysen durchgeführt. Die so ermittelten Teilnutzenwerte werden dann normiert. Nach Normierung der Teilnutzenwerte werden über alle Befragten Durchschnittswerte errechnet. Im Ergebnis erhält man eine Matrix der Teilnutzenwerte *über alle Befragten*, die in Tabelle 8.16 dargestellt ist.

In diesem Beispiel wurden die Durchschnittswerte mit Hilfe der Prozedur „CONDESCRIPTIVE" in SPSS[x] errechnet. Die Teilnutzenwerte in Tabelle 8.16 sind analog zu den individuellen Teilnutzenwerten der Auskunftspersonen zu interpretieren. Allerdings ist hier zu beachten, daß unterschiedlich große Streuungsbreiten der Teilnutzenwerte auftreten können. Werden aus obigen Werten Gesamtnutzenwerte für die fiktiven Produkte errechnet, so verliert man jedoch die Information über die Streuungen.

2. *Gemeinsame Conjoint-Analyse*

Der Informationsverlust ist geringer, wenn auf die Durchschnittsbildung verzichtet wird. Bei der gemeinsamen Conjoint-Analyse werden *alle* Befragungswerte der Auskunftspersonen *gleichzeitig* bei der Schätzung der Teilnutzenwerte berücksichtigt (vgl. dazu Abschnitt 8.2.5). Das Ergebnis der gemeinsamen Conjoint-Analyse ist in Tabelle 8.17 dargestellt.

Obwohl die Ergebnisse der beiden Aggregationsverfahren differieren, ist zu erkennen (vgl. unterstrichene Werte), daß die Tendenz gleich ist. Die am höchsten bewerteten Ausprägungen der jeweiligen Eigenschaften sind gleich und somit auch das fiktive Produkt mit dem höchsten Gesamtnutzen:

„A3, B3, C1, D1"

Es handelt sich dabei um eine kalorienarme, nach Butter schmeckende, universell verwendbare Margarine zum Preis zwischen 1,50 und 2,00 DM.

Tabelle 8.16. Ergebnis der Aggregation der Einzelanalysen

Eigenschaft	Ausprägung		
	1	2	3
A	0,059	0,102	0,146
B	0,070	0,034	0,073
C	0,148	0,095	
D	0,150	0,124	

Tabelle 8.17. Ergebnis der gemeinsamen Conjoint-Analyse

Eigenschaft	Ausprägung		
	1	2	3
A	−0,071	0,175	0,213
B	0,082	−0,037	0,122
C	0,236	0,011	
D	0,160	0,111	

8.4 Anwendungsempfehlungen

Zusammenfassend lassen sich für den Einstieg in eine Conjoint-Analyse folgende Empfehlungen geben:

1. Eigenschaften und Eigenschaftsausprägungen:
   Die Zahl der Eigenschaften und Eigenschaftsausprägungen ist möglichst gering zu halten. Weiterhin ist darauf zu achten, daß es sich um voneinander unabhängige Eigenschaften handelt, die für die Untersuchung relevant sein müssen. Ebenso müssen die Eigenschaftsausprägungen bei der Produktgestaltung konkret umsetzbar sein.
2. Erhebungsdesign:
   Nach Möglichkeit sollten im Erhebungsdesign nicht mehr als maximal 20 fiktive Produkte enthalten sein. Wird diese Zahl im vollständigen Design überschritten, so sollte ein reduziertes Design unter Verwendung der Profilmethode erstellt werden[14].
3. Bewertung der Stimuli:
   Die Befragungsmethode kann jeweils nur in Abhängigkeit von der konkreten Fragestellung festgelegt werden.
4. Schätzung der Nutzenwerte:
   Der Schätzung sollte ein additives Nutzenmodell zugrunde liegen. Bei schlechten Streßwerten, die eine mangelnde Anpassungsgüte signalisieren, kann über die Wahl einer veränderten Ausgangskonfiguration evtl. eine Verbesserung der Lösung erreicht werden.
5. Aggregation der Nutzenwerte:
   Die gemeinsame Conjoint-Analyse kann zu einer größeren Differenzierung

der Teilnutzenwerte einzelner Eigenschaften und damit zu besser interpretierbaren Werten führen. Wenn die Anzahl der Daten nicht zu groß ist, ist die gemeinsame Conjoint-Analyse der Aggregation der Einzelanalysen vorzuziehen.

6. Segmentation:
Eine Aggregation (oder gemeinsame Analyse) über alle Personen ist nur bei hinreichender Homogenität der individuellen Teilnutzenwerte gerechtfertigt. Dies sollte mit Hilfe einer Cluster-Analyse (vgl. Kapitel 4) überprüft werden. Bei ausgeprägter Heterogenität sind segmentspezifische Analysen durchzuführen.

Anhang

A. Berechnung der Teilnutzenwerte durch Varianzanalyse

Zur Berechnung kann das folgende Tableau verwendet werden:

		Eigenschaft B 1	2	$\bar{p}_A$	$\bar{p}_A - \bar{p}$
Eigenschaft A	1	2	1	1,5	−2,0
	2	3	4	3,5	0,0
	3	6	5	5,5	2,0
$\bar{p}_B$		3,6667	3,3333	3,5	
$\bar{p}_B - \bar{p}$		0,1667	−0,1667		

Ein Teilnutzenwert ergibt sich allgemein durch

$$\beta_j = \bar{p}_j - \bar{p} \tag{A1}$$

$\bar{p}_j$ bezeichnet daher den Mittelwert einer Zeile oder Spalte und p das Gesamtmittel der $\bar{p}$-Werte.

B. Berechnung der Teilnutzenwerte durch Regressionsanalyse

Bei Durchführung einer Regression der p-Werte auf die Dummy-Variablen ist darauf zu achten, daß von den M_j Dummy-Variablen einer Eigenschaft j nur $(M_j - 1)$ Variablen linear unabhängig sind. Je Eigenschaft ist daher eine der Dummy-Variablen zu eliminieren, so daß insgesamt nur

$$Q = \sum_{j=1}^{K} M_j - K \tag{B1}$$

Dummy-Variablen zu berücksichtigen sind. Im Beispiel ergibt sich Q=3. Die der eliminierten Dummy-Variable zugehörige Merkmalsausprägung wird als Basisausprägung der betreffenden Eigenschaft betrachtet. Geschätzt werden sodann die Abweichungen von den jeweiligen

Basisausprägungen. Wählt man jeweils die letzte Ausprägung einer Eigenschaft als Basisausprägung, so gelangt man zu folgender Datenmatrix:

Empirische Werte p_k	Dummies x_{A1}	x_{A2}	x_{B1}	Geschätzte Werte y_k
2	1	0	1	1,6667
1	1	0	0	1,3333
3	0	1	1	3,6667
4	0	1	0	3,3333
6	0	0	1	5,6667
5	0	0	0	5,3333

Die zu schätzende Regressionsgleichung lautet allgemein:

$$y_k = a + \sum_{j=1}^{J} \sum_{m=1}^{M_j - 1} b_{jm} x_{jm} \tag{B2}$$

Für das Beispiel ergibt sich:

$$y_k = 5,3333 - 4,0\, x_{A1} - 2,0\, x_{A2} + 0,3333\, x_{B1} \quad (R^2 = 0,924)$$

Diese Gleichung liefert dieselben Gesamtnutzenwerte y_k, die man auch bei Anwendung der Varianzanalyse erhält. Die Teilnutzenwerte b_{jm} sind gegenüber den zuvor erhaltenen Werten β_{jm} andersartig skaliert. Die β_{jm} sind für jede Eigenschaft j um den Nullpunkt zentriert und man erhält sie durch folgende Transformation:

$$\beta_{jm} = b_{jm} - \bar{b}_j \tag{B3}$$

Die Differenzen zwischen den Teilnutzenwerten für die Eigenschaft j sind dagegen identisch, wie sich leicht nachprüfen läßt. Damit liefern beide Verfahren auch gleiche Wichtigkeiten der Eigenschaften gemäß den Formeln (3) und (4).

C. Steueranweisungen für das Programmpaket „UNICON"

```
1.   RUN NAME       UNICON MARGARINE
2.   TASK NAME      CONJOINT ANALYSE
3.   COMMENT        A-FACET: PREIS
4.   COMMENT        B-FACET: VERWENDUNG
5.   COMMENT        C-FACE: GESCHMACK
6.   COMMENT        D-FACET: KALORIENGEHALT
7.   PRINT DATA     YES
8.   PARAMETERS     A-FACET(3), B-FACET(3), C-FACET(2), D-FACET(2)
9.   INPUT FORMAT   (3I1)
10.  INPUT MEDIUM   CARD
11.  MODEL          A+B+C+D
12.  PRINT          TABLES,SOLUTION
13.  PLOT           STRESS,SHEPARD
14.  READ MATRIX

           DATEN

15.  COMPUTE
16.  FINISH
```

Anmerkungen

1 Der Begriff „Conjoint-Analyse" wird zum Teil synonym zum Begriff „Conjoint-Measurement" gebraucht. Mit Conjoint-Measurement wird hier der übergeordnete Bereich der Überprüfung verschiedener Nutzenmodelle hinsichtlich ihrer Eignung zur Beschreibung der Nutzenwertungen einzelner oder mehrerer Auskunftspersonen bezeichnet. Die Conjoint-Analyse stellt dagegen einen speziellen Meßansatz dar. Vgl. auch: Green, Srinivasan (1978), S. 103.

2 Die Zwei-Faktor-Methode geht zurück auf Johnson, Richard M.: Trade-Off-Analysis of Consumer Values, in: Journal of Marketing Research, Vol. 11, 1974, S. 121–127.

3 Eine ausführliche Darstellung geben Green, Srinivasan (1978), S. 111 ff. und Schweikl (1985), S. 56 ff.

4 Bezüglich anderer Nutzenmodelle siehe Young (1973), S. 28 ff.

5 Vgl. dazu auch die Ausführungen in Anhang B dieses Kapitels.

6 Zur monotonen Varianzanalyse, die auch der in Kapitel 7 behandelten Multidimensionalen Skalierung zugrundeliegt, siehe insbesondere: Kruskal (1965) und Kruskal, Carmone (o. J.).

7 Da das Verfahren gegen suboptimale Lösungen (lokale Optima) konvergieren kann, ist es von Vorteil, den Iterationsprozeß wiederholt mit verschiedenen Ausgangslösungen zu starten. Während das Programm MONANOVA mit einer metrischen Ausgangslösung beginnt, enthält das Programm UNICON eine Option zur Generierung von unterschiedlichen Ausgangslösungen durch einen Zufallsgenerator.

8 Siehe dazu Kruskal (1965), S. 261 f. Wie auch Kruskal (1964b), S. 119 ff. Allgemeinere Ausführungen finden sich z. B. bei Worst, R.: Nichtlineare Optimierung, München Wien 1979, S. 80 ff.

9 Siehe dazu Kruskal (1964b), S. 126 ff. sowie Young (1973), S. 42 ff.

10 Siehe dazu Kruskal (1964a), S. 21 ff.

11 Siehe dazu Addelman S (1962) Orthogonal Main-Effect Plans for Factorial Experiments, in: Technometrics, S. 21–46. Addelman hat nachgewiesen, daß die „Bedingung proportionaler Häufigkeiten" hinreichend für die Erlangung von unkorrelierten Schätzungen ist. In einem vollständigen Design dagegen kommt jede Ausprägung einer Eigenschaft gleich häufig mit jeder Ausprägung der übrigen Eigenschaften vor.

12 Hier wurde das Computerprogramm UNICON verwendet. Es ist Teil des Programmpaketes „The MDS (X) Series of Multidimensional Scaling Programs", Inter University Research Council Series, Report No. 55, Edinghburgh 1983 (Kapitel 14). Vgl. auch Roskam, E. E.: Unidimensional Conjoint Measurement (UNICON) for Multi-Faced Designs, Psychologish Laboratorium, Universiteit Nijmegen 1974.

13 Die Daten für die 40 Auskunftspersonen sind in Anhang 5 enthalten, wobei die Dateneingabe für jede Auskunftsperson entsprechend dem Aufbau der Tabelle 8.11 erfolgte.

14 Zur Erstellung symmetrischer reduzierter Designs finden sich Pläne bei Green, P. E.: On the Design of Choice Experiments Involving Multifactor Alternatives, in: Journal of Consumer Research, Vol. 1, 1974, S. 61–68 sowie Green, P. E., Caroll, J. D., Carmone, F. J.: Some New Types of Fractional Factorial Designs for Marketing Experiments, in: Sheth, J. N. (Ed.): Research in Marketing, Vol. I, Greenwich, Ct. 1978, S. 99–122. Zur Erstellung asymmetrischer reduzierter Designs siehe: Addelman (1962), a. a. O., S. 21 ff.

Literaturhinweise

Green PE, Srinivasan V (1978) Conjoint Analysis in Consumer Research. In: The Journal of Consumer Research, Vol 5 (S 103–122)

Green PE, Wind Y (1973) Multiattribute Decisions in Marketing: A Measurement Approach, Hinsdale, Ill.

Kruskal JB (1965) Analysis of factorial experiments by estimating a monotone transformation of data. In: Journal of Royal Statistical Society, Series B, S 251–263

Kruskal JB (1964 a) Multidimensional Scaling by Optimizing Goodnes of Fit to a Nonmetric Hypothesis. In: Psychometrika, Vol 29, No 1, (S 1-27)

Kruskal JB (1964 b) Nonmetric Multidimensional Scaling: A Numerical Method. In: Psychometrika, Vol 29, No 2 (S 115-129)

Kruskal JB, Carmone FJ (o. J.) Use and Theory of MONANOVA, a Program to Analyze Factorial Experiments by Estimation Monotone Transformations of the Data, Bell Telephone Laboratories, Murray Hill (N. J.)

Schweikl H (1985) Computergestützte Präferenzanalyse mit individuell wichtigen Produktmerkmalen, Berlin

Theuerkauf I (1989) Kundennutzenmessung mit Conjoint, in: Zeitschrift für Betriebswirtschaft, Jg. 59 (S 1179-1192)

Thomas L (1979) Conjoint Measurement als Instrument der Absatzforschung. In: Marketing - Zeitschrift für Forschung und Praxis, Jg. 1 (S 199-211)

Thomas L (1983) Der Einfluß von Kindern auf die Produktpräferenzen ihrer Mütter, Berlin

Young FW (1973) Conjoint Scaling, The L. L. Thurstone Psychometric Laboratory, University of North Carolina

Anhang

Anhang 1. Datensatz für die Regressionsanalyse

```
  ┌─ Laufende Nummer der Verkaufsgebiete
  │  ┌─ Zahl der abgesetzten Kartons
  │  │     ┌─ Preis pro Karton
  │  │     │    ┌─ Ausgaben für Verkaufsförderung
  │  │     │    │   ┌─ Zahl der Vertreterbesuche
  │  │     │    │   │
  v  v     v    v   v

  1 2298 12.50 2000 109
  2 1814 10.00  550 107
  3 1647  9.95 1000  99
  4 1496 11.50  800  70
  5  969 12.00    0  81
  6 1918 10.00 1500 102
  7 1810  8.00  800 110
  8 1896  9.00 1200  92
  9 1715  9.50 1100  87
 10 1699 12.50 1300  79
```

Anhang 2. Datensatz für die
Varianzanalyse

```
 ┌ Verpackungsart
 │ ┌ Plazierung
 │ │ ┌ Menge Margarine
 │ │ │ ┌ Einstellung Braten
 │ │ │ │ ┌ Einstellung Brot
 v v v v  v

 1 1 47 076 080
 1 1 39 070 074
 1 1 40 080 070
 1 1 46 074 079
 1 1 45 071 071
 1 2 68 125 099
 1 2 65 115 095
 1 2 63 119 093
 1 2 59 121 108
 1 2 67 126 110
 1 3 59 104 125
 1 3 50 109 113
 1 3 51 100 127
 1 3 48 106 112
 1 3 53 099 110
 2 1 40 070 079
 2 1 39 074 073
 2 1 35 077 070
 2 1 36 072 071
 2 1 37 078 074
 2 2 59 124 097
 2 2 57 117 103
 2 2 54 112 105
 2 2 56 130 094
 2 2 53 118 096
 2 3 53 112 130
 2 3 47 107 125
 2 3 48 100 118
 2 3 50 110 126
 2 3 51 099 120
```

Anhang 3. Datensatz für die Faktoren- und Clusteranalyse

Dieser Datensatz wurde durch Mittelwertbildung über die Margarinemarken aus den Daten in Anhang 1 gebildet.

	Streichfähigkeit	Preis	Haltbarkeit	Anteil ungesättigter Fettsäure	Back- und Brateignung	Geschmack	Kaloriengehalt	Anteil tierischer Fette	Vitaminisierungsgrad	Natürlichkeit
Becel	4.684	4.737	4.368	4.368	3.632	4.263	3.368	2.125	4.474	4.526
Du darfst	4.900	4.600	4.050	3.800	2.350	3.900	2.842	2.286	3.850	3.500
Rama	4.969	4.125	4.750	3.710	4.344	4.344	4.063	1.783	3.938	3.781
Delicado Sahnebutter	3.714	5.786	3.429	3.143	4.000	5.286	5.000	4.818	4.214	4.643
Holländische Butter	3.581	5.226	3.710	3.867	4.258	5.548	5.290	5.909	4.226	5.226
Weihnachtsbutter	3.667	3.300	3.400	3.621	4.033	4.567	4.933	5.636	3.862	4.533
Homa	5.000	3.857	4.643	3.857	4.286	4.321	3.893	2.090	4.250	3.750
Flora	5.484	4.355	4.774	3.935	4.032	4.516	3.613	1.783	4.323	3.968
SB	4.700	3.967	4.667	3.897	3.967	4.310	3.862	1.545	3.733	3.867
Sanella	4.677	3.793	4.516	3.967	4.452	4.258	4.194	2.000	3.774	3.710
Botteram	4.379	3.655	4.103	3.643	3.793	3.828	3.621	2.000	3.310	3.621

Anhang 4. Datensatz für die Diskriminanzanalyse

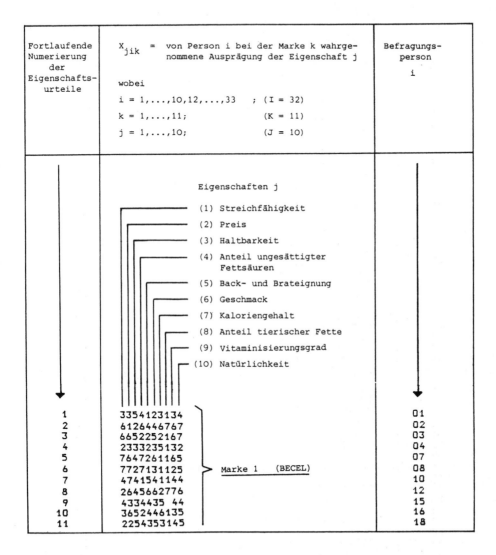

Fortlaufende Numerierung der Eigenschaftsurteile	X_{jik} = von Person i bei der Marke k wahrgenommene Ausprägung der Eigenschaft j wobei i = 1,...,10,12,...,33 ; (I = 32) k = 1,...,11; (K = 11) j = 1,...,10; (J = 10)	Befragungsperson i
	Eigenschaften j (1) Streichfähigkeit (2) Preis (3) Haltbarkeit (4) Anteil ungesättigter Fettsäuren (5) Back- und Brateignung (6) Geschmack (7) Kaloriengehalt (8) Anteil tierischer Fette (9) Vitaminisierungsgrad (10) Natürlichkeit	
1 2 3 4 5 6 7 8 9 10 11	3354123134 6126446767 6652252167 2333235132 7647261165 7727131125 ⟩ Marke 1 (BECEL) 4741541144 2645662776 4334435 44 3652446135 2254353145	01 02 03 04 07 08 10 12 15 16 18

Anhang 4 (Fortsetzung)

12	7557365155		20
13	5664353133		22
14	5452543773		23
15	6565656 65	Marke 1 (BECEL)	24
16	4756455132		26
17	3334323133		27
18	6643521 45		32
19	7477673166		33
20	7662375163		02
21	6562152155		03
22	3444255144		04
23	3535221733		05
24	7145141135		07
25	7737131145		08
26	654312 131		09
27	3343142 42		10
28	2645662776		12
29	4624131 44	Marke 2 (DU DARFST)	14
30	4344444 44		15
31	6744352134		20
32	3444333755		23
33	3434334 32		24
34	6354444 44		25
35	4343435133		26
36	7551151144		28
37	5666141142		30
38	7732125111		31
39	5234445 33		33
40	3444343113		01
41	7561226165		02
42	6252342134		03
43	4554455144		04
44	4343454744		05
45	5366621766		06
46	5343775165		07
47	6245663154		08
48	6573323131		09
49	3375755 43		10
50	5654664164		12
51	6264664 55		13
52	5244654 54		14
53	6564664 44		15
54	3462646724	Marke 3 (RAMA)	16
55	774 467151		17
56	2254353145		18
57	6666666 64		19
58	4343534134		20
59	6541134133		21
60	5344434122		22
61	3222114132		23
62	6656654 56		24
63	5444454 44		25
64	4544534 43		26
65	4544334134		27
66	5344174 44		28
67	4644443144		29
68	7464555135		30

Anhang 4 (Fortsetzung)

69	6743336121	Marke 3 (RAMA)	31
70	5543431133		32
71	6555554146		33
72	4632466735		01
73	6141431122		02
74	4543455136		03
75	3545245745		04
76	2723277166		07
77	2722677766		08
78	6724267744		14
79	2222326 32	Marke 4 (DELICADO)	15
80	2754376755		22
81	5736543 65		24
82	3633754744		26
83	3745353 34		27
84	3731463745		31
85	7.773777166		33
86	3532235724		01
87	6232435155		02
88	4545555136		03
89	4655366745		04
90	2756565756		05
91	6342577167		06
92	2732677777		07
93	2622767746		08
94	3756176756		09
95	3547566 55		10
96	4734674747		12
97	4664674 55		13
98	6754266765		14
99	2222336 33		15
100	1726177734		16
101	171 777717	Marke 5 (HOLLANDISCHE BUTTER)	17
102	2226655746		18
103	2444464 44		19
104	3622245736		20
105	2435257 44		21
106	5554544744		22
107	6735155725		23
108	5656755 56		24
109	6654664 44		25
110	3443665744		26
111	5453345 44		27
112	1333175777		28
113	3644667767		30
114	3731463745		31
115	5444443 33		32
116	7563664155		33
117	2222224722		01
118	7121411121		02
119	4355556135	Marke 6 (WEIHNACHTSBUTTER)	03
120	3554356755		04
121	6122577167		06
122	2732677777		07

Anhang 4 (Fortsetzung)

123	1523667745		08
124	3556126746		09
125	3136556 54		10
126	4534674747		12
127	4464674 55		13
128	5134156765		14
129	2222326 33		15
130	1227146743		16
131	141 747713		17
132	2226655746		18
133	3254544 4		19
134	3422245736		20
135	5165545 44	Marke 6 (WEIHNACHTS BUTTER)	21
136	5333344723		22
137	6625245725		23
138	5433333 43		24
139	6444444 44		25
140	3243654734		26
141	5344354 43		27
142	2122245725		28
143	3464667767		30
144	3731463745		31
145	4443443144		32
146	7464564155		33
147	4444443154		01
148	6775161175		02
149	5362342155		03
150	4444345133		04
151	4344444733		05
152	5365762763		06
153	6255634155		07
154	5453646165		08
155	5442734131		09
156	3434245 43		10
157	6264664 55		13
158	5344553144		14
159	6355363 44		15
160	6451566733		16
161	2254353145		18
162	6644454 44		19
163	4242535154	Marke 7 (HOMA)	20
164	5343436154		21
165	5345214741		23
166	5554546 43		24
167	5545343144		26
168	4344543 44		27
169	5552544134		28
170	4544552144		29
171	6455546156		30
172	7545356153		31
173	5555441113		32
174	7554554143		33
175	5444443132		01
176	7663261123	Marke 8 (FLORA SOFT)	02
177	5252352145		03
178	7544344154		04

Anhang 4 (Fortsetzung)

179	6544555754	05
180	6264562763	06
181	7546666165	07
182	6456655163	08
183	7542234142	09
184	3434154 32	10
185	6664663142	12
186	6264664 55	13
187	7624343144	14
188	6666362 44	15
189	5372635155	16
190	2254353145	18
191	6665555 54	19
192	5443354165	20
193	6444535 44	Marke 8 (FLORA SOFT)	21
194	3353553134	22
195	6454114135	23
196	3434545 45	24
197	5444444 44	25
198	5445343143	26
199	4544333 43	27
200	7671772777	28
201	5554552144	29
202	6456546166	30
203	7666235164	31
204	4444441114	32
205	7552444133	33
206	7426123152	01
207	7774577166	02
208	5252322134	03
209	5445344143	04
210	4444345754	05
211	62532 7134	07
212	6446756156	08
213	5342143131	09
214	3443453134	10
215	5744664146	12
216	6264664 55	13
217	3444654144	14
218	6766363 44	15
219	5263546733	16
220	114 424 31	17
221	2254353145	Marke 9 (SB)	18
222	6664444 44	19
223	6463543137	21
224	565455 124	22
225	2244321144	23
226	5334343 34	24
227	5444444 44	25
228	4343353133	26
229	3654443 44	27
230	4744441133	28
231	5354562144	29
232	6465647144	30
233	2342236121	31
234	5555443144	32
235	7453554 44	33

Anhang 4 (Fortsetzung)

236	3543333122		01
237	5362332135		03
238	6544545144		04
239	5545445733		05
240	6365671762		06
241	5143645144		07
242	6746766154		08
243	4342143131		09
244	1577737742		10
245	5644446736		12
246	6264664 55		13
247	5444554144		14
248	4555543 33		15
249	6 34265134		16
250	717 455133		17
251	2254353145		18
252	6665555 55	Marke 10 (SANELLA)	19
253	4342634135		20
254	6544435141		21
255	4453533133		22
256	5334343134		23
257	4243434 34		24
258	5444444 44		25
259	4143123133		26
260	6566775 64		27
261	3333343133		28
262	4 35454144		29
263	5356757166		30
264	2541635123		31
265	4444444144		32
266	7544444 55		33
267	4443223122		01
268	5456545735		02
269	5352552135		03
270	4434345133		04
271	4535435734		05
272	5344333133		07
273	5354435154		08
274	4342534131		09
275	3332122 22		10
276	3334453543		12
277	6264664 55		13
278	5334544144		14
279	5555453 44		15
280	246 353743		16
281	2254353145	Marke 11 (BOTTERAM)	18
282	6755555 55		19
283	4343334134		20
284	5446455144		21
285	5242523122		22
286	3322235134		23
287	4333434 43		24
288	5444444 44		25
289	4345332133		26
290	5434343 33		27
291	3444444144		28
292	4554542114		29
293	5643245124		31
294	5441441114		32
295	7353544154		33

Anhang 5. Ähnlichkeitsdaten für die MDS

Aufbau:

```
(Person 1)      Du darfst   2 ┌──────── Becel
                Rama        65├──────── Du darfst
                Deli        765├──────── Rama
                H.Butter    7642├──────── Delicado Sahnebutter
                W.Butter    76323├──────── Holländische Butter
                Homa        651454├──────── Weihnachtsbutter
                Flora       5536442├──────── Homa
                SB          65204323├──────── Flora
                Sanella     661544141├──────── SB
                Botteram    6613433222├──────── Sanella
```

Daten:

```
2                                               Person 1
65
765
7642
76323
651454
5536442
65204323
661544141
6613433222
0                                               Person 2
00
000
0040
00603
001054
0020652
00304522
001055221
0020542321
1                                               Person 3
44
000
7770
66601
331066
5310662
25107731
431067121
4410452222
```

2   Person 4
44
000
6560
55502
552054
6520555
00000000
652045230
5520552202
0   Person 5
10
304
5041
50623
102204
2046572
10305521
203664232
2015724763
5   Person 6
66
553
3342
25456
542335
4625436
32606333
646726542
2665536765
0   Person 7
20
000
4040
40401
202044
2020442
20204422
202044222
2020442222
0   Person 8
02
000
0560
05502
000000
0320650
02205502
022055022
0200650222

```
1                                        Person 9
66
772
7722
55222
641341
6612231
66202332
661231221
7745431334
1                                        Person 10
74
000
7730
77101
575445
7140474
33506653
772026553
6530443464
0                                        Person 11
50
000
4070
50603
502076
4030663
30206742
503077464
4030764035
0                                        Person 12
60
000
6030
40503
501545
4010551
30105511
301045111
2010351111
0                                        Person 13
05
000
0430
03201
041043
0610331
04103311
061043111
0410331111
```

```
4                                                   Person 14
56
000
4760
67501
561075
6610662
45306621
450076121
4543434325
0                                                   Person 15
10
707
7071
70711
101777
1017771
10177711
101777111
1017771111
0                                                   Person 16
50
504
3043
40221
000000
3024330
40502502
405365042
4046530554
0                                                   Person 17
05
000
0530
04302
023064
0420332
04304333
042043332
0340652425
0                                                   Person 18
70
700
6075
70732
506576
3064351
40605733
402777657
0000000000
```

```
0                                        Person  19
10
504
5051
50411
201444
1015541
10105551
303322354
1115553112
3                                        Person  20
34
000
2350
24001
332025
2340344
24406632
024066343
3350654433
2                                        Person  21
45
000
7630
76502
632066
6210661
32306612
243076132
3240061431
2                                        Person  22
33
352
1251
13211
321452
1112221
33104312
322444131
2214231111
2                                        Person  23
22
665
4456
35433
533652
4556522
52505422
533655242
5246552224
```

```
2                                                    Person 24
55
000
6620
25201
000000
5200632
32202302
522225022
5530332353
3                                                    Person 25
57
676
7771
77611
671777
5617771
77107711
571777111
7737772333
0                                                    Person 26
07
077
0674
07754
071776
0660663
05366635
043746222
0545453333
1                                                    Person 27
77
000
7770
77701
000070
7740770
77407001
774077011
7710770441
2                                                    Person 28
55
777
7772
77722
551777
5517771
44207722
224777545
4427773334
```

```
0                                              Person  29
06
000
0670
06700
062076
0620761
05206622
061066322
0520662222
2                                              Person  30
66
006
6645
65344
651454
7616551
66104411
661654111
6617542111
0                                              Person  31
06
000
0660
00000
042060
0540604
04406035
042060242
0340702633
0                                              Person  32
30
706
6065
30433
202664
3025542
20305533
304664332
2026543333
```

Anhang 6. Präferenzdaten für die MDS

Becel	Du darfst	Rama	Delicado Sahnebutter	Holländische Butter	Weihnachtsbutter	Homa	Flora	SB	Sanella	Botteram	Person
10	11	2	4	5	6	1	8	3	7	9	1
6	7	8	5	4	1	10	9	11	2	3	2
7	11	4	8	9	10	6	5	3	1	2	3
11	10	3	9	2	8	7	1	5	4	6	4
10	11	1	2	3	4	5	6	7	8	9	5
11	10	5	1	2	3	8	7	6	4	9	6
11	8	7	9	10	6	5	4	2	1	3	7
10	11	2	4	3	5	6	9	8	1	7	8
8	10	2	9	5	1	6	7	4	3	5	9
8	7	6	9	11	10	1	2	3	4	5	10
11	10	3	9	8	7	5	6	1	2	4	11
7	11	1	10	9	8	2	3	4	5	6	12
3	4	5	6	1	2	7	8	9	10	11	13
11	10	3	9	2	1	6	5	4	7	8	14
10	11	9	3	2	1	4	5	6	7	8	15
7	8	4	11	9	10	5	1	6	2	3	16
10	4	5	9	3	7	11	8	1	6	7	17
11	7	8	3	2	10	5	6	9	1	4	18
11	10	9	3	2	1	4	5	6	7	8	19
10	11	4	9	3	2	6	7	8	1	5	20
11	10	3	7	6	8	4	5	2	1	9	21
10	11	3	8	7	6	5	4	2	1	9	22
4	5	6	7	9	3	10	11	2	1	8	23
4	10	5	1	3	2	8	9	6	7	11	24
0	0	3	0	4	5	1	2	0	6	0	25
0	8	7	9	10	6	5	4	2	1	3	26
3	2	1	0	9	8	0	4	5	6	7	27
0	0	4	0	3	5	0	0	1	2	0	28
5	6	3	0	8	9	2	7	0	1	4	29
0	8	4	0	1	2	0	5	3	6	7	30
0	0	5	0	0	0	3	2	1	4	6	31
0	0	1	0	5	6	4	4	3	11	1	32

Anhang 7. Datensatz für die Conjoint-Analyse

(Eingabematrizen von 40 Auskunftspersonen)

609	01	809	05	103	09	407	13
040		060		070		060	
080		050		060		090	
000		000		000		000	
200		100		500		100	
003		002		008		003	
000		000		000		000	
005		004		009		008	
700		700		400		500	
010		030		020		020	
000		000		000		000	
000		000		000		000	
208	02	607	06	509	10	409	14
060		050		070		060	
050		090		060		070	
000		000		000		000	
300		300		100		200	
009		008		003		003	
000		000		000		000	
007		001		008		008	
100		200		400		500	
040		040		020		010	
000		000		000		000	
000		000		000		000	
208	03	607	07	307	11	607	15
003		080		080		040	
090		090		040		090	
000		000		000		000	
100		400		500		200	
006		005		006		008	
000		000		000		000	
007		002		009		001	
400		300		100		300	
050		010		020		050	
000		000		000		000	
000		000		000		000	
308	04	209	08	107	12	408	16
050		040		060		060	
060		080		050		050	
000		000		000		000	
100		100		200		200	
009		006		008		003	
000		000		000		000	
007		007		009		009	
200		300		300		700	
040		050		040		010	
000		000		000		000	
000		000		000		000	

Anhang 7 (Fortsetzung)

17	22	27	32	37
103	607	507	103	509
040	040	080	020	060
070	090	090	050	070
000	000	000	000	000
200	100	200	700	400
009	003	003	008	008
000	000	000	000	000
006	005	006	006	003
800	800	400	400	100
050	020	010	090	020
000	000	000	000	000
000	000	000	000	000

18	23	28	33	38
308	809	306	405	405
090	020	040	080	080
070	060	050	090	090
000	000	000	000	000
100	100	800	200	200
004	005	009	003	003
000	000	000	000	000
005	004	002	007	006
200	300	100	600	700
060	070	070	010	010
000	000	000	000	000
000	000	000	000	000

19	24	29	34	39
708	706	506	509	907
050	020	020	070	020
090	050	090	080	030
000	000	000	000	000
400	100	100	200	400
006	004	007	006	001
000	000	000	000	000
002	003	003	004	006
300	800	800	100	800
010	090	040	030	050
000	000	000	000	000
000	000	000	000	000

20	25	30	35	40
709	609	208	309	809
050	050	040	050	060
080	020	050	070	070
000	000	000	000	000
400	400	300	100	400
006	007	009	006	005
000	000	000	000	000
001	008	006	008	003
200	100	100	400	100
030	030	070	020	020
000	000	000	000	000
000	000	000	000	000

21	26	31	36	
908	103	105	607	
070	070	080	030	
040	060	070	090	
000	000	000	000	
300	500	300	100	
001	009	006	005	
000	000	000	000	
006	008	009	002	
200	400	200	800	
050	020	040	040	
000	000	000	000	
000	000	000	000	

Anhang 8. Tabellen

t-Tabelle

FG\α	\multicolumn{9}{c	}{Irrtumswahrscheinlichkeit α für den zweiseitigen Test}
	0,50	0,20	0,10	0,05	0,02	0,01	0,002	0,001	0,0001
1	1,000	3,078	6,314	12,706	31,821	63,657	318,309	636,619	6366,198
2	0,816	1,886	2,920	4,303	6,965	9,925	22,327	31,598	99,992
3	0,765	1,638	2,353	3,182	4,541	5,841	10,214	12,924	28,000
4	0,741	1,533	2,132	2,776	3,747	4,604	7,173	8,610	15,544
5	0,727	1,476	2,015	2,571	3,365	4,032	5,893	6,869	11,178
6	0,718	1,440	1,943	2,447	3,143	3,707	5,208	5,959	9,082
7	0,711	1,415	1,895	2,365	2,998	3,499	4,785	5,408	7,885
8	0,706	1,397	1,860	2,306	2,896	3,355	4,501	5,041	7,120
9	0,703	1,383	1,833	2,262	2,821	3,250	4,297	4,781	6,594
10	0,700	1,372	1,812	2,228	2,764	3,169	4,144	4,587	6,211
11	0,697	1,363	1,796	2,201	2,718	3,106	4,025	4,437	5,921
12	0,695	1,356	1,782	2,179	2,681	3,055	3,930	4,318	5,694
13	0,694	1,350	1,771	2,160	2,650	3,012	3,852	4,221	5,513
14	0,692	1,345	1,761	2,145	2,624	2,977	3,787	4,140	5,363
15	0,691	1,341	1,753	2,131	2,602	2,947	3,733	4,073	5,239
16	0,690	1,337	1,746	2,120	2,583	2,921	3,686	4,015	5,134
17	0,689	1,333	1,740	2,110	2,567	2,898	3,646	3,965	5,044
18	0,688	1,330	1,734	2,101	2,552	2,878	3,610	3,922	4,966
19	0,688	1,328	1,729	2,093	2,539	2,861	3,579	3,883	4,897
20	0,687	1,325	1,725	2,086	2,528	2,845	3,552	3,850	4,837
21	0,686	1,323	1,721	2,080	2,518	2,831	3,527	3,819	4,784
22	0,686	1,321	1,717	2,074	2,508	2,819	3,505	3,792	4,736
23	0,685	1,319	1,714	2,069	2,500	2,807	3,485	3,767	4,693
24	0,685	1,318	1,711	2,064	2,492	2,797	3,467	3,745	4,654
25	0,684	1,316	1,708	2,060	2,485	2,787	3,450	3,725	4,619
26	0,684	1,315	1,706	2,056	2,479	2,779	3,435	3,707	4,587
27	0,684	1,314	1,703	2,052	2,473	2,771	3,421	3,690	4,558
28	0,683	1,313	1,701	2,048	2,467	2,763	3,408	3,674	4,530
29	0,683	1,311	1,699	2,045	2,462	2,756	3,396	3,659	4,506
30	0,683	1,310	1,697	2,042	2,457	2,750	3,385	3,646	4,482
32	0,682	1,309	1,694	2,037	2,449	2,738	3,365	3,622	4,441
34	0,682	1,307	1,691	2,032	2,441	2,728	3,348	3,601	4,405
35	0,682	1,306	1,690	2,030	2,438	2,724	3,340	3,591	4,389
36	0,681	1,306	1,688	2,028	2,434	2,719	3,333	3,582	4,374
38	0,681	1,304	1,686	2,024	2,429	2,712	3,319	3,566	4,346
40	0,681	1,303	1,684	2,021	2,423	2,704	3,307	3,551	4,321
42	0,680	1,302	1,682	2,018	2,418	2,698	3,296	3,538	4,298
45	0,680	1,301	1,679	2,014	2,412	2,690	3,281	3,520	4,269
47	0,680	1,300	1,678	2,012	2,408	2,685	3,273	3,510	4,251
50	0,679	1,299	1,676	2,009	2,403	2,678	3,261	3,496	4,228
55	0,679	1,297	1,673	2,004	2,396	2,668	3,245	3,476	4,196
60	0,679	1,296	1,671	2,000	2,390	2,660	3,232	3,460	4,169
70	0,678	1,294	1,667	1,994	2,381	2,648	3,211	3,435	4,127
80	0,678	1,292	1,664	1,990	2,374	2,639	3,195	3,416	4,096
90	0,677	1,291	1,662	1,987	2,368	2,632	3,183	3,402	4,072
100	0,677	1,290	1,660	1,984	2,364	2,626	3,174	3,390	4,053
120	0,677	1,289	1,658	1,980	2,358	2,617	3,160	3,373	4,025
200	0,676	1,286	1,653	1,972	2,345	2,601	3,131	3,340	3,970
500	0,675	1,283	1,648	1,965	2,334	2,586	3,107	3,310	3,922
1000	0,675	1,282	1,646	1,962	2,330	2,581	3,098	3,300	3,906
∞	0,675	1,282	1,645	1,960	2,326	2,576	3,090	3,290	3,891
FG\α	0,25	0,10	0,05	0,025	0,01	0,005	0,001	0,0005	0,00005
	\multicolumn{9}{c	}{Irrtumswahrscheinlichkeit α für den einseitigen Test}

α   = Signifikanzniveau (1-Vertrauenswahrscheinlichkeit)
FG = Freiheitsgrade

entnommen aus: Sachs, Lothar, Angewandte Statistik,
            5. Auflage, Berlin–Heidelberg–New York 1978, S. 111.

F-Tabelle (Vertrauenswahrscheinlichkeit 0,9)

v_2 \ v_1	1	2	3	4	5	6	7	8	9	10	12	15	20	24	30	40	60	120	∞
1	39,86	49,50	53,59	55,83	57,24	58,20	58,91	59,44	59,86	60,19	60,71	61,22	61,74	62,00	62,26	62,53	62,79	63,06	63,33
2	8,53	9,00	9,16	9,24	9,29	9,33	9,35	9,37	9,38	9,39	9,41	9,42	9,44	9,45	9,46	9,47	9,47	9,48	9,49
3	5,54	5,46	5,39	5,34	5,31	5,28	5,27	5,25	5,24	5,23	5,22	5,20	5,18	5,18	5,17	5,16	5,15	5,14	5,13
4	4,54	4,32	4,19	4,11	4,05	4,01	3,98	3,95	3,94	3,92	3,90	3,87	3,84	3,83	3,82	3,80	3,79	3,78	3,76
5	4,06	3,78	3,62	3,52	3,45	3,40	3,37	3,34	3,32	3,30	3,27	3,24	3,21	3,19	3,17	3,16	3,14	3,12	3,10
6	3,78	3,46	3,29	3,18	3,11	3,05	3,01	2,98	2,96	2,94	2,90	2,87	2,84	2,82	2,80	2,78	2,76	2,74	2,72
7	3,59	3,26	3,07	2,96	2,88	2,83	2,78	2,75	2,72	2,70	2,67	2,63	2,59	2,58	2,56	2,54	2,51	2,49	2,47
8	3,46	3,11	2,92	2,81	2,73	2,67	2,62	2,59	2,56	2,54	2,50	2,46	2,42	2,40	2,38	2,36	2,34	2,32	2,29
9	3,36	3,01	2,81	2,69	2,61	2,55	2,51	2,47	2,44	2,42	2,38	2,34	2,30	2,28	2,25	2,23	2,21	2,18	2,16
10	3,29	2,92	2,73	2,61	2,52	2,46	2,41	2,38	2,35	2,32	2,28	2,24	2,20	2,18	2,16	2,13	2,11	2,08	2,06
11	3,23	2,86	2,66	2,54	2,45	2,39	2,34	2,30	2,27	2,25	2,21	2,17	2,12	2,10	2,08	2,05	2,03	2,00	1,97
12	3,18	2,81	2,61	2,48	2,39	2,33	2,28	2,24	2,21	2,19	2,15	2,10	2,06	2,04	2,01	1,99	1,96	1,93	1,90
13	3,14	2,76	2,56	2,43	2,35	2,28	2,23	2,20	2,16	2,14	2,10	2,05	2,01	1,98	1,96	1,93	1,90	1,88	1,85
14	3,10	2,73	2,52	2,39	2,31	2,24	2,19	2,15	2,12	2,10	2,05	2,01	1,96	1,94	1,91	1,89	1,86	1,83	1,80
15	3,07	2,70	2,49	2,36	2,27	2,21	2,16	2,12	2,09	2,06	2,02	1,97	1,92	1,90	1,87	1,85	1,82	1,79	1,76
16	3,05	2,67	2,46	2,33	2,24	2,18	2,13	2,09	2,06	2,03	1,99	1,94	1,89	1,87	1,84	1,81	1,78	1,75	1,72
17	3,03	2,64	2,44	2,31	2,22	2,15	2,10	2,06	2,03	2,00	1,96	1,91	1,86	1,84	1,81	1,78	1,75	1,72	1,69
18	3,01	2,62	2,42	2,29	2,20	2,13	2,08	2,04	2,00	1,98	1,93	1,89	1,84	1,81	1,78	1,75	1,72	1,69	1,66
19	2,99	2,61	2,40	2,27	2,18	2,11	2,06	2,02	1,98	1,96	1,91	1,86	1,81	1,79	1,76	1,73	1,70	1,67	1,63
20	2,97	2,59	2,38	2,25	2,16	2,09	2,04	2,00	1,96	1,94	1,89	1,84	1,79	1,77	1,74	1,71	1,68	1,64	1,61
21	2,96	2,57	2,36	2,23	2,14	2,08	2,02	1,98	1,95	1,92	1,87	1,83	1,78	1,75	1,72	1,69	1,66	1,62	1,59
22	2,95	2,56	2,35	2,22	2,13	2,06	2,01	1,97	1,93	1,90	1,86	1,81	1,76	1,73	1,70	1,67	1,64	1,60	1,57
23	2,94	2,55	2,34	2,21	2,11	2,05	1,99	1,95	1,92	1,89	1,84	1,80	1,74	1,72	1,69	1,66	1,62	1,59	1,55
24	2,93	2,54	2,33	2,19	2,10	2,04	1,98	1,94	1,91	1,88	1,83	1,78	1,73	1,70	1,67	1,64	1,61	1,57	1,53
25	2,92	2,53	2,32	2,18	2,09	2,02	1,97	1,93	1,89	1,87	1,82	1,77	1,72	1,69	1,66	1,63	1,59	1,56	1,52
26	2,91	2,52	2,31	2,17	2,08	2,01	1,96	1,92	1,88	1,86	1,81	1,76	1,71	1,68	1,65	1,61	1,58	1,54	1,50
27	2,90	2,51	2,30	2,17	2,07	2,00	1,95	1,91	1,87	1,85	1,80	1,75	1,70	1,67	1,64	1,60	1,57	1,53	1,49
28	2,89	2,50	2,29	2,16	2,06	2,00	1,94	1,90	1,87	1,84	1,79	1,74	1,69	1,66	1,63	1,59	1,56	1,52	1,48
29	2,89	2,50	2,28	2,15	2,06	1,99	1,93	1,89	1,86	1,83	1,78	1,73	1,68	1,65	1,62	1,58	1,55	1,51	1,47
30	2,88	2,49	2,28	2,14	2,05	1,98	1,93	1,88	1,85	1,82	1,77	1,72	1,67	1,64	1,61	1,57	1,54	1,50	1,46
40	2,84	2,44	2,23	2,09	2,00	1,93	1,87	1,83	1,79	1,76	1,71	1,66	1,61	1,57	1,54	1,51	1,47	1,42	1,38
60	2,79	2,39	2,18	2,04	1,95	1,87	1,82	1,77	1,74	1,71	1,66	1,60	1,54	1,51	1,48	1,44	1,40	1,35	1,29
120	2,75	2,35	2,13	1,99	1,90	1,82	1,77	1,72	1,68	1,65	1,60	1,55	1,48	1,45	1,41	1,37	1,32	1,26	1,19
∞	2,71	2,30	2,08	1,94	1,85	1,77	1,72	1,67	1,63	1,60	1,55	1,49	1,42	1,38	1,34	1,30	1,24	1,17	1,00

v_1 = Zahl der erklärenden Variablen (J)
v_2 = Zahl der Freiheitsgrade des Nenners (I – J – 1)
entnommen aus: Sachs, Lothar: a.a.O., S. 116

F-Tabelle (Vertrauenswahrscheinlichkeit 0,95)

$v_2 \backslash v_1$	1	2	3	4	5	6	7	8	9	10	12	15	20	24	30	40	60	120	∞
1	161,4	199,5	215,7	224,6	230,2	234,0	236,8	238,9	240,5	241,9	243,9	245,9	248,0	249,1	250,1	251,1	252,2	253,3	254,3
2	18,51	19,00	19,16	19,25	19,30	19,33	19,35	19,37	19,38	19,40	19,41	19,43	19,45	19,45	19,46	19,47	19,48	19,49	19,50
3	10,13	9,55	9,28	9,12	9,01	8,94	8,89	8,85	8,81	8,79	8,74	8,70	8,66	8,64	8,62	8,59	8,57	8,55	8,53
4	7,71	6,94	6,59	6,39	6,26	6,16	6,09	6,04	6,00	5,96	5,91	5,86	5,80	5,77	5,75	5,72	5,69	5,66	5,63
5	6,61	5,79	5,41	5,19	5,05	4,95	4,88	4,82	4,77	4,74	4,68	4,62	4,56	4,53	4,50	4,46	4,43	4,40	4,36
6	5,99	5,14	4,76	4,53	4,39	4,28	4,21	4,15	4,10	4,06	4,00	3,94	3,87	3,84	3,81	3,77	3,74	3,70	3,67
7	5,59	4,74	4,35	4,12	3,97	3,87	3,79	3,73	3,68	3,64	3,57	3,51	3,44	3,41	3,38	3,34	3,30	3,27	3,23
8	5,32	4,46	4,07	3,84	3,69	3,58	3,50	3,44	3,39	3,35	3,28	3,22	3,15	3,12	3,08	3,04	3,01	2,97	2,93
9	5,12	4,26	3,86	3,63	3,48	3,37	3,29	3,23	3,18	3,14	3,07	3,01	2,94	2,90	2,86	2,83	2,79	2,75	2,71
10	4,96	4,10	3,71	3,48	3,33	3,22	3,14	3,07	3,02	2,98	2,91	2,85	2,77	2,74	2,70	2,66	2,62	2,58	2,54
11	4,84	3,98	3,59	3,36	3,20	3,09	3,01	2,95	2,90	2,85	2,79	2,72	2,65	2,61	2,57	2,53	2,49	2,45	2,40
12	4,75	3,89	3,49	3,26	3,11	3,00	2,91	2,85	2,80	2,75	2,69	2,62	2,54	2,51	2,47	2,43	2,38	2,34	2,30
13	4,67	3,81	3,41	3,18	3,03	2,92	2,83	2,77	2,71	2,67	2,60	2,53	2,46	2,42	2,38	2,34	2,30	2,25	2,21
14	4,60	3,74	3,34	3,11	2,96	2,85	2,76	2,70	2,65	2,60	2,53	2,46	2,39	2,35	2,31	2,27	2,22	2,18	2,13
15	4,54	3,68	3,29	3,06	2,90	2,79	2,71	2,64	2,59	2,54	2,48	2,40	2,33	2,29	2,25	2,20	2,16	2,11	2,07
16	4,49	3,63	3,24	3,01	2,85	2,74	2,66	2,59	2,54	2,49	2,42	2,35	2,28	2,24	2,19	2,15	2,11	2,06	2,01
17	4,45	3,59	3,20	2,96	2,81	2,70	2,61	2,55	2,49	2,45	2,38	2,31	2,23	2,19	2,15	2,10	2,06	2,01	1,96
18	4,41	3,55	3,16	2,93	2,77	2,66	2,58	2,51	2,46	2,41	2,34	2,27	2,19	2,15	2,11	2,06	2,02	1,97	1,92
19	4,38	3,52	3,13	2,90	2,74	2,63	2,54	2,48	2,42	2,38	2,31	2,23	2,16	2,11	2,07	2,03	1,98	1,93	1,88
20	4,35	3,49	3,10	2,87	2,71	2,60	2,51	2,45	2,39	2,35	2,28	2,20	2,12	2,08	2,04	1,99	1,95	1,90	1,84
21	4,32	3,47	3,07	2,84	2,68	2,57	2,49	2,42	2,37	2,32	2,25	2,18	2,10	2,05	2,01	1,96	1,92	1,87	1,81
22	4,30	3,44	3,05	2,82	2,66	2,55	2,46	2,40	2,34	2,30	2,23	2,15	2,07	2,03	1,98	1,94	1,89	1,84	1,78
23	4,28	3,42	3,03	2,80	2,64	2,53	2,44	2,37	2,32	2,27	2,20	2,13	2,05	2,01	1,96	1,91	1,86	1,81	1,76
24	4,26	3,40	3,01	2,78	2,62	2,51	2,42	2,36	2,30	2,25	2,18	2,11	2,03	1,98	1,94	1,89	1,84	1,79	1,73
25	4,24	3,39	2,99	2,76	2,60	2,49	2,40	2,34	2,28	2,24	2,16	2,09	2,01	1,96	1,92	1,87	1,82	1,77	1,71
26	4,23	3,37	2,98	2,74	2,59	2,47	2,39	2,32	2,27	2,22	2,15	2,07	1,99	1,95	1,90	1,85	1,80	1,75	1,69
27	4,21	3,35	2,96	2,73	2,57	2,46	2,37	2,31	2,25	2,20	2,13	2,06	1,97	1,93	1,88	1,84	1,79	1,73	1,67
28	4,20	3,34	2,95	2,71	2,56	2,45	2,36	2,29	2,24	2,19	2,12	2,04	1,96	1,91	1,87	1,82	1,77	1,71	1,65
29	4,18	3,33	2,93	2,70	2,55	2,43	2,35	2,28	2,22	2,18	2,10	2,03	1,94	1,90	1,85	1,81	1,75	1,70	1,64
30	4,17	3,32	2,92	2,69	2,53	2,42	2,33	2,27	2,21	2,16	2,09	2,01	1,93	1,89	1,84	1,79	1,74	1,68	1,62
40	4,08	3,23	2,84	2,61	2,45	2,34	2,25	2,18	2,12	2,08	2,00	1,92	1,84	1,79	1,74	1,69	1,64	1,58	1,51
60	4,00	3,15	2,76	2,53	2,37	2,25	2,17	2,10	2,04	1,99	1,92	1,84	1,75	1,70	1,65	1,59	1,53	1,47	1,39
120	3,92	3,07	2,68	2,45	2,29	2,17	2,09	2,02	1,96	1,91	1,83	1,75	1,66	1,61	1,55	1,50	1,43	1,35	1,25
∞	3,84	3,00	2,60	2,37	2,21	2,10	2,01	1,94	1,88	1,83	1,75	1,67	1,57	1,52	1,46	1,39	1,32	1,22	1,00

v_1 = Zahl der erklärenden Variablen (J)
v_2 = Zahl der Freiheitsgrade des Nenners (I − J − 1)
entnommen aus: Sachs, Lothar: a.a.O., S. 117

F-Tabelle (Vertrauenswahrscheinlichkeit 0,975)

v_2 \ v_1	1	2	3	4	5	6	7	8	9	10
1	647,8	799,5	864,2	899,6	921,8	937,1	948,2	956,7	963,3	968,6
2	38,51	39,00	39,17	39,25	39,30	39,33	39,36	39,37	39,39	39,40
3	17,44	16,04	15,44	15,10	14,88	14,73	14,62	14,54	14,47	14,42
4	12,22	10,65	9,98	9,60	9,36	9,20	9,07	8,98	8,90	8,84
5	10,01	8,43	7,76	7,39	7,15	6,98	6,85	6,76	6,68	6,62
6	8,81	7,26	6,60	6,23	5,99	5,82	5,70	5,60	5,52	5,46
7	8,07	6,54	5,89	5,52	5,29	5,12	4,99	4,90	4,82	4,76
8	7,57	6,06	5,42	5,05	4,82	4,65	4,53	4,43	4,36	4,30
9	7,21	5,71	5,08	4,72	4,48	4,32	4,20	4,10	4,03	3,96
10	6,94	5,46	4,83	4,47	4,24	4,07	3,95	3,85	3,78	3,72
11	6,72	5,26	4,63	4,28	4,04	3,88	3,76	3,66	3,59	3,53
12	6,55	5,10	4,47	4,12	3,89	3,73	3,61	3,51	3,44	3,37
13	6,41	4,97	4,35	4,00	3,77	3,60	3,48	3,39	3,31	3,25
14	6,30	4,86	4,24	3,89	3,66	3,50	3,38	3,29	3,21	3,15
15	6,20	4,77	4,15	3,80	3,58	3,41	3,29	3,20	3,12	3,06
16	6,12	4,69	4,08	3,73	3,50	3,34	3,22	3,12	3,05	2,99
17	6,04	4,62	4,01	3,66	3,44	3,28	3,16	3,06	2,98	2,92
18	5,98	4,56	3,95	3,61	3,38	3,22	3,10	3,01	2,93	2,87
19	5,92	4,51	3,90	3,56	3,33	3,17	3,05	2,96	2,88	2,82
20	5,87	4,46	3,86	3,51	3,29	3,13	3,01	2.91	2,84	2,77
21	5,83	4,42	3,82	3,48	3,25	3,09	2,97	2,87	2,80	2,73
22	5,79	4,38	3,78	3,44	3,22	3,05	2,93	2,84	2,76	2,70
23	5,75	4,35	3,75	3,41	3,18	3,02	2,90	2,81	2,73	2,67
24	5,72	4,32	3,72	3,38	3,15	2,99	2,87	2,78	2,70	2,64
25	5,69	4,29	3,69	3,35	3,13	2,97	2,85	2,75	2,68	2,61
26	5,66	4,27	3,67	3,33	3,10	2,94	2,82	2,73	2,65	2,59
27	5,63	4,24	3,65	3,31	3,08	2,92	2,80	2,71	2,63	2,57
28	5,61	4,22	3,63	3,29	3,06	2,90	2,78	2,69	2,61	2,55
29	5,59	4,20	3,61	3,27	3,04	2,88	2,76	2,67	2,59	2,53
30	5,57	4,18	3,59	3,25	3,03	2,87	2,75	2,65	2,57	2,51
40	5,42	4,05	3,46	3,13	2,90	2,74	2,62	2,53	2,45	2,39
60	5,29	3,93	3,34	3,01	2,79	2,63	2,51	2,41	2,33	2,27
120	5,15	3,80	3,23	2,89	2,67	2,52	2,39	2,30	2,22	2,16
∞	5,02	3,69	3,12	2,79	2,57	2,41	2,29	2,19	2,11	2,05

v_1 = Zahl der erklärenden Variablen (J)
v_2 = Zahl der Freiheitsgrade des Nenners (I – J – 1)
entnommen aus: Sachs, Lothar: a. a. O., S. 118

F-Tabelle (Vertrauenswahrscheinlichkeit 0,975)
    (Fortsetzung)

v_2 \ v_1	12	15	20	24	30	40	60	120	∞
1	976,7	984,9	993,1	997,2	1001	1006	1010	1014	1018
2	39,41	39,43	39,45	39,46	39,46	39,47	39,48	39,49	39,50
3	14,34	14,25	14,17	14,12	14,08	14,04	13,99	13,95	13,90
4	8,75	8,66	8,56	8,51	8,46	8,41	8,36	8,31	8,26
5	6,52	6,43	6,33	6,28	6,23	6,18	6,12	6,07	6,02
6	5,37	5,27	5,17	5,12	5,07	5,01	4,96	4,90	4,85
7	4,67	4,57	4,47	4,42	4,36	4,31	4,25	4,20	4,14
8	4,20	4,10	4,00	3,95	3,89	3,84	3,78	3,73	3,67
9	3,87	3,77	3,67	3,61	3,56	3,51	3,45	3,39	3,33
10	3,62	3,52	3,42	3,37	3,31	3,26	3,20	3,14	3,08
11	3,43	3,33	3,23	3,17	3,12	3,06	3,00	2,94	2,88
12	3,28	3,18	3,07	3,02	2,96	2,91	2,85	2,79	2,72
13	3,15	3,05	2,95	2,89	2,84	2,78	2,72	2,66	2,60
14	3,05	2,95	2,84	2,79	2,73	2,67	2,61	2,55	2,49
15	2,96	2,86	2,76	2,70	2,64	2,59	2,52	2,46	2,40
16	2,89	2,79	2,68	2,63	2,57	2,51	2,45	2,38	2,32
17	2,82	2,72	2,62	2,56	2,50	2,44	2,38	2,32	2,25
18	2,77	2,67	2,56	2,50	2,44	2,38	2,32	2,26	2,19
19	2,72	2,62	2,51	2,45	2,39	2,33	2,27	2,20	2,13
20	2,68	2,57	2,46	2,41	2,35	2,29	2,22	2,16	2,09
21	2,64	2,53	2,42	2,37	2,31	2,25	2,18	2,11	2,04
22	2,60	2,50	2,39	2,33	2,27	2,21	2,14	2,08	2,00
23	2,57	2,47	2,36	2,30	2,24	2,18	2,11	2,04	1,97
24	2,54	2,44	2,33	2,27	2,21	2,15	2,08	2,01	1,94
25	2,51	2,41	2,30	2,24	2,18	2,12	2,05	1,98	1,91
26	2,49	2,39	2,28	2,22	2,16	2,09	2,03	1,95	1,88
27	2,47	2,36	2,25	2,19	2,13	2,07	2,00	1,93	1,85
28	2,45	2,34	2,23	2,17	2,11	2,05	1,98	1,91	1,83
29	2,43	2,32	2,21	2,15	2,09	2,03	1,96	1,89	1,81
30	2,41	2,31	2,20	2,14	2,07	2,01	1,94	1,87	1,79
40	2,29	2,18	2,07	2,01	1,94	1,88	1,80	1,72	1,64
60	2,17	2,06	1,94	1,88	1,82	1,74	1,67	1,58	1,48
120	2,05	1,94	1,82	1,76	1,69	1,61	1,53	1,43	1,31
∞	1,94	1,83	1,71	1,64	1,57	1,48	1,39	1,27	1,00

v_1 = Zahl der erklärenden Variablen (J)
v_2 = Zahl der Freiheitsgrade des Nenners (I - J - 1)

entnommen aus: Sachs, Lothar: a.a.O., S. 119

F-Tabelle (Vertrauenswahrscheinlichkeit 0,99)

v_2 \ v_1	1	2	3	4	5	6	7	8	9	10
1	4052	4999,5	5403	5625	5764	5859	5928	5982	6022	6056
2	98,50	99,00	99,17	99,25	99,30	99,33	99,36	99,37	99,39	99,40
3	34,12	30,82	29,46	28,71	28,24	27,91	27,67	27,49	27,35	27,23
4	21,20	18,00	16,69	15,98	15,52	15,21	14,98	14,80	14,66	14,55
5	16,26	13,27	12,06	11,39	10,97	10,67	10,46	10,29	10,16	10,05
6	13,75	10,92	9,78	9,15	8,75	8,47	8,26	8,10	7,98	7,87
7	12,25	9,55	8,45	7,85	7,46	7,19	6,99	6,84	6,72	6,62
8	11,26	8,65	7,59	7,01	6,63	6,37	6,18	6,03	5,91	5,81
9	10,56	8,02	6,99	6,42	6,06	5,80	5,61	5,47	5,35	5,26
10	10,04	7,56	6,55	5,99	5,64	5,39	5,20	5,06	4,94	4,85
11	9,65	7,21	6,22	5,67	5,32	5,07	4,89	4,74	4,63	4,54
12	9,33	6,93	5,95	5,41	5,06	4,82	4,64	4,50	4,39	4,30
13	9,07	6,70	5,74	5,21	4,86	4,62	4,44	4,30	4,19	4,10
14	8,86	6,51	5,56	5,04	4,69	4,46	4,28	4,14	4,03	3,94
15	8,68	6,36	5,42	4,89	4,56	4,32	4,14	4,00	3,89	3,80
16	8,53	6,23	5,29	4,77	4,44	4,20	4,03	3,89	3,78	3,69
17	8,40	6,11	5,18	4,67	4,34	4,10	3,93	3,79	3,68	3,59
18	8,29	6,01	5,09	4,58	4,25	4,01	3,84	3,71	3,60	3,51
19	8,18	5,93	5,01	4,50	4,17	3,94	3,77	3,63	3,52	3,43
20	8,10	5,85	4,94	4,43	4,10	3,87	3,70	3,56	3,46	3,37
21	8,02	5,78	4,87	4,37	4,04	3,81	3,64	3,51	3,40	3,31
22	7,95	5,72	4,82	4,31	3,99	3,76	3,59	3,45	3,35	3,26
23	7,88	5,66	4,76	4,26	3,94	3,71	3,54	3,41	3,30	3,21
24	7,82	5,61	4,72	4,22	3,90	3,67	3,50	3,36	3,26	3,17
25	7,77	5,57	4,68	4,18	3,85	3,63	3,46	3,32	3,22	3,13
26	7,72	5,53	4,64	4,14	3,82	3,59	3,42	3,29	3,18	3,09
27	7,68	5,49	4,60	4,11	3,78	3,56	3,39	3,26	3,15	3,06
28	7,64	5,45	4,57	4,07	3,75	3,53	3,36	3,23	3,12	3,03
29	7,60	5,42	4,54	4,04	3,73	3,50	3,33	3,20	3,09	3,00
30	7,56	5,39	4,51	4,02	3,70	3,47	3,30	3,17	3,07	2,98
40	7,31	5,18	4,31	3,83	3,51	3,29	3,12	2,99	2,89	2,80
60	7,08	4,98	4,13	3,65	3,34	3,12	2,95	2,82	2,72	2,63
120	6,85	4,79	3,95	3,48	3,17	2,96	2,79	2,66	2,56	2,47
∞	6,63	4,61	3,78	3,32	3,02	2,80	2,64	2,51	2,41	2,32

v_1 = Zahl der erklärenden Variablen (J)
v_2 = Zahl der Freiheitsgrade des Nenners (I – J – 1)

entnommen aus: Sachs, Lothar: a. a. O., S. 120

F-Tabelle (Vertrauenswahrscheinlichkeit 0,99)
(Fortsetzung)

v_2 \ v_1	12	15	20	24	30	40	60	120	∞
1	6106	6157	6209	6235	6261	6287	6313	6339	6366
2	99,42	99;43	99,45	99,46	99,47	99,47	99,48	99,49	99,50
3	27,05	26,87	26,69	26,60	26,50	26,41	26,32	26,22	26,13
4	14,37	14,20	14,02	13,93	13,84	13,75	13,65	13,56	13,46
5	9,89	9,72	9,55	9,47	9,38	9,29	9,20	9,11	9,02
6	7,72	7,56	7,40	7,31	7,23	7,14	7,06	6,97	6,88
7	6,47	6,31	6,16	6,07	5,99	5,91	5,82	5,74	5,65
8	5,67	5,52	5,36	5,28	5,20	5,12	5,03	4,95	4,86
9	5,11	4,96	4,81	4,73	4,65	4,57	4,48	4,40	4,31
10	4,71	4,56	4,41	4,33	4,25	4,17	4,08	4,00	3,91
11	4,40	4,25	4,10	4,02	3,94	3,86	3,78	3,69	3,60
12	4,16	4,01	3,86	3,78	3,70	3,62	3,54	3,45	3,36
13	3,96	3,82	3,66	3,59	3,51	3,43	3,34	3,25	3,17
14	3,80	3,66	3,51	3,43	3,35	3,27	3,18	3,09	3,00
15	3,67	3,52	3,37	3,29	3,21	3,13	3,05	2,96	2,87
16	3,55	3,41	3,26	3,18	3,10	3,02	2,93	3,84	2,75
17	3,46	3,31	3,16	3,08	3,00	2,92	2,83	2,75	2,65
18	3,37	3,23	3,08	3,00	2,92	2,84	2,75	2,66	2,57
19	3,30	3,15	3,00	2,92	2,84	2,76	2,67	2,58	2,49
20	3,23	3,09	2,94	2,86	2,78	2,69	2,61	2,52	2,42
21	3,17	3,03	2,88	2,80	2,72	2,64	2,55	2,46	2,36
22	3,12	2,98	2,83	2,75	2,67	2,58	2,50	2,40	2,31
23	3,07	2,93	2,78	2,70	2,62	2,54	2,45	2,35	2,26
24	3,03	2,89	2,74	2,66	2,58	2,49	2,40	2,31	2,21
25	2,99	2,85	2,70	2,62	2,54	2,45	2,36	2,27	2,17
26	2,96	2,81	2,66	2,58	2,50	2,42	2,33	2,23	2,13
27	2,93	2,78	2,63	2,55	2,47	2,38	2,29	2,20	2,10
28	2,90	2,75	2,60	2,52	2,44	2,35	2,26	2,17	2,06
29	2,87	2,73	2,57	2,49	2,41	2,33	2,23	2,14	2,03
30	2,84	2,70	2,55	2,47	2,39	2,30	2,21	2,11	2,01
40	2,66	2,52	2,37	2,29	2,20	2,11	2,02	1,92	1,80
60	2,50	2,35	2,20	2,12	2,03	1,94	1,84	1,73	1,60
120	2,34	2,19	2,03	1,95	1,86	1,76	1,66	1,53	1,38
∞	2,18	2,04	1,88	1,79	1,70	1,59	1,47	1,32	1,00

v_1 = Zahl der erklärenden Variablen (J)
v_2 = Zahl der Freiheitsgrade des Nenners (I – J – 1)

entnommen aus: Sachs, Lothar: a.a.O., S. 121

F-Tabelle (Vertrauenswahrscheinlichkeit 0,995)

v_2 \ v_1	1	2	3	4	5	6	7	8	9	10
1	16211	20000	21615	22500	23056	23437	23715	23925	24091	24224
2	198,5	199,0	199,2	199,2	199,3	199,4	199,4	199,4	199,4	199,4
3	55,55	49,80	47,47	46,19	45,39	44,84	44,43	44,13	43,88	43,69
4	31,33	26,28	24,26	23,15	22,46	21,97	21,62	21,35	21,14	20,97
5	22,78	18,31	16,53	15,56	14,94	14,51	14,20	13,96	13,77	13,62
6	18,63	14,54	12,92	12,03	11,46	11,07	10,79	10,57	10,39	10,25
7	16,24	12,40	10,88	10,05	9,52	9,16	8,89	8,68	8,51	8,38
8	14,69	11,04	9,60	8,81	8,30	7,95	7,69	7,50	7,34	7,21
9	13,61	10,11	8,72	7,96	7,47	7,13	6,88	6,69	6,54	6,42
10	12,83	9,43	8,08	7,34	6,87	6,54	6,30	6,12	5,97	5,85
11	12,23	8,91	7,60	6,88	6,42	6,10	5,86	5,68	5,54	5,42
12	11,75	8,51	7,23	6,52	6,07	5,76	5,52	5,35	5,20	5,09
13	11,37	8,19	6,93	6,23	5,79	5,48	5,25	5,08	4,94	4,82
14	11,06	7,92	6,68	6,00	5,56	5,26	5,03	4,86	4,72	4,60
15	10,80	7,70	6,48	5,80	5,37	5,07	4,85	4,67	4,54	4,42
16	10,58	7,51	6,30	5,64	5,21	4,91	4,69	4,52	4,38	4,27
17	10,38	7,35	6,16	5,50	5,07	4,78	4,56	4,39	4,25	4,14
18	10,22	7,21	6,03	5,37	4,96	4,66	4,44	4,28	4,14	4,03
19	10,07	7,09	5,92	5,27	4,85	4,56	4,34	4,18	4,04	3,93
20	9,94	6,99	5,82	5,17	4,76	4,47	4,26	4,09	3,96	3,85
21	9,83	6,89	5,73	5,09	4,68	4,39	4,18	4,01	3,88	3,77
22	9,73	6,81	5,65	5,02	4,61	4,32	4,11	3,94	3,81	3,70
23	9,63	6,73	5,58	4,95	4,54	4,26	4,05	3,88	3,75	3,64
24	9,55	6,66	5,52	4,89	4,49	4,20	3,99	3,83	3,69	3,59
25	9,48	6,60	5,46	4,84	4,43	4,15	3,94	3,78	3,64	3,54
26	9,41	6,54	5,41	4,79	4,38	4,10	3,89	3,73	3,60	3,49
27	9,34	6,49	5,36	4,74	4,34	4,06	3,85	3,69	3,56	3,45
28	9,28	6,44	5,32	4,70	4,30	4,02	3,81	3,65	3,52	3,41
29	9,23	6,40	5,28	4,66	4,26	3,98	3,77	3,61	3,48	3,38
30	9,18	6,35	5,24	4,62	4,23	3,95	3,74	3,58	3,45	3,34
40	8,83	6,07	4,98	4,37	3,99	3,71	3,51	3,35	3,22	3,12
60	8,49	5,79	4,73	4,14	3,76	3,49	3,29	3,13	3,01	2,90
120	8,18	5,54	4,50	3,92	3,55	3,28	3,09	2,93	2,81	2,71
∞	7,88	5,30	4,28	3,72	3,35	3,09	2,90	2,74	2,62	2,52

v_1 = Zahl der erklärenden Variablen (J)
v_2 = Zahl der Freiheitsgrade des Nenners (I – J – 1)

entnommen aus: Sachs, Lothar: a.a.O., S. 122

F-Tabelle (Vertrauenswahrscheinlichkeit 0,995)
(Fortsetzung)

v_2 \ v_1	12	15	20	24	30	40	60	120	∞
1	24426	24630	24836	24940	25044	25148	25253	25359	25465
2	199,4	199,4	199,4	199,5	199,5	199,5	199,5	199,5	199,5
3	43,39	43,08	42,78	42,62	42,47	42,31	42,15	41,99	41,83
4	20,70	20,44	20,17	20,03	19,89	19,75	19,61	19,47	19,32
5	13,38	13,15	12,90	12,78	12,66	12,53	12,40	12,27	12,14
6	10,03	9,81	9,59	9,47	9,36	9,24	9,12	9,00	8,88
7	8,18	7,97	7,75	7,65	7,53	7,42	7,31	7,19	7,08
8	7,01	6,81	6,61	6,50	6,40	6,29	6,18	6,06	5,95
9	6,23	6,03	5,83	5,73	5,62	5,52	5,41	5,30	5,19
10	5,66	5,47	5,27	5,17	5,07	4,97	4,86	4,75	4,64
11	5,24	5,05	4,86	4,76	4,65	4,55	4,44	4,34	4,23
12	4,91	4,72	4,53	4,43	4,33	4,23	4,12	4,01	3,90
13	4,64	4,46	4,27	4,17	4,07	3,97	3,87	3,76	3,65
14	4,43	4,25	4,06	3,96	3,86	3,76	3,66	3,55	3,44
15	4,25	4,07	3,88	3,79	3,69	3,58	3,48	3,37	3,26
16	4,10	3,92	3,73	3,64	3,54	3,44	3,33	3,22	3,11
17	3,97	3,79	3,61	3,51	3,41	3,31	3,21	3,10	2,98
18	3,86	3,68	3,50	3,40	3,30	3,20	3,10	2,99	2,87
19	3,76	3,59	3,40	3,31	3,21	3,11	3,00	2,89	2,78
20	3,68	3,50	3,32	3,22	3,12	3,02	2,92	2,81	2,69
21	3,60	3,43	3,24	3,15	3,05	2,95	2,84	2,73	2,61
22	3,54	3,36	3,18	3,08	2,98	2,88	2,77	2,66	2,55
23	3,47	3,30	3,12	3,02	2,92	2,82	2,71	2,60	2,48
24	3,42	3,25	3,06	2,97	2,87	2,77	2,66	2,55	2,43
25	3,37	3,20	3,01	2,92	2,82	2,72	2,61	2,50	2,38
26	3,33	3,15	2,97	2,87	2,77	2,67	2,56	2,45	2,33
27	3,28	3,11	2,93	2,83	2,73	2,63	2,52	2,41	2,29
28	3,25	3,07	2,89	2,79	2,69	2,59	2,48	2,37	2,25
29	3,21	3,04	2,86	2,76	2,66	2,56	2,45	2,33	2,21
30	3,18	3,01	2,82	2,73	2,63	2,52	2,42	2,30	2,18
40	2,95	2,78	2,60	2,50	2,40	2,30	2,18	2,06	1,93
60	2,74	2,57	2,39	2,29	2,19	2,08	1,96	1,83	1,69
120	2,54	2,37	2,19	2,09	1,98	1,87	1,75	1,61	1,43
∞	2,36	2,19	2,00	1,90	1,79	1,67	1,53	1,36	1,00

v_1 = Zahl der erklärenden Variablen (J)
v_2 = Zahl der Freiheitsgrade des Nenners (I − J − 1)
entnommen aus: Sachs, Lothar: a.a.O., S. 123

c-Tabelle nach Cochran

α = 0,05

k \ ν	1	2	3	4	5	6	7	8	9	10	16	36	144	∞
2	0,9985	0,9750	0,9392	0,9057	0,8772	0,8534	0,8332	0,8159	0,8010	0,7880	0,7341	0,6602	0,5813	0,5000
3	0,9669	0,8709	0,7977	0,7457	0,7071	0,6771	0,6530	0,6333	0,6167	0,6025	0,5466	0,4748	0,4031	0,3333
4	0,9065	0,7679	0,6841	0,6287	0,5895	0,5598	0,5365	0,5175	0,5017	0,4884	0,4366	0,3720	0,3093	0,2500
5	0,8412	0,6838	0,5981	0,5441	0,5065	0,4783	0,4564	0,4387	0,4241	0,4118	0,3645	0,3066	0,2513	0,2000
6	0,7808	0,6161	0,5321	0,4803	0,4447	0,4184	0,3980	0,3817	0,3682	0,3568	0,3135	0,2612	0,2119	0,1667
7	0,7271	0,5612	0,4800	0,4307	0,3974	0,3726	0,3535	0,3384	0,3259	0,3154	0,2756	0,2278	0,1833	0,1429
8	0,6798	0,5157	0,4377	0,3910	0,3595	0,3362	0,3185	0,3043	0,2926	0,2829	0,2462	0,2022	0,1616	0,1250
9	0,6385	0,4775	0,4027	0,3584	0,3286	0,3067	0,2901	0,2768	0,2659	0,2568	0,2226	0,1820	0,1446	0,1111
10	0,6020	0,4450	0,3733	0,3311	0,3029	0,2823	0,2666	0,2541	0,2439	0,2353	0,2032	0,1655	0,1308	0,1000
12	0,5410	0,3924	0,3264	0,2880	0,2624	0,2439	0,2299	0,2187	0,2098	0,2020	0,1737	0,1403	0,1100	0,0833
15	0,4709	0,3346	0,2758	0,2419	0,2195	0,2034	0,1911	0,1815	0,1736	0,1671	0,1429	0,1144	0,0889	0,0667
20	0,3894	0,2705	0,2205	0,1921	0,1735	0,1602	0,1501	0,1422	0,1357	0,1303	0,1108	0,0879	0,0675	0,0500
24	0,3434	0,2354	0,1907	0,1656	0,1493	0,1374	0,1286	0,1216	0,1160	0,1113	0,0942	0,0743	0,0567	0,0417
30	0,2929	0,1980	0,1593	0,1377	0,1237	0,1137	0,1061	0,1002	0,0958	0,0921	0,0771	0,0604	0,0457	0,0333
40	0,2370	0,1576	0,1259	0,1082	0,0968	0,0887	0,0827	0,0780	0,0745	0,0713	0,0595	0,0462	0,0347	0,0250
60	0,1737	0,1131	0,0895	0,0765	0,0682	0,0623	0,0583	0,0552	0,0520	0,0497	0,0411	0,0316	0,0234	0,0167
120	0,0998	0,0632	0,0495	0,0419	0,0371	0,0337	0,0312	0,0292	0,0279	0,0266	0,0218	0,0165	0,0120	0,0083
∞	0	0	0	0	0	0	0	0	0	0	0	0	0	0

α = 0,01

k \ ν	1	2	3	4	5	6	7	8	9	10	16	36	144	∞
2	0,9999	0,9950	0,9794	0,9586	0,9373	0,9172	0,8988	0,8823	0,8674	0,8539	0,7949	0,7067	0,6062	0,5000
3	0,9933	0,9423	0,8831	0,8335	0,7933	0,7606	0,7335	0,7107	0,6912	0,6743	0,6059	0,5153	0,4230	0,3333
4	0,9676	0,8643	0,7814	0,7212	0,6761	0,6410	0,6129	0,5897	0,5702	0,5536	0,4884	0,4057	0,3251	0,2500
5	0,9279	0,7885	0,6957	0,6329	0,5875	0,5531	0,5259	0,5037	0,4854	0,4697	0,4094	0,3351	0,2644	0,2000
6	0,8828	0,7218	0,6258	0,5635	0,5195	0,4866	0,4608	0,4401	0,4229	0,4084	0,3529	0,2858	0,2229	0,1667
7	0,8376	0,6644	0,5685	0,5080	0,4659	0,4347	0,4105	0,3911	0,3751	0,3616	0,3105	0,2494	0,1929	0,1429
8	0,7945	0,6152	0,5209	0,4627	0,4226	0,3932	0,3704	0,3522	0,3373	0,3248	0,2779	0,2214	0,1700	0,1250
9	0,7544	0,5727	0,4810	0,4251	0,3870	0,3592	0,3378	0,3207	0,3067	0,2950	0,2514	0,1992	0,1521	0,1111
10	0,7175	0,5358	0,4469	0,3934	0,3572	0,3308	0,3106	0,2945	0,2813	0,2704	0,2297	0,1811	0,1376	0,1000
12	0,6528	0,4751	0,3919	0,3428	0,3099	0,2861	0,2680	0,2535	0,2419	0,2320	0,1961	0,1535	0,1157	0,0833
15	0,5747	0,4069	0,3317	0,2882	0,2593	0,2386	0,2228	0,2104	0,2002	0,1918	0,1612	0,1251	0,0934	0,0667
20	0,4799	0,3297	0,2654	0,2288	0,2048	0,1877	0,1748	0,1646	0,1567	0,1501	0,1248	0,0960	0,0709	0,0500
24	0,4247	0,2871	0,2295	0,1970	0,1759	0,1608	0,1495	0,1406	0,1338	0,1283	0,1060	0,0810	0,0595	0,0417
30	0,3632	0,2412	0,1913	0,1635	0,1454	0,1327	0,1232	0,1157	0,1100	0,1054	0,0867	0,0658	0,0480	0,0333
40	0,2940	0,1915	0,1508	0,1281	0,1135	0,1033	0,0957	0,0898	0,0853	0,0816	0,0668	0,0503	0,0363	0,0250
60	0,2151	0,1371	0,1069	0,0902	0,0796	0,0722	0,0668	0,0625	0,0594	0,0567	0,0461	0,0344	0,0245	0,0167
120	0,1225	0,0759	0,0585	0,0489	0,0429	0,0387	0,0357	0,0334	0,0316	0,0302	0,0242	0,0178	0,0125	0,0083
∞	0	0	0	0	0	0	0	0	0	0	0	0	0	0

$ν$ = Anzahl der Freiheitsgrade für s_z^2
k = Anzahl der Varianzen

entnommen aus: Sachs, Lothar: a.a.O., S. 383

χ²-Tabelle

FG \ α	0,99	0,975	0,95	0,90	0,80	0,70	0,50	0,30	0,20	0,10	0,05	0,025	0,01	0,001
1	0,00016	0,00098	0,0039	0,0158	0,064	0,148	0,455	1,07	1,64	2,71	3,84	5,02	6,63	10,83
2	0,0201	0,0506	0,1026	0,2107	0,446	0,713	1,39	2,41	3,22	4,61	5,99	7,38	9,21	13,82
3	0,115	0,216	0,352	0,584	1,00	1,42	2,37	3,66	4,64	6,25	7,81	9,35	11,34	16,27
4	0,297	0,484	0,711	1,064	1,65	2,20	3,36	4,88	5,99	7,78	9,49	11,14	13,28	18,47
5	0,554	0,831	1,15	1,61	2,34	3,00	4,35	6,06	7,29	9,24	11,07	12,83	15,09	20,52
6	0,872	1,24	1,64	2,20	3,07	3,83	5,35	7,23	8,56	10,64	12,59	14,45	16,81	22,46
7	1,24	1,69	2,17	2,83	3,82	4,67	6,35	8,38	9,80	12,02	14,07	16,01	18,48	24,32
8	1,65	2,18	2,73	3,49	4,59	5,53	7,34	9,52	11,0	13,36	15,51	17,53	20,09	26,13
9	2,09	2,70	3,33	4,17	5,38	6,39	8,34	10,7	12,2	14,68	16,92	19,02	21,67	27,88
10	2,56	3,25	3,94	4,87	6,18	7,27	9,34	11,8	13,4	15,99	18,31	20,48	23,21	29,59
11	3,05	3,82	4,57	5,58	6,99	8,15	10,3	12,9	14,6	17,28	19,68	21,92	24,73	31,26
12	3,57	4,40	5,23	6,30	7,81	9,03	11,3	14,0	15,8	18,55	21,03	23,34	26,22	32,91
13	4,11	5,01	5,89	7,04	8,63	9,93	12,3	15,1	17,0	19,81	22,36	24,74	27,69	34,53
14	4,66	5,63	6,57	7,79	9,47	10,8	13,3	16,2	18,2	21,06	23,68	26,12	29,14	36,12
15	5,23	6,26	7,26	8,55	10,3	11,7	14,3	17,3	19,3	22,31	25,00	27,49	30,58	37,70
16	5,81	6,91	7,96	9,31	11,2	12,6	15,3	18,4	20,5	23,54	26,30	28,85	32,00	39,25
17	6,41	7,56	8,67	10,08	12,0	13,5	16,3	19,5	21,6	24,77	27,59	30,19	33,41	40,79
18	7,01	8,23	9,39	10,86	12,9	14,4	17,3	20,6	22,8	25,99	28,87	31,53	34,81	42,31
19	7,63	8,91	10,12	11,65	13,7	15,4	18,3	21,7	23,9	27,20	30,14	32,85	36,19	43,82
20	8,26	9,59	10,85	12,44	14,6	16,3	19,3	22,8	25,0	28,41	31,41	34,17	37,57	45,31
22	9,54	10,98	12,34	14,04	16,3	18,1	21,3	24,9	27,3	30,81	33,92	36,78	40,29	48,27
24	10,86	12,40	13,85	15,66	18,1	19,9	23,3	27,1	29,6	33,20	36,42	39,36	42,98	51,18
26	12,20	13,84	15,38	17,29	19,8	21,8	25,3	29,2	31,8	35,56	38,89	41,92	45,64	54,05
28	13,56	15,31	16,93	18,94	21,6	23,6	27,3	31,4	34,0	37,92	41,34	44,46	48,28	56,89
30	14,95	16,79	18,49	20,60	23,4	25,5	29,3	33,5	36,2	40,26	43,77	46,98	50,89	59,70
35	18,51	20,57	22,46	24,80	27,8	30,2	34,3	38,9	41,8	46,06	49,80	53,20	57,34	66,62
40	22,16	24,43	26,51	29,05	32,3	34,9	39,3	44,2	47,3	51,81	55,76	59,34	63,69	73,40
50	29,71	32,36	34,76	37,69	41,4	44,3	49,3	54,7	58,2	63,17	67,50	71,42	76,15	86,66
60	37,48	40,48	43,19	46,46	50,6	53,8	59,3	65,2	69,0	74,40	79,08	83,30	88,38	99,61
80	53,54	57,15	60,39	64,28	69,2	72,9	79,3	86,1	90,4	96,58	101,88	106,63	112,33	124,84
100	70,06	74,22	77,93	82,36	87,9	92,1	99,3	106,9	111,7	118,50	124,34	129,56	135,81	149,45
120	86,92	91,57	95,70	100,62	106,8	111,4	119,3	127,6	132,8	140,23	146,57	152,21	158,95	173,62
150	112,67	117,99	122,69	128,28	135,3	140,5	149,3	158,6	164,3	172,58	179,58	185,80	193,21	209,26
200	156,43	162,73	168,28	174,84	183,0	189,0	199,3	210,0	216,6	226,02	233,99	241,06	249,45	267,54

FG \ α	0,10	0,05	0,01	0,001	0,0001
1	2,7055	3,8415	6,6349	10,8276	15,1367
2	4,6052	5,9915	9,2103	13,8155	18,4207
3	6,2514	7,8147	11,3449	16,2662	21,1075
4	7,7794	9,4877	13,2767	18,4668	23,5127
5	9,2364	11,0705	15,0863	20,5150	25,7448
6	10,6446	12,5916	16,8119	22,4577	27,8563

α = Signifikanzniveau (1-Vertrauenswahrscheinlichkeit)
FG = Zahl der Freiheitsgrade (DF)

entnommen aus: Sachs, Lothar: a.a.O., S. 112

Durbin-Watson-Tabelle (Vertrauenswahrscheinlichkeit 0,95)

I	J = 1		J = 2		J = 3		J = 4		J = 5	
	d_u^+	d_o^+	d_u^+	d_o^+	d_u^+	d_o^+	d_u^+	d_o^+	d_u^+	d_o^+
15	1·08	1·36	0·95	1·54	0·82	1·75	0·69	1·97	0·56	2·21
16	1·10	1·37	0·98	1·54	0·86	1·73	0·74	1·93	0·62	2·15
17	1·13	1·38	1·02	1·54	0·90	1·71	0·78	1·90	0·67	2·10
18	1·16	1·39	1·05	1·53	0·93	1·69	0·82	1·87	0·71	2·06
19	1·18	1·40	1·08	1·53	0·97	1·68	0·86	1·85	0·75	2·02
20	1·20	1·41	1·10	1·54	1·00	1·68	0·90	1·83	0·79	1·99
21	1·22	1·42	1·13	1·54	1·03	1·67	0·93	1·81	0·83	1·96
22	1·24	1·43	1·15	1·54	1·05	1·66	0·96	1·80	0·86	1·94
23	1·26	1·44	1·17	1·54	1·08	1·66	0·99	1·79	0·90	1·92
24	1·27	1·45	1·19	1·55	1·10	1·66	1·01	1·78	0·93	1·90
25	1·29	1·45	1·21	1·55	1·12	1·66	1·04	1·77	0·95	1·89
26	1·30	1·46	1·22	1·55	1·14	1·65	1·06	1·76	0·98	1·88
27	1·32	1·47	1·24	1·56	1·16	1·65	1·08	1·76	1·01	1·86
28	1·33	1·48	1·26	1·56	1·18	1·65	1·10	1·75	1·03	1·85
29	1·34	1·48	1·27	1·56	1·20	1·65	1·12	1·74	1·05	1·84
30	1·35	1·49	1·28	1·57	1·21	1·65	1·14	1·74	1·07	1·83
31	1·36	1·50	1·30	1·57	1·23	1·65	1·16	1·74	1·09	1·83
32	1·37	1·50	1·31	1·57	1·24	1·65	1·18	1·73	1·11	1·82
33	1·38	1·51	1·32	1·58	1·26	1·65	1·19	1·73	1·13	1·81
34	1·39	1·51	1·33	1·58	1·27	1·65	1·21	1·73	1·15	1·81
35	1·40	1·52	1·34	1·58	1·28	1·65	1·22	1·73	1·16	1·80
36	1·41	1·52	1·35	1·59	1·29	1·65	1·24	1·73	1·18	1·80
37	1·42	1·53	1·36	1·59	1·31	1·66	1·25	1·72	1·19	1·80
38	1·43	1·54	1·37	1·59	1·32	1·66	1·26	1·72	1·21	1·79
39	1·43	1·54	1·38	1·60	1·33	1·66	1·27	1·72	1·22	1·79
40	1·44	1·54	1·39	1·60	1·34	1·66	1·29	1·72	1·23	1·79
45	1·48	1·57	1·43	1·62	1·38	1·67	1·34	1·72	1·29	1·78
50	1·50	1·59	1·46	1·63	1·42	1·67	1·38	1·72	1·34	1·77
55	1·53	1·60	1·49	1·64	1·45	1·68	1·41	1·72	1·38	1·77
60	1·55	1·62	1·51	1·65	1·48	1·69	1·44	1·73	1·41	1·77
65	1·57	1·63	1·54	1·66	1·50	1·70	1·47	1·73	1·44	1·77
70	1·58	1·64	1·55	1·67	1·52	1·70	1·49	1·74	1·46	1·77
75	1·60	1·65	1·57	1·68	1·54	1·71	1·51	1·74	1·49	1·77
80	1·61	1·66	1·59	1·69	1·56	1·72	1·53	1·74	1·51	1·77
85	1·62	1·67	1·60	1·70	1·57	1·72	1·55	1·75	1·52	1·77
90	1·63	1·68	1·61	1·70	1·59	1·73	1·57	1·75	1·54	1·78
95	1·64	1·69	1·62	1·71	1·60	1·73	1·58	1·75	1·56	1·78
100	1·65	1·69	1·63	1·72	1·61	1·74	1·59	1·76	1·57	1·78

I   = Zahl der Beobachtungen
J   = Zahl der Regressoren
d_u^+ = unterer Grenzwert des Unschärfebereichs
d_o^+ = oberer Grenzwert des Unschärfebereichs

entnommen aus: Durbin, J., – Watson, G. S.: Testing for Serial Correlation in Least Squares
Regression II, in: Biometrica, Vol. 38, 1951, S. 159–178, 173.

Durbin-Watson-Tabelle (Vertrauenswahrscheinlichkeit 0,975)

I	J = 1		J = 2		J = 3		J = 4		J = 5	
	d_u^+	d_o^+	d_u^+	d_o^+	d_u^+	d_o^+	d_u^+	d_o^+	d_u^+	d_o^+
15	0·95	1·23	0·83	1·40	0·71	1·61	0·59	1·84	0·48	2·09
16	0·98	1·24	0·86	1·40	0·75	1·59	0·64	1·80	0·53	2·03
17	1·01	1·25	0·90	1·40	0·79	1·58	0·68	1·77	0·57	1·98
18	1·03	1·26	0·93	1·40	0·82	1·56	0·72	1·74	0·62	1·93
19	1·06	1·28	0·96	1·41	0·86	1·55	0·76	1·72	0·66	1·90
20	1·08	1·28	0·99	1·41	0·89	1·55	0·79	1·70	0·70	1·87
21	1·10	1·30	1·01	1·41	0·92	1·54	0·83	1·69	0·73	1·84
22	1·12	1·31	1·04	1·42	0·95	1·54	0·86	1·68	0·77	1·82
23	1·14	1·32	1·06	1·42	0·97	1·54	0·89	1·67	0·80	1·80
24	1·16	1·33	1·08	1·43	1·00	1·54	0·91	1·66	0·83	1·79
25	1·18	1·34	1·10	1·43	1·02	1·54	0·94	1·65	0·86	1·77
26	1·19	1·35	1·12	1·44	1·04	1·54	0·96	1·65	0·88	1·76
27	1·21	1·36	1·13	1·44	1·06	1·54	0·99	1·64	0·91	1·75
28	1·22	1·37	1·15	1·45	1·08	1·54	1·01	1·64	0·93	1·74
29	1·24	1·38	1·17	1·45	1·10	1·54	1·03	1·63	0·96	1·73
30	1·25	1·38	1·18	1·46	1·12	1·54	1·05	1·63	0·98	1·73
31	1·26	1·39	1·20	1·47	1·13	1·55	1·07	1·63	1·00	1·72
32	1·27	1·40	1·21	1·47	1·15	1·55	1·08	1·63	1·02	1·71
33	1·28	1·41	1·22	1·48	1·16	1·55	1·10	1·63	1·04	1·71
34	1·29	1·41	1·24	1·48	1·17	1·55	1·12	1·63	1·06	1·70
35	1·30	1·42	1·25	1·48	1·19	1·55	1·13	1·63	1·07	1·70
36	1·31	1·43	1·26	1·49	1·20	1·56	1·15	1·63	1·09	1·70
37	1·32	1·43	1·27	1·49	1·21	1·56	1·16	1·62	1·10	1·70
38	1·33	1·44	1·28	1·50	1·23	1·56	1·17	1·62	1·12	1·70
39	1·34	1·44	1·29	1·50	1·24	1·56	1·19	1·63	1·13	1·69
40	1·35	1·45	1·30	1·51	1·25	1·57	1·20	1·63	1·15	1·69
45	1·39	1·48	1·34	1·53	1·30	1·58	1·25	1·63	1·21	1·69
50	1·42	1·50	1·38	1·54	1·34	1·59	1·30	1·64	1·26	1·69
55	1·45	1·52	1·41	1·56	1·37	1·60	1·33	1·64	1·30	1·69
60	1·47	1·54	1·44	1·57	1·40	1·61	1·37	1·65	1·33	1·69
65	1·49	1·55	1·46	1·59	1·43	1·62	1·40	1·66	1·36	1·69
70	1·51	1·57	1·48	1·60	1·45	1·63	1·42	1·66	1·39	1·70
75	1·53	1·58	1·50	1·61	1·47	1·64	1·45	1·67	1·42	1·70
80	1·54	1·59	1·52	1·62	1·49	1·65	1·47	1·67	1·44	1·70
85	1·56	1·60	1·53	1·63	1·51	1·65	1·49	1·68	1·46	1·71
90	1·57	1·61	1·55	1·64	1·53	1·66	1·50	1·69	1·48	1·71
95	1·58	1·62	1·56	1·65	1·54	1·67	1·52	1·69	1·50	1·71
100	1·59	1·63	1·57	1·65	1·55	1·67	1·53	1·70	1·51	1·72

I   = Zahl der Beobachtungen
J   = Zahl der Regressoren
d_u^+ = unterer Grenzwert des Unschärfebereichs
d_o^+ = oberer Grenzwert des Unschärfebereichs

entnommen aus: Durbin, J., – Watson, G. S.: a. a. O., S. 174

q-Werte-Tabelle

df des Nenners	p%	Spannweite 2	3	4	5	6	7	8	9	10	11	12	13	14	15
1	5	18.0	27.0	32.8	37.1	40.4	43.1	45.4	47.4	49.1	50.6	52.0	53.2	54.3	55.4
	1	90.0	135	164	186	202	216	227	237	246	253	260	266	272	277
2	5	6.09	8.3	9.8	10.9	11.7	12.4	13.0	13.5	14.0	14.4	14.7	15.1	15.4	15.7
	1	14.0	19.0	22.3	24.7	26.6	28.2	29.5	30.7	31.7	32.6	33.4	34.1	34.8	35.4
3	5	4.50	5.91	6.82	7.50	8.04	8.48	8.85	9.18	9.46	9.72	9.95	10.2	10.4	10.5
	1	8.26	10.6	12.2	13.3	14.2	15.0	15.6	16.2	16.7	17.1	17.5	17.9	18.2	18.5
4	5	3.93	5.04	5.76	6.29	6.71	7.05	7.35	7.60	7.83	8.03	8.21	8.37	8.52	8.66
	1	6.51	8.12	9.17	9.96	10.6	11.1	11.5	11.9	12.3	12.6	12.8	13.1	13.3	13.5
5	5	3.64	4.60	5.22	5.67	6.03	6.33	6.58	6.80	6.99	7.17	7.32	7.47	7.60	7.72
	1	5.70	6.97	7.80	8.42	8.91	9.32	9.67	9.97	10.2	10.5	10.7	10.9	11.1	11.2
6	5	3.46	4.34	4.90	5.31	5.63	5.89	6.12	6.32	6.49	6.65	6.79	6.92	7.03	7.14
	1	5.24	6.33	7.03	7.56	7.97	8.32	8.61	8.87	9.10	9.30	9.49	9.65	9.81	9.95
7	5	3.34	4.16	4.69	5.06	5.36	5.61	5.82	6.00	6.16	6.30	6.43	6.55	6.66	6.76
	1	4.95	5.92	6.54	7.01	7.37	7.68	7.94	8.17	8.37	8.55	8.71	8.86	9.00	9.12
8	5	3.26	4.04	4.53	4.89	5.17	5.40	5.60	5.77	5.92	6.05	6.18	6.29	6.39	6.48
	1	4.74	5.63	6.20	6.63	6.96	7.24	7.47	7.68	7.87	8.03	8.13	8.31	8.44	8.55
9	5	3.20	3.95	4.42	4.76	5.02	5.24	5.43	5.60	5.74	5.87	5.98	6.09	6.19	6.28
	1	4.60	5.43	5.96	6.35	6.66	6.91	7.13	7.32	7.49	7.65	7.78	7.91	8.03	8.13
10	5	3.15	3.88	4.33	4.65	4.91	5.12	5.30	5.46	5.60	5.72	5.83	5.93	6.03	6.11
	1	4.48	5.27	5.77	6.14	6.43	6.67	6.87	7.05	7.21	7.36	7.48	7.60	7.71	7.81
11	5	3.11	3.82	4.26	4.57	4.82	5.03	5.20	5.35	5.49	5.61	5.71	5.81	5.90	5.99
	1	4.39	5.14	5.62	5.97	6.25	6.48	6.67	6.84	6.99	7.13	7.26	7.36	7.46	7.56
12	5	3.08	3.77	4.20	4.51	4.75	4.95	5.12	5.27	5.40	5.51	5.62	5.71	5.80	5.88
	1	4.32	5.04	5.50	5.84	6.10	6.32	6.51	6.67	6.81	6.94	7.06	7.17	7.26	7.36

df = Zahl der Freiheitsgrade

p = Signifikanzniveau in %

entnommen aus: Fröhlich, Werner D. – Becker, Johannes: Forschungsstatistik, 6. Aufl., Bonn 1972, S. 547

q-Werte-Tabelle (Fortsetzung)

df des Nenners	p%	Spannweite													
		2	3	4	5	6	7	8	9	10	11	12	13	14	15
13	5	3.06	3.73	4.15	4.45	4.69	4.88	5.05	5.19	5.32	5.43	5.53	5.63	5.71	5.79
	1	4.25	4.96	5.40	5.73	5.98	6.19	6.37	6.53	6.67	6.79	6.90	7.01	7.10	7.19
14	5	3.03	3.70	4.11	4.41	4.64	4.83	4.99	5.13	5.25	5.36	5.46	5.55	6.64	5.72
	1	4.21	4.89	5.32	5.63	5.88	6.08	6.26	6.41	6.54	6.66	6.77	6.87	6.96	7.05
16	5	3.00	3.65	4.05	4.33	4.56	4.74	4.90	5.03	5.15	5.26	5.35	5.44	5.52	5.59
	1	4.13	4.78	5.19	5.49	5.72	5.92	6.08	6.22	6.35	6.46	6.56	6.66	6.74	6.82
18	5	2.97	3.61	4.00	4.28	4.49	4.67	4.82	4.96	5.07	5.17	5.27	5.35	5.43	5.50
	1	4.07	4.70	5.09	5.38	5.60	5.79	5.94	6.08	6.20	6.31	6.41	6.50	6.58	6.65
20	5	2.95	3.58	3.96	4.23	4.45	4.62	4.77	4.90	5.01	5.11	5.20	5.28	5.36	5.43
	1	4.03	4.64	5.02	5.29	5.51	5.69	5.84	5.97	6.09	6.19	6.29	6.37	6.45	6.52
24	5	2.92	3.53	3.90	4.17	4.37	4.54	4.68	4.81	4.92	5.01	5.10	5.18	5.25	5.32
	1	3.95	4.54	4.91	5.17	5.37	5.54	5.69	5.81	5.92	6.02	6.11	6.19	6.26	6.33
30	5	2.89	3.49	3.84	4.10	4.30	4.46	4.60	4.72	4.83	4.92	5.00	5.08	5.15	5.21
	1	3.89	4.45	4.80	5.05	5.24	5.40	5.54	5.56	5.76	5.85	5.93	6.01	6.08	6.14
40	5	2.86	3.44	3.79	4.04	4.23	4.39	4.52	4.63	4.74	4.82	4.91	4.98	5.05	5.11
	1	3.82	4.37	4.70	4.93	5.11	5.27	5.39	5.50	5.60	5.69	5.77	5.84	5.90	5.96
60	5	2.83	3.40	3.74	3.98	4.16	4.31	4.44	4.55	4.65	4.73	4.81	4.88	4.94	5.00
	1	3.76	4.28	4.60	4.82	4.99	5.13	5.25	5.36	5.45	5.53	5.60	5.67	5.73	5.79
120	5	2.80	3.36	3.69	3.92	4.10	4.24	4.36	4.48	4.56	4.64	4.72	4.78	4.84	4.90
	1	3.70	4.20	4.50	4.71	4.87	5.01	5.12	5.21	5.30	5.38	5.44	5.51	5.56	5.61
	5	2.77	3.31	3.63	3.86	4.03	4.17	4.29	4.39	4.47	4.55	4.62	4.68	4.74	4.80
	1	3.64	4.12	4.40	4.60	4.76	4.88	4.99	5.08	5.16	5.23	5.29	5.35	5.40	5.45

df = Zahl der Freiheitsgrade
p = Signifikanzniveau in %
entnommen aus: Fröhlich, Werner D. – Becker, Johannes: Forschungsstatistik, 6. Aufl., Bonn 1972, S. 547

Stichwortregister